上座 슈리라타의

『經部毘婆沙』 散逸文 集成

이 저서는 2018년 대한민국 교육부와 한국연구재단의 지원을 받아 수행된 연구임
(NRF-2018S1A6A4A01030239)

上座 슈리라타의 『經部毘婆沙』 연구❸

上座 슈리라타의 『經部毘婆沙』 散逸文 集成

권 오 민 편저

씨아이알

"나무가 바로 불은 아니지만 불의 종자(bīja, 즉 인연)가 되듯이, 대지가 바로 금은 아니지만 금의 종자가 되듯이, 이와 마찬가지로 異生의 마음 또한 그 자체 무루는 아니지만 무루의 종자가 된다."

"마음 자체는 비록 단일할지라도 그 안에 수많은 界(dhātu, 종자)가 존재하기 [때문으로], 一心(ekacitta)은 種種界(nānādhātu)를 갖추고 있다. 一心에는 다수의 界가 熏習되어 있다."

– 저들의 論(『經部毘婆娑』)과 上座 슈리라타의 말 중에서

(본서 제6장2-4②; -2①②)

머리말

上座 슈리라타(Sthavira Śrīlāta, 4세기 무렵)는 설일체유부를 비롯한 불교의 주류에서 正理·法性, 혹은 이것이 구현된 阿毘達磨를 지식의 근거로 삼았던 것과 달리 '經을 지식의 근거(pramāṇa: 量)로 삼는 이들'이라는 뜻의 經量部(Sautrāntika)로 자칭한 일군의 譬喩者들(Dārṣṭāntikā)의 長老였다. 그로부터 비롯된 경량부는 훗날 毘婆沙師(Vaibhāṣika) 즉 설일체유부와 대승의 양대 학파인 중관학파·유가행파와 더불어 불교철학을 대표하는 4대 학파의 하나로 열거되었지만, 部主 슈리라타는 어떤 이유에서인지 불교사에서 잊혔고, 그가 지었다는 『經部毘婆沙(*Sautrāntikavibhāṣā)』도, 그의 불교학의 키워드라 할 만한 '舊隨界'(혹은 '隨界')도 역시 불교사상사에서 사라졌다. 해서 경량부는 所依성전도 없는, 설일체유부나 중관·유가행파와는 비교할 수도 없는, 그 실체조차 불분명한 부파로 전락하고 말았다.

그런 그가 유독 衆賢(Saṃghabhadra)의 『順正理論』에서만은 대규모로 언급된다. 주지하듯이 『순정리론』은 오로지 『구사론』 상의 異說을 비판하고 正理(nyāya)에 따라 카슈미르 비바사사의 正義를 밝히기 위해 저술된 한역(玄奘역) 80권의 大論이다. 이것이 대론이 된 이유는 『구사론』 상에서의 세친의 異說뿐만 아니라 그 배후로 상좌 슈리라타의 학설을 인용 비판하고, 세친이 異意를 제기하지 않은 경우라도 유부교학과 정면으로 대립하는 그의 학설을 비롯하여 그의 일파(上座徒黨, 上座宗, *Sthavirapākṣika) 즉 경량부/비유자의 학설을 인용 비판할 뿐더러 비록 단편일지라도 비판에 대한 그의 해명을 빈번히 인용하여 재비판하고 있기 때문이다.

한편 이들 경량부/상좌일파(上座部)의 관련 논설은 『구사론』과 함께 동아시아에서 불교철학의 기본교재로 간주되어온 『성유식론』과 窺基 등의 註疏 상에도 다수가 인용 비판되는데, 대개는 『순정리론』에서 확인할 수 있을뿐더러 비판논리 또한 중현의 그것과 동일한 것이었다. 사실 『순정리론』 상의 上座가 『경부비바사』를 지은 슈리라타라는 정보를 전한 것도 규기였다. 그에 따르면 경량부는 유가행파의 알라야식론에 대한 가장 강력한 비판자였다. 이 때문인지 玄奘법사는 인도 구법여행 중 카슈미르에서 僧稱법사로부터 2년간 『구사론』과 함께 『순정리론』을 강습받았음에도 날란다에서 다시 한번 이를 전체적으로 열람하였고, 이리나팔바타에서 유부의 두 대덕으로부터 1년간 다시 배우는 등 이에 대한 관심의 끈을 놓지 않고 있다. 일찍이 슈루그나에서 자야굽타라는 대덕으로부터 5개월 간 『경부비바사』를 청강하였던 사실도 전하고 있다.

본서는 玄奘계통에서 상좌 슈리라타의 저작으로 전해진 『經部毘婆沙』라는 題名 하에, 『순정리론』 상에 인용된 상좌의 논설과 『경부비바사』로 추측되는 그의 論('彼論') 혹은 저들 상좌일파의 論('彼部論')에서의 논설, 비판과정에서 제시된 상좌의 해명과, 중현의 비판 힐난 중에 담긴 그의 주장과 생각, 나아가 그의 교학과 유관한 비유자/경량부 설, 그와 가까이하여 영향받았다고 한 經主 세친(혹은 『구사론』 상에서의 경량부) 설 등을 발췌 집성한 것이다. 이 같은 상좌의 논설 중 몇몇 가지는 비록 무기명일지라도 『구사론』이나 『섭대승론』 『성유식론』 등에 인용되었고, 그 중 일부는 婆藪拔摩(Vasuvarman)의 『四諦論』에서, 야쇼미트라(Yaśomitra)나 普光 등의 『구사론』 주석서에서 上座部(상좌일파) 혹은 上座(혹은 大德) 슈리라타 설로 확인되었고, 세친과 무성에 의해 경량부/비유자설로, 窺基·慧沼 등 동아시아 법상교가에 의해 末經部/上座部 설로 평석되었지만, 대부분은 이후 천 수백년간 『순정리론』에 묻혀 있었다.

중현의 『순정리론』을 비롯한 諸論에서의 상좌 관련 논설을 아직은 연고가 불분명한 '『經部毘婆沙』 散逸文 集成'이라는 이름의 단행본으로 엮어내려는 것은 불교사상사에서의 그의 위치가 전혀 예사롭지 않다고 생각하였을 뿐더러 중현에 의해 散說된 방대한 분량의 상좌 학설을 개별논문으로 밝히기에는 한계가 있기 때문이다. 무엇보다 이를 산설된 채로 내버려 두는 것은 경량부와 상좌 슈리라타에 관심 가진 후대 불교학도의 도리가 아니라고 여겼기 때문이다.

굳이 본서 편찬의 목적과 의의를 제시하면 다음 세 가지이다.

첫째, 逸失된 上座 슈리라타 관련 논설을 한 권의 단행본에 蒐輯함으로써 그를 불교사상사에 복원시키기 위함이다.

둘째, 이른바 불교 4대 학파 중의 하나였지만 유일하게 所依경론을 전하지 않는 경량부 部主의 텍스트를 부분적으로나마 복구하여 경량부 연구에 자료집으로 삼기 위함이다.

셋째, 중현에 의하면 세친은 『구사론』을 저술할 때 상좌 슈리라타와 가까이하여 그로부터 지대한 영향을 받았기 때문에, 이로써 理長爲宗의 논사로 찬탄된 세친의 사상을 비판적으로 검토해 보기 위함이다. 세친은 緣起 해석 등에 있어 상좌와 견해를 달리하기도 하였지만, 성전관을 비롯하여 本無今有論, 種子說, 隨眠論, 阿羅漢果 無退論 등 불교학의 거의 모든 영역에서 상좌 학설을 답습하고 있기 때문이다.

본서에서는 상좌의 논설과 이와 유관한 세친의 논설만을 다루고 있지만, 우리는 이를 통해 상좌 슈리라타－세친－중현－무착 등 당시 불교학계의 지형도 살필 수 있다. 이들은 거의 동시대(4-5세기), 동일한 공간(阿踰陀國을 중심으로 한 東方)에서 활동하였다. 『유가사지론』이나 『섭대승론』에서도 상좌 설을 확인할 수 있음은 두 말할 것도 없다. 유식의 십대논사 중 일인인 難陀(Nanda)는 상좌와 마찬가지로 6根(處)종자설과 異時인과설을 주장하였을 뿐만 아니라 同時인과설의 전제였던 알라야식의 존재도 인정하지 않았다. 그러고도 어떻게 유식의 대표논사라고 말할 수 있었던가? 저자는 우리의 불교학 담론이 중관이니 유식이니 하는 학파의 이념이 아니라 개별 학설에 대한 보다 구체적이고도 비판적인 담론이 되길 기대해 본다. 불교사상사에 나타난 거의 모든 논사는 어떤 식으로든 비판을 통해 자파철학의 정체성을 드러내기 때문이다. 아울러 義淨이 그의 『南海寄歸內法傳』에서 中世의 日月로 일컬은 세친, 무착, 중현, 청변이나 近世의 龍象으로 일컬은 진나, 호법, 법칭, 안혜, 덕혜 등의 哲人의 이름도 보다 활발히 거명되기를 기대해 본다.

저자는 2007-2010년도와 2014-2017년도 한국연구재단 인문저술/저술출판 지원사업에 힘입어 『上座 슈리라타와 經量部』(2012)와 『上座 슈리라타의 經量部 思想』(2019)을 저술할 수 있었다. 그리고 본 『上座 슈리라타의 「經部毘婆沙」 散逸文 集成』 역시 2018-2021년도 동 재단의 같은 사업에 의해 조성된 것이다. 생의 후반을 세친과 중현, 상좌 슈리라타와 함께하였다. 함께할 수 있게 해 준 여러 인연에 감사한다. 특히 상좌 슈리라타의 경량부 연구 시리즈 세 권 모두의 출판을 허락해준 도서출판 씨아이알 측에 깊은 감사의 마음을 전한다.

2021년 孟夏

편저자

:: 일러두기

1. 본서에서의 上座 슈리라타의 논설은 기본적으로 중현의 『阿毘達磨順正理論』(T1562) 상에서의 '상좌는 (혹은 저들 論에서는) 이같이 설하였다'는 형식의 記名기사와, '그는 다시 설하였다'는 형식의 보충설명, 說者가 빠져 있지만 문맥상 상좌 설로 판단되는 것, 그리고 중현이 비판의 전제로 언급한 '만약…라고 말한다면(若謂)'과 같은 형식의 해명 등으로 구성되었다.
2. 상좌설로 확인 가능한 譬喩者의 설이나 무기명(有餘師)의 논설, 중현이 '다른 이들(餘宗, 혹은 他)과 가까이하여 말한 것'으로 전한 經主 세친 설 역시 상좌의 논설에 포함시켰다.
3. 상좌의 논설 중 『구사론』 상에서 무기명(有餘師)으로 인용되고, 제 주석서 상에서 上座(혹은 大德) 슈리라타 설로 평석된 것은 각주에서 이를 밝히고 『구사론』의 원문을 병기하였다. 그러나 『순정리론』 상에서 동일 논설을 찾을 수 없는 경우 이 역시 상좌의 논설에 포함시켰다.
4. 다수의 상좌 논설은 『순정리론』 상에서 毘婆沙師(혹은 아비달마논사, 正理論者)의 특정의 학설에 대한 비판으로 인용되는데, 맥락의 이해를 위해 이들의 논설을 前提하였다.
5. [附論]은 상좌 논설과 관련하여 『순정리론』에 인용되고 있는 『구사론』 상에서의 세친 또는 경량부 설, 혹은 상좌와는 견해를 달리한 상좌일파(上座宗, 上座徒黨)나 譬喩者의 논설이다.
6. [衆賢]은 상좌의 정체성이나 교학적 입장, 세친과의 관계 등을 유추할 수 있는 중요 내용을 포함하는 중현의 힐난 비판이다. 예컨대 중현은, 유부의 98수면설은 佛說이 아니라는 상좌의 비판에 대해 "나는 그대들 중에서 佛說의 정의(buddhavacana-lakṣaṇa: 佛教相)를 信受하는 이를 결코 보지 못하였다(我不見汝曹有信佛教相)"고 힐난하는데(T29, 604b25), 이는 경량부가 "契經에 수순하고 毘奈耶(율)를 드러내며 法性에 위배되지 않는 것"(동, 330c8f; 489a21f)이라는 당시 불교일반의 불설정의를 인정하지 않았다는 뜻이다. 특히 주목할 만한 내용의 경우 밑줄로 표시하였고, 이에 담겨있는 상좌의 주장은 짙은 색으로 표시하였다.
7. [참고]는 상좌의 사상을 이해하는 데 도움 될 만한 이들이나 다른 논서 상에서의 논설이다.
8. 상좌의 논설은 모두 짙은 색으로 표시하였고, 독립된 개별 학설이라는 의미에서 출처를 각주로 처리하였다. 그러나 [附論] 등 그 밖의 논설의 출처는 본문 상에서 밝혔다.

차 례

제3장 외계의 諸法

제4장 내계의 諸法

제5장 삼세실유설 비판

제6장 인연론

제8장 업론

제11장 지혜와 선정

부록 『阿毘達磨大毘婆沙論』 상의 譬喩者 설

서설 上座 슈리라타와『經部毘婆沙』

1. 서언

비유자/경량부의 上座(Sthavira) 슈리라타(Śrīlāta, 4세기 중엽)는 불교사에서 잊혀진 논사이다. 그가 지었다는『經部毘婆沙』도, 그의 불교학의 키워드라 할 만한 '舊隨界'도 역시 불교사상사에서 사라졌다. 비록 法雲(1088-1158)의『翻譯名義集』제10 宗釋論主 편에 그의 이름(室利邏多)이 실려 있고, 칼 포터의『인도철학백과사전』제8권「A.D. 100년에서 350년까지의 불교철학」의 한 항목(No.158 ŚRĪLĀTA)을 차지하고 있을지라도 "『서역기』에 [나온다]. 중국말로 勝受.『기신론소』에서 다섯 [천축]을 밝힌 日[出]論師라고 하였는데, 이 論主는 북인도를 비추었다"[1]거나 "세친의『구사론』에서는 아비달마 제 문제에 대해 논의하면서 필시 경량부였을 이 논사에 대해 언급한다. 슈리라타는 쿠마라라타의 제자로, 장 프르줄루스키(Jean Przyluski)에 따르면『經部毘婆沙(Sautrāntikavibhāṣā)』라는 제목의 논서를 지었다"[2]는 정도의 기술이 고작이다.

사이구사 미츠요시(三枝充悳) 등이 편찬한『인도불교인명사전』에서도 "2-3세기 또는 5세기 무렵의 논사. 경량부 소속으로『經部毘婆沙』를 지었으며, 衆賢의『順正理論』상에서 上座로 불린다"[3]는 정도로만 해설할 뿐 정작

1 『翻譯名義集』(T54, 1066a17-18), "室利邏多. 西域記唐言勝受. 起信論疏, 明五日論師. 以此論主, 照北印度." 이는 아마도『성유식론술기』상에서의 窺基의 쿠마라라타(童受) 이해, 즉 "日出論者 중의 1인으로 북천축을 비춘 經部本師"(T43, 274a7-14)에서 따온 듯하다.

2 Karl H. Potter ed., *Encyclopedia of Indian Philosophy vol.VIII Buddhist Philosophy from 100 to 350 A.D.*, p.349.

3 三枝充悳 編(1986),『インド佛教人名辭典』, p.130.

『순정리론』 상의 상좌에 대해서는 더 이상 관심을 기울이고 있지 않다. 아카누마 지센(赤沼智善)의 『인도불교고유명사사전』의 경우도 역시 그러하다.[4] 현대에 출판된 거의 모든 인도불교사에서도 슈리라타에 대해 침묵하고 있음은 두 말할 것도 없다. 그것은 물론 그에 관한 자료가 남아있지 않기 때문일 것이다.

앞서 두 사전의 해설에서 보듯이 오늘날에 이르러서조차 슈리라타에 대한 이해는 오로지 窺基의 『성유식론술기』에 언급된 단편에 의존하고 있다. 규기는 『성유식론』에서 논설한 알라야식 존재증명 제1 持種證에서의 '6識 종자설 비판'(T31, 15c21f)에 대해 이같이 해설하였다.

> 이는 經部(Sautrāntika)를 비판하고 아울러 譬喩師(Dārṣṭāntika)를 타파한 것이다. [여기서] 譬喩師란 經部異師(Sautrāntika-viśeṣa, 경량부의 한 형태)로 바로 日出論者(Sūryodayīka)를 말한 것인데, 이들이 [훗날] 바로 '경부'라고 이름하였다. 이들 [비유사]에는 세 종류가 있다. 첫째는 根本師(mūla-ācārya) 쿠마라라타(鳩摩羅多, Kumāralāta)이며, 둘째는 『經部毘婆沙』를 지은 슈리라타(室利邏多, Śrīlāta)로 『순정리론』에서 말한 '上座'가 바로 그이다. 셋째는 다만 經部라고 이름하는 자들이 그들이다. 즉 根本師(쿠마라라타)가 널리 譬喩(dṛṣṭānta)를 설한 『結鬘論』(혹은 『喩鬘論』)을 지었기 때문에 '譬喩師'라 이름한 것으로, 설한 바에 따라 [학파의] 명칭을 삼게 되었던 것이지만 그들 모두는 사실상 經部의 一種이다.[5]

경량부는 비록 『대비바사론』 상의 譬喩者의 전통을 잇고 있을지라도

---

4 赤沼智善(1967), 『印度佛教固有名詞辭典』, p.635. 여기서도 역시 "Śrīlabdha (혹은 Śrīlāba, 『티베트 불교사』에서의 명칭), 아유타국에서 『經部毘婆沙』를 지었다"는 현장의 『서역기』와, "『正理論』 상에서 上座로 불린 經部의 室利羅多"라는 法寶의 『俱舍論記』의 一文을 주된 내용으로 인용할 뿐이다.

5 『성유식론술기』 권4本(T43, 358a8-14), "今此設遮經部, 兼破譬喩師. 譬喩師是經部異師, 卽日出論者, 是名經部. 此有三種. 一根本卽鳩摩羅多. 二室利邏多, 造經部毘婆沙, 正理所言上座是. 三但名經部. 以根本師造結鬘論, 廣說譬喩, 名譬喩師. 從所說爲名也. 其實總是一種經部."

사실상 상좌 슈리라타로부터 비롯되었다. 슈리라타, 그는 누구인가? 窺基를 비롯한 普光·法寶 등 동아시아 법상교가는『순정리론』상의 上座가 바로 슈리라타라고 하였을 뿐만 아니라 稱友(Yaśomitra)나 安慧(Sthiramati) 등에 의해 슈리라타의 학설로 평석된『구사론』상의 다른 어떤 이(有餘師, apare, anye, ekīya)의 말이 실제로『순정리론』상에서 상좌 설로 인용되고 있기 때문에[6] 우리는 이제 바야흐로 이를 통해 그의 정체를 살펴보지 않으면 안 된다. 중현은 그의『순정리론』에서『구사론』상에서의 세친(혹은 경량부) 이설의 배후로서, 혹은 세친이 설일체유부 학설에 대해 이의를 제기하지 않은 경우라도 유부 비바사사의 正義에 반하는 상좌/비유자의 학설을 대규모로 인용하여 널리 비판하는데, 우리는 여기서 상좌 슈리라타라는 인물과 그의 사상을 어느 정도 재구할 수 있는 자료를 얻을 수 있기 때문이다.[7]

2. 슈리라타와 譬喩者, 經量部, 上座部

상좌 슈리라타는 阿毘達磨 중심의 (혹은 正理 法性에 근거한) 설일체유부 佛說論에 반대하고 "[다만 佛/如來 所說의] 經을 지식의 근거(pramāṇa: 量)로 삼는다"는 모토 하에 '經量部(Sautrāntika)'로 자칭한 일군의 비유자들(ekīyās-Dārṣṭāntikāḥ)의 상좌/장로(Sthavira)였다. 이에 대해서는 본 연구①『상좌 슈리라타와 경량부』제6장~제14장에서 집중적으로 논의하였기 때문에 여기서는 주목할 만한 몇 가지 논거만을 제시한다.

---

6 권오민(2012),『上座 슈리라타와 經量部』, pp.191-198; 주79 참조.

7 이 같은 방식으로 상좌 슈리라타에 대해 탐구한 것으로는 仁順(2011),『說一切有部為主的論書與論師之研究』第11章 第4節「上座師資的經部學」.; 加藤純章(1989),『經量部の研究』; K. L. Dhammajoti(2011), Śrīlāta's anudhātu doctrine (『佛教研究』 39).; CHANGHWAN PARK(2014), *VASUBANDHU, ŚRĪLĀTA AND THE SAUTRĀNTIKA THEORY OF SEEDS*.; 권오민(2012),『上座 슈리라타와 經量部』; 권오민(2019),『上座 슈리라타의 經量部 思想』 등이 있다.

중현은, "무정물(非有情數)과 번뇌의 허물을 떠난 아라한의 색신(離過身中所有色)은 무루"(T29, 331a27f)라고 주장하고서 유부가 제시한 '아라한의 색신=유루'설의 경증("諸所有眼·色·眼識 乃至 身·觸·身識, 名有漏法": 잡아함 제229경)에 대해 "우리는 이 경을 전승(āmnānya 혹은 paṭha: 誦)하지 않는다"(동 332a22)고 말한 譬喩論師와 그들의 上座에 대해 이같이 힐난하였다. "저들은 일체의 契經을 모두 지식의 결정적 근거(定量)로 삼지도 않으면서 어찌 經量部라 이름하는 것인가?"[8]

이러한 형식의 힐난은 유부가 전승한 衆經의 존재를 부정하거나 不了義로 평석한 곳이면 으레 등장한다. "이렇듯 了義經과 不了義經의 차별상도 알지 못하면서 '나(슈리라타)는 經을 지식의 결정적인 근거로 삼는다'고 말하는 것은 심히 이치에 맞지 않는 말이라 할 수 있다."[9] 이는 곧 경량부란 稱友와 普光 등이 해석한 것처럼[10] 經을 지식의 근거로 삼는 이들로, 상좌 일파인 일군의 비유자들의 自稱이었음을 의미한다. "이렇듯 사납게 [正]路를 벗어나 가면서도 일군(一類)의 [비유자]들은 스스로 '經을 지식의 근거로 삼는 이들'이라고 호칭하니, 참으로 기이한 일이로다!" (주47)

세친은 다른 어떤 이(apare)의 根·境·識(觸)-受의 3찰나 생기설(본서 4-3-2①)을 인용하고서 "이는 아비달마本論 상의 大地法 규정을 파괴하는 것"이라는 유부 비바사사의 비판에 대해 "우리는 '經을 지식의 근거로 삼는 이들(sūtrapramāṇakā: 經爲量者)'이지 '論(즉 아비달마)을 지식의 근거로 삼는 이들(śāstrapramāṇakāḥ)'이 아니"라는 그의 말을 대변하고 있는데,[11] 여기서의 '다른 어떤 이'가 상좌 슈리라타임은 두말할 나위도 없다.[12]

---

8 "彼不以一切契經皆爲定量, 豈名經部?" (T29, 332a23-24); 본서 제1장 1-1① [衆賢] 참조.

9 "如是不達了·不了義經差別相, 而稱'我用經爲定量', 甚爲非理."(T29, 495c20-22); 본서 제1장 3-2-2.4 [衆賢] 참조.

10 "ye sūtra-prāmāṇikā na śāstra-prāmāṇikāḥ te Sautrātikāḥ. (經을 量으로 삼고 論을 量으로 삼지 않는 이들이 經量部이다.)" (AKVy 11. 29f); "以經爲量, 名經部." (T41, 35c6f).

11 (T29, 53b2f).; AKBh 146. 3f.; 본서 제4장 4-3-2⑥.

상좌는 '經에 포함되어 있고 律을 드러내며 法性에 위배되지 않으면 佛說(sūtre 'vataranti vinaye saṁdṛśyante dharmatāṁ ca na vilomayanti buddhavacana iti)'이라는 유부를 비롯한 당시 불교일반의 불설정의(Buddhavacana-lakṣaṇa: 佛教相)를 信受하지 않았을 뿐더러[13] 이러한 정의에 따라 그들 아비달마 諸大論師가 편찬 전승한 衆經 또한 불설로 인정하지 않았다. 그는 오로지 불타에 의해 분명하고도 결정적으로 설해진 것(顯了定說), 이를테면 불타 스스로 標釋(uddeśa-nirdeśa)한, 다시 말해 불타 스스로 문제를 제시하고 해설한 경만을 了義의 불설로 간주하였다.[14]

우리는 '불타(혹은 여래)가 설한 것만이 경(佛說)'이라는 엄격한 경전주의적 불설론의 의미를 띤 '경량부'라는 부파명칭에서, '[누가 설한 것이든] 법성에 어긋나지 않으면 불설'이라는 법성주의적 불설론을 채택한 유부 등은 '經을 지식의 근거로 삼지 않는 이들'이라는 비판을 읽을 수 있다. 따라서 유부 毘婆沙師가 '경량부'라는 호칭을 탐탁하게 여기지 않았을 것임은 쉽게 추측할 수 있는 사실이다. 중현은 '我語取=상2계의 번뇌'라는 유부학설에 대해 "일찍이 어떠한 聖教에서도 이같이 설한 적이 없기 때문에 바른 지식/인식이 아니(非量, apramāṇa)"라고 비판한 상좌에 대해 이같이 논평하였다.

> 上座는 이러한 ['아어취=上2계 번뇌'라는 아비달마 상의 해석]을 배척하여 차라리 "여기서 해석한 이치는 法性에 위배된다"고는 말할 수 있을지언정 "聖教

---

12 稱友(Yaśomitra)는 이를 大德 슈리라타(Bhadanta Śrīlāta)로, 安慧(Sthiramati)와 滿增(Pūrṇavardhana)은 '軌範師(Ācārya) 슈리라타'로 평석하였고, 普光과 法寶 역시 각기 '經部 중의 上座'와 '經部宗의 上座'로 해설하였다. 권오민(2012), 『上座 슈리라타와 經量部』, pp.191-192; 주79 참조.

13 『순정리론』 권46(T29, 604b25), "我不見汝曹有信佛教相."; 본서 제9장 3. '98수면설 비판' [衆賢] 참조.

14 『순정리론』 권26(T29, 488b5-6), "上座自言: 若薄伽梵, 自標自釋, 是了義經. 不可判斯爲不了義."; 동 권27(T29, 495b19-21), "了不了義, 其相云何? 彼上座言: 諸有聖教, 佛自標釋, 名了義經. 所餘契經, 名不了義."; 본서 제1장 3-2-3 '요의경과 불요의경의 정의'①② 참조.

중에서 [설한 적이] 없다"고 하여 [해석 자체를] 전면적으로 부정해서는 안 된다. 세존께서도 언제나 "제 유정이 설한 바로서 法性의 [正]理에 따른 것이라면 지식의 결정적인 근거(定量)로 삼을 만하다"고 말하였으니, 계경에서 "契經에 수순하고 毘奈耶(율)를 드러내며 法性에 위배되지 않는 것이라면, 이와 같은 설은 바야흐로 의지처(pratisaraṇa)로 삼을 수 있다"고 설한 바와 같다.[15]

毘婆沙師에게 있어 저들 비유자/상좌일파는 '經文에 집착하는 사문(著文沙門)',[16] '오로지 경에서 설하고 있는 대로의 뜻(如說義, yathārutārtha)에 집착하는 자',[17] '다만 문자대로 경의 뜻을 이해하는 자'였다.[18] 유부와 견해를 달리하는 그들의 제 학설이 경설에 기반한 것임은 두말할 나위도 없다. 중현은, 멸진정에 들더라도 '識은 몸을 떠나지 않는다'는 경설에 따라 滅定有心說을 주장한 상좌에 대해 "正理에 미혹하여 겨우 경에서 설하고 있는 말씀(經文) 정도 열람할 수 있는 이라면 능히 聖教(āgama)의 깊은 意趣(abhiprāya, 즉 法性)를 회통할 수 없다"고 비판하기도 하였다.[19]

따라서 유부 비바사사에 있어 '경량부'라는 호칭은 일종의 금기어였을 것이다. 중현은 '경량부'라는 말을 거의 사용하지 않는다. 주로『구사론』상에서 세친(經主)이 인용한 그들의 주장을 재인용하거나 앞서 설한 것처럼 상좌일파를 비판 힐난(조소)할 때 언급한다.[20] 그들을 婆沙의 전통에 따

---

15 『순정리론』 권26(T29, 489a18-22), "上座於此, 乍可斥言, '此所釋理違於法性', 不應總撥 '聖教中無'. 世尊每言, 諸有所說, 順法性理, 堪爲定量. 如契經說, '隨順契經, 顯毘柰耶, 不違法性, 如是所說, 方可爲依.'"(본서 제1장 2-5 [衆賢] 참조) 인용한 계경 설은『대반열반경』중 四大教法(mahāpadeśa)의 귀결로서의 佛說정의로 율장 건도부를 비롯한 대소승의 제경론에서 확인된다. (권오민, 2012,「다양성과 유연성의 불교② 法性: 성전의 기준과 불설 정의」 참조) 중현은 '아비달마=불설'論에 대해 논의하면서도 이를 언급하였다. "謂若有說 '隨順契經; 顯毘柰耶; 不違法性. 應隨此等理教信知, 阿毘達磨眞是佛說." (T29, 330c8-10).

16 『대비바사론』 권50(T27, 259b23). 이는 경에서 설한 일이 없다는 이유에서 유부의 98수면론을 부정한 이에 대한 폄칭으로,『순정리론』상에서 이는 상좌 설로 인용된다. (T29, 604a5-17) 본서 제9장 3 '98수면설 비판' 참조.

17 '如經說而執義者' (T29, 494c22); '唯如言定取義者' (T29, 354a13f, 제3장 1-3-2 '무거움과 가벼움'① [衆賢] 참조).

18 '但如文而作解者' (T29, 659b21f).

19 "非迷正理, 纔覽經文, 便能會通聖教深趣." (T29, 771c25); 본서 제3장 2-2-2① [衆賢] 참조.

20 중현은 '경량부'(經部, 經部宗, 經部師 등으로 漢譯)라는 말을 전후 32회 언급하지만, 중현 자신이 경량부

라 譬喻者(혹은 譬喻論師)라는 이름으로 호칭하기도 하지만, 이 또한 매우 제한적으로 사용할뿐더러 (J. Przyluski는 '비유자'라는 명칭은 경량부에 대한 폄칭이라 하였지만, 『구사론』이나 『순정리론』 상에서의 이 말은 대개 『대비바사론』에서 譬喻者설로 인용되거나 언급된 경우이다.: 후설) 여기에는 사상적 경향을 달리하는 몇 가지 계통이 있었던 것으로 보인다.[21] 그래서인지 중현은 경을 지식의 근거로 삼는 경량부를 대개의 경우 그들을 대표하는 '上座'(즉 슈리라타)나, 제자 문인 등 그의 일파('彼部', '彼宗', '彼師徒', *tad-pākṣika)를 나타내는 '上座徒黨' 또는 '上座宗'(Sthavira-pākṣika)이라는 말로 호칭한다.

窺基 등의 동아시아 法相教家 역시 이들 상좌일파를 '上座部'로 호칭하였다. 예컨대 『성유식론』의 알라야식 논증 제1 持種證에서 인용 비판된 어떤 이의 色心自類相熏說(T31, 15c24f)은 『순정리론』 상에서 上座 설로 확인되는데,[22] 無性(Asvabhāva)은 『섭대승론』 상에서의 이 주장(T31, 137a14f)을 經量部 설로 평석하였지만,[23] 규기 등은 이를 上座部 설로 평석하고서 "無性이 이를 '경량부'라고 말한 것은 이들 上座部 중에 '經을 지식의 근거로 삼는 이들'이 있었기 때문"이라고 해설하고 있다.[24] 그러나 상좌 슈리라타에 대해서는

설을 인용하면서 언급한 것은 네 번 밖에 되지 않는다.(이 또한 두 번은 『구사론』에서의 재인용이며, 두 번은 무기명의 問難) 그리고 經主 세친의 인용으로 네 번, 上座의 논설 중에서 한번 언급되며, 나머지 23번은 모두 이들의 諸說(10가지 토픽)을 비판 힐난하는 과정 중에 언급된다. 권오민(2012), 『上座 슈리라타와 經量部』, pp.320-360 참조.

21 『순정리론』에는 '비유자'라는 명칭이 54번 언급되지만, 이 중 그들 학설의 주장자로 언급된 것이 23번, 나머지 31번은 비유자, 상좌, 경주 세친, 라마 학설의 비판, 나아가 경량부라는 명칭과 관련하여 언급되고 있다. 권오민(2012), 『上座 슈리라타와 經量部』, pp.253-272 참조.

22 (T29, 447a22-27).

23 『섭대승론석』 권3(T31, 396b20-29). 한편 이 학설은 世親釋의 眞諦譯本에서는 경량부 설로 인용되지만(T31, 166b3-10). 玄奘譯本에서는 譬喻論師 설로 인용된다. (T31, 330a9-11).

24 『성유식론술기』 권4本(T43, 358b2-4), "以下第三破上座部. 無性第三云, 經部師者. 卽此上座部中, 自有以經爲量者, 故言經部."; 太賢, 『성유식론학기』권중本(H3, 557a19-21), "述曰: 第三破上座部. 然無性云, 是經部者. 上座部中有經爲量, 名爲經部. 非本經部." 태현이 상좌 슈리라타를 本經部가 아니라고 한 것은 智周가 상좌의 舊隨界설을 本經部(선대궤범사)의 색심호훈설로 여긴 것에 대한 비판이다. 瑜伽法相宗의 상좌의 色心自類相熏說 비판에 대해서는 권오민(2019), 제12장 3-2 참조.

'根本經部'로 호칭하기도 하지만,[25] 대개는 쿠마라라타의 本經部에 대응하는 末經部로 호칭한다. 쿠마라라타는 譬喩(dṛṣṭānta: 世間現喩) 형식의 『喩鬘論(비유집성, Dṛṣṭānta paṅkti)』을 지었다는 이유에서 譬喩者(Dārṣṭāntika)로 간주되었고, 당시는 아직 경량부가 출현하기 전이었지만 비유자가 경량부의 선구라는 점에서 本經部(혹은 經部本師, mūla-Sautrāntika)로 일컬어졌던 것이다.

한편 上座徒黨이나 經部異師로 알려지는 婆藪跋摩(Vasuvarman, 世鎧 혹은 世曺)[26]도 '경량부'와 '상좌부'라는 말을 혼용하고 있다. 그는 『四諦論』 제6 「分別道諦品」에서 유부의 무표업 논증을 비판하면서 앞서 설한 비유자와 상좌의 '無流(무루)色=아라한 色身'설(즉 제2증 비판)을 경량부 설로,[27] "무루정려 중에서 邪語 등을 짓지 않는 것이 正語"라는 제5증 비판(『구사론』에서는 有餘師 설, 『순정리론』에서는 上座 意)을 上座部 설로 전하고 있는 것이다.[28]

정리하면 슈리라타는 譬喩者 계통의 상좌/장로(Sthaviara)였다. 그의 일파(pākṣika, 徒黨)는 카슈미르 有部 毘婆沙師가 正理 法性 즉 聖教의 취지(abhiprāya: 別意趣, 密意)를 밝힌 아비달마를 지식의 근거로 삼은 데 반해 經(佛所說로서 顯了定說)을 지식의 근거로 삼는 이들이라는 의미에서 '經量部'로 자칭하였다. 따라서 『순정리론』 상에서 [상좌가 속한] 일군의 비유자, 경량부, 상좌와 그의 일파(上座徒黨/上座宗 혹은 上座部)는 동일한 그룹을 가리키는 말로서 동아시아 법상교가는 이들의 상좌 슈리라타를, 쿠마라라타 등을 本經部(경량부의 선구)로 일컬은 데 대해 '末經部'로 호칭하였다.

---

25 『성유식론술기』 권4末(T43, 371b26f). 여기서 根本經部는 大地法으로 受·想·思 3법을 설하는 자로, 『순정리론』에서 이는 上座이다. 아마도 '경량부'로 자칭한 이들의 祖師(mūla)라는 뜻일 것으로, 경량부라는 부파의 원조라고 할 만한 譬喩者(쿠마라라타)를 의미하는 本經部와 구별하지 않으면 안 된다.

26 세친은 『구사론』 「세간품」에서 '此有故彼有 此生故彼生'이라는 연기의 두 정형구에 대해 前句는 無因論을 비판한 것이고, 後句는 自性(prakṛti)이나 自我(ātman)와 같은 常因論을 비판한 것이라는 有餘師의 주장을 인용하는데(T29, 50c26-28), 普光은 이를 '『순정리론』에서 上坐徒儻으로 호칭한 經部異師인 尊者世曺'로(T41, 171c11f), 稱友는 sthavira Vasuvarmā(上座世鎧)로(AKVy. 297. 27)로 평석하였지만, 중현은 보광이 언급한대로 上座徒黨 중의 어떤 이로 전하고 있다. (T29, 482c3f) 본서 제7장 2-2-3 '上座徒黨의 해석'① 참조

27 (T32, 396a5).

28 (T32, 396b27-c2); 본서 제8장 2-6 '제5 說八道支證 비판'① 참조.

3. 슈리라타, 비유자(혹은 경량부)의 상좌/장로

상좌/장로(Sthavira)는 학식과 연륜을 갖추고 다수의 제자 문인을 거느린 교단의 원로를 지칭하는 존칭어이다. 중현은 적대자인 슈리라타를 왜 '상좌'로, 그의 제자 문인들을 '상좌도당'이라는 말로 호칭하였던가? 그가 실제 당시 세간으로부터 존경받은 불교교단의 원로였기 때문이었을까?

그런데 중현은 상좌 슈리라타를 '寡學上座(배움이 부족한 상좌)'[29]나 '朽昧上座(늙어빠진 우매한 상좌)'[30]로 부르기도 한다. 혹은 상좌와 색법의 等無間緣性에 대해 논쟁하면서 "이는 다만 上座의 年齒(나이)가 노쇠하여 헛된 말을 내뱉은 것일 뿐"이라고 힐난하기도 하였고,[31] 제법의 前滅後生의 관계에 대해 논쟁하면서 "찰나의 生滅은 분별하여 설하기 어렵다"는 상좌의 말에 대해 "나이가 이미 과년하여 늙고 쇠퇴한 시기이거늘, 어찌 헤아릴 수 있을 것인가? 그러니 젊었을 때 항상 생각해 보아야 한다"고 조소하기도 하였다.[32] 이로 볼 때 상좌가 비록 중현과 시대를 함께하였을지라도 그와는 세대를 달리한 고령이었을 것이다.

또한 상좌 슈리라타는 당시 불교학계에 매우 영향력이 컸던 논사였을 것으로 생각된다. 중현은 상좌가 "과거 색이나 과거 업은 실체로서 존재하는 것이 아니라 일찍이 경험(領納)하였던 것이나 隨界(종자)로 존재한다"고 주장한 데 대해 이같이 비아냥거린다.

> 참으로 가소로운 일이다. 경(과거·미래색이 존재한다고 설한 잡아함 제79경)의 뜻을 이와 같이 해석하여 어찌 능히 과거·미래가 실로 존재한다는 사실을

29 (T29, 352c1; 489a4); 본서 제3장 1-3-1 '미끄러움과 껄끄러움'; 제1장 2-5 '我語取=上界 惑 설' 참조.

30 (T29, 604a5); 본서 제9장 3 '98수면 비판' 참조.

31 "但是上座其年衰朽, 出虛之言."(T29, 445b6f); 본서 제6장 3-1 '색법=등무간연' 설③ [衆賢] 참조.

32 "尙年已過, 居衰耄, 豈能測量. 幼恒思擇."(T29, 450b16f); 본서 제3장 2-1-2 '유위4상 俱有論 비판' [衆賢] 참조.

> 부정할 수 있을 것인가? 이와 같이 一切智(즉 불타)의 經을 그릇되게 해석하여 어찌 印度의 方域을 능히 莊嚴할 수 있을 것인가? (혹은 '莊嚴할 수 있었던가?')[33]

이는 곧 상좌가 당시 인도 전역에 명성을 떨친(*vyūha: 莊嚴) 논사, 혹은 인도 전역에서 찬탄된(maṇḍita: 莊嚴) 논사였음을 전제로 한 힐난이다. 중현은 또한 "이처럼 자신의 주장을 세우기 위해 聖教(āgama)와 正理(yukti 혹은 nyāya)도 따르지 않고 다른 宗(유부종)을 헐뜯는 이를 어찌 '어진 이(仁師)'라 할 것이며, 이 같이 법(福業增長의 근거인 무표업)을 비방하는 이를 어찌 '진실한 이(善人, *sat-puruṣa)'라 할 것인가?"라고 비판하기도 하였는데,[34] 이 또한 그가 당시 그의 문도들 사이에서(혹은 세간 일반에서) '어진 이' '진실한 이'로 일컬어졌음을 의미한다. 그 역시 스스로를 '논란을 훌륭하게 해석하는 이(善釋難師)',[35] '賢聖法을 밝혀 품수한 이(彰稟賢聖法)',[36] 나아가 '능히 [涅槃城으로 오르는] 사다리'[37]라고 말하기도 하였다.

이런 그에게 다수의 제자 문인이 있었을 것임은 두말할 나위도 없다. 중현은 그의 徒黨으로 라마를 비롯한 다수의 親教문인에 대해 언급한다. 그러나 그들은 특정의 문제에 대해 스승(즉 상좌)과 견해를 달리하기도 하였다. 규기 또한 상좌일파(上座部師) 중에도 本計(根本計)와 末計(所末計)가 있었다고 전하고 있다.[38] 중현이 그들을 언급한 것은 상좌의 견해를 비판하기 위함이었지만("親教문인도 同見者도 믿지 않거늘 어찌 우리가 수용할

---

33 "可笑! 如是解釋經義, 此豈能遮去來實有? 如是謬釋一切智經, 豈能莊嚴印度方域?" (T29, 627b22ff). 본서 제5장 4-1 '삼세실유설 경증1 비판' [衆賢] 참조.

34 (T29, 489b20f; 541c2f).

35 "如何自號善釋難師, 而絶未知立同喩法." (T29, 361b28f).

36 "越路而行, 誹毁正法, 顯己有濫外道異生, 豈謂自彰稟賢聖法?" (T29, 489b23f).

37 "然彼未得證眞理智, 又未承奉達眞理師, 恒起'我能爲梯蹬'慢." (T29, 618a9f).; 본서 제9장 7-2 '유신견과 변집견' [衆賢] 참조. 여기서 '사다리'는 『불소행찬』에 의하면 예컨대 사람들로 하여금 天趣로 올라가게 하는 청정한 계율과 같은 것이다. "淨戒爲梯蹬, 令人上昇天." (T4, 43a11).

38 (T43, 365a19-23).

수 있을 것인가?": 주71 참조), 다른 한편으로 보면 이는 곧 그들 일파는 스승과 제자 사이도 견해를 달리할 만큼 자유로운 토론을 보장하였다는 말이기도 하다. 상좌 또한 集諦에 관해 [그가 추앙하였던] 馬鳴과 견해를 달리하였고, 중현은 이 역시 상좌 비판의 한 논거로 제시하기도 하였다.[39]

상좌의 대표 제자는 大德 邏摩(Bhadanta Rāma, 『현종론』에서는 大德 喜慧)이다. 라마 역시 譬喻論者로도 호칭되는데, 『순정리론』 상에 전후 8번 등장한다. 신라의 圓測은 거울에 맺힌 영상(像)과 본체(質)에 대해 논의하면서 대덕 라마의 견해('非隔非連 非實不實')를 인용하고서 그를 쿠마라라타-슈리라타에 이은 '經部의 세 번째 大師'로 언급하고 있다.[40]

세친 또한 비록 상좌의 親敎제자는 아니었을지라도 그의 문인, 그의 徒黨이었다고 말할 수 있다. 『구사론』 저술 당시 상좌와 가까이하여 경량부의 성전관에 동조하였고(다시 말해 '아비달마=불설'론을 부정하였고)[41] 견해를 함께한 '同見者'(주71 참조)였을 뿐만 아니라 중현은 라마의 경우와 마찬가지로 그의 名色 종자설이나 삼세실유설을 비판하면서 역시 '비유자'라는 이름으로 비판하기도 하였다. 稱友가 궤범사 세친을 '경량부 徒黨(Sautrāntika-pākṣikas)'으로 호칭한 것[42]도 이 같은 사정 때문이었을 것이다.

---

39 (T29, 660a3-6).

40 원측, 『해심밀경소』(『한국불교전서』 1, 306b22), "此卽經部第三大師. 於經部中 有三大師, 一鳩摩邏多, 二室利邏多, 三大德邏摩."

41 세친은 『구사론』 「계품」 제3송 제4구에서 '불타가 아비달마를 설한 것이라고 傳한다(因此傳佛說對法)'고 말하여 '아비달마=불설'론에 不信을 표방하였다. 중현 또한 세친의 阿羅漢果 無退論에 대해 비판하면서 이 같이 비난하였다.: "자세히 살펴보건대, 저 具壽(經主 세친)는 자신에 의해 주장된 삿된 뜻(邪義)만을 [지식의] 근거로 삼을 뿐 도무지 善逝께서 설한 계경의 올바른 뜻(正義)에 따르려고 하지 않는다. [그럼에도] 어떻게 그대들은 오래도록 자신의 생각(情)을 감추고서 항상 거짓되게 '우리는 經에 의지하여 설할 뿐 아비달마(對法)의 正理에 의지하지 않으니, 아비달마의 종의에는 경에 위배되는 내용이 있기 때문이다.'고 말하는 것인가?" (T29, 719c14-17).

42 稱友는, "만약 色處에 색채(顯色)와 형태(形色)의 두 실체가 존재한다면 신표업에도 색채의 지각이 일어난다고 해야 한다"는 세친의 비판에 "형태의 지각이 일어나지 않는 푸른색이나 빛·밝음과 색채의 지각이 일어나지 않는 신표업을 제외한 그 밖의 색처는 색채와 형태의 지각이 일어난다"는 毘婆沙師의 의도를 기술하고서 "경량부 徒黨인 이 궤범사는 이 같은 사실을 인정하지 않는다(sautrāntikapākṣikas tu ayam ācāryo nainam arthaṃ prayacchati)"고 평석하였다. (AKVy 26. 14f).

중현에 의하면 『구사론』 상의 다수의 그의 논설은 상좌와 가까이하여 그로부터 영향 받은 것이다.[43]

> 무릇 鄙淺한 이(세친)는 朋黨(즉 上座宗)의 주장이 마음을 덮어 거칠고 얕은 뜻조차 능히 분명하게 관찰하지 못하니, 참으로 기이하다.[44] (삼세실유 경증①에 대한 經主의 논란을 비판하면서)

> 大德(세친)은 어떠한 이유에서 '聖教와 正理에 미혹한 이들'과 더불어 사악한 붕당을 맺어 이와 같은 수승한 공덕과 뛰어난 覺慧를 갖춘 부처님의 聖제자들을 비방하고, 무량의 중생들을 惡見의 구덩이에 빠트리는 것인가?[45] (位不同說에 대한 세친의 힐난을 비판하면서)

우리의 상식적 이해와 달리 상좌의 경량부는 경전을 독자적으로 전승하고 있었다. 중현은, 상좌가 경량부에서 전승(āmnāya: 誦)한 경설에 근거하여 무표업 실유론 제1증(說三色證)을 비판하고서 "아비달마논사들도 이를 믿고 배워야 한다"[46]고 훈계한 데 대해 다음과 같은 아비달마 諸大論師의 말을 인용하고 있다.

> 기이하도다! 賢[聖]을 파괴하고서 널리 애탐하며, 이와 같이 사납게 [正]路를 벗어나 가면서도 일군(一類, ekīya)의 [비유자]들은 스스로 '經을 지식의 근거로 삼는 이들'이라고 호칭하는구나! 그러면서도 오히려 [우리(유부)의] 眷屬을 포

43 예컨대 ① 유위4상의 정의(T29, 27c29-28a2), ② 過未실유 비판(동105b18), ③ 行相의 정의(동 137c3-4) 등에 대해 각기 ① '朋上座宗'(T29, 407c9: 주82), ② '朋附上座所立宗趣'(동 625b2f: 주83), ③ '依附他宗'(동 741b4f; 제11장 1 '行相의 정의' 참조)이라는 말과 함께 『구사론』 상의 세친의 논설을 인용하고 있다. 이 밖에 세친이 '상좌(혹은 他, 餘宗)와 가까이하여 설하였다'는 비난이나 '그들과 가까이하지 말라'는 훈계의 말은 부지기수로 등장한다.

44 "奇哉! 凡鄙朋執覆心, 麤淺義中不能明見."(T29, 626a1-2); 제5장 2-3 [附論] '세친의 本無今有論' [衆賢] 참조.

45 "大德何緣與迷聖教及正理者共結惡朋, 訕謗如斯具勝功德增上覺慧佛聖弟子, 陷無量衆置惡見坑?" (T29, 633b21-23)

46 "彼作是說: 經部諸師, 所誦經中, 曾見有此. 諸對法者, 應專信學." (T29, 540b10-11); 본서 제8장 2-1 '총설'② 참조.

섭하여 內法人으로 삼아 때때로 [이들과] 더불어 매우 심오한 正理와 聖教에 대해 評論하는구나![47]

여기서 상좌가 유부의 권속을 포섭하여 자신의 문인(內法人)으로 삼은 이는, 우리가 아는 한 바로 세친이다. 중현은 구사론주 세친에 대해 "저들 論의 惡見의 더러운 때(垢塵)로 마음을 더럽히지 말고 有部宗의 정법의 물로 목욕할 것"(주99)을 누누이 권유한다. 그는 세친이 善說로 인용한 경량부의 '隨眠=번뇌種子'설을 비판하면서 상좌가 지은 論(śāstra)을 학습하지 말라고 대놓고 훈계하고 있다.

한 마디로 말해 저들 [上座]宗(*pākṣika)에서 주장하는 바는 대부분 실체적으로 말할 수 있는 것이 아니다. 따라서 불타의 말씀(buddhavacana)에 대해 올바른 이해를 구하고자 하는 이라면 이와 같은 論師에게 학습해서도, 그와 가까이 해서도 안 된다. 지혜가 총명한 자라 할지라도 그의 論을 학습한다면, 지니고 있던 覺慧마저 모두 다 점차 어두워지고 저열하게 되고 말 것이니, 그의 論에서 설해진 것은 대부분 확실하지 않기 때문이며, 앞뒤의 뜻과 말이 서로 모순되기 때문이며, 힐난을 감당할만한 것이 아니기 때문이며, 聖教(āgama)에도 어긋나기 때문이다.[48]

정리하면 상좌 슈리라타는 중현 당시 이미 그와는 세대를 달리한 노령으로, 上座徒黨(혹은 上座宗/上座部, *Sthavira pākṣika)으로 일컬어진 다수의 제자 문인을 거느리고서 인도 전역에 명성을 떨친 (혹은 인도 전역에서 찬탄된)

---

47 "阿毘達磨諸大論師實謂: 奇哉! 壞賢泛愛, 如斯慌戾越路而行, 一類自稱經爲量者. 猶能眷攝爲內法人, 時與評論甚深理教." (T29, 540b13-16); 본서 제8장 2-2 '제3 說三色證 비판'② [衆賢] 참조.

48 "以要言之, 彼宗所執多分無有實體可記. 欲於佛教求正解者, 不應習近如是論師. 以聰慧人習彼論者, 所有覺慧皆漸昧劣, 彼論所說多不定故, 前後義文互相違故, 不任詰故, 越聖教故."(T29, 598b9-13); 본서 제9장 1. [附論] '세친의 수면론' [衆賢] 참조.

비유자/경량부의 상좌였다. 중현이 상좌/장로를 존칭어로 사용하지 않았다는 점에서 '상좌'는 다만 비유자/경량부의 상좌가 아니라 당시 그에 대한 세간의 호칭이었을지도 모른다.[49] 타라나타(Tāranātha)가 그의 『불교사』 서두에서 인도불교사와 관련된 중요인물을 적시하면서 슈리라타를 法救(Dharmatrāta)·世友(Vasumitra)·妙音(Ghoṣaka) 등과 함께 11인의 장로(gnas-brtan, sthavira) 중의 일인으로 열거한 것도 필시 이 같은 사정이 있었기 때문일 것이다.[50]

그리고 세친이 상좌의 親教弟子가 아니라 다만 同見者였고 티베트의 전승대로 중현의 제자였다면 (普光에 의하면 중현은 세친의 연하의 後進), 상좌로부터의 영향은 앞의 인용에서 보듯이 그와의 직접 대면이 아니라 그의 論(즉 『經部毘婆沙』)을 통해서였을 것이다. 그래서 "그의 論을 학습하지 말라"거나 "저들 論의 惡見의 더러운 때로 마음을 더럽히지 말라"고 훈계하였을 것이다.

4. 상좌 슈리라타와 『경부비바사』

1) 성전의 편찬자

상좌 슈리라타는 카슈미르 사람이다. 티베트 불교사에서는 그를 카니시카II세(3세기)로 추정되는 아파란타카(Aparāntaka)의 찬다나팔라(Candanapāla)왕 시대 카슈미르에서 출현한 경량부의 위대한 스승(mahācārya, 大軌範師)으로 전하고 있다.[51] 稱友(Yaśomitra)는 카슈미르 毘婆沙師(Kāśmīr Vaibhāṣikāḥ)에

---

49 印順法師 역시 당시 슈리라타는 따르는 이들이 많았고 고령이었기 때문에 일반인들이 그를 上座로 존칭하였고, 중현 또한 비록 그를 꾸짖고 풍자하였을지라도 (비아냥댔을지라도) 세속에 따라 上座로 호칭하였을 것이라고 논의하였다. (釋印順 2011, p.476).

50 Lama Chimpa, trans., *Tāranātha's, History of Buddhism in India*, p.15.; 寺本婉雅 譯註, 『タ-ラナ-タ 印度佛教史』, p.16. 나머지 7인은 覺天(Buddhadeva)·쿠마라라타(Kumāralāta)·바마나(Vāmana)·쿠날라(Kuṇāla)·수반카라(Śubhaṅkara)·상가바르다나(Saṅghavardhana)·삼부티(Sambhūti).

51 Lama Chimpa, trans. Ibid., p.103.; 寺本婉雅 譯註, 같은 책, p.113.

대해 분별하면서 "카슈미르인이지만 毘婆沙師가 아닌 이는 율[장]에 대해 지식을 가진 이와 경량부의 大德(Sautrāntikā Bhadanta)이며, 毘婆沙師이지만 카슈미르인이 아닌 이는 外方(간다라)의 비바사사"라고 하였는데,[52] 여기서 경량부의 大德은 필시 상좌 슈리라타일 것이다. (주61 참조)

중현이 전한 상좌 슈리라타의 두드러진 특색은 그의 성전관에서 찾을 수 있다. 그는 전술한대로 유부 비바사사가 전승한 다수의 경전의 오류를 지적하고서 자파(경량부)가 전승한 경을 믿고 배우기를 권유하기도 하였고 (주46 참조), 자신의 불설론에 따라 유부가 전승한 衆經을 아비달마논사들이 독자적 찬집하여 阿含에 편입시킨 것 즉 非佛說로 평석하기도 하였다.[53] 중현은 저들 상좌일파의 논(彼部論)에서 유부의 '修惑의 品別斷惑' 설을 참된 聖教 설이 아니라고 말한 데 대해 "상좌 자신도 인정하지 않거니와 우리도 그를 진실의 大聖(즉 불타)으로 인정하지 않거늘 어찌 자신의 말은 바로 聖教(āgama)에 포함되고 [유부의 '品別 斷惑'설은 그렇지 않다는] 것인가? 불타께서도 일찍이 이와 같이 설한 적은 없었다"고 비판하였다.[54] 상좌는 마치 자신이 부처라도 되는 양 聖教의 진위를 판정하였지만, 불타도 결코 그 같이 말한 적이(자신의 말만이 성교/불설이라고 말한 적이) 없었다는 것이다.

상좌가 유부 전승의 衆經이나 핵심교설(98수면설 등)을 비불설로 판석한 것으로 볼 때, 그는 어떤 식으로든 성전편찬과 관련이 있을 것으로 추측할 수 있는데, 타라나타(Tāranātha)는 그의 『불교사』 제12장에서 카니시카왕 시대 제3결집(카슈미르 결집)에 대해 논하면서 이 시대 최초의 경량부의 위대한 대덕으로 항상 5천의 비구대중으로부터 공양을 받은 카슈미르의 상좌(Sthavira)가 경량부의 성전으로 lung dpe'i phreng ba와 sde snod 'dzin

---

52 AKVy 694. 5f.

53 본서 제1장 1-1②, 1-2①; 권오민(2012), 『上座 슈리라타와 經量部』, pp.586-590 참조.

54 "非彼上座自許己身, 及我許彼是眞大聖. 寧謂自言是聖教攝? 佛曾無處作如是言." (T29, 696a2-4); 본서 제10장 5-1① [衆賢] 참조.

pa'i dpe mkhyud 등을 편찬하였다고 전하고 있다.[55] 여기서 '카슈미르의 상좌'가 만약 앞서 말한 경량부의 위대한 스승이라면, 바로 상좌 슈리라타이다.

玄奘과 그의 고제 窺基는 상좌 슈리라타에게는 『經部毘婆沙』라는 저술이 있었다고 하였지만(주5; 68), 중현이 인용 비판하고 있는 상좌 또한 자신의 論을 갖고 있었다. 이미 앞에서도 중현이 세친에 대해 '저 상좌의 論(彼論)'을 학습하지 말라고 당부하였고, '저들 상좌일파(彼部)의 論'에서는 마치 자신이 부처라도 되는 양 '이는 불설이다' '이는 불설이 아니다'고 판정한다고 힐난하였던 사실을 언급한 바 있지만(주54 참조), 중현은 실제 상좌의 論에서 그의 주장을 대규모로 인용·비판할 뿐만 아니라 비판 중에 상좌가 論을 지었다는 구체적 사실과 함께 論의 성격이나 위상 등을 암시하는 다수의 내용도 함께 전하고 있다.

> 이와 같은 스승의 제자(師徒)들을 어질고 착하다고 할 수 없는 것으로, 이렇듯 자신들의 스승이 노심초사하며 지은 論의 종의를 자신의 능력을 드러내기 위해 경솔하게 탄핵하고 배척하니, 훌륭한 설법자라면 이치상 마땅히 그래서는 안 되는 것이다.[56] (상좌의 親教門人이 '此有故彼有 此起故彼起'에 대해 상좌와 달리 해석한 것에 대해 비평하면서)

> 그(상좌)는 견고한 번뇌가 마음을 얽어매어 자신의 論에서 글을 짓고 頌을 짓는 중에 麤惡한 말을 설하여 성현을 비방하고 헐뜯으며, 까닭 없이 스스로를 상하게 하였으니, 심히 연민할 만한이라고 할 수 있다.[57] (4波羅夷에 의한 捨戒

---

55 Lama Chimpa(ibid p.92)는 이를 각기 āgama grantha mālā와 Piṭakadhara muṣṭi로 還梵하고 전자에 대해서만 '일련의 아함성전(the series of āgama works)'으로 번역하였다.(후자는 '三藏[의 취지]가 보존된 握拳'의 뜻) 또한 寺本婉雅 譯註, 앞의 책(p.98)에서는 이를 '阿含聖典の整理と 三藏を含む聖典'으로 옮기고 있다. 권오민(2012), 『上座 슈리라타와 經量部』, pp.562f 참조.

56 "如是師徒, 未爲賢善. 自師勞思所造論宗, 爲逞己能, 輕爲彈斥. 善說法者, 理不應然." (T29, 482a28ff); 본서 제7장 2-1② [衆賢] 참조.

57 "然彼堅固煩惱纏心, 於自論中造文作頌, 說麤惡語, 謗讟聖賢, 無故自傷, 深爲可愍." (T29, 566b23ff); 본서 제8장 4절 ② [衆賢] 참조.

說을 비판하면서)

그대들은 吉祥論을 갖추었다면서 이제와 어디서 수승한 지혜를 얻어들었기에 "일찍이 어떠한 곳에서도 불타께서는 '隨眠에는 行相과 [5]部와 [3]界의 차이에 따라 98가지가 있다'고 설한 일이 없었다"는 사실을 알게 된 것인가?[58] (98수면설이 비불설이라는 상좌설을 비판하면서)

위의 인용문에서 언급한 '吉祥論(*Śriśāstra)'은 상좌가 지은 論의 정식명칭이 아니라 별칭이었을 것이다. 상좌일파가 상좌의 論을 이같이 호칭한 것은 이것이 그들 부파의 교학을 집대성(廣說: vibhāṣā)한 대표 논서로, 아마도 그만큼 뛰어난 論이었기 때문이었을 것이다. 후술하듯이 그의 論은 특정 주제에 대해 논설한 간략한 비바사(즉 略毘婆沙)가 아니라 佛說로부터 시작하여 道果의 賢聖에 이르기까지 불교학의 거의 모든 문제에 대해 논설한 방대한 논서(즉 大毘婆沙)였을 것으로 생각된다.

상좌 슈리라타에게 비바사론이 있었다는 사실은 稱友(Yaśomitra)의 『구사론석』를 통해서도 유추 가능하다. 세친은 『구사론』「定品」에서 靜慮支에 대해 논의하면서 "앞의 세 정려의 樂은 다만 身受樂"이라는 다른 어떤 이의 설[59]을 인용하여 "초정려와 제2정려의 樂은 輕安樂, 제3정려의 樂은 心·身受樂"이라는 유부학설과 對論하는데, 普光과 法寶는 이를 경량부의 이해/생각을 서술한 것이라 평석하였지만,[60] 稱友는 "譬喩者들의 종의로 전해진 것"이라 평석하고서 이같이 해설하고 있다.

---

58 "又復汝等具吉祥倫(宋·元·明本에 의하면 '倫'은 '論'의 誤寫), 今時何從逮殊勝智, 知曾無處, '佛說隨眠行部界殊有九十八.'" (T29, 604b27ff); 본서 제9장 3절 [衆賢] 참조.

59 "有說. 無有心受樂根. 三靜慮中說樂支者. 皆是身受所攝樂根."(T29, 147a6-7); apare punar āhuḥ. nāsty eva caitasikaṃ sukhendriyaṃ triṣv api hi dhyāneṣu. kāyikam eva sukham aṅgaṃ vyavasthāpitam iti. (AKBh 439. 1-2); 제11장 2절 [附論]① 참조.

60 (T41, 423a28ff; 791c5).

그들은, 樂根은 욕[계]와 초정려의 2地에만 존재하는 것이 아니라고 [주장한다]. 만약 그렇다면 어떻게 [주장하는가]?

樂根은 욕계로부터 제3정려에 이르는 4地에 존재한다[고 주장한다]. 그렇기 때문에 經量部의 大德(Bhadanta Sautrāntika)은 [자신의] 『毘婆沙(Vibhāṣā)』에서 "阿毘達磨論師들도 水車의 水桶(araghaṭṭa)에 의해 [끌려 올라가는 물]처럼 眼識 등도 下[地]로부터 上[地]로 이끌려 올라간다"고 설하였다. 이에 따라 저 [經量部 大德]은 眼識 등은 제2정려地 등에도 존재한다고 주장하였던 것이다.[61]

『순정리론』 상의 상좌 또한 초정려와 제2정려의 樂은 輕安樂이 아니라 身受樂이라고 주장하였음은 두말할 나위도 없다. 중현은 『구사론』 「定品」 상의 "아래 세 정려 중의 樂은 身受樂"이라는 다른 어떤 이의 설을 '세친(經主)이 인용한 다른 이의 학설'[62]로 인용 비판한 다음, "어떠한 聖教에서도 輕安의 본질을 樂으로 설한 일이 없다는 이유에서 초정려와 제2정려의 樂은 經에서 설한대로 身受樂이다"는 上座 설[63]을 인용하고서 "이에 대한 비판은 앞서 經主 세친이 인용한 것에 대해 비판한 것과 동일하다"고 논평하였다.[64] 이로 볼 때 앞서 稱友가 언급한 "카슈미르인이지만 비바사사가 아닌 경량부 대덕"은 상좌 슈리라타이며, '경량부 대덕의 『毘婆沙(Vibhāṣā)』'는 그가 노심초사하며 지었다는 『吉祥論』이라 말할 수 있다.

---

61 AKVy 673. 5-12, Dārṣṭāṃtikānāṃ kilaiṣa pakṣaḥ. teṣāṃ hi na dvi-bhūmikam eva sukhendriyaṃ. kāma-prathama-dhyāna-bhūmikam iti. kiṃ tarhi. catur-bhūmikam api sukhendriyaṃ bhavati. kāmāvacaraṃ yāvat tṛtīya-dhyāna-bhūmikaṃ iti. ata eva ca Vibhāṣāyāṃ Bhadantena Sautrāntikenoktam. Ābhidhārmikāṇāṃ araghaṭṭeneva cakṣur-vijñānādikam adhastād ūrdhvam ākṛṣyata iti. tad evam asyeṣṭaṃ bhavati. cakṣur-vijñānādikaṃ dvitīy'ādi-dhyāna-bhūmikam api bhavatīti.; 櫻部 建・小谷信千代・本庄良文(2004), 『俱舍論の原典研究: 智品·定品』, pp. 249-250 참조.

62 "經主此中假引他說." (T29, 760b7-9); 본서 제11장 2절 [附論] '세친의 身受樂설'① 참조.

63 (T29, 761b16-21); 본서 제11장 2절 '앞의 두 정려의 樂은 身受樂' 참조.

64 "破此同前經主所引."(T29, 761b21); 본서 제11장 2절 [衆賢] 참조.

2) 상좌의 『경부비바사』

상좌가 노심초사하며 지은 論이나 상좌일파가 『吉祥論』이라 찬탄한 論을, 또한 稱友가 전한 경량부 대덕의 『毘婆沙』를 玄奘의 『대당서역기』와 窺基의 『성유식론술기』 상에 언급된 상좌 슈리라타의 『經部毘婆沙』로 추측하는 것은 그다지 어려운 일이 아니다. 앞서 아비달마논사는, 상좌가 유부의 학도(예컨대 세친)들을 포섭하여 그들과 正理와 聖敎에 대해 評論하였다고 하였는데, 그가 다른 부파의 학도를 포섭하여 정리와 성교에 대해 평론할 수 있었던 교학적 권위는 필경 그의 『경부비바사』에서 비롯되었을 것이다. 그렇다면 슈리라타가 인도 전역에 명성을 떨친 상좌/장로가 된 것도, 세친이 『구사론』을 저술할 때 경량부적 사유를 띠게 된 것도 바로 이 논서로 인해서였을 것이다.[65]

상좌의 論은 저들 상좌일파에게 성전(āgama)과 같은 것이었다. 중현은 '修惑의 品別 斷惑'을 부정하고 家家와 一間은 다만 利根의 예류과와 일래과를 가리키는 말일 뿐이라는 저들 [상좌]일파(彼部)의 論에 대해 이같이 비평하였다. "상좌 자신도 인정하지 않거니와 우리도 그를 진실의 大聖(즉 불타)으로 인정하지 않거늘 어찌 자신의 말이 聖敎에 포함된다는 것인가?" (주54) 이로 볼 때 적어도 상좌일파에게 있어 상좌의 말과 주장은 大聖의 말씀에 비견될만한 것이었다.

중현이 전하고 있는 상좌의 말과 주장 또한 대부분 그가 직접 들은 것이라기보다 『길상론』으로도 일컬어진 『경부비바사』에서 인용하였을 것이다. 『순정리론』 상에서 상좌의 학설은 모든 品에서 확인된다. '상좌'라는 記名기사만도 150여 회가 넘는다. 여기에 다시 '譬喩者'와 '經量部'의 기명기사가 각기 23번과 8번 인용되며, 상좌의 학설이지만 무기명(즉 有餘師설이

---

65 주43); 釋仁順(2011), 『說一切有部為主的論書與論師之研究』, p.561 참조.

나 有說)으로 전한 것과, 중현과의 대론 과정 중에 언급된 상좌/비유자의 해명은 그 횟수를 헤아리기 어려울 정도이다.

인용의 정확도 또한 『구사론』의 예에 비추어볼 때 원문과 거의 동일할 것이라는 추측이 가능하다. 중현은 세친(經主, sūtrakāra)의 설(말)을 기명기사로만 170여 회 인용하는데, 현존 『구사론』(玄奘역본)과 정확하게 일치한다.[66] 이를테면 「隨眠品」에서의 세친의 유부 삼세실유설 비판은, 만약 『구사론』이 逸失되었다면 중현의 인용만으로도, 비록 논의의 순서는 다를지라도 90% 이상 복원이 가능하다. 요컨대 중현이 인용 비판한 상좌 논설이 방대하고 정확하다는 것이다. 이상의 사실로 볼 때 『순정리론』에 논설된 상좌 학설은 [직접적이든 간접적이든] 모두 그의 論인 『경부비바사』에서 인용한 것이라고 말할 수 있다. 이는 개연성 이상의 사실이다.

중현은 150여 차례 이상 상좌 슈리라타의 학설을 인용하면서도 왜 『경부비바사』라는 書名을 언급하지 않은 것일까? 중현은 經主 세친의 말을 170여 차례 이상 인용하고 있으면서도(廣說하거나 說者가 다른 경우도 없지는 않지만, 내용적으로 현장 역본의 『구사론』과 정확하게 일치한다) 『구사론』이라는 서명 역시 언급하고 있지 않다. 그것은 아마도 세친의 『阿毘達磨俱舍論(Abhidharmakośabhāṣya)』을 毘婆沙師가 해석한 아비달마의 핵심(kośa: 堅實)으로도, 이에 근거한 해설(bhāṣya: 論)로도 인정하지 않았기 때문일 것이다.[67] 애당초 카슈미르 毘婆沙師의 종의를 밝히려 하였던 세친의 저술도 인

---

66 연표에 의하면 현장은 『구사론』을 651년 5월 10일~654년 7월 27일 사이에 번역하였고, 『현종론』과 『순정리론』은 각기 651년 4월 5일~652년 10월 20일과 653년 1월 1일~654년 7월 10일에 걸쳐 번역하였다. 우리는 이로써 현장이 3년 2개월에 걸쳐 『구사론』을 번역하는 사이, 그 전반에는 『현종론』을, 후반에는 『순정리론』을 함께 번역하였다는 사실을 알 수 있다. 論의 성립 순서대로라면 『구사론』 『순정리론』 『현종론』의 순으로 번역했어야 하였겠지만, 그렇다 할지라도 세 論의 공통 부분, 즉 『순정리론』에서의 『구사론』 인용이나 『현종론』에서의 『순정리론』 발췌 부분의 번역은 마치 복사하여 붙인 것처럼 정확히 일치한다.

67 아마도 중현은 『구사론본송』을 삭제하거나 개작한 자신의 『현종론』(온전한 명칭은 『阿毘達磨藏顯宗論』)을 아비달마의 眞實要義를 포섭(kośa: 藏)하여(T29, 977b9f) 毘婆沙師의 종의를 밝힌(顯宗) 진실의 『구사론』으로 생각하였을 것이다. 『阿毘達磨藏顯宗論』의 『至元錄』에서의 梵名은 阿毘達囉麻 毘囉伽囉麻 沙薩拏 沙悉特

정할 수 없었거늘, 하물며 상좌의 『경부비바사』를 용인하였을 것인가? 『순정리론』 상의 뉘앙스로 볼 때 중현은 필시 '경량부의 비바사'라는 말조차 인정하지 않았을 것이다.

3) 『경부비바사』와 東方

현장의 『대당서역기』에 의하면 상좌 슈리라타는 『經部毘婆沙』를 중인도 아요디야(阿踰陀國, Ayodhyā) 大城 북쪽의 한 가람에서 저술하였는데,[68] 현장은 이곳에 오기 전 슈루그나(Śrughna, 窣祿勤羅國)라는 곳에서 겨울부터 봄까지 5개월간 머물면서 三藏에 통달한 자야굽타(Jayagupta, 闍耶鞠多, 혹은 闍那崛多)라고 하는 大德으로부터 이 논서를 청강했다고 하였다.[69] 아요디야는 야무나 강과 갠지스 강의 합수지인 알라하바드(현장의 『대당서역기』에서는 鉢羅耶伽國, Prayāga) 인접 도시로 카슈미르 비바사사는 이 지역을 '東方'이라 하였는데(후술), 중현 역시 상좌가 그의 論을 東方에서 저술하였다고 전하고 있다.

> 기이하도다! 東方에는 좋은 말들이 다하여 이와 같은 따위의 論을 역시 짓기도 하고 수지하기도 하는 것인가?[70] (상좌의 所緣緣 해석을 비판하면서)

> 이렇듯 上座가 말한 바는 '그가 [직접 가르친] 親敎門人'들과 '[견해를 함께 하는] 同見者'(즉 세친)조차도 계승하여 믿지 않거늘 하물며 聖敎에 따르고 正理에 따르는 이(즉 毘婆沙師)들이 어찌 능히 인가하여 수용할 수 있을 것인가? 그럼에도 東方에서 이를 귀하게 여기는 것은 참으로 기이한 일이라고 하겠

囉 Abhidharma prakaraṇa śāsana-śāstra였고(『南條目錄』 1266), 다카쿠스 준지로(高楠順次郞)는 眞諦가 전한 이 책의 별명인 『光三摩耶論』에 따라 "Abhidharma piṭaka(阿毘達磨藏) samaya pradīpikā(顯宗) śāstra(論)"로 還梵하였지만, 『남조목록』이나 『東北目錄』에서 한역 『현종론』에 대응하는 티베트 역본의 書名은 Chos mṅon-ba mrtsod kyi ḥgrel ba mdo daṅ mthun pa(Skt. Abhidharmakośa kārika-śāstra bhāṣyam)였다. 권오민(2012), 『上座 슈리라타와 經量部』, pp.167-169 참조.

68 『大唐西域記』 권5 (T51, 896b18f), "髮爪窣都波北伽藍餘趾. 昔經部室利邏多(唐言勝受)論師, 於此製造經部毘婆沙."

69 『大慈恩寺三藏法師傳』 권2(T50, 232c9-11).; 『續高僧傳』 권4 (T50, 449a24f).

70 "奇哉! 東方善言窮匱, 如斯等論亦有書持." (T29, 448a19f); 본서 제6장 4-2 '상좌의 소연연'② [衆賢] 참조.

다.[71] (상좌문인들의 '此有故彼有 此起故彼起'의 해석을 비판하면서)

여기서 '東方'이란 北方인 카슈미르에서 본 동방으로,[72] 『대비바사론』(T27, 21c29ff)에 따르면 갠지스 강이 야무나 등 네 지류와 합류하여 그 모두를 관찰할 수 있는 중인도 지역을 말한다. 이곳은 上座의 주된 근거지(혹은 주요 활동지역)로, 『순정리론』에서는 '東方'(혹은 '東土')이라는 말을 네 번 더 언급하는데,[73] 사실상 상좌일파나 경량부를 가리키는 말로 사용되고 있다.

> [저 上座는] 스스로 이와 같은 등등의 이루 헤아릴 수 없는 측면에서 그 경(『연기경』)의 심오하고 은밀한 이치를 해석하고서는 거듭하여 '이는 바로 요의경이다'라고 판정하지만, 그것을 자세히 살펴보건대 이는 다만 東方에 있는 자들을 기만하는 말일 뿐이다.[74]
>
> 참으로 슬프도다! 東土에는 의지할 만한 聖教가 없어 이렇듯 了義와 不了義도 알지 못하고 자기 좋을 대로 衆經을 결택 판석하여 '受를 연하여(경계대상으로 삼아) 愛를 낳는다'는 사실을 자신의 종의로 설정하는구나.[75]

중현 시대 이곳 아요디야는 불교학술의 중심지였다. 현장에 의하면 무

---

71 "如是上座凡有所言, 親教門人及同見者尚不承信, 況隨聖教順正理人可能忍受? 東方貴此, 實謂奇哉."(T29, 482c11-14); 본서 제7장 2-2-1 [附論] '세친의 상좌해석 비판' [衆賢] 참조.

72 "現見하건대 東方에는 證法(三乘의 무루도, 즉 실천도)도 쇠퇴 미약할뿐더러 教法도 대부분 隱沒하였지만, 北方에는 증법도 여전히 盛하기 때문에 세존의 바른 교법을 유포하는 이가 많다. 이에 따라 여래의 無上智의 경계와 여러 성자들의 거처와 아비달마의 전도됨이 없는 眞實義는 이 나라(카슈미르)에서만 성행하니, 東方 등에서 능히 傳習할 수 있는 것이 아니다." (T29, 775b3-7).

73 권오민(2012), 『上座 슈리라타와 經量部』, pp.239-241 참조.

74 "自如是等, 以無量門, 解釋彼經深隱理趣, 而數決判, 是了義經. 詳彼, 但應欺東方者." (T29, 495b16-18); 본서 제7장 3-2 '분위연기설 비판' [衆賢] 참조.

75 "悲哉! 東土聖教無依, 如是不知了不了義, 仍隨自樂決判衆經, 爲立其宗緣受生愛." (T29, 488a12-14); 본서 제7장 4-6 '愛와 取의 관계'② [衆賢] 참조. 이는 상좌가, '若於受喜 卽名爲取(受에 대해 기뻐하는 것, 이를 取라고 한다)'는 경설에 근거하여 愛(즉 喜愛)는 取에 포함된다는 유부의 주장에 대해 이 경설은 '若於受喜 便能生取'를 잘못 전승한 不了義라고 비판한 데 대한 비난이다.

착이 慈氏(미륵)菩薩로부터 『유가사지론』 『장엄대승경론』 『중변분별론』 등을 품수한 곳도, 세친이 대승심을 일으키고 백여 부의 대승 논서를 제작한 곳도 바로 아요디아(阿踰陀國)였다. 또한 진제는 세친이 『구사론』을, 중현이 『현종론』(『光三摩耶論』)과 『순정리론』(『隨實論』)을 지은 곳도 이곳이었다고 전하고 있다. 이러한 사실로 본다면 상좌 슈리라타는 비록 세대를 달리하였을지라도 중현과 무착과 세친과 시대를 함께 하였을 뿐만 아니라 동일한 지역에서 함께 활동하였다고 말할 수 있다.[76]

따라서 그가 어떤 식으로든 이들에 대해 영향을 미쳤을 것임은 두말할 나위도 없을 것이다. 중현은 경량부/상좌일파의 비판에 대응하여 전통적 유부(즉 毘婆沙師) 교의에서 일탈한 새로운 교의를 전개시키기도 하였는데, 동아시아 법상교가들은 이를 正理師 즉 중현의 新薩婆多(neo-Sarvāstivādin)라고 명명하였다. 유가행파의 경우 역시 경량부/상좌일파(上座部)에 대한 비판을 바로 자파의 주장으로 삼기도 하였는데, 無性은 이 같은 논법을 反詰道理(*vyatireka-yukti)라고 하였다.[77]

5. 『순정리론』 상에서 上座 학설 인용 형태

『순정리론』 상에서 상좌 슈리라타의 학설은 매우 다양한 형태로 인용·언급된다.

먼저 직접적으로 상좌 설을 인용하는 경우이다. 『순정리론』이 『구사론』

76 이들 4인의 연배는 상좌 슈리라타-중현-무착-세친 순일 것이다. 전술한대로 『순정리론』에서 상좌는 중현과 세대를 달리하는 정도의 연배였고, 세친(經主로 호칭)의 경우 상좌와 가까이하지 말라거나 그의 論을 학습하지 말라고 훈계하기 때문에 티베트 전승대로 중현의 제자일 가능성을 배제할 수 없다. 그럴 경우 이들 4인의 연배는 상좌, 중현, 무착, 세친의 순이 된다. 권오민(2012), 『上座 슈리라타와 經量部』, pp.180-186 참조.

77 『섭대승론석』 권3 (T31, 396c14-17).

의 주석적 비판서라는 점에서 여기에는 다시 세 가지 유형이 있다.

첫째, 『구사론』 상에서 유부 正義에 반하는 세친 異說의 배후 학설로 인용하는 경우이다. 세친은 『구사론』 상에서 19번에 걸쳐 경량부 설을 인용하고 있지만, 중현은 이 중 세 번만 '경량부'나 '비유자' 설로 인용할 뿐 아홉 번은 經主 세친 설로, 세 번은 세친이 인용한 경량부 설로 인용하는데 (나머지는 무기명으로 언급하거나 논설하지 않는다), 세친 설로 인용한 경우 반드시 상좌 설을 별도로 인용하며, 세친이 인용한 경량부 설을 재인용한 경우 이를 보완할 만한 상좌의 해명이나 논거를 별도로 제시한다. (이에 반해 그 자신이 직접 '경량부' 혹은 譬喩論師라는 명칭으로 그들의 학설을 인용한 경우 상좌 설을 별도로 언급하지 않는다. 이는 곧 세친이 상좌 혹은 상좌일파의 학설을 자신이 이해한대로, 혹은 그대로 경량부 설로 인용하였음을 말해준다.)[78] '수면=번뇌종자'설이나 '아라한과 無退論' 등이 전자의 대표적 경우인데, 여기에는 동일한 논리의 상좌의 '수면=번뇌隨界'이나 '아라한과 무퇴론'이 인용되며, 중현의 비판 또한 상좌와 가까이하지 말라거나 상좌(혹은 세친)에 대한 비판과 동일하다고 말한다.

둘째, 『구사론』 상에서 무기명(apare, anyaḥ)으로 전한 학설을 上座 설로 인용한 경우로, 이 경우 普光이나 稱友 역시 上座나 大德 슈리라타(Bhadanta Śrīlāta) 설로 코멘트한다.[79] 根·境－識(觸)－受의 3찰나 생기설을 주장하여

78 이에 대한 자세한 논의는 권오민(2012), 『上座 슈리라타와 經量部』 제13장 「『구사론』에서의 경량부」 참조

79 稱友(yaśomitra)는 『구사론』 상에서 무기명으로 인용된 11번의 논설(10가지 주제)을 대덕 슈리라타(bhadanta Śrīlātaḥ) 설로 평석한다. 주제와 출처만 밝히면 다음과 같다. ① 香·味가 색계에 존재하지 않는 것은 선정의 경계가 아니기 때문(AKBh 21. 2-4; T29, 7c6-9; AKVy 61. 3-6), ② 4대종의 不相離에 관한 有說(AKBh 53. 12-13; T29, 18c7-8; AKVy 124. 28), ③ 무명의 원인은 非理作意(AKBh 135. 10-16; T29, 49b23-c2; AKVy 289. 23), ④ 연기(pratītyasamutpāda)의 어의('소멸하기에 적합한 諸行(無常)법의 聚集생기') (AKBh 138. 21-23; T29, 50c12-16; AKVy 296. 22), ⑤ 연기 두 정형구의 두 가지 의미(AKBh 139: 14f; 139. 17f; T29, 51a8-10; 51a12-15; AKVy 298. 23f; 298. 32f), ⑥ 12연기에서의 '무명=일체 번뇌'설(AKBh 141. 24; T29, 52a8; AKVy 302. 2), ⑦ 觸 무별체설의 한 논거(AKBh 143 15-17; T29, 52b25-27; AKVy 305. 6), ⑧ 受의 제3찰나 생기설(AKBh 145 17-19; T29, 53a19-21; AKVy 307. 17), ⑨ 樂受 비실유론(AKBh 330. 9-19; T29, 114c23-115a9; AKVy 518. 21), ⑩ 淨居天이 다섯인 이유(AKBh 363. 11; T29, 126a14f; AKVy 566. 13) 이 중 ③⑤⑥⑦⑧⑨는 『순정리론』 상에서도 역시 상좌 설로 인용된다.(순서대로 T29, 497b3-12; 419a7-11; 482c3f; 384b27-c1; 495a26f;

아비달마 所說의 大地法 규정을 파괴하고 스스로 '經爲量者'로 자처한 다른 어떤 이들(제4장 주45)이나 '무명의 원인=非理作意'라고 주장한 다른 어떤 이들(제7장 주49)이 그러한 경우이다.

셋째, 세친이 비록 어떠한 이설도 제시하지 않았을지라도 유부 毘婆沙師와 견해를 완전히 달리하는 경우에도 역시 상좌의 학설을 장문으로 인용하는데, 因緣論(즉 舊隨界 설)이나 八心現觀說 등이 그러한 경우이다.[80]

이러한 세 유형의 상좌 설은 적어도 『순정리론』 상에서는 상당히 중요한 논설이기 때문에 중현은 다시 자신(유부)의 비판에 대한 상좌의 해명성의 보충설명이나 반론을 인용 비판한다. 이러한 경우 '彼謂'(그는 이같이 말하였다) '彼[亦/復]說'(그는 또한/다시 이같이 말하였다) 등의 형식으로 그의 해명을 인용한다. 또한 중현은 상좌의 해명이나 반론을 예상하여 비판을 이어가기도 한다. 이 경우 '若謂(만약 …라고 한다면)' '或說(혹 …라고 설한다면)'의 형식으로 그의 말을 인용하는데, 이 또한 다수의 경우 상좌 설로 확인할 수 있다. (이 경우 물론 가상의 해명도 고려될 수 있기 때문에 전후의 맥락을 살피지 않으면 안 된다.)

중현은 '上座 說'과 같은 직접 인용의 방식은 아니지만, '上座 意'라고 하여 어떤 문제에 대한 그의 의향이나 의도·생각(abhiprāya)을 진술하기도

663a7-29).
普光의 경우 8번의 논설을 上座部(혹은 上坐部)師, 經部 중의 上坐, 혹은 經部 중의 室利羅多 설 등으로 평석한다. ① 香·味가 색계에 존재하지 않는 것은 선정의 경계가 아니기 때문이라는 설(T29, 7c6-9; 婆須密 Vasumitra)의 『俱舍釋』에 의하면 室利羅多解 T41, 37b3-5), ② '택멸=무루혜에 의한 隨眠不生'설(T29, 34a19-20; 上座部等計 T41, 127c15f), ③ 무명의 원인은 非理作意(T29. 49b23-25; 經部中室利羅多, 혹은 上坐解 T41, 168a9ff), ④ 연기 어의(T29, 50c12-16; 經部中上坐解 T41, 171a22), ⑤ 연기 두 정형구의 의미(T29, 51a12-15; 經部中室利羅多解 T41, 172a9), ⑥ 受의 제3찰나 생기설(T29, 53a19-21; 經部中上坐解 T41, 176c10f), ⑦ 4제의 聖·非聖 분별(T29, 114b2; 有餘經部師說, 혹은 上坐部師說 T41, 333c2), ⑧ 정려지 중의 喜는 희수가 아닌 심소법(T29. 147c1-3; 上坐部 T41, 424c5f) (③⑤⑥은 『순정리론』 상에서도 역시 상좌 설) 보광은 이 밖에도 특정교설에 대해 해설하면서 5번 더 언급하는데, 이는 다 『순정리론』 상에서 인용한 것이다. ⑨ 經部중의 上座計인 一眼見說(T41, 51a5-9), ⑩ 上座論宗인 身根遍發識 (T41. 53c27f), ⑪ 上座의 色界18천설(T41, 149a13), ⑫ 上坐宗의 色·聲·觸·法의 일부 實無 實有설 (T41, 314a14).

80 세친이 유부의 인연론(6인 중 능작인을 제외한 5인)이나 16심현관설에 대해 어떠한 이의도 제기하지 않은 것은 유부학설에 찬동해서라기보다(혹은 상좌학설에 반대해서라기보다) 유부학설을 뿌리째 흔들 만한 것이기 때문이었을 것이다. 두 학설 모두 종자설과 밀접한 관련이 있다.

하는데, 이 역시 진술 목적이 비판을 위한 것이기 때문에 '上座 說'로 간주할 수 있을 것이다.

또한 중현은 邏摩(Rāma)를 비롯한 그의 문도/문인들('上座徒黨'으로 호칭)의 주장을 별도로 전하기도 하지만, 그들과 공유하는 일반론인 경우 說者로서 '彼部' '彼宗' '彼部論' 등을 제시하기도 한다. 전술한대로 여기서 部나 宗은 부파(nikāya)나 종의(siddhānta)의 뜻이라기보다 部黨/徒黨 즉 상좌일파로 생각된다. 실제 중현은 상좌의 문도들을 '上座徒黨(Sthavira-pākṣika)' '上座宗'이라는 말로 지칭하고 있으며, 『사제론』의 저자 婆藪跋摩도, 窺基를 비롯한 동아시아의 법상교가 역시 『순정리론』 상의 상좌 설을 上座部 설로 전하고 있다.

나아가 전술한대로 상좌일파는 일군의 譬喩者로서 '경을 지식의 근거로 삼는 이들'이라는 뜻의 경량부로 자칭하였기 때문에 이들 비유자의 논설 또한 상좌 설로 이해할 수 있다. 예컨대 중현은 『구사론』 상에서 경량부 설로 인용한 '根見·識見설 비판'(즉 和合見說)을 譬喩部論師 설로 전하는데, 이는 '根·識=무작용'을 주장한 전형적인 상좌 학설이다. 또한 "眼과 色을 연하여 眼識이 생겨난다"는 경설에서의 眼·色과 眼識의 인과관계를 동시(俱生)가 아닌 異時의 無間生의 관계로 이해함에 따라 所緣(ālambana)을 所緣緣과 所緣境으로 구분한 譬喩者의 所緣緣설 역시 명백한 상좌 계통의 학설이다. 『순정리론』에서 '비유자'는 婆沙의 비유자 뿐만 아니라, 상좌, 경주 세친, 라마, 나아가 경량부를 포함하는 개념이지만(주21 참조), 여기에는 여러 갈래가 있었던 것으로 생각되기 때문에 고려가 필요하다. 예컨대 상좌는 受·想·思 세 심소의 별체설을 주장하였기 때문에(이를 규기는 '根本經部'설로 전한다: 주25) 心所 無別體설을 주장한 비유자와는 계통을 달리하였을 것이다. 중현이 심소 무별체설을 비유자 설로 전한 것은 『대비바사론』에 따른 것이다.[81] 그 밖의 滅定有心說이나 一業의 多生異熟설, 8업설 등처럼 『대비바사론』 상에서 譬喩者 설로 전해진 것은 『구사론』이나 『순정리론』 상에서도 譬喩者 설로 인용하지만, 이 역시 상좌 설로도 확인된다.

그 밖에 중현이 상좌와 가까이하여 (상좌로부터 영향 받아) 주장하였다고 말한 세친 설 또한 상좌 설과 밀접한 관련이 있다.

> 바야흐로 經主(세친)은 상좌 일파(上座宗)와 가까이하여 이같이 말하였다. "諸行의 상속이 처음으로 일어나는 것을 '生'이라 이름하고, 끝내 다한 상태를 설하여 '滅'이라 이름하며, 중간의 상속으로 따라 일어나는 것을 '住'라고 이름하며, 이러한 [머무는 때의] 전후 차별을 '住異'라고 한다."[82]

> 經主(세친)는 여기서 上座와 가까이하여 앞서 제시한 [아비달마의] 宗趣에 대해 이같이 힐난하였다. "만약 과거·미래가 다 같이 항상 존재하는 것이라고 한다면 그것을 어떻게 과거·미래의 존재라고 말할 수 있을 것인가?"[83]

한편 『순정리론』 상에서 무기명으로 인용된 학설(有餘師說이나 有說, 有執) 중에서도 전후의 인용문이나 맥락에 따라 상좌나 비유자 설로 확인할 수 있는 경우가 있다. 예컨대 중현은 '5식의 경계대상은 오로지 과거'라는 어떤 이의 주장(T29, 374b12)을 비유자의 심소 무별체설을 비판하면서 다시 인용하여 비판할 뿐더러 소연연에 대해 논의하면서 이를 다시 譬喩者宗의 논설로 인용하고 있다. (동 395b6-8; 447b19f; 본서 제6장 4-1 '소연연과 소연경' 참조)

또한 중현의 비판 중에서도 주목할 만한 상좌 설이 확인된다. 예컨대

---

81 본서 부록 3-1 '心·心所 無別體설' 참조.

82 『순정리론』 권13(T29, 407c9-11), "且彼經主, 朋上座宗, 作如是說 諸行相續, 初起名生, 終盡位中說名爲滅, 中間相續隨轉名住, 此前後別名爲住異."; 본서 제3장 2-1-2 [附論] '세친의 유위4상론' 참조.

83 『순정리론』 권50(T29, 625b2-4), "經主於中朋附上座, 所立宗趣作是詰言: 過去未來若俱是有, 如何可說是去來性?; 본서 제5장 3 '體相과 性類의 분별 비판' 참조.

중현은 제8 해탈(滅受想定解脫身作證具足住)에 들어서도 마음이 존재한다는 上座에 대해 “아라한 등이 향유하는 수승한 해탈 중에 어찌 ‘所緣도 갖지 않고 行相도 떠나 일어나는 동일種類의 마음(一類心, *ekajātīyacitta)이 존재한다’고 計度할 수 있을 것인가?”라고 비판하는데(771c20-22), 이는 곧 상좌가 현행식과는 별도로 이숙의 종자식을 주장하였음을 의미하는 것이다. 아울러 앞서 살펴본 대로 『순정리론』 상에서의 중현의 비판이나 조소(비아냥) 또한 상좌의 정체는 물론 비유자/경량부, 經主 세친과의 관계를 아는데 매우 유용한 정보를 제공한다.

중현은 상좌나 그의 일파에 대해 비판하면서 그들을 아예 특정교리의 주장자로 규정하거나 호칭하기도 한다. 예컨대 ‘경에서 설한대로의 뜻에 집착하는 자‘, ‘경에서 말한 대로만 이해하는 자’(주17, 18) ‘어리석음에 덮여 경을 隱滅하는 이들’,[84] ‘과거·미래가 진실로 존재하지 않는다고 부정하는 자’ 혹은 ‘과거·미래가 실체로서 존재하지 않는다고 설하는 자’, ‘과거·미래가 실재한다는 사실을 증오하여 등진 자’, ‘오로지 현재 일찰나만이 존재한다고 주장하는 자’, ‘오로지 현세만 존재한다고 주장하는 이들’,[85] 혹은 一刹那宗이나 刹那論者로 호칭하기도 하였고,[86] ‘俱生因을 증오하여 등진 자들’,[87] ‘隨界論者(즉 상좌)를 계승한 저들 일파’ ‘隨界가 존재한다고 거짓되게 주장하는 자들’[88]이나 ‘극미의 [상호]접촉을 인정하는 이들’,[89] ‘觸은 바로 가유라고 주장하는 이들’[90]로 지칭하기도 하였다. 이는 필시 불설론 등 특정

84 ‘諸愚蒙隱滅經者’ (T29, 630a10).

85 ‘撥實無去來論者’ (T29, 635c2); ‘說過未無體論者’ (T29, 635b8); ‘憎背去來有者’ (T29, 630a9); ‘唯有現在一念論宗’ (T29, 634a11); ‘諸唯執有現世者’ (T29, 622a14).

86 (T29, 627c14; 630c11). 玄奘譯本에서의 ‘刹那論者’에 대해서는 권오민(2019), pp.409-415 참조.

87 ‘諸憎背俱生因者‘ (T29, 421a16).

88 ‘彼宗承隨界論者’ (T29, 447b4); ‘妄執有隨界論者’ (T29, 419a18).

89 ‘許觸論宗’ (T29, 372c2-3; 본서 제3장 1-4-2 ‘극미의 상호접촉 문제’② [衆賢] 참조).

90 ‘執觸是假宗’ (T29, 372c2-3).

교리에 관한 그들의 주장을 용납하기 어려운 경우에 붙인 호칭일 것으로, 조소(비아냥)의 의미가 담긴 멸칭이라 할 수 있다.

정리하면 『순정리론』 상에서 상좌 혹은 상좌계통의 학설은 여섯 가지 방식으로 진술되고 있다.

첫째, 상좌 설로 직접 인용된 것.

둘째, 상좌일파 즉 上座宗이나 上座部의 설, 혹은 上座部의 論에서 인용된 것.

셋째, 경량부/비유자 설로 인용된 것.

넷째, 상좌와 가까이 한 (상좌로부터 영향 받은) 세친 설.

다섯째, 그 밖의 앞의 상좌/비유자 설 등에서 확인되는 무기명(有餘師)의 학설.

여섯째, 중현의 비판 문맥 중에서 확인할 수 있는 상좌의 의향/생각.

6. 『경부비바사』의 불교 사상사적 의의

상좌 슈리라타와, 경량부로 자칭한 그의 일파(上座宗)는 유가행파와 마찬가지로 有色處(眼·色 등의 10處) 假有論과 無所緣識論을 주장하였을지라도 극미의 실재성을 인정하였다는 점에서 이들로부터 설일체유부와 함께 外境論者로 비판받았으며, 법 자체의 찰나멸론 등에 따라 根·境과 識(혹은 心과 心所, 혹은 能熏과 所熏)의 同時인과를 부정하고 異時인과를 주장하였다는 점에서 설일체유부와 유가행파 모두로부터 刹那論者로 비판받았다. 이렇듯 상좌 슈리라타의 경량부는 설일체유부와 유가행파와 불가분의 관계였다.

중현은, 카슈미르 유부 毘婆沙師의 교학적 전제인 '일체법의 [삼세]실유' 설의 가장 강력한 비판자였던 상좌 슈리라타와 그로부터 영향 받은 세친의

『구사론』을 비판하고자 『순정리론』을 저술하였던 것이지만, 상좌는 수계 종자설을 주장하면서도 現行識과는 별도의 種子識(종자 所熏處, 예컨대 알라야식)도, 현행식과 종자식 사이의 동시인과(所熏四義 중 相應性)도 인정하지 않았기 때문에 유가행파에 있어서도 주요 비판 대상이었다. 窺基에 의하면 불교 제파 중 경량부의 알라야식 비판이 가장 강력하였다.[91] 이에 따라 유가행파의 제 문헌상에서도 상좌와 그의 論(『경부비바사』)의 자취를 찾을 수 있다.

예컨대 『유가사지론』 상의 알라야식 존재증명 제2증(最初生起證)은 사실상 "만약 알라야식이 존재한다면 [別體의] 二識이 함께 생겨난다는 과실을 범한 것"이라는 어떤 이의 힐난(T30, 579b12f)에 대해 해명한 것으로, 여기서 어떤 이는 一身二頭의 새인 命命鳥의 비유로써 동일根에 근거한 二識俱生을 주장하고 이 중 동일種類의 識(一類識)이 종자所熏處라고 한 상좌이다. 또한 제3증(意識明了證)은 [別體의] 二識俱生을 주장하지 않는 한, 다시 말해 안식과 의식의 次第生을 주장하는 한 의식은 과거(3찰나 전)의 색을 경계대상으로 하기 때문에 기억의 일종으로 명료성의 지각이 아니라고 해야 한다는 비판으로, 이는 상좌 인식론에 대한 유부의 전형적 비판이었다.[92]

『섭대승론』 상의 알라야식 존재증명 제10증(滅定證) 또한 "멸진정에 들 때라도 [미세한] 意識은 존재한다"는 어떤 이의 주장을 비판한 것으로, 여기서의 어떤 이 역시 滅定有心說을 주장하고 이 때 마음을 제6 意識이라 한 상좌 슈리라타(혹은 邏摩) 등의 譬喩者이다. 또한 無性(Asvabhāva)은, "그럴 경우 멸진정에서의 마음은 불선과 무기일 수 없으며, [무탐 등의] 선근과 상응한다고 해야 한다"는 무착의 비판(T31, 137a6-8)에 대한 상좌의 해명－

91 『성유식론술기』 권4本(T43, 355c17f), "謂諸部中 經部强勝, 故須先破." 그러나 '제 부파'라고 하였지만 대개는 경량부(혹은 '上座部')에 대한 비판(T31, 15b21-16a1)이고, 그 이외 부파 즉 '三世諸法皆有를 설한 어떤 이'(즉 유부)와 '大乘의 遣相空理를 究竟으로 삼는 어떤 이'(즉 청변)에 대한 비판(동 16a1-10)은 매우 약소하다.

92 권오민(2019), 『상좌 슈리라타의 경량부 사상』 제13장 2-2 참조.

"멸진정의 마음은 선근과 상응하는 힘에 의해서가 아니라 가행의 선심에 의해 낳아진 것"(T31, 396a24f)－에 대해 "이는 '마음은 [선근과] 상응하는 힘에 의해 선성을 성취할 수 있다'고 한 그의 論(彼論)에서의 주장과 상위하는 것이라 비판하였는데,[93] 여기서의 '그의 論' 또한 『經部毘婆沙』로 추측 가능하다.

無性은 계속하여 "'色心이 無間으로 생겨날 때 [전 찰나의 법은 후 찰나의] 제법의 종자가 된다'는 어떤 이의 주장은 앞에서 논설한대로 성취될 수 없다"(T31, 137a14-17)는 『섭대승론』 상의 알라야식 존재증명의 餘說을 經量部 주장에 대한 비판으로 평석하고서 그들의 주장을 이같이 전하고 있다. "전 찰나의 색으로부터 후 찰나의 색이 無間으로 생겨나고, 전 찰나의 마음으로부터 후 찰나의 마음과 상응법이 無間으로 생겨나니, 여기서도 인과의 도리가 성취되거늘 무슨 소용에서 알라야식을 제법의 원인으로 생각하는 것인가?"[94]

窺基는 전술한대로 『성유식론』 상에서 이 같은 色心自類展轉相熏說을 上座部(상좌일파)의 설로 평석하였는데(주24), 이는 다름 아닌 상좌의 等無間緣 설이었다.[95] 즉 그는 등무간연을 開避法이 아닌 能生法으로 이해하였던 것이다. 이에 대해 무성은 "'색심의 前後相生'에서 前法이 後法의 종자(즉 因緣)라고 주장할 경우 경량부는 等無間緣과 增上緣만 인정하고 因緣을 부정하는 것"이라고 비판하였고,[96] 중현 또한 "상좌의 隨界(종자)說에 따를 경우 因緣과 等無間緣은 동일한 것이 되고 만다"고 비난하였다.[97] 유부와 유가행

93 『섭대승론(무성)석』 권3(T31, 396a24-26), "或復有執, 加行善心所引發故, 定心是善, 不由善根相應力故. 此與彼論, 由相應力, 心得成善, 安立相違."

94 『섭대승론(무성)석』 권3(T31, 396b23-29), "(前略) 謂彼執言: 從前刹那色, 後刹那色無間而生. 從前刹那心, 後刹那心及相應法無間而生. 此中因果道理成就, 何用復計, 阿賴耶識, 是諸法因."

95 『순정리론』 권19(T29, 447a22-27); 본서 제6장 3-2 '등무간연의 정의' 참조.

96 『섭대승론(무성)석』 권3(T31, 396c10f).

97 『순정리론』 권19(T29, 447b5-7); 본서 제6장 3-2 '등무간연의 정의' [衆賢] 참조.

파에서는 인연과 등무간연을 能生法과 開避法, 俱有法과 前生法으로 엄격히 구별하기 때문이다.

다른 한편 중현은 상좌의 論(『경부비바사』)이나 그의 일파를 '壞法宗에서 노니는 것/이들(혹은 '壞法論宗에 안주하는 것/이들')'이나 '壞法論과 가까운 이들' 등으로 비난하기도 하였다. 중현은 상좌의 有色處 假有論에 대해 비판하면서 이같이 말하고 있다.

> 그의 論은 壞法宗에서 노니는 것이기 때문에 지혜 있는 자라면 마땅히 欣慕해서는 안 된다.[98]

혹은 상좌의 論을 바로 壞法論이라 지칭하기도 하였다. 즉 종자설에 따른 세친(經主)의 擇滅無爲 無別體說을 비판하면서 다음과 같이 훈계하고 있다.

> 만약 [經主가] 진실로 毘婆沙宗에서 설한 바를 옹호하고자 한다면, 마땅히 壞法論과 가까이하지 말아야 한다. 그의 論에서 드러나는 惡見의 더러운 때(垢塵)로써 자신의 마음을 더럽히지 말고 장차 이 [有部]宗의 正法의 물로 스스로 목욕해야 하는 것이다.[99]

여기서 壞法宗/壞法論이란 『유가사지론』 「菩薩地 眞實義品」에서 말한 壞諸法者(sarvavaināśikaḥ, 일체법을 파괴 부정하는 이들) 즉 일체법의 실재성을 부정한 空性·空見論者(즉 중관학파)를 말한다. 『유가론』에서는 이들을 最極無者(pradhāna-nāstikaḥ, 극단적 허무론자)라고도 하였는데, 중현 또한 상좌일파에 대해 都無論宗(*nāstika)과 일찰나의 간격만이 있을 뿐이라고 조소하기

---

98 "彼論涉壞法宗, 故有智人不應欣慕."(T29, 350c18f); 본서 제3장 1-1-1 '處=假有, 界=實有'論 [衆賢] 참조. Cf. vibhāṣayā dīvyanti caranti vā Vaibhāṣikāḥ.(毘婆沙에 노닐고 종사하는 이가 毘婆沙師이다). (AKVy 12. 7; 694. 4f)

99 "若實爲護毘婆沙宗所說, 不應朋壞法論. 勿以彼論惡見之垢塵穢己心. 宜將此宗正法之水而自沐浴."(T29, 432b3-6); 본서 제3장 3 '무위법' [附論] '세친이 인용한 경량부의 무위법 무별체설' [衆賢③] 참조.

도 하였고,[100] '또 다른 형태의 空花論'(*khapuṣpa-viśeṣa: 空花差別)이라고 비판하기도 하였다.[101]

중현은 왜 상좌일파를 중관의 유사학파로 비난하였던가? 그것은 무엇보다 비유자/경량부가 『대비바사론』 이래 龍樹와 마찬가지로 불교에서의 인연론인 因緣·等無間緣·所緣緣·增上緣의 4緣의 실재성(pratyayatā: 緣性)을 부정하였고, 상좌는 자신이 일체제법의 因緣으로 제시한 隨界·種子마저 실체가 아니라 다만 결과를 낳는 직·간접의 힘(鄰近과 展轉功能)으로 간주하였기 때문이다.

이렇듯 상좌일파는 긍정적 의미에서든 부정적 의미에서든 불교 4대 학파 모두와 밀접한 관련이 있다. 뿐만 아니라 "나무가 바로 불은 아니지만 불의 종자(즉 인연)가 되듯이 이생의 심·심소 역시 그 자체 무루는 아니지만 무루의 종자가 된다"거나 "유정의 현재 상속(즉 一心) 중에 舊隨界라는 잡염과 청정의 두 원인이 항상 함께 존재한다"는 그의 말은 衆生心은 세간·출세간의 일체법을 포섭한다는 『기신론』의 말과 다를 바 없어 보이며, "12處(일체법)는 1法處에 포섭되며, 법처의 소의(āśraya)는 法界"라는 그의 논설에서 '一[眞]法界'를 떠올리는 일은 그다지 어려운 일이 아니다. 나아가 '眼 등의 根은 見者(지각주체)가 아니고, 識은 了別者(인식주체)가 아니'라는 그의 언명은 일종의 코페르니쿠스적 전환으로, 그의 '識=無作用'설은 인식(量)과 인식결과(量果)는 동일하다는 法稱(Dharamakirti)의 '지식의 자기인식' 바로 그것이다.

상좌 슈리라타의 경량부는 未踏의 불교세계이다. 우리는 그와 그의 論인 『經部毘婆沙』에 대해 아는 것이 거의 없다. 『구사론』에서 세친에 의해 대변된 몇몇 단편이 전부였지만, 그것은 논거도 전후의 맥락도 생략된 매

---

100 (T29, 631a1-3).

101 (T29, 434a23-24); 본서 제3장 3-2 '택멸'④ [衆賢] 참조.

우 소략한 것이었다. 경량부의 대표학설이라 할 만한 종자설이 바로 그러한 것이었다. 우리는 지금까지 『구사론』 상의 종자설을 '경량부 종자설'로 간주하였지만, 그것은 말하자면 상좌/비유자의 수계·종자설에 대한 세친의 이해로, 그 내용은 매우 빈약한 것이었고 이해하기 어려운 것이었다. 『구사론』 상의 종자설은 종자(즉 因緣)설 자체를 목적으로 한 것이 아니라 得(prāpti)이나 삼세실유 등 유부학설의 비판논거로 제시된 것이기 때문이다.

우리가 上座 슈리라타의 『經部毘婆沙』에 주목해야 하는 이유가 바로 여기에 있는 것이다. 이제 바야흐로 설일체유부 학설의 비판논거로서의 경량부(즉 세친의 경량부)가 아니라 불교사상사 상에서의 경량부에 대해 주목하지 않으면 안 되기 때문이다.

제1장 **佛說論**

1. 유부 전승의 諸經說 非佛說 論

(1) '색법=유루'설 經證 비판

又譬喩者, 唐撥虛空. '十八界中前十五界一向有漏', 經所說故. 謂契經言, '有漏法者, 諸所有眼. 諸所有色. 諸所有眼識. 如是乃至. 身觸身識.'[1] 諸所有言, 顯無餘義. (T29, 332a18-22)

① 彼言,

我等不誦此經.[2]

[衆賢:] 非不誦經, 能成所樂. 欲成所樂, 當勤誦經. 又彼不以一切契經皆爲定量, 豈名經部? 謂見契經與自所執宗義相違, 即便誹撥. 或隨自執改作異文, 言本經文傳誦者失. (T29, 332a22-26)

② 或復,

一切皆不信受. 如順別處等經. 皆言非聖教攝, 是對法者, 實愛自宗制造, 安置阿笈摩內.[3]

---

1 『잡아함경』권8 제229경(T2, 56a9-16), "世尊告諸比丘. 我今當說有漏無漏法. 云何有漏法? 謂眼·色·眼識·眼觸·眼觸因緣生受, 內覺若苦·若樂·不苦不樂. 耳·鼻·舌·身·意·法·意識·意觸·意觸因緣生受, 內覺若苦·若樂·不苦不樂, 世俗者, 是名有漏法. 云何無漏法? 謂出世間意· 若法·若意識·意觸·意觸因緣生受, 內覺若苦·若樂·不苦不樂, 出世間者, 是名無漏法." 赤沼智善의 『互照錄』에 의하면, 이에 상응하는 南傳은 없다. 중현은 '유루=墮世間(세간에 포섭되는 법)'의 경증으로 이를 완전하게 인용한다.: "吾當爲汝說有漏法及無漏法. 有漏法者, 謂諸所有眼; 諸所有色; 諸所有眼識; 諸所有眼觸; 諸所有眼觸爲緣內所生, 或樂受, 或苦受, 或不苦不樂受; 如是乃至; 墮世間意; 墮世間法; 墮世間意識; 墮世間意觸; 廣說乃至, 名有漏法. 無漏法者, 謂出世間意; 出世間法; 出世間意識; 廣說乃至, 名無漏法." (T29, 331a19-25).

2 (T29, 332a22).

3 (T29, 332a26-28). '制造'→'製造'(宋·元·明本; 次項 ①②[衆賢] 참조).

(1) '색법=유루'설 經證 비판

譬喩者는 [이처럼] 헛되이 [잡을 수도 없는] 허공만 휘젓고 있으니 (쓸데없는 소리[4]만 늘어놓고 있으니), 경에서는 18界 중 앞의 15界에 대해 한결같이 유루라고 설하였기 때문이다. 이를테면 계경에서 "유루법이란 존재하는 모든 眼과 존재하는 모든 色과 존재하는 모든 眼識, 나아가 [존재하는 모든] 身과 觸과 身識을 말한다"고 설하였는데, 여기서 '존재하는 모든'이라고 하는 말은 [유루 이외] 다른 것이 없음을 나타낸다.

① 그들은 말하였다.

우리(譬喩部와 上座)는 이 경을 전승(āmnāya, paṭha: 誦)하지 않는다.

[중현:] 경을 전승하지 않고서는 원하는 바(즉 열반)를 성취할 수 없다. 원하는 바를 성취하고자 한다면 응당 경을 전승해야 한다. 또한 저들 [譬喩者와 上座]는 일체의 契經을 모두 지식의 결정적 근거(定量)로 삼지도 않으면서 어찌 경량부(Sautrāntika)라고 이름하는 것인가? 저들은 이를테면 [어떤] 계경을 보고서 자신들이 주장하는 종의와 서로 다를 경우 바로 그 경을 비방하거나 부정한다. 혹은 자신들의 주장하는 바에 따라 다른 [經]文으로 고쳐 짓고서 본래의 경문을 전승한 자(傳誦者)의 과실이라고 말한다.

② 혹은 [그들은] 다시 [말하였다].

[우리는 毘婆沙師가 '색=유루법' 설의 경증으로 제시한] 일체 契經을 다 信受하지 않는다. 그것들은 다 『順別處經』(잡아함 제322경) 등과 마찬가지로 聖教 중에 포함되지 않으니, 바로 아비달마 논사(Ābhidhārmikā: 對法者)가 실로 자신들의 종의를 애호함에 따라 제작하여 『阿笈摩(āgama)』 중에 安置한 것일 뿐이다.

---

4 본서 제2장 1-1 '무루법의 정의와 경증' 참조.

(2) 所造觸 실유설 경증 비판

此說不然, 違聖教故. 如契經說. '苾芻當知! 觸謂外處. 是四大種, 及四大種所造, 有色無見有對.'[5] 彼不許有如是契經, 不應不許入結集故, 又不違害諸餘契經, 亦不違理, 故應成量. (T29, 352c8-12)

① 彼謂,

此經非入結集, 越總頌故. 如說. '製造順別處經, 立爲異品.'[6]

[衆賢:] 若爾, 便應棄捨一切, 違自部執聖教契經. 如說, '**製造二種空經, 立爲異品. 亦越總頌.**' 如是等類, 互相非撥. (T29, 352c13-16)

5 『잡아함경』권13 제322경.

6 (T29, 352c12-13).

(2) 소조촉 실유설 경증 비판

이러한 [所造觸=假有] 설[7]은 옳지 않으니, 聖教에 어긋나기 때문이다. 이를테면 계경에서 "필추(苾芻)들은 마땅히 알아야 할 것이니, 觸이란 말하자면 外入處로서 4大種과 4大種所造이며, 有色·無見·有對이다"고 설한 바와 같다. 저 [上座]는 이 같은 契經의 존재를 [佛所說로] 인정하지 않을지라도 '結集에 포함된 것'이라는 사실마저 인정하지 않을 수 없을 것이기 때문에, 또한 여타의 다른 여러 契經에 위배되지 않을뿐더러 正理에도 어긋나지 않기 때문에[8] [이로써] 바른 지식/인식(pramāṇa: 量)[9]을 성취할 수 있다고 해야 한다.

① 저 [상좌]는 말하였다.

이 경은 結集(saṃgiti)에 포함된 것(즉 聖教, āgama)이 아니니, 總頌에 어긋나기 때문으로, 예컨대 [그들(毘婆沙師) 스스로] '『順別處經』을 제작하여 이를 異品으로 설정하였다'고 말한 바와 같다.

[중현:] 만약 그렇다고 한다면, 마땅히 자신들의 부파에서 주장하는 것과 어긋나는 일체의 聖教와 契經을 버려야 할 것이니, [그는] 예컨대 "**두 종류의 『空經』**(『小空經』 『大空經』?)**을 제작하여 이를 異品으로 설정하였지만 역시 總頌에 어긋난다**"고 말하였던 것이다. 그러나 이와 같은 유형의 논의는 서로가 서로를 비방하고 부정하는 것일 뿐이다.

---

7 본서 제3장 1-3 '소조촉=가유' 론 참조.

8 이는 佛說 정의의 세 특성(本章 주19; 40 참조) 중 두 가지이다.

9 量의 원어 pramāṇa는 '재다/측량하다'는 뜻의 pra-mā에 도구·수단을 의미하는 접미사 -ana가 붙어 만들어진 명사로, 원래는 사물을 '재는 도구'로서 저울이나 자와 같은 일정한 법식을 의미하였지만, 지식론에 이르러 인식대상을 재는/헤아리는 직접지각(現量, pratyakṣapramāṇa)이나 추리(比量, anumāṇapramāṇa) 등과 같은 인식수단/방법(methods of knowledge, cognition)으로 이해되었지만 다르마키르티 등 불교지식론학파에서는 바른 인식(valid cognition)이라는 보다 좁은 의미로 사용한다. "프라마나(pramāṇa)라고 함은 일찍이 인식한 적이 없는 대상(apūrva-gocara)에 대해 [최초로 갖는] 바른 지식(saṃyag-jñāna)을 말한다." (이지수, 「목샤카라굽타의 『논리해설(Tarkabhāṣa)』 現量章」, p.584 참조)

② 若謂,

此經非聖所說, 違餘經故. 法處不說'無色'言故. 如舍利子增十經中, 唯作是言. '有十色處.' 故知此經非入結集. 但是對法諸師, 愛無表色, 製造安置阿笈摩中.[10]

[衆賢:] 若爾, 對法諸師, 豈不亦能作如是說? '譬喩部師, 憎無表色, 製造安置增十經中'. 如是展轉更相非撥, 便爲壞亂一切契經. (T29, 352c19-22)

---

10 (T29, 352c16-19).

② [그는] 말하였다.

이 경은 [大]聖(여래)께서 설한 것이 아니니, 다른 경에 위배되기 때문이며, 法處를 '無色'이라는 말로 설하지 않았기 때문이다. 예컨대 舍利子는 『增十經』에서 오로지 '10가지 色處가 있다'고만 설하고 있는 것이다.[11] 따라서 이 경은 結集에 포함된 것이 아님을 알아야 한다. 다만 무표색을 애호하는 아비달마의 논사들(Ābhidhārmikāḥ: 對法諸師)이 제작하여 『阿笈摩(āgama)』 중에 안치한 것일 뿐이다.

[중현:] 만약 그렇다고 한다면, 아비달마의 논사들 역시 어찌 이와 같이 말할 수 있다고 하지 않겠는가? "譬喩部의 논사들도 무표색을 싫어하여 ['색처에는 오로지 열 가지가 있다'는 경설을] 제작하여 『증십경』 중에 안치하였다." 이와 같이 계속하여 서로가 서로를 비방하고 부정하게 되면 결국은 일체의 계경을 파괴하고 어지럽히는 꼴이 되고 말 것이다.

11 『증십경』(『장아함경』 권9 「十上經」)에서는 色處(色入)로서 眼 등의 10處만을 설할 뿐이지만(T1, 59a26f), 『順別處經』으로 일컬어진 『잡아함』 제322경에서는 色處(四大所造色)로서 眼 등의 10處를 설하고(T2, 91c5f), 다시 法處에 대해 "11入處에 포섭되지 않는 것으로서 不可見無對"라고만 논설할 뿐(T2, 91c19-21) 意處처럼 '非色/無色으로서 무견무대'라고 설하지 않아 無表色의 존재(法處所攝色)를 암시하고 있기 때문에 佛所說의 了義說이 아니라는 것이다.

2. 유부 所說 非聖教 說

(1) 非擇滅

然上座說:

> 非擇滅名, 諸聖教中, 曾無說處. 但邪分別橫計爲有. 非聖說故, 不可信依.[12]

[衆賢:] 此亦不然, 聖所說故. 且彼所執舊隨界等, 如瘖啞人於夢所說. 都無所用. 但爲誘引信無智人, 令生欣樂. 誰有賢聖, 說如是言? 何聖教中, 有片可得? 是故上座, 勿以己宗, 准度他宗, 亦非聖說. 豈不彼彼諸聖教中, 離擇無常二種滅外, 處處說有滅盡等聲? (T29, 435a20-26)

(2) 生 등 5因

此中上座, 妄作是言:

> 生等五因, 非聖教說.

彼謂,

> 聖教曾無此名.[13]

[衆賢:] 未審彼宗, 何名聖教? 爲鳩摩羅設摩文頌? 爲扇帙略所造論門? (中略) 唯汝所執, 舊隨界因, 諸聖教中, 都無說處. (T29, 452c12-21)

12 (T29, 435a18-20). 본서 제3장 3-3 '비택멸' 再說.

13 (T29, 452c11-12). 본서 제3장 1-2-2 '대종과 소조색의 緣生관계 비판' 참조.

(1) 非擇滅

上座는 말하였다.

'非擇滅(apratisaṃkhyānirodha)'이라는 말은 일찍이 어떠한 聖敎(āgama) 중에서도 설해진 적이 없었다. 다만 그릇되게 분별하고 제멋대로 생각하여 존재한다고 여긴 것일 뿐, 聖敎 說이 아니기 때문에 믿고 의지해서는 안 된다.

[중현:] 이러한 논설 역시 옳지 않으니, [大]聖께서 설하신 것이기 때문이다. 바야흐로 그가 주장한 舊隨界(pūrvānudhātu) 따위야말로 벙어리가 꿈속에서 말(잠꼬대)한 것처럼 도무지 소용없는 말로서, 단지 믿음만 있고 지혜가 없는 이들을 유인하여 그들로 하여금 기쁨과 즐거움을 낳게 하기 위한 말일 뿐이니, 그 어떤 賢聖이 이와 같은 말을 설하였다는 것이며, 그 어떤 聖敎 중에서 그 단편이라도 얻을 수 있다는 것인가? 그러므로 上座는 자신의 종의로써 짐짓 다른 종의를 헤아려 "이 역시 聖敎 설이 아니다"고 해서는 안 될 것이니, 어찌 이러저러한 온갖 聖敎 중에 擇滅과 無常滅의 두 종류의 滅 이외에도 滅(nirodha)이나 盡(kṣīṇa)이라는 등의 말을 곳곳에서 설하였다고 하지 않겠는가?

(2) 生 등 5因

여기서 上座는 거짓되게 이같이 말하였다.

生 등의 다섯 원인(生因·依因·立因·持因·養因)은 聖敎의 설이 아니다.

그는 말하였다.

聖敎에서는 일찍이 이 같은 말을 설한 적이 없었다.

[중현:] 저들 [上座]宗에서는 무엇을 聖敎라고 말하는 것인지 아직 살펴보지 않았으니, 鳩摩羅設摩(Kumāraśarman)가 지은 文頌(kāvya)을 [성교라고] 해야 할 것인가, 扇帙略(*Śaṇḍīly)이 지은 論門을 [성교라고] 해야 할 것인가?[14] (중략) 오로지 그대만이 주장하는 '舊隨界'라는 因[緣] 역시 그 어떤 聖敎 중에서도 설해진 적이 없었다.

14 鳩摩羅設摩의 文頌과 扇帙略의 論門에 대해서는 권오민(2012), 『上座 슈리라타와 經量部』 제12장 「경량부/비유자의 연원」 참조.

(3) '等無間緣=心法'설

譬喩論師說:

又無經說, '唯心心所, 能爲此緣' 故立此緣定非色者, 是虛妄執[15]

[衆賢:] 又言 '**無經說, 唯心等爲此緣**'者, 於色亦同. 謂無經言, '諸色亦有前能爲後等無間緣.' 故譬喩師, 非理橫執, 諸色亦有等無間緣. 又譬喩師, 爲許色有所緣緣, 不? 彼說言無. 豈有契經, 明證此義? (T29, 445c1-5)

(4) '香·味·觸=段食性'설

然上座言:

所飮噉聚皆是食體, 無別說故.[16]

[衆賢:] 雖無別說, 而應別取. 聚中, 若有食相食用, 唯應取彼爲食, 非餘. 故此因不能證, 色亦是食. (T29, 510c10-12)

---

15 (T29, 445b14-15).; 본서 제6장 3 '등무간연'④ 참조.

16 (T29, 510c1).; 본서 제7장 1-8 '聚色=段食'설 참조.

(3) '等無間緣=心法' 설

譬喩論師는 설하였다.

또한 "오로지 심·심소법만이 이러한 [등무간]연이 될 수 있다"고 설한 경은 존재하지 않는다. 따라서 이러한 [등무간]연을 결정코 색 아닌 법(즉 心法)에만 적용시켜 설정하는 것은 거짓된 주장(邪執)이다.

[중현:] [비유논사는] "'**오로지 마음(心) 따위만이 이러한 [등무간]연이 될 수 있다'고 설한 경은 존재하지 않는다**"고 말하였지만, 이는 색법의 경우 역시 동일하게 적용될 수 있다. 즉 "온갖 색법 역시 전 찰나가 후 찰나의 등무간연이 된다"고 설한 경은 존재하지 않는다. 따라서 비유논사의 "온갖 색법 역시 등무간연이 된다"는 주장은 그릇된 이치(非理)로 자신들 마음대로 주장한 것이다. 또한 譬喩師는 색법에 所緣緣이 존재한다고(색법은 소연연이 된다는 사실을) 인정하였다고 해야 할 것인가, 그렇지 않다고 해야 할 것인가? 저들은 "존재하지 않는다"고 말하고 있지만,[17] 어찌 이 같은 뜻을 분명하게 입증할 수 있는 계경이 존재한다고 하겠는가?

(4) '香·味·觸=段食性' 설

上座는 [이같이] 말하였다.

마시거나 씹어 먹는 [色]聚를 다 段[食]의 본질이라고 해야 하니, [聖教에서는 香·味·觸만이 段食이라고, 혹은 色은 段食이 아니라고] 별도로 설한 일이 없기 때문이다.

[중현:] 비록 [경에서] 별도로 설한 일이 없다고 할지라도 마땅히 [단식의 본질에 대해] 개별적으로 파악(取)해 보아야 한다. 즉 [色]聚 중에 만약 食의 특성이나 食의 작용이 있다고 한다면, 오로지 그것을 食이라 하고, 그 밖의 것은 食이 아니라고 해야 한다. [그러나 色處(즉 색채와 형태)에는 食의 특성도 작용도 없다.] 따라서 ['경에서 별도로 설한 일이 없기 때문에'라는] 이 같은 논거로는 色處 역시 食이라는 사실을 능히 입증할 수 없다.

---

17 所緣緣을 識의 生緣(=소연연)과 所緣(=소연경)으로 구별하는 譬喩者(즉 경량부)의 경우 색법은 眼識 등의 생연은 될 수 있지만, 다음 순간 생겨난 안식 등의 직접적 대상(所緣境)은 되지 않기 때문에 이같이 힐난하였다. (본서 제6장 4-1. '所緣緣과 所緣境' 참조).

(5) '我語取=上界 惑'설

於此對法所立理中, 寡學上座, 謬興彈斥: (中略)

謂曾無有少聖教中, 以我語聲, 說上二界惑, 彼所繫我見煩惱, 及以取聲, 說彼餘惑.[18]

[衆賢:] 上座於此, 畢竟無能顯, 對法宗違於法性. 但如歌末無義餘聲. 言'聖教曾無如是說故'者, 且問上座, 聖教是何? 於三藏中, 曾未聞有佛, **以法印決定印言, 齊爾所來, 名爲聖教**. 若謂**聖教, 是佛所言**, 寧知此言非佛所說? 未見有一於佛所言, 能決定知量邊際故. 謂曾未見, 有於佛語能達其邊, 如何定言'**對法宗義, 非聖教說**'? 上座於此, 乍可斥言, '此所釋理, 違於法性', 不應總撥'聖教中無'. 世尊每言, 諸有所說, 順法性理, 堪爲定量. 如契經說, "隨順契經, 顯毘柰耶, 不違法性, 如是所說, 方可爲依."[19] (T29, 489a11-22)

---

18 (T29, 489a6-7). 본서 제7장 4-7-1 '我語取'① 참조.

19 본장 3-2 [중현②]로 이어짐.

(5) '我語取=上界 惑'설

아비달마(對法)에서 설정한 이 같은 [4取의] 이치에 대해 배움이 모자란 上座는 거짓되게 꾸짖고 배척하였다.

일찍이 어떤 聖教 중에서도 '我語[取]'라는 말로 上2界(색·무색계)의 번뇌와 그것에 계박된 我見의 번뇌를 설한 적이 없으며, 아울러 [欲·見·戒禁]取라는 말로 그 밖의 [욕계의] 번뇌를 설한 적도 없다.

[중현:] 上座는 여기서 끝내 아비달마(對法)의 종의가 法性(dharmatā)에 어긋난다는 사실을 능히 드러낸 일이 없으니(다시 말해 아비달마가 佛說이 아님을 밝히지 못하였으니), [그의 말은] 다만 아무런 뜻도 없는 지엽적인 말만을 읊조린 것과 같다. 즉 그는 "聖教에서는 일찍이 이와 같은 ['我語取는 上界의 번뇌'라는] 말을 설한 일이 없기 때문"이라고 하였지만, 바야흐로 상좌에게 묻건대, 聖教란 무엇인가? 三藏 중에서 "**그에게서 유래한 法印과 決定印의 말씀만을 聖教라고 한다**"고 설한 부처가 있었다는 말은 일찍이 들어보지 못하였다.
만약 **聖教란 바로 불타가 [직접] 설한 것**이라고 한다면, 이러한 ['我語取는 上界의 번뇌'라는] 말이 불타에 의해 설해진 것이 아님을 어찌 알게 된 것인가? 불타께서 설한 말씀의 양적 한계(邊際)를 능히 결정(확정)적으로 알았다고 하는 이를 아무도 보지 못하였기 때문이다. 다시 말해 일찍이 불타 말씀에 대해 그 끝을 알았다고 하는 그 어떠한 이도 보지 못하였거늘, 어떻게 확정적으로 '**아비달마의 종의는 聖教설이 아니다**'고 말할 수 있을 것인가?
上座는 이러한 ['아어취=上2계 번뇌'라는 아비달마 상의 해석]을 배척하여 차라리 "여기서 해석한 이치는 法性에 어긋난다"고는 말할 수 있을지언정 "聖教 중에서 [이러한 말을 설한 적이] 없다"고 하여 [해석 자체를] 전면적으로 부정해서는 안 된다. 세존께서도 언제나 "제 유정이 설한 바로서 法性의 [正]理에 따른 것이라면 지식의 결정적인 근거(定量)로 삼을 수 있다"고 말하였으니, 계경에서 "契經에 수순하고 毘奈耶(율)를 드러내며 法性에 위배되지 않는 것이라면, 이와 같은 설은 바야흐로 의지처(pratisaraṇa)로 삼을 수 있다"[20]고 설한 바와 같다.

---

20 이는 『대반열반경』에서 '법(dharma)에 의지하고 사람(pudgala)에 의지하지 말라'에 대해 해설한 四大教法(mahāpadeśa)의 귀결로서 규정된 佛說정의(buddhavacana lakṣaṇa)이다. "[세존으로부터 직접 들은 것이라 하든, 승가/다수의 장로들/한명의 장로로부터 들은 것이라 하든] 經에 포함되어 있고 律을 드러내며, **法性**에 어긋나지 않는 것이라면(sūtre 'vataranti vinaye saṁdṛśyante dharmatāṁ ca na vilomayanti) 이는 교법이고, 율이고, 스승의 가르침임을 알고 지녀야 한다." (E. Waldschmidt, 1950, p.238, 24. 6f) 이러한 불설정의는 율장 「건도부」를 비롯한 대소승, 남북 양전의 제 경론에서 확인된다. (권오민, 2012, 「다양성과 유연성의 불교② 法性: 성전의 기준과 불설 정의」 참조) 중현은 '아비달마=불설'論에 대해 논의하면서도 이를 언급한다. (本章 3-1-2 '아비달마 非聖教 說' [衆賢] 참조) 그러나 상좌 슈리라타는 이 같은 불설정의를 인정하지 않았다. (本章 2-7 '98수면설' [衆賢] 참조).

(6) '有貪=上界 貪'설

上座說:

> (中略) 論說言, 唯上二界. 都無聖教, 於色無色偏說有聲. 故難依信.[21]

[衆賢:] 上座所持契經亦說 '**若緣欲界, 起染起貪, 起阿賴耶, 起尼延底, 起諸耽著, 是欲貪相**.' 故執有貪通三界者, 非爲善執. (T29, 600a22-24)

(7) 98隨眠설

然彼朽昧上座復言:

> (中略) 又曾無處佛說 '隨眠有九十八'.[22]

[衆賢:] 此亦不然. 我不見汝曹有信佛教相. 以我先據聖教正理, 建立隨眠有九十八. 汝等都無信受心故. 又復汝等具吉祥倫,[23] 今時何從逮殊勝智, **知曾無處, 佛說'隨眠行部界殊, 有九十八**'? (中略) 有如是等無量契經, 皆於今時隱沒不現. 本所結集, 多分凋零, 上座何容輒作是說, '**佛曾無處, 說九十八隨眠**'? (T29, 604b24-29; 605a20-23)

---

21 (T29, 600a7-10). 본서 제9장 2. '有貪의 名義' 참조.

22 (T29, 604a15-16). 본서 제9장 3. '98수면설 비판' 참조.

23 '吉祥論'(宋·元·明本).

(6) '有貪=上界 貪'설

上座는 설하였다.

[阿毘達磨]論(Ahidharma-śāstra)에서 [有貪(bhāvarāga)을] 오로지 上2界[의 貪]이라고 말하였지만, 어떠한 聖教에서도 색·무색계만을 '有(bhāva)' 즉 존재라는 말로 설한 일이 없다. 따라서 [아비달마론은] 믿고 의지처로 삼기 어렵다.

[중현:] 上座가 전승한 계경에서도 역시 "**욕계를 반연하여 染을 일으키고, 貪을 일으키고, 阿賴耶를 일으키고, 尼延底를 일으키고, 온갖 耽著을 일으키는 것, 이것이 바로 欲貪(kamarāga)의 정의(lakṣaṇa: 相)이다**"고 설하였다.[24] 따라서 有貪이 3界에 통한다는 주장은 좋은 (혹은 '진실의') 주장이 아니다.

(7) 98隨眠설

저 늙어빠진 우매한 上座는 다시 이같이 말하였다.

[불타는] 일찍이 어떠한 [聖教]에서도 '隨眠(anuśaya)에는 98가지가 있다'고 설한 일이 없다.

[중현:] 이 역시 옳지 않다. 나는 그대들 중에서 佛說의 정의(buddhavacana-lakṣaṇa: 佛教相)를 信受하는 이를 결코 보지 못하였으니, 내가 앞서 聖教(āgama)와 正理(yukti)에 근거하여 隨眠에 98가지가 있음을 제시하였음에도 그대들은 이를 信受하려는 마음이 전혀 없기 때문이다. 또한 그대들은 『吉祥論(*Śriśāstra)』을 갖추고 있다면서 이제 와 어디서 수승한 지혜를 얻어 들었기에 "**불타께서는 일찍이 어떠한 [聖教]에서도 '隨眠에는 行相과 [5]部와 [3]界의 차별에 따라 98가지가 있다'고 설한 일이 없다**"는 사실을 알게 된 것인가? (중략)
이와 같은 등등의 이루 헤아릴 수 없는 계경이 존재하였지만, 그것들은 다 지금은 은몰하여 현존하지 않는다. 根本結集에서 편찬되었던 계경의 대다수가 凋落해 버렸거늘 上座는 어찌 이토록 빈번히 "**불타께서는 일찍이 어떠한 [聖教]에서도 98가지의 수면을 설한 일이 없다**"고 단언하는 것인가?

---

24 여기서 '아뢰야(ālaya)'는 애착의 뜻으로 집장(執藏)이라 번역되며, '니연저(nkānti, 혹은 niyati)'는 집착의 뜻으로 집취(執取)로 번역된다. 『구사론』 상에서는 '보여진 것(dṛṣṭa: 所見)이란 안식에 의해 증득된 것'이라는 주장의 경증으로 이 문구가 인용된다. "謂契經說. 佛告大母. 汝意云何? 諸所有色, 非汝眼見, 非汝曾見, 非汝當見, 非希求見, 汝爲因此, 起欲, 起貪, 起親, 起愛, 起阿賴耶, 起尼延底, 起耽著, 不? 不爾. 大德!"(T29, 87c2-6; 『순정리론』 T29, 579a18-21) 이와 유사한 경문이 『잡아함경』 제312경에 설해지지만(T2, 90a8-10), 추구하는 내용은 다르다.

(8) 無記根

無記根有三 無記愛癡慧.[25] (T29, 618b15)

上座於此, 作如是言:

無無記根, 無聖教故.[26]

[衆賢:] 非彼上座, 耳所未聞, 便可撥言'**此非聖教**'. 無量聖教, 皆已滅沒. 上座不聞, 豈非聖教? (T29, 618c11-13)

(9) '苦 · 集諦=5取蘊의 因 · 果性'설

除聖道餘有爲法, 爲果性邊, 皆名苦諦. 爲因性邊, 皆名集諦. (T29, 658a10-11)

上座於此, 意謂:

不然. 由契經中無此說故. 說苦應知, 集應斷故.[27]

(10) '修惑=品別斷惑'설

又彼[上座]部論, 作如是言:

品別斷惑, 非眞聖教.[28]

[衆賢:] 彼部所立, 家家一間, 唯是利根, 豈眞聖教? 非彼上座自許己身, 及我許彼是眞大聖, 寧謂自言, 是聖教攝? 佛曾無處作如是言. (T29, 696a1-4)

---

25 kāme 'kuśalamūlāni rāgapratighamūḍhayaḥ. (AK.V-20ab); 『구사론』 (T29, 103a8).

26 (T29, 618c5-6). 본서 제9장 8, '무기근 비판' 참조.

27 (T29, 659c1-2). 본서 제10장 1. '集諦의 본질은 愛' 참조.

28 (T29, 695c29f). 본서 제10장 5-1 '유부의 品類 斷惑설 비판' 참조.

(8) 無記根

無記根에 세 가지가 있으니, 무기의 愛·癡·慧가 그것이다.[29]

上座는 이에 대해 이같이 말하였다.

無記根은 존재하지 않으니, 聖教에서 [설한 일이] 없기 때문이다.

[중현:] 저 上座는 자신의 귀로 듣지 않은 것에 대해, 이를 부정하여 "**이는 聖教[설]이 아니다**"고 말해서는 안 된다. 이루 헤아릴 수 없는 聖教가 이미 다 없어지고 사라졌거늘, 상좌가 듣지 않았다고 하여 어찌 聖教[설]이 아니라고 하겠는가?

(9) '苦·集諦=5取蘊의 因·果性'설

聖道(무루도)를 제외한 그 밖의 유위법(5取蘊)으로서 因性(원인적 존재)이 되는 것을 苦諦라 하고, 果性(결과적 존재)이 되는 것을 集諦라고 한다.

이에 대한 上座의 생각(意趣)은 이러하다.

이는 옳지 않으니, 계경 중에서 이러한 사실을 설한 일이 없기 때문으로, "苦는 마땅히 알아야 하는 것, 集은 마땅히 끊어야 하는 것"이라고만 설하였기 때문이다.

(10) '修惑=品別 斷惑'설

저들 [上座]일파(sthavirapākṣika)의 論에서는 이와 같이 말하고 있다.

[수소단의] 번뇌를 품류 별로 끊는다고 하는 것(品別斷惑)은 참된 聖教[설]이 아니다.

[중현:] [그렇다면] 저들 [상좌]일파가 제시한 "**家家와 一間은 오로지 [예류과와 일래과의] 利根일 뿐이다**"[30]는 주장은 어찌 참된 聖教[說]이라 하겠는가? 저들의 上座 자신도 인정하지 않거니와 우리도 그를 진실의 大聖(즉 불타)으로 인정하지 않거늘, 어찌 "자신의 말이 바로 聖教에 포섭된다"고 하는 것인가? 불타께서는 일찍이 어떤 곳에서도 이와 같은 말을 설한 적이 없었다.

---

29 카슈미르 毘婆沙師에 의하면 無記根에는 有覆無記의 愛와 유부무기의 無明과 有覆·無覆의 慧 세 가지가 있다. 여기서 무기의 愛란 上2계의 5部의 愛를 말하며, 무기의 무명(즉 癡)이란 욕계의 유신·변집견과 상응하는 무명과 상 2계의 5부의 무명을, 유부무기의 慧란 욕계의 유신·변집견과 상 2계의 5부의 염오혜(즉 5견)를, 무부무기의 慧란 威儀路·工巧處·異熟生·變化心과 구생하는 慧를 말한다. 그리고 온갖 무기 가운데 이 세 가지만을 根으로 설정한 것은 제법을 낳는 뛰어난 원인이 되기 때문이다. 즉 愛는 바로 번뇌의 뿌리(足)이며, 무명은 온갖 번뇌와 두루 상응하며, 慧는 능히 簡擇하여 온갖 번뇌를 이끄는 導首가 되기 때문이다. (『구사론기』권19, T29, 307b15-23).

30 본서 제10장 5-2 '家家와 一間은 利根의 예류과와 일래과' 참조.

3. 聖教(아함)와 了義經

1) 佛說과 聖教

(1) 聖教는 다만 佛所說

① 且問上座. 聖教是何? 於三藏中, 曾未聞有佛.

以法印決定印言, 齊爾所來, 名爲聖教.[31]

② 若謂,

聖教, 是佛所言.[32]

③ 謂彼上座, 處處自言.:

世尊不應作迷謬說.[33]

(2) 아비달마 非聖教說

如何定言?

對法宗義, 非聖教說.[34]

[附論] 세친의 '아비달마=非佛說'論

"因此傳佛說對法."[35] (中略) 經主稱傳, 顯已不信, 阿毘達磨是佛所說. 何緣不信? 傳聞尊者迦多衍尼子等造故; 不說對法爲所依故, 如世尊告阿難陀言, '汝等從今, 當依經量.' 諸部對法義宗異故. (T29, 329c11; 18-22)

---

31 (T29, 489a13-15). 본서 제1장 2-5. '我語取=上界 惑'설 참조.

32 (T29, 489a15). 본서 제1장 2-5. '我語取=上界 惑'설 참조.

33 (T29, 615c14f).; 본서 제9장 5-2. '무루연혹 비판'② [衆賢] 참조.

34 (T29, 489a18).

35 『구사론』 (T29, 1b20). AK. I-3d taddhetor ata uditaḥ kilaiṣa śāstrā (AKBh., 2. 22).

(1) 聖教는 다만 佛所說

① 바야흐로 上座에게 묻건대 聖教(Āgama)란 무엇인가? 三藏 중에서 이같이 설한 부처가 있었다는 말은 일찍이 들어보지 못하였다.

그에게서 유래한 法印(*dharmamudrā)과 決定印(*viniścayamudrā)의 말씀만을 '聖教'라고 한다.

② **聖教란 바로 불타가 직접 말씀한 것이다.**[36]

③ 저들의 上座는 곳곳에서 스스로 말하였다.

세존께서는 어떠한 경우에도 그릇되게 설하지 않았다.

(2) 아비달마 非聖教 說

[上座는] 어찌 이토록 결정/확정적으로 말하는 것인가?

아비달마(對法)의 宗義는 聖教설이 아니다.

[부론] 세친의 '아비달마=非佛說'論

"[존재(3계)의 바다를 떠돌게 하는 번뇌의 소멸은 오로지 법의 簡擇(dharmapravicaya: 擇法)에 의한 것으로,] 이로 인해 불타(스승)께서는 아비달마[論]을 설하였다고 [毘婆沙師는] 傳한다." (중략) 經主(세친)는 [이처럼 『구사론本頌』에서] '傳한다(kila)'고 말하여 '아비달마는 바로 불타에 의해 설해진 것'이라는 사실에 대한 자신의 不信을 나타내었다.[37] 어떠한 이유에서 [아비달마가 불타에 의해 설해진 것임을] 믿지 않은 것인가?

---

36 이는 譬喩者 중 上座일파가 經量部로 자칭하게 된 결정적 근거이다. 전통적으로 佛說에는 佛所說, 弟子所說, 天所說, 仙人所說, 化人所說의 다섯 종류(能說五人)가 있었지만, 경량부에서는 말 그대로 오로지 불타(혹은 여래)에 의해 설해진 것(佛所說)만을 佛說/聖教(āgama)로 간주하였다. 이에 대해 설일체유부를 비롯한 대승(중관과 유식)에서는 '누가 설한 것이든 正理法性에 어긋나지 않는 것'이 불설이었고, 이를 顯示한 것이 바로 아비달마(혹은 대승경)였다. 따라서 아비달마(혹은 대승경)는 진실의 불설이었다.

37 『구사론기』권1(T41, 11b10-13), "論主意朋經部, 於本處學, 心生疑惑. 所以, 於此俱舍論頌文, 往往置斯傳說之語, 顯非親聞也."; AKVy 11. 23f. kila-śabdaḥ parābhiprāyaṃ dyotayati. Ābhidhārmikāṇām etan mataṃ. na tv asmākaṃ Sautrāntikāṇām iti bhāvaḥ.(여기서 전설 kila이라는 말은 별도의 다른 의도 parābhiprāya가 있음을 나타낸 것으로, 이는 아비달마논사들의 견해이지 우리 경량부의 견해가 아니다.)

[衆賢①:] 此皆不然. 諸大聲聞, 隨佛聖教而結集故. 阿毘達磨是佛所許, 亦名佛說, 能順遍知雜染淸淨因果智故, 如諸契經. 若佛所許不名佛說, 便應棄捨無量契經. (中略) 世尊有處, 亦以法聲, 方便說有, 阿毘達磨. 謂若有說, '隨順契經, 顯毘柰耶, 不違法性.' (T29, 329c22-25; 330c7-9)

[衆賢②:] 阿毘達磨, 旣名總攝, 不違一切聖教理言. 故所釋理, 無違法性. 然佛世尊, 亦嘗稱讚, 非契佛意, 符正理言. 如契經言, "汝等所說, 雖非我本意, 而所說善符正理故, 皆可受持. (T29, 489a22-26)

[아비달마는] 尊者(Sthavira) 迦多衍尼子(Kātyāyanīputra) 등이 지었다고 전해 들었기 때문이며, [불타께서] "아비달마(對法)를 의지처로 삼아라"고는 말하지 않았기 때문이다. 즉 세존께서는 아난다에게 "그대들은 이제부터 經量에 의지해야 한다"(혹은 "경을 의지처로 삼아야 한다")[38]고 말하였기 때문이다. [또한] 여러 부파의 아비달마는 宗義가 다르기 때문이다.

[중현①:] 이 같은 사실은 모두 옳지 않으니, [아비달마는] 여러 위대한 聲聞들께서 불타의 聖敎에 따라 結集한 것이기 때문이다. 阿毘達磨는 불타께서도 인정한 것으로[39] 역시 '佛說'이라고 말할 수 있다. 왜냐하면 능히 '雜染과 淸淨의 因果를 두루 아는 智'에 따른 것이기 때문으로,[40] 온갖 契經(sūtra: 12部經의 제1)이 그러한 것과 같다. 만약 불타께서도 인정한 것을 [불타가 직접 설하지 않았다는 이유에서] '佛說'이라 말하지 않는다면, 이루 헤아릴 수 없을 정도로 많은 契經도 [불타가 직접 설하지 않은 것이므로] 버려야 할 것이다. (중략) 세존께서도 어떤 곳에서 역시 '법'이라는 말로써 아비달마를 방편적으로 설한 일이 있으니, "만약 어떤 이의 말이 契經에 隨順하고 毘奈耶를 드러내며, 法性 위배되지 않으면 [바야흐로 의지처(pratisaraṇa)로 삼을 수 있다]"[41]고 하였던 것이다.

[중현②:] 아비달마는 일체 聖敎에 어긋남이 없는 正理를 모두 포섭 요약한 것이라고 이미 말하였다. 따라서 여기서 해석한 이치는 法性에 어긋남이 없다. 불세존께서도 역시 부처의 생각(意)과는 일치하지 않을지라도 正理에 부합하는 말에 대해서는 일찍이 稱讚하였으니, 계경에서 "그대들이 설한 바가 비록 나의 本意는 아닐지라도 正理에 잘 부합되게 설하였기 때문에 그것들은 다 수지할 만하다"고 말한 바와 같다.

---

38 Mahāparinirvāṇasūtra (E. Waldschmit ed., p.238, 24. 2), tasmāt tarhi ta Ānanda bhikṣubhiḥ sūtrāntapratisaraṇair bhavitavyaṃ na pudgalapratisaraṇaiḥ. (아난다여! 비구들은 經을 의지처로 삼는 이가 되어야지 사람을 의지처로 삼는 이가 되어서는 안 된다.); 『根本說一切有部毘奈耶雜事』권37(T24, 389b22f), "始從今日, 當依經教, 不依於人."

39 유부와 유가행파에 의하면 12分教(혹은 12部經) 중의 論議(upadeśa)가 아비달마(혹은 mātṛka)이다. (『유가사지론』「本地分 聲聞地」T30, 419a1-3;「攝釋分」T30, 753b9ff.; 『순정리론』 T29, 595a29ff) 12分教의 정의나 說者는 제 학파의 경론에 따라 한결같지 않은데, 두 학파에서는 '論議'를 "諸經 중의 黙說(불설정의에 어긋나 버려야 하는 설: 黑說, 黑印 혹은 墨印, 闇說, kṛṣṇāpadeśa)과 大說(불설 정의에 부합하여 취해야 하는 설: 白說, 大印, 明說, śuklāpadeśa) 등의 교설에 대해 결정적으로 판별한 것"(『대비바사론』: T27, 660b4f), "그 밖의 分教의 뜻을 전도됨이 없이 決擇顯示한 것"(『순정리론』: T29, 595a29f), "일체 契經의 宗要를 선양한 것", "諸法의 體相을 널리 분별한 것"(『유가사지론』: T30, 419a2f; 753b11) 등으로 규정하였다. 따라서 그들은 이를 契經(sūtra)과 마찬가지로 불타나 聖제자가 설한 것으로 了義經과 같은 것이라고 말한다.

40 여기서 '雜染과 淸淨의 因果를 두루 아는 智'란 苦·集과 滅·道의 4聖諦에 대한 통찰지 즉 四諦智를 말한다. 곧 아비달마에서의 존재의 실상(法相)은 4성제에 포섭된다. ("釋此[對法]名者, 能持自相, 故名爲法. 若勝義法唯是涅槃, 若法相法, 通四聖諦. 此能對向, 或能對觀, 故稱對法.": 『구사론』 T29, 1b8-11).

41 본서 제1장 2-5 '我語取=上界 惑'설 [衆賢] 참조.

2) 了義와 不了義

(1) 經은 了義

非一切經皆了義說.[42]

① 謂彼論說,

經皆了義.[43]

② [上座作如是言:]

佛所說經, 皆是了義. 無別意趣, 不應異釋.[44]

(2) 了義와 不了義의 경설

(2.1) '行蘊=6思身' 요의 설

又彼不應作如是說.

世尊無緣說於密語. (中略) 而但說思, 此何密意?[45]

(2.2) 大地法 경증 불요의 설

又世尊言. '謂一切法, 欲爲根本. 作意引生. 觸爲能集. 受爲隨流. 念爲增上. 定爲上首. 慧爲最勝. 解脫堅固, 涅槃究竟.'[46] 想思二法, 不說自成. 故此經中, 略而不說. (中略) 由此契經, 現證欲等, 實有別體, 是大地法. (T29, 388b27-c4)

---

42 『구사론』권9(T29, 50a13). na vai sarvaṃ nirdeśato nītārthaṃ bhavati. (AKBh 136. 21) 이는 "無明이 무엇인가? 이를테면 前際에 대한 無智 등이다"고 설한 『연기경』 등에 근거하여 유부의 분위연기설을 비판한 경량부(본서 제7장 3-2 [附論] '세친의 분위연기설 비판' 참조)에 대한 유부의 반론이다.; 『이부종륜론』「說一切有部條」(T49, 16c8-9), "佛所說經, 非皆了義. 佛自說有不了義經."

43 (T29, 482b2-3).

44 (T29, 734a22-23f). 본서 제10장 7. '斷·離·滅의 3界'① 참조.

45 (T29, 341c23-26). 본서 제4장 1-2. '중현과의 대론'⑤ 참조.

46 『중아함경』 제113 「諸法本經」(T1, 602c), "爾時世尊告諸比丘. 若諸異學來問汝等, '一切諸法, 以何爲本?' 汝等應當如是答彼. '一切諸法, 以欲爲本.' 彼若復問, '以何爲和?' 當如是答. '以更樂爲和.' 彼若復問, '以何爲來?' 當如是答. '以覺爲來' 彼若復問, '以何爲有?' 當如是答. '以思想爲有.' 彼若復問, '以何爲上主?' 當如是答. '以念爲上主.' 彼若復問, '以何爲前?' 當如是答. '以定爲前.' 彼若復問, '以何爲上?' 當如是答. '以慧爲上.' 彼若復問, '以何爲眞?' 當如是答. '以解脫爲眞.' 彼若復問, '以何爲訖?' 當如是答. '以涅槃爲訖.' 是爲比丘! 欲爲諸法本. 更樂爲諸法和. 覺爲諸法來. 思想爲諸法有. 念爲諸法上主. 定爲諸法前. 慧爲諸法上. 解脫爲諸法眞. 涅槃爲諸法訖."; A.N. 8. 83. Mūlasutta chandamūlakā āvuso sabbe dhammā, manasikārasambhavā sabbe dhammā, phassasamudayā sabbe dhammā, vedanāsamosaraṇā sabbe dhammā, samādhipamukhā sabbe dhammā, satādhipateyyā sabbe dhammā, paññuttarā sabbe dhammā, vimuttisārā sabbe dhammā' ti. (AN. IV, p.339).

(1) 經은 了義

일체의 경이 다 了義설은 아니다.

① 저들 [上座의] 論에서는 이같이 설하고 있다.

經은 다 了義(nītārtha)이다.

② [上座는 이같이 말하였다.]

불타께서 설하신 經은 다 了義로, 말씀과는 다른 별도의 뜻(abhiprāya: 別意趣)을 갖지 않으니, [말씀한 바와] 다르게 해석해서는 안 된다.

(2) 了義와 不了義의 경설

(2.1) '行蘊=6思身' 요의 설

저 [上座]는 이같이 설해서는 안 된다.

세존께서는 그 같은 은밀한 말씀('云何行受陰? 謂六思身': 『잡아함』 제59경)을 아무런 조건이 없이 (별도의 뜻 없이) 설하였다. (중략) [행온을] 다만 思라고 설하였다고 해서 이를 어찌 은밀한 뜻(密意, abhiprāya)의 말씀이라 하겠는가?

(2.2) 大地法 경증 불요의 설

세존께서는 말하였다. "一切法은 欲(chanda)을 근본으로 삼고, 作意(manskāra)에 의해 낳아지며, 觸(sparśa)을 발생원인(能集, *samudaya)으로 삼고, 受(vedanā)에 의해 따라 유전(隨流)하게 되며, 念(smṛti)을 뛰어난 힘(增上, *adhipateyā)으로 삼고, 定(samādhi)을 으뜸(上首)으로 삼으며, 慧(prajñā)를 최상(*uttara)으로 삼고, 해탈(즉 勝解, adhimokṣa)을 견고한 것(*sārā)으로 삼으며, 열반(nirvāṇa)을 究竟으로 삼는다." 想과 思의 두 법은 설하지 않더라도 저절로 성취되기 때문에 이 경에서는 이를 생략하여 설하지 않은 것이다. (중략) 이러한 계경에 따라 欲 등은 실로 개별적인 실체로서 존재하며, 이는 바로 대지법이라는 사실이 바로 입증되는 것이다.

然上座言:

　此經所說, 是不了義. 故不可依.

彼云何知是不了義?

彼謂,

　色等理不應用欲爲根本, 作意引生, 觸爲能集. 然此經說一切法言. 故應但依心心所說. 由斯證是不了義經.[47]

(2.3) '欲取=5妙欲'의 경증 요의 설

上座如何安立諸取?

彼言:

　欲取於契經中, 世尊分明親自開示. 如有請問, 欲者謂何? 世尊答言, '謂五妙欲.' 然非妙欲卽是欲體. 此中欲貪, 說名爲欲. 又世尊勸依了義經. 此了義經不應異釋. 我今於此, 見如是意. 謂由愛力, 五妙欲中, 欲貪生故, 而有所取, 是名欲取.[48]

47　(T29, 388c4-8). 본서 제4장 4-1 '유부의 대지법 경증 비판' 참조.

48　(T29, 490a13-17). 본서 제7장 4-7-2 '欲取' 참조.

上座는 말하였다.

이 경에서 설한 바는 不了義(neyārtha)이기 때문에 의지처(pratisaraṇa)로 삼을 수 없다. (다시 말해 欲 등 大地法이 실유라는 주장의 논거로 삼을 수 없다.)

그는 어떻게 이러한 경설이 바로 불요의임을 알게 된 것인가?
그는 말하였다.

色 등의 법은 이치상 欲을 근본으로 삼고, 作意에 의해 낳아지며, 觸을 발생원인으로 삼는 것이라고 해서는 안 된다. 그럼에도 이 경에서는 '一切法'이라는 말을 설하고 있다. 따라서 다만 심·심소에 근거하여 (다시 말해 "심·심소법은 欲을 근본으로 삼고 … "라고) 설했어야 하였다. 이에 따라 이 경설은 바로 不了義經임을 알게 된 것이다.

(2.3) '欲取=5妙欲'의 경증 요의 설

상좌는 4取를 어떻게 규정한 것인가?
그는 말하였다.

欲取에 대해서는 契經 중에서 세존께서 분명하게 직접 스스로 開示하고 있다. 예컨대 어떤 이가 "欲(kāma)이란 무엇을 말하는 것입니까?"라고 청하여 묻자 세존께서는 "이를테면 다섯 가지 妙欲(kāma-guṇa, 색·성·향·미·촉에 대한 탐착)이다"고 답하였다. 그렇지만 묘욕이 바로 欲의 본질은 아니다. 즉 여기서는 欲貪(kāma-rāga, 다섯 가지 묘욕에 대한 탐착)을 '欲'이라 말하였다.

또한 세존께서는 了義經에 의지할 것을 권유하였으니, 이러한 요의경에 대해서는 [설한 바와] 다르게 해석해서는 안 되는 것으로, 나는 지금 이 경설에 다음과 같은 뜻이 있음을 관찰하였다. "[欲을 5가지 妙欲이라 말한 것은] 愛(tṛṣṇa)의 힘에 의해 다섯 묘욕에 대한 欲貪이 생겨나기 때문으로, [이 같은 다섯 묘욕에 대해] 집착(取)한 바가 있으면 이를 '욕취'라고 한다."

(2.4) 分位연기설 비판의 경증 요의 설

上座於此 妄彈斥言:

> **雖有無間生, 然無緣起理. (中略) 又緣起經,[49] 是了義故. 謂此經義, 佛自決了, 前際無智等名爲無明, 福非福不動說名爲行, 六識身等名爲識等. 世尊恒勸依了義經. 是故於中不應異釋.[50]**

[衆賢:] 又卽於此緣起契經, 雖佛於中, 自標自釋. 而彼上座, 自以多門, 解釋彼經, 深隱理趣. 且佛意趣, 結生有識. 名爲識支, 而自釋言. 識者卽是眼等六識. 然唯意識, 能結生有. 誰有智者, 執著如斯有別意經, 名爲了義? 又經處處, 以種種門, 廣說緣起, 多非了義, 皆隨所應, 當求意旨. 如是不達了不了義經差別相, 而**稱我用經爲定量**, 甚爲非理. 故招我等毘婆沙師, 於彼所宗, 數爲嗤誚. (T29, 495c15-22)

---

49 『잡아함경』 제298경; Nidānasaṃyukta 16.

50 (T29, 494c6-10). 본서 제7장 2-3-2 '분위연기설 비판' 참조.

(2.4) 分位연기설 비판의 경증 요의 설

上座는 이 같은 [分位연기설]에 대해 거짓되게 탄핵하고 배척하여 말하였다.

비록 [5온의 상속이] 無間으로 생겨나는 일이 있을지라도 여기에 연기의 이치는 적용될 수 없다. 왜냐하면 (중략) 『緣起經(Pratītyasamutpāda-sūtra)』은 바로 了義이기 때문이다. 즉 이 경의 뜻은 불타 스스로 결정적으로 분별한 것으로, "前際(과거세)에 대한 無智 등을 '無明'이라 한다", "福·非福·不動業을 '行'이라 한다", "6識身 등을 '識'이라 한다"고 하였[지 5온을 무명 등이라 하지 않았]다. 그리고 세존께서는 항상 了義經에 의지할 것을 권유하였다. 그렇기 때문에 연기에 대해 [經에서 설한 바와] 다르게 해석해서는 안 되는 것이다.

[중현:] 불타가 비록 이 『緣起契經』에서 스스로 주제를 설정/제시(自標, *sva-uddeśa)하고 스스로 해석(自釋, *sva-nirdeśa)하였을지라도[51] 저 上座 자신도 다양한 관점에서 이 경의 깊고 은밀한 理趣(*saṃdhāya-nīti)에 대해 해석하고 있다. 바야흐로 [이 경에서] 불타의 의도는 生有(upapattī-bhava)로 이어지는 識(saṃdhi-vijñāna, 즉 結生識)을 '識支'라고 이름한다는 것이지만, [불타는] 스스로 "識이란 바로 眼 등의 6識이다"고 해석하였다. 그렇지만 오로지 意識만이 능히 生有로 이어질 수 있다. 지혜를 가진 자라면 그 누가 이와 같은 별도의 의도를 갖는 경을 了義經이라 집착하겠는가? 또한 이 경은 곳곳에서는 여러 관점에서 연기에 대해 널리 설하고 있지만 대부분 了義가 아니기에 그 모두에 대해 상응하는 바에 따라 의도나 취지를 추구해 보아야 한다.

이처럼 [상좌는] 了義經과 不了義經의 차별상도 알지 못하면서 **"나는 經을 지식의 결정적인 근거(定量)로 삼는다"**고 말하니, 이는 심히 앞뒤가 맞지 않는 그릇된 태도(非理, ayoniśas)라고 할 수 있다. 그래서 우리 毘婆沙師는 그의 종의에 대해 거듭하여 비웃고 꾸짖게 되었던 것이다.

---

51 上座의 了義經 규정. 본장 3-2-3. '요의경과 불요의경의 정의' 참조.

(2.5) '愛所攝取'설의 경증 불요의 설

[尊者世親 作如是釋] (中略) 又佛世尊, 親演說故. 謂契經說, '若於受喜, 卽名爲取. 取爲有緣, 乃至廣說.' 故取攝愛, 其理極成. (T29, 488a4-7)

上座復言:

此經非了義, 或誦者失, 別說對治故.

彼謂,

此經非了義攝. 世尊爲令速斷滅故, 於取因上假說取聲. 或應誦言, '若於受喜, 便能生取.' 所以者何? 餘處別說彼對治故. 以契經言, '若能滅此於諸受喜, 以喜滅故, 取亦隨滅.'[52]

[衆賢:] 悲哉! 東土聖教無依, 如是不知了不了義. 仍隨自樂決判衆經, 爲立己宗. '緣受生愛'. 及破他立'取攝愛'言. 眞了義經, 判爲不了. 實可依者, 執作非依. 非了義經, 可名不了. 勿不了義, 名了義經. 若爾, 總無可依聖教. 唯有無義, 不可依言. 是則便成壞聖法者. (T29, 488a12-18)

52 (T29, 488a7-12). 제7장 3-6 '愛와 取의 관계' ② 참조.

(2.5) '愛所攝取'설의 경증 불요의 설

[尊者 世親(sthavira Vasubandhu)은 이같이 해석하였다.] (중략) 불세존께서 "그는 受에 대해 기뻐하니, 이를 取라고 한다. 取는 有의 緣이 된다"고 설하였다. 따라서 取는 愛(즉 喜愛)를 포섭하는 것으로, 그 이치는 지극히 상식적인 것(極成)이다.

상좌는 다시 말하였다.

이러한 경설은 了義가 아니거나, 혹은 誦持者(*paṭhaka, 즉 전승자)의 과실이니, [경에서는 取와 愛의] 對治를 별도로 설하고 있기 때문이다.

즉 그는 [이같이] 말하였다.

이 경은 了義[經 중]에 포섭되는 것이 아니다. 세존께서는 [取를] 신속하게 단멸하게 하기 위해 取의 원인(즉 愛)에 대해 일시 取라는 말로 가설하였을 뿐이다. 혹은 마땅히 "만약 受에 대해 기뻐하면, 능히 取를 낳게 된다(若於受喜, 便能生取)"는 말로 誦持(전승)하였어야 하였다. 왜냐하면 다른 곳에서는 그것의 對治를 별도로 설하고 있기 때문이다. 즉 계경에서 "만약 이러한 온갖 受에 대한 기쁨(喜)을 능히 멸한다면, 기쁨이 멸하였기 때문에 取도 역시 이에 따라 멸하게 된다"고 말하였기 때문이다.

[중현:] 참으로 슬프도다! 東土에는 의지할 만한 聖教가 없어 이렇듯 了義와 不了義도 알지 못하고 자기 좋을 대로 衆經을 결택 판석하여 '受를 [반]연하여 愛를 낳는다'는 사실을 자신들의 종의로 설정하고, 아울러 다른 이(존자 세친)가 주장한 '取는 愛를 포섭한다'는 말도 비판하였으며, 진실의 요의경을 불요의라고 판석하여 진실로 의지해야 할 것을 의지할 만한 것이 아니라고 주장하는구나! 그러나 요의경을 불요의라고 말할 수 없으며, 불요의경을 요의경이라고 말해서도 안 된다. 만약 그렇다고 한다면 의지할 만한 성교는 아무 것도 없을 것이며, 오로지 뜻도 없고 의지할 수도 없는 언설만 존재하게 될 것이니, 그럴 경우 바로 聖法을 파괴하는 자(vaināśika: 壞法論 즉 空無論者)가 되고 말 것이다.

[附論] 세친의 삼세실유설 경증1 불요의 설

若過去色非有, 不應多聞聖弟子衆, 於過去色勤修厭捨. 以過去色是有故, 應多聞聖弟子衆, 於過去色勤修厭捨. 若未來色非有, 不應多聞聖弟子衆, 未來色勤斷欣求. 以未來色是有故, 應多聞聖弟子衆, 於未來色勤斷欣求.[53] (T29, 625c5-10)

猶如補特伽羅等故. 謂雖處處說有補特伽羅, 而可說爲實無有體. 人[54]契經等分明遮故. 由此說有補特伽羅, 所有契經, 皆非了義. (中略) 如是等類, 隨應當知. 非此分明決定說有去來世. 已復於餘處, 分明決定遮有去來. 可以准知, 此非了義.[55]

[衆賢:] 恍惚論者, 何太輕言? 但違己宗經, 便判爲不了. (中略) 奇哉! 凡鄙朋執覆心, 麤淺義中不能明見. 且置我釋, 汝云何知, 由後契經前成非了義? 非由前故後經成不了." (T29, 625c26-a4)

53 『구사론』 권20(T29, 104b5-12), "三世實有. 所以者何? 由契經中, 世尊說故. 謂世尊說. 苾芻, 當知! (이하 同文)" 이는 『잡아함』 제79경.

54 '人'→'又'(宋·元·明本) 그러나 '人契經'(『잡아함』 제306경)도 가능하다. 이 경에서는 5온의 발생과 이에 근거한 無我를 설하고 있기 때문이다.

55 (T29, 625c15-18; 23-25). 이는 『구사론』 상에서는 논설되고 있지 않지만, 『구사론』에서도 『승의공경』에 근거하여 삼세실유설 경증1의 경설을 不了義로 판석할 뿐더러 '가까이한 이들(朋黨, 즉 상좌일파)의 주장이 마음을 덮은 이'는 세친이기 때문에 세친의 논설로 판단된다.

[부론] 세친의 삼세실유설 경증1 불요의 설

"만약 과거색이 존재하지 않는다면 多聞의 聖제자들은 과거색에 대해 부지런히 厭捨를 닦는 일도 (즉 관심을 버리는 일도) 없을 것이지만, 과거색이 존재하기 때문에 多聞의 聖제자들은 과거색에 대해 부지런히 염사를 닦는 것이다. 또한 만약 미래색이 존재하지 않는다면 多聞의 聖제자들은 미래색에 대한 欣求(희구)를 끊는 일도 없을 것이지만, 미래색이 존재하기 때문에 多聞의 聖제자들은 미래색에 대한 흔구를 끊는 것이다."

[이 경은] 예컨대 보특가라(pudgala) 등과 같은 경우이기 때문에 [了義가 아니다]. 즉 비록 곳곳에서 '보특가라가 존재한다'고 설하였을지라도 그것은 실로 실체로서 존재하는 것이 아니라고 말할 수 있다. [또한] 『人契經』(『잡아함』 제306경) 등에서 [보특가라를] 분명하게 부정하고 있기 때문에, 이에 따라 '보특가라가 존재한다'고 설한 계경은 다 了義가 아니다. (중략) 이와 마찬가지로 이 경도 '과거·미래세가 존재한다'고 分明하고도 決定적으로 설한 것이 아님을 알아야 한다. 즉 이미 다른 곳에서 다시 '과거·미래가 존재한다'는 사실을 分明하고도 決定적으로 부정하였으니,[56] 이에 따라 이 경도 了義가 아님을 알 수 있는 것이다.

[중현:] 恍惚論者는 어찌 그토록 가벼이 말하는 것인가? 다만 자신의 종의에 어긋나는 경이면, 바로 불요의라고 판별하는구나. (중략) 무릇 鄙淺한 이(세친)는 가까이한 이들의 주장(朋執)이 마음을 덮어 거칠고 얕은 뜻조차 능히 분명하게 관찰하지 못하니, 참으로 기이하도다. 바야흐로 [삼세실유에 대한] 우리의 해석은 그만두고서라도 그대는 어떻게 뒤의 계경(『勝義空經』)에 의해 앞서 언급한 계경(『잡아함』 제79경)이 了義經이 아님을 알게 된 것인가? [물론] 앞서 언급한 경에 의해 뒤의 경이 不了義를 성취하는 것도 아니다.

---

56 『잡아함』 제335 일명 『第一義空經』. "『勝義空性[經](Paramārthaśūnyatā)』에서 세존께서 말씀하였다. '안근이 생겨날 때 어디서 오는 것도 아니며, 소멸할 때 어딘가 저장되는 곳(saṃnicaya: 所造集)으로 가는 것도 아니다. 이와 같이, 비구들이여, 안근은 [본래] 존재하지 않다가 [지금] 존재하며, 존재하다 다시 사라진다.' 만약 미래의 안근이 존재하는 것이라면 [『승의공성경』 중에서] '[본래] 존재하지 않다가 [지금] 존재한다(abhūtvā bhavati: 本無今有)'고 설하지 않았을 것이다." (itthaṃ caitad evaṃ yat paramārthaśūnyatāyām uktaṃ bhagavatā "cakṣur utpadyamānaṃ na kutaścid āgacchati, nirudhyamānaṃ na kvacit saṃnicayaṃ gacchati. iti hi bhikṣavaś cakṣur abhūtvā bhavati bhūtvā ca prativigacchati" iti. yadi cānāgataṃ cakṣuḥ syān noktaṃ syād abhutvā bhavatīti.: AKBh 299. 12-14); 以薄伽梵於勝義空契經中說 '眼根生位, 無所從來. 眼根滅時, 無所造集. 本無今有, 有已還無.' 去來眼根, 若實有者, 經不應說 '本無'等言. (『구사론』 T29, 105b19-23; 『순정리론』 T29, 625c27-626a1).

(3) 요의경과 불요의경의 정의

① 上座自言:

若薄伽梵, 自標自釋, 是了義經. 不可判斯爲不了義.[57]

了不了義, 其相云何? (中略)

② 彼上座言:

諸有聖敎, 佛自標釋, 名了義經. 所餘契經, 名不了義.[58]

[衆賢:] 阿毘達磨, 名能總攝, 不違一切聖教理言. 故順此理, 名了義經. 與此理違, 名不了義. 不了義者, 恐違法性, 依正理教, 應求意旨. (T29, 330a20-24)

---

57 (T29, 488b5-6). 제7장 3-6 '愛와 取의 관계' ③ 참조.

58 (T29, 495b19-21).

(3) 요의경과 불요의경의 정의

① 上座는 스스로 말하였다.

만약 薄伽梵(Bhagavat: 世尊)께서 스스로 주제를 제시하고(標) 스스로 해석한 것(釋)이면, 이는 바로 了義經이니, 이러한 요의경을 불요의경으로 판석해서는 안 된다.

了義經(nītārtha-sūtra)과 不了義經(neyārtha-sūtra), 이것의 정의(相, lakṣaṇa)는 무엇인가? (중략)

② 저들의 上座는 말하였다.

聖教(Āgama)에서 설하고 있는 온갖 교설로서 불타 스스로 標釋한 것, 즉 [먼저] 불타 스스로 주제를 간략히 설정/제시(標, uddeśa: '標說', '略說')하고서 스스로 해석(釋, nirdeśa: '廣說', '分別演說')한 것을 了義經이라 하고, 그렇지 않은 그 밖의 계경을 不了義經이라 한다.

[중현:] 아비달마는 일체 聖教에 어긋남이 없는 [正]理의 말씀을 모두 포섭한 것이다. 따라서 이러한 [正]理에 부합하는 것을 了義經이라 하고, 이러한 [正]理에 어긋나는 것을 不了義經이라 한다. 즉 不了義란 法性(dharmatā)에 어긋나는 것으로, 正理와 [그 밖의 다른 聖]教에 근거하여 마땅히 그 意旨(abhiprāya: 별도의 意趣)를 추구해 보아야 하는 것이다.

4. 바른 지식(量)과 經爲量者

(1) 바른 지식의 근거: 聖教

於此對法所立理中, 寡學上座, 謬興彈斥:

(前略) 若聖教中, 現無説處, 言非量者….[59]

(2) 경량부: 경을 지식의 근거로 삼는 이들

① 彼不以一切**契經皆爲定量, 豈名經部**?[60]

② 如是不達了不了義經差別相, 而稱 '**我用經爲定量**', 甚爲非理. 故招我等毘婆沙師, 於彼所宗, 數爲嗤誚.[61]

③ 頻率己情, 釋破諸經, 令乖實義, 理應名曰<u>壞經部師</u>. 非了義**經爲定量**故.[62]

④ 阿毘達磨諸大論師實謂: 奇哉! 壞賢泛愛, 如斯懱戾越路而行, **一類自稱經爲量者**.[63]

---

59 (T29, 489a4f; 26-27). 제7장 4-7-1 '我語取' 참조.

60 (T29, 332a23-24). 제1장 1-1 '색법=유루 설 경증 비판'① [衆賢] 참조.

61 (T29, 495c20-22). 제1장 3-2-2.4, '分位연기설 비판 경증 요의 설' [衆賢] 참조.

62 (T29, 538b5-7). 제8장 1-2 [附論] '세친이 변호한 경량부의 신·어표업 설' [衆賢] 참조.

63 (T29, 540b13-15). 제8장 2-2 '제1 說三色證 비판'② [衆賢] 참조. 『구사론』에서 經量部(Sautrāntika)의 뜻인 經爲量者(sūtrapramāṇikā: AKVy 11. 29f)는 根·境-識(觸)-受의 異時繼起說과 관련하여 有餘師(apare)의 설로 언급되지만(AKBh 146. 3f; T29, 53b2f), 중현을 비롯하여 야쇼미트라, 普光 등 모두 상좌(대덕) 슈리라타로 평석한다. (본서 제4장 4-3-2 [附論②] '『구사론』 상에서의 經爲量者의 大地法 규정'⑥, 주45 참조).

(1) 바른 지식의 근거: 聖敎

이 같이 아비달마(對法)에서 제시한 正理에 대해 배움이 모자란 上座는 거짓되게 꾸짖고 배척하였다.

만약 聖敎 중에서 [불타가] 직접적으로 설한 일이 없는 것이라면, 이는 바른 지식(量, pramāṇa)이 아니다.

(2) 경량부: 경을 지식의 근거로 삼는 이들

① 저들 [譬喩者와 上座]는 **일체의 契經을 다 지식의 결정적 근거(定量)로 삼지도 않으면서 어찌 경량부(經部, Sautrāntika)라 이름하는 것인가?**

② 이처럼 了義經과 不了義經의 차별상도 알지 못하면서 "**나는 經을 지식의 결정적인 근거로 삼는다**"고 말하는 것은 심히 그릇된 이치라고 할 수 있다. 그래서 우리 毘婆沙師는 그의 종의에 대해 거듭하여 비웃고 꾸짖게 되었던 것이다.

③ 이렇듯 [저들은] 빈번히 자신의 情意에 따라 해석함에 온갖 經을 허물고 眞實義를 어기게 되었으니, 이치상 마땅히 [經部師가 아니라] 壞經部師 즉 '경의 진실한 뜻을 파괴하는 이들'이라고 해야 할 것으로, 了義가 아닌 **經을 지식의 결정적 근거로 삼았기** 때문이다.

④ 아비달마 諸大論師는 진실로 말하였다.

"기이하도다! 賢[聖]을 파괴하고서 널리 애탐하며, 이와 같이 사납게 [正]路를 벗어나 가면서도 **일군(一類, ekīya)의 [비유자]들은 스스로 '經을 지식의 근거로 삼는 이(sūtrapramāṇakā)'라고 호칭**하는구나!"

제2장 諸法分別 총론

1. 무루와 유루

1) 무루법의 정의와 경증

① 譬喩論師, 違理背經, 妄作是說:

非有情數, 離過身中, 所有色等, 名無漏法.[1]

爲有至教, 證彼執耶?

② 彼謂,

亦有. 故契經言, '離貪瞋癡, 則離諸漏'. 又說 '有六心栽覆事, 所謂有漏有取諸色心栽覆事. 聲等亦爾.'[2]

彼謂,

此中心栽覆事, 旣說有漏有取諸色. 故知別有無漏諸色. 廣說乃至. 觸亦如是.[3]

---

1 (T29, 331a27-28). 譬喩者는 유부의 무표색 제2증(무루색)을 비판하면서도 이 정의를 인용한다. "譬喩者說 '無學身中, 及外器中, 所有諸色, 非漏依故, 得無漏名.'(T29, 541a20-21); 본서 제8장 2-3 '제2 說無漏色證 비판' 참조.

2 『잡아함경』권13 제332경(T2, 92b), "世尊告諸比丘. 有六覆. 云何爲六? 謂色有漏 是取. 心覆藏(*citta-mrakṣa) --." 이 경설은 『구사론』에서 유부의 무표색 제2證을 비판하면서도 인용된다. "若色處等一向有漏, 此經何緣差別而說? 如說 '有漏有取諸色心栽覆事. 聲等亦爾.'"(T29, 69b11-13); yadi ca rūpāyatanādīni ekāntena sāsravāṇi syuriha sūtre kimartha viśeṣitāni syu"ryāni rūpāṇi sāsravāṇi sopādānīyāni cetaḥkhilamrakṣavastvi"ti vistaraḥ. (AKBh 197. 13-15) "만약 색처 등이 한결같이 유루라면, 경에서는 어찌하여 [색을 유루로] 차별시켜 설한 것인가? '有漏·有取의 諸色은 마음을 덮어 불모지로 만드는 것(cetaḥkhilamrakṣavastu, 心栽覆事, 구역은 心堅腹藏所依, the cause of the hardening of the mind and of hypocrisy: L. de La Vallee Poussin, p.563)이다. 聲 등[의 유루]도 역시 그러하다."

3 (T29, 331c14-18).

1) 무루법의 정의와 경증

① 譬喩論師(Dārṣṭāntika)는 正理에도 어긋나고 經에도 위배된 이 같은 거짓된 논설을 펼치고 있다.

非有情數(즉 무정물)와 [번뇌의] 허물을 떠난 이(즉 아라한)의 소의신 중에 존재하는 色 등[의 5온]을 무루법이라고 한다.

저들의 주장을 입증할 만한 至教[量](*āptavacana-pramāṇa)이 존재한다고 해야 할 것인가?

② 저들은 말하였다.

역시 존재하니, 契經에서 이같이 설하고 있다. "탐·진·치를 떠나면, 이는 곧 諸漏를 떠난 것이다." 또한 이같이 설하였다. "마음을 덮어 불모지로 만드는 것(心栽覆事, cetaḥkhilamrakṣavastu)에 여섯 가지가 있으니, 말하자면 마음을 덮어 불모지로 만드는 有漏(sāsrava)·有取(sopādāna)의 온갖 色이 바로 그것이다. [有漏·有取의] 聲 등도 역시 그러한 것이다."

저들은 말하였다.

여기서 '마음을 덮어 불모지로 만드는 것'을 이미 유루·유취의 온갖 色이라고 설하였기 때문에 [그렇지 않은] 무루의 온갖 色도 이와는 별도로 존재하는 것임을 알아야 한다. 나아가 [聲·香·味·]觸의 경우도 역시 그러하다.

[衆賢:] <u>彼依義准, 妄爲是計</u>. 然聖教中, 不應依此義准理門, 起諸戱論. 如契經說, '我諸所有觸所生受, 一切皆滅', 亦應義准, 別有諸受, 非觸所生. 而不應許. 又契經說, '大迦葉波, 於施主家, 心無繫著', 亦應義准, 餘阿羅漢 於施主家心有繫著. (T29, 331c18-23)

③ 彼上座誤引經言:

若諸苾芻有漏有取, 彼於現法不般涅槃.

又引經言:

眞梵離諸漏 不染於世間 謂獨覺世尊 自在離諸漏.[4]

2) 어원분석에 의한 유루의 정의

又彼起執, 依訓詞門:

謂與漏俱名爲有漏.[5]

4 (T29, 331c27-332a1).

5 (T29, 332a15).

[중현:] 저들은 義准量(arthāpatti)에 근거하여 그릇되게 이같이 생각하게 된 것이다. 그렇지만 聖教에 대해 논의하는 중에 이러한 義準量의 이치에 근거하여 온갖 戲論을 일으켜서는 안 된다. 예컨대 계경에서 "나는 觸에서 생겨난 受를 모두 다 멸하였다"고 설하고 있는데, 이 경우 역시 義準量에 근거하여 "촉에서 생겨나지 않은 온갖 受가 별도로 존재한다"고 해야 하겠지만, 이를 인정해서는 안 되는 것이다. 또한 계경에서 "마하가섭(大迦葉波)은 施主의 집에 얽매이거나 집착하는 마음이 없었다"고 설하였는데, 이 경우 역시 義準量에 근거하여 그 밖의 다른 아라한들은 시주의 집에 얽매이거나 집착하는 마음이 있었다고 해야 하는 것이다.[6]

③ [또한] 저들의 上座는 그릇되게 다음과 같은 경설을 인용하기도 하였다.

"만약 有漏(sāsrava)·有取(sopādāna)의 제 비구(苾芻)라면, 그들은 現法에 반열반하지 못한다."

또한 [상좌는] 이 같은 경설을 인용하기도 하였다.

진실의 범행자는 온갖 번뇌(漏)를 여의었기에
세간에 물들지 않는다네.
즉 독각과 세존께서는
自在하여 온갖 번뇌를 여의셨다네.

2) 어원분석에 의한 유루의 정의

또한 저들 [譬喩論者]는 訓詞門(*nirukta, 어원분석)에 근거하여 이같이 주장하였다.

누(漏) 즉 번뇌와 함께 하는 것을 일컬어 '유루'라고 한다.[7]

---

6 義準量(arthāpatti)이란 이를테면 '데바닷타는 뚱뚱하지만 낮에는 식사하지 않는다'는 사실이 관찰될 경우, 밤 동안의 식사를 요청 가정하는 것처럼 지금 알려진 사태에 근거하여 다른 어떤 사실을 內含的으로 이해하는 인식방법으로, 중현의 말대로 불교에서는 이를 지식의 근거(量, pramāṇa)로 인정하지 않는다. 그렇지만 譬喩論師의 논설에 따르는 한 그들은 이를 인정하였다고 볼 수 있다.

7 유루(sāsrava)는 sa+āsrava의 합성어로서, 이 때 sa는 saha 즉 함께하다(俱)는 뜻이기 때문에 有漏를 '漏와 함께하는 것'으로 해석하였다. 이는 12연기의 有支를 業有로 해석하는 유부와 달리 말(경설) 그대로 欲·色·無色의 3有로 해석한 것과 같은 경량부 특유의 해석법이다.

2. 蘊·處·界 3科의 설정 이유

1) 3科의 설정 이유

彼上座言:

說蘊爲明, 所執一合差別相故. 說處爲明, 境及有境差別相故. 說界爲明, 境及有境, 幷所生識差別相故.

且說處門, 如何遍立境有境相?

此中不說, 眼等五根及與意根, 爲境性故. 然一切法, 皆意根境.[8]

8 (T29, 344b3-7).

1) 3科의 설정 이유

저들의 上座는 말하였다.

蘊(skandha)을 설한 것은 [외도 범부가] 주장하는 一合(*piṇḍa, 아트만과 같은 전체성)의 차별상을 밝히기 위해서였고, 處(āyatana)를 설한 것은 境(viṣaya)과 有境(viṣayin) 즉 경계대상과 경계대상을 갖는 주체(즉 6根)의 차별상을 밝히기 위해서였으며, 界(dhātu)를 설한 것은 境과 有境과 [이에 따라] 생겨난 識의 차별상을 밝히기 위해서였다.

[문:] 處의 설정이유에 대해 논설하면서 어찌 [12處를] 境과 有境의 관계로 두루 설정한 것인가?

[답:] 여기(12처)서는 眼 등의 5根과 意根이 경계대상으로서의 존재(境性, *viṣayatva)가 된다고는 설하지 않기 때문이다. 그렇지만 一切法은 다 意根의 경계대상이 된다. (다시 말해 法處에 포함된다.)[9]

9 유부 비바사사는 "法處란 外處로서 바로 11處에 포함되지 않는 법"이라는 『잡아함』 제322경에 따라 다만 7법(무표색과 受·想·行과 3무위)만을 의근의 경계대상으로 간주하였다. "此於意境, 非爲遍說. 以立處門. 但說七法, 爲意境故. 如契經說, '苾芻當知! 法謂外處, 是十一處所不攝法.'"(T29, 344b7-10) 그러나 상좌일파는 『順別處經』으로 일컬어지는 『잡아함』 제322경을 불설로 인정하지 않았다. (본서 제1장 1-2. '所造觸 실유설 경증 비판' ① 참조).

2) 意處와 法處

① 諸有於此, 復作是言:

如契經說, '意及法爲緣, 生於意識'者, 說一切法皆爲意境.

[衆賢:] 彼但有言, 理教無故. 若必爾者, 何名決定立處相別? (T29, 344b11-14)

② 又上座說:

諸法無非意所行故, 皆法處攝.[10]

若爾, 唯應立一法處, 以一切法皆意境故.

③ 又彼所言,

雖實一處, 而於一中據差別相, 立餘十一. 謂初眼處亦名法處, 乃至 意處亦名法處, 最後法處唯名法處.[11]

又彼雖立境及有境, 而極雜亂.

④ **五取自境, 意緣一切, 有何雜亂?**[12]

---

10 (T29, 344b14-15).

11 (T29, 344b17-19).

12 (T29, 344b25-26).

2) 意處와 法處

① 어떤 이들은 이에 대해(意處와 法處의 관계에 대해) 다시 이같이 말하였다.[13]

계경에서 "意와 法에 근거하여 意識이 생겨난다"고 설한 것은, 一切法이 다 意根의 경계대상이 된다는 사실을 말한 것이다.

[중현:] 이는 다만 말만 그럴듯할 뿐이니, 이치도 경전상의 근거도 없기 때문이다. 만약 그렇다고 한다면 [境과 有境이라는] 處의 차별상을 어떻게 결정적으로 설정할 수 있을 것인가?

② 上座도 이같이 설하였다.

諸法으로서 意根의 인식영역(所行[境], *gocara)이 되지 않는 것이 없기 때문에 [일체법은] 다 法處에 포섭된다.

만약 그렇다고 한다면, [일체법으로] 오로지 法處 하나만을 설정해야 할 것이니, 일체법은 다 의근의 경계대상이 되기 때문이다.

③ [이에 대해] 그는 이같이 말하였다.

진실로 1處(즉 法處)만이 존재할지라도 [境과 有境의] 차별상에 근거하여 1處 중에 그 밖의 다른 11處를 설정한 것이다. 즉 처음의 眼處 역시 法處라고 말할 수 있고, 나아가 意處 역시 法處라고 말할 수 있으며, 최후의 法處는 오로지 法處라고 말할 뿐이다.

上座가 비록 [處의 설정이유로서] 境과 有境을 제시하였을지라도 [이는 有境이 境이 되고 境이 有境이 되어는 등] 지극히 혼란스러운 것이다.

④ [眼 등의] 5根은 자신의 경계대상을 취하고 意根은 일체법을 반연하는 것이거늘 여기에 무슨 혼란이 있다는 것인가?

---

13 여기서 '어떤 이들(諸有)'은 논의의 내용과 중현의 비판이 후술하는 上座와 동일하기 때문에 상좌일파로 생각된다.

3. 일체법 異熟生설

1) '12處=異熟生'설

① 上座此中, 依十二處立:

> 一切種皆異熟生. 非異熟生, 爲所長養, 如所纏裹周匝護持. 又一身中, 眼等應有二種類故, 不見別有二所作故, 無別長養. 又彼聲處應異熟生, 以許彼因是異熟故. 又異熟者, 因頓引發, 任運隨轉, 不須數數重起加行, 方得生起. 又於眼等, 此事應同. 若言'聲處若是異熟, 處無心位應恒行'者, 意等云何? 若言意等有相續者, 此亦不然, 非異熟生所間絶故.

彼上座宗, 略述如是.[14]

14 (T29, 359a8-17).

1) '12處=異熟生'설

① 上座는 3科에 대해 분별하면서 12處에 근거하여 [다음과 같은 주장을] 제시하였다.

[12處의] 일체 종류는 다 異熟生(선천적으로 생겨난 것)이다. 이숙생이 아닌 것은 所長養(후천적으로 길러진 것)이라 해야 하니, [이숙의 상속은] 예컨대 이것(소장양)에 둘러싸여(纏裹周匝) 보호·유지(護持)되는 것이다.

또한 [소장양의 處의 종류가 별도로 존재한다면] 안근 등은 하나의 소의신 중에 두 종류가 존재한다고 해야 하기 때문에, [존재할지라도] 별도의 두 작용이 관찰되지 않기 때문에 [이숙생 이외] 별도의 소장양은 존재하지 않는다.

또한 그 같은 [12處 중의] 聲處도 마땅히 이숙생이라 해야 하니, [유부 비바사사 역시] 그것의 원인(대종)은 바로 이숙임을 인정하였기 때문이다.

또한 異熟[生](즉 이숙과)이란, 원인에 의해 단박에 引發되는(낳아지는) 것, 그에 따라 저절로 일어나는 것, 즉 반드시 加行을 자꾸자꾸 되풀이하여 일으키지 않고서도 바야흐로 생겨날 수 있는 것이다.

또한 眼處 등에도 이 같은 사실이 동일하게 [적용된다고] 해야 한다. 만약 "聲處가 이숙생이라면 無心[定]의 상태에서도 항상 작용해야 할 것"이라고 말한다면, 意處 등의 경우는 어떠한가? 만약 "意處 등은 [끊어지더라도 다시] 상속하는 것"이라고 말한다면, 이 또한 옳지 않으니, 異熟生은 어떠한 경우에도 중간에 끊어지는 것이 아니기 때문이다.[15]

[이숙생과 소장양에 관한] 저 상좌의 종의를 간략히 서술하면 이와 같다.

---

15 이에 따라 상좌는 滅盡定 등의 無心定 중에서도 이숙의 意處는 끊어지지 않는다고 주장하였다. (본서 제3장 2-2-2 '滅定有心說' 참조)

此非宗所許, 但許身中, 有所長養異熟生色.

② 長養相續, 常能護持異熟相續, 令不間斷. 豈不一切, 皆唯異熟勢力所引? 隨力勝劣, 故有相續, 或有間斷.[16]

此非佛教說, 一切果皆宿因造, 同外道故.

③ 無同彼失, 亦許現在衆緣, 功能助引生故.[17]

若執聲爲異熟生性, 一起斷已, 應不更生. 由異熟生一起斷已, 無加行因能重起故.

④ 我等皆許 '業感異熟, 不由重起加行方生.'[18]

[衆賢:] 又彼所執別有隨界, 便爲無用. 於業所引異熟轉中, 彼無用故. 旣許業因頓引異熟, 不須數數加行重發, 何須別執此隨界爲. 或應許此引業無用. (中略) 以要言之, 彼於此論, 異熟長養等流義言, 都不解了, 致斯紛競. (T29, 395c26-29; 360a14f)

16 (T29, 359b1-4).

17 (T29, 359b5-6).

18 (T29, 359c21-24).

이는 [우리 毘婆沙]宗에서 인정하는 바가 아니니, [우리는] 다만 소의신 중에 所長養과 異熟生의 색이 존재한다고 인정할 뿐이다.

② 所長養의 상속은 항상 이숙의 상속을 능히 보호하고 유지하여 단절되지 않게 하는 것이거늘 어찌 일체법이 다 오로지 이숙의 세력에 의해 인기되는 것이라 하지 않겠는가? 즉 [이숙생은 이러한] 세력의 勝劣에 따라 상속하기도 하고 단절되기도 하는 것이다.

이러한 ['일체법=이숙생'이라는 주장]은 불타의 교설이 아니니, 그럴 경우 일체의 결과는 모두 宿世의 원인에 의해 지어진 것이 되어 [宿作]外道(離繫 즉 자이나교)가 주장한 것과 동일하기 때문이다.

③ 그러한 [宿作]外道의 주장과 동일하게 되는 과실은 없으니, 현재의 온갖 緣도 [결과를] 이끌어내는 데 보조적인 功能을 갖는다는 사실 또한 인정하기 때문이다.

만약 소리(聲處)가 이숙생이라 주장할 경우, 일단 일어나 끊어지게 되면 다시는 생겨나지 않는다고 해야 하니, 이숙생은 일단 일어나 끊어지게 되면 加行因(후천적 노력)으로도 다시 일으킬 수 없기 때문이다.

④ 우리는 다 업에 의해 초래된 이숙과는 加行을 다시 일으키지 않더라도 바야흐로 생겨날 수 있다고 인정한다.

[중현:] [그럴 경우] 그가 [업과는] 별도로 존재한다고 주장한 隨界(anudhātu, 종자의 이명)도 無用하게 될 것이니, 업에 의해 낳아지는 이숙과가 일어나는 중에 그것은 쓸모가 없기 때문이다. 즉 이미 業因이 단박에 이숙과를 인기한다는 사실을 인정하여 가행을 거듭하여 다시 일으킬 필요도 없다면서 무슨 필요에서 이것(업)의 隨界를 별도로 주장할 것인가? 혹 [그렇지 않다고 한다면] 이러한 [이숙과를 단박에] 인기하는 업도 무용한 것이라고 인정해야 한다. (중략) 요컨대 그는 자신의 論(『經部毘婆沙』)에서 異熟·長養·等流라는 뜻의 말도 전혀 이해하지 못하였기에 이 같은 분쟁에 이르게 되었던 것이다.

2) '일체의 결과=異熟果'설

① 有餘師說.

一切果, 皆名異熟. (中略)

彼復何緣, 執'一切果皆名異熟'?

由契經說, '此大光明, 有何異熟?' 又契經言, '二種施食所感異熟, 平等平等.' 又說, '愛爲受之異熟.' 又言, '如來若不說此語, 卽諸時衆, 無如是異熟.' 又說, '此夢, 有何異熟?' 又'諸世間, 亦說食等爲樂異熟.' 此類寔繁.[19]

此等皆應因於宿業.

② 許亦何失? 如種種身是宿業, 現行煩惱差別亦然.[20]

[衆賢:] 是則應同離繫邪論. 非佛弟子. (T29, 427b8-9)

---

19 (T29, 427a2-10).

20 (T29, 427b7-8).

2) '일체의 결과=異熟果'설

① 有餘師는 설하였다.

일체의 결과는 다 異熟[生]이라 말할 수 있다. (중략)

그는 어떠한 연유에서 "일체의 결과는 다 異熟[生]이라고 말할 수 있다"고 주장한 것인가?

契經에서 "이러한 [梵王의] 大光明은 무엇의 이숙[과]인가?"라고 설하였기 때문이다. 또한 계경에서 "두 종류의 施食에 의해 초래된 이숙[과]는 평등하고 평등하다"고 말하였다. 또한 '愛는 受의 이숙[과]'라고 설하였고, 또한 "여래가 만약 이러한 말을 설하지 않았다면, 모든 시절의 중생에게 이와 같은 이숙[과]는 존재하지 않았을 것이다"고도 말하였으며, 또한 "이러한 꿈은 무엇의 이숙[과]인가?"라고 설하였기 때문이다. 또한 세간에서도 역시 음식 등을 즐거운 이숙[과]라고 말한다. [모든 결과가 異熟生이라고 하는] 이러한 유형의 말은 매우 빈번하게 설해진다.[21]

[그럴 경우] 이러한 [번뇌도 염오] 등도 다 宿業을 원인으로 한다고 해야 한다.

② 그러한 사실을 인정할 경우 무슨 과실이 있다는 것인가? 온갖 종류의 신체가 宿業의 결과이듯이, 현행하는 온갖 다양한 형태의 번뇌 역시 그러한 것이다.

[중현:] [그럴 경우] 離繫(nirgrāntha)의 邪論과 동일하여 불제자가 아니라고 해야 할 것이다.

---

21 여기서 有餘師는 앞의 '일체법(12처)=이숙생'설과 동일한 내용일 뿐만 아니라 중현의 비판 역시 동일하다. 나아가 경설 이면의 별도의 뜻(abhiprāya: 別意趣, 密意)을 구하지 않고, 경에서 설한 그대로의 뜻(yathārutārtha: 如說義)을 경의 뜻(sūtrārtha: 經義)으로 이해하는 것 또한 상좌/경량부의 전형적인 경전독법이다. 참고로 중현은 [『구사론본송』(異熟因不善 及善唯有漏, vipākahetur aśubhāḥ kuśalāḥ caiva sāsravāḥ: AK. II-54cd) 중에서] '오로지(唯)'라는 말을 설한 것은 異熟因은 그 자체 모든 원인을 포함한다는 주장을 막기 위해, 다시 말해 [사람들로 하여금] 바로 이와 같은 有餘師의 그릇된 생각(橫計)과 함께하지 않게 하기 위한 것이라고 해설한다. (T29, 427a2-5) 그러나 '오로지'라는 말은 현장 역에만 있을 뿐 원문에도 진제 역(T29, 190c14f)에도 없다.

4. 18界의 諸門분별

1) 界繫분별: 색계에 香·味가 존재하지 않는 이유

有餘師說:

住此依彼靜慮等至, 見色聞聲, 輕安俱起, 有殊勝觸, 攝益於身. 是故此三, 生彼靜慮, 猶相隨逐. 香味不爾. 故在彼無.[22]

2) 內外분별

① 上座所宗, 旣**一切法, 皆法處攝**. 彼宗云何建立內外?

彼說如餘.

云何如餘?

> 謂爲六識作所依者, 建立爲內. 不爲六識作所依者, 建立爲外. 夫所依者, 唯有情數親近不共色等, 不定. 如彼色等, 雖復亦有是有情數親近不共, 與眼等同, 非所依故, 而立爲外, 不立爲內. 如是眼等, 雖法處攝, 與受等同, 是所依故, 而立爲內, 不立爲外. 所餘法處, 唯名爲外. 又雖眼等皆通二分, 而內外性, 互不相違. 是故不應執此爲難, 謂作眼等識所依時, 立爲內性, 若作意識所緣境時, 立爲外性.[23]

---

22 (T29, 349b20-22). 『구사론』권2(T29, 7c6-9); AKBh. 21. 2-4. anye punar āhuḥ. dhyānasamāpattisaniśrayeṇeha rūpāṇi saṃdṛśyante śabdāś ca śrūyante. prasrabdhisahagatena spraṣṭavyaviśeṣeṇa ca kāyo 'nugṛhyate. ata eṣām eva trayāṇāṃ dhyānopapattau saṃbhavo na gandharasayor iti. 야쇼미트라(Yaśomitra)는 이를 대덕 슈리라타(bhadantaśrīlātaḥ)의 설로 평석하였다. (AKVy 61. 3) 상좌는 초선과 제2선의 樂을 輕安[風]에 의한 身受樂으로 이해하였기 때문에(본서 제11장 2. 참조) 상좌 계통의 학설일 가능성이 크다. 참고로 普光은 보광(普光)은 『순정리론』에서 이를 비판하지 않고 있다는 점에서 毘婆沙師의 異說로 보고, 바수미트라(婆須密, Vasumitra)의 『俱舍釋』에서는 이를 슈리라타(室利羅多)의 해석이라 하였다는 사실을 전하고 있다. (T41, 37b1-5).

23 (T29, 361a17-28).

1) 界繫분별: 색계에 香·味가 존재하지 않는 이유

有餘師는 말하였다.
이곳(욕계)에 머물면서도 그 같은 靜慮[地]의 等至(samāpatti)에 의지하여 [색계의] 색을 보고, 소리를 들을 때 輕安(praśrabdhi)과 함께 일어난 수승(특별)한 觸이 존재하여 몸을 이롭게 한다. 그렇기 때문에 이러한 세 가지(色·聲·觸)는 [그 후] 그 같은 靜慮[地]에 태어날 때 몸에 수반되어 [존재할 수 있지만] 香·味는 그렇지 않기 때문에 그곳(색계)에 존재하는 일이 없는 것이다.

2) 內外분별

① 上座의 종의는 '**일체법은 다 법처에 포섭된다**'는 것이었다. (본장 2-1 참조) 그렇다면 저들 [上座]宗에서는 '내적인 것(ādhyātmika)'과 '외적인 것(bāhya)'을 어떻게 설정하는가?
그는 다른 이처럼 설하였다.
어떻게 다른 이처럼 설하였다는 것인가?

6識에 所依(āśraya)가 되는 것을 '내적인 것'으로 설정하고, 6識에 所依가 되지 않는 것을 '외적인 것'으로 설정하였다.[24] 대저 所依라고 함은 오로지 有情數와 親近한 (pratyāsannatā, 아주 가까운, 직접적으로 관계하는) 不共의 色 등으로, 일정하지 않다. 즉 그러한 色[境] 등은 비록 眼 등과 마찬가지로 有情數와 親近한 不共의 色일지라도 [眼識 등의] 所依가 되지 않기 때문에 '외적인 것'으로 설정하고 '내적인 것'으로 설정하지 않듯이, 이와 마찬가지로 眼[根] 등도 비록 [소연/인식대상이 될 때는] 受 등과 마찬가지로 法處에 포섭되는 것일지라도 이는 바로 [眼識 등의] 所依이기 때문에 '내적인 것'으로 설정하고 '외적인 것'으로 설정하지 않은 것이다. 그 밖의 法處는 오로지 '외적인 것'이라고 말할 뿐이다.

---

24 이는 『대비바사론』에서 설한 내외의 네 분별 중 제1설이다. "云何建立內處外處? (中略) 謂六識身, 是染淨法所依止處. 若與六識作所依者, 名爲內處. 作所緣者, 名爲外處."(T27, 381a19-23) 세친의 內外정의는 이러하다. "단지 마음을 일시 가설하여 자아라고 하였다. 그리고 안 등은 이것의 所依가 되는 것으로, 그 관계가 親近하기 때문에 이를 설하여 '내적인 것'이라고 말한 것이며, 색 등은 이것의 所緣이 되는 것으로, 그 관계가 疏遠하기 때문에 이를 설하여 '외적인 것'이라 말하였다." (『구사론』 T29, 9c19-25; 『순정리론』 T29, 360b26-27).

② 彼謂,

如意根是內處攝, 爲意識所緣, 復外處攝.[25]

③ 彼如是執:

心爲意識作所緣時, 說名爲外.[26]

④ 彼上座言:

所立眼等通內外性, 決定應成. 如世尊說 '苾芻當知! 諸所有眼, 或過去, 或未來, 或現在, 或內, 或外. 乃至廣說. 意亦如是.'[27]

---

25 (T29, 361a28-29).

26 (T29, 362a1-2).

27 (T29, 361c2-5). 인용 경문은 『잡아함』 제199경(T2, 51a4-7), "諸所有眼, 若過去, 若未來, 若現在, 若內, 若外, 若麤, 若細, 若好, 若醜, 若遠, 若近, 彼一切非我. 非異我. 不相在如實正觀. 羅睺羅! 耳·鼻·舌·身·意亦復如是."

또한 眼[根] 등은 다 [同分과 彼同分의] 2分과 통하는 것일지라도 내적이고 외적인 존재성은 서로 상위하지 않는다. 그렇기 때문에 "眼[根] 등은 [5]識의 所依(즉 동분)가 될 때는 내적인 것이 되지만, 意識의 所緣境(즉 피동분)이 될 때는 외적인 것이 된다"는 사실에 대해 논란해서는 안 된다.

② 그는 말하였다.

예컨대 意根은 內處에 포섭되지만, 의식의 소연이 될 때는 또한 外處에 포섭된다.

③ 그는 이같이 주장하였다.

마음이 意識의 소연이 될 때, 그것을 외적인 것이라 말한다.

④ 또한 저들의 上座는 말하였다.

"眼 등은 내적인 것과 외적인 것 모두와 통한다"는 주장은 결정코 성취될 수 있다고 해야 하니, 세존께서 "필추들은 마땅히 알아야 한다. 존재하는 모든 眼으로서 혹은 과거의 것이나, 혹은 미래의 것이나, 혹은 현재의 것이나, 혹은 내적인 것이나, 혹은 외적인 것이나 [그것들은 다 내(我)가 아니다]. … (이하 자세한 내용 생략) 意의 경우도 역시 이와 같다"고 설한 바와 같다.

제3장 외계의 諸法

1. 色法

1) 有色處(5根·5境) 假有論

(1) '處=假有, 界=實有'論

此中上座, 作如是言:

> 五識依緣俱非實有, 極微一一不成所依所緣事故. 衆微和合, 方成所依所緣事故.

爲成此義, 謬引聖言:

> 佛告多聞諸聖弟子, '汝等今者應如是學, 諸有過去未來現在, 眼所識色, 此中都無常性恒性, 廣說乃至, 無顚倒性, 出世聖諦. 皆是虛僞妄失之法, 乃至廣說.'

彼謂,

> 五識若緣實境, 不應聖智, 觀彼所緣, 皆是虛僞妄失之法. 由此所依亦非實有, 准所緣境不說而成.

又彼師徒串習[1]世典, 引衆盲喻, 證己義宗.

> 傳說, 如盲一一各住, 無見色用. 衆盲和集, 見用亦無. 如是極微一一各住, 無依緣用. 衆多和集, 此用亦無.

---

1 串習 → 慣習(宋·元·明本)

(1) '處=假有, 界=實有'論

上座는 이같이 말하였다.

5識의 所依(즉 5근)와 所緣(즉 5경)은 다 같이 실유가 아니다. 왜냐하면 極微(paramāṇu) 하나하나는 소의와 소연이 되지 않기 때문으로, 다수의 [극]미가 和合할 때 비로소 소의와 소연이 되기 때문이다.

그는 이러한 뜻을 성립시키기 위해 다음과 같은 聖言을 그릇되게 인용하고 있다.

불타께서 多聞의 여러 聖제자들에게 말하였다. "그대들은 이제 마땅히 이와 같이 배워야 한다. 과거·미래·현재의 안식에 의해 인식된 [과거·미래·현재의] 온갖 색에는 常住性도 恒常性도 없다. … (이하 자세한 내용 생략) [이것이야말로] 전도됨이 없는 출세간의 聖諦이니, 이는 다 거짓된 것으로서 허망하게 사라질 법이다. … (이하 자세한 내용 생략)"

[이에 따라] 그는 말하였다.

5識이 만약 실유의 경계대상을 반연하는 것이라면 [계경에서] 그러한 소연은 다 거짓된 것으로 허망하게 사라질 법(虛僞妄失之法)이라고 관찰하는 것을 聖智라고 해서는 안 될 것이다. 그리고 이에 따라 소의 역시 실유가 아니니, 이러한 사실은 소연의 경계대상에 준하여 볼 때 말하지 않더라도 성취될 수 있다.

또한 그 논사(師)의 [문]도들은 세간의 문헌(世典)을 익혀 여러 명의 맹인의 비유를 인용하여 자신들의 종의를 논증하고 있다.

전하는 말에 따르면, 맹인은 각기 따로 머물 때 색을 보는 작용을 갖지 않으며, 여러 명의 맹인이 함께 모여(和集) 있을 때에도 역시 색을 보는 작용을 갖지 않듯이, 이와 마찬가지로 극미 하나하나가 따로 머물 때 소의와 소연으로서의 작용을 갖지 않으며, 다수의 [극]미가 和集하여 있을 때에도 역시 이 같은 작용을 갖지 않는다.

故處是假, 唯界是實.

彼部義宗, 略述如是.[2]

[衆賢:] 今謂彼論涉壞法宗. 故有智人不應欣慕. 五識不緣非實有境. 和集極微爲所緣故. 又五識身無分別故, 不緣衆微和合爲境. 非和合名別目少法, 可離分別所見乃至所觸事成. 以彼和合無別法故, 唯是計度分別所取. 五識無有計度功能. 是故不緣和合爲境. (T29, 350c18-24)

(2) 극미 和合(즉 假有)과 5識

又不達義, 妄引聖言. 若執彼經有此義者, 意識所緣亦應非實, 同說虛僞妄失法故. 若爾, 緣實覺慧應無, 是則分明崩壞法論.[3] (T29, 351b10-13)

① 若言,

意識通無漏故無斯過者,[4]

[衆賢:] 理亦不然. 無漏意識, 亦以總法爲所緣故. **汝宗又許, 眼等五識通無漏**故. 不應妄執**五識所緣唯假非實**. (T29, 351b14-16)

---

2 (T29, 350c5-17).

3 여기서 '崩壞法論'은 '朋壞法論'나 '朋上座', '朋經部宗' 등의 예에 비춰볼 때 '朋壞法論(괴법론과 가까운 것)'의 誤寫일 것이다.

4 (T29, 351b13).

따라서 處(āyatana)는 바로 假有이며, 오로지 界(dhātu)만이 實有이다.

저들 [상좌]일파(彼部)의 종의를 간략히 서술하면 이와 같다.

[중현:] 지금 저들 [上座일파]의 論(『經部毘婆沙』)은 壞法宗(vaināśika)에서 노니는 것[5]이라 할 수 있기 때문에 지혜 있는 자라면 欣慕해서는 안 된다. 왜냐하면 5識은 實有가 아닌 [假有의] 경계대상을 반연하지 않으며, 和集[된 상태]의 극미를 소연으로 삼기 때문이다. 또한 5識身은 無分別이기 때문에 다수의 극미 和合을 반연하여 이를 경계대상으로 삼지 않는다.

여기서 '화합'이라는 말은 사소한 [어떤] 법을 별도로 지시하는 것이 아니다. 그것은 보여진 것 내지 접촉된 것에 대한 분별(즉 안식 내지 신식)과는 관계없이 성취되는 것(즉 추상적 존재)이다. 즉 저들의 '화합'은 [自相을 갖는] 개별적인 법(別法, dharmāntara)이 아니기 때문에 오로지 計度分別(즉 意識)에 의해 파악될 뿐이지만, 5식은 어떠한 경우에도 計度의 功能을 갖지 않는다. 그렇기 때문에 5식은 '[극미의] 和合'을 반연하여 이를 경계대상으로 삼지 못하는 것이다. (하략)

(2) 극미 和合(즉 假有)과 5識

또한 [저 上座는] 뜻도 알지 못하고서 ['虛僞의 忘失之法'에 관한] 聖言을 그릇되게 인용하였으니, 만약 그 경에 이러한 ['5識의 所緣=世俗有'의] 뜻이 있다고 주장한다면 意識의 所緣도 역시 실유가 아니라고 해야 할 것이니, [5식의 소연과 마찬가지로] 虛僞의 忘失法이라고 하였기 때문이다. 만약 그렇다고 한다면 實有를 所緣으로 삼는 覺慧도 존재하지 않는다고 해야 한다. 그런 즉 [그의 論은] 분명 壞法論(vaināśika)과 가까운 것이다. (중현)

① [그는] 말하였다.

意識은 무루와 통하기 때문에 그 같은 허물이 없다.

[중현:] 이치상 역시 그렇지 않으니, 무루의 의식 역시 [유루의 의식에도 소연이 되는] 총제적/일반적인 법(總法, 즉 共相)을 소연으로 삼기 때문이다. **그대(상좌)의 종의 또한 眼 등의 5識도 무루와 통한다고 인정하기** 때문에 '**5식의 소연은 오로지 假有이지 實有가 아니다**'고 그릇되게 주장해서는 안 된다.

---

5 Cf. vibhāṣayā dīvyanti caranti vā Vaibhāṣikāḥ. (毘婆沙에 노닐고 종사하는 이가 毘婆沙師이다.: AKVy 12. 7; 694. 4f).

若眼等識, 緣妄境者, '於見言見', 應非聖語. '於見言不見', 應是聖語.

② 若謂,

隨俗說如是言無斯過者,[6]

[衆賢:] 則應意識說緣實者, 亦隨俗言. 是卽一切唯有假說. 便爲安住壞法論宗. 或應辯析差別道理. (T29, 351c16-18)

又於此中, 觸法處界有何差別, **而言觸法處唯是假, 界是實耶**?

③ 若言,

此二亦有差別. 多物和合方得處名. 一一別物, 卽得名界.[7]

[衆賢:] 觸處可爾, 法處云何? **汝宗法處雖有三法**, 而無積集. 法界何異? (T29, 351c28-352a3)

6 (T29, 351c16).

7 (T29, 352a1-2).

만약 眼 등의 識이 거짓된 경계대상(妄境)을 반연하여 일어나는 것이라면 '본 것을 보았다고 말하는 것'은 聖語가 아니라 '본 것을 보지 않았다고 말하는 것'이 聖語라고 해야 할 것이다.[8] (중현)

② 이는 세속의 관례에 따라 설한 것으로, 이와 같은 말에는 그러한 허물이 없다.

[중현:] 그렇다고 한다면 "의식은 실유/진실의 경계대상(實境)을 반연한다"고 설한 것 역시 세속의 관례에 따라 말한 것이라고 해야 하며, 그럴 경우 일체의 모든 존재는 오로지 假說로서만 존재한다고 해야 한다. 그러나 이는 곧 壞法論의 종의에 안주하는 것이니, 마땅히 [그들과는] 차별되는 도리를 말해야 한다.

觸과 法의 處·界(즉 觸處와 觸界, 法處와 法界)에는 어떠한 차별이 있어 **觸·法處는 오로지 假有이며, 觸·法界는 實有**라고 말하는 것인가?

③ 이 두 가지에도 역시 차별이 있으니, 다수의 존재가 和合한 것을 處(āyatana)라 하였고, 그러한 각각의 개별적 실체/존재(別物, *dravyāntara, *bhāvāntara)를 界(dhātu)라고 하였다.

[중현:] 觸處(4대종과 소조촉)의 경우는 그럴 수 있을지라도 法處의 경우는 어떻게 그럴 수 있을 것인가? **그대(상좌)의 종의 상 法處에는 비록 세 가지 법(受·想·思)이 존재**할지라도 그것은 集積하는 일이 없으니, 어찌 法界와 다르다고 하겠는가?

8 "보지 않은 것을 보았다고 말하고, 본 것을 보지 않았다고 말하면 이는 聖語가 아니다. 본 것을 보았다고 말하고, 보지 않은 것을 보지 않았다고 말하면 이것이 바로 聖語이다." 이는 각기 4非聖語와 4聖語의 하나. 『장아함경』 권8 「衆集經」.

2) 所造色 무별체론

(1) '소조색=대종차별'론

譬喩論師, 作如是說:

> 諸所造色非異大種. 所以者何? 契經說故. 如說, "云何名內地界? 謂於眼肉團中, 若內各別堅性堅類鄰近執受, 乃至廣說." 若異大種別有諸根, 不應於根說大種性. 又餘經說, "苾芻當知! 諸有士夫, 皆卽六界." 旣定說六, 爲假有情所依實事. 故知眼等色等造色, 非異大種. 若所造色異諸大種, 有何意趣, 此經不說?[9]

9 (T29, 356b21-28). 色·香·味·觸 등의 所造色이 大種의 특수한 상태(viśeṣa: 差別)이라는 주장은 『대비바사론』과 『구사론』에서 覺天(Buddhadeva) 설로 인용된다. "覺天所說, 色唯大種. 心所卽心. 彼作是說. 造色卽是大種差別. 心所卽是心之差別. 彼何故作是說? 依契經故. 如契經說, '眼肉團中, 若內各別堅性堅類, 近有執受, 名內地界. 乃至各別動性動類, 近有執受, 名內風界.' 彼依此經故說 '造色卽是大種'." (T27, 661c17-23); "尊者覺天, 作如是說. 十種色處, 唯大種性." (T29, 8c7-8).

(1) '소조색=대종차별'론

譬喩論師는 이같이 설하였다.

소조색은 대종과 다른 것이 아니다. 왜냐하면 계경에서 설하였기 때문으로, 예컨대 "무엇이 내적인 地界인가? 眼根의 살덩이(肉團) 중에 존재하는 내적이고 각기 개별적인 견고성(堅性, khakkhaṭa)과 [이에 근거한] 견고한 것(堅類, kharagata)으로서 직접적으로 執受하는 것이다." … (이하 자세한 내용 생략)고 설한 바와 같다.[10] 만약 대종과는 다른 별도의 諸根이 존재한다면, 마땅히 근을 [견고성 등의] 대종성으로 설하지 말았어야 하였다. 또한 다른 경에서도 "필추들은 존재하는 모든 士夫(puruṣa, 즉 유정)는 다 6界(지·수·화·풍·공·식계)로 이루어져 있음을 마땅히 알아야 한다"고 설하였다.[11] 이렇듯 이미 결정(확정)적으로 6界가 假有인 유정의 근거가 된 진실의 실체(實事)라고 설하였으니, 眼 등과 色 등의 소조색은 대종과 다르지 않은 것임을 알아야 한다. 만약 소조색이 대종과 다른 [별도의 실체]라고 한다면, 이 경에서는 어떤 의도(意趣, abhiprāya)에서 이를 설하지 않은 것인가?

---

10 『구사론』에서도 내적 地界를 '堅性과 堅類'로 규정한 이 경설을 대종과 소조색 별체설의 비판논거로 제시한다.(契經中言. 謂於眼肉團中, 若內各別堅性堅類. 乃至廣說.: T29, 8c19-20; yat tarhi sūtre uktaṃ "yac cakṣuṣi māṃsapiṇḍe khakkhaṭaṃ kharagatam" iti. AKBh 24. 9) 『성실론』 제38「四大假名品」에서 인용한 경에서는 "地種이란 堅과 依堅"(T32, 261b17)으로, 전하고 있다. 이 경의 현존 본은 『잡아함경』권11 제273경, 일명 「合手聲喩經」(T1, 72c), "彼眼者, 是肉形, 是內, 是因緣, 是堅, 是受, 是眼肉形內地界." 『순정리론』에서 이 경은 『撫掌喩經』으로 호칭되는데, 중현은 다른 부파에서는 이 경을 誦持(전승)하지 않으며, 상좌 또한 이 경 중의 일부를 인정하지 않는다고 전하였다. (本章 2-1-2 '住相 비판'③ 참조).

11 『구사론』에 의하면 『入胎經』. "六界爲士夫" (T29, 8c21-22); ṣaḍdhātur ayaṃ bhikṣo puruṣa. (AKBh 24. 10). 현존 본에서 이에 상응하는 경설은 『중아함경』권42 「分別六界經」(T1, 690b22-29).

(2) 대종과 소조색의 緣生관계 비판

大於所造, 能爲五因. 何等爲五? 謂生依立持養別故.[12] 雖同時生, 而隨轉故. 如芽起影, 燈焰發明, 大於所造, 得成因義. (T29, 452a18-21)

此中上座, 妄作是言:

生等五因, 非聖教說.

彼謂,

聖教曾無此名.[13]

12 bhautikasya tu pañcadhā. (AK. II-65b) bhautikasya tu bhūtāni pañcaprakāro hetuḥ. katham. jananān niḥśrayāt sthānād upastambhopavṛṃhaṇāt. (AKBh 102. 23-25); (T29, 38b8-9).

13 (T29, 452c11-12).

(2) 대종과 소조색의 緣生관계 비판

대종은 소조색에 대해 다섯 가지의 원인이 된다. 즉 [대종은 소조색이] 생겨나게 하고(生因, janana-hetu), 의지처가 되고(依因, niśraya-hetu), 머물게 하고(立因, pratiṣṭha-hetu), 유지·상속하게 하고(持因, upastambha-hetu), 길러주는(養因, upavṛṃhaṇa-hetu) 등의 차별이 있기 때문이다. 즉 [소조색은] 비록 [대종과] 동시에 생겨날지라도 그것에 따라 일어나기 때문으로, 마치 싹이 그림자를 일으키고, 등불이 빛을 발하듯이, 대종은 소조색에 대해 원인이 될 수 있다.

이에 대해 上座는 거짓되게 이같이 말하였다.

生 등의 다섯 원인은 聖教의 설이 아니다.

그는 말하였다.

聖教에는 일찍이 이 같은 말이 없었다.

3) '所造觸=假有'論

(1) 미끄러움과 껄끄러움

寡學上座, 於此說言:

> 非觸處中有所造色. 所以者何? 卽諸大種形差別故. 謂卽大種次第安布, 於諸金·銀·頗胝迦·寶·雲母·金剛·芭蕉·練等和合聚中, 說爲滑觸. 與此相反和合聚中, 說爲澀觸. 餘隨所應. 皆卽大種安布差別. 又眼亦能覺了彼故.

彼謂,

> 依眼隨取大種形量色相, 亦能覺了滑澀等物. 故知滑等不異大種.[14]

14 (T29, 352c1-8).

(1) 미끄러움과 껄끄러움

배움이 부족한 上座는 이에 대해 이같이 말하고 있다.

觸處 중에는 所造色(즉 所造觸)이 존재하지 않는다. 왜냐하면 그것은 바로 온갖 대종의 형태상의 차별이기 때문이다. 이를테면 대종이 금·은·파지가(수정)·보배·운모·금강석·파초 등의 온갖 和合聚 중에서 차례로 배열되어 있을 때를 설하여 '미끄러운 촉(滑觸)'이라 하고, 이와는 상반되는 화합취 중에 배열되어 있을 때를 설하여 '껄끄러운 촉(澁觸)'이라 하며, 그 밖의 촉(무거움·가벼움·차가움·허기짐·목마름)도 각기 상응하는 바에 따르니, [소조촉은] 모두 대종의 배열 상의 차별이다. 또한 [身根과 身識뿐만 아니라] 眼根과 眼識으로도 역시 그것(미끄러움이나 껄끄러움 등)을 알 수 있기 때문이다.

즉 그는 말하였다.

안근과 안식에 근거하여 대종[이 배열된] 형태나 크기(形量)의 色相을 파악할 때에도 역시 이에 따라 그것이 미끄럽거나 껄끄러운 것임을 능히 알 수 있다. 따라서 미끄러움 등[의 소조촉]은 대종과 다른 것이 아님을 알아야 한다.

(2) 무거움과 가벼움

① 彼上座言:

無別所造名輕重性. 卽諸大種, 或少或多, 說輕重故. 又輕重性相待成故, 非實有體. 謂卽一物待此名輕, 待彼名重. 非堅性等相待而成. 又於風界說輕性故. 輕卽是風, 如本論言. '云何名風界? 謂輕等動性.' 世尊亦說, '諸輕等動性, 名內外風界.'[15]

[衆賢:] 又輕與動, 相順相似. 故論經言, '輕等動性'. 若唯如言定取義者, 卽彼經說, 髮毛爪等名內地界. 豈髮毛等唯地界耶? 是故彼言, 有別意趣. 不應執彼, 遮輕造色. (T29, 354a12-16)

② 若言,

'待多總說一性, 如甁林等, 是假非實. 此亦應然, 故非實'者.[16]

③ 然不應言,

'相待不定, 應成一物.'[17]

---

15 (T29, 353b14-20). 인용한 本論은 『품류족론』 권1(T26, 692c12), 세존 설은 『잡아함경』 권11(T2, 72c7-8).

16 (T29, 353c13-14).

17 (T29, 353c29-354a1).

(2) 무거움과 가벼움

① 上座는 다시 가벼움과 무거움에 대해 이같이 말하고 있다.

가벼움이나 무거움으로 일컬어지는 별도의 소조촉은 존재하지 않으니, 온갖 대종이 적거나 많은 것을 '가벼움'이나 '무거움'이라 말하기 때문이다. 또한 가벼움과 무거움은 서로에 근거하여 성립하기 때문에 실유의 실체가 아니다. 이를테면 어떤 사물은 이것에 근거하여 '가볍다'고 말하고, 저것에 근거하여 '무겁다'고 말하는 것이다. 그렇지만 견고성 등(즉 4대종)은 서로에 근거하여 성립하는 것이 아니다. 또한 風界에 대해서도 가벼운 것(輕性)이라고 설하였기 때문에 [가벼움은 별도의 실체가 아니다]. 즉 가벼움이란 바로 풍계로서, 근본아비달마(本論)에서 "무엇을 풍계라고 하는가? 이를테면 가벼움 등으로 운동성이다"고 말한 바와 같다. 세존께서도 역시 "온갖 가벼움 등의 운동성을 내외의 풍계라고 말한다"고 설하였던 것이다.

[중현:] 가벼움과 운동성은 서로를 따르고 서로 유사하기 때문에 [아비달마]論이나 經에서 "[풍계란] 가벼움 등으로 운동성이다"고 말한 것이다. 만약 오로지 [경에서] 말한 대로만 그 뜻만을 취하는 자라면 그 경에서 설한대로 머리카락, 터럭, 손톱 등을 내적 地界라고 말해야 하겠지만, 어찌 머리카락이나 터럭 따위를 오로지 地界라고만 하겠는가? 그렇기 때문에 그 경의 말에는 별도의 다른 뜻(別意趣, abhiprāya)이 있으니, 그 같은 경설에 집착하여 '가벼움'이라는 소조색을 부정해서는 안 된다.

② 예컨대 항아리나 숲 등의 경우처럼 다수의 실체(多)에 근거하여 하나의 존재(一性)를 총체적으로 말한 것은 바로 假有이지 實有가 아니니, 이 경우(가벼움과 무거움) 역시 마땅히 그러하다고 해야 하기 때문에 실유가 아니다.

③ [上座는] 마땅히 이같이 말해서는 안 된다.

서로에 근거하여 [존재하는] 것은 [그 자성이] 결정(확정)적이지 않아서 마땅히 동일한 존재(一物)가 되어야 한다.(다시 말해 동일물이 가벼운 것도 되고 무거운 것도 된다고 해야 한다.)

④ 若言,

'堅等非相待成, 此相待成. 故非實'者.[18]

[참고] 有餘師說: 輕性唯用重無爲體. (T29, 354a18-19)

(3) 차가움

又上座言:

火界或少, 或不增强, 卽名爲冷. 所以者何? 於彼無日, 或去日遠, 便有冷故. 又如極大炎熱起時, 無別少分所造觸起, 同許唯有火大增多, 熱減少時亦應如是, 無別少分所造觸生, 應許唯是火大減少. 若別有冷, 亦應許有別所造觸非煖非冷. 是故定無冷所造觸.[19]

[참고] 有餘師說: 冷等唯用煖無爲體. (T29, 354c20-21)

---

18 (T29, 353c16-17).

19 (T29, 354b21-27).

④ 견고성 등(즉 4대종)은 서로에 근거하여 성립하는 것이 아니지만, 이러한 [무거움과 가벼움 등의 소조촉]은 서로에 근거하여 성립하기 때문에 실유가 아니다.

[참고] 有餘師는 설하였다. 가벼움은 오로지 무거움의 부재(비존재)를 본질로 한다.

(3) 차가움

또한 上座는 말하였다.

火界가 적거나 혹은 강성하지 않은 것을 일컬어 '차가움'이라 한다. 왜냐하면 거기에 해(日)가 없든지 혹은 해에서 멀리 떨어지게 되면 바로 차가움이 존재하기 때문이다. 또한 지극히 큰 뜨거움이 일어날 때에도 별도의 소조촉이 일어나는 것이 아니라 다만 火大가 증대한 것일 뿐이라고 누구나 인정하듯이, 뜨거움이 감소할 때도 역시 그러하여 어떠한 경우에도 ['차가움'이라는] 별도의 소조촉이 생겨나는 것이 아니라 다만 火大가 감소하는 것일 뿐이라고 인정해야 한다. 만약 차가움이 별도로 존재하는 것이라면 '따뜻하지도 않고 차갑지도 않은(非煖非冷)' 소조촉도 별도로 존재한다고 인정해야 한다. 그렇기 때문에 결정코 '차가움'이라는 소조촉은 존재하지 않는다.

[참고] 有餘師는 설하였다. 차가움 등은 오로지 따뜻함의 부재(비존재)를 본질로 한다.

(4) 허기짐과 목마름

① 又上座言.

飢渴二種, 非所造色, 希求性故.[20]

由觸差別逼切其身, 生食飮欲. 是飢渴因. 故名飢渴.

② **若爾, 此因應煖爲性. 由火界煖, 能熟能消, 便能發生食飮欲故.**[21]

③ **如因所觸大種發生身識, 而非身識是造色性, 欲亦應然.**[22]

④ **二欲雖因大種, 而不依彼, 故非造色. 謂欲依心, 不依大種. 故不應難令成造色.**[23]

20 (T29, 355a3-4).

21 (T29, 355a7-8).

22 (T29, 355a14-16).

23 (T29, 355a23-25).

(4) 허기짐과 목마름

① 또한 상좌는 말하였다.

허기짐과 목마름은 소조색(즉 소조촉)이 아니니, 希求性(kāmatā)[24]이기 때문이다.

觸의 차별(*sprastavya-viśeṣa) 즉 觸의 특수한 상태가 그의 소의신을 핍박함에 따라 [뭔가를] 먹고 마시고자 하는 욕망(kāma)이 생겨나는 것으로, 이는 바로 허기짐과 목마름의 원인이다. 그래서 그것(촉의 차별)을 '허기짐'과 '목마름'이라 말한 것이다. (중현)

② 만약 그렇다고 한다면 이 같은 원인은 마땅히 따뜻함(즉 火界)을 본질로 하는 것이라고 해야 할 것이니, 火界의 따뜻함이 능히 성숙시키고 능히 소화시킴으로 말미암아 [뭔가를] 먹고 마시고 하는 욕망이 생겨나기 때문이다.

③ 접촉되어지는 대종에 의해 身識이 발생하지만, 이때 신식이 소조색은 아닌 것처럼 욕망 역시 마땅히 그러하다고 해야 한다.

④ [먹고 마시고자 하는] 두 욕망은 비록 대종을 원인으로 할지라도 그것에 근거하여 [생겨나는] 것이 아니기 때문에 소조색이 아니다. 즉 욕망은 마음에 근거하여 [생겨나는] 것이지 대종에 근거하여 생겨나는 것이 아니다. 따라서 [먹고 마시고자 하는 두 욕망으로 인해] 소조색을 성취하게 된다고 논란해서는 안 된다.[25]

---

24 희구성은 欲(chanda)의 본질. "欲謂希求所作事業; chandaḥ kartu kāmatā(欲이란 [뭔가를] 행하고자 욕망하는 것이다) (『구사론』 T29, 19a19f: AKBh 54. 21).

25 (T29, 355a23-25).

4) 극미론

(1) 극미의 方分 문제

① 然彼上座, 於此復言:

諸極微體卽是方分, 如何有體, 言無方分?[26]

② 又彼所宗,

色有和合.[27]

③ 又上座說:

二類極微俱無分故, 住處無別.[28]

④ 彼論自言:

有說, '極微處不相障', 是宗有失, 違聖教中有對言故.[29]

⑤ 又彼所言,

卽由此故, 許依同處, 說不相離.

又言,

極少, 許五極微, 同在一處, 不相妨礙.[30]

---

26 (T29, 372b6-8). 復次於色聚中, 曾無極微生. (中略) 若從自種生時聚集生, 或細, 或中, 或大. 又非極微集成色聚. 但由覺慧分折諸色極量邊際, 分別假立以爲極微. 又色聚亦有方分, 極微亦有方分. 然色聚有分, 非極微. 何以故? 由極微卽是分. 此是聚色所有, 非極微復有餘極微. 是故極微非有分. (『瑜伽師地論』 T30, 290a17-23) 色聚 중에 일찍이 극미로부터 생겨난 것은 없었다. [색취가] 자신의 종자로부터 생겨날 때에는 오로지 미세하거나 거칠거나 중간인 聚集된 상태로만 생겨난다. 또한 극미가 취집하여 색취가 되는 것도 아니다. 즉 극미란 다만 諸色을 관념(覺慧)적으로 分析하여 최소단위(極量邊際)에 이를 때 분별되어진 개념(假立)일 따름이다. 또한 색취 역시 有方分이기에 극미 역시 유방분이라고 해야 하지만, 색취는 부분을 지닐지라도(有分) 극미는 그렇지가 않다. 왜냐하면 극미 [자체]가 바로 부분이기 때문이다. 즉 이것(부분=극미)은 바로 취집된 색(聚色)에 존재하는 것으로, 극미는 더 이상 또 다른 극미를 갖는 것이 아니다. 그렇기 때문에 극미는 더 이상 부분을 갖지 않는다.

27 (T29, 372b12).

28 (T29, 372b13-14).

29 (T29, 372b14-16). 색법(眼·色 등의 10處)의 有對를 설한 聖教는 『잡아함』 제322경.

30 (T29, 372b17-19).

(1) 극미의 方分 문제

① 저 上座는 이에 대해 다시 이같이 말하고 있다.

모든 극미는 그 자체가 바로 부분(方分)이거늘, 어떻게 그 자체(즉 方分)로서 존재하는 것에 대해 無方分이라 말하는 것인가?

② 또한 그의 종의에 의하면,

色은 [극미 자체가 아니라] 화합물로서 존재한다.

③ 또한 上座는 설하였다.

[극미가 無方分이라 할 경우 서로 접촉하는] 두 종류의 극미는 다 같이 부분을 갖지 않기 때문에 그것이 머무는 처소(공간)에 차별이 없어야 한다.

④ [上座는] 그의 論에서 스스로 말하였다.

어떤 이는 '극미는 [머무는] 처소를 서로 장애하지 않는다'고 설하였지만, 이러한 주장에는 과실이 있으니, '[色은] 有對'라는 聖敎의 말에 위배되기 때문이다.

⑤ 또한 그가 말한 바는 [이러한 것이다].

이에 따라 [극미 無方分설을 주장할 경우] [서로 접촉하는 두 종류의 극미는] 동일한 처소에 의지한다(머문다)는 것도, 서로를 떠나지 않는다고 말하는 것도 인정해야 한다.

또한 그는 말하였다.

[극미가 더 이상 부분을 갖지 않는 色의] 極少라면, [사방과 중앙의] 다섯 극미가 동일한 처소에 함께 존재하더라도 서로를 방해하거나 장애하지 않는다는 사실도 인정해야 한다.

(2) 극미의 상호접촉 문제

① 如汝所言,

極微相觸, 次第安布, 能相攝持.[31]

已成極微互不相觸, 能所觸義, 今應共思.

② 若謂,

我宗, 由能所觸, 已許相觸, 更何所思? 唯汝自應思量是義.[32]

[衆賢:] 此不應理. 許觸論宗, 於是義中, 應同思故. (T29, 372c2-3)

③ 又上座言:

此若觸彼, 彼定觸此. 旣成所觸, 餘觸所觸, 理不相違. 若異此者, 極微展轉無相攝持, 應不和合. 若謂攝持是風界力, 風界豈似手所捧持, 攝持諸微, 令不散墜?[33]

---

31 (T29, 373a5-6).

32 (T29, 372b29-c2).

33 (T29, 372c27-373a1).

(2) 극미의 상호접촉 문제

① 그대(상좌)는 말하였다.

극미는 서로 접촉하며 차례로 배열됨에 따라 능히 서로를 포섭하여 [결합의 상태를] 유지(攝持, *saṃdhārita)한다.

극미가 서로 접촉하지 않는다는 사실은 이미 성립하였으니, 이제 '능히 접촉하는 것'과 '접촉되는 것'의 뜻에 대해 함께 생각해 보아야 할 것이다.

② 우리 [上座]宗에서는 '능히 접촉하는 것'과 '접촉되는 것'이 서로 접촉한다는 사실을 이미 인정하였는데 무엇을 다시 생각할 것인가? 오로지 그대들(毘婆沙師) 스스로 이러한 뜻에 대해 생각해 보아야 할 것이다.

[중현:] 이는 이치에 맞지 않는 말이니, [극미의 상호] 접촉을 인정하는 이들(즉 上座宗)도 이러한 뜻에 대해 함께 생각해 보아야 하기 때문이다.

③ 上座는 이 같이 말하였다.

이것이 만약 저것과 접촉하는 것이라면 저것도 결정코 이것과 접촉하는 것이니, 이것이 이미 '접촉되는 것'이라면 다른 '접촉하는 것'도 '접촉되는 것'이 되어야 이치상 서로 모순되지 않는다. 만약 그렇지 않다고 한다면 극미는 展轉하며 서로를 포섭하여 [결합의 상태(즉 和合)를] 유지(攝持)하는 일도 없을 것이며, 和合하지도 않는다고 해야 한다. 만약 [毘婆沙師가 주장하듯 無間으로 근접한 제 극미를] 포섭하고 [그러한 상태를] 유지하는 것이 바로 風界의 힘이라고 한다면, 풍계가 어찌 손으로 떠받쳐 유지시키는 것처럼 제 극미를 포섭 유지하여 흩어지거나 떨어지지 않도록 하는 것이라 하겠는가?

④ 若言

我許極微相觸, 由相觸故, 相攝持者.[34]

[衆賢:] 如汝所言'極微相觸, 次第安布, 能相攝持.' 我亦說言'由風界力, 鄰近安布, 能相攝持.' 故不應言'若異此者, 極微展轉無相攝持, 應不和合.' (T29, 373a5-8)

⑤ 若所觸界, 亦不相觸, 如何大種展轉相望, 互爲攝益, 或相損害?[35]

[衆賢:] 若必爾者, 觀雪日等眼云何損, 觀月輪等眼云何益? 眼不應至日等大種. **汝又不許, 有彼光明俱行大種. 汝許光明依日月輪大種生故.** (T29, 373a23-26)

⑥ 由彼上座, 自說是言:

大種造色, 多不相離. 亦有少分得相離者, 謂諸日月燈寶光明, 及離諸花孤遊香等.[36]

34 (T29, 373a3-4).

35 (T29, 373a21-23).

36 (T29, 373a26-29).

④ 나(상좌)는 극미의 상호 접촉을 인정하니, 상호 접촉함으로 말미암아 서로를 포섭하여 [그러한 상태로] 유지할 수 있는 것이다.

[중현:] 그대(상좌)가 "극미는 서로 접촉하며 차례로 배열(次第安布)됨에 따라 능히 서로를 포섭하여 [그러한 결합(즉 '和合')의 상태를] 유지한다"고 말한 것처럼 나 또한 "[극미는 서로 접촉하지 않지만] 風界의 힘으로 말미암아 근접 배열(隣近安立)될지라도 능히 서로를 포섭하여 [그러한 결합의 상태(즉 '和集')를] 유지한다"고 말하니, 따라서 "만약 그렇지 않다고 한다면 극미는 展轉하며 서로 포섭하여 [결합의 상태를] 유지되는 일도 없을 것이며, 和合하지도 않는다고 해야 한다"고 말해서도 안 된다.

⑤ 만약 '접촉되는 것'도 역시 서로 접촉하지 않는 것이라고 한다면, 어떻게 대종은 展轉하면서 서로가 서로에 대해 이익이 되기도 하고 혹은 손해가 되기도 하는 것인가?[37]

[중현:] 반드시 그러해야 (접촉해야) 하는 것이라면, 눈(雪)이나 해(日)를 보는 눈은 어째서 손상되고, 달 등을 보는 눈은 어째서 유익한 것인가? 눈은 태양 등의 대종과 직접 접촉하지 않는다고 해야 할뿐더러 **그대(上座) 또한 그 같은 빛(光)과 밝음(明)과 함께하는 [태양 자체의] 대종을 인정하지 않으니, 그대는 빛과 밝음은 해나 달의 대종에 근거하여 생겨난 것[일 뿐 개별적 실체가 아니]라고 인정하였기 때문이다.**[38] [따라서 눈은 해나 달의 대종과 직접 접촉하지 않더라도 손상되고 유익한 것이다.]

⑥ 이에 따라 저 上座는 스스로 [다음과 같은] 말을 설하였다.

대종과 소조색은 대부분 서로 떠날 수 없는 불가분의 관계이지만(다시 말해 개별적 실체로서 존재할 수 있는 것이 아니지만), 일부 서로를 떠나 [개별적으로] 존재하는 것도 있으니, 이를테면 해나 달, 등불, 寶珠[에 근거하여 생겨난] 빛(光)과 밝음(明), 그리고 온갖 꽃에서 떨어져 나와 홀로 풍기는 향 등이 그러하다.

37　예컨대 칼과 손이 상호 접촉하지 않는 것이라면, 어떻게 손이 칼에 베일 수 있는 것인가? 하는 상좌의 힐난.

38　빛(光)과 밝음(明)은 所造色으로, 12가지 顯色 중의 하나. 말하자면 태양의 불꽃이 '빛'이고, 달이나 별, 화약, 寶珠, 번개 등의 온갖 번쩍임이 '밝음'이다. 앞서 언급한대로 上座(譬喩者)는 所造色의 개별적 실체성을 부정하였다.

5) 4大 俱生설 비판

以木等中, 先有火等自類種故. 云何知然? 由教及理. 謂契經說. 此木聚中, 有種種界. 乃至廣說. 又見從木可有火生. 諸求火者, 便攝取木. 以木聚中必有火界. 是故說木, 名爲火種. 以於木中, 火界增故. 非先無火, 得火種名. 地中出金, 理亦應爾. (下略)(T29, 713a15-21)

又彼部論言:

> 鑽前無熱故. 謂所鑽木, 未被鑽時, 熱猶未有. 故知木內未被鑽位, 無火極微. 於地等中, 金等亦爾.[39]

39 (T29, 713a25-28; 제10장 6-2⑤).

5) 4大 俱生설 비판

나무 등에는 본디 火 등 자신과 같은 종류(自類)의 종자가 존재한다. (중략) 즉 계경에서 "이러한 木聚에는 種種界(vividhā dhātu)가 존재한다. … (이하 자세한 내용 생략)"고 설하였다.[40] 또한 나무로부터 불이 생겨날 수 있다는 것은 [지금 바로] 관찰할 수 있는 사실이다. 즉 불을 구하는 이들은 나무를 주워 모으니, 나무 중에 필시 火界가 존재하기 때문이다. 그래서 나무를 '불의 종자(인연)'라고 말한 것으로, 나무 중에는 [四界 중] 火界가 우세하기 때문이다. 즉 [나무 중에] 일찍이 火界가 존재하지 않았다면 '불의 종자'라고 말할 수 없는 것이다. 땅에서 금이 나오는 것도 이치상 역시 그러하다고 해야 한다.[41]

저들 [상좌]일파(上座部)의 論에서 말하였다.

[일체 모든 나무에 火界가 존재하는 것은 아니니,] 불을 만들기 위해 나무에 구멍을 뚫기 전에는 뜨거움(熱)이 존재하지 않기 때문이다. 즉 구멍을 뚫으려고 하는 나무에 아직 구멍을 뚫지 않았을 때에는 뜨거움이 존재하지 않는다. 따라서 아직 구멍이 뚫어지지 않은 상태의 나무에는 불의 극미(즉 火界)가 존재하지 않음을 알아야 한다. 땅 등에 금 등이 [존재하지 않는 것도] 역시 그러하다.

---

40 『잡아함』 제494경 (T2, 129a3). 『구사론』에서 有餘師(apare)는 4大種(地·水·火·風의 堅·濕·煖·動相)의 隱顯에 대해 논의하면서 이 경설에 근거하여 "水聚 중에 [火 등의 대종은] 실체(svarūpa)로서 존재하는 것이 아니라 種子(bīja)로서 존재한다"고 주장하였는데(bījatas teṣu teṣāṃ bhāvo na svarūpata ity apare. "santy asmin dāruskandhe vividhā dhātava" iti vacanāt.: AKBh 53, 13f.; "有餘師說 於此聚中, 餘有種子, 未有體相故. 契經說 '於木聚中有種種界.' 界謂種子.": T29, 18c9-11. 밑줄은 현장의 가필) 普光과 稱友는 공히 이를 경량부의 이해로 평석하였다. (T41, 72a23; AKVy 125. 6).

41 이는 '이생의 심·심소법은 무루법의 종자'라는 [상좌일파]의 論說(본서 제10장 6-2 '아라한과 무퇴론과 종자설'④ 참조)에 대한 중현의 비판이다.

6) 空界와 虛空無爲 무차별론

① 彼上座及餘一切譬喩部師, 咸作是說:

> 虛空界者不離虛空. 然彼虛空體非實有. 故虛空界體亦非實. (中略) 豈不空界與空無爲無障相同? 體應無異.[42]

虛空無爲無障相者, 謂非能障, 亦非所障. 虛空界者, 雖非能障, 而是所障. 被餘障故. 由此不應定說, 空界無障爲相, 同彼虛空.

② 若爾, 諸說'造色不離大種處'者, 彼說'大種不障造色, 大種亦非造色所障.' 是則大種無障爲相, 應同虛空.[43]

[衆賢:] 彼諸長老, 不善諦觀如是理教, 隨情所說. 於古聖賢, 展轉傳授, 順理言教, 而不敬從. (T29, 347c19-21)

---

42 (T29, 347b6-8; 347b23-24).

43 (T29, 347b28-c1).

6) 空界와 虛空無爲 무차별론

① 저들의 上座와 그 밖의 일체의 譬喩部 논사들은 다 이같이 설하고 있다.

虛空界(ākāśadhātu, 6界 중의 하나)는 虛空(ākāśa, 3무위 중의 하나)을 떠나 존재하는 것이 아니다. 그렇지만 그 같은 虛空 자체는 實有가 아니기 때문에 虛空界 자체도 역시 實有가 아니다. (중략) 空界와 虛空無爲는 '장애하지 않음(無障, anāvaraṇa)'을 특성으로 한다는 점에서 어찌 동일한 것이라 하지 않겠는가? 본질상으로는 어떠한 차이도 없다고 해야 할 것이다.

허공무위의 '장애하지 않음'은 [다른 사물을] 장애하지 않을뿐더러 역시 [다른 사물에 의해] 장애되지도 않는 것이지만, 허공계의 경우 비록 장애하지는 않을지라도 장애된다. 따라서 공계의 '장애하지 않음'의 특성은 허공의 그것과 동일한 것이라고 해서는 안 된다.

② **만약 그렇다고 한다면, "소조색은 대종의 처소를 떠나지 않는다(다시 말해 대종과 소조색은 불가분의 관계에 있다)"고 설할 경우, 그는 "대종은 소조색을 장애하지도 않으며, 대종 또한 소조색에 의해 장애되지도 않는다"고 말해야 하며, 그럴 경우 대종은 '장애하지 않음'을 특성으로 한다는 점에서 虛空과 동일한 것이라고 해야 한다.**

[중현:] 저들 [譬喩部의] 長老(Sthavira)들은 이 같은 正理와 聖教의 가르침을 능히 잘 자세히 살피지도 않고서 저들 마음대로 설하여 옛 聖賢들이 사자상승하며 전승한 이치에 부합하는 言教에 대해서도 공경하여 따르지 않고 있는 것이다.

2. 不相應行法

1) 有爲4相

(1) 유위4상 비판과 經證 해석

非捨如斯阿毘達磨立相正理, 朋順餘宗, 少有能立有爲相故. (中略)

且彼經主, 緣他故說:

> **何緣如是分析虛空? 非生等相有實法體, 如所分別. 所以者何? 無定量故. 謂此諸相, 非如色等有定現比, 或至教量, 證體實有.**[44]

[衆賢:] 又三相經,[45] 足爲至教. 謂彼經說, "有三有爲之有爲相. 有爲之起, 亦可了知. 盡及住異, 亦可了知."[46] (T29, 406c9-11)

彼上座言:

> **若不重說有爲言者, 則不了知, 有爲之相爲表何義. 此爲能表有色等性, 爲復能表有味等性, 爲或能表善惡等性? 爲遣斯惑重說有爲.**[47]

---

44 (T29, 406b16-20). 이는『구사론』상에서 경량부 설로 인용된다. "經部師說: 何緣如是分析虛空? 非生等相有實法體, 如所分別. 所以者何? 無定量故. 謂此諸相, 非如色等有定現比, 或至教量, 證體實有."(T29, 27b23-26); tad etad ākāśaṃ pāṭyata iti sautrāntikāḥ. na hy ete jātyādayo dharmā dravyataḥ saṃvidyante yathā 'bhivyajyante. kiṃ kāraṇam. pramāṇābhāvāt. na hy eṣāṃ dravyato 'stitve kiṃcid api pramāṇam asti pratyakṣam anumānam āptāgamo vā yathā rūpādīnāṃ dharmānāṇām iti. (AKBh 76. 20-23).

45 『三相經』은『증일아함경』제22「三供養品」제5경(T2, 607c14ff).

46 『구사론』(T29, 27b26-28), 若爾, 何故契經中言? '有爲之起亦可了知. 盡及住異亦可了知.'; AKBh 76. 23f, yat tarhi sūtra uktaṃ "saṃskṛtasyotpādo 'pi prajñāyate vyayo 'pi sthityanyathātvamapī" ti.

47 (T29, 407b24-27).

(1) 유위4상 비판과 經證 해석

아비달마에서 제시한 [有爲]相에 관한 올바른 이치(正理)를 버리고서 다른 이들(餘宗)과 무리를 지어 그들에 따르게 되면, 누구도 능히 有爲相을 정립할 수 없다. (중략)

바야흐로 저 經主(세친)는 다른 이들에 근거하여 이같이 말하고 있다.

어떠한 연유에서 이와 같이 [실재하지도 않는] 허공을 쪼개려고 하는 것인가? '生' 등의 相은 [그대들 毘婆沙師가] 분별한 것과 같은 실유의 法體가 아니다.

어째서 그러하다는 것인가?

[이를 인식하기 위한] 결정적인 인식수단(量, pramāṇa)이 존재하지 않기 때문이다. 즉 이러한 온갖 相들은 色 등의 법처럼 現量(pratyakṣa, 지각)이나 比量(anumāna, 추리) 혹은 至教量(āptāgama, 신뢰할 수 있는 성전의 말씀)에 의해 그 존재가 입증되는 것이 아니다.

[중현:] 『三相經』은 至教라 하기에 충분한 것으로, 그 경에서는 "세 가지 有爲의 有爲相(saṃskṛtasya saṃskṛta lakṣaṇa)이 존재하니, 유위의 생기(utpāda)도 역시 알 수 있고, 멸진(vyaya)과 住異(sthityanyathātva)도 역시 알 수 있다"고 설하고 있다.

저 上座는 [이에 대해] 이같이 말하였다.

만약 [생기 등에 대해] '유위'라는 말을 거듭하여 설하지 않았다면, 유위의 특성이 어떤 [법의] 특성을 나타내기 위한 것인지 알지 못한다. 즉 이러한 [생기 등의] 특성이 능히 色 등의 특성을 나타낸 것이라고 해야 할 것인가, 味 등의 특성을 나타낸 것이라고 해야 할 것인가, 혹은 선악 등의 특성을 나타낸 것이라고 해야 할 것인가? 바로 이 같은 의혹을 제거하기 위해 '유위'라는 말을 거듭 설하게 된 것이다.

又彼所言:

天愛! 汝等執文迷義. 薄伽梵說義是所依. 何謂此經所說實義? 謂愚夫類, 無明所盲, 於行相續, 執我我所, 長夜於中, 而生耽著. 世尊爲斷彼執著故, 顯行相續體是有爲, 及緣生性, 故作是說. "有三有爲之有爲相." 非顯諸行一刹那中, 具有三相. 由一刹那起等三相, 不可知故. 非不可知, 應立爲相. 故此契經, 復作是說. "有爲之起, 亦可了知. 盡及住異, 亦可了[知]."[48]

48 (T29, 406c23-407a2). 『구사론』(T29, 27b28-c10); AKBh 76. 24-77. 4.

[부론] 세친의 유위4상 경증 해석

[『三相經』의 경설에 대해] 그(세친)가 말한 바는 이러하다.

天愛(devānām priyaḥ: 신이 보살펴야 할 정도로 어리석은 이들)여! 그대는 말에만 집착하고 그 뜻에는 미혹하구나. 薄伽梵께서 설하신 뜻이야말로 바로 우리가 의지해야 할 바이다.

그렇다면 이 경에서 설하고 있는 진실한 뜻은 무엇인가?

어리석은 범부들은 무명에 눈이 멀어 [有爲諸]行의 상속(saṃskārapravāha)을 '나(ātman)'라거나 '나의 것(ātmanīya)'이라 집착하여 오랜 세월(dirgharatra: 長夜) 그것에 탐착하였다. 세존께서는 그들의 집착을 끊게 하기 위해 [제]행의 상속 자체가 바로 有爲이고 緣已生性(pratītyasamutpannatva)임을 밝혔던 것이니, 그래서 '세 가지 유위의 유위상이 존재한다'고 설하였던 것이다. [그렇다고 이 말이] 諸行의 일찰나 중에 세 相이 함께 존재한다는 사실을 밝힌 것은 아니니, 일찰나에 [俱起하는] 생기 등의 세 相은 알 수 없기(인식할 수 없기) 때문이다. 그리고 알 수 없는 것은 마땅히 相으로 설정해서는 안 되기 때문에 그 계경에서 다시 "유위법의 生起도 역시 알 수 있고, 멸진(盡)과 住異도 역시 알 수 있다"고 설한 것이다.

(2) 유위4상 俱有論 비판

彼上座言:

> **一刹那頃, 難說此是生時滅時. 非法由因先生後滅, 如杖持罥, 內蛇穴中, 繫頸挽出, 方斷其命. 然體本無, 由因故有.**[49]

[衆賢:] 彼說, 但是掉擧戱言. 引非所宗, 鄙俚言故. (中略) **又彼所言, '一刹那頃, 難說此是生時滅時.'** 彼恒尋思, 麤淺異論. 尙年已過, 居衰耄時, 豈能測量? 幼恒思擇. (T29, 450b11-17)

---

49 (T29, 450b8-11).

(2) 유위4상 俱有論 비판

上座는 말하였다.

일찰나 동안에 이같이 '생겨난 때([已]生時)'와 '소멸하는 때([正]滅時)'를 [분별하여] 설하기 어렵다. 法은 마치 [일찰나 중에] 올가미를 맨 막대기를 뱀 구멍 안으로 밀어 넣고, 뱀의 목을 낚아채어 밖으로 끌어당겨, 그것의 목숨을 끊듯이[50] [특정] 원인(즉 生相이나 滅相)에 의해 먼저 생겨나고 이후 소멸하는 것이 아니다. 즉 [법] 자체는 본래(=미래) 존재하지 않았지만, 원인(=인연 즉 隨界/종자)에 의해 [지금(=현재)] 존재하는 것이다.

[중현:] 그의 논설은 掉擧 즉 들떠서 거들먹거린 戱言일 뿐이니, 종의로 삼을 수도 없는 천박하고도 저속한 말을 인용하였기 때문이다. (중략) 또한 그는 "**일 찰나 동안에 이같이 '생겨난 때'와 '소멸하는 때'를 [분별하여] 설하기는 어렵다**"고 말하였지만, 그는 항상 거칠고 천박한 異論을 살펴 생각하니, 나이가 이미 과하여 (지나치게 많아) 늙고 쇠한 시절(衰耄時)이거늘 어찌 능히 헤아릴 수 있을 것인가? 그러니 젊었을 때 항상 생각해 보아야 하는 것이다.

---

50 유부 毘婆沙에서 生 등의 有爲相을 원한을 가진 세 사람이 한 사람(=생상)은 밀림 속에 숨어있는 원수를 밀림(즉 미래) 밖으로 나오게 하고, 한 사람(異相)은 그의 힘을 소진시켜 쇠퇴하게 하고, 또 한 사람(滅相)은 그의 목숨을 끊는 것에 비유하는데(『대비바사론』권39, T27, 201b7-10; 『구사론』 권5, T27, 27a24-27), 세친은 이를 불신의 의미인 傳說(kila)로 언급한 반면, 상좌는 아마도 이를 조롱하여 이같이 비유한 것으로 생각된다.

且彼經主, <u>朋上座宗</u>, 作如是說:

> 諸行相續, 初起名生. 終盡位中, 說名爲滅. 中間相續, 隨轉名住. 此前後別, 名爲住異. 復謂世尊, 依如是義, 說難陀言. '是善男子! 善知受生, 善知受住, 及善知受衰異壞滅.'[51]

[衆賢①:] 若不許色等諸行, 一一剎那, 皆有生滅, 則**譬喩者**亦執有爲經多時住. 便與外道勝論等師執有何別? (T29, 408a26-28)

[衆賢②:] **譬喩部師**所立, 假有相續生等諸有爲相, 不合正理, 違背契經. (T29, 412c24-26)

---

51 (T29, 407c9-13). 『구사론』 "諸行相續初起名生. 終盡位中說名爲滅. 中間相續, 隨轉名住. 此前後別名爲住異. 世尊依此, 說難陀言. '是善男子! 善知受生. 善知受住及善知受衰異壞滅'" (현장 역, T29, 27c10-14); "此中相續, 初起名生. 終謝名滅. 此相續流名住. 前後差別名住異. 佛世尊顯示此義故. 約難陀說 '難陀! 善男子, 善知受生. 善知受住. 預善知受謝滅盡."(진제 역, T29, 186a10-14); tatra pravāhasyādir utpādo nivṛttir vyayaḥ. sa eva pravāho 'nuvarttamānaḥ sthitiḥ. tasya pūrvāparaviśeṣaḥ sthityanyathātvam. evaṃ ca kṛtvoktaṃ "viditā eva nandasya kulaputrasya vedanā utpadyante viditā avatiṣṭhante viditā astaṃ parikṣayaṃ paryādānaṃ gacchantī"ti. (AKBh 77. 6-9).

바야흐로 經主(세친)는 상좌일파(上座宗, Sthavirapākṣika)와 가까이하여 이같이 말하였다.

諸行의 相續이 처음으로 일어나는 것(즉 상속의 시작)을 '生(utpāda)'이라 이름하고, 끝내 다한 상태를 '滅(vyaya)'이라 이름하며, 중간의 상속으로 [前法에] 따라 일어나는 것을 '住(sthiti)'라고 이름하며, 이러한 [머무는 때의] 전후 [찰나의] 차별을 '住異(sthityanyathātva)'라고 한다. 세존께서도 이 같은 사실에 근거하여 難陀(Nanda)에게 "이 善男子는 受의 생기하는 것도 잘 알고, 受가 머무는 것도 잘 알며, 아울러 受가 쇠퇴 변이하는 것(衰異)도, 壞滅도 잘 안다"고 말하였던 것이다.[52]

[중현①:] 만약 色 등 諸行은 찰나 찰나마다 '生'과 '滅'을 가진다는(다시 말해 생겨나고 소멸한다는) 사실을 인정하지 않는다면, **譬喩者** 역시 유위는 多찰나에 걸쳐 지속한다고 주장하는 것이며, 그럴 경우 外道인 勝論(Vaiśeṣika) 등의 논사가 주장한 것(즉 지속을 가능하게 하는 힘으로 24속성 중의 하나인 行 saṃskāra)과 무슨 차별이 있을 것인가?

[중현②:] **譬喩部논사**들이 제시한 '生 등의 제 有爲相은 [諸行의] 相續 상에 일시 존재하는 것'이라는 주장은 正理에 부합하지 않을뿐더러 계경에도 위배된다.

52 인용한 계경은 『잡아함경』 권11 제275경(T2, 73b). 난타(Nanda)는 『증일아함경』(T2, 591bc)에 의하면, 출가 초기 음욕에 탐하였으므로 불타는 수(受)의 생·멸을 觀하게 하였고, 그 결과 아라한과를 얻게 되었다고 한다. 여기서의 경문도 난타가 득도한 후 불타가 그를 찬탄하였던 말이다. 한편 세친은 "본래 존재하지 않다가 지금 존재하는 것(本無今有)이 '生', 존재하다 다시 존재하지 않는 것(有已還無)이 '滅'"이라 규정하기도 하였다.(본서 제5장 2-3 '本無今有論' [附論] 참조).

(3) 住相 비판

① 然上座說:

諸行無住. 若行可住經極少時, 何故不經須臾日月時年劫住? 無異因故. 又阿笈摩亦說'諸行無有住'故, 如世尊言, '苾芻! 諸行皆臨滅時, 旣無有住, 亦無有滅' (中略) 言'無滅'者, 是無息義. 此無[53]意說 '諸行生已, 無間必滅, 無暫息時'.[54]

② 若謂,

'有爲全無有住, 得體無間卽滅故'者.[55]

[衆賢:] 然有至教, 證住爲有, 如撫掌喩. 契經中言, '苾芻! 諸行如幻如焰, 暫時而住, 速還謝滅.'[56] 豈不由斯已證, 對法所說, 諸行有暫住時. 由此亦成毘婆沙釋? 言無住者, 依刹那後, 密意而說. 非謂全無. 然彼所言, 此隨自意, 分別計度通善逝經. '經曾不言有住故'者, 今謂彼類未讀此經. 或率己情, 撥爲非量. 或朋黨執, 濁亂其心, 雖數披文而不記了. (T29, 411c22-412a1)

---

53 '無'→'經'(宋·元·明本).

54 (T29, 411b13-17; c13-14).

55 (T29, 411b19-20). 『구사론』 "刹那何? 謂得體無間滅."(T29, 67c11; 225b16); ko 'yaṃ kṣaṇo nāma. ātmalābhād 'nantaravināśī. (AKBh 193. 2) 본서 제5장 2-1 '찰나멸론'②; [附論] 참조.

56 『撫掌喩經』의 현존본은 『잡아함』 제273경(일명 「合手聲譬經」), "比丘! 譬如兩手和合相對作聲, 如是緣眼·色, 生眼識. 三事和合觸, 觸俱生受·想·思. 此等諸法非我·非常. (中略) 比丘! 諸行如幻·如炎, 刹那時頃盡朽, 不實來實去."(T2, 72c8-13) 『互照錄』에 의하면, 이에 상응하는 南傳은 없다.

(3) 住相 비판

① 上座는 이같이 말하였다.

諸行은 머무는 일(住)이 없다. 만약 제행이 지극히 짧은 시간 동안만 머무는 것이라면, 어떠한 까닭에서 須臾·하루·한 달·한철·한 해·劫 동안은 머물지 않을 것인가? [양자는 '머문다'는 점에서] 그 근거가 다르지 않기 때문이다. 또한 『阿笈摩』에서도 역시 제행은 어떠한 경우라도 머무는 일이 없다고 설하였기 때문으로, 이를테면 세존께서 "필추들이여, 제행은 다 막 멸하려고 할 때(즉 正滅位) 어떠한 경우에도 머무는 일이 없으며, 멸하는 일도 역시 없다"고 말한 바와 같다.[57] (중략)

여기서 '멸하는 일도 없다'고 말한 것은 '쉬는 일이 없다(無息)'는 뜻이다. 즉 이 경에서의 뜻은 "諸行은 생겨나 무간에 반드시 멸하니, 잠시도 쉬는 때가 없다"는 것이다.

② 유위법은 어떠한 경우에도 머무는 일이 없으니, 법 자체가 획득됨과 無間에(다시 말해 법 자체가 생겨나자마자 찰나의 간격도 없이) 바로 소멸하기 때문이다.

[중현:] '머무는 일이 있다'는 사실을 증명할만한 至教(āptāgama)가 있으니, 예컨대 『撫掌喻經』이 바로 그것이다. 즉 이 계경 중에서 "필추들이여, 제행은 환상과 같고 불꽃과 같아 잠시 머물다가 바로 다시 [과거로] 사라져 소멸한다"고 말하였으니, 어찌 이에 따라 아비달마(對法)에서 설한 "諸行은 잠시 머무는 때가 있다"는 사실이 이미 입증되었다고 하지 않겠으며, 이에 따라 毘婆沙[論]의 해석 역시 성취되었다고 하지 않겠는가?

[앞서 상좌가 인용한 계경에서] '머무는 일이 없다'고 말한 것은, [작용하는] 찰나 이후에 근거하여 密意로 설한 것이지 어떠한 경우에도 [머무는 일이] 전혀 없다는 사실을 말한 것이 아니다. 그렇지만 그(上座)가 말한 바는 善逝(불타의 異名)의 經을 自意에 따라 분별計度하여 通釋한 것일 뿐이다. 즉 [그가] "경에서는 일찍이 '머무는 일이 있다'고 말하지 않았기 때문"이라 한 것은, 저들의 부류가 아직 이 경(『무장유경』)을 읽지 못하였든지, 혹은 [읽었더라도] 자신들의 情意에 따라 이를 부정하여 올바르지 않은 지식(非量, apramāṇa)으로 간주하였든지, 혹은 저들 일파(朋黨, pākṣika)의 주장이 그의 마음을 흐리고 어지럽게 하여 자주 경문을 펼쳤을지라도 기억하여 알지 못하였기 때문이다.

---

57 중현에 의하면 여기서 '머무는 일이 없다'는 말은 常住論을 막기 위한 것이고 '멸하는 일도 없다'는 말은 제행의 斷滅을 막기 위한 것이다. (T29, 411c4-6).

③ 彼(上座)不忍受此大師言, 復作是責:

何緣但許, 依刹那後密意而說, 而不言依衆同分後? 刹那與此有何差別?[58]

④ 彼復責言:

若由住力能令諸行暫時住者, 何不由此令諸有爲經千俱胝, 刹那量住? 何緣諸行一念住因, 非卽令住千俱胝念?[59]

⑤ 彼上座, 作如是言:

如雖無別有性· 一性· 長性· 短性· 合· 離性等爲其所待, 而亦得成有· 一· 長· 短· 合· 離等法, 住等亦然, 無別所待.[60]

58 (T29, 412a6-8).

59 (T29, 412a10-13).

60 (T29, 412c9-12). 『구사론』에서도 生 등의 4相이 존재하기 때문에 '생겨난다'는 등의 지각이 일어난다는 논증에 대해 이와 동일한 형식으로 비판한다. "若爾, 爲成空無我覺, 法外應執空無我性. 爲成一二, 大小, 各別, 合·離, 彼此, 有性等覺, 應如外道, 法外執有數量各別合離彼此有等別性."(T29, 28c15-18) tena tarhy anātmatvam apy eṣṭavyam anātmabuddhi siddhyartham. saṃkhyā parimāṇa pṛthaktva saṃyoga vibhāga paratva aparatva sattādayo 'pi tīrthakara parikalpitā abhyupagantavyā eka dvi mahadaṇu pṛthak saṃyukta viyukta parāpara sadādi buddhi siddhyartham. (AKBh 79. 24-26).

③ 저 [上座]는 이 같은 大師의 말씀(즉 『撫掌喩經』)을 [佛說로] 인가 수용하기를 거부하고서 다시 이같이 문책하였다.

어떤 까닭에서 ['제행은 머무는 일이 없다'는 경설을] 단지 [작용하는] 찰나 이후에 근거하여 설한 密意說(abhiprāya)로만 인정하고, 衆同分(업에 의한 한 生) 이후에 근거하여 설한 것이라고는 말하지 않는 것인가? 찰나와 이것(중동분)에 어떠한 차별이 있다는 것인가?

④ 그는 다시 이같이 문책하였다.

만약 諸行이 住相의 힘에 의해 능히 잠시 머물게 되는 것이라고 한다면, 어떠한 까닭에서 이러한 힘은 유위제행을 일천 俱胝(koṭi, 10^6)에 결쳐 머물게 하지 않고 일찰나 동안만 머물게 하는 것인가? 어떠한 이유에서 [주상은] 제행이 一念(일찰나)만 머무는 원인이 되고 일천 俱胝의 찰나동안은 머물게 하지 않는 것인가?

⑤ 저 上座는 이와 같이 말하였다.

비록 별도의 존재성(有性)·단일성(一性)·長性·短性·결합성(合性)·분리성(離性) 등에 근거하지 않더라도 존재·하나·김·짧음·결합·분리 등의 법을 성취할 수 있듯이, '머문다'는 등의 사실 역시 그러하여 [住相 등과 같은] 별도의 근거하는 바가 없어도 [성취될 수 있다].

(4) 滅相 비판

① 有餘難言:

若無常相, 離無常性, 別有體者, 何不離苦, 別有苦相?[61]

若謂**諸行無別滅因**, 生亦應然. 不待因有. 此二與體, 俱異法故. 或應說二差別所因. 若言'此二亦有差別'.

② 謂諸行生必待因故, 現見生時遲速差別. 若諸行滅, 亦待因者, 亦應滅時遲速有異. 滅若如生, 時有遲速, 便違諸行剎那滅宗. 故知, 無因自然而滅. 無斯過失.[62]

61 (T29, 412a21-22). 이는 前項⑤와 동일한 논리이기 때문에 여기서 다른 어떤 이는 上座로 추측할 수 있다.

62 (T29, 412b10-13).

(4) 滅相 비판

① 다른 어떤 이는 이같이 힐난하였다.

만약 無常相(anityatā, 즉 滅相)이 [유위제법의 현실태인] 無常性을 떠나 별도의 실체로서 존재하는 것이라면, 어찌 "[현실의] 괴로움(苦[性])를 떠나 '괴로움의 보편적 특성(苦相)'이 별도로 존재한다"고는 말하지 않는 것인가?

만약 '**諸行에는 별도의 소멸의 원인(즉 滅相)이 존재하지 않는다**'고 한다면, 생기 역시 마땅히 그러하여 [별도의] 원인(즉 生相)에 근거하지 않고 일어난다고 해야 하니, 이 두 가지(소멸과 생기)와 [법] 자체(즉 本法)는 함께하는 것이지만 다른 법이기 때문이다. 혹 만약 이 두 가지 법(滅相과 生相)에도 역시 차별이 있다고 말한다면 (다시 말해 '생기는 원인에 근거해야 하지만 소멸은 원인에 근거하지 않는다'고 말한다면), 두 가지가 차별되는 근거에 대해 말해 보아야 할 것이다.

② 이를테면 諸行의 생기는 반드시 원인에 근거하여 일어나기 때문에 생겨날 때 늦고 빠름의 차별을 바로 관찰할 수 있지만, 만약 제행의 소멸 역시 원인에 근거하여 일어나는 것이라면 역시 마땅히 소멸할 때 늦고 빠름의 차이가 있어야 한다. 그러나 만약 소멸이 생기와 마찬가지로 때에 따라 늦고 빠름이 있다고 한다면, 제행은 찰나에 소멸한다는 '剎那滅'의 종의에 위배되고 만다. 따라서 [제행은] 원인 없이 자연적으로 (저절로) 소멸하는 것임을 알아야 한다. [그럴 때] 그 같은 허물이 없는 것이다.

2) 滅盡定

(1) 滅定無體說

然上座言:

卽諸有情相續分位, 名滅盡定.[63]

[附論] 세친이 인용한 異釋

經主於此, 引異釋言.

由前定心能爲遮礙. 謂前定心, 與所餘心, 相違而起. 由此起故, 唯令餘心, 暫時不轉. 此能引發違心所依, 令相續故. 唯不轉位, 假立爲定. 無別實體. 此唯不轉分位假定. 入前出後, 兩位皆無. 故假說此是有爲攝. 或卽所依, 由定心引, 令如是起, 假立爲定.[64]

63 (T29, 771c15).

64 (T29, 403c24-404a1). 『구사론』 "[如是二定, 爲是實有, 爲是假有? 應言實有. 能遮礙心, 令不生故.] 有說. 此證, 理不應然. 由前定心, 能遮礙故. 謂前定心, 與所餘心, 相違而起. 由此起故, 唯令餘心, 暫時不轉. 此能引發違心所依, 令相續故. 唯不轉位, 假立爲定. 無別實體. 此唯不轉分位假定. 入前出後, 兩位皆無. 故假說此是有爲攝. 或卽所依, 由定心引, 令如是起. 假立爲定."(T29, 26a12-19); [kiṃ punar ete samāpattī dravyataḥ sta utāho prajñaptitaḥ. dravyata ity āha. cittotpattipratibandhanāt.] na. samāpatticittenaiva tatpratibandhanāt. samāpatticittameva hi taccittāntaraviruddham utpadyate yena kālāntaraṃ cittasyā pravṛttimātraṃ bhavati. tadviruddhāśrayāpādanāt. yā 'sau samāpattir iti prajñapyate tac cāpravṛttimātraṃ na pūrvam āsīn na paścāt bhavati vyutthitasyeti saṃskṛtā 'sau samāpattiḥ prajñapyate. atha vā āśrayasyaiva tathā samāpādanaṃ samāpattiḥ.(AKBh 73.7-11; 이종철 2015, pp.255f 참조) 범본에서는 이처럼 무상·멸진의 2정이 실체(dravya)라는 毘婆沙師 설의 비판논거가 논주의 말로 설해지지만, 현장역에서는 어떤 이의 설로 인용되는데, 普光과 法寶는 어떤 이를 經部로 평석하였다. (T41, 100c27; 542c2).

(1) 滅定無體說

上座는 말하였다.

바로 유정들의 [마음이 일어나지 않는] 相續의 상태(分位, avastha)를 滅盡定이라 이름하였다.

[부론] 세친이 인용한 異釋

經主(세친)는 이러한 [멸진정의 假實문제]와 관련하여 다른 이의 해석을 인용하여 말하였다.

[심·심소가 일어나지 않게 되는 것은] 바로 前定心/入定心(samāpatticitta, 멸진정에 들기 직전의 마음)에 의해 차단 장애되었기 때문이다. 이를테면 前定心/入定心은 [미래에 생겨날] 여타의 다른 마음과 서로 모순된 상태로 일어나는데, 이러한 마음이 일어남으로 말미암아 [미래 일어날] 여타의 다른 마음이 잠시 일어나지 않게 되는 것이다. 즉 이러한 마음이 [미래 일어날] 마음과는 모순되는 所依[身]을 일으켜 상속하게 하기 때문에 [마음이 잠시 일어나지 않게 되는 것이다]. [이같이] 오로지 마음이 일어나지 않는 상태를 [滅盡/無想]定이라 가설한 것일 뿐 별도의 실체로서 존재하는 것은 아니다. 이는 오로지 [마음이] 일어나지 않는 상태를 일시 설정한 것으로, [이러한 상태는] 入定 전에도 出定 후에도 존재하지 않기 때문에 (다시 말해 입정 시에 생겨나서 출정 시에 소멸하기 때문에) 이를 유위법에 포섭되는 것으로(즉 유위법의 하나로) 가설한 것이다.

혹은 前定心/入定心에 의해 인기된 所依[身]이 이와 같은 상태, [여타의 다른 마음과는 서로 모순된 평등한 상태(samāpādana)]로 생겨나게 될 때, 이를 [滅盡/無想]定(samāpatti)이라 가설한 것이다.

(2) 滅定有心說

① [然上座言:]

無容於此越路而行, 如說‘此中受想等滅, 寂靜安樂, 阿羅漢等乃有如是殊勝解脫’. 非無義本相續及心, 可說名爲安樂寂靜.

阿羅漢等殊勝解脫, 如何計度?

有一類心, 無有所緣, 離行相轉.[65]

[衆賢:] 非迷正理纔覽經文, 便能會通聖教深趣. 識非永滅, 言‘不離身’. 如病未永除, 暫息亦名有. (T29, 771c24-26)

② 彼許,

滅定中有心現行.[66]

65 (T29, 771c18-22).

66 (T29, 420b20).

(2) 滅定有心說

① [上座는 말하였다.]

[마음이] 이 같은 멸진정에서의 行路를 뛰어넘어 현행하는 일은 있을 수 없으니, [경에서] "이러한 [멸진정] 중에서는 受·想 등이 소멸하여 寂靜 安樂한데, 아라한 등에게는 이와 같은 수승한 해탈이 존재한다"고 설한 바와 같다. 즉 [이러한 멸진정 중에서도] 유정의 근본이 되는 상속과 마음이 존재한다는 뜻이 없다면 [멸진정을] '적정 안락한 것'이라고 말할 수도 없는 것이다.

[그는] 어찌 아라한 등이 향유하는 수승한 해탈(八解脫 중 제8 滅受想定解脫身作證具足住)에 대해 이같이 計度하는 것인가?

"所緣도 갖지 않고 行相도 떠나 일어나는 동일種類의 마음(一類心, *ekajātīyacitta)이 존재한다."

[중현:] 正理에 미혹하여 겨우 經文 정도 열람할 수 있는 이라면 능히 聖敎의 깊은 意趣(*abhiprāya, 즉 法性)를 회통할 수 없다. [경에서는 멸진정 중에서] 識이 영원히 멸한 것이 아니기에 '[識은] 몸을 떠나지 않는다'고 말한 것이니, 이는 마치 병이 영원히 제거되지는 않았지만 잠시 멈춘 것에 대해서도 역시 '[병이] 존재한다'고 말하는 것과 같다.

② 그(상좌)는 인정하였다.

"멸진정 중에서도 마음이 존재하여 현행한다."

(3) 譬喩論者의 滅定有心說

① 譬喩論者, 作如是言:

> 滅盡定中, 唯滅受想, 以定無有無心有情. 滅定命終, 有差別故. 經說'入滅定, 識不離身'故. 又言'壽煖識互不相離'故.[67]

又識相續, 於此定中, 非暫滅者, 決定應有所依所緣, 與識和合, 離所依緣, 識不生故. 旣有三和, 必應有觸, 與觸俱起有受想思. 則滅定中, 受想二法, 亦應不滅.

② 若謂,

> 如經說受緣愛. 然阿羅漢, 雖有諸受, 而非愛緣. 觸亦應爾. 非一切觸皆生受等.[68]

③ 大德邏摩, 率自意釋:

> (前略) 滅盡定中意處不壞. 由斯亦許有意識生.[69]

④ 彼宗許故.

> 入滅定等, 識相續生, 曾無間斷.[70]

---

67 (T29, 403a21-24).

68 (T29, 403b26-27). 본 논설은『구사론』상에서 "멸진정 중에 識이 존재한다면 三事和合의 觸에 따른 受·想 등의 법도 존재한다고 해야 한다"는 존자 沙音(婆沙 4大論師 중 一人)의 비판에 대한 世友(經部異師)의 해명으로 언급되었다. "若謂, 如經說'受緣愛'. 然阿羅漢, 雖有諸受, 而不生愛. 觸亦應爾. 非一切觸, 皆受等緣." (T29, 26a4-5); yathā vedanāpratyayā tṛṣṭnety uktam. asatyām api tu vedanayām arhato na tṛṣṇotpattir evaṃ saty api sparśe vedanādayo na syur iti. (AKBh 73. 1f); "有作是釋. 如何世尊說, '受緣愛而, 一切受非皆愛緣. 觸亦應爾. 非一切觸皆受等緣." (『성업론』, T31, 784a11-12).

69 (T29, 485c24-27).

70 (T29, 504b12-13).

(3) 譬喩論者의 滅定有心說

① 譬喩論者는 이같이 말하였다.

멸진정 중에서는 오로지 受·想만이 소멸할 뿐이니, 어떠한 경우에도 無心의 유정은 존재하지 않을뿐더러 멸진정과 목숨이 끊어진(죽은) 상태는 다르기 때문이며, 경에서 '멸진정에 들더라도 識은 몸을 떠나지 않는다'고 설하였기 때문이며, 또한 목숨(āyus: 壽)과 체온(uṣman: 煖)과 의식(vijñāna: 識)은 불가분의 관계라고 말하였기 때문이다.[71]

이러한 [멸진]정 중에서 識의 相續이 잠시 멸하는 것이 아니라고 한다면, 결정코 소의와 소연이 존재하여 식과 화합한다고 해야 하니, 소의와 소연을 떠나 식은 생겨나지 않기 때문이다. 그리고 이미 세 가지의 화합이 존재한다면, 필시 觸도 존재하고, 촉과 俱起한 受·想·思도 존재한다고 해야 한다. 그러나 그럴 경우 멸진정 중에서는 受와 相의 두 법 역시 멸하지 않는다고 해야 한다.

② 經에서는 '受를 緣하여 愛가 있다'고 설하고 있지만, 아라한에게는 비록 온갖 受가 존재할지라도 그것이 愛의 緣은 되지 않듯이, 觸 역시 마땅히 그러하다고 해야 한다. 즉 일체의 觸이 모두 受 등을 낳는 것은 아니다.

③ 大德 邏摩(Rāma)는 자신의 情意에 따라 이같이 해석하였다.

멸진정 중에서도 意處는 괴멸하지 않는다. 이에 따라 [멸진정 중에서도] 역시 어떤 [종류의] 意識이 생겨난다고 인정한다.

④ 그(邏摩)의 종의에서는 [다음의 사실을] 인정하였다.

멸진정 등에 들 때에도 識의 相續은 일어나 어떠한 경우에도 끊어지는 일이 없다.

---

71 '壽·煖·識의 不相離'와 멸진정에 든 자와 死者의 차이를 설한 경은 『중아함』 210 『法樂比丘尼經』(中部니카야 Cūḷa-vedallasutta: MN.44)과 211 『大拘絺羅經』(동 Mahā-vedallasutta: MN43). "멸진정에 들더라도 識은 몸을 떠나지 않는다(識不離身)"는 本庄良文(1983, p.96)에 의하면 『중아함』 제210 『法樂比丘尼經』의 異本인 『法施比丘尼經(*Bhikṣuṇīdharmadinnāsūtra)』 (L. 슈미트하우젠에 의하면 근본설일체유부 전승) 설로, 티베트 전승인 Śamathadeva의 『俱舍論註(Abhidharmakoṣopāyikā nāma Ṭīkā)』에서 회수한 경설은 이러하다.: "멸진정에 든 이는 身行이 멸하고 語行, 意行이 멸하지만, 목숨과 체온은 멸하지 않고, 諸根은 敗壞하지 않으며, 識은 몸을 떠나지 않는다(rnam par śes pa lus las ḥdaḥ bar mi ḥgyur ro)." 이 경문은 『성유식론』 상에서의 알라야식 존재증명 제9 '滅定證' 중에서 완전하게 인용된다. "又契經說 '住滅定者, 身語心行無不皆滅 而壽不滅 亦不離煖, 根無變壞, 識不離身.' 若無此識 住滅定者, 不離身識 不應有故." (T31, 17c25-28).

3) 名·句·文 假有論

① 然彼上座, 於此復言:

意業爲先, 所生聲位, 安布諸字, 決定差別, 以成名等. 此離於聲, 別有自性, 理不可得.[72]

② 彼說:

如世尊言, '因尋伺言說語, 非不因尋伺言說語者.' 由聲發聲. 故名等三, 無別有體.[73]

③ 彼說:

非世共知, 名句文身是心不相應行, 我當於彼而發語言. 旣不共知, 語憑何發?[74]

[附論] 세친의 名·句·文 이해

此中經主. 作如是言:
豈不此三, 語爲性故, 用聲爲體, 色自性攝? 如何乃說爲心不相應行?[75] (T29, 413c11-13)

72 (T29, 414c16-19).

73 (T29, 415a2-4).

74 (T29, 415a6-8).

75 (T29, 414c16-19). 『구사론』 "豈不此三, 語爲性故, 用聲爲體, 色自性攝, 如何乃說爲心不相應行?" (T29, 29a22-24); nanu caite vāksvabhāvatvāc chabdātmakā iti rūpasvabhāvā bhavanti. kasmāc cittaviprayuktā ity ucyante. (AKBh 80. 25) 야쇼미트라에 의하면 이는 경량부의 주장이다. (AKVy 183. 10.).

3) 名·句·文 假有論

① 저 상좌는 이러한 名 등에 대해 다시 말하였다.

意業(즉 思)이 선행하여 [말]소리가 생겨나는 단계에서 온갖 글자(akṣara 즉 文)를 배열(安布)하고 [의미의] 차별을 결정지음으로써 '名' 등을 성취하게 되는 것으로, 이러한 ['名' 등이] [말]소리를 떠나 그 자체 개별적으로 존재한다고 하는 것은 이치상 이루어질 수 없다.

② 그는 설하였다.

예컨대 세존께서 "尋·伺로 인해 말(語)을 설하는 것으로, 尋·伺에 의하지 않고서 말을 설하는 일은 없다"고 말한 것은 [말]소리[를 내려는 尋·伺]로 말미암아 [말]소리가 생겨난다는 것이니, 따라서 '名' 등의 세 가지는 개별적인 실체로서 존재하는 것이 아니다.

③ 그는 설하였다.

세간에서는 다같이 名·句·文身이 바로 心不相應行蘊임을 알아 "나는 이제 그것에 근거하여 말을 발하리라"고 생각하는 것이 아니다. 이미 [세간에서 명·구·문신이 개별적 실체임을] 다 같이 알지 못하고 있는데, [그렇다면] 말은 무엇에 근거하여 일어나는 것인가?

[부론] 세친의 名·句·文 이해

經主 세친은 이에 대해 이같이 말하였다.
이러한 세 가지 존재는 말(vāk, 語)을 자성으로 삼기 때문에 소리(śabda, 聲)를 본질로 하니, 어찌 색의 自性(rūpasvabhāva, 즉 색법)에 포함된다고 하지 않겠는가? 그럼에도 어찌 心不相應行法이라 설하는 것인가?

3. 無爲法

1) 虛空

又光明色, 是虛空相. 故知虛空其體實有. 如契經說. '然藉光明, 虛空顯了.' 由此定顯虛空之相, 所謂光明.[76] (T29, 429b14-16)

① 然彼上座, 不了此經所說義趣, 妄作是詰:

若藉光明虛空顯了, 虛空應是色法所收.[77]

如契經言, '虛空無色無見無對, 當何所依?' 非於我中, 或免角等, 可有如是差別言說.

② 此中彼釋

爲對所問故說此言. 如契經說, '善調伏我. 我是所依.'[78]

③又彼所言:

若虛空體, 少有實物, 虛空常故, 則有礙色, 應永不生. 或應許此是有爲攝, 如筏蹉子.[79]

④ 又彼所言:

若虛空體是實有物, 應成有爲, 此與空界無差別故.[80]

---

76 『순정리론』 권3(29, 347b10-15), "世尊言. '虛空無色無見無對, 當何所依? 然藉光明, 虛空顯了.' 此經意說, 虛空無爲, 雖無所依, 而有所作. 謂能容受一切光明. 以果顯因. 有實體相. 虛空無者, 應無光明. 既有光明, 眼識所取. 是色差別. 故有虛空."; 『입아비달마론』 (T28, 988b27-c1), "梵志當知! 風依虛空. 婆羅門曰. 虛空依何? 佛復告言. 汝問非理. 虛空無色無見無對, 當何所依? 然有光明, 虛空可了."

77 (T29, 429b22-24).

78 (T29, 429b27-29).

79 (T29, 429c7-9).

80 (T29, 429c22-23).

1) 虛空

또한 빛(光)과 밝음(明)의 色(12현색의 하나)이 바로 虛空의 특성이기 때문에 허공은 그 자체 실유임을 알아야 한다. 예컨대 계경에서 "빛과 밝음에 의해 허공은 분명하게 알려진다"고 설하였다. 이에 따라 허공의 특성을 결정적으로 분명히 알 수 있는 것으로, 그것은 말하자면 빛과 밝음이다.

① 그런데 저 上座는 이러한 경에서 설한 바의 취지를 알지 못하고 그릇되게 이같이 힐난하고 있다.

만약 虛空(ākāśa)이 빛과 밝음에 의해 분명하게 알려지는 것이라면, 虛空은 마땅히 색법에 포함되는 것이라고 해야 한다.

계경에서 "虛空은 無色·無見·無對인데 무엇을 所依로 삼겠는가?"라고 말한 바와 같다. 그러나 자아나 토끼 뿔 등[과 같은 비존재]의 경우, 이와 같은 차별의 말을 설할 수 있는 것이 아니다. (다시 말해 허공은 어떠한 차별의 말도 설할 수 없는 자아나 토끼 뿔 등과 같은 비존재가 아니다.)

② 이에 대해 그는 이같이 해석하였다.

이러한 [계경의] 말은 물은 바에 대답하기 위해 설한 것일 뿐이니, 예컨대 계경에서 '자아(我)를 능히 잘 조복해야 한다'거나 '자아는 바로 [모든 것의] 所依이다'고 말한 것과 같다.

③ 그는 말하였다.

만약 虛空 자체가 만의 하나 실체로서 존재하는 것이라면, 허공은 [무위로서] 常住하기 때문에 장애성을 갖는 색(有礙色, 즉 빛과 밝음)은 영원히 생겨날 수 없다고 해야 한다. 혹 [장애성을 갖는 색이 생겨날 수 있다고 한다면] 虛空은 空界와 어떠한 차별도 없기 때문에 筏蹉子(Vatsīputriya, 犢子部)처럼 [生滅의] 유위법에 포섭되는 것이라고 인정해야 한다.

④ 그는 말하였다.

만약 虛空 자체가 실체로서 존재하는 것이라면, 마땅히 有爲가 되어야 할 것이니, 이것과 空界는 어떠한 차별도 없기 때문이다.[81]

2) 擇滅

① 又上座說:

> 如世尊言, 如是句義甚爲難見. 謂一切依皆永棄捨, 寂靜美妙, 乃至涅槃.' 如是涅槃如何難見? 以其自性極難見故.

如何非有, 可說自性? 自執: 涅槃非實有故.
若謂,

> 擇滅雖非實有, 而薩迦耶是[82]實有故, 離彼得滅名爲自性. 故契經言, '如是滅界, 緣薩迦耶, 而得顯了.'[83]

② 又彼所說:

> 雖諸經中有說, '三界·三[84]涅槃界, 有爲界·無爲界, 有滅界, 有生·有無生, 有苦滅聖諦, 我現了知是安隱處' 諸如是等亦不相違, 緣薩迦耶而建立故.[85]

---

81 本章 1-6 '空界와 虛空無爲 무차별론' 참조.
82 '是'→'見'(宋·元·明本).
83 (T29, 433c5-11).
84 '三'→'二'(宮內省本).
85 (T29, 433c22-26).

2) 擇滅

① 上座는 설하였다.

세존께서 말씀한 것처럼 이와 같은 [擇滅]句義(padārtha: '열반'이라는 인식대상)는 매우 관찰하기 어렵다고 해야 한다. 이를테면 "[生의] 일체의 근거(sarva upādhi: 一切依)가 다 영원히 捨棄(폐기)된 寂靜·美妙함 등을 열반이라 한다"[86]고 하였던 것이다. [세존께서는] 이와 같은 열반을 어찌하여 관찰하기 어렵다고 한 것인가? 하면, 그 自性이 지극히 관찰하기 어렵기 때문이다.

어떻게 존재하지 않는 것에 대해 자성을 설할 수 있는 것인가? 그(상좌)는 스스로 열반은 實有가 아니라고 주장하였기 때문이다.
[이에 대해 그는] 말하였다.

擇滅(pratisaṃkhyānirodha)이 비록 실유가 아니라고 할지라도 薩迦耶見(satkāya-dṛṣṭi: 有身見)이 바로 실유이기 때문에 [세존께서는] '그것(살가야견)을 떠나 滅을 획득하는 것을 일컬어 [택멸의] 自性(본질)이라 하였다. 그래서 계경에서도 "이와 같은 滅界(nirodha-dhātu)는 薩迦耶見에 근거하여 분명하게 알 수 있다"고 말하였던 것이다.

② 또한 그는 설하였다.

비록 여러 經 중에서 "3界[87]·3涅槃界, 有爲界·無爲界, 有滅界, 有生·有無生, 有苦滅聖諦에 대해 나는 이것이 安穩處임을 지금 바로 안다"고 설하였을지라도, 이와 같은 온갖 사실 역시 [열반은 실유가 아니라는 주장과] 서로 모순되지 않으니, 이는 薩迦耶見에 근거하여 설정된 것이기 때문이다.

---

86 세친 또한 상좌가 인용한 이 경문을 '열반의 자성=비존재(非有)'임을 입증하는 논거(教證)로 인용하였다. "復有聖教, 能顯涅槃唯以非有爲其自性. 謂契經言: '所有衆苦皆無餘斷, 各別捨棄·盡·離染·滅·靜息·永沒, 餘苦不續·不取·不生, 此極寂靜, 此極美妙. 謂捨諸依, 及一切愛盡·離染·滅, 名爲涅槃."(T29, 34c19-23; 432c18-22): āgamaś cāpy abhāvamātraṃ dyotayati. evaṃ hy āha. "yat svalpasya duḥkhasyāśeṣaprahāṇaṃ pratiniḥsargo vyantībhāvaḥ kṣayo virāgo nirodho vyupaśamo 'staṃgamaḥ anyasya ca duḥkhasyāpratisandhir anutpādo 'prādurbhāvaḥ. etat kāntam etat praṇītaṃ yad uta sarvopādhipratiniḥsargas tṛṣṇākṣayo virāgo nirodho nirvāṇam" iti. (AKBh 93. 23-94. 2) 인용한 경의 현존본은 『잡아함』 제306경. "若復彼苦無餘斷·吐盡·離欲·滅·息沒, 餘苦更不相續·不出生, 是則寂滅, 是則勝妙. 所謂捨一切有餘·一切愛盡·無欲·滅盡·涅槃."(T2, 88a9-12) 이 경설은 『입아비달마론』에서 8句義(5온과 3무위) 중 擇滅의 異名, 이를테면 盡(kṣīṇa)·離(virāga)·滅(nirodha)·열반(nirvāṇa)에 대해 논의하면서 인용되기도 한다. (T28, 988c17-989a3)

87 본서 제10장 7. '斷·離·滅 3界' 참조.

③ 又彼所言:

契經中說'有滅界'者, 亦不相違, 緣離有身而顯示故. '有無生'者, 亦不相違, 於實有生不轉立故, 卽是有生相續斷義.[88]

④ 又說:

涅槃非實有故, 卽無生者.[89]

[衆賢:] 理亦不然, 唯有立宗, 無證因故. 唯有立宗, 無證因故. 謂何因證, 非實有故. (中略) 又應假法亦卽無生. 若爾, 汝宗刹那實法, 不許生故, 相續是假, 亦無生故. 是則汝曹, 生之與滅, 都非實有, 何期? 汝等嘗厭空花, 而今乃成空花差別. (T29, 434a18-24)

⑤ 又彼所說:

如契經言, '一切法者, 謂十二處.' 又契經言, '此十二處, 皆有戲論, 皆是無常.' 契經復言, '眼·色·眼識, 廣說乃至, 意·法·意識皆是無常.' 若謂涅槃實而常住, 世尊於此, 應有簡別.[90]

---

88 (T29, 433c29-434a3).

89 (T29, 434a17-18).

90 (T29, 434a24-28).

③ 또한 그는 말하였다.

계경 중에서 설한 有滅界 즉 '멸계가 존재한다'는 사실 역시 [열반은 실유가 아니라는 주장과] 서로 모순되지 않으니, 有身見(즉 살가야견)을 떠난 것에 근거하여 [그 같은 사실을] 나타내었기 때문이다. 有無生 즉 '무생이 존재한다'는 사실 역시 [열반은 실유가 아니라는 주장과] 서로 모순되지 않으니, 실유의 생에 근거하여 설정한 것이 아니기 때문으로, 이는 곧 어떤 생의 상속이 끊어졌다는 뜻이다.

④ 또한 [상좌는] 설하였다.

열반은 實有가 아니기 때문에 바로 無生이다.

[중현:] 이치상 역시 옳지 않으니, 오로지 주장(立宗, pratijñā)만 제시하였을 뿐 논증의 근거(證因, hetu)가 없기 때문이다. 즉 어떠한 근거에서 '[열반은] 실유가 아니기 때문에'라는 사실을 논증하였던 것인가? (중략) 또한 [열반은 實有가 아니기 때문에 無生이라면] 假法 역시 無生이라 해야 할 것이다. 만약 그렇다고 한다면, 그대의 종의인 刹那의 實法도, '生(utpāda)'[의 실재성]을 인정하지 않기 때문에 [그것의] 相續도 바로 假有일 것이니, 역시 無生이기 때문이다. 그런즉 그대들 무리는 '生'도, '滅'도 모두 實有가 아니라고 하니, 그것으로 무엇을 기대할 것인가? 그대들은 일찍이 空花[論]을 싫어하였는데, 이제 바야흐로 '또 다른 형태의 空花[論者](*khapuṣpakā-viśeṣa)'가 되었구나!

⑤ 또한 그는 말하였다.

[열반은 실유가 아니니,] 契經에서 "一切法이란 말하자면 12處이다"고 말한 바와 같다. 즉 계경에서는 "이러한 12處는 다 戲論(prapañca)[91]을 갖으며, 모두 다 무상한 것이다"고 말하였으며, 계경에서는 다시 "眼·色·眼識, 나아가 意·法·意識은 모두 다 무상한 것이다"고 말하였다. 만약 열반이 실유로서 常住하는 것이라고 한다면, 세존께서는 여기(일체법인 12處의 법문)서 마땅히 이 같은 사실을 簡別했어야 하였다.

---

91 『순정리론』 권58(T29, 768c28-29). "有說, 此(4無量)能違無量戲論故. 貪等諸惑, 皆名戲論."

3) 非擇滅

然上座說:

> 非擇滅名, 諸聖教中, 曾無說處. 但邪分別橫計爲有, 非聖說故, 不可信依.[92]

[附論] 세친이 인용한 경량부의 무위법 無別體說

此中經主, 引經部說:
一切無爲, 皆非實有, 如色受等, 別有實物, 此所無故. 然經說者, 唯無所觸, 說名虛空. 謂於暗中無所觸對, 便作是說 '此是虛空'. 已起隨眠, 生種滅位, 由簡擇力, 餘不更生, 說名擇滅. 離簡擇力, 由闕緣故, 餘不更生, 名非擇滅. 如殘衆同分中夭者餘蘊.[93](T29, 429a21-27)

[衆賢①:] 譬喩論師, 所執種子, 前於思擇得有無中, 已拔其根, 片無遺漏. 此種今者, 從何復生? (T29, 430a23-25)

[衆賢②:] 然彼畢竟非有涅槃, 非假非實, 更無餘有, 而許爲有, 彼譬喩師, 立有法性, 何極深隱? (T29, 431c1-3)

[衆賢③:] 雖寄他言, 作如是說: 許便擁護毘婆沙宗. 今詳經主, 似總厭背毘婆沙宗. 欲依空花, 撥一切法, 皆無自性. 而今於此且撥涅槃. 擬爲同喩證餘非有. 若實爲護毘婆沙宗所說, 不應朋壞法論. 勿以彼論惡見之垢塵穢己心, 宜將此宗正法之水而自沐浴. (T29, 432a29-b6)

---

92 (T29, 435a18-20).

93 『구사론』 "經部師說: 一切無爲皆非實有, 如色受等, 別有實物, 此所無故. 若爾何故名虛空等? 唯無所觸, 說名虛空. 謂於暗中無所觸對, 便作是說 '此是虛空'. 已起隨眠, 生種滅位, 由簡擇力, 餘不更生, 說名擇滅. 離簡擇力, 由闕緣故, 餘不更生, 名非擇滅. 如殘衆同分中夭者餘蘊."(T29, 34a12-18); sarvam evāsaṃskṛtam adravyam iti sautrāntikāḥ. na hi tad rūpavedanādivat bhāvāntaram asti. kiṃ tarhi. spraṣṭavyābhāvamātram ākāśam. tadyathā hy andhakāre pratighātam avindanta ākāśam ity āhuḥ. utpannānuśayajanmanirodhaḥ pratisaṃkhyābalenānyasyānutpādaḥ pratisaṃkhyānirodhaḥ. vinaiva pratisaṃkhyayā pratyayavaikalyād anutpādo yaḥ so 'pratisaṃkhyānirodhaḥ. tadyathā nikāyasabhāgaśeṣasyāntarāmaraṇe. (AKBh 92. 3-8).

3) 非擇滅

上座는 설하였다.

非擇滅(apratisaṃkhyānirodha)이라는 말은 어떠한 聖教 중에서도 일찍이 설한 적이 없음에도 다만 그릇되게 분별하고 제멋대로 생각하여 존재한다고 여긴 것으로, 聖教설이 아니기 때문에 믿고 의지해서는 안 된다.

[부론] 세친이 인용한 경량부의 무위법 無別體說

經主는 경량부를 인용하여 [이같이] 논설하였다.
일체의 무위[법]은 다 실유 즉 실체로서 존재하는 것(dravya)이 아니다. 왜냐하면 그것들은 色이나 受처럼 [자성을 갖는] 별도의 존재(bhāvāntara)가 아니기 때문이다. 그렇지만 경에서 설한 것은 [이러하다]. 즉 오로지 접촉되는 바가 없는 것을 '虛空'이라 말한 것으로, 이를테면 어둠 속에서 觸對되는 바가 없으면 '이는 허공이다'고 말하는 것이다. [또한] 이미 일어난 隨眠(anuśaya)과 生(janman)의 種子가 소멸한 상태에서 簡擇力에 의해 또 다른 그것(미래의 수면과 생, 眞諦에 의하면 集諦와 苦諦)이 더 이상 생겨나지 않는 것을 '擇滅'이라 말하였다. 그리고 간택력과는 관계없이 緣을 결여함으로써 그 밖의 다른 법이 더 이상 생겨나지 않는 것을 '非擇滅'이라 말하였으니, 예컨대 목숨을 다 채우지 못한 채 중간에 요절한 자의 衆同分의 여분의 蘊이 생겨나지 않는 것과 같다.

[중현①:] 譬喩論師가 주장한 種子에 대해서는 앞서 得(prāpti)의 유무에 대해 思擇하면서 이미 그 뿌리째 남김없이 뽑아버렸는데(T29, 397b21-398c1), 지금의 이러한 종자는 어디서 다시 생겨난 것인가?

[중현②:] 그런데 그는, 절대적 비존재인 열반은 假有도 아니고 實有도 아니며, 그 밖의 다른 어떤 '有'로도 존재하지 않는다고 하면서 '有'라고 인정하고 있으니, 저들 譬喩師들이 제시한 존재의 法性(dharmatā)에는 어떤 지극히 깊고 은밀한 뜻이 있는 것인가?

[중현③:] 비록 다른 이의 말을 빌려 "[열반이 개별적인 실체로서 존재한다는 사실을] 인정한다면, 그것은 바로 毘婆沙宗(Vaibhāṣika-pakṣika)을 옹호하는 것이다"고 말하고 있을지라도,[94] 지금 살펴보건대 經主는 毘婆沙宗을 전적으로 싫어하여 등 돌린 듯하다. 空花[論]에 의거하여 일체법은 다 無自性이라고 부정하려고 하면서 지금 여기서는 바야흐로 열반[의 실재성]도 부정하고 유사한 것을 同喩로 삼아 그 밖의 다른 [무위법]도 존재하지 않는 것이라고 논증하고자 하였다. 만약 [經主가] 진실로 毘婆沙宗에서 설한 바를 옹호하고자 한다면, 마땅히 壞法論(vaināśika, 상좌)과 가까이하지 말아야 한다. 저들의 論에서 드러나는 惡見의 더러운 때(垢塵)로써 자신의 마음을 더럽히지 말고 장차 이 [有部]宗의 正法의 물로 스스로 목욕해야 하는 것이다.

94 『구사론』 권6(T29, 34c7-8), "復有何德? 許便擁護毘婆沙宗, 是名爲德"; AKBh. p.93. 계속하여 세친은 "만약 [그들 주장에] 옹호할 만한 점이 있다면 결정코 天神(devatā)이 알아 응당 스스로 옹호하게 될 것이다."고 힐난하였다.

제4장 **내계의 諸法**

1. '行蘊=思'

1) 행온의 본질과 경증

① 彼上座說:

行蘊唯思. 餘作意等, 是思差別.[1]

② 復作是言:

作意等行, 不可離思, 知別有體. 或離餘行, 別有少分思體可得. 由此行蘊, 雖非一物, 而一思攝. 是故契經, 雖擧一思, 而不違理.[2]

③ 復云何知, 作意等行, 一切皆用思爲自體?

以薄伽梵, 於契經中, 說'六思身爲行蘊'故[3]. 說'貪瞋等名意業'[4]故. '非黑非白無異熟業, 能盡諸業', 此以思名說聖道故. 說'諸靜慮無量無色, 以爲白白異熟業'故. 不應異名說異法故. 非一說一, 是謬言故. 諸薄伽梵終無謬言.

彼上座宗所說, 如此.[5]

---

1 (T29, 339b14-15).

2 (T29, 339b15-18).

3 『잡아함』 제61경(T2, 15c28-29), "云何行受陰? 謂六思身." 『구사론기』(T41, 25b28-c1), "經部以佛經中唯說'六思身名爲行蘊', 不說餘法, 故知但以思爲行蘊."

4 『중아함』 제15 「思經」(T1, 437c; 『구사론』에서는 「故思經」 T29, 84b). 상좌를 비롯한 일군의 譬喩者는 作意 등의 大地法 뿐만 아니라 貪·瞋·癡도 역시 思의 차별적 상태로서 意業이라 주장한다. (『구사론』 권17, T29, 84b3; 88c12f, "譬喩論師執, 貪瞋等卽是意業."; 권오민, 2012, pp.507-510 참조).

5 (T29, 339b19-24).

1) 행온의 본질과 경증

① 저 上座는 [이같이] 설하였다.

行蘊(saṃskāraskandha)은 오로지 思(cetanā)일 뿐이며, 그 밖의 作意 등은 바로 思의 差別(cetanāviśeṣa)이다.

② 그는 다시 이렇게 말하고 있다.

作意 등의 行(saṃskāra)은 思를 떠나 그 자체 개별적 실체(別有體, *dravyāntara)로 존재한다는 사실을 아는 것이 불가능하다. 그렇지만 思 자체는 어떠한 경우에도 [作意 등] 그 밖의 다른 行을 떠나 별도로 존재한다고 아는 것이 가능하다. 이에 따라 行蘊이 비록 한 가지 존재가 아니라 할지라도 思 하나에 포섭될 수 있으며, 그렇기 때문에 契經에서 [행온을] 비록 思 한 가지(즉 六思身)로 언급하였을지라도 이치에 어긋나지 않는 것이다.

③ 作意 등의 行은 일체가 다 思를 본질(svabhāva: 自體)로 한다는 사실을 어떻게 알게 된 것인가?

薄伽梵께서 계경 중에서 "6思身을 行蘊이라 한다"고 설하였기 때문이며, "貪·瞋 등을 意業(=思業)이라 한다"고 설하였기 때문이며, "[더 이상] 異熟을 갖지 않는 非黑非白의 업(즉 무루업)은 능히 온갖 업 [이를테면 黑黑業(욕계 불선업), 白白業(색계 선업), 黑白業(욕계 선업)]을 멸진한다"고 설한 것은 [업의 본질인] '思'라는 말로써 聖道를 설한 것이기 때문이며, "모든 靜慮와 無量과 無色[定]을 白白의 이숙업이라 한다"고 설하였기 때문이며,[6] 마땅히 다른 명칭으로 다른 법을 설하였다고 해서는 안 되기 때문이며, 한 가지가 아닌 것을 한 가지로 설하는 것은 그릇된 말이기 때문으로,[7] 박가범께서 결코 그릇된 말을 설할 리가 없는 것이다.

[行蘊에 대해] 저들 上座일파(上座宗)가 설한 바는 이와 같다.

---

6 흑·백의 업은 이숙과로서 생유와 중유가 존재하고 身·語·意의 3업이 존재하는 곳에 대해서만 설할 수 있는 것으로, 무색계에는 이 중에 중유의 이숙과 신·어업이 존재하지 않기 때문에 白白業으로 분별하지 않지만(『구사론』권16, T29, 83b28ff), 可意(애호할 만한)의 백업은 존재하기 때문에 4무색정을 '백백업'이라 하였다. 즉 무색정을 비롯한 이러한 세 선정을 白白業으로 규정한 것은 그것 역시 思를 본질로 하기 때문이라는 것이다.

7 '思'라는 하나의 말로써 '작의' 등 일체 행온을 설하는 것은 올바른 논설방식이 아니라는 뜻.

2) 중현과의 대론

如是等經, 皆就勝說. 此亦如是, 造作有爲功能勝故. 云何說此能造有爲? 謂有勝能引生果故. 果雖本有, 而少分生此能隨引. 故立爲造.

① 彼上座言:

造有爲者, 謂思能造本無有爲. 如織者言, '我持此縷, 織作裳服', 此亦應爾.[8]

又如經說, '彼有如是信欲勤安念智思捨, 名爲勝行.' 若信等行, 卽是思者, 說信等已, 何復說思? 又此諸法, 似同時用, 如何一思, 多體俱起?

② 上座此中, 作如是釋:

爲攝此時所起餘行, 故復擧思. 前說信等, 爲顯此時所起勝行, 如五濁法及四修行. 謂五濁中見雖煩惱, 由最勝故, 復更別說. 四修行者, 如契經言, '修身語意妙行正見, 斷身語意惡行邪見.' 非正邪見意妙惡行之所不攝, 勝故別說. 此亦應爾.[9]

8 (T29, 340b8-10).

9 (T29, 341b3-8).

2) 중현과의 대론

이와 같은 등의 經에서는 다 수승(우세)한 것만을 설한 것으로, 이러한 思 역시 이와 마찬가지로 有爲를 造作하는 功能이 수승하기 때문이다. '이것의 공능이 유위를 造作한다'고 한 것은 [思가] 결과를 引生할 만한 수승한 공능을 가졌기 때문이다. 결과는 비록 본래부터 존재하는 것(本有)일지라도 어떠한 경우에도 이것의 공능에 의해 이끌려 생겨난다. 그래서 [思를] '造作하는 것(abhisaṃskāra)'으로 [정의]한 것이다. (중현)

① 저 上座는 이같이 말하였다.

'[思가] 유위를 造作한다'고 함은 思가 본래 존재하지 않던(本無) 유위를 능히 조작한다는 말이다. 마치 織工이 '나는 이러한 실을 가지고서 옷감(裳服)을 짠다'고 말하듯이 이 역시 마땅히 그러한 것이라고 해야 한다.

또한 경에서 "그들은 이와 같은 信·欲·勤·輕安·念·智·思·捨를 지니고 있으니, 이를 일컬어 수승한 行(勝行)이라 한다"고 설하였는데, 만약 信 등의 行이 바로 思라면 어떠한 까닭에서 信 등을 설하고 나서 다시 思를 설하였을 것인가? 또한 이러한 제법은 거의 동시에 작용하는데, 어떻게 하나의 思가 다수의 실체(즉 思 이외의 제법)와 함께 일어날 수 있다는 것인가? (중현)

② 이에 대해 상좌는 이같이 해석하였다.

[경에서는] 이 때 일어난 그 밖의 行을 포섭하기 위해 다시 思를 언급하였다. 즉 앞에서 信 등을 설한 것은 이 때 일어난 수승한 行(즉 思)을 나타내기 위해서이니, 예컨대 5濁法이나 4修行의 경우와 같다. 즉 5濁(劫·見·煩惱·衆生·命濁) 중의 見은 비록 번뇌에 속하는 것일지라도 가장 두드러진 것이기 때문에 다시 별도로 설하게 된 것이다. 그리고 4修行이란, 이를테면 계경에서 '身·語·意의 妙行과 正見을 닦고, 身·語·意의 惡行과 邪見을 끊는 것'이라고 말하고 있는데, 正見과 邪見은 意妙行과 意惡行에 포섭되지 않는 것은 아니지만 수승한 것이기 때문에 별도로 설하게 된 것이다. 그러니 여기서도 역시 그러하다고 해야 한다.

又此經中別說何用? 謂契經言, '若有所受卽有所思. 若有所思卽有所想. 若有所想卽有所尋.' **彼宗旣許尋卽是思.** 擧尋爲乘.

③ 彼上座言:

> 此經非乘. 若不擧尋, 疑思卽是作意欲等.[10]

[衆賢:] 此不應疑, 相有異故. 彼體卽思, 相如何異? (T29, 341c5-6)

④ 又如汝等頻言:

> 想識時依行緣相似轉故, 雖不能示二相差別,[11]

[衆賢:] 而汝等宗許其體異. 思作意等, 應亦如是. (T29, 341c11-12)

⑤ 又彼不應作如是說:

世尊無緣說於密語. (中略) 而但說思, 此何密意?[12]

---

10 (T29, 341c3-4).

11 (T29, 341c10-11).

12 (T29, 341c23-26).

또한 계경에서는 "만약 所受(지각된 바)가 있으면 所思(뜻을 세우는 바)가 있고, 만약 所思가 있으면 所想(표상된 바)이 있으며, 만약 所想이 있으면 所尋(추구된 바)이 있다"고 설하였는데,[13] **저들 [上座]宗에서는 이미 尋을 思[의 차별]이라고 인정**하였으므로 尋을 언급하는 것은 [思를] 거듭 설한 것이 된다. (중현)

③ 저 上座는 이같이 말하였다.

이 경에서는 [思를 쓸데없이] 거듭하여 설한 것이 아니니, 만약 尋을 언급하지 않았다면 思가 바로 作意나 欲 등이라고 의심하게 되었을 것이다.

[중현:] [이에 대해] 의심해서는 안 될 것이니, 그것들은 각기 自相이 다르기 때문이다. 그럼에도 그러한 [作意나 欲 등의] 법 자체가 바로 思라고 한다면 어떻게 自相이 다르다고 하겠는가?

④ 또한 그대들(상좌일파)은 빈번히 말하였다.

想과 識은 時·所依·行相·所緣이 서로 유사하게 일어나기(相似轉) 때문에(다시 말해 서로 유사한 시간에, 유사한 所依와 行相과 所緣에 근거하여 일어나기 때문에) 두 法相의 차별을 능히 나타낼 수 없다.

[중현:] 그렇다고 할지라도 그대들의 종의에서는 이러한 법(想과 識) 자체의 차이를 인정하듯이 思와 作意 등의 경우도 역시 그러하다고 해야 한다.

⑤ 저 [上座]는 이와 같이 설해서는 안 된다.

세존께서는 그 같은 은밀한 말씀('云何行受陰? 謂六思身': 『잡아함』 제59경)을 아무런 조건 없이 설하였다. (중략) [행온을] 다만 思라고 설하였다고 해서 이를 어찌 [별도의] 은밀한 뜻(密意, abhiprāya)을 갖는 말씀이라 하겠는가?

---

13 인용한 경은 『중아함』 제211 『大拘絺羅經』; M.N.43 Mahā-Vedalla S. 이 경문은 『구사론』 상에서 유부의 심·심소 相應俱起(相雜)說의 비판논거로 인용되고 있다. "今應審思, 相雜何義? 此經復說: '諸所受卽所思. 諸所思卽所想. 諸所想卽所識.' 未了於此 爲約所緣, 爲約刹那, 作如是說."(T29, 53b20-22); tatra hi sūtra evam uktaṃ. "yad vedayate, tac cetayate, yac cetayate, tat saṃprajānīte, yat saṃprajānīte, tad vijānātī" ti. (AKBh 146. 16f); 本章 4-3 '『구사론』 상에서의 經爲量者의 대지법 규정'⑨ 참조. 이 경문은 本章 4-2 '觸 假有論者의 대지법 규정'②에서도 인용된다.

3) 智 등은 思의 차별

① 彼說:

智是思差別.[14]

② 謂彼宗中執:

信與貪不越思類.[15]

14 (T29, 486c27).

15 (T29, 663b15).

3) 智 등은 思의 차별

① 그(上座)는 설하였다.

智(jñāna)는 바로 思의 차별(cetanāviśeṣa)이다.[16]

② 저들 [上座]宗에서는 주장하였다.

信(śradha)과 貪(rāga)은 思의 종류에서 벗어나지 않는다.

16 본장 1-1 '행온의 본질과 경증'③ '非黑非白無異熟業, 能盡諸業', 此以思名說聖道故. 참조.

2. 受·想·思 세 심소 실유설

彼上座言:

> 無如所計十大地法. 此但三種, 經說'俱起受想思故'.[17] (中略) 故無如所計十大地法性.[18]

---

17 『잡아함경』 제306경(T2, 87c26f), "眼色緣生眼識, 三事和合觸, 觸俱生受想思." 『구사론』 (T29, 53b14f; 145a25ff), "眼及色爲緣生於眼識. 三和合觸. 俱起受想思.": AKBh., 146. 11f; 465. 11f, cakṣuḥ pratītya rūpāṇi cotpadayate cakṣurvijñānam. trayāṇāṃ saṃnipātaḥ sparśaḥ sahajātā vedanā saṃjñā cetaneti. 『잡아함』 제273경(일명 『合手聲譬經』 혹은 『撫掌喩經』)에서도 '受·想·思의 俱起'를 설하고 있지만, 上座는 이를 불설로 인정하지 않았으며 중현 역시 이 경을 유부에서만 전승한 것이라고 하였다. 본서 제3장 2-1-3 '住相 비판'② [衆賢] 참조.

18 (T29, 384b12-17). "Ācārya Śrīlāta는 말하였다. 大地法은 존재하지 않는다. 만약 자세하게 고찰한다면 세 가지만 존재하니, 경에서 受·想·思가 俱起한다고 설하였기 때문이다." (Sthiramati, Derge Tho 82b3-4) Pūrṇavardhana는 여기에 다시 상좌의 후반 논설을 더 인용하고 있다. (Peking, Vol. 117, p.149. 1. 4-5; 加藤純章, 1989, p.206).

2. 受·想·思 세 심소 실유설

저 上座는 이같이 말하였다.

[유부 毘婆沙師가] 분별한 바와 같은 열 가지 大地法(mahā-bhūmika dharma)은 존재하지 않는다. 즉 이러한 大地法은 다만 세 종류뿐이니, 경에서 "[세 가지의 和合인 觸은] 受·想·思와 함께 일어난다"고 설하고 있기 때문이다. (중략) 따라서 [유부 毘婆沙師가] 분별한 바와 같은 열 가지 大地法은 존재하지 않는다.

3. 觸 無別體 설

1) 촉 무별체 설

豈不彼經亦說有觸? 如彼經言, '三和合觸.'

① [彼上座言:]

經雖言有觸, 不說有別體故. 彼經言, '如是三法聚集和合, 說名爲觸.'[19]

② [彼上座言:]

於能生觸三種近緣, 假說觸名, 非實觸相. 眼色與觸能爲緣者, 謂作所依所緣性故; 眼識與觸能爲緣者, 謂作一果不離依故. 是故於彼假說觸名.[20]

③ 若謂,

如說瓶衣等物色等爲緣, 然離色等無瓶等物, 此亦應爾.[21]

---

19 이는 『구사론』 상에서 有說로 인용된다. "有說: 三和卽名爲觸. 彼引經證. 如契經言, '如是三法聚集和合, 說名爲觸.'"(T29, 52b13-15); "有諸師說. 但和合名觸. 彼亦引經爲證. 經云是三法相會和合聚集說名觸."(T29, 209b1-3); kecid dhi sakṛn nipātam eva sparśaṃ vyācakṣate, sūtraṃ cātra jñāpakam ānayanti, iti ya eṣāṃ trayāṇāṃ dharmāṇāṃ saṃgatiḥ saṃnipātaḥ samavāyaḥ, sa sparśaḥ iti. (AKBh. 143. 6f) 여기서 어떤 이는 普光과 法寶에 의하면 경량부. (T41, 175b15; 606c25) 야쇼미트라는 이에 대해 어떤 해석도 하지 않지만(AKVy 304), 後說하는 어떤 觸無體論者의 '三和合觸'의 해설을 大德 슈리라타 설로 평석한다.(次註)

20 (T29, 384b27-c1). '三事和合觸(trayāṇāṃ saṃnipātaḥ sparśaḥ)'의 해명인 이 논설은 『구사론』 상에서 다른 어떤 이(有餘, eke)의 설로 인용된다. "有餘救言. 非諸眼色皆諸眼識因. 非諸眼識皆諸眼色果. 非因果者別說爲三. 因果所收總立爲觸."(T29, 52b25-27); na khalu sarve cakṣurūpe sarvasya cakṣurvijñānasya kāraṇaṃ nāpi sarvaṃ cakṣurvijñānaṃ sarvayoś cakṣurūpayoḥ kāryam. ato yeṣāṃ kāryakāraṇābhāvaste sparśabhāve vyavasthāpitā ity eke. "진실로 일체의 眼과 色이 다 일체 眼識의 원인이 되는 것은 아니며, 일체의 안식이 다 일체의 안과 색의 결과인 것도 아니다. 그렇기 때문에 여기에 결과와 원인이 존재할 때 觸의 존재(sparśabhāva)가 확립될 수 있다. (안색과 안식이 인과관계에 있지 않을 경우에는 별도로 설하여 세 가지라고 하였지만, 인과관계에 놓이게 될 경우에는 총괄하여 촉이라 하였다.)" (AKBh 143, 18-20) 여기서 다른 어떤 이는 普光에 의하면 경량부(T41, 175c4), 야쇼미트라에 의하면 大德 슈리라타(bhadantaśrīlāta). 그는 다음과 같은 대덕의 말을 전하고 있다. "이와 관련하여 대덕 슈리라타는 말하였다. '진실로 [일체의 眼과 色이 다 일체 眼識의 원인이 되는 것은] 아니다'고 함은 앞서 이미 생겨난 안과 색은 원인이지만(원인이 되지만), 식과 함께 생겨난 것은 그렇지 않다는 말이다. '일체의 안식이－아니다'고 함은 뒤에 생겨난 [안식]은 앞의 안과 색의 [결과]이지 함께 생겨난 결과가 아니다[는 말이다]. 그렇기 때문에 6촉신에 대해 설한 이 경에서는 결과와 원인[의 관계로서] 존재할 때만 촉이 확립될 수 있다. (atra bhadantaśrīlāta āha. na khalv iti vistaraḥ. pūrvotpanne cakṣūrūpe kāraṇaṃ. na tu vijñānasahotpanne. nāpi sarvacakṣurvijñānam iti. paścād utpannaṃ pūrvayoś cakṣūrūpayoḥ. na sahotpannayoḥ. ato yeṣāṃ kāryakāraṇabhāvaḥ. te vijñānendriyaviṣayāḥ sparśabhāvena vyavasthitāḥ. AKVy 305. 6-10)

21 (T29, 384c13-14).

1) 촉 무별체 설

어찌 그 경에서는 역시 觸(sparśa)도 존재한다고 설하지 않았던가? 그 경에서는 '[根·境·識] 세 가지의 和合이 觸이다'고 말하였다.

① [저 上座는 이같이 말하였다.]

경에서 비록 '觸이 존재한다'고 말하였을지라도 개별적 실체(antaradravya: 別體)로서 존재한다고는 설하지 않았기 때문이다. 즉 그 경에서는 "이와 같은 [根·境·識] 세 법의 聚集(samavāya) 和合(saṃnipata)을 일컬어 觸이라 한다"고 말하였을 뿐이다.

② [저 上座는 이같이 말하였다.]

[경에서는] 능히 觸을 낳게 하는 세 종류의 직접적 조건(近緣, *sākṣātpratyaya)에 대해 '촉'이라는 말을 가설한 것일 뿐 실유의 촉은 존재하지 않는다. 왜냐하면 "眼과 色이 능히 觸의 조건(緣)이 된다"고 함은 [眼과 色이 각기] 所依性과 所緣性이 되기 때문이며, "眼識이 능히 觸의 조건이 된다"고 함은 동일한 결과로서 불가분리의 근거가 되기 때문이다. 그렇기 때문에 그러한 [根·境·識] 세 법에 대해 '촉'이라는 말을 가설한 것이다.

③ 항아리나 옷 등의 사물은 色 등을 조건으로 하지만, 그러나 色 등을 떠나 항아리 등의 사물은 존재하지 않는다고 설하는 것처럼, 이 경우도 역시 그러하다고 해야 한다.

④ 若言,

觸相非顯了故. 謂如受等別相顯了, 觸無如是別相可取, 但由思搆知有此法. 故離三和, 無別觸體.[22]

⑤ 若言,

眼等六處差別卽能生受, 無別觸用. 謂卽內處與外境俱能發生識, 互爲因果和合名觸. 此卽生受. 故於此中無別觸用.[23]

⑥ 豈不若說眼等因果和合而生別體觸者, '三和合'言, 亦成無用.[24]

⑦ 若謂

'和合'言是共爲緣義, 則應觸體三法合成, 豈更有餘實體觸者.[25]

---

22 (T29, 384c15-18).

23 (T29, 384c26-29).

24 (T29, 385a7-8).

25 (T29, 385a23-24).

④ 觸은 그 특성(相)이 분명하지 않기 때문에 [別體로서 존재하지 않는다]. 즉 受 등과 같은 법은 개별적 특성이 분명하기에 [別體로서 존재하지만], 觸의 경우 이와 같이 분명하게 취할만한 개별적 특성이 없으며, 단지 관념적 구상(思構)에 의해서만 이러한 법의 존재를 알 수 있을 뿐이다. 따라서 觸은 三事의 화합을 떠나 별도로 존재하지 않는다.

⑤ 眼 등 6處의 차별은 능히 受를 낳을 수는 있어도 [이와는] 별도로 觸을 낳는 작용은 없다. 이를테면 內處와 外境이 함께 능히 識을 낳으니, [이렇듯] 서로가 서로에 대해 원인과 결과로서 화합하는 것을 '촉'이라 이름하였을 뿐 이것(6處의 차별 즉 眼根·色境과 眼識 등)이 바로 '수'를 낳는 것이다. 따라서 여기에 별도의 촉을 낳는 작용은 없다.

⑥ 만약 眼 등이 원인과 결과로서 화합하여 別體인 觸을 낳는 것이라고 말한다면, [이미 결과(즉 識)가 생겨날 때 화합이 성취되었기 때문에] '세 가지 화합'이라는 말 또한 어찌 쓸데없는 말이라고 해야 하지 않겠는가?

⑦ '화합'이라는 말이 [세 법이] 함께 [觸의] 緣이 된다는 뜻이라면, 觸 자체는 세 법이 화합하여 성취된 것이라고 해야 하거늘, 어찌 [세 법과는] 다른 실체로서 觸이 존재한다는 것인가?

2) 觸 실유설 經證 비판

(1) '識觸俱受想'이라는 伽他 설 해석

觸應實有, 如伽他言.

眼色二爲緣. 生諸心所法. 識觸俱受想. 諸行攝有因. (T29, 385b11-14)

① 上座釋此伽他義言:

說心所者, 次第義故, 說識言故, 不離識故, 無別有觸. '次第義'者, 據生次第. 謂從眼色生於識觸, 從此復生諸心所法. 俱生受等名心所法, 觸非心所. '說識言'者, 謂於此中, 現見說識故觸是心, 非心所法. '不離識'者, 謂不離識而可有觸. 識前定無和合義故, 假名心所, 而無別體.[26]

② 復作是言:

謂從眼色, 生於識觸. 從此復生受等心所.[27]

若爾, 有何餘心所法, 二緣所生? 世尊經中, 分明顯說. 諸心所法, 從二緣起, 非在第三. 我等於中, 說諸心所, 亦二緣起, 非在第三'. (T29, 385b24-27)

③ 上座於中, 起異分別:

說諸心所, 唯在第三.[28]

---

26 (T29, 385b15-21).

27 (T29, 385b23-24).

28 (T29, 385b27-28). 眼·色-眼識(즉 觸)-受의 3찰나 생기설은 『구사론』 상에서 다른 어떤 이(apare)의 설로 인용된다. 본장 4-3① 참조.

(1) '識觸俱受想'이라는 伽他 설 해석

觸은 마땅히 實有라고 해야 하니, 예컨대 伽他(gāthā, 게송)에서는 이같이 말하고 있다. "眼과 色 두 가지가 緣이 되어 온갖 心所法을 낳으니, 識·觸과 함께 하는 受·想과, 諸行에 포섭되는 것과, 원인을 갖는 것이 그것이다."

① 上座는 이 伽他의 의미를 이같이 해석하였다.

[가타에서는] 心所를 次第의 뜻으로 설하였기 때문에, [觸에 대해] 識이라는 말을 설하였기 때문에, 識을 떠나지 않는다고 하였기 때문에 '촉'은 개별적 실체로 존재하는 것이 아니다.

여기서 '次第의 뜻'이란 생겨나는 순서에 근거하였다는 말이다. 이를테면 眼과 色으로부터 識·觸이 생겨나고, 이로부터 다시 온갖 심소법이 생겨나는 것으로, [觸과] 俱生하는 受 등을 '심소법'이라 이름하였기에 觸은 심소법이 아니다.

'識이라는 말을 설하였다'고 함은 이러한 觸에 대해 識을 설한 것이 바로 확인(現見)된다는 말이다. 따라서 觸은 바로 마음(心, citta)이지 심소법이 아니다.

'識을 떠나지 않는다'고 함은 識을 떠나 觸은 존재할 수 없음을 말한다. 즉 識이 생겨나기 전에 [원인(根·境)과 결과(識)로서의] 和合의 뜻(=觸)은 결코 존재하지 않기 때문에 [촉은] 언어적 개념(假名, *prajñpti)으로서의 심소일 뿐 개별적 실체(*antaradravya)로서 존재하는 것이 아니다.

② 上座는 다시 이같이 말하였다.

眼과 色으로부터 識과 觸이 생겨나고, 이로부터 다시 受 등의 심소법이 생겨난다.

만약 그렇다고 한다면, [眼과 色의] 두 緣에 의해 생겨나는 그 밖의 다른 어떤 심소법이 있다는 것인가? 세존께서는 경에서 온갖 심소법은 두 緣으로부터 생겨나는 것이지 제3[찰나]에 존재하는 것이 아니라고 분명히 설하였다. 우리 [毘婆沙師]도 이에 대해 온갖 심소법은 [識과 함께] 두 가지 緣에서 일어나는 것이지 제3[찰나]에 존재하는 것이 아니라고 설한다.

③ 上座는 이와는 전혀 다르게 분별하였다.

[우리는] 온갖 심소법은 오로지 제3 [찰나(tṛtīyakṣaṇa) 이후부터] 존재한다고 설한다.[29]

---

29 본장 4-3 '『구사론』 상에서의 經爲量者의 대지법 규정'① 참조.

(2) 觸食에서의 觸의 의미

又觸實有, 契經說爲食所攝故, 猶如識等.

① 此中上座, 復作是言:

> 四食中觸, 未必唯用三和爲體. 所以者何? 觸食應用所觸爲體. 以六境中無如所觸, 更無所待. 能生受者, 謂勝冷熱鋸割等觸. 故於一切身受因中, 觸最增强, 別立爲食.[30]

若如段食, 復有何過?

② 謂如段食, 非一法成. 雖多法成, 而得名一. 觸食亦爾, 三和合成, 斯有何過?[31]

③ 又說:

> 觸食斷遍知時, 三受永斷.[32]

---

30 (T29, 386a20-24).

31 (T29, 386a28-386b1).

32 (T29, 386b11).

(2) 觸食에서의 觸의 의미

觸은 실유이니, 계경에서 [4]食 중에 포섭되는 것(觸食, 즉 三事和合의 觸을 본질로 하는 喜樂)이라고 설하였기 때문으로, 識 등이 그러한 것과 같다.

① 이에 대해 上座는 다시 이같이 말하였다.

4食 중의 觸食(sparśāhāra)은 반드시 오로지 세 가지(근·경·식)의 화합만을 본질로 하는 것이 아니다.

그같이 말한 까닭이 무엇인가?

촉식은 마땅히 '접촉되는 것(所觸, spraṣṭavya)'을 본질로 한다고 해야 하지만, [계경에서는] 6境 중 더 이상 무엇에도 근거하는 바(所待, apekṣā)가 없는 (다시 말해 그 자체로서 존재하는) '접촉되는 것'과 같은 것은 존재하지 않기 때문에 ["촉식은 세 가지 화합을 본질로 한다"고 말한 것이다]. 그러나 능히 [身]受를 낳는 것은 [세 가지의 화합이 아니라] 이를테면 두드러진 차가움이나 뜨거움, 톱으로 절단하는 등의 감촉(觸)이다. 따라서 일체 身受의 원인(즉 身根·觸境·身識) 중에서 촉[경]이 가장 강성하기에 이를 별도의 '食'으로 설정한 것이다.

[이러한 觸食은 香·味·觸을 본질로 하는] 段食과 같은 것이라고 한들 여기에 무슨 허물이 있을 것인가?

② **段食과 같은 것은 하나의 법(一法)으로 이루어진 것이 아니다. 그러나 비록 다수의 법으로 이루어진 것일지라도 '하나'라는 명칭을 획득한다. 촉식의 경우도 역시 그러하니, 세 가지(身·觸·身識)가 화합하여 이루어진 것이라 한들 여기에 무슨 허물이 있을 것인가?**

③ 또한 [상좌는] 설하였다.

觸食이 끊어지고 遍知(parijñā, 구역은 永斷)될 때, 3受가 영원히 끊어진다.

既許**所觸, 滅入過去, 第三刹那, 受方得起**. 是則所觸, 於受起時, 體滅時隔, 有何生用? 由彼義宗, **根境無間, 識方得起, 從識無間, 受乃得生**. 身受生時, 身及所觸, 其體已滅, 時復遠隔, 何得爲因? 且識生時, 身觸已滅. 望無間識, 緣用尙無, 況於後時所起身受, 時分隔越, 得有緣用? (T29, 386b17-23)

④ 若謂,

先有根境識三因果性故, 受方得起. 是故根境, 於受起時, 亦有展轉能生功用.[33]

(3) 古師의 觸 실유설 논거 해석

古昔諸師, 爲證此觸其體實有, 亦立多因. 上座於中, 懷增上慢, 自謂能釋, 如是諸因. (中略) 古師所立諸因者何? 謂彼咸言. '觸定實有, 說有因果·雜染·離染, 各別·斷除·差別言故. 如受想等.' (下略) (T29, 386c21-25)

彼上座言:

三和名觸, 於如是義, 亦不相違. 所以者何? 如名色等, 亦有如是所說義故. 眼等因果和合觸中, 於上義門, 都無違害.

33 (T29, 386b24-25).

[상좌는] 이미 "'**접촉되는 것'이 과거로 滅入하고 제3찰나에 비로소 受가 일어날 수 있다**"고 인정하였다. 그럴 경우 '접촉되는 것'은 受가 일어날 때, 그 자체 이미 소멸하여 [受와는] 시간적 간격이 있는데, 거기에 어떠한 생기의 작용이 있을 것인가? 그의 종의에 의하면 **識은 바야흐로 根·境과 無間(제2찰나)에 일어날 수 있으며, 受는 식과 무간에 일어날 수 있다.** 그럴 경우 身受가 생겨날 때 身根과, [이에] '접촉된 것'(즉 觸境)은 이미 소멸하였을 뿐더러 시간적으로도 또한 멀어졌는데, 어떻게 그것이 身受의 원인이 될 수 있다는 것인가? 바야흐로 識이 생겨났을 때 身根과 觸境은 이미 소멸하여 無間(後찰나)에 생겨날 識에 대해서도 [生]緣의 작용이 없을 것이거늘 하물며 시간적 간격을 갖는 그 후(後後찰나)에 일어나는 身受에 대해 [生]緣의 작용을 가질 수 있을 것인가? (중현)

④ 앞서 根·境·識 세 가지가 인과적 관계(因果性)로서 존재하였기 때문에 바야흐로 受가 일어날 수 있는 것으로, 그렇기 때문에 根과 境은 受가 일어날 때에도 역시 [인과적 관계로서] 展轉하며 能生의 功用을 갖는 것이다.

(3) 古師의 觸 실유설 논거 해석

옛날의 여러 스승들(pūrvācāryāḥ)은 이러한 촉은 그 자체 실유임을 논증하기 위해 역시 다수의 논거를 제시하였는데, 上座는 이에 대해 增上慢을 품고서 자신도 이와 같은 논거들에 대해 능히 해석할 수 있다고 말하였다. (중략)

옛날의 스승들이 제시한 논거들이란 무엇을 말하는 것인가?

그들은 다 이같이 말하였다. "觸은 결정코 실유이니, [계경에서] '원인(즉 6處)과 결과(즉 受)를 갖는 것', '雜染·離染을 갖는 것'이라고 설하였고, '[6內處·6外處·6識身·6觸身·6受身·6愛身의 六六法을] 각기 별도로 [존재한다]'고 설하였으며, '끊어지고 제거되는 것', '차별(6觸身)을 갖는 것'이라고 설하였기 때문으로, 受·想 등이 그러한 것과 같다." (하략)

저 上座는 말하였다.

[옛날의 여러 스승들이 제시한 다수의 논거는] '세 가지의 화합을 觸이라 한다'는 이와 같은 뜻(즉 촉가유설)과도 역시 서로 모순되지 않는다. 왜냐하면 [觸과 마찬가지로 비단일성의 개념인] 名色(nāmarūpa) 등도 역시 [앞서 옛날의 여러 스승들이] 설한 이와 같은 [다섯 가지] 뜻을 갖는 것과 같기 때문으로, 眼 등 [세 가지]의 인과적 관계로서의 화합인 [가유의] 觸도 앞서 [옛날의 여러 스승들이] 설한 뜻과 전혀 모순되지 않는 것이다.

如彼說‘有因果’言者, 謂彼眼等因果合觸, 六處爲因, 受爲其果, 離內六處無三和故; 從三和生樂苦等故.

說‘有雜染雜染’言者, 謂三和觸爲受因故. 希求方便生諸雜染. 彼於爾時, 願生自識, 爲辯此門領納差別, 擧所依根及所取境, 卽於此事如實見知, 便得離染.

說‘有各別’言者, 謂辯眼等因果合性, 爲受起因, 從此生愛. 非諸眼色皆眼識因, 非諸眼識皆眼色果. 又如重擔與荷擔者. 離取蘊擔, 雖無荷者, 而契經中各別顯說, 此亦應爾.

說‘有斷除’言者, 謂斷雜染故. 前說‘希求方便生諸雜染’, 今說斷彼雜染卽名斷觸, 見稱事故, 名如實見, 及說聖道安住所緣.

說‘有差別’言者, 謂三和觸非一合故, 不可如甁等說一有衆分.

說‘有差別’言者, 謂三和觸, 非一合故, 不可如甁等說一有衆分.

‘如名色等 亦有如是所說義’者, 謂如名色六處等支 非一法成. 雖非實有, 而有如上所說諸義, 此亦應然. 故無有失.[34]

34 (T29, 387a13-b3).

즉 [경에서 촉을] '원인과 결과를 갖는 것'이라는 말로 설한 것은, 이를테면 그 같은 眼 등 [세 가지]의 인과적 관계로서의 화합인 觸은 6處를 원인으로 삼고 受를 결과로 삼는다는 사실을 말한 것이니, 內6處를 떠나 세 가지의 화합은 존재하지 않기 때문이며, 세 가지의 화합으로부터 樂受나 苦受 등이 생겨나기 때문이다.

'잡염과 이염을 갖는 것'이라는 말로 설한 것은, 이를테면 세 가지의 화합인 觸이 受의 원인이 되기 때문으로, 希求(즉 欲, chanda)라는 방편에 의해 온갖 雜染을 낳게 된다. 즉 그는 그때 자신의 識을 낳기를 원하여, [혹은] 이것(즉 雜染)을 낳는 門인 領納(즉 受)의 차별을 분별하기 위해 所依의 根과 所取의 境을 떠올리는데, 바로 이러한 사태에 대해 如實知見할 때 離染을 획득하게 되는 것이다.

'[6內處·6外處·6識身·6觸身·6受身·6愛身의 六六法을] 각기 별도로 존재한다'는 말로 설한 것은, 이를테면 안 등 [세 가지]가 인과적 관계로서 화합한 것(즉 觸)이 受의 생기원인이 되고, 이로부터 愛가 생겨난다는 사실을 분별한(밝힌) 것으로, 모든 眼과 色이 다 眼識의 원인이 되는 것은 아니며, 모든 眼識이 다 眼과 色의 결과인 것도 아니다.[35] 또한 [六六法을 각기 별도로 설한 것은] '무거운 짐'과 '짐을 진 자'의 관계와 같다. 즉 5取蘊이라는 짐을 떠나 짐을 진 자(즉 자아)가 존재하지 않는다고 할지라도 계경 중에서는 이를 각기 별도로 설한 것처럼, 이 역시 마땅히 그러한 것이라고 해야 한다.[36]

[경에서 촉을] '끊어지고 제거되는 것'이라는 말로 설한 것은, 말하자면 雜染을 끊었기 때문이다. 즉 앞에서 "[觸은] 希求라는 방편에 의해 온갖 잡염을 낳게 된다"고 설하였는데, 지금 여기서는 그러한 잡염을 끊은 것에 대해 '觸을 끊었다'고 말한 것이다. [이는 세 가지 和合의] 사태를 관찰하여 말한 것(見稱)이기 때문에 '如實知見하였다'고도 말하고 '聖道가 소연을 확립하였다'고도 설한 것이다.

---

35 근·경·식의 화합이 반드시 결정적인 것은 아니다. 이를테면 욕계에 있으면서 천안을 얻어 색계의 색을 보는 경우, 욕계의 안근과 색경은 이러한 안식의 소의·연이 되지 않는다. 자세한 내용은 『구사론』 AK.1-46; 47의 '3계 9지에 따른 근·경·식과 소의신의 관계' 참조.

36 '무거운 짐(5취온)'을 떠나 '짐을 진 자(즉 자아)'는 존재하지 않지만 일시 가설하여 별도로 설할 수 있듯이, 촉은 근·경·식의 화합을 떠나 존재하지 않지만 일시 가설하여 별도로 설할 수 있다는 뜻. '무거운 짐'과 '짐을 진 자'의 비유는 『잡아함경』 권3 제73경(일명 『重擔經』)과 『증일아함경』 권17 제4경에 나온다.

'차별을 갖는 것'이라는 말로 설한 것은, 말하자면 [根·境·識] 세 가지의 화합인 觸은 단일성의 화합(一合)이 아니기 때문으로, [촉을] 항아리 따위처럼 단일한 衆同分(즉 보편성의 원리)을 갖는 것이라고 말할 수 없다.

그리고 "[觸과 마찬가지로 비단일성의 개념인] 名色 등도 역시 [앞서 옛날의 여러 스승들이] 설한 이와 같은 [다섯 가지] 뜻을 갖는 것과 같다"고 함은, 이를테면 [12연기支 중] 하나의/단일한 법으로 이루어진 것이 아닌 名色과 6處 등의 지분도 비록 실유가 아니라 할지라도 앞서 [옛날의 여러 스승들이] 설한 온갖 뜻을 갖는 것과 같다는 것으로, 촉 역시 마땅히 그러하다고 해야 한다.

따라서 ['세 가지의 화합을 觸이라 한다'는 이와 같은 뜻에는] 어떠한 과실도 없는 것이다.

4. 상좌의 大地法 규정

1) 유부의 대지법 경증 비판

又世尊言. '謂一切法, 欲爲根本. 作意引生. 觸爲能集. 受爲隨流. 念爲增上. 定爲上首. 慧爲最勝. 解脫堅固涅槃究竟.'[37] 想思二法, 不說自成. 故此經中略而不說. (中略) 由此契經, 現證欲等實有別體, 是大地法. (T29, 388b27-c4)

① 然上座言,

此經所說, 是不了義. 故不可依 .

彼云何知, 是不了義?

② 彼謂,

色等理不應用欲爲根本, 作意引生, 觸爲能集. 然此經說一切法言. 故應但依心心所說. 由斯證是不了義經.[38]

2) 觸 假有論者의 大地法 규정

① 彼(執觸是假宗)作是言:

大地法義, 非要遍與一切心俱.

若爾, 何名大地法義?

有三三地, 有尋伺等·善等·學等地差別故. 若法於斯一切地有, 名大地法.[39]

---

37 『중아함경』 제113 「諸法本經」 (T1, 602c); A.N. 8. 83 Mūlasutta. 원문은 본서 제1장 3-2-2.2 '대지법 경증 불요의설' 참조.

38 (T29, 388c4-8).

39 (T29, 505b3-6).

1) 유부의 대지법 경증 비판

세존께서는 말하였다. "一切法은 欲(chanda)을 근본으로 삼고, 作意(manaskāra)에 의해 낳아지며, 觸(sparśa)을 발생원인(能集, *samudaya)으로 삼고, 受(vedanā)에 의해 따라 유전(隨流)하게 되며, 念(smṛti)을 뛰어난 힘(增上, *adhipateyā)으로 삼고, 定(samādhi)을 으뜸(上首)으로 삼으며, 慧(prajñā)를 최상(*uttara)으로 삼고, 해탈(즉 勝解, adhimokṣa)을 견고한 것(*sārā)으로 삼으며, 열반(nirvāṇa)을 究竟으로 삼는다." 想과 思의 두 법은 설하지 않더라도 저절로 성취되기 때문에 이 경에서는 이를 생략하여 설하지 않은 것이다. (중략) 이러한 계경에 따라 欲 등은 실로 개별적인 실체로서 존재하며, 이는 바로 대지법이라는 사실이 바로 입증되는 것이다.

① 上座는 말하였다.

이 경에서 설한 바는 不了義이기 때문에 의지처(pratisaraṇa) 즉 欲 등 大地法이 실유라는 사실의 논거로 삼을 수 없다.

그는 어떻게 이러한 경설이 바로 불요의임을 알게 된 것인가?

② 그는 말하였다.

色 등의 법은 이치상 欲을 근본으로 삼고, 作意에 의해 낳아지며, 觸을 발생 원인으로 삼는 것이라고 해서는 안 된다. 그럼에도 이 경에서는 '一切法'이라는 말을 설하고 있다. 따라서 다만 심·심소에 근거하여 (다시 말해 "심·심소법은 欲을 근본으로 삼고 … "라고) 설했어야 하였다. 이에 따라 이 경설은 바로 不了義經임을 알게 된 것이다.

2) 觸 假有論者의 大地法 규정

① 저 ['觸은 바로 假有라고 주장하는 이들은 이같이 말하였다.

大地法의 뜻은 요컨대 일체의 마음과 두루 함께 존재하는 것이 아니다.

만약 그렇다고 한다면, 무엇을 大地法의 뜻이라 말한 것인가?

세 가지의 3地가 있으니, 有尋有伺 등(無尋唯伺·無尋無伺)과 善 등(不善·無記)과 學 등(無學·非學非無學)의 地에 차별이 있기 때문이다. 만약 법으로서 이러한 일체 모든 地에 존재하는 것이면, 이를 '大地法'이라 한다.

[衆賢:] 此但有言, 違前經故. (T29, 505b6f)

② 彼作是言:

> 應審前經. 彼經復言. '諸所受卽所思. 諸所思卽所想. 諸所想卽所識' 未了於彼, 爲約所緣, 爲約刹那, 作如是說.[40]

故緣一境, 有識生時, 必有俱生觸受等法.

③ 如何觸受二法俱生, 說觸緣受, 非受緣觸? 故契經言, 非'緣種種受, 有種種觸', 但'緣種種觸, 有種種受.' 又經但說, '眼觸爲緣, 生眼觸所生受'. 曾無經說, '眼受爲緣, 生眼受所生觸'.[41]

---

40 (T29, 505b7-9).

41 (T29, 505b20-23).

[중현:] 이러한 [대지법의 규정]은 다만 말만 [그럴듯할] 뿐이니, [諸心所의 相雜(saṃsṛṣṭa, 혹은 和雜)을 설한] 앞서 언급한 經[42]에 위배되기 때문이다.

② 그는 이 같이 말하였다.

앞서 언급한 경을 살펴 생각해 보아야 하니, 이 경에서는 다시 이같이 말하였다. "온갖 所受가 바로 所思이고, 온갖 所思가 바로 所想이며, 온갖 所想이 바로 所識이다."[43] 즉 [그대들(毘婆沙師)은] 이 경이 所緣에 근거하여 이같이 설한 것인지, 刹那에 근거하여 이같이 설한 것인지 분명히 알지 못한 것이다.

어떤 하나의 경계대상을 반연하여 어떤 識이 생겨날 때 반드시 觸·受 등의 법이 함께 생겨나야 한다.

③ 觸·受의 두 법이 함께 생겨나는 것이라면, 어째서 '觸을 연하여 受가 있다'고만 말하고, '受를 연하여 觸이 있다'고는 말하지 않은 것인가? 그래서 계경에서는 '種種의 受를 연하여 種種의 觸이 있다'가 아니라 다만 '種種의 觸을 연하여 種種의 受가 있다'고만 설하고 있는 것이다. 또한 경에서는 다만 '眼觸을 연하여 眼觸所生受가 생겨난다'고만 설하였을 뿐, 일찍이 어떠한 경에서도 "眼受를 연하여 眼受所生觸이 생겨난다'고 설한 일은 없었던 것이다.

---

42 『大拘絺羅經』(『중아함』 제211경); 本章 1-2 '중현과의 대론'③ 참조.

43 『중아함경』권58(T1, 791b4), "覺所覺者, 卽是想所想, 思所思. (是故三法合不別)." (yaṁ vedeti taṁ sañjānāti yaṁ sañjānāti taṁ vijānāti: MN. I, p.293. 25-26).

3)『구사론』상에서의 經爲量者의 大地法 규정

(1) 세친의 大地法 불신

傳說. 如是所列十法. 諸心刹那和合遍有.[44] (T29, 19a16-17)

(2) 經爲量者의 大地法 규정과 心·心所 不俱論

有說:

① 觸後方有受生. 根境爲先次有識起. 此三合故卽名爲觸. 第三刹那緣觸生受.

若爾, 應識非皆有受. 諸識亦應非皆是觸.

② 無如是失. 因前位觸故. 後觸位受生故. 諸觸時皆悉有受. 所有識體無非是觸.

此不應理.

③ 何理相違?

謂或有時二觸境別. 因前受位觸生後觸位受. 如何異境受從異境觸生. 或應許受此心相應非與此心同緣一境.

④ 旣爾. 若許有成觸識是觸無受. 於此位前有識有受而體非觸. 緣差故然. 斯有何過?

---

44 AKBh 54. 19, ime kila daśa dharmāḥ sarvatra cittakṣaṇe samagrā bhavanti.『구사론기』권4(T41, 74a14-16), "論主意朋經部, 非信十法皆有別體. 故言'傳說'."

(1) 세친의 大地法 불신

傳說(kila)에 따르면, 이와 같이 열거한 10가지 [대지]법은 마음과 [동일]찰나에 화합하여 두루 [함께] 존재한다.

(2) 經爲量者의 大地法 규정과 心·心所 不俱論

어떤 이(상좌)는 설하였다.

① 觸 이후에 비로소 受가 생겨난다. 즉 根과 境이 먼저 존재하고 그 다음에 識이 일어난다. [이때] 이 세 가지가 和合(saṃnipāta)하기 때문에 이를 바로 觸이라 하였는데, 제3찰나에 이러한 觸을 緣하여 受가 생겨난다.

만약 그렇다고 한다면, 일체의 識에는 受가 존재하지 않는다고 해야 하며, 또한 역시 일체 識은 觸을 갖는 것(根·境과 접촉하는 것)이 아니라고 해야 한다.

② 그와 같은 과실은 없다. 즉 앞 단계의 觸(前位觸)을 원인으로 하여 뒤의 觸 단계의 受(後觸位受)가 생겨나기 때문에 모든 觸의 순간에는 다 受가 존재한다. 그리고 존재하는 識으로서 觸이 아닌 것은 없다.

이는 올바른 이치가 아니다.

③ 어째서 올바른 이치가 아니라는 것인가?

이를테면 두 觸의 경계대상(ālambana: 所緣)이 다르다고 해야 한다. 즉 '앞의 受의 단계의 觸(前受位觸)'(=제2찰나의 觸)을 원인으로 하여 '뒤의 觸의 단계의 受'(=제3찰나의 受)가 생겨난다는 것이니, 어떻게 대상을 달리하는 受가 대상을 달리하는 觸으로부터 생겨날 수 있을 것인가? 혹은 이러한 마음과 상응하는 受가 이러한 마음과 동일한 대상을 소연으로 삼지 않는 것임을 인정해야 한다.

④ 이미 그러하다고 [인정]하였다. 만약 "觸을 성취한 識이 바로 觸으로 [이 단계에서는 이에 대한] 受가 존재하지 않는다. 이 단계 이전 [찰나]의 識에 대한 受가 존재할지라도 그 자체는 [이 단계의] 觸에 대한 것이 아니니, 緣이 다르기(vaidhurya: 差) 때문이다"고 인정한다면, 여기에 무슨 허물이 있을 것인가?

若爾, 便壞十大地法. 彼定一切心品恒俱.

⑤ 彼定恒俱, 依何教立?

依本論立.

⑥ 我等但以契經爲量, 本論非量, 壞之何咎? 故世尊言, '當依經量' 或大地法義, 非要遍諸心.

若爾, 何名大地法義?

⑦ 謂有三地. 一有尋有伺地. 二無尋唯伺地. 三無尋無伺地. 復有三地. 一善地. 二不善地. 三無記地. 復有三地. 一學地. 二無學地. 三非學非無學地. 若法於前諸地皆有. 名大地法. 若法唯於諸善地中有, 名大善地法. 若法唯於諸染地中有, 名大煩惱地法. 如是等法各隨所應更代而生, 非皆並起. 餘說如是. 大不善地法, 因誦引來. 是今所增益, 非本所誦.

若於觸後, 方有受生, 經云何釋? 如契經說, '眼及色爲緣, 生於眼識. 三和合觸, 俱起受想思.'

⑧ 但言'俱起', 不說'觸俱'. 此於我宗何違須釋? 又於無間, 亦有'俱'聲. 如契經說, '與慈俱行修念覺支.' 故彼非證.

만약 그렇다고 한다면 바로 10가지 大地法(mahābhūmika)의 규정을 파괴하는 것이니, 일체의 마음은 10가지 대지법과 [항상] 함께하기 때문이다.

⑤ 이러한 규정은 무엇에 의해 성취된 것인가?

本論(śāstra, 즉 근본아비달마)에 의해 성취된 것이다.

⑥ 우리는 '經을 지식의 근거로 삼는 이들(sūtrapramāṇakā)'로 '論을 지식의 근거로 삼는 이들(śāstrapramāṇakāḥ)이 아닌데, 그것(아비달마에서의 대지법의 규정)을 파괴한들 무슨 허물이 되겠는가? 세존께서도 "마땅히 經을 의지처로 삼는 이(sūtrāntapratisaraṇair)가 되어야 한다"고 말하였던 것이다. 혹은 '일체의 마음에 두루 [함께] 존재하는 것'은 大地法의 뜻이 아니다.

만약 그렇다고 한다면 大地法의 뜻은 무엇인가?

⑦ 이를테면 地(bhūmi)에는 세 가지가 있다. 有尋有伺地와 無尋唯伺地와 無尋無伺地가 바로 그것이다. 다시 세 가지 地가 있으니, 善地와 不善地와 無記地가 바로 그것이다. 다시 세 가지 地가 있으니, 學地와 無學地와 非學非無學地가 바로 그것이다. 만약 법으로서 이러한 일체 모든 地에 존재하는 것이면, 이를 '대지법'이라 이름하고, 善地 중에만 존재하는 것이면 이를 '大善地法'이라고 이름하며, 만약 오로지 染污地에만 존재하는 것이면 이를 '大煩惱地法'이라고 이름한다. 즉 이와 같은 법들은 각기 그것이 상응하는 바에 따라 번갈아가며 생겨나는 것이지 모두 함께 생겨나는 것이 아니다. 그리고 다른 어떤 이(apare)에 따르면 大不善地法은 전승(pāṭha: 誦)하는 과정에서 생겨난 것으로, 요즈음 더해진 것이지 근본아비달마(本論)에서 전승된 것이 아니다.

만약 觸이 생겨난 후 受가 생겨나는 것이라면 다음의 경설에 대해 해명해야 한다. "眼과 色에 근거하여 眼識이 생겨나고, 세 가지 和合이 觸이며, 이와 동시에 受·想·思(眞諦역은 '故意', cetaneti)가 함께 생겨난다."

若爾, 何故契經中言?‘是受是想是思是識. 如是諸法, 相雜不離.’ 故無有識, 離於受等.

⑨ 今應審思. 相雜何義? 此經復說 ‘諸所受卽所思. 諸所思卽所想. 諸所想卽所識.’ 未了於此, 爲約所緣, 爲約刹那, 作如是說?[45]

---

45 (T29, 53a19-b22). ① sparśād uttarakālaṃ vedanety apare. indriyārtho hi pūrvānto vijñānam. so 'sau trayāṇāṃ saṃnipātaḥ sparśaḥ. sparśapratyayāt paścād vedanā tṛtīyakṣaṇa iti. ② evaṃ tarhi na sarvatra vijñāne vedanā prāpnoti, na ca sarvavedanakāḥ sarvaṃ ca vijñānaṃ sparśa iti. ③ idam ayuktaṃ varttate. kim atrāyuktam. ④ yad uta bhinnālambanayor api sparśayoḥ pūrvasparśahetukotarasya vedaneti. kathaṃ nāmāyajātīyālambanasparśasaṃbhūtā vedanānyālambanā bhaviṣyati, yena vā cittena saṃprayuktā tato bhinnālambaneti. astu tarhi tasmin kāle sparśabhūtaṃ vijñānam avedanakam. tasmāc ca yat pūrvaṃ vijñānaṃ savedanakaṃ tan na sparśaḥ. pratyayavaidhuryād ity evaṃ sati ko doṣaḥ. ⑤ mahābhūmikaniyamo bhidyate. sarvatra citte daśa mahābhūmikā iti. kva caiṣa niyamaḥ siddhaḥ. kva caiṣa niyamaḥ siddhaḥ. ⑥ śāstre. sūtrapramāṇakā vayaṃ na śāstrapramāṇakāḥ. uktaṃ hi bhagavatā “sūtrāntapratiśaraṇair bhavitavyam” iti. na vā eṣa mahābhūmikārthaḥ sarvatra citte daśa mahābhūmikāḥ saṃbhavantīti. ⑦ kas tarhi mahābhūmikārthaḥ. tisro bhūmayaḥ. savitarkā savicārā bhūmiḥ avitarkā vicāramātrā avitarkā'vicārā bhūmiḥ. punas tisraḥ. kuśalā bhūmiḥ akuśalā'vyākṛtā bhūmiḥ. punas tisraḥ. śaikṣī bhūmir aśaikṣī naivaśaikṣīnāśaikṣī bhūmiḥ. tad ya etasyāṃ sarvasyāṃ bhūmau bhavanti te mahābhūmikāḥ. ye kukśalāyāmeva te kukśalamahābhūmikāḥ. ye kliṣṭāyāmeva te kleśamahābhūmikāḥ. te punaryathāsaṃbhavaṃ paryāyeṇanatu sarve yugapadityapare. akuśalamahābhūmikāstu pāṭhaprasaṅge nāsañjitāḥ. idānīṃ pūrvaṃ na paṭhyante sma. ⑧ yadi tarhi sparśād uttarakālalṃ vedanā sūtraṃ parihāryaṃ “cakṣuḥ pratītya rūpāṇi cotpadyate cakṣurvijñānaṃ trayāṇāṃ saṃnipātaḥ sparśaḥ sahajātā vedanā saṃjñā cetane”ti. sahajātā ity ucyate, na sparśasahajātā iti kim atra parihāryam. samanantare 'pi cāyaṃ sahaśabdo dṛṣṭas tadyathā “maitrīsahagataṃ smṛtisaṃvodhyaṅgaṃ bhāvayatī” tyajñāpakam etat. ⑨ yat tarhi sūtra uktaṃ “yā ca vedanā yā ca saṃjñā yā ca cetanā yac ca vijñānaṃ saṃsṛṣṭā ime dharmā nāsaṃsṛṣṭā” ityato nāsti vedanābhirasaṃsṛṣṭaṃ vijñānam. saṃpradhāryaṃ tāvadetat ka eṣa samsṛṣṭārthaḥ. tatra hi sūtra evam uktaṃ “yad-vedayate tac-cetayate yac-cetayate tat-saṃprajānīte yat-saṃprajānīte tad-vijānātī”ti. tanna vijñāyate kim tāvadayameṣāmālambananiyama ukta utāho kṣaṇaniyama iti. (AKBh 145. 17-146. 21);『구사석론』“① 有餘師說: 從觸後受生. 何以故? 先有根塵次有識. 是三和合爲觸. 緣觸後受生. 於第三刹那. ② 若爾, 於一切識不必有受. 亦非一切識有觸. 無如此失. 何以故? 以前觸爲因, 於後觸中受生故. 一切觸有受. ③ 今非道理更起. 此中云何非道理? ④ 於二觸中各有境界. 以先觸爲因, 於後觸受生, 別類境界, 觸所生受. 應緣別境界起. 此義云何可然? 復次是心共受相應, 此受與心不同境界, 此義復云何成? 若爾, 應立此義? 是時, 識成觸, 此識無受. 從此後識有受無觸. 因緣不相應故. 此執何失? ⑤ 若爾, 大地定義卽破. 謂於一切心, 十大地必俱. 此大地定義, 於何處立? ⑥ 於阿毘達磨中立. 君我等以經爲依. 不以阿毘達磨爲依. 佛世尊說, ‘汝等應依經行.’ 大地義不爾, 於一切心必有. ⑦ 若爾, 大地義云何? 有三. 謂有覺有觀地, 無覺有觀地, 無覺無觀地. 復有三地. 謂善地, 惡地, 無記地. 復有三地. 謂有學地, 無學地, 非有學非無學地. 是故於前三初地若有, 是名大地. 若法定於善地中有, 是法說名善大地. 若法定於染污地中有, 是法說名惡大地. 此法如應相代. 有非一切時俱起. 餘師說, ‘如此善大地等者, 由應文句. 是故被引, 今說先不說.’ ⑧ 若從觸後受生, 汝應救此經? 經云 ‘依眼緣色眼識生, 三和合有觸. 俱生受想’故. 意等經中說‘俱生’, 不說‘與觸俱生’. 此何所救? 若俱必應觸, 此‘俱’言, 亦曾見於次第中. 如經云何修習與慈俱起念覺分? 故‘俱’言非證. ⑨ 是義不然. 何以故? 於經中說, ‘是受是想. 是故意是識. 此法並相雜不相離. 是故無識與受不相離.’ 此義應思量. 相雜是何義? 於此經中, 亦說如此. ‘是所受卽是所思. 是所思卽是所想. 是所想卽是所識.’ 此義未可解, 爲決四法境界, 爲決四法刹那?”(T29, 210a8-b12) 이 논설의 說者(有餘師, apare)는 야쇼미트라(Yaśomitra)에 의하면 大德 슈리라타(Bhadanta Śrīlāta)(AKVy. 307. 17), 普光과 法寶에 의하면 각기 ‘經部 중의 上座’, ‘經部宗의 上座’이다. (T41, 176c10f; 608a19)

①의 논설에 대해 야쇼미트라와 보광은 각기 이같이 해설한다. *sparśād uttarakālaṃ vedanety apara* iti bhadantaśrīlātaḥ. *so 'sau trayāṇāṃ saṃnipātaḥ sparśa* iti. yo 'yaṃ janakajanitabhāvaḥ. *vedanā tṛtīye kṣaṇe* iti. indriyārthakṣaṇaḥ prathamaḥ vijñānotpattikṣaṇo dvitīyo vedanotpattikṣaṇas tṛtīya iti. “‘觸 이후에 受가 생겨난다’고 말한 것은 대덕 슈리라타이다. ‘이 세 가지의 화합이 촉이다’고 함은 能生(근·경)과 已生(식) 자체가 이것(촉)이라는 말이다. ‘제3찰나에 受가 생겨난다’고 함은 根과 境의 찰나가 초[찰나]이고, 識이 생겨나는 찰나가 두 번째이며, 受가 생기하는 찰나가 제3이라는 말이다.”(AKVy. 307. 17-19) “經部中上坐解. 觸前爲因, 後受果生. 如第一刹那, 根境爲先. 第二刹那, 次有識起. 識起之時, 必依根緣境. 此三和合即名爲觸. 無有別體. 或前根境, 及與後識, 此三和合假名爲觸. 第三刹那, 以前念觸因爲緣生此念受果.” (T41, 176c10-16)

⑧ [경에서는] 다만 '함께 생겨난다(俱生, sahajā)'고만 설하였을 뿐 '촉과 함께 생겨난다'고는 설하지 않았는데, 무엇을 해명하려는 것인가? 만약 '함께(俱, saha)'라는 말에 대해 반드시 해명해야 한다면, 이러한 '함께'라는 말 역시 일찍이 '無間(次第)에(samanantara) 생겨난다'는 의미로 사용한 경우가 있었으니, 경에서 "慈(maitrī)와 俱行하는(sahagata) 念覺支를 수습한다"[46]고 설한 것과 같다. 따라서 '함께'라는 말은 [觸·受俱起의] 논거가 되지 않는 것이다.

만약 그렇다고 한다면, 어떠한 까닭에서 『[대구치라]경』에서 "受든 想이든 思든 識이든 이와 같은 諸法은 相雜하여 서로 분리되지 않는다"[47]고 설한 것인가? 따라서 識은 어떠한 경우에도 受 등과 분리될 수 없다.

⑨ 여기서 '相雜(saṃsṛṣṭa)'의 뜻이 무엇인지 살펴 생각해 보아야 할 것이다. 이 경에서는 다시 "온갖 所受가 바로 所思이고, 온갖 所思가 바로 所想이며, 온갖 所想이 바로 所識이다"고 설하였다. 즉 [그대들(毘婆沙師)은] 이 경이 所緣에 근거하여 이같이 설한 것인지, 刹那에 근거하여 이같이 설한 것인지 분명히 알지 못한 것이다.[48]

46 인용 경문은 『잡아함경』 권27 제744경(T2, 197c16), "是比丘心, 與慈俱修念覺分."

47 인용 경문은 『중아함경』 권58(T1, 791b2f), "覺(受)想思, 此三法, 合不別." (yā c' āvuso vedanā yā ca saññā yaṁ ca viññāṇṁ ime dhammā saṁsaṭṭhā no visaṁsaṭṭhā: MN. I, p.293. 22-23).

48 이는 바로 앞서 논설한 상좌 슈리라타의 논설이었다. 본절 2) '觸假有論者의 大地法 규정'② 참조.

5. 觸 이외 大地法 無別體설

(1) 欲

然上座言:

> 此欲決定非大地法, 阿闍地迦經所說故.

此言非理. 依巧便欲, 言非有欲. 故無斯過.

> 若言斯理, 他亦應同. 謂他亦言, 依全無欲, 說非有故.[49]

(2) 慧

然上座說:

> 慧於無明疑俱心品, 相用無故, 非大地法. 所以者何? 智與無智, 猶豫決定, 理不應俱.[50]

(3) 念

然上座言:

> 此念決定非大地法, 契經說'有失念心'故. 失謂亡失.[51] 又見多於過去境上施設念故. 然於彼境, 卽智行相, 明記而轉. 故無別念.[52]

---

49 (T29, 389a21-25).

50 (T29, 389b3-5).

51 '亡失'→'忘失'(宋·元·明本).

52 (T29, 389b14-17).

(1) 欲

上座는 말하였다.

이러한 欲(chanda)은 결정코 대지법이 아니니, 『아천지가경(阿闡地迦經)』에서 [欲의 비존재(非有)에 대해] 설하였기 때문이다.

이러한 말은 올바른 이치가 아니다. [거기서는 불효의 자식에 대해 '자식이 아니다(非子)'라고 말하듯이] 교묘한 방편에 근거하여 "欲은 존재하는 것이 아니다"고 말하였기 때문에 [欲은 대지법이 아니라는] 그 같은 허물은 없는 것이다.(중현)

만약 이러한 이치로 말하면, 다른 [경의] 경우도 역시 동일하다고 해야 한다. 즉 다른 [경에서도] 역시 欲(희구)이 완전히 존재하지 않는다는 사실에 근거하여 [欲의] 비존재를 설하였다고 말할 수 있기 때문이다.

(2) 慧

上座는 설하였다.

慧(prajñā)는, 無明(avidyā)이나 疑(vicikitsā)와 함께 하는 마음에는 그 특성도 작용도 존재하지 않기 때문에 大地法이 아니다. 왜냐하면 智와 無智, 猶豫(즉 疑)와 決定(즉 智)은 이치상 함께한다고 해서는 안 되기 때문이다.

(3) 念

上座는 말하였다.

이러한 念(smṛti)은 결정코 大地法이 아니니, 계경에서 失念의 마음(즉 念이 망실된 마음)도 존재한다고 설하였기 때문으로, 여기서 '失'이란 忘失을 말한다. 또한 [念은] 대개 과거의 경계대상에 대해 시설되기 때문이다. 즉 [念은 개별적 실체가 아니라] 바로 지식의 行相(ākāra)으로서 존재하는 그 같은 과거의 경계대상을 明記(기억)하여 일어나는 것이기 때문에 개별적 [실체로서의] 念은 존재하지 않는다.

(4) 作意

然上座言:

無別一法名爲作意, 由此別相理不成故. 謂於所緣, 能作動意, 名作意相. 若於所緣, 唯作動意, 諸餘心所應不能緣. 若亦由斯方能緣者, 理不應爾, 名作意故, 餘緣生故.[53]

(5) 勝解

① 然上座言:

勝解別有, 理不成立. 見此與智相無別故. 謂於所緣令心決定, 名勝解相, 此與智相都無差別. 是故定應無別勝解.[54]

世尊建立貪瞋癡等, 行相異故. 又別說有十無學支. 故知非無別勝解體.

② 彼謂,

此中心離貪軛, 相續轉故, 卽隨縛斷名正解脫. 所以者何? 以薄伽梵, 於餘經中, 自決此義故. 餘經說, '云何名爲心善解脫? 謂心從貪, 從瞋, 從癡離染解脫. 云何名爲慧善解脫? 謂如實知, 心從貪等離染解脫.'[55]

53 (T29, 389c18-22).

54 (T29, 390a14-17).

55 (T29, 390a25-b1).

(4) 作意

上座는 말하였다.

作意(manaskāra)라고 이름할 만한 어떠한 개별적인 법도 존재하지 않으니, 이것의 개별적 특성(別相)은 이치상 이루어질 수 없기 때문이다. 이를테면 '所緣에 대해 능히 마음(意)을 作動하게 하는 것'이 작의의 특성(lakṣaṇa)이지만, 만약 이것이 소연에 대해 오로지 마음을 作動하게 하는 것이라면 그 밖의 다른 심소들은 能緣이 될 수 없다고 해야 한다. 만약 [그 밖의 다른 심소] 역시 이(작의)에 따라 비로소 能緣이 되는 것이라고 한다면, 이치상 그렇게 말해서는 안 되니, [이것을] '作意'(즉 마음을 작동시키는 것)라고 이름하였기 때문이며, 그 밖의 다른 연(즉 심소)은 [이에 따라] 생겨난 것이기 때문이다.

(5) 勝解

① 上座는 말하였다.

勝解(adhimokṣa)가 개별적 [실체로서] 존재한다는 사실은 이치 상 성립하지 않으니, [지금 바로] 보건대 이것과 智는 그 특성상 어떠한 차별도 없기 때문이다. 이를테면 '마음으로 하여금 所緣을 決定짓게 하는 것(다시 말해 결정적으로 판단하게 하는 것)'이 승해의 특성인데,[56] 이것과 智는 특성상 어떠한 차별도 없는 것이다. 그렇기 때문에 결정코 개별적 [실체로서의] 승해는 존재하지 않는다고 해야 한다.

세존께서 탐·진·치 등을 설정하였던 것은 그 행상이 다르기 때문이었다. 또한 열 가지의 無學의 갈래를 별도로 설하기도 하였다.[57] 그러므로 개별적인 실체로서 승해가 존재하지 않는 것이 아님을 알아야 한다. (중현)

② [이에 대해] 그(상좌)는 이같이 말하였다.

---

56 『입아비달마론』에 의하면 승해(adhimokṣa)란 대상을 忍可하여 마음으로 하여금 소연이 된 경계대상에 대해 두려워하지 않게 하는 작용, 즉 확신(adhimukti)을 말한다. ("勝解謂能於境忍可. 卽是令心於所緣境, 無怯弱義." T28, 982a16-18).

57 열 가지 無學의 갈래(支)란 무학의 正見, 正思惟, 正語, 正業, 正命, 正精進, 正念, 正定, 正解脫, 正智. 즉 여기서는 正智와는 별도로 正解脫을 설하고 있기 때문에 정해탈 즉 승해는 개별적 실체라는 것이다.

(6) 三摩地

① 然上座言:

離心無別三摩地體, 由卽心體緣境生時, 不流散故. 若三摩地持心, 令住一境轉者, 豈由三摩地無故, 心便於多境轉耶? 若謂多心由此持故, 令於一境無間轉者, 則不應說, 剎那剎那有三摩地. 心唯一念墮在境中, 此應非有, 如是此應非大地法. 若由有此, 心住所緣, 是則此體應非現見. 然諸心所體可現見. 又法功能不待餘法. 故心住境, 自力非餘.[58]

---

58 (T29, 390b24-c4).

여기(無學位)서는 마음이 貪顚을 떠나 相續하기 때문에 [승해가 아니라] 바로 隨縛(隨眠의 異名)이 끊어진 것을 正解脫이라 이름하였다. 왜냐하면 薄伽梵께서는 또 다른 경에서 이러한 뜻을 스스로 決擇하였기 때문이다. 즉 또 다른 경에서 "무엇을 心善解脫이라고 말한 것인가? 이를테면 마음이 貪으로부터, 瞋으로부터, 癡로부터 離染하여 해탈하는 것이다. 무엇을 慧善解脫이라고 말한 것인가? 이를테면 마음이 탐 등으로부터 이염하여 해탈한 것을 참답게 아는 것이다"고 설하였던 것이다.[59]

(6) 三摩地

① 上座는 말하였다.

마음을 떠나 별도의 三摩地(samādhi)라는 실체는 존재하지 않으니, 이는 곧 마음 자체가 경계대상을 반연하여 일어날 때 흩어지지 않는 것이기 때문이다.[60]

만약 三摩地가 마음을 [평등하게] 유지하여 하나의 경계대상에 머물며(전념하며) 일어나게 하는 것이라면, 마음이 다수의 경계대상에서 일어나게 되는 것을 어찌 三摩地가 존재하지 않기 때문이라 하겠는가?

만약 다 찰나에 걸친 마음이 이것(삼마지)에 의해 [평등하게] 유지되기 때문에 하나의 경계대상에 [머물며] 無間으로 일어나게 되는 것이라고 한다면, 찰나 찰나마다 三摩地가 존재한다고 설해서는 안 된다.[61] 마음은 오로지 일찰나 동안 경계대상에 머무는 것이므로 이는 [마음과는 별도로] 존재하는 것이 아니라고 해야 하며, 그런즉 대지법도 아니라고 해야 한다.

만약 이것이 존재함으로 말미암아 마음이 소연에 머물게 되는 것이라고 한다면, 이러한 [三摩地] 자체는 [마음과는 별도로] 바로 관찰(現見)되지 않는 것이라고 해야 한다. 그렇지만 제 심소(즉 受·想·思)는 그 자체 [마음과는 별도로] 바로 관찰될 수 있다.

---

59 상좌와 마찬가지로 세친(經主) 역시 번뇌의 더러움을 떠난 마음이 正解脫의 본질이라고 주장하였다.(『순정리론』권72, T29, 731b5-13; 『구사론』 권25, 133c24-29) 반면 유부의 경우 무학의 正見·正智와 상응하는 승해가 정해탈의 본질이다.

60 『성유식론』 권5(T31, 28c8-9), "有說: 此定體卽是心. 經說爲心學·心一境性故." 어떤 이는 이같이 말하였다. "이러한 定의 본질(體)은 바로 마음이니, 경에서 [삼마지를] 心學이니 心一境性이라고 설하였기 때문이다."

61 유부에 의하는 한 찰나 찰나에 걸쳐 심과 심소의 제법이 俱生하지만, 만약 다 찰나에 걸쳐 마음을 어느 한 대상에 집중시키는 것이 삼마지라고 한다면, 이때 삼마지는 다 찰나에 걸쳐 지속하는 삼마지가 되어야 한다.

若撥無實三摩地者, 便違此等無量契經.

② **無違, 於心心所分位差別, 立此用故. 卽心心所差別轉時, 立三摩地名用, 無失.**[62]

彼(上座)宗義, 心心所法不同時起, 有何定准[63]說, 心定時受等亦定?

③ 若謂,

> **如無別相應體, 而說相應, 此亦應爾. 謂如無別相應法體, 而彼心等, 總名相應. 如是雖無別三摩地, 而心心所, 總說爲定.**[64]

---

62 (T29, 390c14-17).

63 '准' → '唯'(宮內省本).

64 (T29, 390c20-24).

또한 어떤 법의 功能은 그 밖의 다른 법에 근거하는 것이 아니다.[65] 따라서 마음이 경계대상에 머물게 되는 것은 마음 자체의 힘에 의한 것이지 다른 것(즉 三摩地)에 의한 것이 아니다.

만약 진실의 三摩地를 부정하여 존재하지 않는다고 한다면, 이러한 ["奢摩他(śamatha: 止, 삼마지의 異名)와 毘鉢舍那(vipaśyanā: 觀)의 두 법을 닦아야 한다"는] 등의 이루 헤아릴 수 없는 계경의 말씀을 어기게 될 것이다.

② [삼마지의 개별적 실체성을 부정하더라도 계경에] 어긋나지 않으니, [계경에서는] 심·심소의 특수한 상태(分位差別)를 이것의 작용으로 설정하였기 때문이다. 즉 심·심소가 [하나의 대상에 전념하는] 특수한 상태로 일어날 때 [이에 근거하여] '三摩地'라는 명칭과 공용을 설정하게 된 것으로, 여기에는 어떠한 과실도 없다.

저 [상좌의] 종의는 '**심·심소법은 동시에 일어나지 않는다**'는 것인데, [마음에] 어떤 전념(定)의 상태가 존재하기에 이에 의거하여 마음이 [어떤 한 대상에] 전념할 때 受 등도 역시 전념한다는 것인가?

③ 상응법(즉 마음과 俱起하는 심소법) 자체는 별도로 존재하지 않을지라도 '상응'을 설할 수 있는 것처럼 이 경우도 역시 그러하다고 해야 한다. 즉 상응법 자체는 별도로 존재하지 않을지라도 그러한 心 등을 총체적으로 상응법이라고 이름하듯이, 이와 마찬가지로 비록 별도의 삼마지가 존재하지 않을지라도 심·심소법에 대해 총체적으로 '[어떤 한 대상에] 전념(定)한다'고 말할 수 있다.

---

65 法이란 타자와는 관계하지 않는 자신만의 고유한 自相을 갖는 것이다.("能持自相. 故名爲法."『구사론』 T29. 1b9; "[自性]不待異法成."『중론』 T30, 19c28).

[附論] 譬喩者의 心所 無別體說

有譬喩者說:

唯有心, 無別心所. 心想俱時, 行相差別不可得故. 何者行相唯在想有, 在識中無? 深遠推求, 唯聞此二名言差別, 曾無體義差別可知.

又由至教證無心所. 如世尊告阿難陀言, "若無有識入母胎者, 乃至廣說." 又說, "或心或意或識長夜流轉, 生於地獄, 乃至生天." 又說, "士夫即是六界, 所謂地界乃至識界." 又說, "我今不見一法, 速疾迴轉, 猶如心者." 又說, "我今不見一法, 若不修習, 則不調柔無所堪能, 猶如心者." 又如契經伽他中說, "心遠行獨行 無身寐於窟 能調伏難伏 我說婆羅門." 此等諸經皆遮心所.

又於心所, 多興諍論. 故知離心無別有體. 謂執別有心所論者, 於心所中, 興多諍論. 或說唯有三大地法, 或說有四, 或說有十, 或說十四. 故唯有識, 隨位而流, 說有多種心心所別, 如甘蔗汁, 如倡伎人. 故無受等別體可得. (T29, 395a2-19)

[부론] 비유자의 心所 無別體설

어떤 譬喩者는 설하였다.

오로지 마음(心)만이 존재할 뿐 이와 별도의 心所는 존재하지 않으니, 心과 想이 동시에 생겨날 때 그 行相(ākāra)의 차별을 획득(확인)할 수 없기 때문이다. 어떤 대상의 행상이 오로지 想에만 존재하고 識 중에는 존재하지 않는다고 하겠는가? 깊이 추구해 보건대, 이 두 가지(心과 想)는 오로지 명칭상의 차별(名言差別)로서 들려진 것일 뿐, 법 자체의 의미의 차별(體義差別)로 알려진 일은 일찍이 없었다. 또한 至敎(āptavacana)에 의해서도 심소가 존재하지 않는 사실을 입증할 수 있으니, 세존께서 아난다에게 "만약 識이 모태에 들어가는 일이 없다면--(이하 자세한 내용 생략)--"이라고 말한 바와 같다.[66] 또한 "혹은 心이, 혹은 意가, 혹은 識이 오랫동안 유전하여 지옥에 태어나기도 하고, 나아가 하늘에 태어나기도 한다"고 설하기도 하였다. 또한 "士夫(puruṣa, 곧 인간을 말함)는 바로 6界이니, 이를테면 地界 내지 識界가 바로 그것이다"고도 설하였고, 또한 "나는 바야흐로 마음처럼 빠르게 迴轉하는 그 어떤 법도 보지 못하였다"고도 설하였으며, 또한 "나는 바야흐로 마음처럼 修習되지 않으면 조절되지도 유연하지도 않아 아무 것도 감당하지 못하는 그 어떤 법도 보지 못하였다"고 설하기도 하였다.

또한 계경의 伽他 중에서도 이같이 설하고 있다.

마음은 멀리 가고 홀로 가며 몸이 없으면 굴에서 잠자니
조복하기 어려운 이것을 능히 조복하면 나는 그를 바라문이라고 말하리라.

이 같은 등의 온갖 경에서는 다 심소를 부정(遮, *vyudāsa)하고 있는 것이다. 또한 心所에 대한 다수의 쟁론이 일어나기도 하였으니, 따라서 마음을 떠나 개별적인 실체로서 존재하지 않음을 알아야 한다. 이를테면 심소가 별도로 존재한다고

---

66 『중아함경』 권24 「大因經」(T1, 579c). "아난다여! 만약 識이 모태에 들어가지 않으면 名色이 이 몸을 이룰 수 있을 것인가? 이룰 수 없을 것입니다. 만약 識이 모태에 들어간 뒤 바로 거기서 나오게 되면 名色이 精을 만날 수 있을 것인가? 만날 수 없을 것입니다. 만약 어린 사내거나 계집이거나 識이 끊어지고 허물어져 존재하지 않으면 名色이 점차 자랄 수 있을 것인가? 자랄 수 없을 것입니다. 아난다여! 마땅히 알아야 할 것이니, 識은 바로 名色의 원인이며 名色의 근본이니라." 즉 마음과 절대적으로 관계(상응)하는 심소가 개별적 실체로서 존재하는 것이라면 어째서 識만을 언급하고 심소는 언급하지 않은 것인가? 하는 뜻의 경증.

주장하는 이들도 이러한 심소에 대해 다수의 쟁론을 일으켜 혹 어떤 이(즉 상좌 슈리라타)는 "오로지 세 가지 大地法만이 존재한다"고 설하였고, 혹 어떤 이는 4가지가, 혹 어떤 이는 10가지가, 혹은 14가지가 존재한다고 설하기도 하였다. 그러므로 오로지 識만이 존재할 뿐으로, [경에서는] 그것이 [작용하는] 상태(位)에 따라 유전하는 것을 "여러 종류의 심·심소의 차별이 존재한다"고 설하였으니, 마치 사탕수수 즙과도 같고, 배우(倡伎人)와도 같다.[67]
따라서 개별적인 실체로서 획득될 만한 受 등은 존재하지 않는다.

67 사탕수수나 배우의 본질은 단일하지만 그것이 변화하는 상태, 혹은 맡은 배역에 따라 온갖 명칭으로 불리듯이 심·심소 또한 본질은 단일하지만 마음이 변화하는 상태에 따라 온갖 다양한 명칭으로 일컬어진다는 비유.

6. 一眼見說과 身根遍發識說

有餘部說. 處隔越故, 眼見色時, 唯一非二. 又以一眼觀箭等時, 能審定知曲直相故. 速疾轉故, 增上慢心, 謂'我一時二眼能見'. (T29, 368a28-b2)

由此亦遮上座所說.

① 彼作是言:

二眼於境前後起用, 見則分明. 或復一眼有閉壞時, 一眼雖開, 無相替代, 彼所生識唯依一門速疾轉故, 見不明了.[68]

② 又彼上座論宗所許,

全身沒在冷煖水中, 身根極微遍能生識. 以中或表身根損時, 雖生身識, 而不明了.

[衆賢:] 故知! 身識明了生時, 定由所依寬廣, 遍發幾許多百踰繕那身境, 遍現前上下俱時同生一識. 何緣二眼相去不遙, 俱境現前, 不許同時共生一識? (T29, 368c13-17)

68 (T29, 368b22-25). 普光은 犢子部의 一眼見說을 비판하면서 이를 '經部 중의 上座計'로 인용한다. (T41, 51a6-9).

6. 一眼見說과 身根遍發識說

어떤 부파[69]에서는 이같이 설하고 있다. "눈(眼)이 색을 볼 때 오로지 한 눈으로 보는 것이지 두 눈으로 보는 것이 아니니, 위치하는 곳이 서로 떨어져 있기 때문이다. 또한 한 눈으로 화살 등을 관찰할 때 굽었거나 곧은 형태를 능히 살펴 결정적으로 알 수 있기 때문이다. [다만 두 눈의 작용이] 빠르게 일어나기 때문에 增上慢의 마음이 '나는 동시에 두 눈으로 능히 본다'고 여길 따름이다."

上座의 논설에 대해서도 역시 [이러한 一眼見說과] 동일하게 비판할 수 있다.

① 그는 이같이 말하였다.

두 눈이 경계대상에 대해 전후로 [하나씩] 작용을 일으킬 때 보는 것이 분명하다. 그러나 혹 한쪽 눈을 감거나 손상되었을 때, [다른] 한쪽 눈을 비록 뜨고 있을지라도 서로 대체될 것이 없으니, 그것에 의해 생겨난 識은 오로지 한쪽 門(眼根)에 근거하여 빠르게 일어나기 때문에 보는 것이 명료하지 않은 것이다.

② 저들 上座의 論宗(*vādin)에서는 다음과 같은 사실을 인정하고 있다.

全身이 차가운 물이나 따뜻한 물속에 들어가 있을 때 身根의 극미는 識(身識)을 두루 발생시킬 수 있다. 그러나 그 중 일부 신체 표면의 身根이 손상되었을 때에는 비록 身識을 낳을지라도 명료하지 않다.

[중현:] 따라서 알아야 한다. [저들 상좌의 論宗에 의하는 한] 身識이 명료하게 생겨났을 때에는, [那羅延(nārāyaṇa)처럼] 그것(身識)의 所依(즉 身根)가 광대한 경우 몇 백 踰繕那(yojana)에 걸친 身根의 경계대상을 두루 [함께] 일으키고 위아래의 몸이 동시에 동일한 識을 함께 낳아 두루 現前시킨 것이다. 그런데 어떤 연유에서 두 눈은 서로 멀리 떨어져 있지도 않고 함께 하는 경계대상이 현전하였음에도 동시에 함께 동일한 識을 낳는다고 인정하지 않는 것인가?

---

69 『대비바사론』에 따르면 一眼見說의 주장자는 犢子部. (T27, 61c11f).

對法者說. 身根極微, 理應定無一切同分. 十三火聚, 纏逼身時, 身根極微, 猶有無量, 是彼同分, 不生身識. 設遍生識, 身應散壞. (T29, 368c19-21)

③ 彼上座言:

此應徵難. 彼所受身不散壞者, 爲由身識不遍發故, 爲由宿業力所持故? 又彼身形所有損害, 爲由身識, 爲由火燒? 又彼身中, 猛火遍逼, 何緣身識不遍發耶? 又發識處身應散壞.[70]

---

70 (T29, 368c21-26).

아비달마논사(Ābhidhārmika, 對法者)는 설하였다. "身根의 극미는 이치 상 결정코 일체가 모두 同分이 되는 일이 없으니, [극열지옥의] 열세 가지의 火聚가 온몸을 휘감을 핍박할 때라도 이루 헤아릴 수 없을 만큼의 身根 극미가 여전히 존재하지만 그것은 바로 彼同分이어서 身識을 낳지 않는다. 만약 두루 身識을 낳는다면 몸은 응당 [단박에] 散壞되고 말 것이다.[71]

③ [이에 대해] 저 上座는 이같이 말하고 있다.

이에 대해 마땅히 따져 힐난해 보아야 할 것이니, 그가 享受한 몸이 [단박에] 산괴되지 않는 것은 身識이 두루 일어나지 않았기 때문이라고 해야 할 것인가, 宿業의 힘에 의해 유지되고 있기 때문이라고 해야 할 것인가? 또한 그의 신체형태 상의 害損은 身識에 의한 것이라고 해야 할 것인가, 불에 태워졌기 때문이라고 해야 할 것인가? 또한 그의 신체 중에 맹렬한 불길이 두루 핍박하였는데, 어떠한 이유에서 身識이 두루 일어나지 않는다는 것인가? 또한 身識을 일으킨 부위의 몸은 마땅히 산괴되어야 하는 것이다.

71 『구사론』 상에서 이 같은 내용의 身根遍發識설 비판은 傳說(kila)로 논설된다. ('傳說, 身根設遍發識, 身應散壞': T29, 12a26) 普光에 의하면 논주의 뜻이 經部와 가까웠기 때문에 傳說이라 하였다. (T41, 53c28) 보광은 그 논거로서 앞서의 상좌의 論宗(②)을 인용한다. (T41, 53c27-29).

7. 和合見說

1) '根·識=無作用'설

① 此中上座, 欲令**眼等唯有世俗和合用**故, 作如是說:

眼等五根, 唯世俗有, 乃至廣說.[72]

② 譬喩部師, 有於此中, 妄興彈斥言:

> **何共聚楂掣虛空? 眼色等緣生於眼識, 此等於見孰爲能所? 唯法因果實無作用. 爲順世情假興言說, 眼名'能見', 識名'能了'. 智者於中, 不應封著, 如世尊說, '方域言詞, 不應堅執, 世俗名想, 不應固求.'**[73]

---

72 (T29, 486c18-20). 제7장 4-4 '6處' 참조.

73 (T29, 367b24-c1), 『구사론』에서는 이를 경량부설로 인용한다. "經部諸師有作是說: 如何共聚摣掣虛空? 眼色等緣生於眼識, 此等於見孰爲能所? 唯法因果實無作用. 爲順世情假興言說, 眼名'能見', 識名'能了'. 智者於中, 不應封著, 如世尊說, '方域言詞, 不應堅執, 世俗名想, 不應固求.'"(T29, 11b1-6); atra sautrāntikā āhuḥ. kim idam ākāśaṃ khādyate. cakṣur hi pratītya rūpāṇi cotpadyate cakṣurvijñānam. tatra kaḥ paśyati, ko vā dṛśyate. nirvyāpāraṃ hīdaṃ dharmamātraṃ hetuphalamātraṃ ca. tatra vyavahārārthaṃ cchandata upacārāḥ kriyante. cakṣuḥ paśyati vijñānaṃ vijānātīti nātrābhiniveṣṭavyam. uktaṃ hi bhagavatā "janapadaniruktiṃ nābhiniviśeta saṃjñāṃ ca lokasya nābhidhāved" iti. (AKBh. 31. 11-15) 『아비달마디파』에서는 이를 俱舍論主의 설로 인용한다. tatra yad uktaṃ kośakāreṇa－"kim idam ākāśaṃ khādyate. sāmagryāṃ hi satyāṃ dṛṣṭam ity upacāraḥ pravartate. tatra kaḥ paśyati?" iti. tad atra tena bhadantena sāmagryaṅgakriyām apaharaṇaṃ kriyate. 俱舍論主는 말하였다.: "어찌 [실재하지도 않는] 허공을 삼킬 수 있을 것인가? 즉 [根·境·識의] 화합(sāmagrī)이 존재할 때 '보여졌다(dṛṣṭi)'고 가설(upacāra)할 뿐이거늘 이 중 무엇을 '보는 것'이라고 하겠는가?" 그렇기 때문에 저 大德(세친)은 화합을 [구성하는] 부분의 작용(sāmagryaṅga- kriyā)조차 부정(apaharaṇa)하고 있는 것이다. (ADV. 33. 7-9).

1) '根·識=無作用'설

① 여기서 上座는 '眼 등은 오로지 世俗(언어적 가설)으로서의 和合의 작용만 지닐 뿐이다'는 사실을 밝히고자 이와 같이 말하였다.

眼 등의 5根은 오로지 世俗有(saṃvṛti-sat, 언어 개념적 존재)일 뿐이다. (자세한 내용은 생략함)

② 譬喩部師는 [根見·識見]에 대해 거짓되게 탄핵하고 배척하여 말하였다.

어찌하여 함께 모여 [실재하지도 않는] 허공을 움켜쥐려고 하는 것인가? [經에서] "眼과 色 등을 緣하여 眼識 [등]이 생겨난다"고 하였는데, 여기서 무엇을 '보는 것'(주체)이라 하고 '보여지는 것'(객체)라 하겠는가? [眼 등은] 오로지 法으로서만 존재하고 인과적 관계로서만 존재할 뿐 실로 어떠한 작용(vyāpara)도 갖지 않는다. 다만 일상의 언어소통(vyavahārārtha: 世情), 혹은 상호간의 이해를 위해 일시 눈(眼根)을 '보는 것'이라 말하고, 識(안식)을 '了別하는 것'이라고 말한 것으로, 智者라면 이에 대해 집착해서는 안 된다. 예컨대 세존께서도 "지역에 따른 언어적 관행(janapadanirukti: 方域言詞)에 집착해서도 안 되며, 세간의 언어적 개념(loka-saṃjñāṃ: 世俗名想)만을 추구해서도 안 된다"고 말씀하셨다.

2) '識=了別者' 세속설

① 彼上座言:

契經中說, '識是了者.' 此非勝義, 是世俗說. 若是了者是識, 亦應說爲非識. 謂若能了說名爲識, 不能了時, 應成非識. 不應非識可立識名.[74]

[衆賢:] 上座此中, 說何位識, 爲不能了? 若說未生已滅位識, 便似空花, 非彼所宗. (中略) 若謂作者, 體實都無, 則亦應無能了等用. 若謂亦無能了等用, 應無識等功能差別. 此若亦無, 何有識等? 識等無者, 便濫空花. (T29, 484b23-24; 484c7-10)

② 有餘師說:

誰於法性假說作者, 爲遮離識有了者計. 何處復見, 唯於法性, 假說作者? 現見, 說影爲動者故. 此於異處無間生時, 雖無動作而說動者. 識亦如是. 於異境界相續生時, 雖無動作而說了者. 謂能了境故亦無失. 云何知然? 現見餘處遮作者故. 如世尊告頗勒具那, '我終不說, 有能了者.'[75]

---

74 (T29, 484b19-22).

75 (T29, 342a22-29). 중현은 본 논설의 說者를 무기명('有餘師')으로 처리하였지만, 계속하여 "[이에 대해서는] 「辯緣起品」에서 다시 顯示하게 될 것이다(思緣起中, 當更顯示: T29, 342b1)"고 말하고, 「변연기품」에서는 다시 "앞서 識蘊의 자성에 대해 思擇하면서 有餘師가 '了別者'를 일시 가설하였다는 사실에 대해 이미 서술하였지만, 지금 여기서 上座의 주장(前項①의 상좌설)을 비판하기 위해 [실제] 그가 제시한 주장을 드러내어 다시 尋思해 보아야 하리라."(T29, 484b17-19)고 말하고 있기 때문에 본 논설의 설자(有餘師)는 상좌 슈리라타라고 할 수 있다.

2) '識=了別者' 세속설

① 저 上座는 말하였다:

계경에서 '識(vijñāna)은 바로 了別者(vijñātṛ) 즉 인식의 주체'라고 말하였지만, 이는 勝義가 아닌 世俗說이다. 만약 了別者가 바로 識이라고 한다면, [識을] 역시 '識 아닌 것(非識)'이라고 해야 한다. 즉 능히 了別하는 것만을 識이라고 말한다면, 능히 了別하지 않을 때에는 識이 아니라고 해야 하지만, '識이 아닌 것'을 識이라고 말해서는 안 된다.

[중현:] 여기서 上座는 어떠한 상태의 識을 '능히 요별하지 않는 識'이라 말한 것인가? 만약 아직 생겨나지 않은 상태의 識이나 이미 소멸한 상태의 識을 ['능히 요별하지 않는 識'이라] 하였다면, 이는 바로 空花[論]과 유사한 것으로, [그는 과거·미래법의 실재성을 인정하지 않기 때문에] 그의 종의가 될 수 없다. (중략) 만약 作者(즉 요별자) 자체가 실로 존재하지 않는다면 요별 등의 작용도 존재하지 않는다고 해야 하고, 만약 요별 등의 작용 역시 존재하지 않는다면, 識 등 [제법의] 공능상의 차별도 존재하지 않는다고 해야 하며, 만약 이러한 [공능상의 차별] 역시 존재하지 않는다면, 어찌 識 등이 [別體로서] 존재한다고 하겠는가? 그리고 識 등이 [別體로서] 존재하지 않는다면 空花[論]과 어떠한 차별도 없게 되고 말 것이다.

② 有餘師는 설하였다.

오로지 法性에 대해 作者를 假說함은 識(즉 了別)을 떠나 [별도의] '了別의 주체(즉 了者)'가 존재한다는 주장을 막기 위함이다.

[문:] 다시 어떤 경우에 오로지 法性에 대해 作者를 가설하는 것인가?

現見하건대 그림자를 '움직이는 것' 즉 운동의 주체(動者)라고 말한다. 즉 그림자가 처소를 달리하여 연속적으로 생겨날 때 비록 운동의 작용(動作)을 갖지 않을지라도[76] [그림자를] '움직이는 것'이라고 말한다. [안]식의 경우도 역시 그러하다. 즉 [찰나찰나] 대상을 달리하여 상속 생기할 때 비록 [대상에 대한 요별의] 작용(動作)을 갖지 않을지라도 '요별하는 자' 즉 요별의 주체(了者, vijñātṛ)를 [假]說하여 '능히 경계대상을 요별한다'고 말한다. 따라서 [法性에 대해 作者를 가설한 것] 역시 어떠한 과실도 없는 것이다.

---

76 본서 제10장 2 '樂受 비실유론'③ [衆賢] 참조.

[附論] 세친의 '識=無作用'설

經說 '諸識能了所緣'. 識於所緣爲何所作? 都無所作. 但似境生, 如果酬因. 雖無所作, 而似因起, 說名酬因. 如是識生, 雖無所作, 而似境故, 說名了境. 如何似境? 謂帶彼相.[77]

77 『구사론』「피이품」(T29, 157b20-24).; yat tarhi "vijñānaṃ vijānātī"ti sūtra uktaṃ kiṃ tatra vijñānaṃ karoti. na kiñcit karoti. yathā tu kāryaṃ kāraṇam anuvidhīyata ity ucyate. sādṛśyenātmalābhād akurvad api kiñcit. evaṃ vijñānam api vijānātīty ucyate. sādṛśyenātmalābhād akurvad api kiñcit. kiṃ punar asya sādṛśyam. tadākāratā.(AKBh 473. 23-474. 1).

[문:] 이 같은 사실을 어떻게 알게 된 것인가?

다른 곳에서도 作者에 대해 비판하고 있는 것을 바로 찾아볼 수 있기 때문이다. 이를테면 세존께서는 파륵구나(頗勒具那)에게 "나는 능히 요별하는 자가 존재한다고 끝내 설하지 않는다" (『잡아함』 제372경)고 말한 바와 같다.

[부론] 세친의 '식=무작용'설

[문:] 경에서 '識은 소연을 요별한다'고 설하였다. 그렇다면 識은 소연에 대해 어떤 작용을 하는 것인가?

[답:] 어떠한 작용도 하는 일이 없다. 다만 대상과 유사하게(sādṛśya) 생겨났을 뿐이니, 예컨대 결과가 원인에 따른 것과 같다. 비록 어떠한 작용도 하지 않을지라도 원인과 유사하게 생겨나는 것을 설하여 '원인에 따른다'고 말하듯이, 이와 마찬가지로 識이 생겨나 비록 어떠한 작용도 하지 않을지라도 대상(즉 원인)과 유사하게 생겨났기 때문에 그것을 설하여 '대상을 요별한다'고 말한 것이다.

[문:] '대상과 유사하다'고 함은 무슨 뜻인가?

[답:] 그 같은 대상의 형상(相, ākāra)을 띠는 것을 말한다.

제5장 삼세실유설 비판

1. 존재 정의와 無境覺論

1) 어떤 부류의 존재 정의

此中一類[1] 作如是言:

已生未滅, 是爲有相.[2]

[衆賢:] 彼說不然, 已生未滅, 卽是現在差別名故. 若說**現世爲有相**者, 義准已說, **去來是無**理. 於此中復應徵責. 何緣有相唯現, 非餘? 故彼所辯, 非眞有相. 我於此中, 作如是說: 爲境生覺, 是眞有相. (中略) 非<u>諸唯執有現世者</u>, 能具正辯聖教有言. (T29, 621c17-21; 622a14-15)

---

1 여기서 一類 즉 '어떤 부류'는 필경 유부의 삼세실유설을 비판하고 法體의 찰나멸론에 근거하여 本無今有有已還無를 주장한 상좌 계통의 일군의 譬喩者(ekiyā Dārṣṭāntika)일 것이다. 중현은 이에 앞서 과거·미래의 존재유무에 대해 實無論者와 實有論者들이 朋黨을 지어 서로를 탄핵·배척하며 쟁론한다고 하였고, 이어서 이에 대한 중현 자신의 존재 정의('爲境生覺, 是眞有相')와 함께 이를 비판하는 "비존재(非有) 역시 경계대상이 되어 지각을 낳을 수 있다"는 譬喩論者의 無境覺論(혹은 無所緣識論: 次項)을 장문으로 인용 비판하기 때문이다.

2 (T29, 621c17).

1) 어떤 부류의 존재 정의

여기서 어떤 부류(*ekiyā)는 이와 같이 말하였다.

이미 생겨나 아직 소멸하지 않은 것, 이것이 바로 有相 즉 존재(*sattā) 혹은 존재의 정의(*sattā-lakṣaṇa)이다.

[중현:] 저들의 설은 옳지 않으니, '이미 생겨나 아직 소멸하지 않은 것'이란 바로 '현재'를 지칭하는 특수한 명칭(差別名, *viśeṣanāma)이기 때문이다. 만약 **현세만을 존재하는 것**이라고 설한다면, 이러한 뜻에 준하여 볼 때 '**과거·미래는 바로 비존재**'라는 논리도 이미 설한 셈이니, 이에 대해 마땅히 따져보아야 할 것이다. 어떠한 이유에서 존재하는 것은 오로지 현재이며 그 밖의 것(이를테면 과거·미래법이나 시간적 제약을 받지 않는 무위법)은 존재하는 것이 아니라는 것인가? 따라서 저들이 분별한 바는 진실의 존재 정의가 아니다.

나(중현)는 이에 대해 이같이 설하리라. "경계대상이 되어 지각(buddhi)을 낳는 것, 이것이 바로 진실로 존재하는 것(혹은 진실의 존재 정의)[3]이다." (중략) 오로지 '현세만이 존재한다고 주장하는 이들'은 聖教에서의 '존재(有)'라는 말을 모두 살핀 것도, 올바로 분별한 것도 아니다.

---

3 『성실론』 권2(T32, 254a3f), "知所行處, 名曰有相."

2) 譬喩論者의 無境覺(無所緣識)論

① 譬喩論者, 作如是言:

此('爲境生覺')亦未爲眞實有相, 許非有亦能爲境生覺故. 謂必應許非有亦能爲境生覺, 旋火輪我二覺生時, 境非有故. 又有遍處等勝解作意故. 若一切覺皆有所緣, 是則應無勝解作意. 又幻網中說'緣非有見'故. 又契經說知非有故, 如契經言, "於無欲欲則, 能如實了知爲無." 又諸世間夢中, 翳目·多月識等, 境非有故. 又於非有, 了知爲無, 此覺以何爲所緣境? 又若緣聲先非有者, 此能緣覺爲何所緣? 是故應知, 有及非有, 二種皆能爲境生覺. 故此所說, 非眞有相.[4]

---

4 (T29, 622a16-27). 밑줄은『구사론』상에서 毘婆沙師의 삼세실유설 理證①의 비판 논거로 논설되고 있다. 이하 [附論] 참조.

2) 譬喩論者의 無境覺(無所緣識)論

[앞서 중현의 존재 정의에 대해] 譬喩論者는 이같이 말하였다.

이 같은 ['경계대상이 되어 지각을 낳는 것'] 역시 진실로 존재하는 것(혹은 존재 정의)라고 할 수 없으니, 비존재(非有) 역시 능히 경계대상이 되어 지각(覺)을 낳을 수 있기 때문이다. 즉 존재하지 않는 것도 역시 능히 경계대상이 되어 지각을 낳을 수 있다는 사실을 반드시 인정해야 하니, [횃불을 돌릴 때 생겨나는] 불 바퀴(旋火輪)나 [5온의 취합인] 자아에 대한 지각이 생겨날 때, 그것의 경계대상은 존재하지 않기 때문이다.

또한 [10]遍處 등의 勝解作意(가상관)가 존재하기 때문이다. 만약 일체의 지각이 다 소연을 갖는다면, 그럴 경우 승해작의도 존재하지 않는다고 해야 한다.[5] 또한 『幻網經』 중에서 '비존재를 반연하는 見'에 대해 설하고 있기 때문이다. 또한 계경에서 '존재하지 않는 것'도 알 수 있다고 설하고 있기 때문으로, 예컨대 계경에서 '욕[탐]이 없기를 원한다면, 능히 참답게 [그것이] 존재하지 않음을 알게 된다'고 말한 바와 같다.

또한 세간에서 [일어나는] 꿈속에서의 인식이나, 눈에 백태가 낄 때의 인식, 여러 개의 달에 대한 인식(識) 등의 경우에도 그것의 경계대상이 존재하지 않기 때문이다. 또한 존재하지 않는 것을 존재하지 않는 것이라고 알 때, 이러한 지각은 무엇을 소연의 경계대상으로 삼은 것인가? 또한 만약 일찍이 [발성되지 않아] 존재하지 않는 말(聲先非有)을 소연으로 삼을 경우, 이때 이러한 能緣의 지각은 무엇을 소연으로 삼은 것인가?

그렇기 때문에 마땅히 알아야 할 것이니, 존재하는 것이든 존재하지 않는 것이든 두 가지 모두 경계대상이 되어 지각을 낳을 수 있기 때문에, 여기서 [그대(중현)가] 설한 바는 진실로 존재하는 것 (혹은 존재 정의)이 아니다.

---

5 10변처(kṛtsnāyatana)란 地·水·火·風·青·黃·赤·白과 무변의 허공(空無邊)과 무변의 마음(識無邊)이 각기 일체의 처소에 두루 편재한다고 假想으로 관찰하는 것. 만약 '존재하는 것'에 대해서만 지각이 생겨날 수 있다고 한다면, 일체 처소에 두루 존재한다고 가상으로 관찰하는 '地' 등은 실제로는 존재하지 않기 때문에 이에 관한 지각도 일어나지 않는다고 해야 한다. 이는 하리발마의 無所緣識論의 첫 번째 논거였다. (『성실론』권2, T32, 254a3-4).

對法諸師, 作如是說. "無無境覺, 二緣定故. 以契經中, 說六種覺, 皆決定有所依所緣. 謂眼覺生, 依眼緣色. 至意覺生, 依意緣法.[6]" 無第七覺, 離境而生. 可執彼爲緣無境覺. 若許有覺離境而生, 亦應許有離所依覺. 則應生盲等, 有眼等覺生. 差別因緣不可得故. 又非無法可說名爲是六境中隨一所攝. 故執有覺緣無而生, 違理背教, 極爲疏野. (T29, 622a27-b6)

② 有餘於此, 作是難言:

若見少分有所緣覺, 謂一切覺皆有所緣, 旣見少分緣去來覺, 應眼等覺亦緣去來. 若不許然, 亦不應許, 以見少分有所緣覺, 謂一切覺皆有所緣. 是故不應立斯比量. 或立便有不定過失. 故無境覺, 實有極成.[7]

6　이를테면 『잡아함경』 제214경, "有二因緣, 生識. 何等爲二? 謂眼色, 耳聲, 鼻香, 舌味, 身觸, 意法. (中略) 眼色因緣生眼識."(T2, 54a23-26).

7　(T29, 622b6-11).

아비달마논사들(對法諸師)은 이와 같이 설하였다.
"경계대상을 갖지 않는 지각(無境覺)은 존재하지 않으니, 그것(지각)의 두 가지 緣은 결정적인 것이기 때문이다. 즉 계경 중에서는 여섯 종류의 지각(즉 6識)은 다 결정코 所依와 所緣을 갖는다고 설하였으니, 이를테면 '眼覺(즉 眼識)이 생겨날 때 眼에 근거하고 色에 반연하며, 나아가 意覺(즉 意識)이 생겨날 때 意에 근거하고 法에 반연한다'고 설한 것이 바로 그것이다."
경계대상을 떠나 생겨나는, 비존재의 경계대상(無境)을 반연하는 지각이라 주장할 만한 일곱 번째 지각(즉 제7識)은 존재하지 않는다. 만약 경계대상을 떠나 생겨나는 지각도 존재한다는 사실을 인정한다면, 소의를 떠난 지각 역시 존재한다고 인정해야 할 것이며, 그럴 경우 선천적인 맹인 등에게도 眼覺(즉 眼識) 등이 생겨날 수 있다고 해야 하니, [양자를] 차별할 만한 인연을 획득할 수 없기 때문이다. 또한 비존재(無法)는 6境 중 어느 하나에 포섭되는 것이라고 말할 수 있는 것도 아니다. 따라서 지각이 비존재를 반연하여서도(대상으로 삼아서도) 생겨나는 경우가 있다고 주장하는 것은 正理에 어긋날뿐더러 聖教에도 위배되는 지극히 천박한 주장이라 할 만하다. (중현)

② 다른 어떤 이[8]는 이에 대해 이같이 힐난하였다.

만약 일부 소연을 갖는 지각(有所緣覺)을 보고서 "일체의 지각은 다 소연을 갖는다"고 한다면, 일부 과거·미래를 반연하는 지각(즉 宿命·天眼通)을 보고서 眼覺(즉 안식) 등도 역시 과거·미래를 반연한다고 해야 한다. 만약 이 같은 사실을 인정하지 않는다면, 일부 소연을 갖는 지각을 보고서 "일체의 지각은 다 소연을 갖는다"는 사실 역시 인정해서는 안 된다. 그렇기 때문에 이러한 형식의 추리(比量)에 입각해서는 안 된다. 혹 [이러한 형식의 추리에] 입각할 경우 미확정의 오류(不定過失)를 범하게 되는 것이다. 따라서 경계대상을 갖지 않는 지각(無境覺)은 실로 지극히 상식적인 사실(極成, prasiddha)이다.

8 여기서 다른 어떤 이는 아비달마논사의 증언에 근거한 無境覺論 비판을 재비판하고, 앞서의 譬喩論者의 無境覺論을 변호하고 있기 때문에 上座일 가능성이 크다.

① 經主敍彼所設難:

若有緣聲先非有者, 此能緣識爲何所緣? 若謂卽緣彼聲爲境, 求聲無者, 應更發聲. 若謂聲無住未來位, 未來實有如何謂無? 若謂去來無現世者, 此亦非理, 其體一故. 若有少分體差別者, 本無今有其理自成. 故識通緣有非有者.[9] (T29, 624b4-9)

9 이는『구사론』상에서 삼세실유설 理證① "인식에는 반드시 인식대상이 존재한다"에 대한 비판의 한 논거로 제시되었다. "又若緣聲先非有者, 此能緣識爲何所緣? 若謂卽緣彼聲爲境, 求聲無者, 應更發聲. 若謂聲無住未來位, 未來實有如何謂無? 若謂去來無現世者, 此亦非理, 其體一故. 若有少分體差別者, 本無今有其理自成. 故識通緣有非有境." (T29, 105c23-29; AKBh 300. 12f).

① 經主(세친)은 저들 [譬喩論者]에 의해 시설된 힐난을 이같이 서술하였다.

만약 일찍이 [발성되지 않아] 존재하지 않는 말(聲先非有)을 반연하는 경우, 이때 이러한 能緣의 識은 무엇을 所緣으로 삼은 것인가? 만약 '바로 그러한 말을 소연의 경계로 삼는다'고 한다면, [그러한] 말이 없기를 바라는 자도 마땅히 [그것을 인식하기 앞서] 발성해야 할 것이다. 만약 '[그 때] 말은 존재하지 않지만, 미래 상태로서 머문다'고 한다면, [그대(유부)의 종의에서는] 미래도 실유인데 어떻게 존재하지 않는다고 말할 수 있을 것인가? 만약 과거·미래의 말은 현세에 나타나는 일이 없[기 때문에 존재하지 않는]다고 한다면, 이 역시 올바른 이치가 아니니, [법] 자체는 [삼세에 걸쳐] 동일하기 때문이다. 만약 조금이라도 [법] 자체에 차별이 있다고 한다면, '본래 존재하지 않다가 지금 존재한다(本無今有)'는 이치는 저절로 이루어진 셈이다. 그러므로 識은 존재하는 것(bhāva)이든 존재하지 않는 것(abhāva)이든 모두 소연으로 삼을 수 있는 것이다.

2. 刹那滅論과 本無今有論

1) 찰나멸론

① 上座此中, 作如是說:

如何可說, 刹那滅身有動運轉, 名爲身業? 以若有法此時此處生, 無動運轉卽此時處滅. 若不許如是, 無刹那滅義. 如是語業, 爲難亦然.[10]

② 若謂,

'有爲全無有住, 得體無間卽滅故'者.[11]

③ 大德邏摩, 作如是說:

以諸行法, 卽所得體, 於是處生, 卽於是處, 此體還滅. 故無行動.[12]

---

10 (T29, 531c21-25); 본서 제8장 1-1 '정량부의 行動설 비판'① 참조.

11 (T29, 411b19-20); 본서 제3장 2-1-2 '住相 비판'② 참조.

12 (T29, 533a26-28).

1) 찰나멸론

① 上座는 이 같은 [정량부의 行動설[13]]에 대해 이와 같이 말하였다.

어떻게 刹那滅하는 소의신상에 운동이 일어나는 것을 身業이라 말할 수 있을 것인가? 만약 어떤 법이 이러한 때, 이러한 처소에서 생겨났다면, 운동이 일어나는 일 없이 바로 이러한 때, 이러한 처소에서 소멸한다고 해야 한다. 만약 이와 같은 사실을 인정하지 않는다면, 찰나멸의 뜻은 이루어질 수 없을 것이다. 이와 마찬가지로 語業의 경우 이같이 따져보아야 한다.

② [상좌는] 말하였다.

유위법은 어떠한 경우에도 머무는 일이 없으니, 법 자체가 획득됨과 無間에(다시 말해 법 자체가 생겨나자마자 찰나의 간격도 없이) 바로 소멸하기[14] 때문이다.

③ 大德 邏摩(Bhadanta Rāma)는 이같이 말하였다.
모든 行法(즉 일체 유위법)은 바로 [作用이 아니라] 법 자체가 획득된 것(所得體)이기에 이곳에서 생겨났으면 바로 이곳에서 이러한 법 자체가 滅로 돌아간다. 따라서 行動은 존재하지 않는다.

---

13 본서 제8장 1-1 '正量部의 行動說 비판' 참조.

14 ātmalābho 'nantaravināśī. (次項 '세친의 찰나멸론' 참조) 세친은 계속하여 이같이 말한다. sarvaṃ hi saṃskṛtam ātmalābād ūrdhvaṃ na bhavatīti. (諸有爲法纔得自體. 從此無間必滅歸無) 일체 유위법은 [법] 자체가 획득되면 이후 존재하지 않는다.(이와 無間에 바로 소멸하여 '비존재로 돌아간다': 현장 역)

如是說, 時之極促. 故名刹那. 此中刹那, 但取諸法有作用位. 謂唯現在. 卽現在法, 有住分量, 名有刹那. 如有月子. (T29, 533b10-12)

經主言:

刹那何? 謂得體無間滅. 有此刹那法, 名有刹那. 如有杖人, 名爲有杖.[15] (T29, 533b21-22)

[衆賢:] 譬喩者, 能起異端, 曾所未聞解釋道理執'有爲相, 是起及無.' 如是則應不成三數. 謂有爲法, 得體名起. 盡及異相, 皆是體無. (T29, 533c21-24)

15 『구사론』 상에서의 온전한 논설은 다음과 같다. "由思力故, 別起如是如是身形, 名身表業. 有餘部說 '動名身表. 以身動時, 由業動故.' 爲破此故. 說'非行動, 以一切有爲皆有刹那故.' 刹那何? 謂得體無間滅. 有此刹那法名有刹那. 如有杖人名爲有杖. 諸有爲法纔得自體. 從此無間必滅歸無. 若此處生卽此處滅. 無容從此轉至餘方. 故不可言動名身表."(T29, 67c8-15); cittavaśena kāyasya tathā tathā saṃsthānaṃ kāyavijñaptiḥ. gatirity apare. prasyandamānasya hi kāyakarma no 'prasyandamānasyeti. ta ucyante na gatiryasmātsaṃskṛtaṃ kṣaṇikaṃ. ko 'yaṃ kṣaṇo nāma / ātmalābho 'nantaravināśī. so 'syāstīti kṣaṇikam. daṇḍikavat. sarvaṃ hi saṃskṛtam ātmalābād ūrdhvaṃ na bhavatīti yatraiva jātaṃ tatraiva dhvasyate. tasyāyuktā deśāntara saṃkrāntiḥ. tasmān na gatiḥ kāyakarma. (AKBh. 192. 25-193. 4); "由隨故意, 是身如此如此相貌, 說名有教. 有餘師說. 行動名有教. 若身行動, 必由業行動故. 行動是身業. 對向彼說. 偈曰: 非動, 刹那故. 釋曰: 一切有爲法, 與刹那相應. 何法名刹那? 得體無間滅. 是名刹那. 隨法有如此名刹尼柯. 譬如有杖人. 一切有爲法, 從得體後卽不有. 是時生是時卽壞故, 執此法得度餘處, 則非道理. 是故身業非行動." (『구사석론』 T29, 225b12-20)

[부론] 세친의 찰나멸론

[毘婆沙에서는] 이같이 "시간의 극소(極促)를 찰나라고 말한다"고 설하였다. 여기서 찰나는 다만 제법이 작용을 갖는 상태를 말한 것으로, 이는 오로지 현재이다. 즉 현재법은 [찰나의] 분량(길이)만큼 머물기 때문에 '有刹那(kṣaṇika)' 즉 찰나적 존재라고 말한 것으로, 마치 [月子(여인의 머리에 드리우는 가발)를 쓴 이를] '有月子'라고 하는 것과 같다.

이에 대해 經主는 말하였다.
刹那란 무엇인가? [衆緣에 근거하여 법] 자체가 획득됨(생겨남)과 無間에 소멸(vināśa)하는 것을 말한다. 곧 [유위]법은 이러한 찰나(kṣaṇa)를 갖기 때문에 有刹那(kṣaṇika: 刹尼柯)라고 이름하니, 이는 마치 [지팡이(daṇḍa)를 지닌 이를] 有杖人(daṇḍika)이라 이름하는 것과 같다.

[중현:] 譬喩者는 능히 異端을 일으켜 일찍이 들어보지 못한 해석의 도리로 "有爲相은 바로 '생기(起)'와 '비존재(無)' [두 가지 뿐]"이라고 주장하였다. 그러나 그럴 경우 세 가지[의 유위상]은 성취할 수 없다고 해야 하니, 유위법으로서 [법] 자체가 획득되는 것을 '생기'라 이름하고, 멸진과 변이의 相은 다 그 자체 비존재(無, abhāva)라고 하였던 것이다.

2) 滅不待因說

① 有餘難言:

若無常相, 離無常性, 別有體者, 何不離苦, 別有苦相?[16]

若謂**諸行無別滅因**, 生亦應然. 不待因有. 此二與體, 俱異法故. 或應說二差別所因. 若言'此二亦有差別'. (T29, 412b7-10)

② 謂諸行生必待因故, 現見生時遲速差別. 若諸行滅, 亦待因者, 亦應滅時遲速有異. 滅若如生, 時有遲速, 便違諸行剎那滅宗. 故知, 無因自然而滅, 無斯過失.[17]

---

16 (T29, 412a21-22). 여기서 다른 어떤 이(有餘)는 "諸行은 [법 자체가 획득되는] 순간만 존재한다(如汝行中有時有者: T29, 412b3-4)고 주장할뿐더러 상좌의 住相비판과 동일한 논리(제3장1-3⑤ 참조)이기 때문에 上座로 추측된다.

17 (T29, 412b10-13).

2) 滅不待因說

① 다른 어떤 이는 이같이 힐난하였다.

만약 無常相(anityatā, 즉 滅相)이 [유위제법의 현실태인] 無常性(anitya)을 떠나 별도의 실체로서 존재하는 것이라면, 이를 어찌 "[현실의] 괴로움(苦[性])을 떠나 '괴로움의 보편적 특성(苦相)'이 별도로 존재한다"고 말하는 것이라 하지 않겠는가?

만약 '**諸行은 별도의 소멸의 원인(즉 滅相)을 갖지 않는다**'고 한다면, 생기 역시 마땅히 그러하여 [별도의] 원인(즉 生相)에 근거하지 않고 일어난다고 해야 할 것이니, 이 두 가지(소멸과 생기)와 [법] 자체(즉 本法)는 함께하는 것이지만 다른 법이기 때문이다. 혹 만약 이 두 가지 법(멸상과 생상)에도 역시 차별이 있다고 말한다면(다시 말해 '생기는 원인에 근거해야 하지만 소멸은 원인에 근거하지 않는다'고 말한다면), 두 가지가 차별되는 근거에 대해 말해 보아야 할 것이다.

② **이를테면 諸行의 생기는 반드시 원인에 근거하여 일어나기 때문에 생겨날 때 늦고 빠름의 차별을 바로 관찰할 수 있지만, 만약 諸行의 소멸 역시 원인에 근거하여 일어나는 것이라면 역시 마땅히 소멸할 때에도 늦고 빠름의 차이가 있다고 해야 한다. 그러나 만약 소멸할 때에도 생겨날 때와 마찬가지로 늦고 빠름이 있다고 한다면, 諸行은 찰나에 소멸한다는 '刹那滅'의 종의에 위배되고 만다. 따라서 [諸行은] 원인 없이 자연적으로 (저절로) 소멸한다고 하면 그 같은 허물이 없을 것임을 알아야 한다.**

[附論] 세친의 滅不待因說

復如何知? 諸有爲法, 皆刹那滅. 必不久住. 以諸有爲後必盡故.

經主於此, 作如是釋:

謂有爲法, 滅不待因. 所以者何? 待因謂果. 滅無非果. 故不待因. 滅旣不待因, 纔生已卽滅. 若初不滅, 後亦應然. 以後與初, 有性等故.[18]

[衆賢:] **雖二不並, 而許前法爲後生因.** 雖二不俱, 如何不許前因後滅? 唯現有論, 理應答言. "**前爲後生因, 以現有體故. 未來體未有, 寧爲前滅因?**" 故彼立因, 應如此說. (T29, 534a21-25)

---

18 (T29, 533c5-9). 『구사론』 상에서의 논설은 이러하다. "諸有爲法, 皆有刹那, 其理極成, 後必盡故. 謂有爲法, 滅不待因. 所以者何? 待因謂果. 滅無非果. 故不待因. 滅旣不待因, 纔生已卽滅. 若初不滅, 後亦應然. 以後與初, 有性等故."(T29, 67c16-20); syād etad eva yadi sarvasya ṣkṇikatvaṃ sidhyet. siddham evaitat viddhi. kutaḥ. saṃskṛtasyāvaśyaṃ. vyayāt.(AK 4-2d) akasmiko hi bhāvānāṃ vināśaḥ. kiṃ kāraṇam. kāryasya hi kāraṇaṃ bhavati. vināśaś cābhāvaḥ. yaś cābhāvas tasya kiṃ kartavyam. so 'sāv ākasmikok vināśo yadi bhāvasyotpannamātrasya na syāt paścād api na syād bhāvasya tulyatvāt. (AKBh 193. 4-9).

[부론] 세친의 滅不待因說

'모든 유위법은 다 찰나에 소멸하여 필시 오래 머물지 않는다'는 사실을 어떻게 알게 된 것인가? 모든 유위법은 [생겨난] 후에 반드시 [滅]盡(vyaya)하기 때문이다.

이에 대해 經主는 이같이 해석하였다.
유위법의 소멸(vināśa)은 원인에 근거하지 않는다.
그 이유가 무엇인가?
원인에 근거해야 하는 것은 말하자면 결과이다. 그렇지만 소멸은 비존재(無, abhāva)로서 결과가 아니기 때문에 원인에 근거하는 것이 아니다. 소멸이 이미 원인에 근거하는 것이 아니라고 하였으니, 생겨나자마자 바로 소멸한다. 만약 [법이] 생겨나는 첫 순간(初位)에 소멸하지 않는다면, 그 후의 순간(後位)에도 역시 그러하다고 해야 하니, 그 후의 순간의 법과 생겨난 첫 순간의 법은 자성이 동등하기 때문이다.

[중현:] [그대(세친)는] "**비록 [원인과 결과의] 두 법이 병존하지 않을지라도 前法은 後法의 生因이 된다**"는 사실은 인정하면서도 어찌하여 [원인과 결과의] 두 법이 함께하지 않음에도 "前法은 後法에 의해 소멸한다"는 사실은 인정하지 않는 것인가? '오로지 현재법만 존재한다고 주장하는 이들(唯現有論)'이라면, 이치상 이같이 답해야 한다. "**前法은 後法의 生因이 되니, [후법의 원인이 된 전법은] 지금 바로 실체로서 존재하기 때문이다. 그러나 미래(즉 후법)는 실체로서 존재하지 않는데 어찌 전법의 滅因이 된다고 하겠는가?**" 따라서 그(세친)가 제시한 논거도 이러한 설과 같다고 해야 한다.

3) 本無今有論

① 彼執:

諸法託有因緣, 本無今有.[19]

② 汝宗,

諸行, 本無今有.[20]

[附論] 세친의 本無今有論

① 經主說:

謂一一念, 本無今有名生. 有已還無名滅. 後後刹那, 嗣前前起, 名爲住. 卽彼前後有差別故名住異.[21] (T29, 408c7-10)

② 豈不亦有遮去來經? 如勝義空契經中說, '眼根生位, 無所從來. 眼根滅時, 無所造集. 本無今有, 有已還去.'[22] 若未來世先有眼根, 則不應言 '本無今有'.[23] (T29, 625c27- 626a1)

---

19 (T29, 412c13-14). 여기서 '그(彼)'는 존재성(有性)·단일성(一性)이라는 별도의 법에 근거하지 않고서도 존재·하나가 성취될 수 있듯이 '머문다'는 사실 역시 그러하다고 주장한 상좌. (본서 제3장 2-1-3 '住相 비판' 참조).

20 (T29, 412c15).

21 『구사론』권5(T29, 27c29-28a2); AKBh 77. 20f. pratikṣaṇam abhūtvābhāva utpādaḥ. bhūtvābhāvo vyayaḥ. pūrvasya pūrvasyottararakṣaṇānubandhaḥ sthitiḥ. tasyāvisadṛśatvaṃ sthityanyathātvam iti.; 하리발마 역시 『성실론』「無相品」에서 유위상을 이같이 이해하였다. "又佛說 有爲法, 三相可得, 生滅住異. 生者, 若法先無今現有作. 滅者, 作已還無. 住異者, 相續故住變故名異."(T32, 255b7-9).

22 『잡아함경』 권13 제335경(T2, 92c16-18), "云何爲第一義空經? 諸比丘, 眼生時無有來處. 滅時無有去處. 如是眼不實而生, 生已盡滅. 有業報而無作者." 참고로 다른 두 역본에서의 이 경설은 이러하다. 僧伽提婆역 『증일아함경』 권30 「六重品」 제7경(T2, 713c16-17), "何爲名第一最空之法? 若眼起時則起, 亦不見來處. 滅時則滅, 亦不見滅處."; 施護역 『佛說勝義空經』(T15, 807a1-3). "云何名勝義空? 謂眼生時, 而無少法有所從來. 又眼滅時, 亦無少法離散可去. 諸苾芻, 其眼無實離於實法." Śamathadeva의 『구사론』 주석서 Upāyikā에 이 경의 전문이 실려 있는데, 宮下晴輝(1986)가 재구성한 이 부분의 梵文은 이와 같다. cakṣur utpadyamānaṃ na kutaścid āgacchati, nirudhyamānaṃ na kvacit saṃnicayaṃ gacchati. iti hi bhikṣavaś cakṣur abhūtvā bhavati, bhūtvā ca prativigacchati. asti karmāsti vipākaḥ kārakas tu nopalabhyate.

23 『구사론』 상에서의 논의는 이러한다. "以薄伽梵, 於勝義空契經中說 '眼根生位, 無所從來. 眼根滅時, 無所造集. 本無今有, 有已還無. 去來眼根, 若實有者. 經不應說本無等言."(T29, 105b19-23); itthaṃ caitad evaṃ yat paramārthaśūnyatāyām uktaṃ bhagavatā "cakṣur utpadyamānaṃ na kutaścid āgacchati, nirudhyamānaṃ na kvacit saṃnicayaṃ gacchati. iti hi bhikṣavaś cakṣur abhūtvā bhavati bhūtvā ca prativigacchati" iti. yadi cānāgataṃ cakṣuḥ syān noktaṃ syād abhutvā bhavatīti.(AKBh. 299. 12-14) 그러나 중현이 지적하고 있듯이(T29, 626a24-28) 세친은 『승의공경』에서의 'ca prativigacchati(還去)'라는 말을 'na bhavati(還無)'로 이해하였고, 이에 따라 현장 또한 세친이 인용한 『승의공경』의 ca prativigacchati도, 이에 대한 그의 이해인 na bhavati도 '還無'로 번역하였다. 자세한 내용은 권오민(2019), 『上座 슈리라타의 經量部사상』, pp.285-288 참조.

3) 本無今有論

① 저 [上座]는 주장하였다.

諸法은 어떤 [종류의] 인연(hetupratyaya, 즉 舊隨界)에 의탁하여 본래 존재하지 않던 것이 지금 존재하는 것이다.

② 그대의 종의는 [이러하다].

諸行은 본래 존재하지 않다가 지금 존재한다.

[부론] 세친의 本無今有論

① 經主(세친)는 설하였다.

찰나 찰나에 걸쳐 본래 존재하지 않다가 지금 존재하는 것(本無今有)이 '生(utpāda)'이고, 존재하다 다시 존재하지 않는 것(有已還無)이 '滅(vyaya)'이며, 후후찰나가 전전찰나에 이어 일어나는 것을 '住(sthiti)'라고 하며, 그러한 住의 전후차별을 '住異(sthityanyathātva)'라고 한다.

② [毘婆沙師는 '과거·미래법이 존재한다'는 경설(『잡아함 제79경』: 본장 4-1)을 제시하였지만] 어찌 과거·미래[의 실재성]을 부정하는 경도 존재한다고 하지 않겠는가? 예컨대 『勝義空契經(Paramārthaśūnyatā)』에서 세존께서 말씀하였다. "안근이 생겨날 때 어디서 오는 것도 아니며, 소멸할 때 어딘가 저장되는 곳(saṃnicaya: 所造集)으로 가는 것도 아니다. 이와 같이, 비구들이여, 안근은 [본래] 존재하지 않다가 [지금] 존재하며, 존재하다 다시 사라진다." 만약 미래의 안근이 존재하는 것이라면 [『승의공계경』 중에서] '[본래] 존재하지 않다가 [지금] 존재한다(abhūtvā bhavati: 本無今有)'고 설하지 않았을 것이다.

[衆賢:] 奇哉! 凡鄙朋執覆心, 麤淺義中不能明見. 且置我釋, 汝云何知, 由後契經前成非了義? 非由前故後經成不了. (T29, 626a1-4)

[중현:] 무릇 鄙淺한 이(세친)는 朋黨의 주장(朋執)이 마음을 덮어 거칠고 얕은 뜻조차 능히 분명하게 관찰하지 못하니, 참으로 기이하도다. 바야흐로 [삼세실유에 대한] 우리의 해석은 그만두고서라도 그대는 어떻게 뒤의 계경(『勝義空契經』)에 의해 앞서 언급한 계경이 了義經이 아님을 알게 된 것인가? [물론] 앞서 언급한 경에 의해 뒤의 경이 不了義를 성취하는 것도 아니다.

3. 體相과 性類의 분별 비판

故知! 諸法歷三世時, 體相無差, 有性類別. 如是善立, 對法義宗. (T29, 625b1-2)

經主於中, 朋附上座, 所立宗趣作是詰言:

過去未來, 若俱是有, 如何可說, 是去來性?[24]

24 (T29, 625b2-4). 『구사론』 "若[去來二世]俱是有, 如何可言是去來性?"(T29, 105b9); kathaṃ tad atītam anāgataṃ cocyate yadi nityam astīti. (AKBh 299. 4).

3. 體相과 性類의 분별 비판

[일체] 諸法은 三世의 시간을 거치면서 體相(svabhāva, 본질)에는 어떠한 차별도 없지만 性類(bhāva, 존재양태)에는 차별이 있음을 알아야 하니, 이것이 아비달마의 주장(pakṣa: 義宗)이다.

經主(세친)는 이에 대해 上座가 제시한 宗趣와 가까이하여 이같이 힐난하였다.

만약 과거와 미래가 다 같이 항상 존재하는 것이라고 한다면, 그것을 어떻게 이미 지나가 버린 것(atītam: 過去), 아직 오지 않은 것(anāgataṃ: 未來)이라 말할 수 있을 것인가?

4. 삼세실유설 비판

1) 삼세실유설 경증1 비판

何教理證去來實有? 且由經中, 世尊說故.
謂世尊說: "過去未來色, 尚無常, 何況現在? 若能如是觀色無常, 則諸多聞聖弟子衆, 於過去色, 勤修厭捨; 於未來色, 勤斷欣求; 現在色中, 勤厭離滅. 若過去色非有, 不應多聞聖弟子衆, 於過去色, 勤修厭捨. 以過去色是有故, 應多聞聖弟子衆, 於過去色, 勤修厭捨. 若未來色非有, 不應多聞聖弟子衆, 於未來色, 勤斷欣求. 以未來色是有故, 應多聞聖弟子衆, 於未來色, 勤斷欣求."[25]
又契經言: "[佛]告舍利子. 杖髻外道恍惚, 發言不善尋求不審思擇. 彼由愚戇不明不善, 作如是言. '若業過去盡滅變壞, 都無所有. 所以者何? 業雖過去盡滅變壞, 而猶是有何緣知?'[26]
此所引契經, 說有去來. 定是了義, 曾無餘處決定遮止. (T29, 625c1-15)

上座於此, 釋前經言:

'若過去色非有, 不應多聞聖弟子衆, 於過去色, 勤修厭捨, 乃至廣說'. 此說意言, 若過去色非過去者, 不應多聞聖弟子衆, 於過去色, 勤修厭捨, 應如現在勤厭離滅. 或若過去色, 自他相續中非曾領納, 不應多聞聖弟子衆, 勤修厭捨. 要曾領納, 方可厭捨. 未曾領納, 何所厭捨? 以彼色是過去及過去曾領受故, 應多聞聖弟子衆, 於過去色勤修厭捨.

---

25 『잡아함』 제79경. 『구사론』 상에서는 후반부 경설만 인용하고 있다.(T29, 104b4-11).

26 출처불명. 『구사론』에는 이 같은 杖髻외도를 경책한 "업은 과거로 사라져 盡滅·變壞할지라도 존재한다"는 법문을 세친의 경증1 비판의 반론으로 별도로 언급한다. "業過去盡滅變壞, 而猶是有."(T29, 105b16); "yat karmābhyatītaṃ kṣīṇaṃ niruddhaṃ vigataṃ vipariṇataṃ tad asti."(AKBh 299. 10f) 이는 『아비달마디파』에 온전하게 인용된다. "사리자여, 업은 과거로 사라져(abhyatīta) 盡滅(kṣīṇa-niruddha)·除棄(vigata)·變壞(vipariṇata)할지라도 존재한다. 왜냐하면 사리자여, 만약 그 업이 존재하지 않는다면 어떤 이는 그러한 因과 그러한 緣에 의해 惡趣에 떨어지는 일도 없고 신체가 파괴되는 지옥에 떨어지는 일도 없다고 해야 하기 때문이다."(ADV 265. 7-8; 三友健容, 2009, p.591 참조).

1) 삼세실유설 경증1 비판

어떠한 聖教와 正理로써 과거·미래의 실유를 논증하는 것인가?
바야흐로 계경 중에서 세존께서 설하였기 때문이다. 즉 세존께서 [이같이] 설하였다.
"과거·미래의 색도 무상한 것이거늘 하물며 현재의 색을 말해 무엇 할 것인가? 만약 이와 같이 색이 무상한 것임을 능히 관찰하였다면, 多聞의 聖제자들은 과거색에 대해 부지런히 그것의 厭捨(즉 관심을 버리는 것)를 닦을 것이며, 미래색에 대해 부지런히 그것의 欣求(희구)를 끊을 것이며, 현재색에 대해서는 부지런히 厭離하여 멸하고자 할 것이다. 그러나 만약 과거색이 존재하지 않는다면 多聞의 聖제자들은 과거색에 대해 부지런히 厭捨를 닦는 일도 없을 것이지만, 과거색이 존재하기 때문에 다문의 성제자들은 과거색에 대해 부지런히 염사를 닦는 것이다. 또한 만약 미래색이 존재하지 않는다면 다문의 성제자들은 미래색에 대한 欣求를 끊는 일도 없을 것이지만, 미래색이 존재하기 때문에 다문의 성제자들은 미래색에 대한 흔구를 끊는 것이다."
또한 계경에서 말하였다.
"[불타께서] 舍利子에게 告하였다. 杖髻外道(laugudaśikhīykān parivrājakān)는 황홀경에 도취되어 능히 잘 살펴 추구(尋求)하지도 살펴 생각(思擇)하지도 않고 발언한다. 저들은 어리석음(愚戇)과 무지(不明)와 不善으로 인해 이같이 말하였다. '만약 업이 과거로 사라져 盡滅 變壞하고 나면 아무 것도 존재하지 않는다. 업이 과거로 사라져 盡滅 變壞할지라도 여전히 존재하는 것이라면, 어떠한 인연으로 이를 알 수 있을 것인가?'"
즉 여기서 인용된 계경은 과거·미래가 존재한다는 사실을 설한 것으로, 이는 결정코 了義經이니, 일찍이 다른 곳에서 이 같은 사실을 결정적으로 부정한 일이 없었기 때문이다.

上座는 여기서 앞서 [첫 번째로 인용한] 경에 대해 [이같이] 해석하였다.

[계경에서는] "만약 과거의 색이 존재하지 않는다면, 多聞의 聖제자들은 과거색에 대해 부지런히 厭捨를 닦는 일도 없을 것이지만 (이하 자세한 내용은 생략함)"이라고 설하였는데, 이러한 경설의 뜻을 말하면 [이러하다]. 만약 과거색이 [과거로] 지나가 버린 것이 아니라면, 다문의 성제자들은 과거색에 대해 '부지런히 厭捨를 닦는다(관심을 버린다)'고 해서는 안 되며, 마땅히 현재의 그것처럼 '厭離하여 멸한다'고 해야 한다.

又釋第二杖髻經言:

> 彼過去業亦可說有, 有因緣故; 有隨界故; 未有能遮彼相續故; 彼異熟果未成熟故; 最後方能牽異熟故. 然去來世非實有體.[27]

[衆賢:] 可笑! 如是解釋經義, 此豈能遮去來實有? 如是謬釋一切智經, 豈能莊嚴印度方域? (T29, 627b22-24)

27 (T29, 627b11-22).

혹은 만약 과거색이 자타의 相續 중에 [존재하는] '일찍이 경험(領納)하였던 것(*pūrvaṃ-anubhava)'이 아니라면, 多聞의 聖제자들은 [그것에 대해] '부지런히 염사를 닦는다(관심을 버린다)'고 해서는 안 된다. 요컨대 일찍이 경험하였던 것이라야 비로소 부지런히 염사를 닦을 수 있는 것이다. 일찍이 경험하지 않은 것을 어찌 厭捨하겠는가? 즉 그러한 [과거]색은 바로 [과거로] 지나가(사라져) 버린 것(過去, *abhy-atīta), 혹은 과거에 일찍이 경험하였던 것이기 때문에, 마땅히 多聞의 聖제자들은 과거색에 대해 부지런히 염사를 닦을 수 있다고 해야 하는 것이다.

또한 [그는] 두 번째 『杖髻經』에 대해서도 [이같이] 해석하였다.

그러한 과거업 역시 존재한다고 말할 수 있으니, 因緣(hetupratyaya)으로서 존재하기 때문이며, 隨界(anudhātu)로서 존재하기 때문이며, 그러한 [업의] 相續을 능히 막을 만한 것(즉 무루도)이 존재하지 않기 때문이며, 그것의 異熟果가 아직 성숙하지 않았기 때문이며, [상속이 轉變하다] 최후 찰나에 비로소 능히 이숙과를 견인하기 때문이다. 그렇지만 과거·미래세 자체가 진실로 존재하는 것은 아니다.

[중현:] 참으로 가소로운 일이다. 경의 뜻을 이와 같이 해석하여 어찌 능히 과거·미래가 실로 존재한다는 사실을 부정할 수 있을 것인가? 이와 같이 一切智(즉 불타)의 經을 그릇되게 해석하여 어찌 印度의 方域을 능히 莊嚴할 수 있을 것인가? (혹은 '있었던가?')

[附論] 세친의 삼세실유설 경증1 해석

① 經主於中, 欲以强力逼令非了, 作是釋言:
我等亦說有去來世. 謂過去世曾有名有. 未來當有有果因故. 依如是義說有去來, 非謂去來如現實有. 故說彼有, 但據曾當因果二性, 非體實有. 世尊爲遮謗因果見, 據曾當義, 說有去來. 有聲通顯有無法故. 如世間說, '有燈先無, 有燈後無.' 又如有言, '有燈已滅. 非我今滅.' 說有去來, 其義亦應爾. 若不爾者, 去來性不成.[28]

28 (T29, 626b20-28); 『구사론』 (T29, 105b4-7; 10-15); vayam api brūmo 'sty atītānāgatam iti. atītaṃ tu yad bhūtapūrvam. anāgataṃ yat sati hetau bhaviṣyati. evaṃ ca kṛtvā 'stīty ucyate na tu punar dravyataḥ. (중략) tasmāt bhūtapūrvasya ca hetor bhāvinaś ca phalasya bhūtapūratāṃ bhāvitāṃ ca jñāpayituṃ hetuphalāpavādadṛṣṭipratiṣedhārtham uktaṃ bhagavatā "asty atītam asty anāgatami"ti. astiśabdasya nipātatvāt. yathāsti dīpasya prāgabhāvo 'sti paścādabhāva iti vaktāro bhavanti, yathā cāsti niruddhaḥ sa dīpo na tu mayā nirodhita iti. evam atītānāgatam apy astīty uktam. anyathā hy atītānāgatabhāva eva na sidhyet. (AKBh 299. 1-10).

[부론] 세친의 삼세실유설 경증1 해석

① 經主는 여기서 [‘과거·미래색이 존재한다’는 경설은] 了義가 아니라고 [더욱] 강력하게 핍박하고자 이같이 해석하여 말하였다.
우리 역시 과거·미래세가 존재한다고 말하니, 과거세는 曾有 즉 일찍이 존재하였던 것(bhūtapūrvam)이고, 미래세는 當有 즉 인과적 관계로서 앞으로 존재하게 될 것(bhaviṣyat)이기 때문이다. [세존께서는] 이와 같은 뜻에 근거하여 과거·미래가 존재한다고 설한 것이지 현재와 같은 실체(dravya)로서 존재한다고 말한 것이 아니다. 따라서 [계경에서] 그것이 존재한다고 설하였을지라도, 이는 다만 일찍이 존재하였고 앞으로 존재하게 될 원인과 결과에 근거한 것일 뿐, 그 자체가 실유라는 것은 아니다. 즉 세존께서는 인과를 비방하는 [사]견을 부정하기 위하여 增有와 當有의 의미로써 ‘과거·미래가 존재한다’고 설한 것이니, ‘존재한다(asti)’는 말은 존재하는 법이나 존재하지 않는 법 모두를 나타낼 수 있는 불변화사(nipāta)이기 때문이다. 예컨대 세간에서 “[켜기] 전에는 존재하지 않던 등불이 존재한다”거나 “[끈] 이후에는 존재하지 않을 등불이 존재한다”고 말하기도 하며, 또한 “이미 꺼져버린 등불이 존재한다. 다시 말해 등불이 이미 꺼져 있다. (有燈已滅) 그렇지만 지금 내가 끈 것은 아니다”고 말하기도 하는 것이다. [계경에서] ‘과거·미래가 존재한다’고 설하였을지라도 그 뜻 역시 그러하다고 해야 한다. 만약 그렇지 않다고 한다면 과거와 미래의 존재 자체(bhāva)가 성립할 수 없는 것이다.

② 經主又釋杖髻經言.

業雖過去而猶有者, 依彼所引現相續中, 與果功能, 密說爲有. 若不爾者, 彼過去業, 現實有性, 過去豈成? 理必應爾. 以薄伽梵, 於勝義空契經中說 '眼根生位, 無所從來. 乃至廣說.'[29]

[衆賢:] 此如愚者, 於駃流中, 以船繫於乘船者足, 望船停止, 終無是處. 且彼所執, 現相續中與果功能, 智者審諦推尋, 其相竟不可得, 如何過去業自體已無, 依與果功能, 可說爲有? **諸巧僞者, 所執隨界 · 功能 · 熏習 · 種子 · 增長 · 不失法等**, 處處已破. 彼豈能障此了義經, 所說有言, 令成不了? (T29, 627a15-21)

---

29 (T29, 627a10-15)『구사론』"若爾, 何緣世尊依彼杖髻外道, 說業過去盡滅變壞, 而猶是有? 豈彼不許業曾有性, 而今世尊重爲說有? 依彼所引現相續中, 與果功能, 密說爲有. 若不爾者, 彼過去業現實有性, 過去豈成? 理必應爾. 以薄伽梵, 於勝義空契經中說. '眼根生位, 無所從來. 眼根滅時, 無所造集. 本無今有, 有已還無." (T29, 105b17-22); yat tarhi laguḍaśikhīyakān parivrājakān adhikṛtyoktaṃ bhagavatā "yat karmābhyatītaṃ kṣīṇaṃ niruddhaṃ vigataṃ vipariṇataṃ tad astī"ti. kiṃ te tasya karmaṇo bhūtapūrvatvaṃ necchanti sma. tatra punas tadāhitaṃ tasyāṃ saṃtatau phaladānasāmarthyaṃ saṃdhāyoktam. anyathā hi svena bhāvena vidyamānam atītaṃ na sidhyet. itthaṃ caitad evaṃ yat paramārthaśūnyatayām uktaṃ bhagavatā "cakṣur utpadyamānaṃ na kutaścid āgacchati, nirudhyamānaṃ na kvacit saṃnicayaṃ gacchati. iti hi bhikṣavaś cakṣur abhūtvā bhavati bhūtvā ca prativigacchati" iti. (AKBh 299. 10-16)『구사론』상에서 인용한 온전한『勝義空契經』설은 이러하다. "안근이 생겨날 때 어디서 오는 것도 아니며, 소멸할 때 어딘가 저장되는 곳(saṃnicaya: 所造集)으로 가는 것도 아니다. 이와 같이, 비구들이여, 안근은 [본래] 존재하지 않다가 [지금] 존재하며, 존재하다 다시 사라진다."

② 經主는 또한 『杖髻經』의 말을 [이같이] 해석하였다.

[세존께서 장계외도에 대해] '업이 과거로 [낙사]하였을지라도 여전히 존재한다'고 설한 것은, 그러한 업에 의해 인기된 현재 相續 중의 與果의 功能(phaladāna-sāmarthyaṃ)에 근거하여 은밀히 '존재한다'고 설한 것이다. 만약 그렇지 않고 그 같은 과거의 업이 현재 진실로 존재하는 것이라면 과거가 어찌 이루어질 수 있을 것인가? 이치상 필시 마땅히 그러해야 하니, 박가범께서 『勝義空契經(Paramārthaśūnyatā)』 중에서 '안근이 생겨날 때 온 곳이 없으며 … (이하 자세한 내용은 생략)'라고 설하였기 때문이다.

[중현:] 이는 마치 어리석은 이가 물살이 빠른 여울에서 배를 거기에 탄 사람의 발에 메어놓고서 배가 멈추기를 고대하지만, 끝내 그 같은 일이 일어나지 않는 것과 같다. 바야흐로 그가 주장하는 '현재 相續 중의 與果의 공능'이란, 智者가 그 相을 아무리 살피고 헤아려도 끝내 얻을 수 없는 것이거늘, 어떻게 "과거업은 그 자체 이미 존재하지 않으며, [다만] 여과의 공능에 근거하여 '존재한다'고 설할 수 있을 뿐이라는 것인가? **교묘하게 거짓을 설하는 이들이 주장하는 隨界(anudhātu) · 功能(sāmarthaya) · 熏習(vāsanā) · 種子(bīja) · 增長(upacaya) · 不失法(avipraṇāśa) 등**에 대해서는 이미 곳곳에서 논파하였거늘 그것이 어찌 이러한 요의경에서 설한 '존재한다'는 말을 능히 장애하여 불요의가 되게 할 수 있을 것인가?

2) 삼세실유설 이증1 비판과 이에 따른 난점 해명

又一切識, 必有境故. 謂見有境, 識方得生. 如世尊言, '各各了別彼彼境相, 名識取蘊.' (T29, 628b28-29)

① 此中上座, 作如是言:

智緣非有, 亦二決定, 推尋因果展轉理故. 其義云何? 要取現已, 於前後際, 能速推尋. 謂能推尋, 現如是果, 從如是類過去因生; 此因復從如是因起. 乃至久遠隨其所應, 皆由推尋, 如現證得. 或推尋, 現如是類因, 能生未來如是類果; 此果復引如是果生. 隨其所應乃至久遠, 皆推尋故, 如現證得.

如是展轉觀過去因, 隨其所應乃至久遠, 如現證得, 皆無顚倒. 雖於此位, 境體非有, 而智非無二種決定. 彼謂如是因智生時, 自相續中因緣有故. 謂昔曾有如是智生, 傳因生今如是相智. 今智旣以昔智爲因, 故今智生如昔而解, 卽以昔境爲今所緣. 然彼所緣, 今時非有. 今雖非有而成所緣. 故不可言無二決定. 如是展轉觀, 於未來果傳傳生, 准前應說.[30]

30 (T29, 628c3-18).

2) 삼세실유설 이증1 비판과 이에 따른 난점 해명

일체의 識에는 반드시 경계대상이 존재해야 하기 때문이다. 이를테면 존재하는 경계대상(有境)을 관찰할 때 비로소 식은 일어날 수 있는 것으로, 세존께서 "[色 등의] 이러저러한 경계대상의 형상(相)을 각기 요별하는 것을 識取蘊이라 한다."고 설한 바와 같다.

① 이에 대해 上座는 이같이 말하였다.

지식(智)이 비존재(非有)를 소연으로 삼을지라도 두 가지(과거·미래)의 지식은 [존재를 소연으로 삼는 지식과 마찬가지로] 역시 결정적인 것이니, 인과적 관계로서 연속적으로 이어진 것(展轉, *paramparā)이라는 이치에 따라 推尋한(추리하여 살핀) 것이기 때문이다.

이것이 무슨 뜻인가?

요컨대 현재를 파악(取, 지각)하고 나서 前際와 後際에 대해 능히 신속하게 推尋할 수 있다. 이를테면 현재의 이와 같은 결과는 이와 같은 종류의 과거원인으로부터 생겨난 것이며, 이러한 [과거]원인은 다시 이와 같은 [과거]원인으로부터 일어난 것임을 능히 추심할 수 있으며, 나아가 아득히 먼 과거(久遠)에 이르기까지 각기 상응하는 바에 따라 모두 다 추심함으로써 [이에 대한 지식을] 현재처럼 證得할 수 있는 것이다. 혹은 현재의 이와 같은 종류의 원인은 미래 능히 이와 같은 종류의 결과를 낳을 것이며, 이러한 [미래]결과는 다시 이와 같은 [미래]결과를 이끌 것임을 [능히] 추심할 수 있으며, 나아가 아득히 먼 미래에 이르기까지 각기 상응하는 바에 따라 모두 다 추심할 수 있기 때문에 [이에 대한 지식을] 현재처럼 증득할 수 있는 것이다.

이와 같이 과거의 원인을 각기 상응하는 바에 따라 아득히 먼 과거에 이르기까지 연속적으로 관찰하면 [이에 대한 지식을] 현재처럼 증득할 수 있을뿐더러 [증득된 지식에도] 다 전도됨(오류)이 없다. 비록 이러한 단계(과거·미래를 지각하는 단계)에 경계대상 자체가 존재하지 않을지라도 지식이 존재하지 않는 것도 아니거니와 [과거·미래에 대한] 두 종류의 지식도 결정적인 것이다.

왜냐하면 그것(과거의 推尋)은, 이를테면 이와 같은 [현재의] 원인(즉 과거)에 대한 지식(因智)이 생겨날 때 自相續 중에 [이러한 지식의] 因緣(즉 종자)이 존재하였기 때문이다. 즉 옛날 일찍이 이와 같은 지식이 생겨난 일이 있었고, 傳因(*paramparyaṃ-hetu) 즉 당시로부터 연속적으로 전해져 내려온 원인이 지금 이와 같은 내용(相)의 지식을 낳은 것이다. [말하자면] 지금의 지식은 이미 옛날의 지식을 원인(因緣)으로 삼은 것으로, 그래서 지금의 지식이 옛날의 그것처럼 생겨나 [아득히 먼 과거에 대해] 알게 (이해하게) 된 것이다. 이는 곧 옛날의 경계대상을 지금의 소연으로 삼았다는 말이다. 그렇지만 그 같은 소연이 지금 존재하는 것은 아니다. 지금 비록 존재하지 않을지라도 소연이 될 수 있기 때문에, '[과거·미래에 대한] 두 지식은 결정성(확실성)을 갖지 않는다'고는 말할 수 없는 것이다.

나아가 이와 같이 미래의 결과가 연속적으로 이어지며(傳傳) 생겨나는 것을 연속적(展轉)으로 관찰하는 것도 앞서 [언급한 과거의 경우에] 준하여 논설해 보아야 한다.

② 上座於此, 自難釋言:

若智緣前曾所取境, 可以昔境爲今所緣. 若緣過去曾未取境, 或逆思惟未來世事, 寧以昔境爲其所緣?

於相續中, 必定應有因智果智, 先時已生, 今智生時, 亦以彼智曾所緣境爲其所緣. 彼智爲因, 生今智故, 今智如彼, 亦能推尋, 從如是因生如是果; 或如是果從如是因. 隨其所應, 皆能證得, 隨所證得皆無顚倒. 雖於此位, 境體非有, 而智非無, 二種決定.[31]

③ 又設許彼

有舊隨界, 因果展轉相續力故, 雖經多劫久已滅境, 而今時取, 理可無違.[32]

④ 若於未來百千劫後當有境界, 今如何取?

因果展轉相續力故, 彼亦可取.[33]

31 (T29, 628c18-27).

32 (T29, 629a11-13).

33 (T29, 629a14-15).

② 상좌는 이에 대해 스스로 [다음과 같은] 문제를 제기하고 해명([救]釋)하였다.

만약 지식(智)이 앞서 일찍이 파악(取)하였던 경계대상에 반연하여 [생겨난] 것이라면, 옛날의 경계대상을 지금의 소연으로 삼은 것이라고 할 수 있다. 그러나 만약 과거 일찍이 파악한 일이 없었던 경계대상에 반연하거나, 혹은 반대로 [아직 경험하지 않은] 미래세의 일을 思惟하는 경우, 어찌 옛날의 경계대상을 그것(지식)의 所緣으로 삼는다고 하겠는가?

[自]相續 중에 반드시 [현재의] 원인(즉 과거)에 대한 지식(因智)과 결과(즉 미래)에 대한 지식(果智)이 앞서 이미 생겨나 있었기에 지금의 지식이 생겨날 때에도 역시 그 같은 [현재의 원인과 결과에 대한] 지식이 일찍이 반연하였던 경계대상을 그것의 소연으로 삼은 것이다. 즉 그 같은 지식을 원인으로 하여 지금의 지식을 낳았기 때문에, 지금의 지식도 그것과 마찬가지로 역시 '이와 같은 원인으로부터 이와 같은 결과가 생겨났다'거나 혹은 '이와 같은 결과는 이와 같은 원인으로부터 생겨났다'는 사실을 능히 推尋할 수 (추리하여 살필 수) 있는 것이다. 나아가 [이와 같은 방식으로 아득히 먼 과거나 미래에 이르기까지] 각기 상응하는 바에 따라 다 [이에 대한 지식을] 능히 증득할 수 있을 뿐더러 증득된 지식에도 다 전도됨이 없다. 비록 이러한 단계(과거·미래를 지각하는 단계)에서 경계대상 자체가 존재하지 않을지라도 지식이 존재하지 않는 것도 아니거니와 [과거·미래에 대한] 두 종류의 지식도 결정적인 것이다.

③ 또한 그는 다음과 같은 사실을 인정하였다.

인과적 관계로서 展轉 상속한 (연속적으로 이어져 내려온) 舊隨界라는 힘(즉 與果의 功能)이 존재하기 때문에,[34] 비록 이미 소멸하여 多劫의 오랜 시간이 지난 경계대상이라 할지라도 지금 [인과적 관계를 소급 推尋하여] 取(지각)할 수 있다고 해도 이치상 어긋남이 없다.

④ 미래 백천 겁 이후에 존재하게 될 경계대상을 어떻게 지금 취할 수 있을 것인가?

인과적 관계로서 展轉 상속한 힘(즉 舊隨界)으로 인해 그것 역시 취할 수 있다.

---

34 본서 제6장 2-1 '隨界論'①⑥ 참조.

3) 삼세실유설 경증3의 해명

然應去來定是實有, 說有相故, 猶如現在. 如契經說, '過去未來色尚無常, 何況現在?'[35] (T29, 630a14-16)

① 上座此中, 作如是釋

卽體無故名爲無常. 若體非無, 無無常理.[36]

② 彼復難言:

若經三世自性恒住, 應說爲常.[37]

③ 又彼釋

經說去來色是無常者, 現無體故.[38]

[附論] 세친의 삼세관

經主, 此中作如是謗.[39]

若說實有過去未來, 於聖教中, 非爲善說. 若欲善說一切有者, 應如契經所說而說. 經如何說? 如契經言, '梵志! 當知. 一切有者, 唯十二處.'[40] 或唯三世, 如其所有, 而說有言.[41] (T29, 630c14-19)

---

35 이는 삼세실유 경증1(『잡아함』 제79경)의 첫 단락이었다.

36 (T29, 630a27-28).

37 (T29, 630b1-2).

38 (T29, 630b5-6).

39 '謗' → '說'(宋·元·明本).

40 『잡아함경』 제319경(T2, 91a27-29), "佛告婆羅門. 一切者, 謂十二入處. 眼色耳聲鼻香舌味身觸意法. 是名一切."

41 이는 『구사론』 상에서 삼세실유설 비판 총결로 논설된 것이다.(T29, 106a22-26); tasmān naivaṃ sarvāstivādaḥ śāsane sādhur bhavati, yad atītānāgataṃ dravyato 'stīti vadati. evaṃ tu sādhur bhavati. yathā sūtre sarvam astīty uktaṃ tathā vadati. kathaṃ ca sūtre sarvam astīty uktam "sarvam astīti brāhmaṇa yāvad eva dvādaśāyatanānī"ti. adhvatrayaṃ vā. yathā tu tad asti tathoktaṃ. (AKBh 301. 6-9).

3) 삼세실유설 경증3의 해명

과거·미래는 결정코 실유라고 해야 할 것이니, 현재[법]이 그러한 것처럼 [有爲]相을 갖기 때문으로, 계경에서 "과거·미래의 색도 무상하거늘 하물며 현재의 색을 말해 무엇할 것인가?"라고 설한 바와 같다.

① 이에 대해 上座는 이같이 해석하였다.

[경에서는] 법 자체가 존재하지 않기 때문에 '무상한 것'이라고 말한 것이다. 만약 법 자체가 존재하지 않는 것이 아니라면(다시 말해 '법체가 恒有라면') '[제행은] 무상한 것'이라는 이치도 없어야 한다.

② 그는 다시 [삼세실유설의] 문제를 제기하여 말하였다.

만약 三世를 거치면서 [제법의] 자성이 항상 지속하는 것이라고 한다면, 이는 마땅히 '常住하는 것'이라고 해야 한다.

③ 또한 그는 [경설에 대해 이같이] 해명하였다.

경에서 '과거·미래색은 무상하다'고 설한 것은 현재(지금) [과거·미래색] 자체가 존재하지 않기 때문이다.

[부론] 세친의 삼세관

經主는 이(삼세실유설)에 대해 이와 같이 비방하고 있다.
만약 '과거와 미래가 진실로/실체로서 존재한다(dravyato 'stīti)'고 주장한다면, 이는 聖敎(śāsana)에 대해 잘 설한 것이 아니다. 만약 '일체가 존재한다(sarvam asti)'는 사실에 대해 잘 설하고자 한다면, 계경에서 설한 바대로 설해야 한다.
경에서는 어떻게 설한 것인가?

[衆賢:] 爲彼經中, 說唯有現十二處體, 非過未耶? 不爾. (中略) 又汝等說, '現十二處, 少分實有, 少分實無.' 如上座宗, 色聲觸法. 如何是說一切有宗? 有餘但由煩惱增上, 說一切法, 唯是假有. 豈亦是說一切有宗? 有餘復由邪見增上, 說一切法自性都無. 彼亦說言現虛幻有, 豈如此有而說有言, 亦得名爲說一切有? 故爲遮有補特伽羅, 及爲總開有所知法, 佛爲梵志, 說此契經, 非爲顯成唯有現在一刹那頃十二處法. 故諸憎厭實有去來, 不應自稱說一切有. 以此與彼都無論宗, 唯隔一刹那, 見未全同故. (T29, 630c19-631a3)

계경에서는 "梵志여! 일체의 존재란 오로지 12處임을 알아야 한다"고 말하였다. 혹은 오로지 삼세는 그것이 존재하는 방식대로 존재한다고 말해야 한다.[42]

[중현:] 그 경 중에서 "오로지 현재 12處의 법체만 존재하고, 과거와 미래의 그것은 존재하지 않는다"고 설하였던가?
그렇지는 않다. (중략)
또한 그대들은 현재의 12處라도 일부는 진실로/실체로서 존재하지만, 일부는 진실로/실체로서 존재하지 않는다"고 설하였으니, **상좌일파(上座宗)가 말한 色·聲·觸·法이 그러한 것이었다.** 그러니 어찌 [그대들을] 說一切有宗(Sarvāstivādin)이라 하겠는가? 다른 이들도 增上의 번뇌로 인해 "一切法은 오로지 假有"라고 설하였거늘 이들 역시 어찌 說一切有宗이라 하겠는가? 또 다른 이들 또한 增上의 邪見으로 인해 "一切法은 어떠한 경우에도 자성을 갖지 않는다"고 설하였다. 저들 역시 현재도 거짓된 환영의 존재(虛幻有)라고 말한 것이거늘 이를 어찌 이것(삼세)이 존재하는 방식대로 존재하는 것이라 말한 것이라 하겠으며, 또한 說一切有宗이라 말할 수 있을 것인가? 따라서 불타께서 梵志를 위해 이 경을 설한 것은 실유의 보특가라(pudgala)를 부정하기 위함이었고, 아울러 '알려진 법(所知法)이 존재한다'는 사실을 전체적으로 드러내기 위함이었지 "오로지 현재 一刹那의 12處의 법만이 존재한다"는 사실을 밝히기 위함이 아니었다.
그러므로 '과거·미래가 진실로/실체로서 존재한다'는 견해를 미워하고 싫어하는 이들은 '說一切有宗'이라 自稱해서는 안 된다. 이들(세친과 상좌일파)과 [일체법의 무자성을 주장하는] 都無論宗(ekeṣāṃ sarvanāstitāgrāḥ)은 오로지 일찰나의 간격만 있을 뿐으로, [說一切有宗의] 견해와는 전혀 동일하지 않기 때문이다.

---

42 경량부는 處假立論을 주장하기 때문에(제3장 1-1-1 '處=假有, 界=實有'론 참조) 이를 경량부 설이라 할 수 없겠으나, 普光은 이를 경량부의 생각(意)으로 평석하고 이같이 해설하고 있다. "[존재(有)에는] 假有·實有·曾有·當有가 있어 그것이 존재하는 방식대로 '존재한다(有)'고 말한 것일 뿐, 그것이 다 현재와 같은 의미의 실유는 아니다. 즉 과거는 曾有(일찍이 존재하였던 것)이고, 미래는 當有(앞으로 존재할 것)이며, 현재는 바로 實有이다. 그러나 현재의 12處라도 8처는 실유이지만, 4처의 경우 일부는 실유이고 일부는 實無이다. 즉 色處 중 顯色은 실유이지만 形色은 실무이며, 聲處 중 무기인 [현재]찰나의 소리는 실유이지만 相續의 語業으로서 선·악 등의 소리(즉 語表業)는 실무이며, 觸處 중 4大는 실유이지만 그 밖의 [所造]觸은 실무이며, 法處 중 선정의 경계가 된 [無見無對의] 色과 受·想·思는 실유이지만 그 밖의 심소법은 思 상에 假立된 실무이며, 아울러 불상응법과 3무위법 역시 실무이다. 그래서 『순정리론』에서도 경량부를 인용하여 '또한 그대들은 현재의 12處라도 일부는 실유이고 일부는 실무라고 설하였으니, 上座宗에서 말한 色·聲·觸·法處가 그러한 것이었다'고 말하였던 것이다." (經部意說. 若假, 若實, 若曾, 若當, 如其所有而說有言. 非皆實有, 猶如現在. 過去曾有. 未來當有. 現是實有. 現十二處, 八處實有. 四處少分實有, 少分實無. 如色處中, 顯色實有, 形色實無. 聲處中無記刹那聲實有, 相續語業善惡等聲實無. 觸處中四大實有, 餘觸實無. 法處中定境界色, 受想思實有, 餘心所法, 思上假立實無. 及不相應法, 三無爲法, 亦是實無. 故正理論, 引經部云. '又汝等說, 現十二處, 少分實有, 少分實無. 如上坐宗, 色聲觸法., T41, 314a4-14) 뒤의 『순정리론』에서의 인용은 이하 중현의 비판 중에 언급된 것이다.

5. 상좌와 상좌일파로 추측되는 이들의 過未無體論

1) 상좌로 추측되는 다른 어떤 이의 과미무체론

① 有餘復說:

定無去來. 契經說爲曾當有故. 謂世尊說, 諸聰慧者, 於過去世, 懷猶豫時, 應爲決言過去曾有. 於未來世懷猶豫時, 應爲決言未來當有. 曾不於彼說實有言. 故知去來定非實有.[43]

② 有餘復言.

若去來世是實有者, 何緣不許染淨二識俱時而生. 此二識因, 皆實有故.[44]

[衆賢:] 汝宗旣許**本無而生**, 染淨相違何不俱起? (中略) 又說過未無體論者, **舊隨界等染淨二因, 現相續中恒俱有故**. 如是過難極切彼宗. 我宗諸因非恒現故. (T29, 635b5-10)

---

43 (T29, 635a18-22). 여기서 '다른 어떤 이(有餘)'는 過未無體論者로서 '과거=曾有, 미래=當有'의 경증을 제시한 이로서, 중현에 의하면 本無今有論과 染淨法의 인연으로 舊隨界를 주장하였기 때문에 상좌로 추측 가능하다.

44 (T29, 635a29-b2).

1) 상좌로 추측되는 다른 어떤 이의 과미무체론

① 다른 어떤 이는 다시 말하였다.

결정코 과거·미래는 존재하지 않으니, 계경에서 曾有와 當有라고 설하였기 때문이다. 이를테면 세존께서는 "총명하고 지혜로운 이들은 과거세에 대해 猶豫(의혹)를 품을 때 결정코 '과거는 일찍이 존재하였던 것(曾有)'이라고 말해야 하고, 미래세에 대해 유예를 품을 때 결정코 '미래는 앞으로 존재하게 될 것(當有)'이라고 말해야 한다"고 설하였다. 즉 [세존께서는] 일찍이 그것에 대해 진실로/실체로서 존재하는 것(實有)이라고 말하지 않았다. 따라서 과거·미래는 결정코 實有가 아님을 알아야 한다.[45]

② 다른 어떤 이는 다시 말하였다.

만약 과거·미래세가 實有라고 한다면, 어떠한 이유에서 염오하고 청정한 두 識의 동시생기를 인정하지 않는 것인가? 이러한 두 識의 원인(즉 因緣)도 다 실유이기 때문이다.[46]

[중현:] 그대의 종의에서도 **본래 존재하지 않던 것이 생겨나는 것**이라고 인정하였는데 서로 모순되는 염오하고 청정한 [두 識이] 어찌 함께 일어나지 않는 것인가? (중략) 또한 過未無體論者도 **염오와 청정의 두 법의 원인(즉 因緣)으로서 舊隨界 등이 현재의 相續身 중에 항상 함께 존재한다**고 하였다. [따라서 그대가 지적한] 이 같은 과실은 그대의 종의에 더욱더 절실한 것이라 할 수 있으니, 우리 [毘婆沙師] 종의에 의하는 한 모든 원인이 [비록 실유일지라도] 항상 나타나는(다시 말해 '항상 작용하는') 것은 아니기 때문이다.

---

45 참고로 중현은 이 경설을 이같이 해석하였다. "삼세는 自相과 作用에 따라 두 가지 명칭(과거는 실유와 曾有, 미래는 실유와 當有, 현재는 실유와 現有)으로 불리지만, '실유'라고만 설할 경우 삼세의 혼동(잡란)이 야기되기 때문에 과거와 미래를 증유와 당유로 설하였다." (T29, 635a22-29 취의).

46 이는 "법 자체가 恒有라면 어째서 [일체법이] 一切時(항상)에 작용을 일으키지 않는 것인가? 衆緣과 화합하지 않았기 때문이라면 그 또한 항상 존재하지 않는가?"라는 세친의 비판(T29, 105a9-12)과 동일한 내용이다.

2) 상좌일파로 추측되는 어떤 이의 과미무체론

① 有言:

過去決定實無. 已捨現在行自相故. 不爾, 諸行體應是常. 由此則應無解脫理.[47]

② 又言:

過去若實有者, 應無涅槃. 說'阿羅漢有諸蘊時, 無涅槃'故. 又若過去苦常有者, 則諸有情應無解脫.[48]

[衆賢:] 汝宗旣言, '**去來無體**' 苦蘊無故, 應恒涅槃. 或諸有情本應解脫, **過去衆苦皆無有**故. 若謂 **但由現苦已滅, 餘苦不續卽名涅槃**, 則不應言 '由有過去衆苦蘊故, 應無涅槃'. (T29, 635b23-27)

---

47 (T29, 635b10-12). 여기서 '어떤 이(有)'는 過未無體論者로서 중현에 의하면 열반(즉 택멸)을 '현재의 괴로움이 소멸한 상태에서 다른 괴로움이 상속하지 않는 것'으로 정의하였고 (본항 ② [衆賢]) 無所緣識論이나 상속에 근거한 유위4상론 등을 주장하였기 때문에(본항 ⑩ [衆賢]) 상좌 혹은 상좌일파로 추측할 수 있다.

48 (T29, 635b20-22).

2) 상좌일파로 추측되는 어떤 이의 과미무체론

① 어떤 이는 말하였다.

과거는 결정코 진실로/실체로서 존재하지 않으니, 현재 行의 自相(svalakṣaṇa)을 이미 버렸기 때문이다. 그렇지 않다고 한다면(버리지 않았다고 한다면), 諸行 자체는 마땅히 恒常하는 것(*nitya)이라고 해야 하며, 그럴 경우 [無常이라는] 해탈의 도리도 없다고 해야 한다.

② [그는] 또 말하였다.

과거가 만약 실유라고 한다면 열반에 드는 일도 없다고 해야 하니, [계경에서] "아라한에게 諸蘊이 존재할 때 열반에 드는 일이 없다"고 설하였기 때문이다. 또한 만약 과거의 괴로움이 항상 존재하는 것이라고 한다면, 제 유정은 마땅히 [그로부터] 해탈하는 일도 없다고 해야 한다.

[중현:] 그대 [上座]宗에서도 이미 "**과거·미래는 실체로서 존재하지 않는다**"고 말하였으니, 苦蘊이 존재하지 않기 때문에 항상 열반[에 든 상태]라고 해야 한다. 혹은 모든 유정은 본래 해탈[의 상태]라고 해야 할 것이니, **과거의 衆苦는 다 존재하지 않기** 때문이다. 그러나 만약 "**다만 현재의 괴로움이 이미 멸함에 따라 그 밖의 다른 괴로움(즉 미래의 괴로움)이 상속하지 않는 것을 '열반'이라 말할 뿐이다**"고 한다면,[49] "과거의 온갖 苦蘊이 존재하기 때문에 열반에 드는 일도 없다고 해야 한다"고 말해서도 안 된다.

---

49 이러한 열반(택멸) 정의는 『구사론』 상의 경량부 설이었다. (본서 제3장 3 [附論] '세친이 인용한 경량부의 무위법 무별체설' 참조).

③ 又言:

去來定非實有, 行相無故. 行相者何? 謂有初後. 去來二世, 由各闕一故行相無.[50]

[衆賢:] 又彼現在過亦應同. 謂撥實無去來論者, 所執現在無初後故. (T29, 635c2-3)

④ 又言:

去來若是實有, 已斷未斷應無差別.[51]

⑤ 又言:

去來有便違教. 謂聖教說, '此有彼有, 此無彼無.' 不應現有故未來有, 不應過無故現在無. 以執去來體恒有故. 唯應現在或有或無. 由此去來定非實有.[52]

50 (T29, 635b27-29).

51 (T29, 635c5-6).

52 (T29, 635c10-13).

③ [그는] 또 말하였다.:

과거·미래는 결정코 실유가 아니니, [유위]行의 특성(行相, saṃskāra-lakṣaṇa)이 결여되었기 때문이다. [유위]行의 특성이란 무엇인가? 이를테면 시작(初)과 끝(後)을 갖는 것이니, 과거·미래의 2세는 각기 이 중의 한 가지를 결여하였기 때문에(즉 과거는 끝이 없고 미래는 시작이 없기 때문에) [유위]行의 특성이 결여되었다고 한 것이다.

[중현:] 또한 저들이 [실유라고 주장하는] 현재 역시 동일한 허물이 적용된다고 해야 할 것이니, 이를테면 '과거·미래를 부정하여 진실로/실체로서 존재하지 않는다고 논하는 이들'이 주장하는 현재에도 시작과 끝이 없기 때문이다.[53]

④ [그는] 또 말하였다.:

과거·미래가 만약 실유라고 한다면, '이미 끊어진 번뇌(已斷)'와 '아직 끊어지지 않은 번뇌(未斷)'에 어떠한 차별도 없다고 해야 한다.

⑤ [그는] 또 말하였다.

과거·미래가 존재한다면 이는 바로 聖教(*āgama)에 위배된다. 즉 성교에서는 "이것이 존재하면 저것이 존재하고, 이것이 존재하지 않으면 저것이 존재하지 않는다"고 설하였다. 그렇지만 [毘婆沙師의 경우] '현재가 존재하기 때문에 미래가 존재한다'고 해서는 안 되며 '과거가 존재하지 않기 때문에 현재가 존재하지 않는다'고 해서도 안 될 것이니, 과거·미래는 실체로서 항상 존재한다고 주장하였기 때문이다. [저들의 경우] 오로지 현재에 대해서만 "[이것이 존재하면 저것이] 존재한다"거나 "[이것이 존재하지 않으면 저것이] 존재하지 않는다"고 해야 한다. 이 같은 사실로 볼 때 과거·미래는 결정코 실유가 아니다.

53 예컨대 현재 일 찰나의 실유만을 주장하는 경량부의 경우, 현재찰나는 전후 찰나의 인과적 관계로서 상속하기 때문에 역시 無始無終이다. 다시 말해 현재찰나는 전 찰나의 결과이고, 후 찰나의 원인이기 때문이다.

⑥ 又言:

無未來, 受用無盡故. 非未來世受用可盡.[54]

⑦ 又言:

去來有相無故. 謂變礙故說名爲色. 去來不然. 故非實有.[55]

⑧ 又言:

去來體非實有. 若是實有, 應障礙故. 謂有色物, 必據處所, 互相障礙. 已滅未生色, 若實有, 應有障礙. 旣無障礙, 應非是色. 由有此失故知實無.[56]

有餘師說:

未來世燈爲已然, 不? 若已然者, 與現在燈, 應無差別. 若不然者, 應體非燈.[57]

⑨ 又言:

去來非眼取故. 若去來色是實有者, 何故不爲眼所取耶?[58]

---

54 (T29, 636a3-4).

55 (T29, 636a7-8).

56 (T29, 636a14-17).

57 (T29, 636a20-22). 여기서 '다른 어떤 이(有餘師)'는 앞서 本節 1항에서 논설한 '상좌로 추측되는 다른 어떤 이'일 것이다.

58 (T29, 636a27-28).

⑥ [그는] 또 말하였다.

미래는 존재하지 않으니, [生死의 법을] 受用하는 데 다함(끝)이 없기 때문으로, 미래세는 어떠한 경우에도 모두 다 수용할 수 없다.

⑦ [그는] 또 말하였다.

과거·미래의 존재에는 [自]相이 결여되었기 때문이다. 이를테면 '變礙하기 때문에 色이라 이름한 것'이지만, 과거·미래[色]은 그렇지 않기 때문에(다시 말해 變礙性을 갖지 않기 때문에) 실유가 아니다.

⑧ [그는] 또 말하였다.

과거·미래는 그 자체 실유가 아니다. 만약 실유라고 한다면, 마땅히 장애하는 것이 되어야 하기 때문이다. 즉 色이 실체(物, dravya)로서 존재하는 경우, 반드시 처소(공간)에 근거하여 서로를 장애한다. 그런데 이미 소멸한 색(=과거색)과 아직 생겨나지 않은 색(=미래색)이 실유라고 한다면, [이 또한] 장애성을 갖는 것이라고 해야 한다. 그러나 그것은 이미 장애성을 갖지 않는다고 하였으니, 色이 아니라고 해야 한다. 바로 이러한 과실이 있기 때문에 [과거·미래의 색은] 진실로 존재하지 않는 것임을 알아야 한다.

[이와 관련하여] 다른 어떤 이(有餘師)도 말하였다.

미래세의 등불은 이미 타고 있는 것이라고 해야 할 것인가, 그렇지 않은 것이라고 해야 할 것인가? 만약 이미 타고 있는 것이라면 현재의 등불과 어떠한 차별도 없다고 해야 할 것이며, 그렇지 않은 것이라면 (타고 있는 것이 아니라고 한다면) 그 자체 등불이 아니라고 해야 하는 것이다.

⑨ [그는] 또 말하였다.

과거·미래[의 색]은 안근으로 파악(取)할 수 있는 것이 아니기 때문에 [실유가 아니다]. 만약 과거·미래의 색이 실유라고 한다면, 어떠한 까닭에서 안근에 의해 파악되지 않는 것인가?

⑩ 又言:

彼無有爲相故. 謂去來世有爲相無. 又非無爲. 故非實有.[59]

[衆賢:] 或應以識爲同法喩. 如汝許**有緣無境識, 無所了別而體非無**, 如是汝心謂去來世無有爲相, 何妨是有? 又汝現在不應有生, 體已生故. 非有住異, **纔生無間許卽滅**故. 亦無有滅, 以汝所宗, **滅名爲無, 現是有**故. 又汝宗許**諸有爲相依相續立, 非一剎那**. 故汝剎那亦應非有. (T29, 636b10-16)

---

59 (T29, 636b3-5).

⑩ [그는] 또 말하였다.

그것(과거·미래법)에는 有爲相이 존재하지 않기 때문이다. 즉 과거·미래세의 [법]에는 유위상이 존재하지 않을뿐더러, [그렇다고] 무위도 아니기 때문에 실유가 아니다.

[중현:] 혹은 마땅히 識을 동일한 법의 비유(즉 同喩)로 삼아 보아야 한다. 즉 그대가 **"비존재를 반연하는 識(緣無境識)도 존재한다고 하면서, 요별되는 것(즉 경계대상)이 존재하지 않을지라도 [요별(즉 識)] 자체가 존재하지 않는 것은 아니다"**고 인정한 것처럼,[60] 이와 마찬가지로 그대는 '과거·미래세의 마음은 有爲相을 갖지 않는다'고 하였지만, [이러한 사실이] 어찌 바로 이러한 [과거·미래세의 마음의] 존재를 방해할 것인가?

또한 그대는 현재[법]도 마땅히 生相을 갖는다고 해서는 안 될 것이니, 그 자체 이미 생겨난 것이기 때문이며, 住·異相을 갖는 것도 아니라고 해야 할 것이니, **생겨나자마자 無間에 바로 소멸한다**고 인정하기 때문이며,[61] 滅相도 갖는 일이 없다고 해야 할 것이니, 그대의 종의에서는 **'滅'을 비존재(無)라고 하였고, 현재를 바로 존재(有)라고 하였기** 때문이다.[62] 또한 그대의 종의에서는 **諸有爲相은 일찰나가 아니라 相續에 근거하여 설정된 것**으로 인정하였다.[63] 따라서 그대가 [실유라고 주장하는 현재]찰나 역시 존재하지 않는 것이라고 해야 한다.

---

60 本章 1-2 '譬喩論者의 無境覺論' 참조.

61 본서 제3장 2-1-3 '住相 비판'② 참조.

62 本章 2-2 [附論] '세친의 滅不待因說'; 1-1 '어떤 부류의 존재 정의' 참조.

63 본서 제3장 2-1-1 [附論] '세친의 유위4상론' 참조.

제6장 **인연론**

1. 因緣

1) 同時인과 비판 총론

① [上座難言:]

云何俱起諸法聚中, 有因果義? (中略) 於將生位, 旣非已生, 並應未有, 如何可說能生所生? 又說有因則有果故. 若未來世諸法能生, 應有諸法恒時生過. 又俱生法, 此果此因, 無定因證, 如牛兩角. 又諸世間, 種等芽等, 極成因果相生事中, 未見如斯同時因果.[1]

薄伽梵處處經說, '依此有彼有, 此生故彼生. 與此相反, 非有非生.' 如是名爲因果總相. 此中初顯俱生因義. 後文復顯前生因義. (T29, 419a1-3)

② 此中上座, 釋經義言:

'依此有彼有'者, 此說有因相續爲先, 然後有果相續而住. 誰生爲先, 誰生已住? 爲答此復說'此生故彼生'. 此顯因生爲先, 故後果生而相續住.[2]

---

1 (T29, 418c21-27). 이는 上座의 記名 논설은 아니지만, 이후 전개되는 중현과 상좌의 俱生因 논쟁의 문제제기일 뿐만 아니라 상좌의 기명논설 중에도 이러한 내용이 포함되어 있기 때문에 상좌의 문제제기로 이해할 수 있다. 비판의 네 논거 중 마지막 씨앗과 싹의 예를 통한 비판은『구사론』상에도 언급되는데('諸世間, 種等芽等, 極成因果相生事中, 未見如斯同時因果. 故今應說, 云何俱起諸法聚中有因果義? T29, 30c28-31a1), 普光과 法寶에 의하면 이는 경량부의 물음(問)과 비판(奪)이다. (T41, 117b2; 560b3)

2 (T29, 419a7-11); 본서 제7장 2-2-1 '상좌의 [연기의 두 정형구] 해석'①) 참조.

1) 同時인과 비판 총론

① [上座의 문제제기]

어떻게 동시에 생기(俱起)한 諸法의 집합(聚) 중에 因果의 뜻이 있을 수 있다는 것인가? (중략) 즉 [어떤 법이] 장차 생겨나려고 하는 상태에서는 이미 생겨난 것이 아닐뿐더러 아직 존재하지 않는 것이라고 해야 할 것인데, [이에 대해] 어떻게 '능히 생겨나게 하는 것(能生, 즉 원인, 因緣)'과 [이것에 의해] '생겨나는 것(所生, 즉 결과)'이라고 말할 수 있을 것인가? 또한 [그럴 경우] 원인이 존재하면 바로 [동시에] 결과도 존재한다고 말해야 하기 때문에, 만약 [毘婆沙師가 주장하듯] 미래세의 제법이 능히 생겨나게 하는 것(즉 인연)이라면, 제법은 항상 생겨난다는 과실이 있다고 해야 한다. 또한 동시에 생기한 법에는 '이것은 결과이고 이것은 원인이다'고 할 만한 결정적인 근거(證因)가 없으니, 마치 소의 두 뿔이 그러한 것과 같다. 또한 씨앗 등과 싹 등의 경우처럼 세간에서 일반적으로 성취되는 因果相生 중에서는 이와 같은 동시인과가 발견되지 않는다.

薄伽梵께서는 이러저러한 여러 경에서 "이것이 존재함으로 말미암아 저것이 존재하고, 이것이 생겨남으로 말미암아 저것이 생겨나며, 이와 서로 반대되는 경우에는 존재하지 않고 생겨나지 않는다"고 설하였다. 이는 인과의 전체적 특성(總相)을 밝힌 것으로, 전자가 俱生因(즉 同時인과)을 나타낸 것이라면, 후자는 前生因(즉 異時인과)을 나타낸 것이다. (중현)

② 여기서 上座는 경의 뜻을 이같이 해석하였다.

'이것이 존재함으로 말미암아 저것이 존재한다'고 함은, [유정의 相續은] 원인이 되는 상속(kāraṇa-srotas)이 먼저 존재하고 그 후 결과로서의 상속(kārya-srotas)이 존재하여 지속한다는 사실을 말한 것이다. [그럴 경우] 무엇이 먼저 생겨나고 무엇이 생겨난 이후 지속하는 것인가? 이에 답하기 위해 다시 '이것이 생겨남으로 말미암아 저것이 생겨난다"고 설한 것이니, 이는 먼저 원인이 생겨났기 때문에 그 후 결과가 생겨나 [유정의] 相續이 [간단없이] 지속한다는 사실을 나타낸 것이다.

③ 彼復異門, 釋此經義:

前經爲顯諸行有因, 後經爲遮計常因執.[3]

[衆賢:] 然妄執有隨界論者, **彼執恒現有無量法生因.** 豈不汝宗, 獨爲諸法於一切時頓生過害. 若汝雖執, **唯前生因, 而待餘緣, 方能生果.** 何故不許, 此俱生因, 亦待餘緣, 方能生法? 如汝所執, **唯前生因, 能生諸法. 然不恒生,** 未來亦爾. (T29, 419c18-23)

又有別喻, 證俱生因. 故彼立因, 有不定過. 謂世現見, 燈之與明, 俱時而生. 有因果故. (T29, 420a7-9)

④ [上座救釋]

我亦許明因燈而起. 然不許彼因俱起燈. 所以者何? 燈明俱起, 不可待燈明方生故. 非俱生法相待應理, 如非自體待自體生. 但由前生燈爲緣故, 無間後念明乃得生. 是故不應引之爲喩.[4]

若許燈明恒俱起者, 彼不應說燈是明因, 由燈與明一因生故. 謂油炷等與燈爲因, 卽此亦應爲明因故. 如是二種, 旣一因生, 如燈不因明故得起, 明亦應爾, 非因燈生. 復有喩故, 不相因起. 如苣勝中, 皮人與膩三事, 和合一因生故, 非展轉因, 世極成立. 燈明亦爾, 一因生故, 明必不應用俱起燈爲因.[5]

---

3 (T29, 419b9-10). 중현은 이 논설을 「변연기품」에서는 '上座徒黨 중의 어떤 이'의 설로 전하고 있다. (제7장 2-2-3 '上座徒黨의 해석' 참조).

4 (T29, 420a11-15).

5 (T29, 420a22-28).

③ 그(상좌)는 다시 다른 방식(*paryaya)으로 해석하였다.

앞의 경문(즉 '此有故彼有')은 제행에 원인이 존재한다는 사실을 밝히기 위해(즉 無因論을 비판하기 위해) 설한 것이고, 뒤의 경문(즉 '此起故彼起')은 常住의 원인을 헤아리는 주장(즉 常因論)을 비판하기 위해 설한 것이다.

[중현:] 隨界(anudhātu)가 존재한다고 거짓 주장하는 이들의 경우, 그들은 **이루 헤아릴 수 없는 법의 生因(즉 일체만법의 因緣인 隨界)이 항상 지금 바로 존재(現有)한다**고 주장하였음에도 어찌 그대의 종의만 유독 제법이 일체시에 단박에 생겨난다는 허물을 범한 것이 아니라 하겠는가? 만약 그대가 "**오로지 前生因만이 존재한다고 주장할지라도 그 밖의 다른 연에 근거할 때 비로소 결과를 낳을 수 있는 것**"이라고 한다면, 어떠한 이유에서 이러한 俱生因 역시 그 밖의 다른 연에 근거할 때 비로소 능히 결과를 낳을 수 있다는 사실을 인정하지 않는 것인가? 즉 그대가 "**오로지 前生因만이 능히 제법을 낳을 수 있지만, 항상 낳는 것은 아니**"라고 주장하듯이, [우리가 주장하는] 미래법 역시 그러한 것이다.

또한 별도의 다른 비유로써 俱生因을 입증할 수 있기 때문에 그(上座)가 제시한 ["씨앗 등과 싹 등의 경우처럼 세간에서 일반적으로 성취되는 因果相生 중에서는 이와 같은 동시인과가 발견되지 않는다"는] 논거는 [진위]부정의 오류(不定過)를 범한 것이다. 즉 등불(燈)과 밝음(明)은 동시에 생겨나는 것이면서도 인과의 뜻을 갖는 것임을 세간에서 지금 바로 관찰할 수 있기 때문이다.

④ [上座의 해명]

나(상좌) 역시 밝음은 등불에 의해 일어난다고 인정한다. 그렇지만 그것(밝음)의 원인이 동시에 함께 일어난 등불이라고는 인정하지 않는다. 왜냐하면 등불과 밝음이 동시에 함께 일어난 경우, '등불에 근거하여 밝음이 비로소 생겨났다'고는 말할 수 없기 때문이다. 즉 동시에 함께 생겨난 법이 서로에 근거한다는 것은 이치에 맞지 않으니, [어떤 사물] 自體는 自體에 근거하여 생겨나지 않는 것과 같다. 다만 전 찰나에 생겨난 등불을 緣으로 삼았기 때문에 無間의 후 찰나에 밝음이 생겨날 수 있는 것이다. 그렇기 때문에 이러한 [등불과 밝음의] 예를 [俱生因의] 비유로 인용해서는 안 되는 것이다.

만약 등불과 밝음이 항상 함께 일어나는 것이라고 인정하는 이라면 그는 마땅히 등불이 바로 밝음의 원인이라 말해서는 안 될 것이니, 등불과 밝음은 동일한 원인에서 생겨난 것이기 때문이다. 즉 기름과 심지 등은 등불에 대해서도 원인이 되지만, 이

⑤ 又上座說:

諸行決定無俱生因, 諸行將生, 應無因故; 又應餘類生餘類故. 謂俱生法, 於將起位, 非此與彼能作生因, 猶未生故. 又應求彼二種異因, 由彼二因, 二俱得起.[6]

[衆賢:] 若未生故, 不得成因, 生故成因, 是則應許, 過去諸法定成因性. 若爾, 執有隨界唐捐. 或應隨界無因而有. (T29, 421c3-5)

⑥ 又彼所說:

唯一刹那, 有所依性, 及諸行法有俱生因, 皆難可了.[7]

6 (T29, 421b18-22).

7 (T29, 421c17-18).

역시 밝음의 원인도 된다고 해야 하기 때문이다. 이렇듯 [등불과 밝음의] 두 종류가 이미 동일한 원인에서 생겨난 것이라면, 등불이 밝음에 의해 일어날 수 있는 것이 아니듯이 밝음 역시 그러하여 등불에 의해 생겨난 것이 아니라고 해야 한다. 또 다른 비유로 볼 때도 [등불과 밝음은] 서로를 원인으로 하여 일어나는 것이 아니다. 예컨대 검은 깨의 껍질과 [기름 짜는] 사람과 기름의 세 가지는 [세 가지의] '화합'이라는 동일한 원인에 의해 생겨나기 때문에 서로가 서로의 원인(展轉因)이 되지 않는다는 사실은 세간의 상식적 사실(世間極成, lokaprasiddha)이다. 등불과 밝음의 경우도 역시 그러하여 동일한 원인에서 생겨난 것이기 때문에, 밝음은 어떤 경우라도 동시에 함께 일어난 등불을 원인으로 한 것이라 해서는 안 되는 것이다.

⑤ 上座는 이같이 설하였다.

諸行에는 결정코 俱生因이 존재하지 않는다. 왜냐하면 諸行이 장차 생겨나려고 할 때에는 [아직 생겨나지 않았기 때문에 그것과 동시에 함께 생겨나는] 원인(즉 俱生因)이 존재하지 않는다고 해야 하기 때문이며, 또한 [그럼에도 생겨났다면] 다른 종류(餘類)가 다른 종류를 낳았다고 해야 하기 때문이다. 즉 동시에 함께 생겨나는 법(俱生法)이 장차 일어나려고 하는 상태에서 이것은 저것에 대해 능히 生因이 될 수 있는 것이 아니니, 아직 생겨나지 않았기 때문이다. 또한 [만약 '이것'과 '저것'이 동시라면] 그러한 두 종류와는 다른 원인을 추구해야 할 것이니, 그러한 [다른] 두 원인에 의해 [비로소 '이것'과 '저것'의] 두 가지가 함께 일어날 수 있기 때문이다.

[중현:] 만약 아직 생겨나지 않았기 때문에 원인이 될 수 없으며, 생겨났기 때문에 원인이 될 수 있는 것이라면, 과거의 제법도 결정코 원인이 될 수 있음을 인정해야 한다. 그리고 만약 그렇다고 한다면, 隨界가 존재한다는 주장은 쓸데없는 일이 되고 말거나, 혹은 마땅히 隨界는 원인 없이 존재하는 것이라고 해야 한다.

⑥ 또한 그(상좌)는 논설하였다.

[毘婆沙師가 주장하듯 心·心所는] 오로지 동일 찰나에 [眼 등의] 所依性(*āśrayatā)을 갖는다거나 온갖 [유위]行法에 俱生因이 존재한다는 사실은 다 알기(확인하기) 어렵다. [따라서 俱生因은 진실이 아니다.]

2) 심·심소 相應俱生說 비판

又見厭背受想二法, 入滅定者, 思等心所, 亦如受想, 皆不得生. 說此定中, 意行滅故. 由此准度驗, 思等生繫屬受想. 故知! 諸法前生因外, 有俱生因. (T29, 420b14-17)

① 然上座言:

思等心所, 於滅定中不得生者, 由與受想生因同故, 非由展轉爲因生故.[8]

② 若執,

諸法唯有前生因, 無俱生因者.[9]

[衆賢:] 彼卽應說 '有因緣時, 無苦生起. 苦生起位, 因緣已無.' (中略) 又應違害緣起正理. 如契經說, '眼色爲緣, 生於眼識'. 前生眼色, 與後眼識, 應非所依及非所緣. 有無有故. (T29, 420c19-23)

③ 若[謂],

薄伽梵唯說, '前生眼色爲緣, 生眼識'者,[10]

[衆賢:] 則應說 '**眼識唯用識爲緣**'. 自類緣强, 如種子故, 前識爲後識等無間緣故. 旣不說識爲眼識緣. 故知! 此中唯說 '俱起眼根色境, 爲眼識緣.' 非一**身中二識俱起**, 故不說**識爲眼識緣**.[11]

---

8 (T29, 420b17-19).

9 (T29, 420c18-19).

10 (T29, 420c28-29).

11 (T29, 420c29-421a4). '一身中二識俱起'는 본장 1-2 '상좌의 인연: 舊隨界' ⑩의 '一念一根俱生二識' 참조.

2) 심·심소 相應俱生說 비판

受·想의 두 법을 싫어하여 멸진정에 든 자에게는 思 등의 심소도 受·想과 마찬가지로 다 생겨날 수 없으니, [계경에서] "이러한 [멸진]정 중에서는 意行(*manosamskāra)이 소멸한다"고 설하였기 때문이다. 이로 미루어 보건대 思 등의 생기는 受·想에 繫屬되어 있음을 추측(度驗)할 수 있다. 따라서 제법에는 前生因 이외 俱生因도 존재함을 알아야 한다.

① 上座는 말하였다.

思 등의 心所가 滅盡定 중에서 생겨날 수 없는 것은 受·想과 생기원인이 동일하기 때문이지 展轉[相續]하며 서로를 원인으로 삼아 생겨나기 때문이 아니다.

② [上座는] 주장하였다.

諸法에는 오로지 前生因만 존재하고 俱生因은 존재하지 않는다.

[중현:] 그럴 경우 그는 마땅히 "[괴로움의] 인연이 존재할 때 괴로움이 생겨나는 일도 없으며, 괴로움이 생겨나는 단계에는 인연이 이미 존재하지 않는다"고 말해야 한다. (중략) 또한 緣起의 正理에도 위배된다고 해야 한다. 예컨대 계경에서는 "眼과 色을 연하여 眼識이 생겨난다"고 설하였으므로 앞서 생겨난 眼과 色은 뒤에 생겨난 眼識에 대해 所依도 되지 않고, 所緣도 되지 않는다고 해야 하니, 존재하고 존재하지 않기 때문이다.(즉 眼과 色이 존재할 때 眼識은 존재하지 않으며, 眼識이 존재할 때 眼과 色은 존재하지 않기 때문이다.)

③ 박가범(세존)께서는 오로지 "먼저 생겨난 眼과 色을 緣하여 眼識이 생겨난다"고 설하였을 뿐이다.

[중현:] 그렇다고 한다면, **"眼識은 오로지 識을 緣으로 삼는다"**고 말해야 할 것이니, 종자(씨앗)의 경우처럼 自類의 緣(즉 因緣)이 강력하기 때문이며, 전 찰나의 識은 후 찰나의 識에 等無間緣이 되었기 때문이다. 그러나 [계경에서는] '識이 眼識의 緣이 된다'고는 설하지 않았다. 따라서 여기("眼과 色을 연하여 眼識이 생겨난다"고 설한 계경)서는 오로지 俱起하는 眼根과 色境이 眼識의 緣이 된다는 사실을 설한 것임을 알아야 한다. 즉 **하나의 所依身 중에 두 識이 俱起하는 일**은 없기 때문에, **"識이 眼識의 緣이 된다"**고 설해서는 안 되는 것이다.

④ 若[謂],

眼識生, 眼色已滅.[12]

[衆賢:] [若爾] 眼識爾時, 與誰和合? (중략) **汝宗唯有現在世法**, 合義不成.[13]

又諸憎背俱生因者, 初無漏法, 從何因生? 彼前生因, 曾未有故. (T29, 421a16-18)

⑤ 若謂,

淨界本來有者.[14]

---

12 (T29, 421a11-12).

13 (T29, 421a11-16).

14 (T29, 421a19). 이하의 논의는 본장 2-4 '淨界 본유설' 참조.

④ **眼識이 생겨나면 眼과 色은 이미 소멸하였다.**

[중현:] 만약 그렇다면 안식은 그 때 무엇과 和合할 것인가? (중략) 그**대** [上座]宗**에서는 오로지 현재세의 법이 존재한다고 주장하여** 화합의 뜻은 이루어질 수 없는 것이다.

또한 俱有因을 싫어하여 배척하는 이들(즉 상좌일파)은 최초의 무루법이 어떠한 원인으로부터 생겨난다고 하는 것인가? 즉 그것의 前生因은 일찍이 존재하지 않았기 때문이다.
⑤ **淨界(śuddhadhātu, 청정한 무루법의 종자)가 본래부터 존재하였다.**

3) 경설상에서의 '俱起'의 의미

以一切心, 皆與受想俱生滅故. 有何至教, 證此義成? 如契經說. '眼及色爲緣, 生於眼識. 三和合觸. 俱起受想思. 如是乃至. 意及法爲緣, 生於意識等.'[15] (T29, 403a25-28)

若謂,

> 此'俱'言, 顯無間起義. 如曼馱多, 惡心起故, 俱時墮落. 如不淨俱修念覺支. 此亦應爾.[16]

15 인용경설은 『잡아함경』 제319경. 제4장 2. '受·想·思 세 심소 실유설' 참조.

16 (T29, 403b2-4).

3) 경설상에서의 '俱起'의 의미

[譬喩論者의 滅定有心說(제3장 2-2-3)은 올바른 이치가 아니니,] 일체의 마음은 다 受·想과 함께 생겨나고 함께 소멸하기 때문이다.
어떤 至敎(āptavacana)가 있어 이 같은 뜻의 논증이 성취된 것인가?
계경에서 "眼과 色을 緣하여 眼識이 생겨나고, 나아가 意와 法을 緣하여 意識이 생겨나니, 세 가지의 화합인 觸은 受·想·思와 함께 일어난다"고 설한 바와 같다.

여기서 ['함께 일어난다(俱起, sahajā)'의] '함께(俱, saha)'라는 말은 '無間으로 일어난다'는 사실을 나타낸다. 이는 예컨대 "만타다왕(Māndhātā: 頂生王)은 악심을 일으켰기 때문에 이와 함께 / 동시에 [자상으로] 추락하였다"거나 "不淨觀은 念覺支와 함께 수습한다"고 하는 경우와 같은 것으로, 이 역시 이러한 뜻이라고 해야 한다.[17]

17 『구사론』 상에서 이 같은 내용은 觸·受 繼起說을 주장한 어떤 이(經部 중의 上座, 혹은 상좌 슈리라타)의 설로 인용된다. 제4장 4-3-2 '經爲量者의 대지법 규정과 심·심소 不俱論'⑧ 참조. 심소 무별체설을 주장한 하리발마 역시 이같이 주장하였다. "汝言從觸卽有受等俱生, 是事不然. 世間有事雖小相遠亦名爲俱. 如言'與弟子俱行'. 亦如'頂生王生心卽到天上'. 是事亦然. 凡夫識造緣時, 四法必次第生. 識次生想. 想次生受. 受次生思. 思及憂喜等, 從此生貪恚癡. 故說卽生.: 그대는 '觸으로부터 受 등이 함께 생겨난다(俱生)'고 하였지만, 이는 옳지 않다. 즉 세간에서는 조금 떨어져 있을지라도 '함께 한다'고 말한다. 예컨대 [스승이 조금 떨어져 가더라도] '제자와 함께 간다(俱行)'고 말하듯이, [경에서] "頂生王이 마음(善心)을 낳는 순간 天上에 이르렀다"고 설하였듯이 이 경우 역시 그러하다. 범부의 識이 緣이 될 때, 네 法은 반드시 순서대로 생겨난다. 즉 識 다음에 想이 생겨나고, 想 다음에 受가 생겨나며, 受 다음에 思가 생겨난다. 思와 憂·喜[受] 등, 이로부터 貪·恚(瞋)·癡가 생겨나지만 [너무나 빠르게 상속하기 때문에] '卽生(俱生)한다'고 말한 것이다." (『성실론』 67 「非相應品」, T32, 277c13-19).

2. 상좌의 因緣性: [舊]隨界/種子論

1) 隨界論

① 然上座言:

> 因緣性者, 謂舊隨界. 卽諸有情相續展轉, 能爲因性.[18]

彼謂,

> 世尊契經中說, '應知! 如是補特伽羅, 善法隱沒, 惡法出現. 有隨俱行善根未斷, 以未斷故, 從此善根猶有可起餘善根義.' 隨俱善根卽舊隨界, 相續展轉, 能爲因性. 如斯等類, 說名因緣.[19]

[衆賢:] 此亦同前, 經主所執種子義破. 此舊隨界, 卽彼種子名差別故. (T29, 440b8-10)

② 此爲何相?

> 是種種法, 所薰成界, 以爲其相.[20]

> 此舊隨界體不可說. 但可說言, 是業煩惱所薰六處, 感餘生果.[21]

若**此後時相續六處, 能感果**者, 與業煩惱都不相應. 如何薰彼, 可成隨界? 非有與無有相應義. (T29, 440c8-10)

③ 豈不因果得有相應? 與彼相同, 令成緣故.[22]

---

18 (T29, 440b3-4).

19 (T29, 440b4-8).

20 (T29, 440b15). 『섭대승론』(T31, 134a9f); 『성유식론』(T31, 13c8f), "[何因緣故亦說名心?] 由種種法熏習種子, 所積集故."

21 (T29, 440b21-22).

22 (T29, 440c10-11).

1) 수계론

① 上座는 말하였다.

因緣性(hetupratyayatā)이란 舊隨界(pūrvānudhātu)를 말하니, 이는 바로 모든 유정의 相續이 [선·불선 등의 다양한 현실로] 展轉하는데(*paraṃpara, 연속적으로 이어지는 데) 능히 원인적 존재(因性, hetubhāva)가 되는 것이다.

그는 [이같이] 말하고 있다.

세존께서 계경 중에서 설하였다. "마땅히 알아야 할 것이니, 이와 같은 보특가라에게 선법이 隱沒하고 악법이 출현할지라도 隨俱行의 善根이 아직 끊어지지 않았을 경우, 아직 끊어지지 않았기 때문에 이러한 선근으로부터 여전히 다른 [품류의] 선근을 일으킬 수 있다." [여기서] 隨俱行의 선근(anusahagataṃ kuśalamūlaṃ)이 바로 舊隨界로, [유정의] 相續이 展轉하는데 능히 원인적 존재(因性)가 되는 이와 같은 등의 종류를 '因緣'이라 한다.

[중현:] 이 역시 앞서 經主가 주장한 種子(bīja)의 뜻[23]과 동일하게 논파할 것이니, 이러한 舊隨界는 바로 그 같은 種子의 명칭상의 차별이기 때문이다.

② 이 같은 舊隨界는 어떤 특성(lakṣaṇa: 相)을 갖는 것인가?

이는 바로 '種種法(citradharma)이 熏習하여 성취된 界(dhātu)'를 특성으로 한다.

이러한 舊隨界 자체에 대해서는 말할 수 없다. 다만 "이는 바로 업과 번뇌가 熏習된 6處(*karmakleśabhāvita ṣaḍāyatana)로, 生(janman)이라는 또 다른 결과를 초래하는 것"이라고 말할 수 있을 뿐이다.

만약 **이것(업과 번뇌)이 後時로 상속하여** [생겨난] **6處가 능히** [生이라는 또 다른] **결과를 초래하는 것**이라면, [後時의 6처는 前時의] 업과 번뇌와 전혀 相應하지 않거늘, 어떻게 그것(업과 번뇌)을 훈습하여 隨界를 성취할 수 있다는 것인가? 존재하는 것(有)과 존재하지 않는 것(無)은 상응하는 것이 아니다.[24]

---

23 本項 [附論] '세친의 종자설' 참조.

24 本章 1-2 '심·심소 相應俱生說 비판'② [중현] 참조.

④ 或彼(上座)意:

謂業煩惱俱六處將滅, 與後六處, 其相是同, 令成緣者.[25]

亦不應理, 前六處相, 於將滅時, 後體未有. 體未有故, 彼相亦無. 何有相同, 令成緣性? 故彼所說, 但有虛言.
若[謂],

'彼相'言, 依當有說. 如世間說煮飯磨粖, 以彼當來極成有故.[26]

⑤ 若謂,

如神糞土資熏, 能生芽等.[27]

又於此中, 正立法喩. 種應正喩業煩惱心. 六處應言猶如糞土. 則業煩惱類, 應名隨界. 如何說六處爲隨界耶?

非由糞土資熏種故, 還令生起糞土類芽. 故種唯應喩於六處, 由此六處業煩惱熏, 生當六處異熟果故.[28]

---

25 (T29, 440c15-16).
26 (T29, 440c19-20).
27 (T29, 441a26). '神'은 전후 문맥상 '種'의 誤寫일 것이다.
28 (T29, 441b2-4).

③ 어찌 因果로서 상응할 수 있다고 하지 않겠는가? 즉 [前時의 업과 번뇌는] 그것(後時의 6處)과 특성(*lakṣaṇa)이 동등하여 그것으로 하여금 [生이라는 또 다른 결과를 낳는] [因]緣(즉 隨界)을 성취하게 하기 때문이다.[29]

④ 그의 생각은 이러한 것이다.

업과 번뇌와 함께 하는 6處로서 장차 소멸하려는 것은 후 찰나의 6處와 그 특성(相)이 동등하여 그것으로 하여금 [生이라는 또 다른 결과를 낳는 因]緣(즉 수계)을 성취하게 한다.

이 역시 이치에 맞지 않으니, 전 찰나의 6處의 특성이 장차 소멸하려고 할 때, 후 찰나의 6處 자체는 아직 존재하지 않으며, 6處 자체가 아직 존재하지 않기 때문에 그것의 특성 역시 존재하지 않는데, 어떻게 '그 특성이 동일하여 [因]緣性을 성취하게 된다'고 할 수 있을 것인가? 따라서 그가 설한 바는 다만 虛言일 뿐이다.

[여기서] '그것의 특성'이라는 말은, 세간에서 '밥을 짓는다' '보릿가루를 간다'고 말하듯이 當有(미래존재)에 근거하여 설한 것이니, 그것은 미래 지극히 상식적으로 존재하는 것(極成有, prasiddhasat)이기 때문이다.

⑤ ['舊隨界'라는 인연성이 결과를 초래하는 것은] 종자(=6처)가 거름을 자양분으로 삼아 능히 싹(=後時의 6처) 등을 낳는 것과 같다.

여기서 법의 비유를 올바로 설정해야 한다. 즉 종자는 바로 업과 번뇌의 마음을 비유하는 것이라 해야 하고, 6처는 거름과 같은 것이라고 해야 한다. 그럴 경우 업과 번뇌의 종류를 '隨界'라고 말해야 함에도 어찌하여 6處를 隨界라고 한 것인가?

거름(=업과 번뇌)이 종자(=6處)에 자양분이 되었기 때문[에 싹 등이 생겨나게 된 것]으로, 거름의 종류가 싹 등을 생겨나게 한 것은 아니다. 따라서 종자는 오로지 6處에 비유한 것이라고 해야 하니, 이러한 6處에 업과 번뇌가 훈습됨으로 말미암아 당래(미래) 6處의 이숙과를 낳을 수 있기 때문이다.

---

29 俱舍論主 세친(經主) 역시 전법(能熏)과 후법(所熏) 사이에 相應은 불가능하다는 중현의 비판에 대해 상좌와 동일한 형식으로 해명한다. "此何所疑? 因果法爾. 要有前思差別故, 方有後心功能差別生. 若無前思差別者, 後心功能差別則不起. 是故此二, 得有因果, 更互相應. 여기에 무슨 의심이 있다는 것인가? 因果란 원래 그러한 것(法爾: 즉 전후찰나의 관계)이다. 요컨대 전 찰나에 특수한 思(cetanā-viśeṣa, 이를테면 업과 번뇌)가 존재하였기 때문에 바야흐로 후 찰나의 마음에 특수한 功能(śakti-viśeṣa)이 생겨나게 된 것이다. 만약 전 찰나에 특수한 思가 존재하지 않았다면 후 찰나의 마음에 특수한 공능은 일어나지 않았을 것이다. 그렇기 때문에 이러한 [전후의] 두 찰나[의 마음]은 인과적 관계가 될 수 있고, 서로 相應할 수 있는 것이다." (T29, 398a2-5).

若是無間能生異熟六處爲因, 能感果者, 是則應無順後受業, 唯無間因生異熟故.

⑥ 無斯過失, 鄰近展轉能牽果故. 如花種等, 鄰近展轉能引果生.[30]

⑦ 又彼上座執:

有法體雖經劫滅, 而自相續展轉相仍, 猶爲因性.[31]

⑧ 又若[謂],

彼法, 雖無有體, 而能爲因, 生所生法.[32]

⑨ 又設許彼,

'有舊隨界, 因果展轉相續力故, 雖經多劫久已滅境, 而今時取,' 理可無違.[33]

⑩ [彼]謂,

於善心正現行位, 不善無記心界恒隨.[34]

30 (T29, 441a15-16).

31 (T29, 442a2-3).

32 (T29, 442a6-7).

33 (T29, 629a11-13).

34 (T29, 441c7-8).

만약 [업과 번뇌에 의해] 無間으로 낳아진 異熟의 6處가 원인(즉 인연)이 되어 결과를 초래하는 것이라고 한다면, [다음 생 이후에 결과를 낳는] 順後受業이 존재하지 않는다고 해야 할 것이니, [그대 상좌에 의하면] 오로지 無間의 원인(즉 前生因)만이 이숙과를 낳기 때문이다.

⑥ 이 같은 [順後受業을 부정하는] 과실은 없으니, [6處가 지닌] 隣近(sākṣāt)과 展轉(pāraṃpara)의 功能(sāmarthya) 즉 직접적이고도 간접(연속)적인 힘이 결과를 견인하기 때문으로, 마치 꽃과 씨앗 등이 갖는 隣近과 展轉의 공능이 열매(果)를 견인하여 낳는 것과 같다.

⑦ 또한 上座는 이같이 주장하였다.

法 자체는 비록 劫을 거치면서 소멸하였을지라도 자신의 相續(*sva-saṃtati, saṃtāna)을 통해 展轉을 거듭하면서 여전히 [유위제법의] 원인적 존재(因性, hetubhāva)가 된다.

⑧ 또한 그러한 법(즉 隨界)은 비록 실체로서 존재하지 않을지라도 (다시 말해 6處상의 공능으로 존재할지라도) 능히 생겨날 법(결과)을 낳는 원인(즉 인연)이 된다.

⑨ 그는 [다음과 같은] 사실을 인정한다.

인과적 관계로서 展轉상속하는 힘(功能)인 舊隨界가 존재하기 때문에, 비록 이미 소멸하여 多劫의 오랜 시간이 지난 경계대상이라 할지라도 [인과적 관계를 소급 推尋하여] 지금 파악(取, 지각)할 수 있다고 해도 이치 상 어긋남이 없다.[35]

⑩ [그는] 말하였다.

선심이 현행하고 있는 상태에서도 불선심과 무기심의 界(dhātu)가 항상 隨逐하고 있다.

---

35 이에 대해서는 본서 제5장 4-2 '삼세실유설 이증1 비판과 이에 따른 난점 해명'③④ 참조.

且執何法名爲種子? 謂名與色, 於生自果, 所有展轉鄰近功能. 此由相續轉變差別. 名色者何? 謂卽五蘊. 如何執此爲種子性? 能爲善等諸法生因. 爲總, 爲別, 爲自種類? (問也. 爲總一身五蘊. 爲異熟等別. 爲自類爲種.) 且汝所執, 唯應爾所. 若言是總, 種體應假. 假爲實因, 不應正理. (若合諸色心總爲種子, 卽是假法. 假法如無. 非種子也.) 若言是別, 如何可執無記色種, 爲善不善諸法生因? (若身中別取色法爲種子者, 色是無記, 如何與善不善爲因?)[36] 若自種類, 善法無間不善法生, 或復相違, 以何爲種? 天愛! 非汝解種子性. 前心俱生思差別故, 後心功能差別而起. 卽後心上功能差別, 說爲種子. 由此相續轉變差別, 當來果生. 此中意說: 不善心中, 有善所引展轉鄰近功能差別, 以爲種子, 從此無間善法得生. 或善心中不善所引展轉鄰近功能差別, 以爲種子, 從此無間不善法生. (中略)

又彼所言, '此由相續轉變差別', 何名轉變? 謂相續中前後異性. 何名相續? 謂因果性三世諸行. 何名差別? 謂有無間生果功能.[37] (T29, 397b22-c6; 398b12-15)

---

36 ( ) 안의 논설은 法寶의『구사론소』(T43, 537b10-20)에서의 夾註.

37 이 중 일부는『구사론』「근품」에서 得·成就론 비판의 논거로 논설되고 있다. "此中何法名爲種子? 謂名與色, 於生自果所有展轉鄰近功能. 此由相續轉變差別. 何名轉變? 謂相續中前後異性. 何名相續? 謂因果性三世諸行. 何名差別? 謂有無間生果功能." (T29, 22c11-15); kiṃ punar idaṃ bījaṃ nāma. yan nāmarūpaṃ phalotpattau samarthaṃ sākṣāt pāraṃparyeṇa vā. santatipariṇāmaviśeṣāt. ko 'yaṃ pariṇāmo nāma. santater anyathātvam. kā ceyaṃ santatiḥ. hetu phalabhūtās traiyadhvikāḥ saṃskārāḥ. (AKBh 64. 4-6); "何法名種子? 是名色於生果有能, 或現時, 或當時. 由相續轉異類勝故. 何法名轉異? 是相續差別, 謂前後不同. 何法名相續? 生成因果, 三世有爲法. 何者爲勝類? 與果無間有生果能."(『구사석론』T29, 181b13-17) 이처럼 두 한역에서는 프라단의 범본에 부재하는 '差別'에 관한 논설도 언급되고 있으며,『순정리론』에서도 역시 그러하다. 여기서의 '차별'의 정의는『구사론』「파아품」의 그것에 따른 것으로 생각되지만, 내용은 같을지라도 형식은 좀 다르다. 본서 제8장 1-3 '세친(경량부)의 업과상속설' 참조

[부론] 세친의 종자설①

[문:] 무엇을 種子(bīja)라고 말한 것인가?

[답:] 이를테면 간접적으로 직접적으로 결과를 낳는 능력인 展轉(pāramparyeṇa)과 隣近(sākṣāt)의 功能(samartha)을 지닌 名色(nāmarūpa)으로, 이는 相續(santati)의 轉變(pariṇāma)과 差別(viśeṣā)에 의해 [생겨난다].

[문:] 名色이란 무엇인가?

[답:] 말하자면 5蘊이다.

[문:] 어찌 이것(5온)을 種子性(bījabhāva: 종자의 상태)이라 주장하는 것인가?

[답:] 능히 善 등의 제법을 낳는 원인이 되기 [때문이다].

[문:] [그렇다면 善 등의 제법의 종자는] [5온] 전체라고 해야 할 것인가, 개별적인 각각의 5온이라고 해야 할 것인가, 아니면 자신(결과)과 [동일한] 種類(*sva-jāti)라고 해야 할 것인가? 바야흐로 그대가 주장하는 [종자]는 오로지 이러한 것 중의 하나라고 해야 한다. 그러나 만약 [제법의 종자가] 5온 전체라고 말한다면, 종자 자체(種子體)는 가설적인 것(prajñpti: 假)이라고 해야 하지만, 가설적 존재가 [선 등의 제법을 낳는] 진실의 원인이라고 하는 것은 이치에 맞지 않다. 만약 개별적인 각각의 5온이라고 말한다면, 어떻게 無記인 色의 종자가 선·불선의 제법을 낳는 원인이라 주장할 수 있을 것인가? 만약 자신과 [동일한] 種類라고 말한다면, 선법과 무간에 불선법이 생겨나거나 혹은 반대로 [불선법과 무간에 선법이 생겨나는] 경우 무엇을 종자로 삼았다고 해야 할 것인가?

[답:] 天愛(devānām priya: 어리석은 이)여! 그대는 種子性(bījabhāva)을 전혀 이해하지 못하였다. 전 찰나의 마음과 함께 생겨난 특수한 思(cetanāviśeṣa: 思差別)로 인해 후 찰나 마음에 특수한 功能(śakti-viśeṣa: 功能差別)이 일어나니, 바로 후 찰나의 마음상에 생겨난 특수한 공능을 '종자'라고 말한 것이다. 즉 이 같은 [특수한 공능을 지닌] 相續의 轉變과 差別로 말미암아 미래의 결과가 생겨나는 것이다. 여기서 [그대가 힐난한] 뜻에 대해 해설하면 이러하다.: "불선심 중에도 선심에 의해 引起된 展轉과 隣近의 특수한 공능이 존재하니, 이를 종자로 삼아

[衆賢①] 今汝所執, 功能差別種子, 與彼善不善心, 爲有別體, 爲無別體? 此無別體, 豈不許善爲不善種, 及許不善爲善種耶? 誰有心者, 執煖與火無有別體, 而復執言, '唯煖能燒, 火不能燒.' 云何能感那落迦等諸異熟果, 不善心中, 安置能感可愛異熟, 善思差別所引功能差別種子? 復云何感末奴沙等諸異熟果, 淨善心中, 安置能感非愛異熟, 惡思差別所引功能差別種子? (中略) 又應許思差別所引功能差別種子, 與心同一果故, 無漏心中, 亦有有漏功能差別. 則無漏心, 亦應能感三有之果. 無漏心中, 亦許安置煩惱種故, 則無漏心, 亦應能作煩惱生因. (中略) 又退法性阿羅漢果, 或有退起諸煩惱故, 卽阿羅漢無學心中, 應有三界煩惱種子. (T29, 397c6-27)

이러한 [불선심]으로부터 무간에 선법이 생겨날 수 있다. 혹은 선심 중에도 불선심에 의해 引起된 展轉과 隣近의 특수한 공능이 존재하니, 이를 종자로 삼아 이러한 [선심]으로부터 무간에 불선법이 생겨나게 된다. (중략)

[문:] 그는 "이러한 [명색]은 相續의 轉變과 差別에 의해 [생겨난다]"고 하였다. 무엇을 '轉變(pariṇāma)'이라 말한 것인가?

[답:] 이를테면 상속 중에 전후 다른 것으로 바뀌는 것(anyathātvam: 異性) 것이다.

[문:] 무엇을 '相續(saṃtati)'이라 말한 것인가?

[답:] 이를테면 [전후] 인과적 관계(hetuphalabhūtā: 因果性)로서 존재하는 삼세의 諸行이다.

[문:] 무엇을 '差別(viśeṣā)'이라 말한 것인가?

[답:] 이를테면 無間에 결과를 낳을 수 있는 공능을 갖는 것이다.

[중현①] 지금 그대가 주장한 특수한 功能(śaktiviśeṣa: 功能差別)의 종자가 선·불선심과 별도의 실체(arthântara)로서 존재하는 것이 아니라면, 어찌 선심(전 찰나 마음)이 불선심의 종자가 되고, 불선심이 선심의 종자가 된다는 사실을 인정하는 것이라 하지 않겠는가? 양식 있는 자(有心者)로서 그 누가 뜨거움(煖)과 불(火)은 어떤 경우에도 별도의 실체로서 존재하는 것이 아니라고 주장하면서 다시 "오로지 뜨거움만이 태울 수 있고 불은 능히 태울 수 없다"고 말하겠는가? 어떻게 那落迦(지옥)의 이숙과를 초래할만한 불선심 중에 可愛의 이숙과를 초래하는 특수한 善思(선한 의지)에 의해 인기된 특수한 공능의 종자를 설정할 수 있을 것이며, 어떻게 末奴沙(manuśya, 인간) 등의 이숙과를 초래할 만한 청정한 선심 중에 非愛의 이숙과를 초래하는 특수한 惡思(악한 의지)에 의해 인기된 특수한 공능의 종자를 설정할 수 있을 것인가? (중략) 또한 [그럴 경우] 특수한 思에 의해 인기된 특수한 공능의 종자는 [종자가 의탁하고 있는 현행의] 마음과 동일한 결과이기 때문에 무루심 중에도 역시 유루의 특수한 공능(=번뇌종자)이 존재한다는 사실을 인정해야 하며, 그런 즉 무루심도 역시 능히 [욕·색·무색의] 3有의 과보를 초래한다고 해야 한다. (중략) 또한 退法性의 阿羅漢果는 물러나 [有學의] 번뇌를 일으키는 경우가 있기 때문에 아라한의 無學心 중에도 마땅히 3界의 번뇌종자가 존재한다고 해야 한다.

arthāntaraṃ cet, siddhaṃ prāptir astīti. saṃjñā-mātre tu vivādaḥ. anarthāntaraṃ cet, nanv akuśalaṃ kuśalasya bījaṃ abhyupagataṃ bhavati. akuśalasya ca kuśalaṃ. ko hi nāma auṣṇyasya tejaso 'narthāntaratve saty auṣṇyam eva dāhakam adhyavasyen na tejaḥ. (중략) sāsrava-bījaṃ cānāsrave 'nāsrava-bījaṃ ca s'āsrave cetasi vartataiti sāṃkarya-doṣaḥ prasajyata iti.

atra vayaṃ brūmaḥ. anarthāntarabhāve sāṃkaryadoṣa bhavet. tat tu bījaṃ na cittād arthāntaraṃ vaktavyaṃ. nāpy anarthāntaram. upādāya-prajñaptirūpatvāt. athāpy anarthāntarabhāvas tathā 'py adoṣaḥ. kuśalena hi cittenotpannena sva-jātīye 'nya-jātīye vā sva-saṃtāna-citte bījam ādhīyeta. tataḥ kāraṇa-viśeṣāt kāryaviśeṣa iti viśiṣṭaṃ. tena tac cittam utpadyeta. tad viśiṣṭaṃ cittaṃ kuśalabījakāryakriyāyāṃ samartham utpadyeta. (중략) evam anyonya-bījādhāyakam anyonya-janakaṃ ca cittaṃ cittāntarād utpadyamānaṃ anyonya-vāsya-vāsakatvena pravartate. na ca kuśalenākuśale citte śakti-viśeṣa āhita iti tad akuśalaṃ kuśalatāṃ āpadyate. kuśalaṃ vā tad akuśalatāṃ. śakti-viśeṣa-mātratvāt. śaktir bījaṃ vāsanety eko 'yam arthaḥ. (AKVy 148. 27-149. 16)

[부론] 세친의 종자설②

그와 같다면 어떠한가? 만약 별도의 실체라고 한다면 得의 존재도 성취될 수 있기 때문에 [得과 종자는] 다만 개념상의 논쟁일 뿐이며, 만약 별도의 실체가 아니라고 한다면 어떻게 불선[심]이 선[심]의 종자가 되고, 선[심]이 불선[심]의 종자가 된다고 인정할 수 있을 것인가? 그 누가 뜨거움(auṣṇya=uṣṇa)과 불(tejaḥ)은 별도의 실체가 아니라면서 "뜨거움만이 태우는 것이고 불은 태우는 것이 아니라"고 말하겠는가? (중략) [그럴 경우] 유루의 종자가 무루심 중에, 무루의 종자가 유루심 중에 존재한다고 하는 雜亂의 과실에 떨어지게 된다. (중현)

이에 대해 우리는 말한다.
[특수한 功能이 마음과] 별도의 실체가 아니라고 할 때 雜亂의 과실이 있다. 그렇지만 종자는 [소의인 마음에] 근거하여 施設된 형태(upādāya-prajñapti-rūpa)이기 때문에 마음과 별도의 실체라고도, 별도의 실체가 아니라고도 말할 수 없다. 또한 별도의 실체가 아니라 해도 [雜亂의] 과실은 없다. 왜냐하면 선심이 생겨남에 따라 동일한 종류(自類)든 다른 종류(他類)든 自相續의 마음 중에 [이 같은 선심의] 種子가 부여/저장되었기(ādhīyata=ādhāya) 때문으로, 이러한 특수한 원인(kāraṇa-viśeṣa, 즉 전 찰나의 선심)에 의해 특수한 결과(kārya-viśeṣa, 선심이 훈습된 후 찰나 마음)가 존재하기 때문이다. 이에 따라 그 마음은 차별적인/수승한 것(viśiṣṭa)으로 생겨나며, 이 같은 차별적인/수승한 마음에 선의 종자로서 결과를 산출하는 공능(samartha)이 생겨나는 것이다. (중략) 이와 같이 마음은 [전후찰나에 걸쳐] 서로에 종자를 부여하고(anyonya bījādhāyakam) 서로 [종자를 지니고서] 생겨나는 것(anyonya janakaṃ)으로, 다른(전 찰나) 마음으로부터 생겨날 때 서로 훈습되는 것(vāsya: 所熏)과 능히 훈습하는 것(vāsaka: 能熏)으로 생겨난다. 그리고 [전 찰나의] 선[심]이 [후 찰나의] 불선심 중에 특수한 공능(śakti-viśeṣa)을 인기(āhita)하는 것이지 그같이(그대 중현이 말한 것처럼) 불선[심]이 선성이 되거나 혹은 선[심]이 불선성이 되는 것은 아니다. [불선심이나 선심 중에 인기된 선성이나 불선성은] 오로지 특수한 공능일 뿐이기 때문으로, 공능(śakti)과 종자(bīja)·훈습(vāsanā)은 동일한 것이다.

[衆賢②] 如是具壽, 一切所說, 異意異言其首亦異. 以譬喻者, 無有相續前後異性. 亦無因果三世諸行. 亦無無間生果功能. 如後當辯. 彼由憎背對法義宗, 於聖教中, 起諸過患. 如誹謗得, 於聖教中所起衆多違理過患. (中略) 對法諸師議論宗處, 諸譬喻者, 多分於中申自所執諸法種子, 惑亂正義, 令不分明. **復有諸師, 於此種子, 處處隨義, 建立別名. 或名隨界. 或名熏習. 或名功能. 或名不失. 或名增長.** (T29, 398b15-19; b25-29)

[중현②] 이처럼 具壽(āyuṣmant, 즉 세친)가 설한 일체의 논설은 뜻을 달리하고, 말을 달리하며, 그것의 종지(旨) 또한 다르다. 즉 [과거·미래법의 실재성을 부정하는] 譬喩者는 어떠한 경우에도 相續 중에 전후 성질을 달리하는 일도 없고, 因果性인 삼세의 諸行 역시 존재하지 않으며, 無間에 결과를 낳을 수 있는 功能 역시 존재하지 않는다고 해야 하기 때문으로, 뒤에서 응당 분별하는 바와 같다. 곧 그는 아비달마의 종의를 싫어하고 등짐으로써 聖教에 대해 온갖 허물과 오류를 일으켰으니, 예컨대 得(prāpti)에 대해 비방하고, 聖教에 대해 일으킨 正理에 어긋나는 수많은 허물과 오류가 바로 그러한 것이었다. (중략) 아비달마논사들(Ābhidhārmikāḥ)이 종의를 논의하는 곳마다 譬喩者들(Dārṣṭāntikāḥ)은 대부분 자신들만이 주장하는 諸法의 種子(bīja)를 설하여 [聖教의] 正義를 미혹 교란시켜 불분명하게 하였다. **[譬喩部의] 여러 논사들은 이러한 종자를 곳곳에서 의미에 따른 별도의 명칭을 제시하였으니, '隨界(anudhātu)'라고도 하였고, '熏習(vāsanā)'이라고도 하였으며, '功能(sāmarthaya)', '不失(avipraṇāśa)', '增長(upacaya)'이라고도 하였다.**

2) 隨界의 所依處: 一心

① 又彼上座, 如何可執言?:

一心具有種種界, 熏習一心多界.[38]

② 若言

有心, 其體雖一, 而於其內, 界有衆多.[39]

[衆賢:] 然隨界名. 應言隨過, 無量過失所隨逐故. 觀彼, 但欲破聖教故, 壞正理故, 矯立此名. 或彼但由法性深細, 不能久忍, 聞思疲勞. 是故於中未能了達. 然於諸佛弟子衆中, 無方便求了達稱譽, 矯立如是隨界虛名. (T29, 442b7-12)

---

38 (T29, 442b1-2). cf. "薄伽梵說, '有眼界色界眼識界 乃至 意界法界意識界', 由於阿賴耶識中有種種界故. 又如經說惡叉聚喻, 由於阿賴耶識中有多界故. 박가범(세존)께서 眼界·色界·眼識界 내지 意界·法界·意識界가 존재한다고 설한 것은 알라야식 중에 種種界가 존재하기 때문이다. 또한 경에서 惡叉聚(*akṣa-rāśi, 악차열매 더미)의 비유를 설한 것은 알라야識 중에 다수의 界가 존재하기 때문이다." (『유가사지론』 T30, 581b19-21) 여기서 앞의 薄伽梵 설은 『중아함경』 제181 「多界經」 (혹은 『잡아함경』 제451 「界經」), 뒤의 경설은 『잡아함경』 제444 「眼藥丸經」. 두 법문에 대해서는 袴谷憲昭(2001), 「三乘說の一典據: Akśarāśi-sūtraとBahudhātuka-sūtra」 참조.

39 (T29, 442b4).

2) 隨界의 所依處: 一心

① 저 上座는 어찌 이같이 주장할 수 있을 것인가?

一心(ekacitta)은 種種界(nānādhātu)를 갖추고 있다. 一心 중에 다수의 界(bahudhātu)가 熏習(vāsanā)되어 있다.

② 그 자체는 비록 단일할지라도 그 안에 수많은 界가 존재하는 마음이 존재한다.[40]

[중현:] 隨界(anudhātu)라는 말이 [隨俱行(*anusahagataṃ)의 선근이나 隨眠(anuśaya)과 마찬가지로 '유정의 相續/所依身(6處 혹은 名色) 중에 항상 隨逐(anu-gata)하는 界(dhātu=종자)'라는 뜻이라면 이는 차라리] '隨過(*anudoṣa)'라고 말해야 할 것이니, 무량의 과실이 隨逐하기 때문이다. 즉 그(상좌)를 관찰해 보건대, 그는 다만 聖教와 正理를 파괴하고자 하기 때문에 이 같은 ['隨過'라는] 말로 바로 잡아야 하는 것이다. 혹은 그는 다만 法性의 깊고도 미세함을 능히 오래 참지 못하여 이에 관해 듣고 생각하는 것을 피곤하게 여길 따름이니, 그렇기 때문에 그는 因緣(hetupratyaya)에 대해 이해하지 못하였다. 그렇지만 佛弟子들 중에서 [인연을 '隨界'와 같은] 방편으로 이해하여 칭찬과 명예를 추구한 이가 없었으니, 이와 같은 '수계'라는 거짓된 말을 ['隨過'라는 말로] 바로 잡아야 하는 것이다.

40 이러한 마음은 一身二頭의 새인 命命鳥의 비유로써 논설한 '동일 根에 근거한 두 마음'(本項③ 참조) 중 현행하지 않는 잠재의식, 所緣도 갖지 않고 行相도 떠나 일어나는 동일種類의 마음(一類心, ekajātīyacitta) 즉 一心으로, 멸진정 중에서도 존재한다. (본서 제3장 2-2-2 '滅定有心說'② 참조).

又彼應說. 若一心中, 有多品類心界隨逐, 何緣從此多心隨界, 後時但起一品類心? 然於一時, 有一切識所依境界, 等無間緣因緣又具, 何不並起? 彼所依等, 一一剎那, 皆有能生一切識義. 何法爲礙, 於一時間, 非從一根並生多識? (T29, 441c10-15)

③ 然彼上座, 於此說言:

> 有一念一根俱生二識, 如共一身根命命鳥等. 不可一處二身根生, 如是便違有對法性.[41]

[衆賢:] 如是上座, 何理能遮, '於一相續, 同時依止一根多根, 發多識'過. 故舊隨界, 非爲善說. (T29, 441c22-24)

41 (T29, 441c15-18).

그(상좌)는 마땅히 말해보아야 할 것이다. 만약 "**一心 중에 [선·불선, 유루·무루 등] 다수 品類의 心界(*citta-dhātu, 심법의 종자)가 隨逐하고 있다**"고 한다면, 어떠한 이유에서 이러한 다수의 心隨界(citta-anudhātu)로부터 後時에 다만 한 가지 품류의 마음만이 일어나게 되는 것인가? 즉 일시에 일체 모든 識의 所依(根, 즉 증상연)와 境界대상(즉 소연연)이 [一心 중에] 존재할 뿐더러 等無間緣과 因緣 또한 갖추어져 있음에도 어찌하여 [일체의 모든 識이] 함께 일어나지 않는 것인가? 그 같은 所依 등은 다 찰나 찰나 일체의 識을 낳을 수 있는 공능을 지니고 있거늘 어떠한 법이 장애하여 일시에 하나의 根으로부터 다수의 識이 함께 생겨나지 않는 것인가? (중현)

③ 이에 대해 저 上座는 이같이 말하고 있다.

하나의 身根을 공유하는 [두 머리의] 命命鳥(jīvaṃjīvaka) 따위처럼 一念(eka-kṣaṇa)에 하나의 根에 근거하여 두 가지 識이 함께 생겨나는 경우가 있다. [즉 이때 두 識을 두 根에 근거한 것이라 할 수 없으니,] 동일한 처소에 두 가지 身根이 [함께] 생겨날 수는 없기 [때문으로], 그럴 경우 有對(sapratigha)의 법성(dharmatā)에 어긋나는 것이다.

[중현:] 이처럼 上座는 [隨界를 주장함으로써] '**동일한 [유정의] 상속이 동시에 하나의 根이나 다수의 根에 의지하여 다수의 識을 낳는다**'고 하는 허물을 범하게 되었으니, 어떠한 이치로 능히 이 같은 허물을 막을 수 있을 것인가? 따라서 舊隨界은 좋은 학설(sādhu)이 아니다.

3) 隨界와 6處, 因緣과 等無間緣

① 又上座等, 唯執.

諸法從無間生.[42]

[衆賢:] 豈不大師說因緣性, 便爲無用? 以所有法生所藉因, 等無間力足能成辦, 何勞此外更說因緣? (T29, 441c25-27)

② 雖彼釋言:

等無間力與生因力, 其義有殊, 於生法中, 俱有功用.[43]

[衆賢:] 而無實理, 但有虛言. 卽隨界力無間住故, 非離心等等無間力, 可言別有因緣功用. (T29, 441c29-442a1)

③ **異熟果, 善不善法爲因故生, 而言'此中無因緣用, 唯增上攝.'**[44]

善不善爲因, 能牽起彼果, 此於彼果, 何故非因? 又彼所言, 違越聖教. 如契經說 (中略) '諸生業爲因'等.

④ 此中上座, 作是釋言:

諸增上緣, 不越因性. 故我所說, 其理善成.[45]

---

42 (T29, 441c25).

43 (T29, 441c27-28).

44 (T29, 442a19-21).

45 (T29, 442a25-26).

3) 隨界와 6處, 因緣과 等無間緣

① 또한 上座 등은 오로지 [이같이] 주장하였다.

諸法은 無間에 [소멸한 前法](즉 等無間緣)으로부터 생겨난다.

[중현:] 이 어찌 大師(불타)께서 因緣性(hetupratyayatā)에 대해 설한 것을 쓸데없는 일로 여긴 것이라 하지 않겠는가? [현재] 존재하는 법(所有法)이 생겨나는데 의지한 원인(즉 因緣)은 等無間[緣]의 힘만으로도 충분히 성취될 수 있거늘, [大師께서는] 어찌 수고스럽게 이와는 별도로 다시 因緣을 설하였을 것인가?

② 그는 이같이 해석하였다.

等無間緣의 힘과 生因(因緣 즉 舊隨界)의 힘은, 그 뜻은 다르지만 생겨난 법(즉 결과)에 대해 다같이 [能生의] 功用(*śākti)을 갖는다.

[중현:] 이는 진실의 이치가 결여된 말로서 다만 허언일 뿐이다. 즉 隨界의 힘이 無間으로 머물기 때문에(다시 말해 等無間으로 상속하기 때문에) '마음 등은 等無間의 힘을 떠나 별도의 因緣의 공력을 갖는다'고는 말할 수 없는 것이다.

③ 異熟果는 선·불선법을 원인으로 하여 생겨난 것이지만, "이러한 [선·불선법] 중에는 因緣의 작용이 없으며 오로지 增上緣에 포함될 뿐"이라고 말해야 한다.[46]

선·불선[업]이 원인이 되어 결과를 견인하여 일으켰다면, 이는 그 같은 결과에 대해 [원인(인연 즉 異熟因)이 된 것이거늘] 어떠한 까닭에서 원인이 아니라는 것인가? 또한 그의 말은 聖敎에 위배되니, 계경에서 (중략) "온갖 형태의 生은 업을 원인으로 한다"고 설하였던 것이다. (중현)

④ 이에 대해 上座는 이같이 해석하였다.

增上緣도 원인적 존재(因性)와 무관하지 않다.[47] **따라서 [앞서] 내가 설한 바는 이치상 매우 잘 성립한다.**

---

46 과거업의 실재성을 부정하는 上座의 경우, 씨앗이 직접적으로 열매를 낳지 않듯이, 과거의 선악업이 직접 결과(이숙과)를 낳지 않는다. 이는 譬喩者나 『구사론』 상의 경량부(혹은 세친) 설로 논설된다. 본서 제8장 1-3 '찰나멸론에 따른 비유자의 업과상속설'과 [附論] '세친이 인용한 선대궤범사의 복업증장설' 참조.

47 경량부에 있어 선·불선업은 因緣(=隨界)의 원인, 즉 원인의 원인이기 때문에 이 또한 원인의 일종이다. 本章 6. '증상연' 참조.

4) 淨界(무루종자) 본유설

然彼論說:

> 此心心所, 雖爲無漏種, 而體非無漏, 猶如木等非火等性. 謂如世間木爲火種, 地爲金種, 而不可說木是火性, 地是金性, 如是異生心及心所, 雖是無漏種而, 體非無漏.[48]

[附論] 衆賢과의 對論

又諸憎背俱生因者, 初無漏法, 從何因生? 彼前生因, 曾未有故. 若謂**淨界本來有**者, 因旣恒有, 何緣障故, 無漏果法, 曾未得生? 若言**更賴餘緣助**者, 卽此所賴, 何不爲因? 又應唐捐作如是責. 謂何不執自在天等? 若言**要待相續轉變**, 理亦不然, 此與淨界, 若異若一, 皆有過故. 謂若異者, 應同前難. 卽此轉變, 何不爲因? 如何復執 淨界爲種? 或應唐捐作如是詰. 如服瀉藥天來令利. 若言一者, 前後旣同, 應畢竟無生無漏用. 然彼前後無差別因, 不可無因自有差別. 言**如種待緣轉變**, 同類種子, 有地等緣, 和合攝助, 可有相續, 待時方成轉變差別. 所執淨界無漏法種, 若是有漏, 執此唐捐. 有漏法不應爲無漏種故. 無漏法亦不應爲有漏種故. 若是無漏, 如何本來成就聖道, 而墮惡趣? 豈成聖道而是異生? 非聖位中不起聖道, 爾時可得名異生故. 若言**少故無斯過**者, 勿彼能爲無始積集, 堅固煩惱對治生因.[49]

---

48 (T29, 713a11-15). 본서 제10장 6-2 '아라한과 무퇴론과 종자설'④에서 재론한다.
49 (T29, 421a16-b5).

4) 淨界(무루종자) 본유설

저들의 論에서는 [이같이] 설하고 있다.

이러한 심·심소법은 비록 무루의 종자는 될 수 있을지라도 그 자체 무루는 아니니, 마치 나무 등이 불 등의 존재가 아닌 것과 같다. 즉 세간의 나무는 불의 종자가 되고 땅은 金의 종자가 되지만 (다시 말해 불은 나무에서 생겨나고 금은 땅에서 생겨나지만), 나무가 바로 불이고, 땅이 바로 금이라고는 말할 수 없듯이, 이와 마찬가지로 異生의 심·심소법이 바로 무루의 종자일지라도 그 자체 무루는 아닌 것이다.

[부론] 중현과의 대론

俱有因을 싫어하여 배척하는 모든 이들(즉 상좌일파)은 최초의 무루법이 어떠한 원인(인연)으로부터 생겨난다고 하는 것인가? 즉 그것의 前生因은 일찍이 존재하지 않았기 때문이다.

[상좌:] 淨界(śuddhadhātu, 청정한 무루법의 종자)는 본래부터 존재하였다.

원인이 이미 항상 존재하였음에도 어떤 연이 장애하였기에 무루의 果法은 일찍이 생겨날 수 없었던가?

[상좌:] [淨界가 본래부터 존재할지라도] 다시 그 밖의 다른 緣의 도움을 받아야 한다.

이러한 도움을 어찌 [무루법의] 원인이라 하지 않을 것인가? 또한 부질없는 말이지만 이같이 꾸짖어야 할 것이니 "어찌 自在天(Īśvara) 등의 [도움을 받아야 한다고] 주장하지 않는 것인가?"

[상좌:] [최초의 무루법은] 요컨대 相續(현행의 5온)의 轉變에 근거한 것이다.

이치상 역시 그렇지 않을 것이니, 이것(=상속전변의 현행)과 淨界(=종자)가 다르다고 하든 동일하다고 하든 모두 허물이 있기 때문이다. 만약 다르다고 한다면, 마땅히 앞에서와 같이 따져보아야 한다. 즉 이러한 [상속의] 전변을 어찌 [무루법의] 원인이라 하지 않을 것인가? [그럼에도] 어찌 다시 淨界가 [무루법의] 種子라고 주장하는 것인가? 혹은 부질없는 말이지만 이와 같이 힐난해야 할 것이다. "[상속의 전변을 주장하면서 종자를 설하는 것은] 마치 복사약천(服瀉藥天)이 와 이롭게 하는 것과 같다." 또한 만약 [상속의 전변과 정계가] 동일하다고 한다면, 전후가 이미 동일하므로 필경 무루의 작용을 낳는 일도 없어야 한다. 즉 그 같은 [무루법의] 전후를 차별할 만한 어떠한 근거도 없으니, 근거 없이 저절로 차별이 있다고는 할 수 없는 것이다.

[상좌:] 마치 종자가 [토양 등의] 다른 연에 근거하여 [싹·줄기 나아가 열매 등으로] 전변하는 것과 같다.

同類의 종자는 地 등의 연을 갖고 그것과 화합하여 도움을 받아야 상속할 수 있으며, 때를 기다려 비로소 轉變과 差別을 성취한다. [그렇지만 최초의 무루법(유부에 의하면 苦法智忍)은 同類因에 의한 等流果가 아닐뿐더러 無間生의 一剎那이다.] 만약 [그가] 주장한 淨界라는 무루법의 종자가 바로 유루라고 한다면, 이를 주장하는 것은 헛된 일이니, 유루법은 마땅히 무루의 종자가 되지 않기 때문이며, 무루법 역시 마땅히 유루의 종자가 되지 않기 때문이다. 그러나 만약 [그가 주장한 淨界라는 무루법의 종자가] 바로 무루라고 한다면, 어찌하여 본래부터 聖道를 성취하고 있었음에도 악취에 떨어지는 것인가? 어찌 성도를 성취하고 있음에도 異生이라 하겠는가? 즉 [預流向 등] 성자의 단계가 아니라면 聖道를 일으키지 않으니, 바야흐로 이때를 '異生'이라 이름하기 때문이다.[50]

[상좌:] [그때 무루의 淨界는] 略少하기 때문에 그 같은 허물이 없다.

그렇다면 그것은 無始 이래로 쌓아온 견고한 번뇌를 능히 대치할 만한 [성도의] 生因이 되지 못할 것이다.

---

50 "聖法(āryadharma)의 非得(aprāpti)을 異生性(pṛthagjanatva)이라 한다." (『발지론』 T26, 928c5-7; 『구사론』 T29, 23b18f) 이에 반해 경량부에서는 다만 성법이 생겨나지 않은 [5온의] 相續을 異生性이라 하였다. (『구사론』 T29, 23c1-3; AKBh 66. 16-18).

3. 等無間緣

1) '색법=등무간연'설

① 上座此中, 妄作是詰.

若'一類色相續不斷, 復有一類相續而生.' 由此故非等無間者, 何緣於彼不共無明相應品中, 有貪等起?[51]

[衆賢:] 此應反詰彼上座言. 不共無明相應心品, 何緣得有貪等俱生? 不共無明相續未斷, 定無貪等俱時起義. 然說貪等, 不共無明俱時起者, 但爲誘誑寡學門人, 顯己善通對法宗義. 而於本論及諸聖言, 曾無此理. (T29, 444c19-24)

51 (T29, 444c16-19).

1) '색법=등무간연'설

① 上座는 여기서 이같이 거짓되게 힐난하였다.

만약 '어떤 종류의 색(예컨대 욕계 별해탈율의)의 상속이 끊어지지 않았음에도 다시 어떤 종류의 색(색계 정려율의)이 상속하여 생겨난다'는 (다시 말해 欲界繫와 色界繫, 혹은 不繫의 색이 동시에 일어날 수 있다는) 이 같은 사실에 따라 [色法은] 等無間緣이 되지 않는다고 한다면, 어떤 이유에서 그 같은 不共無明과 상응하는 [心法의] 품류 중에 貪 등이 일어나는 경우가 있는 것인가? [따라서 색법도 등무간연이 될 수 있다.][52]

[중현:] 이는 도리어 저 상좌를 힐난한 말이라고 해야 한다. 불공무명과 상응하는 마음의 품류는 어떠한 이유에서 탐 등과 함께 생겨날 수 있는 것인가? 불공무명의 상속이 아직 끊어지지 않았으면, [불공무명은] 결코 탐 등과 동시에 일어나는 일은 없다. 그럼에도 탐 등이 불공무명과 동시에 일어난다고 말한 것은, 다만 배움이 부족한 門人들을 유인하고 속이기 위해 자신이 아비달마의 종의에 능히 잘 통달하였음을 나타낸 것으로, 근본아비달마(本論)와 聖教의 말씀에 일찍이 이 같은 이치는 없었다.

---

52 아비달마에 의하면 아라한의 최후심을 제외한 그 밖의 일체 심·심소법은 前法과 無間(anantara)이고 同等(sama)하기 때문에 (다시 말해 하나의 상속에 동류의 두 법이 구생하는 일이 없기 때문에) 이에 대해서만 等無間緣을 적용한 데 반해 색법의 경우 전후 동등하지 않다(다시 말해 별해탈율의와 정려율의가 구생하는 것에서 보듯이 동류의 두 법이 俱生하는 일이 있다)는 이유에서 이를 등무간연에서 배제하였다. 이에 대해 上座는 毘婆沙師가 색법을 등무간연에서 배제한 이유는 마치 不共無明(貪·瞋 등과 상응하지 않고 홀로 일어나는 무명)이 탐 등과 俱起하는 이유(말하자면 '차가운 아이스크림이 뜨거운 이유')와 같은 것이라고 비아냥대고 있다. 상좌(경량부)는 무표색의 존재를 부정하였을 뿐만 아니라 律儀나 戒 또한 개별적 실체로 여기지 않았기 때문이다. 예컨대 "身·語의 악행을 짓지 않는 것(正業·正語)은 [율의라는] 별도의 실체 때문이 아니라 聖道의 힘이 일어나 상속하기 때문"이라거나 "수승한 阿世耶(āśaya)와 그에 따른 선하고 청정한 심·심소법 때문"이라 주장하였다. 그는 戒(śīla)에 대해 이같이 규정하였다. "尸羅라고 하는 말은 바로 串習의 뜻이니, 그렇기 때문에 시라는 별도의 實體로서 존재하는 것이 아니다." 본서 제8장 2-6 '제6 說八道支證 비판'①②③ 참조.

② 然彼上座, 對自門人, 於此義中, 妄有所詰:

謂色亦與心心所同, 自類一一各差別故, 雖於諸界和合聚中有無量色, 而彼種類展轉相望, 各有差別.[53]

豈不極微一類相續, 前前滅已, 後後續生? 自類相望, 等而無間. 由前開避, 後方得起. 相不乖越, 等無間緣.[54]

③ 又彼所言:

如色非色雖有差別, 而等不遮同類因等. 如是彼法, 亦應等作等無間緣.[55]

[衆賢:] 上座此徵, 極爲雜亂. 旣爾, 亦應計諸色有所緣. (中略) 此緣彼因, 義各異故. 若諸色法, 等無間緣相不相應, 設復引彼同類因等, 於義何益? 於義無益, 而引彼因, 例此緣者, 但是上座, 其年衰朽, 出虛之言. (T29, 445a26-27; b3-7)

53 (T29, 445a11-14).

54 (T29, 446a10-12).

55 (T29, 445a24-26).

② 저 上座는 자신의 門人들에게 [심법은 自類의 경우 전후 수량이 동등하다는] 이 같은 뜻에 대해 거짓되게 힐난하였다.

색법 역시 심·심소법과 마찬가지로 그 자체 동일한 종류(自類, svajāti)의 법 하나하나는 각기 차별되기 때문에, 비록 온갖 界(地·水·火·風의 4界)의 和合聚 중에 이루 헤아릴 수 없는 無量의 色(즉 극미)이 존재할지라도 그러한 [자신과 동일한] 종류[의 법]이 전후찰나에 걸쳐 연속(展轉)하는 것을 서로 비교해 보면 각기 차별이 있다[고 하지 않겠는가?][56]

어찌 극미의 경우도 [심·심소법과 마찬가지로] 동일한 종류(一類)로 상속하여 前前[찰나]가 소멸하고 나서 後後[찰나]가 續生한다고 하지 않겠는가? [전후찰나로 속생한] 그 자체 동일한 종류(自類)를 서로 비교하여 보건대 同等하고 無間이다. 즉 前法이 소멸하여 길을 터줌(開避함)으로 말미암아 後法이 비로소 생겨날 수 있으니, 특성상 等無間緣과 어긋나지 않는 것이다.

③ 그는 말하였다.

색법과 색 아닌 법(非色)에 차별이 있을지라도 [유부에서는] 다 같이 同類因 등이 된다는 사실을 부정하지 않듯이, 이와 마찬가지로 [한 줌의 재가 된 볏짚더미나 무성한 諾瞿陀(nyagrodha) 나무가 된 작은 씨앗 등[57]의] 그러한 [色]法 역시 다 같이 等無間緣이 될 수 있다고 해야 한다.

[중현:] 상좌의 이러한 검토(徵)는 지극히 雜亂된 것이라고 할 수 있다. 이미 그렇다고 한다면 (色이 非色처럼 동류인이 되기 때문에 등무간연도 되는 것이라면), 역시 마땅히 온갖 색을 有所緣으로 計度해야 할 것이다. (중략) 이러한 [등무간]연과 그러한 [동류]인은 그 뜻이 각기 다르다. 만약 색법과 등무간연이 서로 관계(相應)하지 않는 것이라면, 설혹 그 같은 동류인 등을 다시 인용한들 의미상 무슨 이익이 있을 것인가? 의미상 어떠한 이익도 없음에도 그러한 [동류]인을 인용하여 이러한 [등무간]연의 예증으로 삼은 것은 바로 上座의 年齒(나이)가 노쇠함에 헛된 말을 내뱉은 것일 뿐이다.

---

56 受·想 등의 심소에 각기 차별이 있어 자신과 동일한 종류(自類)로서 각기 동등하게 상속하기 때문에 '등무간연'이 된다고 한다면, 和合聚를 구성하는 색법 역시 그러하기 때문에(종자가 현행하고 현행이 종자로 은복/잠재하기 때문에) 등무간연이 될 수 있다고 해야 한다.

57 『대비바사론』이나 『구사론』에서 大德은 바로 이 같은 이유에서 색법을 등무간연에서 배제한다. (T27, 52a16-21; T29, 36b26-c1).

④ 譬喩論師說:

諸色法如心心所法有等無間緣. 見乳酪種花生酪酢芽果, 如心心所前滅後生. 故知諸色有此緣義. 又無經說, '唯心心所, 能爲此緣.' 故立此緣定非色者, 是虛妄執.[58]

毘婆沙說, "心及心所所依所緣行相有礙", 由斯故立等無間緣. 色不相應, 無如是事, 故彼不立爲此緣體. (T29, 445c9-12)

⑤ 上座此中, 顯己於學, 不勤方便, 謬作是言:

此說都無證成理趣, 唯顯心等與色等別.[59]

58 (T29, 445b12-15).

59 (T29, 445c12-14).

④ 譬喩論師는 설하였다.

모든 색법도 심·심소법과 마찬가지로 등무간연을 갖는다. 우유와 술(醅)과 씨앗과 꽃이 요구르트(酪)와 초(酢)와 싹과 열매를 낳는 예로 보건대 심·심소법과 마찬가지로 前法이 멸할 하고서 後法이 생겨나기 때문에, 모든 색법도 이러한 등무간연의 뜻을 갖는 것임을 알아야 한다. 또한 어떠한 경에서도 '오로지 심·심소법만이 이러한 [등무간]연이 될 수 있다'고 설한 일이 없기 때문에 이러한 [등무간]연을 결정코 색 아닌 법(즉 心法)에만 적용시켜 설정하는 것은 거짓된 주장이다.

『毘婆沙』에서는 '心과 心所는 所依와 所緣과 行相에 구애된다'(따라서 각각은 俱起하지 않고 1법씩 생겨난다)고 설하였으니, 이에 따라 등무간연을 설정하였던 것이지만, 색과 불상응행법에는 이와 같은 일이 없다고 하였기 때문에(동일한 소의신 중에 선·악·무기와 3界繫·不繫가 俱起하기 때문에) 그것들에 대해서는 이러한 [等無間]緣性으로 설정하지 않은 것이다. (중현)

⑤ 上座는 이에 대해 자신이 방편을 배움에 있어 부지런하지 않았음을 나타내기라도 하는 듯 그릇되게 이같이 말하였다.

이러한 [『毘婆沙』의] 설은 어떠한 理趣도 증명하여 성립시킬 수 없으며, 오로지 마음 등과 색 등의 차별만을 나타낸 것일 뿐이다.

2) 등무간연의 정의

然彼上座, 復作是言:

> 等無間緣, 謂前生法, 令無間法獲得自體. 如世尊說, '意法爲緣, 生於意識' 謂意爲因, 法爲緣故, 意識得生. 然無一時二識並起, 此相非理, 不明了故. 色心無間, 有色心生. 俱是前生, 令無間法獲得自體.[60]

[衆賢:] 又彼宗承隨界論者, 因等無間二緣應同. 隨界所依, 體無別故. 惡心無間, 有善心生, 應說誰因, 誰等無間. 體無別故. 責餘亦然. 故上座宗, 但於聖敎, 矯施常綱, 幻惑愚夫. (T29, 447b4-8)

60 (T29, 447a22-27).

2) 등무간연의 정의

上座는 다시 이같이 말하였다.

等無間緣이란 이를테면 無間(후 찰나)에 [생겨날] 법으로 하여금 [法] 自體(ātmabhāva)를 획득하게 하는 전 찰나에 생겨난 법(前生法)을 말하니, 세존께서 "意와 法을 緣하여 意識이 생겨난다"고 설한 바와 같다. 즉 意가 因이 되고 法이 緣이 되었기 때문에 意識이 생겨날 수 있는 것이다. 그렇지만(다시 말해 유부에서는 한 상속에 동류의 두 법이 俱起하는 일이 없기 때문에 심법만이 등무간연이 된다고 주장하였지만) '일시에 二識이 함께 일어나는 일은 없다'는 이러한 정의(相, lakṣaṇa)는 옳지 않으니, [그 중 한 識은] 不明了한 것(aparisphuṭatva)이기 때문이다. 즉 色心과 無間에 色心이 생겨나는 경우, 無間(후 찰나)에 생겨날 법으로 하여금 [法] 自體를 획득하게 하는 전[찰나]에 생겨난 두 가지(色心) 모두가 [등무간연이다].

[중현:] 저들 隨界論을 계승한 [上座]宗에서는 因緣과 等無間緣의 두 연을 동일한 것이라고 해야 할 것이니, 隨界(=인연)와 그 所依(=色心의 등무간연)는 법 자체로서는 어떠한 차별도 없기 때문이다. 즉 惡心과 無間에 善心이 생겨났을 경우, 무엇이 인연이고, 무엇이 등무간연인지 말해보아야 한다. [上座宗에서 게탁하는 두 연은] 그 자체로서 어떠한 차별도 없기 때문이다. 그 밖의 다른 사실을 따져보더라도 역시 그러하다. 따라서 上座宗에서는 다만 聖教에 대한 거짓된 常網(한결같은 그물)을 펼쳐 어리석은 이들을 현혹시킬 뿐이다.

4. 所緣緣

1) 所緣緣과 所緣境

① 有執:

五識境唯過去.[61]

[衆賢:] 應告彼言. 若如是者, 豈不但以前生爲緣, 與識俱生, 皆非緣性? 又已滅色, 彼執體無, 但分別心, 取爲境起. 又定應許, 彼所依根, 亦在過去, 能生現識. 如是彼言, 皆不應理. (中略) 又若五識, 唯緣過去, 如何於彼, 有現量覺? (T29, 374b12-16; c3)

若於[眼識了色]後時, 想方起者, 前色已滅. 云何今時有相可取? 辯本事品已遮.

② **眼識緣過去境**[62]

61 (T29, 374b12). 이 논설은 「변차별품」에서 '譬喩者의 심소 무별체설'(본서 제4장 5. [附論])의 傍論으로 설해질뿐더러 (본항②) 상좌 또한 眼 등의 識과 根·境의 異時繼起설을 주장함에 따라 소연연을 이러한 관점에서 이해하기 때문에(本節 2 '상좌의 소연연'①) 여기서 '어떤 이'는 상좌나 상좌일파의 비유자로 생각된다.

62 (T29, 395b6-8).

1) 所緣緣과 所緣境

① 어떤 이는 주장하였다.

5識의 경계대상은 오로지 과거이다.

[중현:] 그에게 물어보아야 할 것이니, 만약 그와 같다고 한다면 다만 전 찰나에 생겨난 것을 [所緣]緣으로 삼을 뿐, 識과 함께(동시에) 생겨난 것은 다 [소연]연이 아니라고 해야 하지 않겠는가? 또한 이미 소멸한 색(즉 前生法)의 경우, 그는 그 자체 존재하지 않는 것이라고 주장하였으니, 다만 分別의 마음(즉 意識)이 경계대상으로 취하여 일으킨 것일 뿐이라고 해야 하지 않겠는가? 또한 [그는] 그 같은 識의 所依가 되는 根 역시 과거에 존재하면서 능히 현재의 識을 낳는다는 사실을 인정해야 한다. 이렇듯 그의 말은 모두 이치에 맞지 않는 것이다. (중략) 또한 만약 5식이 오로지 과거만을 반연하는 것이라면(다시 말해 5식의 경계대상이 오로지 과거라면), 어떻게 '지금 그것을 직접 지각하고 있다'는 자각(現量覺, pratyakṣa-buddhi)이 일어날 수 있는 것인가?

만약 [**안식이 색을 요별한] 후 비로소 想이 일어나는 것**이라면, 전 찰나의 색은 이미 소멸하였는데, 어떻게 지금 그 相(*nimitta)을 파악(取)할 수 있을 것인가? 「辯本事品」에서 [다음과 같은 주장에 대해] 이미 비판하였다. (本項①)

② 안식은 과거의 경계대상을 반연한다. (다시 말해 과거의 경계대상을 소연연으로 삼아 일어난다.)

譬喩者宗, 理必應爾, 如意觀法, **五識亦然. 謂所緣緣, 非所緣境. 若所緣境, 非所緣緣.** 所以者何?

③ 彼說:

色等, 若能爲緣, 生眼等識, 如是色等, 必前生故.[63]

[衆賢:] 若色有時, 眼識未有, 識既未有, 誰復能緣? 眼識有時, 色已非有, 色既非有, 誰作所緣? 眼識不應緣非有境, 以說五識緣現在故. **彼宗, 現在非非有故.** 現所緣色, 非所緣緣. 與現眼識, 俱時生故, 乃至身識, 徵難亦然. 五識應無所緣緣義. 彼宗意識, 緣現在者, 應同五識. 進退推徵. 若緣去來及無爲者, 決定無有所緣緣義. 彼執去來及無爲法, 皆非有故. 非非有體, 可立爲緣, 太過失故. (T29, 447b20-28)

63 (T29, 447b19-20). ADV 47.13-48.2, dārṣṭāntikasya hi sarvam apratyakṣam. pañcānāṃ vijñānakāyānām atītaviṣayatvād yadā khalu cakṣūrūpe vidyete tadā vijñānam asat. yadā vijñānaṃ sat, cakṣūrūpe tadā satī, vijñānakṣaṇasthityabhāve svārthopalabdhyanupapatteś ca. 비유자(Dārṣṭāntika)의 경우, 일체는 직접지각(pratyakṣa) 되지 않으니, 5識身은 과거의 존재를 경계대상으로 삼기 때문이다. 즉 진실로 眼과 色이 알려질 때 [眼]識은 존재하지 않으며, [眼]識이 존재할 때 眼과 色은 존재하지 않는다. 또한 [眼]識의 찰나, 더 이상 지속(sthiti, 住)하지 않는 자신의 대상을 지각한다는 것은 이치에 맞지 않기 때문이다.

譬喩者의 종의는 이치상 필시 마땅히 이러하다고 해야 한다. "**意根(전 찰나의 6識)이 法境을 관찰하여 [意識이 생겨날 때]처럼 5識의 경우도 역시 그러하니, 所緣緣은 所緣境이 아니며, 所緣境은 所緣緣이 아니다.**" 그 이유가 무엇인가?

③ 그들은 이같이 설하였다.

色 등이 만약 능히 [所緣]緣이 되어 眼識 등을 낳았다면, 이와 같은 색 등은 반드시 [안식에] 앞서 (전 찰나에) 생겨난 것이기 때문이다.

[중현:] 그러나 만약 색이 존재할 때 안식이 아직 존재하지 않았다면(아직 생겨나지 않았다면), 식이 이미 존재하지 않는다고 하였으니 무엇을 [색의] 能緣(ālambaka)이라 할 것이며, 안식이 존재할 때 색은 이미 존재하지 않는다면(이미 소멸하였다면) 색이 이미 존재하지 않는다고 하였으니 무엇을 [식의] 所緣(ālambana)이라 할 것인가? 안식이 [이미 소멸하여] 존재하지 않는 경계대상(非有境)을 반연한다고 해서는 안 될 것이니, [경에서] "5식은 현재[의 대상]만을 반연한다"고 설하였기 때문이다.

저들 [譬喩者]의 종의에서는 현재만이 비존재(非有)가 아니기 때문에, 현재 소연이 된 색(안식에 의해 파악되는 所緣境, 즉 안식 상에 나타난 색의 형상)은 [眼識을 발생시킨] 所緣緣이 아니니, 현재의 안식과 동시에 생겨난 것이기 때문이다. 나아가 身識에 대해 따져보더라도 역시 그러하다. 즉 5식은 마땅히 [동시에 존재하는] 所緣緣을 갖지 않는다고 해야 한다. 저들 [譬喩者의] 종의에 [의하는 한] 意識으로서 현재를 반연하는 것도 5식의 경우와 같다고 해야 한다. 또한 앞뒤로 따져 보건대, [意識으로서] 과거·미래법과 무위법을 반연하는 것은 결정코 어떠한 경우에도 所緣緣을 갖지 않는다고 해야 하니, 그것들은 다 실유가 아니기 때문이다. 즉 비존재 자체를 [소연]연으로 설정할 수는 없는 것으로, [그럴 경우] 커다란 과실을 범하기 때문이다.

2) 상좌의 소연연

① 此中上座, 復作是言:

緣過去等所有意識, 非無所緣, 非唯緣有. 何緣故爾? 以五識身爲等無間所生意識, 說能領受前意所取諸境界故. 如是意識以意爲因, 此所緣緣卽五識境. 要彼爲先, 此得生故, 隨彼有無, 此有無故. 然此意識, 非唯緣有, 爾時彼境已滅壞故. 非無所緣, 由此意識, 隨彼有無, 此有無故. 又隨憶念久滅境時, 以於彼境前識爲緣, 生於今時, 隨憶念識墮一相續, 傳相生故. 雖有餘緣, 起隨念識, 而要緣彼先境方生.[64]

[衆賢:] 如是所言, 都無實義. 同諸啞類夢有所說. 唯愚親友, 或妄信依. 諸有智人, 誰能聽受? **彼旣非許, 五識所緣與五識身, 俱時而起.** 是則五識, 尙所緣境滅已方生, 況五無間所生意識, 能受彼境? 第三刹那, 意識生故. (中略) 但是虛言, 具慚愧人, 不應持此隱蔽, 此識無所緣過. 又何故言, '**然此意識, 非唯緣有, 爾時彼境, 已滅壞故**'? 已滅壞法, 豈許亦有亦非有耶? (T29, 447c9-14; 19-22)

64 (T29, 447b28-c9).

2) 상좌의 소연연

① 이(前項③의 [중현])에 대해 上座는 다시 이같이 말하였다.

과거법 등을 반연하여 존재하는 意識은 소연을 갖지 않은 것도 아니지만 오로지 존재하는 것(有)만을 반연하는 것도 아니다.

어떤 이유에서 그렇다는 것인가?

5識身을 등무간연으로 삼아 생겨난 意識은 능히 전 찰나의 意[根](즉 5識)이 파악(取)한 온갖 境界대상을 지각(領受)한다고 설하기 때문이다. 이렇듯 意識은 의[근]을 원인으로 삼으니, 이것(의식)의 所緣緣은 바로 5識의 경계대상이다. 요컨대 그것(5식의 경계대상)이 선행하여야 이것(의식)이 생겨날 수 있기 때문에, [다시 말해] 그것의 有無에 따라 이것도 존재하거나 존재하지 않기 때문에 [의식이 소연을 갖지 않은 것은 아니다]. 그렇지만 이러한 의식은 오로지 존재하는 것만을 반연하는 것이 아니니, 그때(의식이 5識身을 등무간연으로 삼아 일어날 때) 그것(5識)의 경계대상은 [과거로 사라져] 이미 소멸하였기 때문이다. 그렇다고 소연을 갖지 않는 것도 아니니, 이러한 의식은 그것의 有無에 따라 존재하거나 존재하지 않기 때문이다.

또한 오래 전에 소멸한 경계대상을 기억(隨憶念)할 때, 그러한 [과거] 경계대상에 대한 이전의 識을 緣으로 삼아 지금[의 識이] 생겨난 것이니, [그러한 경계대상을] 기억하는 識이 동일한 相續에 떨어져 [전후찰나로] 전해지며 相生하기(연속적으로 생겨나기) 때문이다. 비록 그 밖의 또 다른 연이 있어야 기억에 따른 식(隨念識)을 일으킬 수 있을지라도 그것은 요컨대 그같이 선행한 [과거의] 경계대상을 반연할 때 비로소 생겨날 수 있는 것이다.

[중현:] 그러나 이와 같은 말은 도무지 진실의 뜻이 없는 것으로, 벙어리가 꿈속에서 말한 것(잠꼬대한 것)과 같아 오로지 어리석은 [그의] 친구들만 그릇되게 믿고 의지할 수도 있겠지만, 지혜를 가진 자라면 그 누가 듣고 受持하겠는가? **그는 이미 5識의 소연과 5識身이 동시에 일어난다는 사실을 인정하지 않았으니,** 그럴 경우 5식도 소연의 경계대상이 소멸하고 나서 비로소 생겨나는 것이거늘, 하물며 5識과 무간에 생겨난 意識이 그러한 경계대상을 향수할 수 있을 것인가? 의식은 [그러한 경계대상으로부터] 제3 찰나에 생겨나기 때문이다. (중략)

② 然彼復言:

由過去世展轉爲因, 復由未來展轉爲果, 智等得生. 是故智等不可定說, 所緣是有, 或復是無.[65]

[衆賢:] 奇哉! <u>東方善言窮匱, 如斯等論亦有書持</u>? 若執'**去來因果展轉, 不觀現在, 智等得生**', 又執'**去來一向非有**', 是則智等, 應定緣無. 若執'**去來因果展轉, 亦觀現在, 智等得生**', 是則一心應有二慮, 以無與有相差別故. (T29, 448a19-24)

65 (T29, 448a17-19).

이는 다만 허언일 뿐으로, 慚愧(부끄러움, 大善地法)가 남아있는 이라면, '이러한 의식은 無所緣'이라는 허물을 감추어서는 안 된다. 또한 어떠한 까닭에서 "**그렇지만 이러한 意識은 오로지 존재하는 것만을 반연하는 것은 아니니, 그때 그것의 경계대상은 [과거로 사라져] 이미 소멸하였기 때문이다**"고 말한 것인가? 이미 소멸한 법을 어찌 역시 존재하는 것이고 역시 존재하지 않는 것이라고 인정하는 것인가?

② 그는 다시 [이같이] 말하였다.

과거세로부터 展轉한(*pāramṗara, 연속적으로 이어진) 상속을 원인으로 삼았기 때문에, 또한 미래로 展轉하는(연속적으로 이어지는) 상속을 결과로 삼기 때문에 지식(智) 등은 생겨날 수 있다. 그렇기 때문에 지식 등에 [실유의] 소연이 존재한다거나 혹은 존재하지 않는다고 (다시 말해 有所緣이라거나 無所緣이라고) 결정적으로 말할 수 없다.

[중현:] 기이하도다! 東方에는 좋은 말(善言, *subhāṣita)들이 다하여 이 같은 따위의 論을 짓고 수지하는 것인가? 만약 "**[어떤] 지식(智)은 전후(去來) 인과적 관계로서 展轉한 (연속적으로 이어져 온) 것으로, 현재를 관찰하지 않고서도 생겨날 수 있다**"고 주장하고, 또한 **과거·미래는 한결같이 존재하지 않는 것**이라고 주장한다면, 지식 등에는 결정코 소연(대상)이 존재하지 않는 것이라고 해야 한다. 그러나 만약 "**어떤 지식은 전후 인과적 관계로서 展轉한 것이지만 현재도 역시 관찰해야 생겨날 수 있다**"고 주장한다면, 그럴 경우 일 찰나의 마음에 두 생각(慮)이 존재한다고 해야 하니, 존재하지 않는 것(즉 과거·미래)과 존재하는 것(즉 현재)의 차별이 있기 때문이다.

5. 增上緣

① 若[謂]

異熟果, 善不善法爲因故生, 而言'此中無因緣用, 唯增上攝.'[66]

善不善爲因, 能牽起彼果, 此於彼果, 何故非因? 又彼所言, 違越聖教. 如契經說(中略) '諸生業爲因'等.

② 此中上座, 作是釋言:

諸增上緣, 不越因性. 故我所說, 其理善成.[67]

③ 然上座說:

此增上緣, 但據諸根, 生心心所.[68]

然彼所宗亦許, 多法於生識等, 爲展轉因. 如何此[增上]緣, 唯說眼等?

④ 彼復說言:

若法於彼, 或生或養, 可說爲因. 非不相由可有因義. 故非一切法皆能作因及增上緣, 不相由藉故.[69]

⑤ 然上座言:

爲遮來世說一切法, 爲一法因及緣者意, 故契經說, 定有四緣.[70]

---

66 (T29, 442a19-21). 本章 2-3 '隨界와 6處'③에서 논설하였다.

67 (T29, 442a25-26). 本章 2-3 '隨界와 6處'④에서 논설하였다.

68 (T29, 449a5-6).

69 (T29, 449a17-20).

70 (T29, 449b10-11).

5. 增上緣

① 異熟果는 선·불선법을 원인으로 하여 생겨난 것이지만, "이러한 [선·불선법] 중에는 因緣의 작용이 없으며 오로지 增上緣(adhipati-pratyaya)에 포섭될 뿐"이라고 말해야 한다.

선·불선[업]이 원인이 되어 결과를 견인하여 일으켰다면, 이는 그 같은 결과에 대해 [원인(인연 즉 異熟因)이 된 것이거늘] 어떠한 까닭에서 원인이 아니라는 것인가? 또한 그의 말은 聖敎에 위배되니, 계경에서 (중략) "온갖 형태의 生은 업을 원인으로 한다"고 설하였던 것이다.

② 이에 대해 上座는 이같이 해석하였다.

增上緣도 원인적 존재(因性)와 무관하지 않기 때문에 [앞서] 내가 설한 바는 이치상 매우 잘 성립한다.

③上座는 설하였다.

이러한 增上緣은 다만 온갖 根에 근거하여 심·심소를 낳는 것일 뿐이다. (다시 말해 안식이 생겨날 때 근거가 된 안근이 증상연이다.)

그(상좌)의 종의에서도 역시 다수의 법이 [안]식 등을 낳는데 展轉因이 된다고 인정하였으면서 어떻게 이것(안식)의 [增上]緣으로서 오로지 眼 등의 根만을 설하는 것인가?

④ 그는 다시 이같이 말하였다.

만약 어떤 법이 그것(이를테면 안식)을 낳거나 장양시킨 것이라면 원인이 된다고 말할 수 있을 것이지만, [그것과] 서로 관련(相由)되지 않는 것은 원인을 갖는 것이라고 말할 수 없다. 따라서 일체법이 다 能作因과 增上緣이 되는 것은 아니니, [결과와 간접적으로] 서로 관련되지도, [인연의] 근거가 되지도 않았기 때문이다.

⑤ 상좌는 말하였다.

계경에서 '결정코 4緣(인연·등무간연·소연연·증상연)이 존재한다'고 설한 것은 미래세 "일체법이 어떤 한 法의 因(=能作因)이 되고, 緣(=增上緣)이 된다"고 설하는 이들(즉 毘婆沙師)의 생각을 부정하기 위해서였다.

제7장 세간의 생사유전론

1. 3界 5取

1) 色界 18天설

① 上座色界立十八天, 故作是言:

> 修諸靜慮, 各有三品, 謂上中下, 隨三品因, 生三天處. 第一靜慮大梵天王, 自類相望, 得有同分, 與梵輔處勝劣有殊. 如聚落邊阿練若處, 雖相鄰近, 而處不同. 無想有情, 於第四定, 爲第四處, 與廣果天有差別故. 處成十八.[1]

迦濕彌羅國, 諸大論師咸說: '大梵王所居, 卽梵輔處.' 由茲色界處唯十六. 如是所說, 善順契經, 七識住中, 唯擧邊故, 如極光淨及遍淨天. 若謂不然, 契經應說, 如大梵處非梵衆天. 無想有情望 廣果處, 壽等無異, 如何別立?

② 彼復說言:

> 第一靜慮, 非無壽等建立差別, 以彼三天半半增故.[2]

1 (T29, 457a2-8).

2 (T29, 457a29-b2).

1) 色界 18天설

① 上座는 色界에 18천을 설정하기 때문에 이같이 말하였다.

온갖 靜慮를 닦는 데에는 각기 3품이 있으니, 상·중·하가 바로 그것이다. 즉 3품의 원인에 따라 [각 정려마다] 세 하늘의 처소에 태어나게 되는 것이다. 제1정려의 경우 [제3천인] 大梵天王은 自類의 하늘(즉 梵衆天과 梵輔天)과 서로 견주어 보면 [그들 사이에] 同分(sabhāgatā)이 있을 수 있지만 범보천의 처소와는 勝劣의 차이가 있다. 예컨대 마을(聚落, grāma)과 그 변두리의 아란야(阿練若處, araṅya, 수행자들의 처소인 숲)의 관계처럼 비록 서로 인접하여 가까이 있을지라도 처소가 동일하지 않은 것이다. 그리고 [無想果인] 無想有情天은 제4定(정려)의 네 번째 처소가 되니, [세 번째 처소인] 廣果天과는 차별이 있기 때문이다. 따라서 [색계의] 처소에는 18천(4정려의 3天·無想天·5淨居天)이 성취되는 것이다.

카슈미르(迦濕彌羅國)의 위대한 논사들은 모두 "大梵王이 머무는 곳이 바로 梵輔天"이라고 설하였으며, 이에 따라 '색계의 처소는 오로지 16천'이라 하였다. 이와 같은 설은 계경과도 잘 부합한다. 즉 7識住 중에서는 극광정천이나 변정천과 같은 오로지 가장자리(邊)의 하늘만을 언급하였기 때문이다.[3] 만약 그렇지 않다고 말한다면, 계경에서는 마땅히 대범천과 같은 처소는 범중천이 아니라고 논설했어야 하였다. [또한] 무상유정천은 광과천과 수명 등에 있어 차이가 없는데 어떻게 별도로 설정한 것인가?

② 그는 다시 말하였다.

제1정려[의 온갖 하늘]에는 수명 등을 건립하는데 차별이 없는 것이 아니니, 그곳의 세 하늘(범중·범보·대범천)은 半劫씩 증가하기 때문이다. [따라서 대범천과 범보천은 개별적인 처소라고 하지 않으면 안 된다.]

---

3 7識住란 의식이 안주하는 일곱 가지 형태로, 제1식주는 신체도 다르고(身異) 생각도 다른(想異) 욕계 유정, 제2식주는 신체는 다르지만 생각은 동일한(想一) 색계 초정려의 범중천과 같은 유정, 제3식주는 신체는 동일하지만 생각은 다른 제2정려의 극광정천과 같은 유정, 제4식주는 신체와 생각이 동일한 제3정려의 변정천과 같은 유정, 제5, 제6, 제7식주는 무색계의 공무변처, 식무변처, 무소유처의 유정이다. 즉 7식주를 설하고 있는 계경에서 극광정천과 같은 가장자리의 하늘만을 언급하고 있기 때문에 색계16천을 주장하더라도 이는 계경에 위배되지 않는다는 것이다.

若爾, 大梵應亦倍增. 是則上天建立皆壞.

③ 無斯過失, 許少光天望大梵天, 亦半增故.[4]

4 (T29, 457b2-3).

만약 그렇다고 한다면, 대범천의 경우는 역시 [다른 하늘과 마찬가지로] 배로 증가한다고 해야 하지만, 그럴 경우 그 위의 하늘에 대해 [기존에] 설정한 수명의 길이는 모두 다 무너지고 말 것이다.[5]

③ 그러한 허물은 없으니, [우리는] 소광천 역시 대범천에 비해 半劫 증가한다고 인정하기 때문이다.

5 색계에는 밤낮이 존재하지 않기 때문에 劫數로써 수명을 헤아리며, 신체의 크기 또한 수명의 길이와 동일하다. 색계 천의 신장은, 범중천은 반 유선나(踰繕那), 범보천은 1유선나, 대범천은 1유선나 반, 소광천은 2유선나이며, 그 위로는 두 배씩 증가한다. 그리하여 제4정려 제1천인 무운천에 이르면 128유선나가 되지만, 여기서만은 3유선나를 감하여 125유선나가 된다. 그리고 계속 두 배씩 증가하여 색구경천에 이르면 1만 6천 유선나(수명은 1만 6천겁)가 된다. 그런데 만약 上座처럼 색계 17천(대범천을 범보천에서 독립시킬 경우) 혹은 18천(광과천과는 별도로 무상천을 설정할 경우)을 주장할 경우, 32천(3만 2천), 혹은 64천(6만 4천) 유선나가 되어 기존의 학설은 허물어지고 만다는 것이다.

2) 무색계에서의 心相續

如有色界, 一切有情, 要依色身, 心等相續. 於無色界, 受生有情, 以何爲依, 心等相續? (T29, 457b19-21)

上座此中言:

> 無色界心與心所, 更互相依. 如二蘆束相依而住. 或如下界名色相依.[6]

[附論] 세친의 무색계에서의 心상속론

① 經主此中. 假爲賓主, 謬增正義. 作是難言:
(前略) 是則還同心相續難. 或心心所, 唯互相依.[7] (T29, 458b20-c1)

② 彼立自宗言:
無色界心等相續, 無別有依. 謂若有因未離色愛引起心等, 所引心等, 與色俱生. 依色而轉. 若因於色已得離愛, 厭背色故, 所引心等, 非色俱生. 不依色轉.[8] (T29, 458c4-7)

[衆賢:] 經主, 定於阿毘達磨, 無所承稟, 謬述此言. 或由自心憎厭對法, 矯作是說, 惑亂正宗. 誰有妙通諸法相者, 當作如是酬前所問? 彼立自宗言. (T29, 458c1-4)

---

6 (T29, 458c25-27).

7 이는 『구사론』 상에서 "무색계에서의 心 등은 衆同分과 命根에 근거하여 상속한다"는 아비달마논사들의 규정(T29, 41b6-7)에 대해 자문자답으로 논설된 것이다. (T29, 41b7-17).

8 이 논설은 『구사론』 상에서 경량부 설로 인용된다. (T29, 41b17-20), "經部師說: 無色界心等相續, 無別有依. 이하동일."; AKBh 112. 18-20, tasmān nāsty arūpiṇāṃ sattvānāṃ cittasantater anyonyaṃ niśraya iti sautrāntikāḥ. api tu yasyāś cittasantater ākṣepahetur avītatṛṣṇo rūpe tasyāḥ saha rūpeṇa saṃbhavād rūpaṃ niśritya pravṛttir yasyās tu hetur vītatṛṣṇo rūpe tasyā anapekṣya rūpaṃ pravṛttiḥ. hetos tadvimukyhatvād iti.

2) 무색계에서의 心相續

有色界의 일체 유정은 요컨대 色身에 의지(근거)하여 마음 등이 상속하듯이, 무색계에 태어난 유정의 마음 등은 무엇에 의지하여 상속하는가?

上座는 이에 대해 이같이 말하였다.

무색계의 心과 心所는 서로가 서로에 의지하니, 마치 두 단의 갈대가 서로에 의지하여 서 있는 것과 같다. 혹은 下界에서의 名(nāma)과 色(rūpa)이 서로 의지하는 것과 같다.

[부론] 세친의 무색계에서의 心상속론

① 經主는 이에 대해 일시 賓主(문답자)가 되어 [毘婆沙師의] 正義를 왜곡시키면서 다음과 같은 힐난의 말을 설하고 있다.
(전략) [毘婆沙師는, 무색계에서의 心相續의 근거인 命根과 同分은 色身이 존재하지 않더라도 뛰어난 선정의 힘으로 말미암아 서로가 서로에 의지하여 일어난다고 하였으니] 이는 바로 무색계에서의 心相續에 관한 난점에도 동일하게 적용되어야 한다. 혹은 심·심소는 오로지 서로가 서로에 의지하여 [상속한다고] 해야 한다.

② 그는 자파(自宗)의 말을 제시하였다.
무색계에서의 마음 등의 상속에는 별도의 근거가 없다. 즉 아직 色愛를 떠나지 않음으로 말미암아 마음 등을 引起한 경우라면, 인기된 마음 등은 색과 俱生한 것으로, 색에 의지하여 [상속] 展轉한다. 그러나 만약 색에 대한 애탐을 이미 떠났다면, 색을 싫어하여 등졌기 때문에 인기된 마음 등은 색과 俱生하지 않으며, 색에 의지하지 않고서 일어난다.

[중현:] 經主는 결정코 아비달마를 계승하여 품수한 일도 없으면서 그릇되게 이 같은 말을 진술하였다. 혹은 스스로는 마음으로 아비달마를 미워하고 싫어하여 이러한 설로 교정함으로써 올바른 종의를 惑亂시켰으니, 法相에 달통한 이라면 그 누가 앞서 물었던 바에 대해 이와 같이 답할 것인가?

3) 중유와 5趣의 관계

此中上座, 作如是言:

> 若許中有非趣所攝, 彼卽應說 '離五趣外, 別有能感中有起業.'[9]

[衆賢:] 然彼上座, 覺慧衰微, 於無過中, 妄興過難, 言 '**若中有非趣所攝, 彼卽應說. 離五趣外, 別有能感中有起業.**' 勝智於中不應收採. (T29, 461a9-12)

[附論] 세친의 중유의 5趣所攝 설

然經主言:

非別說故, 定非彼攝. 如五濁中, 煩惱與見, 別說爲濁. 非別說故, 彼見定非煩惱所攝. 如是業有, 雖亦是趣, 爲顯趣因, 所以別說. 故有說 '趣體兼善染'.[10] (T29, 459c2-5)

9 (T29, 460b29-c2).

10 『구사론』 상에서의 논설은 이러하다. "有說, '趣體亦通善染.' 然七有經簡業有者. 非別說故, 定非彼攝. 如五濁中, 煩惱與見, 別說爲濁. 非別說故, 彼見定非煩惱所攝. 如是業有, 雖亦是趣, 爲顯趣因, 是故別說." (T29, 42b13-17).

3) 중유와 5趣의 관계

이에 대해 上座는 이같이 말하였다.

만약 [카슈미르 毘婆沙師처럼] 中有가 [5]趣(gati)에 포함되지 않는다는 사실을 인정한다면, 그들은 마땅히 5趣와는 무관하게 능히 중유의 생기[11]를 초래할 만한 업이 별도로 존재한다고 말해야 한다.

[중현:] 저 上座는 覺慧가 쇠퇴하고 미열하여 ['中有가 5趣 중에 포함되지 않음은] 어떠한 허물도 없는 이론임에도 그릇되게 허물을 들추어 "**만약 中有가 趣에 포함되지 않는다는 사실을 인정한다면, 그는 마땅히 5취와는 무관하게 능히 중유의 생기를 초래할만한 업이 별도로 존재한다고 말해야 한다**"고 힐난하여 말하였으니, 뛰어난 지혜의 소유자라면 이를 수용해서는 안 된다.

[부론] 세친의 중유의 5趣所攝 설

經主는 [다음과 같이] 말하였다.

"[『七有經』에서] 별도로 설하고 있기 때문에 [중유는] 결정코 그것(5취)에 포섭되지 않는다"고 해서는 안 될 것이니, 예컨대 5濁 중에 '번뇌'와 '見'을 별도의 濁으로 설하고 있기 때문에 "그러한 見은 결정코 번뇌에 포섭되지 않는"고 해서는 안 되는 것과 같다. 이와 마찬가지로 業有 역시 비록 趣[에 포함될]지라도 趣의 원인을 나타내기 때문에 별도로 설하게 된 것이다. 그래서 어떤 이(보광에 의하면 대중부)는 "[5]趣 자체[의 도덕적 성질]은 선과 염오성이다"고 설하였던 것이다.

---

11 '중유인 起'로 번역할 수도 있다. 起(abhinirvṛtti)는 意成(mano-maya), 求生(saṃbhavaiṣin), 食香身(gandharva-kāya), 中有(antarābhāva)와 함께 중유의 다섯 이명 중의 하나이다. 즉 死有와 無間에 支體 상에 결함이 없는 소의신이 단박에 일어나기 때문에, 혹은 당래의 '생'에 對向하여 [부모의 精血이 아니라 업에 의해] 결정적으로 일어나는 것이기 때문에 '起'이다.

4) 경설에 근거한 제4識住의 '想一' 해석

① 上座此中, 作如是說:

第三靜慮, 於一切時, 由不怖想故言想一.[12]

[衆賢:] 彼所引教, 與經主同. (T29, 463b12-13)

[附論] 세친의 제3識住의 '想異' 해석

經主引經, 釋想異義:

謂極光淨, 新舊生天, 緣於劫火, 有怖不怖. 二想交雜故名想異, 非喜與捨二想交雜.[13] (T29, 463b5-7)

---

12 (T29, 463b11-12).

13 『구사론』 상에서 이 논설은 경량부 설로 인용되고 있다. 經部師說: 有餘契經, 釋彼天中有想異義. 謂極光淨有天新生, 未善了知世間成壞. 彼見下地火焰洞然. 見已便生驚怖厭離, 勿彼火焰燒盡梵宮令彼皆空, 上侵我處. 彼極光淨有舊生天, 已善了知世間成壞, 便慰喻彼驚怖天言. '淨仙, 淨仙, 勿怖, 勿怖. 昔彼火焰燒盡梵宮, 令其皆空, 卽於彼滅. 彼於火焰, 有來不來想及怖不怖想. 故名想異. 非由有樂·非苦樂想, 有交參故, 得想異名. (T29, 43a10-19); sautrāntikā vyācakṣate. sūtra uktaṃ yathā te nānātvasaṃjñinaḥ. tatra ye sattvā ābhāsvare devanikāye 'ciropapannā bhavanti naiva saṃvarttanīkuśalā na vivarttanīkuśalā asya lokasya te tāmarciṣaṃ dṛṣṭvā bhītāḥ santa udvijante saṃvegamāpadyante. sahaivaiṣā 'rciḥ śūnyaṃ brāhmaṃ vimānaṃ dagdhvā 'rvāgāgamiṣyatīti. tatra ye sattvā ābhāsvare devanikāye ciropapannāḥ saṃvarttanīkuśalā vivarttanīkuśalāścāsya lokasya te tān sattvān bhītānāśvāsayanti. mā bhaiṣṭa mārṣāḥ mā bhaiṣṭa mārṣāḥ. pūrvamapyeṣā 'rciḥ śūnyaṃ brāhmaṃ vimānaṃ dagdhvā 'traivāntarhite"ti. (AKBh 116. 16-23) 경량부는 설하였다. "다른 어떤 계경(『장아함 世紀經』「三災品」 T1, 138b)에서는 그러한 天 중에서의 생각의 다름(想異)에 대해 이같이 해석하고 있다. "極光淨天 중에 새로이 태어난 天衆이 있었는데, 세간의 성립과 괴멸에 대해 아직 잘 알지 못하였다. 그는 [壞劫 時에] 下地에서 화염이 이글이글 타오르는 것을 보고 두려움과 厭離를 느낀 나머지 '저 화염이 梵宮을 태워 그것들을 모두 허공으로 만들고 계속 올라와 우리의 처소(즉 극광정천)에까지 들이닥치지 않을까?'라고 생각하였다. [그 때] 이미 오래 전에 극광정천에 태어나 세간의 성립과 괴멸에 대해 잘 알고 있는 어떤 천중이 있어 놀라고 두려움에 떠는 그 천중을 위로하여 말하기를, '淨仙이여! 정선이여! 두려워하지 마라. 두려워하지 마라. 옛날에도 저 화염은 범궁을 태워 그것들을 모두 허공으로 만들고는 거기서 바로 꺼져 버렸다'고 하였다." 이처럼 그들(제2정려의 천중)은 [하지의] 화염을 보고서 '올라온다' '올라오지 않는다'고 생각하고, 아울러 '두렵다' '두렵지 않다'고 생각하기 때문에 '생각이 다르다'고 일컬은 것으로, [유부의 주장처럼] 樂(즉 喜受)과 非苦非樂(즉 捨受)이 서로 교차하기 때문에 '생각이 다르다'고는 할 수 없는 것이다." 참고로 불교의 우주관에 따르면, 壞劫 시 火·水·風의 3災가 몰아쳐 기세간이 괴멸하는데, 화재는 제2정려를 꼭대기로 삼으며(다시 말해 초정려까지 미치며), 수재는 제3정려를, 풍재는 제4정려를 꼭대기로 삼는다. (AK. III-100).

4) 경설에 근거한 제4識住의 '想一' 해석

① 上座는 이러한 [7識住 중 제4식주]에 대해 이같이 말하였다.

제3정려(즉 '身一想一'의 제4 識住)에서는 언제나 항상 '두려워하지 않는다'고 생각하니, 이로 인해 생각이 동일하다고 말한 것이다.

[중현:] 그가 인용한 教證은 經主(세친)[가 제시한 신체가 동일하고 생각이 다른(身一想異) 제3 識住]의 그것과 동일한 것이었다.

[부론] 세친의 제3識住의 '想異' 해석

經主는 경을 인용하여 [제3 識住의] '생각이 다르다(想異)'는 뜻에 대해 [이같이] 해석하였다.

이를테면 極光淨天(구역은 光音天) 중에 새로이 태어난 천중과 옛날에 태어난 천중은 劫火(壞劫 시의 화재)를 반연하여 [새로이 태어난 천중은] 두려워하고, [옛날에 태어난 천중은] 두려워하지 않는 등 두 생각이 서로 뒤섞여있기 때문에 '생각이 다르다'고 말한 것이지 喜와 捨가 서로 뒤섞여 있기 때문이 아니다.

今詳彼言, 非符識住. 此及前釋, 理並不然. 謂識於中喜樂安住, 立爲識住, 如何乃說, 依於怖想, 立識住名? 卽以此緣, 說諸惡處, 第四靜慮, 及有頂天, 非識住攝. (T29, 463b13-16)

② 上座亦說:

> 諸惡處等非識住因. 謂識住名, 顯識樂住, 如說'有處令士夫心樂住其中, 是名識住.' 非惡處等, 令士夫心樂住其中, 故非識住.[14]

③ 若[謂],

> 彼怖想, 雖能令識不樂住中, 而立識住.[15]

[衆賢:] 又不怖想無容生故, 應遍淨天非名想一. (T29, 463b23-24)

14 (T29, 463b17-20).

15 (T29, 463b21-22).

여기서 그(상좌)의 말을 자세히 살펴보건대, 識住에 부합하는 말이 아닐 뿐더러 이것(본항 ①)과 앞서의 [經主의] 해석은 이치상 모두 옳지 않다. 즉 識은 이러한 [정려] 중에서 喜·樂에 안주함에 따라 識住(vijñānasthiti)를 설정하게 된 것인데, 어찌 '두려움과 관련된 생각'에 근거하여 識住라는 말을 설정하였다고 말하는 것인가? 바로 이 같은 이유로 인해 惡處(惡趣)와 제4정려, 그리고 有頂天은 識住에 포함시키지 않은 것이다. (중현)

② 上座 역시 말하였다.

온갖 惡處 등은 識住의 근거가 되지 않는다. 이를테면 識住라는 말은 識이 즐거이 머무는 곳(樂住)을 나타내니, [계경에서] "士夫의 마음으로 하여금 그 중에서 즐거이 머물게 하는 어떤 처소를 識住라 이름한다"고 설한 바와 같다. 즉 惡處 등은 사부의 마음으로 하여금 그 중에서 즐거이 머물게 하는 곳이 아니기 때문에 識住가 되지 않는 것이다.[16]

③ [그는 말하였다.]

그 같은 두려움과 관련된 생각은 비록 능히 識으로 하여금 그 중에 즐거이 머물게 하는 것이 아니라 할지라도 識住로 설정할 수 있다.

[중현:] [제3정려에서는 즐거움의 생각으로 인해] '두려워하지 않는다'는 생각은 생겨날 리 없기 때문에 [이를] 遍淨天의 '생각이 동일한 것'으로 말해서는 안 된다.

---

16 여기서 '악처 등'이라 함은 지옥·아귀·방생과 제4정려, 그리고 有頂天(비상비비상처)을 말한다. 즉 지옥 등은 무거운 苦受로 인해 識이 손상되고, 제4정려에는 無想天이, 有頂天에는 멸진정이 존재하여 識이 끊어지기 때문에 識住가 되지 않는다. 중현은 상좌 역시 "식이 즐겁게 머물지 않는 곳은 식주가 되지 않는다"고 말하였기 때문에 '두려운 생각'에 근거한 앞서의 그의 해석은 진위부정의 오류(不定失)를 범한 것이라 비판한다. (T29, 463b20-23).

5) 識蘊은 識住가 되지 않는 이유

① 又彼上座, 作是釋言:

卽此不應還住於此, 故不可說識隨識住. 若言過未及他相續識中住者, 其理不然, 唯於識中無有勢力, 令識增長及廣大故. 謂如色等, 匡助於識, 令其熾盛, 識卽不然. 唯了別中, 無此用故.[17]

② 又彼上座, 自於解釋識住中言:

識隨色住. 謂我我所, 攀緣色生, 是色識住. 乃至廣說.[18]

6) 4生에서의 '생'의 의미

① 上座謂:

生是生因義.[19]

則非情法, 應亦名生, 以卵胎濕皆生因故. 化生應非生, 無別生因故.

② 彼言:

亦有俱起生因.[20]

17 (T29, 465c10-14).

18 (T29, 466a11-13).

19 (T29, 467a19).

20 (T29, 467a21).

5) 識蘊은 識住가 되지 않는 이유

① 저 上座는 [識蘊이 識住(식의 소의)가 되지 않는, 다시 말해 4식주에 포함되지 않는 이유에 대해] 이같이 해석하였다.

이러한 [識]이 다시 이러한 [識]에 머문다고 해서는 안 되기 때문에(다시 말해 어떤 순간의 識은 그 순간 識의 소의가 된다고 해서는 안 되기 때문에) '識이 識에 따라 머문다'고는 말할 수 없다. 만약 '과거·미래의 識이나 他相續의 識 중에 머물 수 있다'고 말한다면, 이는 이치상 그렇지 않으니, 오로지 識 중에는 識을 증장시키고 광대하게 하는 그 어떤 세력도 존재하지 않기 때문이다. 예컨대 色 등[의 4온]은 널리 識을 도와 그것으로 하여금 熾盛하게 하지만, 識은 그렇지 않으니, [識은] 오로지 了別/인식하는 것으로 [요별/인식 자체에는] 이러한 작용이 없기 때문이다.

② 저 상좌는 스스로 識住에 대해 해석하면서 이같이 말하였다.

識은 色에 따라 머문다. 즉 나(我)와 나의 것(我所)이라는 견해는 色을 반연하여 [그에 관한 인식이 일어날 때] 생겨나는 것이니, 이것이 바로 色의 識住이다.

나아가 受·想·行의 識住에 대해서도 이같이 말할 수 있다.

6) 4生에서의 '생'의 의미

① 上座는 말하였다.

[卵·胎·濕·化의 4生에서의] 生(yoni)은 [생겨난 종류(生類)가 아니라] 바로 생겨나게 된 원인(生因)의 뜻이다.

그럴 경우 무정물도 역시 '生'이라고 해야 하니, 알[껍질](卵)·탯집(胎)·습기(濕)도 다 [유정이] 생겨나게 된 원인이기 때문이며, 化生은 生이 아니라고 해야 하니, 그것이 생겨나게 된 별도의 원인을 갖지 않기 때문이다.

② 그는 말하였다.

[유정과] 동시에 함께 생겨난 생의 원인(生因)도 역시 존재한다.

7) 中有가 존재하지 않는 경우

① 然上座言:

若命終處, 卽受生者, 中有便無.[21]

或復中生同一業果, 中有復是一期生初. 中有若無, 生應不續.

② 若謂,

生有是一期初. 中有非初, 不必須引.[22]

③ 若謂,

此應如中般者, 無生滿業, 如是卽於死處生者, 無中滿業.[23]

8) '聚色=段食'설

然上座言:

所飮噉聚, 皆是食體, 無別說故. 諸所飮噉聚消變時, 一切皆能增血肉等, 任持相續, 令不斷壞. 是故一切皆名爲食.[24]

---

21 (T29, 478b12-13).

22 (T29, 478b18-19).

23 (T29, 478b24-25).

24 (T29, 510c1-3).

7) 中有가 존재하지 않는 경우

① 上座는 말하였다

만약 목숨을 마치는 곳에서 바로 생을 받는 자라면 중유는 존재하지 않는다.

中有와 生有는 동일한 업의 결과로서, 중유는 바로 이러한 一期의 生의 첫 단계이다. 그런데 만약 중유가 존재하지 않는다면, 생은 이어지지 않는다고 해야 한다.

② 生有가 바로 一期[相續]의 첫 단계이다. 즉 중유는 [相續의] 첫 단계가 아니기 때문에 반드시 견인(*ākṣepa)되어야 하는 것은 아니다.

③ 이러한 사실(본항①)은 마땅히 中般涅槃(중유에서 반열반)하는 자에게 生[有]의 滿業이 존재하지 않는 것과 같다고 해야 한다. 이와 마찬가지로 바로 죽은 곳에서 태어나는 자의 경우에도 中[有]의 만업이 존재하지 않는다고 해야 하는 것이다.

8) '聚色=段食'설

上座는 [이같이] 말하였다.

마시거나 씹어 먹는 [色]聚를 다 段[食](kavaḍīkārāhāra)의 본질이라고 해야 하니, [聖教에서 香·味·觸이 段食이라고] 별도로 설한 일이 없기 때문이다. 즉 마시거나 씹어 먹는 모든 [色]聚가 소화되어 변화할 때 그 모든 것이 다 능히 血肉 등을 증장시키고 [소의신을] 任持 상속하여 단절되거나 괴멸하지 않게 한다. 그렇기 때문에 [마시거나 씹어먹는] 일체[의 색취]를 다 [段]食性이라 말할 수 있다.

2. 12緣起 총론

1) 연기법의 적용대상

何故世尊, 爲釋緣起, 先作是說, '依此有彼有, 此生故彼生,' 而不唯說無明緣等? (T29, 482a3-5)

且上座言:

> 緣起有二, 一有情數, 二非有情. 前兩句文, 通攝二種, 言無別故. 無明緣等, 唯攝有情, 有情有故.[25]

[附論] 親教門人과의 대론

然彼上座, 親教門人, 有自斥言: 此釋非理. 與摽釋理, 不相應故. 前摽後釋, 理必相符, 如何雙摽, 後唯釋一? 又外緣起, 於此經中, 不應先摽. 以無用故.

> 此斥非理. 上所釋言, 不違摽釋, 非無用故. 謂無明等後所釋言, 不越摽中有情緣起. 故摽釋理, 非不相應.

25 (T29, 482a5-8).

1) 연기법의 적용대상

어떠한 까닭에서 세존께서는 緣起(pratityasamụtpāda)를 해석하기 위해 먼저 "이것이 존재할 때 저것이 존재하고, 이것이 생겨남으로 말미암아 저것이 생겨난다"고 설하여, 오로지 "무명을 연하여 [행이 있다]"는 등의 [12支연기]만을 설하지 않은 것인가?

바야흐로 上座는 말하였다.

연기에는 두 가지 [적용대상]이 있으니, 첫째는 有情數(sattvākhyā)이고, 둘째는 非有情數(asattvākhyā)이다. 전반부 (즉 初分의 法說)의 두 [정형]구는 두 종류를 모두 포섭하니, [정형구의] 말에는 [유정·비유정의] 차별이 없기 때문이다. 그러나 '無明을 연하여 [行이 있다]'는 등의 말은 오로지 유정만을 포섭하니, [무명 등은] 유정에게만 존재하기 때문이다.

[부론] 親教門人과의 대론

그런데 저 上座의 親教門人 중의 어떤 이는 스스로 이를 배척하여 다음과 같이 말하였다. 이러한 해석은 올바른 이치가 아니니, 제시한 주제(標, uddeśa)와 이에 대한 해석(釋, nirdeśa)이 이치상 상응하지 않기 때문이다. 즉 앞서 제시한 주제(즉 '이것이 존재할 때 저것이 존재하고, 이것이 생겨남으로 말미암아 저것이 생겨난다'는 연기 法說/總說)와 뒤의 해석(즉 '무명을 연하여 행이 있다'는 등의 연기 義說/別說)은 이치상 반드시 서로 부합해야 하거늘 어찌하여 [앞의 제시문에서는 유정수와 비유정수] 두 가지를 모두 나타내고서 뒤에서는 오로지 [유정수] 한 가지로만 해석한 것인가? 또한 [상좌의 해석대로라면] 이 경(『연기경』) 중에서는 외적 존재(즉 비유정수)에 관한 연기를 먼저 제시하지 말았어야 하였으니, [그에 대한 구체적 해석이 없어] 無用하기 때문이다.

이러한 배척은 올바른 이치가 아니다. 왜냐하면 앞에서 [내가] 해석한 말은 제시한 주제(標)와 이에 대한 해석(釋)이 어긋나지 않을뿐더러 無用하지도 않기 때문이다. 즉 '무명을 [연하여 행이 있다]'는 등의 뒤에 해석한 말은 [앞서] 제시한 주제 중 有情에 관한 연기와 어긋나지 않는 것이다. 따라서 제시한 주제와 이에 대한 해석은 이치상 상응하지 않는 것이 아니다.

夫置先標, 擬生後釋. 後旣無釋, 先何用標? 是故但應標有情數. 標非有情數, 與釋不相符.

且非別標, 不釋何咎?

旣無別釋, 何用總標?

此中總標, 有大義用. 謂以現見非情緣起, 顯不現見內緣起故. 種子生芽等, 世所現知, 無明緣行等, 非世現見. 世尊顯示, '如依種等有, 芽等得有. 及種等生故, 芽等得生. 如是應知! 依無明等有, 行等得有. 無明等生故, 行等得生.' 是故總標, 有大義用. 此總顯示, 一切有爲, 無一不從衆緣起者.

若爾, 何故不釋非情, 如於有情, 先標後釋?

非情易了, 但藉總標. 情數難知. 故須別釋. 諸緣起教, 多爲利根. 是故不應所標皆釋. 又有情勝故應廣辯, 外法亦以內爲因故[26].

[衆賢:] 如是師徒, 未爲賢善. 自師勞思所造論宗, 爲逞己能, 輕爲彈斥. 善說法者, 理不應然. 我於此中, 詳彼所釋, 一切皆與自論相違. 謂彼論說, '**經皆了義**' 而今釋此違彼論宗. 釋不具申標中義故. 彼便許此非了義經. 故此定非彼宗經義. (T29, 482a28-b5)

26 (T29, 482a8-27).

대저 [요의경에서는] 먼저 주제를 제시하고서 이를 헤아려 뒤에 해석하는 것으로, [이 경에서는] 뒤에 이미 [비유정수에 관한] 해석이 없는데 앞에서 무슨 소용에서 그 같은 주제를 제시하였을 것인가? 그렇기 때문에 [앞의 두 정형구는] 다만 유정수에 관한 연기를 제시한(나타낸) 것이라고 해야 하는 것으로, 비유정수에 관한 연기도 제시한 것이라고 하면 [뒤의] 해석과 서로 부합하지 않는 것이다.

바야흐로 [앞의 두 정형구에서 비유정수에 관한 연기만] 별도로 제시한 것도 아닌데, 해석하지 않은들 무슨 허물이 될 것인가?

이미 별도로 해석할 일이 없다면 무슨 소용에서 [유정수와 비유정수에 관한 연기를] 전체적으로 제시하였을 것인가?

여기(연기의 두 정형구)서 [유정수와 비유정수의 연기를] 전체적으로 나타내게 된 데에는 크나큰 의미와 소용이 있다. 이를테면 비유정수의 연기는 바로 관찰할 수 있지만, 내적인 연기(즉 유정수의 연기)는 바로 관찰할 수 없음을 나타내고자 하였기 때문이다. 즉 종자가 싹 등을 낳는다는 것은 세간에서 바로 알 수 있는 사실이지만, '무명을 연하여 행이 있다'는 등의 사실은 세간에서 바로 관찰되는 것이 아니다. [그래서] 세존께서는 "마치 종자 등이 존재할 때 싹 등이 존재할 수 있으며, 아울러 종자 등이 생겨남으로 말미암아 싹 등이 생겨날 수 있는 것(=비유정수연기)처럼, 이와 마찬가지로 무명 등이 존재할 때 행 등이 존재할 수 있으며, 아울러 무명 등이 생겨남으로 말미암아 행 등이 생겨날 수 있다(=유정수연기)는 사실을 마땅히 알아야 한다"고 분명하게 밝혔던 것이다. 그렇기 때문에 [연기의 두 정형구로써 유정수와 비유정수의 연기를] 전체적으로 나타낸 것에는 크나큰 의미와 소용이 있는 것이다. 이는 곧 일체의 유위법으로서 衆緣에 따라 일어나지 않는 것은 아무 것도 없다는 사실을 전체적으로 나타낸 것이다.

만약 그렇다고 한다면, 어떠한 까닭에서 비유정수에 대해서는 먼저 주제를 제시하고 이후 이를 해석한 유정수처럼 해석하지 않은 것인가?

비유정수[의 연기]는 알기 쉽기 때문에 다만 전체적으로 나타내었을 뿐이지만, 유정수[의 연기]는 알기 어렵기 때문에 별도로 해석해야 하였다. 그리고 연기에 관한 온갖 教法은 대개 근기가 뛰어난 이들을 위한 것이었다. 그렇기 때문에

[앞에서] 제시한 주제에 대해 모두 다 해석하지 않아도 되었던 것이다. 또한 유정은 수승하기 때문에 [그에 관한 연기를] 널리 분별했어야 하였지만, 외적 존재(즉 비유정수)는 역시 또한 내적 존재(즉 유정수)를 [존재] 근거(因)로 삼기 때문에 [해석하지 않은 것이다].

[중현:] 이와 같은 스승의 제자들을 어질고 착하다고 할 수 없을 것으로, 이렇듯 자신들의 스승(상좌 슈리라타)이 노심초사하여 지은 論(『經部毘婆沙』)의 종의를 자신의 능력을 드러내기 위해 경솔하게 탄핵하고 배척하니, 훌륭한 說法者라면 도리 상 그렇게 해서는 안 된다. 내가 여기서 그(상좌)가 해석한 바를 자세히 살펴보니, 일체의 모든 해석이 다 자신의 論과 서로 모순된다. 이를테면 그의 論에서 "**[摽釋(uddeśa-nirdeśa)을 갖춘] 經은 모두 了義이다**"고 말하였지만, 지금 여기서 해석한 이 [경]은 [자신이 지은] 論의 종의와도 어긋나니, [경에서는] 제시문의 뜻(유정수와 비유정수)을 모두 펼쳐 해석하지 않았기 때문으로, 이는 바로 이 경이 요의경이 아님을 [스스로] 인정한 것이라 할 수 있다. 따라서 이 같은 [상좌의 해설]은 결정코 그가 종의로 삼은 경(『연기경』)의 뜻이 아니다.[27]

---

27 카슈미르 유부 비바사사는 '연기법=일체 유위법'으로 규정한 아비달마("緣起法云何? 謂有爲法." 『품류족론』, T26, 715c4f)에 근거하여 오로지 유정에 대해 설하고 있는 연기경설을 別意趣(abhiprāya)의 불요의설로 간주하였다. 이에 대해 상좌는 앞의 두 정형구는 유정수와 비유정수 모두에 적용되고, 이에 대한 구체적 해석인 12지의 연생관계는 비록 유정수에 국한될지라도 (비유정수의 경우 알기 쉽기 때문에 구체적으로 해석할 필요가 없다) 자신의 요의경의 조건인 摽釋을 갖춘 경(본서 제1장 3-2-3 '요의경과 불요의경의 정의' 참조)에 해당하기 때문에 경에서 설한 그대로를 경의 뜻으로 간주하였고, 이에 따라 유부가 경설의 별도의 뜻으로 해석한 분위연기설(본장 3-2)을 비판할 수 있었다.

2) 연기의 두 정형구의 의미

(1) 上座의 해석

薄伽梵處處經說, '依此有彼有, 此生故彼生. 與此相反, 非有非生.' 如是名爲因果總相. 此中初顯俱生因義. 後文復顯前生因義. (T29, 419a1-3)
對法諸師, 釋此二句. 諸有支起必由二因, 俱生前生有差別故. (T29, 483a19-20)

① 此中上座, 釋經義言:

> '依此有彼有'者, 此說有因相續爲先, 然後有果相續而住. 誰生爲先, 誰生已住? 爲答此復說'此生故彼生.' 此顯因生爲先故後果生而相續住.[28]

[衆賢:] 如是上座, 但率己情, 妄解佛經. 以扶己義, 如是解釋佛所說經, 無有定因堪爲證故. 謂何定因爲證'依此有彼有'言? 但據因果相續而說, 不據一一因果刹那. 依有一念因, 卽有一念果. 此順正理. 非因相續後, 方有果相續. 違正理故. (T29, 419a11-16)

② 彼復異門, 釋此經義:

> 前經爲顯諸行有因, 後經爲遮計常因執.[29]

---

28 (T29, 419a7-11). 중현은 이 논설을 「변연기품」에서는 무기명의 요약으로 전한다. "有釋. 爲顯因果住生, 說斯二句."(T29, 482c3-4) 『구사론』 상에서도 이를 다른 어떤 논사(apare)의 말로 인용한다. "有釋. 爲顯因果住生. 謂乃至因相續有, 果相續亦有. 及卽由因分生, 故諸果分亦生." (T29, 51a8-10); sthityutpattisaṃdarśanārtham ity apare. yāvat kāraṇasrotas tāvat kāryasroto bhavati. kāraṇasyaiva cotpādāt kāryam utpadyata iti. (AKBh. 139: 14-15) "다른 어떤 이는 [『연기경』에서의 두 정형구는 각기 인과상속의] 지속(sthiti)과 생기(utpatti)를 나타내기 위한 것이라고 말한다. 즉 [그는 말하였다.] 원인의 상속(kāraṇasrotas)이 존재하는 한 결과의 상속(kāryasrotas)이 존재하며, 오로지 원인이 생겨남으로 말미암아 결과가 생겨난다." 야쇼미트라와 보광은 이를 각기 대덕 슈리라타(Bhadanta Śrīlāta), 上坐同學의 해석으로 평석하였다. (AKVy 298. 23f.; 『구사론기』 T41, 172a2).

29 (T29, 419b9-10). 本章 2-2-3 '上座徒黨의 해석' 참조.

(1) 上座의 해석

박가범(세존)께서는 이러저러한 여러 경에서 "이것이 존재할 때 저것이 존재하고, 이것이 생겨남으로 말미암아 저것이 생겨난다.(asmin satīdaṃ bhavati: asyotpādād idam utpadyate) 나아가 이와 서로 반대되는 경우 (다시 말해 이것이 존재하지 않거나 생겨나지 않은 경우 저것도) 존재하지 않고 생겨나지 않는다"고 설하였다. 이는 因果의 전체적 특성(總相)을 밝힌 것으로, 전자가 俱生因(즉 同時인과)을 나타낸 것이라면, 후자는 前生因(즉 異時인과)을 나타낸 것이다. 아비달마논사들(Ābhidhārmikāḥ: 對法諸師)은 이러한 [緣起] 2句를 [이같이] 해석하였다. "[12연기의] 모든 지분은 반드시 두 가지 원인에 의해 일어나는 것이니, 俱生因과 前生因의 차별이 있기 때문이다." (중현)

① 여기서 上座는 『[연기]경』에서의 [두 정형구의] 뜻에 대해 이같이 해석하였다.

'이것이 존재할 때 저것이 존재한다'고 함은, 원인의 상속(kāraṇasrotas)이 먼저 존재하고 이후 결과의 상속(kāryasrotas)이 존재하여 [상속이] 지속(sthiti)한다는 사실을 말한 것이다. [그럴 때] 무엇이 먼저 생겨나고 무엇이 [이후] 생겨나 지속한다는 것인가? 이에 답하기 위해 다시 '이것이 생겨남으로 말미암아 저것이 생겨난다"고 설한 것이다. 이는 곧 원인이 먼저 생겨났기 때문에 이후 결과가 생겨나는 것으로, 그럼으로써 [인과의] 상속이 지속한다는 사실을 나타낸 것이다.

[중현:] 이렇듯 상좌는 다만 자신의 情意에 따라 佛經을 그릇되게 이해하였으니, 자신의 뜻을 펼치기 위해 불타께서 직접 설하신 경을 이같이 이해함으로써 논증을 감당할만한 어떠한 결정적 논거도 제시하지 못하였기 때문이다. 즉 [그는] 어떤 결정적 논거로써 "이것이 있으므로 저것이 있다"는 말이 [俱生因의 뜻이 아님을] 논증하고 있는 것인가? **[그는] 다만 원인과 결과를 相續(srotas)에 근거하여 논설하였을 뿐** 각각의 인과를 刹那(kṣaṇika)에 근거하여 논설하지 않았다. 즉 일찰나(一念)의 원인이 존재함으로 말미암아 일찰나의 결과가 존재하는 것이지－이는 正理에 부합하는 것이다－원인으로서의 상속 이후 비로소 결과로서의 상속이 존재하는 것이 아니니, [그럴 경우] 正理에 어긋나기 때문이다.

② 그(상좌)는 다시 다른 방식(paryaya)으로 해석하였다.

앞의 경문(즉 '依此有彼有')은 제행에 원인이 존재한다는 사실을 밝히기 위해(즉 無因論을 비판하기 위해) 설한 것이고, 뒤의 경문(즉 '此生故彼生')은 常住의 원인을 분별하는 주장(즉 常因論)을 비판하기 위해 설한 것이다.

③ 上座復言:

'依此有彼有'者, 依果有因有滅. '此生故彼生'者, 恐疑果無因生. 是故復言 '由因生故, 果方得起.' 非謂無因.[30]

[附論] 세친의 상좌 해석 비판

經主難言.

經義若爾, 應作是說. '依此有彼成無.' 又應先言, '因生故果生已.' 後乃可說, '依果有因成無.' 如是次第, 方名善說. 若異此者, 欲辯緣起, 依何次第, 先說因滅? 故彼所釋, 非此經義.[31] (T29, 482c7-11)

[衆賢:] 如是上座, 凡有所言, 親教門人, 及同見者, 尙不承信, 況隨聖敎, 順正理人, 可能忍受? <u>東方貴此, 實謂奇哉</u>! 經主何緣, 但言'彼釋非此經義'? 我今說'彼上座所言, 全無義理.' <u>諸有, 唯說前生爲因, 及唯現世, 有體論者</u>, 曾無'果有, 因方有滅'. 以果有時, 因已無故. (T29, 482c11-17)

---

30 (T29, 482c5-7). 이 논설은 『구사론』 상에서 앞(본항① 주28)의 다른 어떤 논사(apare)의 또 다른 말로 인용된다. punar āha "asmin satīdaṃ bhavatī"ti "<u>kārye sati kāraṇasya vināśo bhavatī</u>"ti. syān matam ahetukaṃ tarhi kāryam utpadyata ity ata āha nāhetukam. yasmād asyotpādād idam utpadyata iti. (AKBh 139. 17f); "復有釋言. '依此有彼有'者. <u>依果有因有滅</u>. 此生故彼生者. 恐疑果無因生. 是故復言'由因生故果方得起.' 非謂無因." (T29, 51a12-15) 여기서 어떤 이(有)를 普光과 法寶는 '『순정리론』에서 上坐라고 말한 經部 중의 室利羅多'로(T41, 172a9f; 604a5f), 야쇼미트라 역시 대덕 슈리라타로 평석하였다. (AKVy 298. 32f).

31 『구사론』(T29, 51a15-17); eṣa cet sūtrārtho 'bhaviṣyad asmin satīdaṃ na bhavatīty evācakṣata. pūrvaṃ ca tāvat kāryasyotpādāne vācakṣata paścād asmin satīdaṃ na bhavatīti. evaṃ hi sādhuḥ kramo bhavati. itarathā tu pratītyasamutpādaḥ katama ityāder arthe kaḥ prakramo vināśavacanasya. tasmān naiṣa sūtrārthaḥ. (AKBh 139. 19-24).

③ 上座는 다시 말하였다.

'이것이 존재할 때 저것이 존재한다'고 함은 결과가 존재할 때 원인에 소멸이 존재한다(kārye sati kāraṇasya vināśo bhavati)는 말이며, '이것이 생겨남으로 말미암아 저것이 생겨난다'고 함은 [그럴 경우] 결과가 원인 없이 생겨난 것이라 의심할까 염려하여 한 말이다. 그래서 "원인이 생겨남으로 말미암아 결과도 비로소 생겨날 수 있다"고 다시 말하게 된 것으로, ["결과가 존재할 때 원인에 소멸이 존재한다"고 해서] 원인이 없었다는 말은 아니다.

[부론] 세친의 상좌 해석 비판

經主는 이같이 힐난하여 말하였다.
만약 경의 뜻(sūtrārtha)이 그러한 것이라고 한다면, [세존께서는] '이것이 존재할 때 저것은 존재하지 않게 된다'고 설했어야 하였을 것이다. 또한 먼저 '원인이 생겨남으로 말미암아 결과가 생겨난다'고 말하고 나서 그 후에 '결과가 존재할 때 원인은 존재하지 않게 된다'고 말했어야 하였다. [그의 해석대로라면] 이와 같은 순서가 올바른 설(善說)이라고 할 수 있다. 만약 그렇지 않다고 한다면, 緣起를 분별하고자 하면서 어떠한 순서에 의거하였기에 '원인의 소멸'을 먼저 설한 것인가? 따라서 그가 해석한 바는 경의 뜻이 아니다.

[중현:] 이렇듯 상좌가 말한 바는 그의 親敎門人과 同見者(견해를 함께하는 이, 즉 세친)도 계승하여 믿지 않거늘 하물며 聖敎(āgama)를 따르고 正理(*yukti, nyāya)를 따르는 이들(즉 毘婆沙師)이 어찌 인가 수용할 수 있을 것인가? 東方에서 이를 귀하게 여기는 것은 참으로 기이한 일이라고 하겠다.
그런데 經主는 어떠한 연유에서 다만 "그의 해석은 경의 뜻이 아니다"고만 말하는 것인가? 나는 여기서 "저 上座가 말한 바는 전혀 뜻도 없고 이치에도 맞지 않는다"고 말하리라. 오로지 "앞서 생겨난 것(전 찰나)이 원인이 되며 현재만이 실체(진실)이다"고 설하는 이들(즉 경량부)로서 "결과가 존재할 때 바야흐로 원인에 소멸이 존재한다"고 한 이는 일찍이 없었으니, 결과가 존재할 때 원인은 이미 [과거로 사라져] 존재하지 않기 때문이다.

④ 若彼救言:

> 我意不說, '果有位, 因方滅.' 我意但言, '要果有位, 因方有滅.' 是於果有時, 因方有無義.[32]

(2) 제자 邏摩의 해석

大德邏摩, 於自師釋心不忍許, 復自釋言:

> 若十二支, 許依三際, 卽爲略攝三際緣起說, '依此有彼有, 及此生故彼生.' 若不許然, 卽此二句, 如次顯示親傳二因.[33]

[衆賢:] 又譬喩宗, **過未無體**, 如何可立親傳二因? 且非業無間能生異熟故, 業望異熟, 親因不成. 亦非傳因, 傳義無故. (中略) 諸有橫計舊隨界等, 思擇因中, 已廣遮破. 設許有彼傳, 亦不成遠近二因. 滅無異故. 依何而說, 彼遠此近? (T29, 482b20-27)

---

32 (T29, 482c24-26).

33 (T29, 482b5-8). 이는 야쇼미트라에 의하면 『구사론』 상에서 연기2구에 대한 논주 세친(ācāra)의 네 가지 [표준적] 해석(AKVy 297. 26) 중 세 번째와 네 번째이다. 何故世尊說前二句? 謂依此有彼有. 及此生故彼生. (中略) 又爲顯示三際傳生. 謂依前際有, 中際得有. 由中際生故, 後際得生. 又爲顯示親傳二緣. 謂有無明無間生行. 或展轉力諸行方生." (T29, 50c18-26); kim arthaṃ punar bhagavān paryāyadvayam āha "asmin satī daṃ bhavati asyotpādād idam utpadyate" iti. (中略) janmaparaṃparāṃ vā. pūrvānte sati madhyānto bhavati madhyāntasyotpādād aparānta utpadyata iti. sākṣāt pāraṃparyeṇa pratyayabhāvaṃ darśayati. kadācid dhi samanantaram avidyāyāḥ saṃskārā bhavanti kadācit pāraṃparyeṇeti.(AKBh., 138. 28-139. 6) 그러나 普光은 『순정리론』에 따라 이를 上座의 제자 大德 邏摩의 해석으로 평석하였다. (T41, 171c1-3) 여기서 첫 번째-"연기의 두 정형구(paryāya-dvaya)는 生의 연속(三際傳生)을 나타내기 위한 것이다. 즉 전생이 존재할 때 현생이 존재한다. 그리고 현생이 생겨남으로 후생이 생겨난다"는 『순정리론』 상에서 아비달마논사들의 해석(제3설)으로 전해진다. 즉 전제 중의 결과(식·명색·6처·촉·수의 현재 5과)는 이미 '존재한다(有)'는 뜻이 원만하기 때문에 "[이것이 존재할 때 저것이] 존재한다"는 형식으로 설한 것이지만, 후제 중의 결과(생·노사의 미래 2과)는 '존재한다'는 뜻이 아직 원만하지 않기 때문에 "[이것이 생겨남으로 말미암아 저것이] 생겨난다"는 형식으로 설하였다는 것이다. (T29, 483a23-b2).

④ [이에 대해] 그는 [이같이] 해명하였다.

['결과가 존재할 때 원인에 소멸이 존재한다'(kārye sati kāraṇasya vināśo bhavati: 依果有, 因有滅)고 말한] 나의 의도는 "결과가 존재하는 단계에서 원인은 바야흐로 소멸한다"는 사실을 말하려는 것이 아니었다. 내 뜻은 다만 "요컨대 결과가 존재하는 단계에서 원인은 바야흐로 소멸한 상태로 존재한다 (또는 소멸한 상태이다)"는 사실을 말하려는 것이었다. 이는 곧 "결과가 존재할 때 원인은 바야흐로 비존재의 상태로 존재한다"는 뜻이다.

(2) 제자 邏摩의 해석

대덕 邏摩(Rāma)는 자신의 스승의 해석에 대해 심정적으로 인정하지 않으면서 다시 스스로 해석하여 [이같이] 말하였다.

만약 12支가 3際에 근거한 것임을 인정한다면, 바로 3際의 緣起를 간략히 포섭하기 위해 '이것이 존재할 때 저것이 존재한다'와 '이것이 생겨남으로 말미암아 저것이 생겨난다'고 설하였다. 그러나 만약 이 같은 사실을 인정하지 않는다면, 이 두 구절은 순서대로 親因(sākṣāt-hetu)과 傳因(pāraṃparyam-hetu) 즉 無間에 결과를 낳는 직접원인과 결과를 낳기까지 간단없이 연속하는 간접원인을 나타낸다.[34]

[중현:] 또한 譬喩宗에서는 **과거·미래[법]은 그 자체 존재하지 않는다**고 하였는데, 어떻게 직 간접의 두 원인을 설정할 수 있을 것인가? 바야흐로 업은 무간에 이숙과를 낳을 수 없기 때문에 업은 이숙과에 대해 [무간에 결과를 낳는] 직접원인(親因)이 되지 않는다. 또한 역시 [결과를 낳기까지 간단없이 연속하는] 간접원인(傳因)도 되지 않으니, '연속적으로 이어진다(傳, pāraṃparyam)'는 뜻이 없기 때문이다. (중략) 저들이, 유정들이 [이숙과를 초래하는 직 간접의 원인으로] 제멋대로 생각한 舊隨界 등에 대해서는 '因緣'에 대해 思擇하면서 이미 널리 비판하였다. 설혹 [구수계에] 그 같은 '연속적으로 이어진다'는 뜻이 존재한다고

34 이러한 라마의 해석은 연기의 두 정형구는 유정수와 비유정수 모두의 연기를 나타낸 것이라는 상좌설(주25)에 대한 친교문인의 논란(주26)과 이에 대한 중현의 비판(주27) 직후 인용된다. 따라서 여기서 라마의 해석은 『연기경』을 요의경으로 규정한 이상 어떻게 하면 총론에서 제시된 주제(標)와 각론의 해석(釋)이 일치할 것인가에 대한 것이라 할 수 있다. 그래서 유부처럼 3제에 걸친 인과관계로 해석하든지, 만약 이를 인정하지 않는다면 경량부의 핵심교학인 종자상속설로 해석해야 한다고 말한 것이다. 중현의 비판 또한 어느 것이든 주제와 해석이 일치하지 않는다는 점에 초점을 맞추고 있다. (T29, 482b16-20). 보다 자세한 내용은 권오민(2021), 『상좌 슈리라타의 연기관』, pp.78-82 참조

(3) 上座徒黨의 해석

① 上座徒黨, 有釋,

爲破無因常因.[35]

② 有釋,

爲顯因果住生.[36]

---

35 (T29, 482c3). 이는 「辯差別品」에서는 상좌의 다른(異門) 해석으로 전하지만(본장 2-2-1②; 본서 제6장 1-1③), 『구사론』 상에서 有餘師(apare)의 해석으로 인용된 것이다. "有餘師釋 如是二句, <u>爲破無因常因</u>二論. 謂非無因諸行可有. 亦非由常自性我等, 無生因故, 諸行得生."(T29, 50c26-28); <u>ahetunityahetuvādapratiṣedhārtham</u> ity apare. nāsati hetau bhāvo bhavati na cānutpattimato nityāt prakṛtipuruṣādikāt kiṃcid utpadyata iti. (AKBh 139. 6-7) 다른 어떤 이들은 [말하였다].: "[연기2구는] 無因論과 常住因論을 부정하기 위한 것이다. 원인이 없을 때 사물(bhāva)이 생겨나는 일도 없다. 또한 自性(prakṛti)이나 자아(puruṣa) 등처럼 생겨난 것이 아닌 常住의 원인으로부터는 어떠한 것도 생겨나는 일이 없다." 여기서 有餘師는 普光에 의하면 經部異師 尊者世曹. (T41, 171c10ff) 야쇼미트라에 의하면 上座 바수바르만(sthavira-Vasuvarman)이다. (AKVy 297. 26ff)

36 (T29, 482c3-4). 이는 『구사론』 상에서 다른 어떤 이(apare)의 해석으로 인용된 것이다. 본장 주28 참조.

할지라도 역시 직 간접(遠·近)의 두 원인은 되지 않으니, [前生法인 이상] 소멸한 것으로서는 어떠한 차이도 없기 때문이다. [그러니] 무엇에 근거하여 그것은 간접원인(遠因, 즉 傳因)이고, 이것은 직접원인(近因, 즉 親因)이라 설할 것인가?

(3) 상좌도당의 해석

① 上座의 徒黨(Sthavira-pākṣika, 상좌일파) 중의 어떤 이는 이같이 해석하였다.

[이러한 연기2구는] '원인이 없다(無因)'거나 '영속하는 원인(常因)이 존재한다'는 주장을 비판하기 위한 것이다.

② [上座의 徒黨 중의] 어떤 이는 이같이 해석하였다.

[이러한 연기2구는] 인과의 지속(住)과 생기(生)를 밝히기 위해 설한 것이다.

3. 有部 연기설 비판

1) 刹那연기설 비판

有餘師說. 一刹那中, 具十二支, 實有俱起. 如貪俱起, 發業心中, 癡謂無明. 思卽是行. 於諸境事, 了別名識. 識俱三蘊, 總稱名色. 有色諸根, 說爲六處. 識相應觸名爲觸. 識相應受名爲受. 貪卽是愛. 與此相應, 諸纏名取. 所發身語二業名有. 如是諸法, 起卽名生. 熟變名老. 滅壞名死.[37] (T29, 493b25-c3)

上座謂,

> 此非應理言. 一刹那中, 無因果故. 違聖教故. 了義說故. 謂俱生品, 因果定無. 俱生法中, 誰因誰果? 又此所說, 違於聖教. 如世尊告阿難陀言, '識若不入母胎中者, 名色得成羯剌藍, 不?' '行有三種.' '於諸受喜, 說名爲取.' '吾當爲汝, 說法增減, 趣苦集行· 趣苦滅行.' 非此品類可有集沒, 但由掉擧無量過失, 魍魎所魅, 輕發此言. 又此契經, 是了義說. 世尊決定說'此爲依', 由佛此中自解釋故.[38]

---

37 여기서 有餘師는 『대비바사론』에서 찰나연기(T27, 118c7-14)의 說者인 尊者 設摩達多(Śarmadatta)일 것이다. 『구사론』 상에서는 유부 정설로 설해진다. "云何刹那? 謂刹那頃, 由貪行殺, 具十二支. 癡謂無明. 思卽是行. 於諸境事, 了別名識. 識俱三蘊總稱名色. 住名色根, 說爲六處. 六處對餘和合有觸. 領觸名受. 貪卽是愛. 與此相應, 諸纏名取. 所起身語二業名有. 如是諸法, 起卽名生. 熟變名老. 滅壞名死."(T29, 48c10-16) kathaṃ kṣaṇikaḥ. ekasmin khalv api kṣaṇe dvādaśāṅgāni bhavanti. tadyathā lobhavaśena prāṇinaṃ jīvitād vyaparopayet. yo mohaḥ sāvidyā. yā cetanā te saṃskārāḥ. vastuprativijñaptir vijñānam. vijñānasahabhuvaś catvāraḥ skandhā nāmarūpam. nāmarūpe vyavasthāpitāni indriyāṇi ṣaḍāyatanam. ṣaḍāyatanābhinipātaḥ sparśaḥ. sparśānubhavanaṃ vedanā. yo lobhaḥ sa tṛṣṇā. tatsaṃprayuktāni paryavasthānāni upādānam. tatsamutthitaṃ kāyavākkarma bhavaḥ. teṣāṃ dharmāṇām utsarjanaṃ jātiḥ parīpāko jarā bhaṅgo maraṇam iti. (AKBh 133. 1-7) 이처럼 범본에서는 識과 구기하는 네 갈래 온/4온(catvāraḥ skandhā)을 名色이라 한데 반해 玄奘은 '식과 구생하는 3온을 名色이라 총칭하였다'로 번역하였다. 진제의 번역은 '與識俱起四陰名名色' (T29, 205c8).

38 (T29, 493c3-11).

1) 刹那연기설 비판

有餘師는 말하였다.

[찰나연기란] 일찰나 중에 12支를 갖추어 실로 俱起하는 경우이다. 예컨대 [탐으로 말미암아 살생을 행할 때] 탐과 구기하는 것으로 업을 발동시키는 [일 찰나의] 마음 중의 어리석음[癡]은 말하자면 '無明'이며, [그렇게 하고자 하는] 의사(思)가 '行'이다. 온갖 경계대상에 대해 요별하는 것을 '識'이라 이름하였고, 식과 구생하는 3온을 '名色'이라 총칭하였고, 有色의 諸根을 '6처'라 설하였으며, 識과 상응하는 觸을 '觸'이라 이름하였고, 識과 상응하는 受를 '受'라고 이름하였다. 탐은 바로 '愛'이며, 이와 상응하는 온갖 纏(paryavasthāna, 현행의 번뇌)을 '取'라 이름하였고, [이에 따라] 일어난 身·語의 두 업을 '有'라 이름하였다. 그리고 이와 같은 제법의 생기를 바로 '生'이라 하였고, 완전히 변이하는 것을 '老'라고 하였으며, 괴멸하는 것은 '死'라고 하였다.

[이에 대해] 上座는 말하였다.

이는 이치에 맞는 말이 아니니, 일찰나 중에는 원인과 결과가 존재하지 않기 때문이며, 聖教에 위배되기 때문이며, 了義說이기 때문이다.

즉 동시에 함께 생겨난 품류(俱生品) 중에는 결정코 인과관계가 존재하지 않으니, 동시에 함께 생겨난 법 중에서 무엇을 원인이라 하고, 무엇을 결과라고 하겠는가?

또한 여기서 설한 찰나연기는 聖教에 위배되니, 이를테면 세존께서 아난다에게 "識이 만약 모태에 들어가지 않았다면, 名色은 갈랄람(kalalam)을 성취할 수 있었을 것인가, 성취할 수 없었을 것인가?"라고 말하였고, "行에는 세 종류(福·非福·不動業)가 있다", "온갖 受에 대해 기뻐하는 것(즉 喜愛), 이를 일컬어 取라고 한다"[39]고 하였으며, "내 그대를 위해 법의 증익과 감손에 대해 설하리니, 苦의 集으로 나아가는 [유루]行과 苦의 滅로 나아가는 [무루]行이 그것이다"고 하였다. 이러한 품류(찰나연기의 제법) 중에 集沒이 [동시에 함께] 존재할 수 있는 것이 아님에도 [有餘師는] 다만 경거망동(掉擧)함에 따라 무량의 과실을 범하였으니, 도깨비에 홀려 이같이 경솔히 말하였던 것이다.

또한 이 계경은 바로 了義說로서, 세존께서는 '이(요의경)를 의지처로 삼으라'고 결정적으로/분명하게 설하였으니, 불타는 이 경 중에서 [경설의 뜻을] 스스로 解釋하고 있기 때문이다.[40]

39 이 경설에 대해서는 본장 4-6② 참조.

40 여기서 이 계경은 『연기경』. (본장 2.'분위연기설 비판' 참조) 상좌 슈리라타의 요의경의 기준은 摽釋(uddeśa-nirdeśa) 즉 불타 스스로 문제를 제시하고 스스로 해석하여 그 취지가 명백한 것이다. (제1장

2) 分位연기설 비판

對法諸師, 咸作是說: 佛依分位, 說諸緣起.[41] (T29, 494b14-15)

上座於此, 妄彈斥言:

> 雖有無間生, 然無緣起理. 初結生有, 不應理故. 謂結生時, 所有五蘊, 於有情相續, 非並能爲緣, 契經但言'識入胎'故.; 又失生惑業次第生理故. 謂從六處·觸·受, 次第起諸煩惱, 煩惱發業, 業復引生, 皆不成故.; 又因差別應不成故. 謂說有情前後諸蘊, 皆總相望前爲後因, 則失立因差別道理. 雖有前後無間而生, 然非一切因能生一切果. 如色法起, 雖藉外緣, 然自種力無間引起, 諸心心所各別因生. 若許分位, 因應無別.; 又於無學成過失故. 謂阿羅漢, 若於愛位, 或於取位, 得阿羅漢, 應無愛緣取, 及取緣有位.; 又應愛等不數生故. 謂受爲緣 數生於愛. 惑[42]愛爲緣 數生於取. 若許分位, 此不應成, 其位已過, 無重起故.; 又緣起經, 是了義故. 謂此經義, 佛自決了, 前際無智等名爲無明, 福非福不動說名爲行, 六識身等名爲識等. 世尊恒勸依了義經. 是故於中不應異釋.[43]

3-2-3 '요의경과 불요의경의 정의' 참조)

41 『구사론』 상에서의 分位연기 정의: 十二支位, 所有五蘊, 皆分位攝. (T29, 8c17-18); āvasthiko dvādaśa pañcaskandhikā avasthā (AKBh 133. 8) 즉 12支의 본질은 5온으로, 무명 내지 노사가 두드러진 상태의 5온을 '무명' 내지 '노사'라고 하였다.

42 전후 문맥상 惑은 '或'의 誤寫.

43 (T29, 494b21-c10). "經部諸師作如是白: 此中所說, 爲述己情, 爲是經義? 若是經義, 經義不然. 所以者何? 且前所說分位緣起十二, 五蘊爲十二支, 違背契經. 經異說故. 如契經說, '云何爲無明? 謂前際無智乃至廣說.' 此了義說, 不可抑令成不了義. 故前所說分位緣起, 經義相違."(『구사론』 T29, 50a7-13); atra tu sautrāntikā vijñāpayanti.. kiṃ khalv etā iṣṭaya ucyante yā yasyeṣṭir āhosvit sūtrārthaḥ. sūtrārtha ity āha. yadi sūtrārtho naiṣa sūtrārthaḥ. kathaṃ kṛtvā. yat tāvad uktam āvasthika eṣa pratītyasamutpādo dvādaśa pañcaskandhikā avasthā dvādaśāṇgānīty etad utsūtram. sūtre 'nyathā nirdeśād. avidyā katamā. yat tat pūrvānte 'jñānam iti vistareṇa. yac ca nītārthaṃ na tat punar neyaṃ bhavatīti naiṣa sūtrārthaḥ. (AKBh 136. 14-18).

2) 分位연기설 비판

아비달마논사들은 다 이같이 논설하였다.
"불타는 分位(avasthā) 즉 [5온의] 상태에 근거하여 온갖 [갈래의] 연기를 설하였다."

上座는 이에 대해 거짓되게 탄핵 배척하여 말하였다.

비록 [5온의 상속이] 無間으로 생겨나는 일이 있을지라도 여기에 연기의 이치는 적용될 수 없으니, 최초 結生할 때의 존재가 이치에 맞지 않기 때문이다. 즉 결생할 때, 5온의 존재가 다함께 유정의 상속에 緣이 될 수 있는 것이 아니니, 계경에서는 다만 '識이 모태에 들어간다'고 말하고 있기 때문이다.[44]

또한 [유정의 상속은] 生(jāti)과 惑(kleśa)과 業(karma)의 순서로 생겨난다는 이치를 상실하기 때문이다. 이를테면 [12支가 5온을 본질로 하는 것이라고 주장할 경우] 6處·觸·受(즉 生)로부터 온갖 번뇌가 차례로 일어나고, 번뇌는 업을 발동시키며, 업은 다시 [6처 등의] 생을 인기한다는 사실이 모두 성립하지 않기 때문이다.

또한 원인의 차별도 성취되지 않는다고 해야 하기 때문이다. 즉 유정의 前後찰나의 諸蘊이 다 서로가 서로에 대해, 앞의 지분은 뒤의 지분에 대해 원인이 된다고 말한다면, 원인의 차별을 설정할만한 도리를 상실하게 된다. 비록 前後[찰나에 걸쳐] 無間으로 생겨날지라도 일체의 원인(*sarvakāraṇa, 즉 5온)이 능히 일체의 결과(*sarvakārya)를 낳을 수 있는 것은 아니다. 예컨대 色法이 비록 外緣에 근거하여 일어날지라도 자신(自種 즉 4대종)의 힘에 의해 無間으로 인기되듯이, 모든 심·심소법도 [5온으로서 생겨나는 것이 아니라] 각기 개별적인 원인에 의해 생겨난다. 만약 [12支가 다 5온의 상태(avasthā: 分位)라는] 分位연기를 인정할 경우, 원인[들] 간에 어떠한 차별도 없다고 해야 한다.

또한 無學(aśaikṣa, 즉 아라한)의 경우 과실을 성취하기 때문이다. 즉 어떤 아라한이 만약 愛[支]의 단계나 取[支]의 단계에서 아라한[과]를 획득하였다면, [이제 더 이상] '愛緣取(愛를 연하여 取가 있다)'나 '取緣有(取를 연하여 有가 있다)'의 단계는 존재하지 않는다고 해야 한다.

---

44 『중아함경』 권24 「大因經」.

[衆賢:] 自如是等, 以無量門, 解釋彼經深隱理趣, 而數決判, 是了義經. 詳彼, 但應欺東方者. (中略) 又卽於此緣起契經, 雖佛於中, 自標自釋, 而彼上座, 自以多門, 解釋彼經深隱理趣. 且佛意趣, 結生有識, 名爲識支, 而自釋言. '識者卽是眼等六識.' 然唯意識, 能結生有. 此豈不應更詳意趣? 誰有智者, 執著如斯有別意經, 名爲了義? (中略) 如是不達了不了義經差別相, 而稱**我用經爲定量**, 甚爲非理. 故招我等毘婆沙師, 於彼所宗, 數爲嗤誚. (T29, 495b16-18; c13-22)

또한 愛 등이 자꾸자꾸/반복하여 생겨나지 않는다고 해야 하기 때문이다. 이를테면 [현실적으로] 受가 연이 되어 자꾸자꾸/반복하여 愛를 낳으며, 혹은 愛가 연이 되어 자꾸자꾸/반복하여 取를 낳지만, 만약 分位연기를 인정할 경우 이 같은 사실은 성취되지 않는다고 해야 한다. 왜냐하면 그러한 단계를 이미 지났으면 [愛나 取는] 거듭하여 다시 일어나는 일이 없을 것이기 때문이다.

또한 『연기경(Pratītyasamutpāda-sūtra)』은 바로 了義(nītārtha)이기 때문이다.[45] 즉 이 경의 뜻은 불타 스스로 결정적으로 분별한 것으로, "前際에 대한 無智 등을 無明이라 이름한다"고 하였고, "福 · 非福 · 不動業(욕계 선 · 불선업과 상계 선업)을 行이라 이름한다", "6識身 등을 識이라 이름한다"고 하였다. 세존께서는 항상 [이 같은] 요의경에 의지할 것을 권유하였으니, 그렇기 때문에 이러한 [12연기]에 대해 [경설과] 다르게 해석해서는 안 되는 것이다.

[중현:] [저 上座는] 스스로 이와 같은 등등의 이루 헤아릴 수 없는 측면에서 그 경(『연기경』)의 심오하고 은밀한 이치를 해석하고서는 거듭하여 '이는 바로 요의경이다'고 판정하지만, 그것을 자세히 살펴보건대 이는 다만 東方에 있는 자들을 기만하는 말일 뿐이다. (중략) 또한 이 『연기계경』에서 불타가 [어떤 주제를] 스스로 제시(標, uddeśa)하고 스스로 해석(釋, nirdeśa)하였을지라도 저 上座는 스스로 다양한 측면에서 이 경의 심오하고 은밀한 이치에 대해 해석하였다. [그는] 바야흐로 불타의 취지/의도(abhiprāya)는 生有로 이어지는 識을 '識支'라고 이름한 것이라 하였지만, [불타] 스스로 '識이란 바로 안 등의 6식'이라고 해석하였다. 그렇지만 오로지 意識만이 生有로 이어질 수 있으니, 이 어찌 [불타의] 취지/의도를 다시 자세히 살펴보아야 하는 것이라 하지 않겠는가? 그 어떤 智者가 있어 이와 같이 별도의 취지/의도를 갖는 경에 집착하여 요의경이라 말하는 것인가? (중략) 이처럼 요의경과 불요의경의 차별상도 알지 못하면서 **"나는 經을 지식의 결정적인 근거로 삼는다"**고 말하는 것은 심히 그릇된 이치라고 할 수 있다. 그래서 우리 毘婆沙師는 그의 종의에 대해 거듭하여 비웃고 꾸짖게 되었던 것이다.

---

45 『잡아함경』 제298경; Nidānasaṃyukta 16.

[附論] 세친/경량부의 분위연기설 비판

① 經主於此, 假作是言.

經部諸師, 作如是白. 此中所說, 爲述己情, 爲是經義? 若是經義, 經義不然. 所以者何? 經異說故. 如契經說 '云何爲無明? 謂前際無智. 乃至廣說. 此了義說. 不可抑令成不了義. 故前所說, 分位緣起, 經義相違.[46] (T29, 495c22-27)

[衆賢:] 此如上座宗, 應廣遮遣. (T29, 495c27-28)

② 經主於此, 復作是言:

雖於諸位皆有五蘊, 然隨此有無, 彼定有無者, 可立此法爲彼法支. 諸阿羅漢, 雖有五蘊, 而無有行, 隨福非福不動行識, 乃至愛等. 是故經義, 卽如所說. (T29, 496a23-27)

46 이는 『구사론』 상에서도 경량부 설로 인용된다. (T29, 50a7-13), 上同.; atra tu sautrāntikā vijñāpayanti. kiṃ khalv etā iṣṭaya ucyante yā yasyeṣṭir āhosvit sūtrārthaḥ. sūtrārtha ity āha. yadi sūtrārtho naiṣa sūtrārthaḥ. kathaṃ kṛtvā. yat tāvad uktam āvasthika eṣa pratītyasamutpādo dvādaśapañcaskandhikā avasthā dvādaśāṇgānīty etad utsūtram. sūtre 'nyathā nirdeśād. avidyā katamā. yat tat pūrvānte 'jñānam iti vistareṇa. yac ca nītārthaṃ na tat punar neyaṃ bhavatīti naiṣa sūtrārthaḥ. (AKBh 136. 14-18).

[부론] 세친/경량부의 분위연기설 비판

① 經主는 이에 대해 거짓으로 이같이 말하였다.
경량부 논사들(Sautrāntikā)은 [이에 대해] 이같이 논란하였다. 여기서 설한 [분위연기설]은 자신들의 생각이라 해야 할 것인가, 경의 뜻이라 해야 할 것인가? 경의 뜻이라고 한다면, 경의 뜻은 그렇지 않다. ([분위연기설은] 경의 뜻이 아니다.) 왜냐하면 경에서는 이와 다르게 설하였기 때문으로("이러한 分位에 근거한 연기의 12지분은 [각기] 5온으로 구성된 12가지의 분위(상태)를 나타낸다"고 한 사실은 계경에 위배되기 때문으로), 예컨대 계경에서 "무명이란 무엇인가? 이를테면 前際에 대한 無智이다. (이하 자세한 내용 생략)"고 설한 바와 같다. 이러한 경설은 了義(nītārtham)로, 이를 억지로 不了義(neyārtham)라 할 수는 없는 것이다. 따라서 앞에서 설한 분위연기설은 경의 뜻과 상위하는 것이다.

[중현:] 이는 上座의 종의와 같은 것으로, 널리 비판해보아야 할 것이다.

② 經主는 이에 대해 다시 이같이 말하였다.
비록 [12지의] 모든 단계에 다 5온이 존재한다고 할지라도 "이것이 있고 없음에 따라 저것도 결정적으로 있고 없다"고 한다면, 이러한 법만을 저러한 법(즉 결과)의 지분으로 설정(확립)할 수 있다.[47] [혹은] 모든 아라한에게 비록 5온이 존재한다고 할지라도 行도, 福·非福·不動의 行에 따른 識도, 나아가 愛 등도 결코 존재하지 않는다. 그렇기 때문에 경에서 바로 설하고 있는 그대로[의 뜻] (yathārutārtha: 如說義)이 바로 경의 뜻이다.

47 예컨대 무명의 단계에 색 등의 5온이 존재한다고 할지라도 '행'은 오로지 무명에 의한 것으로, 무명이 있기 때문에 '행'이 있으며, 무명이 없으면 '행'도 없다. 그럴 때 무명만을 '행'의 연기(즉 원인) 갈래로 설정할 뿐이다.

4. 12연기의 각 支 이해

1) 무명

(1) 무명의 원인

此中上座, 作是釋言:

> 餘經中說, '非理作意爲無明因, 無明復生非理作意.'[48] 非理作意, 說在觸時. 故餘經說, '眼色爲緣, 生癡所生染濁作意.' 此於受位, 必引無明. 故餘經言, '由無明觸所生諸受, 爲緣生愛.' 是故觸時非理作意, 與受俱轉, 無明爲緣. 由此無明無無因過. 亦不須立餘緣起支. 又緣起支無無窮失, 非理作意從癡生故. 如契經說, '眼色爲緣, 生癡所生染濁作意.'[49]

---

48 야쇼미트라에 의하면 Sahetu-sapratyaya-sanidāna-sūtra(『有因有緣有事經』). 현존 잡아함 334경(『有因有緣有縛法經』)에서는 이같이 설한다. "無明有因, 有緣, 有縛. 何等無明因, 無明緣, 無明縛? 謂無明, 不正思惟因, 不正思惟緣, 不正思惟縛. 不正思惟有因, 有緣, 有縛. 何等不正思惟因, 不正思惟緣, 不正思惟縛? 謂緣眼色, 生不正思惟, 生於癡. 緣眼色, 生不正思惟, 生於癡, 彼癡者是無明." (T2, 92b29-c6).

49 (T29, 497b3-12). 이는 『구사론』 상에서 一字의 가감도 없이 '다른 어떤 이들(餘, anyaḥ)의 해석'으로 인용된 것이다. "餘復釋言. 餘經中說, '非理作意爲無明因, 無明復生非理作意.' 非理作意, 說在觸時. 故餘經說, '眼色爲緣, 生癡所生染濁作意.' 此於受位, 必引無明. 故餘經言, '由無明觸所生諸受, 爲緣生愛.' 是故觸時, 非理作意, 與受俱轉, 無明爲緣. 由此無明無無因過. 亦不須立餘緣起支. 又緣起支無無窮失, 非理作意從癡生故. 如契經說, '眼色爲緣, 生癡所生染濁作意.'" (T29, 49b23-c2); anyaḥ punar āha. ayoniśomanaskāro hetur avidyāyā uktaḥ sūtrāntara iti. sa cāpi sparśakāle nirdiṣṭaḥ. "cakṣuḥ pratītya rūpāṇi cotpadyate āvilo manaskāro mohaja" iti. vedanākāle cāvaśyamavidyayā bhavitavyam. "avidyāsaṃsparśajaṃ veditaṃ pratītyotpannā tṛṣṇe"ti sūtrāntarāt. ataḥ sparśakāle bhavann ayoniśomanaskāro vedanāsahavarttinyā avidyāyāḥ pratyayabhāvena siddha iti nāsty ahetukatvam avidyāyāḥ. na cāṅgāntaram upasaṃkhyeyam. na cāpy anavasthāprasaṅgaḥ. tasyāpya yoniśomanaskārasya punar mohajavacanād āvilo manaskāro mohaja iti. (AKBh 135. 10-16) 여기서 '다른 어떤 이'는 야쇼미트라(AKVy 289. 23)를 비롯한 스티라마티(安慧)와 푸라나바르마나(滿增) 등의 인도의 주석가들은 이를 대덕 슈리라타(Bhadanta Śrīlāta) 혹은 궤범사 슈리라타(Ācārya Śrīlāta)(slob dpon Dpal len)로 해설하며, 普光 또한 '經部 중의 室利羅多'로 해설하였다. (T41, 168a8ff).

(1) 무명의 원인

上座는 이와 같이 해석하였다.

다른 경에서는 "非理作意(ayoniśomanaskāra)가 무명의 원인이며, 무명이 다시 비리작의를 낳는다"고 설하였다. 즉 비리작의는 觸(sparśa)의 순간 존재한다고 말할 수 있기 때문에 다른 경에서 "眼과 色을 연하여 우치(癡)에 의해 생겨나는(mohaja) 염오한(āvila: 染濁) 作意(즉 비리작의)가 생겨난다"고 설한 것이다. 또한 그것은 受의 순간 반드시 무명을 일으키기 때문에 [또] 다른 경에서 "無明觸에 의해 생겨난 온갖 受(avidyāsaṃsparśajaṃ veditaṃ)를 연으로 하여 愛(tṛṣṇa)가 생겨난다"고 설한 것이다. 그렇기 때문에 촉의 순간에 존재하는 비리작의는 受와 함께 일어나는(俱轉, saha-vartin) 무명의 연이 되는 것이다. 이에 따라 '무명은 원인을 갖지 않는다'는 과실이 없으며, 또한 역시 [무명의 원인을 제시하기 위해 12支 이외] 또 다른 연기 지분을 세울 필요도 없다. 또한 [그에 따라] 연기의 지분을 끝없이 세워나가야 하는 무한소급의 과실(anavasthāprasaṅga: 無窮失)도 없으니, 비리작의는 우치(즉 무명)로부터 생겨나기 때문으로, 계경에서 "眼과 色을 연하여 우치에 의해 생겨나는 염오한 작의가 생겨난다"고 설한 바와 같다.

(2) 무명의 名義와 특성

(2.1) 무명은 明을 장애하는 인연 즉 隨界

且無明義, 其相云何? 爲是明無, 爲非明攝? 若取前義, 無明應是無. 若取後義, 應眼等爲體. (T29, 499a22-24)

① 且上座言:

由有此故, 令明非有, 是謂無明. 不可無因而有是事.[50]

② 若[謂],

由有此, 爲障礙故, 明不現行. 惑不得明名無明.[51]

③ 又不應執:

無明能與明無爲因.[52]

又彼宗義, 雖**無無明**, 而許有時明亦非有. 不應定說, '無明障明.'

④ 若謂,

彼有無明隨界.[53]

非自體故. 設許隨界體亦無明, 此體有時, 明亦得起. 故不應說 '**能障於明**'.

⑤ 若謂,

此明至正生位, 無明隨界至正滅時. 故說'無明能爲明障'.[54]

50 (T29, 499a24-25).

51 (T29, 499a26-27).

52 (T29, 499a28-29).

53 (T29, 499b4).

54 (T29, 499b6-8).

(2.1) 무명은 明을 장애하는 인연 즉 隨界

無明(avidyā)이라는 말의 뜻은 무엇인가?'明이 존재하지 않는 것'이라고 해야 할 것인가, '明이 아닌 것'이라고 해야 할 것인가? 만약 앞의 뜻이라면 무명은 바로 비존재라고 해야 할 것이고, 만약 뒤의 뜻이라면 眼 등을 본질로 하는 것이라고 해야 한다.

① 바야흐로 上座는 말하였다.

이것이 존재함으로 말미암아 明(vidyā)이 존재하지 않게 되는 것, 이를 無明(avidyā)이라 하니, 원인(즉 因緣, hetu-pratyaya) 없이 이러한 일('明의 비존재')은 있을 수 없는 것이다.

② 이것(무명)이 존재하여 장애가 됨으로 말미암아 明은 현행하지 않는 것으로, 번뇌(惑, kleśa)로서 明을 획득하지 못한 것을 無明이라 한다.

③ [上座는] 이같이 주장해서는 안 된다.

無明은 능히 明의 비존재에 대해 원인(즉 因緣)이 된다.

저 [上座]의 종의가 비록 '**無明은 [실체로서] 존재하지 않는다**'는 것일지라도 어느 때(즉, 미래)의 明 역시 존재하는 것이 아니라고 인정하였다. 따라서 '無明은 明을 장애한다'고 말해서는 안 된다.

④ [上座는] 말하였다.

그것(무명)은 無明의 隨界로서 존재한다.

[무명의 수계는 무명] 자체가 아니다. 설혹 [무명의] 隨界 자체도 역시 무명이라고 인정할지라도 [불선의 종자가 존재할 때에도 선이 일어날 수 있듯이] 이러한 [무명의 수계] 자체가 존재할 때에도 明은 역시 일어날 수 있다. 따라서 "**무명(즉 무명의 수계)은 능히 明을 장애하는 것이다**"고 말해서는 안 된다.

⑤ [上座는] 말하였다.

이러한 明이 막 생겨나려고 하는 상태([미래] 正生位)에 이를 때, 無明의 隨界는 막 소멸하려고 하는 때([현재] 正滅時)에 이르기 때문에 '無明은 능히 明의 장애가 된다'고 말한 것이다.

⑥ 若謂,

如得, 隨界應然. 謂如汝宗, 諸無明得非無明體. 然或有時無明雖滅, 由無明得勢力所障, 明不得生. 或復有時雖有此得, 由加行力明亦得生. 如是我宗, 無明隨界非無明體. 然或有時無明雖滅, 由隨界障, 明不得生, 或時得生. 斯有何過?[55]

⑦ 復言,

無明隨界, 非無明體. 然能障明.[56]

[衆賢:] 是故彼說 '**由有此故, 令明非有, 是謂無明**', 但有虛言, 都無實義. 唯對法者, 容作是言. 朋壞法宗, 無容說此. (T29, 499c24-27)

---

55 (T29, 499b9-14).

56 (T29, 499b17). 이상의 일곱 논설은 다음에서 발췌한 것이다. 「且無明義, 其相云何? 爲是明無, 爲非明攝? 若取前義, 無明應是無. 若取後義, 應眼等爲體. ①且上座言. 由有此故, 令明非有, 是謂無明. 不可無因而有是事. 彼說非理. 若②由有此爲障礙故, 明不現行, 惑不得明名無明者, 則一切煩惱, 皆應是無明. 隨一有時, 二俱成故. 又③不應執, '無明能與明無爲因'. 以有與無, 契經不說, 能爲因故. 又無不應是果性故. 如何乃說, '不可無因而有是事'? 非於無物可說有言, 彼宗許有唯現在故. 又彼宗義, 雖無無明, 而許有時明亦非有, 不應定說 '無明障明'. 若④謂彼有無明隨界, 理亦不然. 非自體故. 設許隨界體亦無明, 此體有時明亦得起. 故不應說'能障於明'. 若⑤謂此明至正生位, 無明隨界至正滅時. 故說 '無明能爲明障', 則住學道, 應離無明. 或復應明畢竟不起. 無明隨界, 未曾無故. 若⑥謂如得, 隨界應然. 謂如汝宗, 諸無明得, 非無明體. 然或有時, 無明雖滅, 由無明得勢力所障, 明不得生. 或復有時, 雖有此得, 由加行力, 明亦得生. 如是我宗, 無明隨界, 非無明體. 然或有時, 無明雖滅, 由隨界障, 明不得生. 或時得生. 斯有何過. 此救非理, 違自說故; 太過失故; 非我許故. 謂彼自說, '由有此故今明非有, 是謂無明'. 而⑦今復言, '無明隨界, 非無明體. 然能障明.' 豈不後言違前自說?」(T29, 499a22-b18).

⑥ [上座는] 말하였다.

得(prāpti)과 마찬가지로 隨界도 그러하다고 해야 한다. 즉 그대 [毘婆沙師]宗에서도 온갖 무명의 得은 무명 자체가 아니지만, 혹 어느 때 무명이 비록 소멸하였을지라도 무명의 得의 세력에 장애됨으로 말미암아 明은 생겨날 수 없으며, 혹 어느 때에는 이것(무명)의 得이 존재할지라도 가행력에 의해 明이 생겨날 수 있다고 하듯이, 이와 마찬가지로 우리 [譬喩者/경량부]宗에서도 무명의 隨界는 무명 자체가 아니지만, 혹 어느 때 무명이 비록 소멸하였을지라도 [무명의] 隨界가 장애함으로 말미암아 明은 생겨날 수 없으며, 혹 어느 때에는 [무명의 隨界가 존재할지라도 가행력에 의해 明이] 생겨날 수 있다고 한 것이거늘 여기에 무슨 허물이 있을 것인가?

⑦ [上座는] 다시 말하였다.

무명의 수계는 무명 자체가 아니지만 능히 '명'을 장애한다

[중현:] 그렇기 때문에 상좌가 설한 **'이것이 존재함으로 말미암아 明이 존재하지 않게 되는 것, 이를 無明이라 한다'**는 말은 다만 虛言일 뿐 아무런 진실한 뜻도 없다. ['이것이 존재함으로 말미암아 明이 존재하지 않게 된다'는 말은] 오로지 [明과 無明을 실체로 여기는] 아비달마논사만이 말할 수 있을 뿐으로, [일체법의 無自性을 주장한] 壞法宗(vaināśikaḥ)과 가까이하는 이들은 이 같은 말을 설할 수 없다.

(2.2) 무명은 明이 존재하지 않는 심·심소법

① 上座復說:

或如是類心及心所, 總謂無明.[57]

[衆賢:] 若爾, 無明應非實有. 許依心等假建立故. 如此所說, 理亦不成, 一切心心所, 皆應無明 故. (中略) 言心心所, 總謂無明, 詳彼心遊如來教外. (T29, 499c28-500a8)

謂有難言. 經說三種業因緣集, 即貪所蔽行身惡行. 乃至廣說. 不應但說, '無明緣行'.

② 上座於此, 自解釋言:

此中無明聲, 總攝諸煩惱.[58]

③ 又彼自說:

無明助受, 能爲愛因, 非唯受力.[59]

④ 又彼自說:

次後二支, 必有無明. 所以者何? 非離無明煩惱轉故.[60]

---

57 (T29, 499c27-28).

58 (T29, 495a26-27). 이는 『구사론』 상에서 무기명의 異說로 인용되는데, 야쇼미트라는 大德 슈리라타(bhadantaśrīlāta) 설로 평석하였다. (普光과 法寶는 침묵) "有執, 煩惱皆是無明." (T29, 52a8); yo 'pi manyate "sarvakleśā avidye"ti. (AKBh 141. 24); AKVy 302:2-6, yo 'pi manyate sarvakleśā avidyeti. bhadantaśrīlātaḥ. evaṃ manyate. <u>avidyeti sarvakleśānām iyaṃ sāmānyasaṃjñā</u>. na rāgādikleśavyatiriktāvidyā nāmāstīti. kasmāt evaṃ manyate. buddhasūtrāt. na ca prajānāti na ca prajānātīty āyuṣman mahākauṣṭhila tasmād avidyocyata iti. satkāyadṛṣṭyādayo 'pi kleśā ajñānasvarūpā viparītagrahaṇata iti. 일체 번뇌가 무명이라 생각한 것 역시 대덕 슈리라타이다. [그는] 이같이 생각하였다. **무명이라고 하는 이것은 일체 번뇌의 일반적/총체적 개념(sāmānyasaṃjñā)이다. 탐 등의 번뇌를 떠나 무명이라 이름할 만한 것이 존재하는 것이 아니다. 그는 어찌하여 이같이 생각하게 된 것인가? 佛經(buddhasūtra)에서 "존자 마하구치라여! [제행의 集도] 알지 못하고, [제행의 滅도] 알지 못하는 것이니, 그렇기 때문에 무명이라 말한 것이다"고 말하였다. 有身見 등의 제 번뇌 역시 전도된 집착(주장)이기 때문에 무지(ajñāna)를 본질로 하는 것이다.** (여기서 계경은 SN. 22. 126-127.; 『잡아함』 제256-258경).

59 (T29, 495b6-7).

60 (T29, 495b8-9).

(2.2) 무명은 明이 존재하지 않는 심·심소법

① 上座는 다시 말하였다.

혹은 이와 같은 종류(즉 明이 존재하지 않는 상태)의 心과 心所를 총칭하여 무명이라 하였다.

[중현:] 만약 그렇다고 한다면, 무명은 실유가 아니라고 해야 할 것이니, 마음 등에 근거하여 일시 설정된 것(개념)이라고 인정하였기 때문이다. 그러나 이와 같은 [상좌의] 말은 이치상으로도 역시 이루어질 수 없으니, 일체의 심·심소를 다 무명이라고 해야 하기 때문이다. (중략) 곧 심·심소를 총칭하여 '무명'이라 한 것은, 그의 마음이 여래의 교법 밖에서 노닐고 있기 때문이다.

어떤 이가 [『연기경』이 了義經이라 주장한 上座에 대해 다음과 같은] 문제를 제기하였다. "경(『有因有緣有事經 Sahetu-sapratyaya-sanidāna-sūtra』: 잡아함 제334경)에서는 세 종류 업(身·語·意業)의 因(hetu)과 緣(pratyaya)과 集(nidāna)에 대해 설하면서 바로 '貪(rāga)에 의해 가려진(은폐된) 行이 身惡行이다. (이하 자세한 내용 생략)'고 하였으니, 다만 '無明을 연하여 行이 있다(無明緣行)'고 설해서는 안 되는 것이다."

② 上座는 이에 대해 스스로 이같이 解釋하였다.

여기서 '無明'이라는 말은 총체적으로 온갖 번뇌(kleśa)를 포함하는 말이다.

③ 上座 자신도 말하였다.

無明은 受를 도와 능히 愛의 원인이 되게 하는 것이니, 오로지 受의 힘만으로 [愛의 원인이 되는 것은] 아니다.

④ 上座 자신도 말하였다.

[受支] 다음과 그 후의 두 支(즉 愛와 取)에도 필시 無明이 존재한다. 왜냐하면 무명을 떠나 번뇌는 일어나지 않기 때문이다.

⑤ 又彼自難:

何故無明聲, 攝餘煩惱, 非餘煩惱聲?

卽自釋言:

非離彼故. 謂非離無明餘煩惱轉, 有離餘煩惱無明獨行.

又彼更爲究根源釋:

爲令速起斷對治故, 以無明聲, 說餘煩惱. 明慧正起, 親治無明. 無明斷時, 諸惑皆斷. 爲令厭彼明慧速生, 故以彼聲, 說諸煩惱.[61]

---

61 (T29, 495b11-16).

⑤ 그는 스스로 [다음과 같은] 문제를 제기하였다.

어떠한 까닭에서 '무명'이라는 말에는 그 밖의 다른 번뇌가 포함되지만 그 밖의 다른 번뇌라는 말에는 [무명이] 포섭되지 않는 것인가?

그리고 바로 스스로 [이같이] 해석하였다.

그것(즉 무명)을 떠나지 않기 때문이다. 즉 그 밖의 다른 번뇌는 무명을 떠나 일어나지 않지만, 무명은 그 밖의 다른 번뇌를 떠나 홀로 활동(獨行, *āveṇika)하는 경우가 있다.[62]

또한 그는 보다 근본적으로 [이같이] 해석하였다.

斷對治(prahāṇa-pratipakṣa)를 신속히 일으키게 하기 위해 그 밖의 번뇌도 無明이라는 말로 설하였다. 즉 밝은 지혜(明慧, vidyā-mati)가 바로 일어나 직접적으로 무명을 대치하여 무명이 끊어질 때 [그 밖의] 온갖 번뇌도 모두 다 끊어지기 때문에, 그러한 [온갖 번뇌를] 싫어하고 밝은 지혜를 신속히 낳게 하기 위해 그러한 '['무명이라는] 말로 온갖 번뇌를 설하였던 것이다.

62 이른바 不共 혹은 獨行無明(āvidya-āveṇika)을 말한다.

(2.3) 무명은 전도된 明

上座又言:

> **或顚倒明卽謂無明, 以薄伽梵, 亦於邪見, 說無明故. 如契經說,'於邪見中, 若習若修若多修習, 癡便猛利.' 由是應有二種無明, 一者邪智, 二者黑闇.**[63]

[衆賢:] 彼言非理, 見行癡行, 差別建立, 應不成故. 邪見黑闇, 定有差別. 若異此者, 二種應無, 非無差別, 可成二種. (T29, 500a12-14)

[附論] 대덕 라마의 해명

大德邏摩, 作如是說:

非邪見體卽是無明. 然諸貪欲瞋恚邪見, 由異種類貪瞋癡三, 爲各別根, 而得增長. (T29, 500b10-13)

[衆賢:] 此亦非理. 如何貪瞋, 可名貪欲瞋恚異類? 又癡何故但爲邪見根, 不爲根增長貪欲瞋恚, 貪瞋何故非邪見根? (T29, 500b13-15)

---

63 (T29, 500a8-12).

(2.3) 무명은 전도된 明

上座는 또한 [이같이] 말하였다.

혹은 顚倒된 明(*viparīta-vidyā)을 바로 無明이라 하였으니, 薄迦梵께서도 역시 邪見(mithyādṛṣṭi)에 대해 無明을 설하였기 때문으로, 계경에서 "사견을 익히거나 닦거나, 혹은 자주 닦고 익히면 癡(moha)가 猛利해진다."고 설한 바와 같다. 이에 따라 두 종류의 무명이 있다고 해야 할 것이니, 첫째는 邪智이고, 둘째는 黑闇이다.[64]

[중현:] 상좌의 말은 올바른 이치가 아니니, [그럴 경우] 見行과 癡行의 차별적 설정은 성취될 수 없다고 해야 하기 때문이다. 邪見과 黑闇은 결정코 차별적인 것으로, 만약 이와 다르다고 한다면(다시 말해 차별적인 것이 아니라고 한다면) 두 종류로서 존재하지 않는다고 해야 하니, 차별이 없는 것을 두 종류라고 할 수 없는 것이다.

[부론] 대덕 라마의 해명

대덕 라마(Bhadanta Rāma)는 이같이 설하였다.
邪見 자체가 바로 무명이라는 것은 아니다. 그렇지만 貪欲과 瞋恚와 邪見은 이와는 다른 종류인 貪·瞋·癡 세 가지 [不善根(akuśala-mūla)]을 각기 별도의 뿌리(根)로 삼음으로 말미암아 증장할 수 있는 것이다.

[중현:] 이 역시 올바른 이치가 아니니, 어떻게 貪·瞋을 貪欲과 瞋恚의 다른 종류라고 말할 수 있을 것인가? 또한 癡는 어떠한 까닭에서 다만 邪見의 뿌리가 되고 탐욕과 진에를 증장시키는 뿌리는 되지 않는 것이며, 貪·瞋은 어떠한 까닭에서 사견의 뿌리가 되지 않는 것인가?[65]

---

64 여기서 邪智(mithyā-jñāna)란 진리(4성제)에 대한 전도된/그릇된 지식 즉 愚痴(moha)라면, 黑暗(*tamas, 혹은 kṛṣṇa)은 말 그대로 지식(vidyā: 明) 자체의 결여/부재(즉 無明 avidyā)를 의미하는 것으로 생각된다.

65 중현의 힐난으로 볼 때, 앞서 라마가 설한 貪·瞋·癡는 隨俱行의 不善根으로, 이는 바로 舊隨界의 다른 이름이었다. (본서 제6장 2-1 '수계론'①) 隨俱行의 선근에 대해서는 권오민(2019), 『상좌 슈리라타의 경량부 사상』, pp.601-608 참조.

2) 識

① 上座自說:

佛以識聲, 總說一切心心所法. 故識支通攝一切心心所.[66]

② 上座於斯, 非不忍許.

謂識支位, 唯一刹那, 亦許於中攝諸心所.[67]

---

66 (T29, 494c15-16).

67 (T29, 495a21-23).

2) 識

① 上座 자신도 설하였다.

불타께서는 '識'이라는 말로써 일체의 心·心所를 모두 설하였다. 따라서 識支는 일체의 心·心所를 모두 포함한다.

② 上座도 [수승한 것에 따라 지분의 명칭을 설정한다는] 이러한 사실을 인정하지 않는 것은 아니다.

이를테면 識支의 단계는 오로지 일찰나이지만 여기에 온갖 심소가 포함된다는 사실도 역시 인정한다.

3) 名色

(1) 無色의 4온을 名으로 총칭한 이유

① 上座意:

> 謂順成彼彼有情相續, 故說爲名. 是能爲因, 順成彼義.[68]

若爾, 色法應亦是名, 亦能爲因順成彼故. (T29, 502c27f)

② 豈不佛說此伽他言? "名能映一切 無有過名者 是故名一法 皆隨自在行."[69]

此中引彼, 何所證成?
若謂,

> 一切有情相續, 無不皆以無色爲因.[70]

③ 若謂,

> 名遍色, 色不能遍名.[71]

④ 上座於此, 假設難言:

> 若名色言, 總攝五蘊, 世尊說'識依名色'故, 識則應有二. 謂能依所依.

卽自釋言:

> 此難非理. 已於名中, 間[72]出識故. 謂已擧識說爲能依, 准知識所依, 但取餘名色.[73]

---

68 (T29, 502c26-28). 『구사론』 상에서 無色의 4온을 名으로 총칭한 첫 번째 이유는 "無色四蘊何故稱名? 隨所立名·根·境勢力, 於義轉變. 故說爲名." (T29, 52a28-29); kiṃ kāraṇam? nāmendriyārthavaśenārtheṣu namatīti nāma. (AKBh 142. 16) 『순정리론』상에서의 제1설은 "佛說無色四蘊名名. 何故名名? 能表召故. 謂能表召種種所緣." (T29, 502c14f).

69 (T29, 503a2-4).

70 (T29, 503a7-8).

71 (T29, 503b3-4).

72 間→簡 (宋·元·明 三本).

73 (T29, 503b11-15).

(1) 無色의 4온을 名으로 총칭한 이유

① 上座의 생각은 이러하다.

[무색의 4온은] 저들 유정의 상속을 順成시키기 때문에 '名(nāma)'이라 말한 것이니, 이는 바로 능히 원인이 되어 저들 [유정]을 順成시킨다는 뜻이다.

만약 그렇다고 한다면 색법 역시 名이라 해야 할 것이니, 이 역시 능히 원인이 되어 저들 [유정]을 순성시키기 때문이다. (중현)

② 어찌 불타께서 이 같은 伽他의 말을 설하였다고 하지 않겠는가?

名은 능히 일체법을 반영하니
名으로부터 벗어난 것은 아무 것도 없다.
그러므로 名이라는 하나의 법에
[일체법이] 다 저절로 수반되는 것이다.

여기서 이러한 가타를 인용한 것은 "일체 유정의 상속으로서 無色法을 원인으로 하지 않은 것이 없다"는 사실을 논증하기 위함이다.

③ 名은 色에 두루 존재하지만 色은 名에 두루 존재할 수 있는 것이 아니다.

④ 上座는 여기서 일시 다음과 같은 문제를 제기하였다.

만약 名色이라는 말이 5온을 모두 포함하는 것이라면, 세존께서 '識은 名色에 의지하여 [일어난다]'고 설하였기 때문에 識에는 마땅히 두 가지가 있다고 해야 하니, 能依(명색에 의지하는 식)와 所依(명색 중의 식)가 바로 그것이다.

그리고 스스로 해석하여 말하였다.

이러한 문제 제기는 올바른 이치가 아니니, 이미 名 가운데 識을 [별도로] 분별하였기 때문이다. 즉 이미 識을 能依라고 설하였으니, 이에 준하여 識의 所依로 다만 [識을 제외한] 그 밖의 名色(즉 4온)을 취한 것임을 알아야 한다.

(2) 識과 名色의 상호연기

今於此中, 應更思擇. 佛於城喻大緣起經說, 識與名色, 更互爲緣義. 爲據前後, 爲約俱生? '識緣名色', 亦據前後. '名色緣識', 唯約俱生. (T29, 503b21-24)

上座於此, 假設難言:

經不應言 '識緣名色'. 由展轉力, 方得生故.

卽自釋言:

此難非理, 約生住緣有差別故. 謂識能作名色生緣, 由識託胎令彼生故. 彼生以後, 爲識住依, 展轉爲緣而得安住. 故亦說 '識名色爲緣'.[74]

[附論] 대덕 라마의 識-名色 相緣說 이해

大德邏摩, 率自意說:

若從中有結生有時, 中有名色爲緣, 引起無間刹那結生類識. 中有名色滅, 獨有識生, 此方能引起生有名色. (T29, 504a10-13)

74 (T29, 504b15-20).

(2) 識과 名色의 상호연기

여기서 마땅히 생각해보아야 한다. 불타께서 『城喩經』과 『大緣起經』[75]에서 "識과 名色은 서로에 대해 緣이 된다"고 설한 뜻은 전후생기(前後)에 근거한 것이라고 해야 할 것인가, 동시생기에 근거한 것이라고 해야 할 것인가?

'識을 연하여 名色이 있다'고 함은 [동시생기일 뿐만 아니라] 역시 전후생기에 근거한 것이고, '名色을 연하여 識이 있다'고 함은 오로지 동시생기에 근거한 것이다. (毘婆沙師)

上座는 이에 대해 일시 다음과 같은 문제를 제기하였다.

經에서는 마땅히 '識을 연하여 名色이 있다'고 말해서는 안 될 것이니, [識과 名色은] 전후 연속적으로 이어지는 힘(展轉力, *pāraṃparyeṇa-samartha)으로 인해 비로소 생겨날 수 있기 때문이다.

그리고 스스로 해석하여 말하였다.

이러한 문제제기는 올바른 이치가 아니니, [경에서 識과 名色의 상호연기를 설한 것은] 생겨나고 머무는 緣에 차별이 있기 때문이다. 즉 識은 능히 名色의 生緣(jāti-pratyaya)이 되는 것이니, 識이 託胎함으로 말미암아 그것(명색)이 생겨나게 되었기 때문이다. 그리고 그것은 생겨난 이후 識이 머무는 근거(즉 住緣 sthiti-pratyaya)가 되고, 展轉하며(연속적으로) 연이 되어 安住할 수 있게 하니, 그래서 [경에서는] 다시 '識은 名色을 연으로 한다'고 설하였던 것이다.

[부론] 대덕 라마의 識-名色 相緣說 이해

大德 라마(Rāma)는 자의에 따라 이같이 말하였다.

만약 中有로부터 生有로 이어질 때라면 中有의 名色이 연이 되어 無間 찰나에 結生의 識을 인기한다. 그리고 중유의 명색이 멸하고 識만이 홀로 존재하는 경우(즉 결생 이후) 이는 바야흐로 生有의 名色을 인기한다. [그래서 경에서 "명색을 연하여 식이 있고, 식을 연하여 명색이 있다"고 설한 것이다.

---

75 현존본은 각기 『잡아함경』 제287경과 『중아함경』 『大因經』. 중현은 12연기에 대해 총설하면서 이를 각기 10支연기와 9支연기를 설하는 경으로 언급한다. (T29, 480c11-13).

4) 6處: 眼 등의 5근은 世俗有

① 此中上座, 欲令**眼等唯有世俗和合用**故, 作如是說:

眼等五根, 唯世俗有, 乃至廣說.[76]

② 謂上座言:

五根所發識, 唯緣世俗, 有無分別故, 猶如明鏡照衆色像. 卽由此理, 識不任依, 如佛世尊言, '依智不依識' 意識通緣世俗勝義. 故體兼有依及非依.[77]

此亦不然, 智應同故. 若**眼等識, 緣世俗故, 無分別故, 不任依**者, 智亦應然, 豈唯依性? 謂彼說'**智是思差別**,' 依五根門, 亦有智起, 彼緣世俗, 無分別故, 亦應同識, 不任爲依.

③ 若謂,

智生有緣勝義, 及有分別.[78]

④ 若[謂],

智唯由意所引起.[79]

[衆賢:] 上座意許. 如是法智, 不緣勝義. 故卽於此, 說如是言.: **多分有情所起諸智, 於多法上, 一相智生. 謂於多法, 取一合相, 此智難成緣勝義起.** (T29, 487a6-9)

---

76 (T29, 486c18-20).

77 (T29, 486c21-25).

78 (T29, 486c29).

79 (T29, 487a1-2).

4) 6處: 眼 등의 5근은 世俗有

① 여기서 上座는 '**眼 등은 오로지 世俗으로서의 和合의 작용만을 지닐 뿐**'이라는 사실을 밝히고자 이와 같이 말하였다.

眼 등의 5根은 오로지 世俗有(saṃvṛtisat, 언어 개념적 존재)일 뿐이다. (이하 자세한 내용은 생략함)

② 이를테면 上座는 [이같이] 말하였다.

5根에 의해 발생한 識은 오로지 世俗有를 반연할 뿐이니, 無分別이기 때문으로, 마치 맑은 거울에 온갖 색의 영상(像)이 비친 것과 같다. 바로 이 같은 이치에 따라 [5]識은 의지할 만한 것이 되지 못하는 것으로, 佛世尊께서 "智에 의지하고 識에 의지하지 말라"고 말한 바와 같다. 그러나 意識은 世俗有와 勝義有를 모두 반연하기 때문에 그 자체 의지할만한 것이기도 하고 의지할 만한 것이 아니기도 하다.[80]

이러한 [주장] 역시 옳지 않으니, 智의 경우도 동일하다고 해야 하기 때문이다. 만약 **眼 등의 識은 世俗有를 반연하기 때문에, 無分別이기 때문에 의지할만한 것이 되지 못한다**고 한다면, 智 역시 그러하다고 해야 하거늘 어찌 오로지 [그것만을] 의지할만한 것이라고 하겠는가? 즉 그는 "**智는 바로 思의 차별이다**"고 설하였을 뿐더러,[81] 5根에 근거하여서도 역시 智가 일어나는 경우가 있지만, 그것은 세속유를 반연한 것이기 때문에, 무분별이기 때문에 역시 마땅히 識과 마찬가지로 의지할만한 것이 되지 못한다고 해야 하는 것이다. (중현)

③ **智(jñāna)는 생겨날 때 勝義[有](paramārthasat)를 반연하는 경우가 있을뿐더러 有分別(savikalpa)이기 [때문에 의지할 만한 것이다].**

④ **智는 오로지 意[根]에 의해 인기될 뿐이다.**

[중현:] 上座의 생각은 이와 같은 [무루의] 法智도 勝義有를 반연하지 않는다는 사실을 인정한다는 것이기 때문에 바로 이같이 말해야 한다. "**대개 유정이 일으킨 [法智 등의] 온갖 지식도 다수의 법에 대한 단일한 상(一相)을 지닌 지식으로서 생겨난 것이다. 다시 말해 [지식이란] 다수의 법(多法)을 '단일한 화합상(一合相)'으로 파악하는 것이기에, 이러한 지식을 勝義有를 반연하여 일어난 것이라고 하기 어렵다.**"

---

80 무분별의 5식이 어떻게 世俗有인 극미화합의 5境을 소연으로 삼을 수 있는가? 권오민(2019), 『상좌 슈리라타의 경량부 사상』, pp.457-469 참조.

81 본서 제4장 1-3 '智 등은 思의 차별' 참조.

5) 受와 愛의 관계: 受는 愛의 生因이 아니라 경계대상

① 上座於此, 復作是說:

受望於愛, 非作生因.

若爾, 如何說受緣愛?

受爲境故, 說爲愛緣. 謂諸愛生, 緣受爲境. 故契經說, "若有於受, 不如實知, 是集沒味過患出離, 彼於受喜, 卽名爲取."

云何知此?

契經中說, "愛緣受生." 豈不所言'彼於受喜', 卽是緣受, 生喜愛義?[82]

上座所宗, 亦許**一切所說緣起, 皆據生因**. 如何此中, 撥生因義?

② 故彼論說:

緣起爲繩, 繫縛有情, 令住生死. 若能遍知受, 名爲斷繩, 若緣受生, 卽名爲縛.[83]

③ 設爲令遍知, 說愛所緣受, 許所緣受, 爲愛生因, 於理何違?[84]

---

82 (T29, 487a26-b3).

83 (T29, 487b15-18).

84 (T29, 487b21-23).

5) 受와 愛의 관계: 受는 愛의 生因이 아니라 경계대상

① 上座는 受와 愛의 관계에 대해 다시 이같이 논설하였다.

受는 愛에 대해 生因이 되는 것이 아니다.

만약 그렇다고 한다면, 어떠한 까닭에서 [계경에서] "受를 연하여 愛가 있다"고 설하게 된 것인가?

受를 경계대상으로 삼았기 때문에 愛의 연이 된다고 설하게 된 것이다. 즉 온갖 愛가 생겨나는 것은 受를 반연하여 경계대상으로 삼았기 때문이다. 그래서 계경에서 "만약 어떤 이가 受에 대해 이것의 일어남(samudaya: 集)과 사라짐(astagama: 沒)과 맛(svāda: 味)과 과실/결함(ādīnava: 過患)과 벗어남(niḥsaraṇa: 出離)을 참답게 알지 못하면, 그는 受에 대해 기뻐하니(彼於受喜), 이를 取라고 한다"고 설하였던 것이다.

어떻게 이 같은 사실을 알게 된 것인가?

계경 중에서 "愛는 受를 반연하여 생겨난다"고 설하였기 때문이다. 그러니 어찌 '그가 受에 대해 기뻐하였다'는 말이 바로 '受를 반연하여 喜愛를 낳았다'는 뜻이라 하지 않겠는가?

上座의 종의에서도 역시 **[세존께서] 설하신 일체의 연기는 다 生因에 근거한 것**이라고 인정하였다. 그런데 어찌하여 여기서는 生因의 뜻을 부정하는 것인가?

② 그런 까닭에 그의 論에서도 이같이 설하였다.

緣起가 밧줄이 되어 유정을 繫縛하여 生死에 머물게 하니, 만약 受를 능히 遍知(parijñā: 永斷)하면 이를 일컬어 '밧줄을 끊었다'하고, 만약 受를 연으로 하여 [愛가] 생겨나면 이를 일컬어 繫縛이라 한다.

③ 설혹 遍知해야 할 것이 愛의 소연인 受라고 말하였더라도 소연인 受도 愛의 生因이 될 수 있다고 인정한다면, 이치 상 무슨 어긋남이 있을 것인가?

④ 又彼上座, 於自論中, 數處有言:

因受生愛. 謂有無明受, 能爲愛緣. 無明觸[所]生受, 爲緣生愛.[85]

⑤ 又說,

愛是果.[86]

⑥ 又說,

無明助受, 能爲愛生因.[87]

---

85 (T29, 487b24-26).

86 (T29, 487b26).

87 (T29, 487b27-28).

④ 또한 저 上座는 자신의 論(『경부비바사』) 중에서 자주 이같이 말하였다.

受를 원인으로 하여 愛가 생겨난다. 즉 無明과 受는 능히 愛의 연이 되는 경우가 있으니, 無明觸에 의해 생겨난 受가 연이 되어 愛를 낳는 것이다.

⑤ 또한 설하였다.

愛는 바로 결과이다.

⑥ 또한 설하였다.

無明은 受를 도와 능히 愛를 낳게 하는 원인이 된다.

6) 愛와 取의 관계: 愛와 取는 개별적 존재

尊者世親, 作如是釋: '彼於受喜, 卽名取'者,[88] 愛攝在取中故, 經不別說.

① 上座於此, 妄撥言:

> 非. 因果二門, 理應別故. 謂愛與取, 因果性殊, 以愛爲因, 生取果故.

如彼尊者, 說愛爲因還能生愛, 有何別失?

> 理必不然, 說異相故. 謂於緣起中, 說異相因果, 爲辯生死相續次第. 不可言愛攝在取中. 若也愛生還因於愛, 如是展轉便致無窮, 何所遍知, 令愛止息? 卽應生死無斷絶期.[89]

若謂,

> 因果相, 若無別, 則所化生, 難知故者.[90]

---

88 원문은 '彼於愛喜, 卽名取'이지만, 이 경설을 온전하게 인용하고 있는 '受는 愛의 生因이 아니라 경계대상'이라는 上座의 경증(T29, 487b1; 본장 4-5 '受와 愛의 관계'①)이나 '愛는 取에 포함된다'는 중현의 경증(본항②) '彼於受喜, 卽名爲取에 따라 '彼於受喜, 卽名取'로 정정하였다.

89 (T29, 487c1-9).

90 (T29, 487c28).

6) 愛와 取의 관계: 愛와 取는 개별적 존재

尊者 世親은 이와 같이 해석하였다.[91]

[경에서] "그는 受에 대해 기뻐하니, 이를 取라고 한다"고 설한 것은 愛(즉 喜愛)가 取 중에 포함되기 때문으로, 그래서 경에서는 [取의 원인을] 별도로 설하지 않은 것이다."

① 上座는 이에 대해 거짓되게 이러한 [존자 세친의 논설을] 부정하여 말하였다.

이는 옳지 않다. 因果의 두 갈래는 이치 상 마땅히 구별되어야 하기 때문이다. 즉 愛와 取는 원인적 상태(因性, hetubhāva)와 결과적 상태(果性, phalabhāva)로서 차별되니, 愛를 원인으로 하여 取라는 결과를 낳았기 때문이다.

[문:] 저 尊者(세친)처럼 愛를 원인으로 하여 다시 愛(즉 取)를 낳는 것이라고 설하면, 여기에는 어떤 별도의 과실이 있는 것인가?

이치상 필시 그렇지 않으니, [경에서는 12支를] 다른 특성의 존재(異相)로 설하였기 때문이다. 즉 『연기[경]』 중에서는 생사상속의 순서를 분별하기 위해 특성을 달리하는 원인과 결과를 설한 것으로, 愛가 取 중에 포함된다고 말할 수 없다. 만약 愛(즉 取)가 다시 愛를 원인으로 하여 생겨나는 것이라고 한다면, 이와 같이 展轉하여(다시 말해 애가 애를 낳고 다시 애가 애를 낳아) 무한반복(無窮)에 떨어지게 될 것인데, 무엇을 遍知(parijñā, 혹은 永斷)해야 愛를 멈추게 될 것인가? 그런 즉 生死의 단절에 기약이 없다고 해야 하는 것이다.

[즉] 원인과 결과의 특성에 차별이 없다고 한다면 교화할 중생이 [이에 기초한 生死의 相續을] 알기 어려워할 것이기 때문이다.

---

91 여기서 '尊者 世親'은 『순정리론』 상에 단 한번 언급되는데, '經主'로 지칭되는 俱舍論主 세친과는 다른 인물이다. 아마도 普光이 말한 古世親이나 야쇼미트라가 말한 上座 世親(sthavira Vasubandhu)일 것이다. (권오민, 『상좌 슈리라타의 경량부 사상』, pp.952-958 참조).

又佛世尊, 親演說故. 謂契經說, '若於受喜, 卽名爲取. 取爲有緣, 乃至廣說.' 故取攝愛, 其理極成.

② 上座復言:

此經非了義, 或誦者失, 別說對治故.

彼謂,

此經非了義攝. 世尊爲令速斷滅故, 於取因上假說取聲. 或應誦言, '若於受喜, 便能生取.' 所以者何? 餘處別說彼對治故. 以契經言, '若能滅此於諸受喜, 以喜滅故, 取亦隨滅.'[92]

[衆賢:] 悲哉! 東土聖教無依, 如是不知了不了義, 仍隨自樂決判衆經, 爲立其宗'緣受生愛'. 及破他立'取攝愛'言. 眞了義經, 判爲不了. 實可依者, 執作非依. 非了義經, 可名不了. 勿不了義, 名了義經. 若爾, 總無可依聖教. 唯有無義, 不可依言. 是則便成壞聖法者. (T29, 488a12-18)

③ 上座自言:

若薄伽梵, 自標自釋, 是了義經. 不可判斷爲不了義.[93]

92 (T29, 488a7-12).

93 (T29, 488b5-6).

또한 佛世尊께서 직접 연설하였기 때문으로, 이를테면 계경에서 "만약 [어떤 이가] 受에 대해 기뻐하면, 이를 取라고 하니, 取는 有의 연이 된다. (이하 자세한 내용은 생략함)"고 설하고 있는 것이다. 따라서 取가 愛(즉 喜愛)를 포함한다고 하는 이치는 지극히 상식적인 것이다.

② 上座는 다시 말하였다.

이 경설은 了義가 아니다. 혹은 誦持者(*paṭhaka, 즉 전승자)의 과실이니, [경에서는] [取와 愛의] 對治를 별도로 설하고 있기 때문이다.

즉 그는 [이같이] 말하였다.

이 경은 了義[經 중]에 포섭되는 것이 아니다. 세존께서는 [取를] 신속하게 단멸하게 하기 위해 取의 원인(즉 喜[愛])에 대해 일시 取라는 말로 가설한 것일 뿐이다.

혹은 마땅히 "[어떤 이가] 만약 受에 대해 기뻐하면, 능히 取를 낳게 된다"는 말로 誦持(외워 전승)하였어야 하였다. 왜냐하면 다른 곳에서는 그것의 對治를 별도로 설하고 있기 때문이다. 즉 계경에서 "만약 이러한 온갖 受에 대한 기쁨(喜)을 능히 멸한다면, 기쁨이 멸하였기 때문에 取도 역시 이에 따라 멸하게 된다"고 말하였기 때문이다.

[중현:] 참으로 슬프도다! 東土에는 의지할만한 聖教가 없어 이렇듯 了義와 不了義도 알지 못한 채 자기 좋을 대로 衆經을 결택 판석하여 '受를 연하여(경계대상으로 삼아: 前項① 참조) 愛를 낳는다'는 사실을 자신의 종의로 설정하였으며, 아울러 다른 이(尊者 世親)가 주장한 '取는 愛를 포함한다'는 말도 비판하였으니, 진실의 了義經을 不了義로 판석하였고, 진실로 의지해야 할 것을 의지할만한 것이 아니라고 주장한 것이다. 그러나 요의경을 불요의라고 말할 수 없으며, 불요의를 요의경이라고 말해서도 안 된다. 만약 그렇다고 한다면 의지할만한 聖教는 아무 것도 없을 것이며, 오로지 [진실한]뜻도 없고 의지할 수도 없는 언설만 존재하게 될 뿐으로, 그럴 경우 바로 聖法을 파괴하는 자(壞聖法者, *aryadharma-vaināśikaḥ)가 되고 말 것이다.

③ 上座는 스스로 말하였다.

만약 薄伽梵께서 스스로 주제를 제시하고(標) 스스로 해석한 것(釋)이면, 이는 바로 了義經이니, 이러한 요의경을 불요의경으로 판석해서는 안 된다.

7) 取

(1) 我語取

① 於此對法所立理中, 寡學上座, 謬興彈斥:

> 如是所說, 理不相應, 聖教曾無如是說故. 謂曾無有少聖教中, 以我語聲說上二界惑, 彼所繫我見煩惱, 及以取聲說彼餘惑. 又前後說, 自相違故. 謂對法中自作是說, "出家外道, 於長夜中, 執我·有情·命者·生者及養育者·補特伽羅, 彼尚不能記別無我, 況能施設斷我語取."[94]

② 豈不此釋違於聖教. 如世尊告諸苾芻言, "汝等昔時, 執我語取, 爲常恒住不變易法, 謂正住耶? 實爾, 世尊! 乃至廣說." 此中意說, 於內法中執取爲我, 名我語取. 故對法釋, 違此契經.[95]

---

94 (T29, 489a4-11). 인용한 아비달마는 『阿毗達磨發智論』 권2(T26, 924b21-24), "何緣外道, 但有施設斷知三取, 非我語取? 答: 彼於長夜, 執有眞實我及有情·命者·生者·能養育者·補特伽羅. 彼旣執有眞實我等, 寧肯施設斷我語取?"

95 (T29, 489b25-28).

(1) 我語取

① 아비달마(對法)에서 제시하는 이러한 正理－'나'라고 하는 언어적 관념(我語)에 대한 집착의 뜻인 我語取(ātmavāda-upādāna)의 직접적인 원인(近因)은 定地(색계와 무색계)의 번뇌이기 때문에, 欲取가 5견(有身見·邊執見·邪見·見取·戒禁取)을 제외한 욕계번뇌의 총칭이라면 我語取는 상2계 번뇌의 총칭이라는 有部所說－에 대해 배움이 부족한 上座는 그릇되게 이같이 탄핵 배척하였다.

이와 같은 ['我語取=上2界의 번뇌'라는 毘婆沙師의] 논설은 正理에 부합하지 않을 뿐더러 聖教에서도 일찍이 이와 같이 설한 적이 없기 때문이다. 즉 일찍이 어떠한 聖教 중에서도 '我語[取]'라는 말로 上2界(색·무색계)의 惑과 그것에 계박된 我見의 번뇌를 설한 적이 없었으며, 아울러 [그 밖의] 取(즉 欲·見·戒禁取)라는 말로 그 밖의 惑을 설한 일도 없었다.

또한 앞뒤의 말도 서로 모순되기 때문이다. 즉 아비달마(對法) 중에서는 스스로 이같이 논설하였다. "出家外道들은 기나긴 세월동안 자아·有情·命者·生者·養育者·補特伽羅에 대해 집착하였으니, 그들은 無我에 대해서도 능히 記別할 수 없거늘 하물며 어찌 능히 我語取를 시설하여 끊을 수 있을 것인가?"[96]

② 어찌 이러한 [我語取에 대한 毘婆沙師의] 해석이 聖教에 위배된다고 하지 않겠는가? 예컨대 세존께서 여러 필추(苾芻)들에게 고하여 말한 바와 같다. "그대들은 지난 날 我語取에 집착하여 항상 머물며 변이하지 않는 법이라고 여겼기에 지금 바로 머문다(正住)고 하는 것인가? 실로 그렇습니다. 세존이시여! … (이하 자세한 내용 생략) …" 즉 여기서의 뜻은 내적인 법(內法)을 자아로 집착(執取)하는 것을 我語取라고 이름하였다는 사실을 말한 것이기 때문에 [상2계의 번뇌가 아어취라는] 아비달마(對法)에서의 해석은 이러한 계경에 어긋나는 것이다.

---

96 여기서 '자아(我)' 등은 ātman(자아), sattva(존재자), jīva(생명의 원리로써 살아가는 자), jantu(能生者), poṣa(能食者로서 생명의 주체), pudgala(이기성에 근거한 개체자) 등의 의역과 음역으로, 모두 현상적 인간 일반을 나타내는 말이지만 철학적 논의의 대상이 되는 경우 영속적인 실체를 의미하는 형이상학적 용어이다. 즉 이것들은 모두 경험과 변화의 基體로서의 자아(혹은 영혼)를 의미한다. 즉 중현은 아어취를 '나'라는 언어 관념을 증장시키는데 직접적인 원인이 되는 상계의 번뇌로 해석하였지만, 아비달마(『발지론』)에서는 이처럼 다만 자아(我) 등에 대해 집착하는 것이라고 설하고 있기 때문에 앞뒤의 말이 서로 모순된다고 비판한 것이다.

(2) 欲取

上座如何安立諸取?

① 彼言:

欲取於契經中, 世尊分明親自開示. 如有請問, 欲者謂何? 世尊答言, '謂五妙欲'. 然非妙欲卽是欲體. 此中欲貪, 說名爲欲.[97] 又世尊勸依了義經, 此了義經不應異釋. 我今於此, 見如是意. 謂由愛力, 五妙欲中, 欲貪生故, 而有所取, 是名欲取.[98]

又何意說, '五妙欲中, 欲貪生故, 而有所取, 是名欲取'? 爲執欲貪, 爲執妙欲, 名爲欲取? 除此二種, 更作餘執, 則無所依. (T29, 490a28-b2)

② 彼上座言:

取非二種. 但於妙欲, 欲貪生故, 執而不捨, 說名欲取.[99]

[衆賢:] 巧爲如是響像言詞, 惑亂東方愚信族類. 何名爲執? 何名不捨? 豈不於彼五妙欲中, 有欲貪生, 卽名爲執? 耽著不棄, 卽名不捨? (T29, 490b7-9)

---

97 『대비바사론』권1(T26, 3c14-19), "如契經說, '欲者是何? 謂五妙欲.' (中略) 色等非欲. 勝義欲者, 謂於彼愛. 然經頌說 '彼是欲'者, 是欲具故."

98 (T29, 490a13-19).

99 (T29, 490b5-7).

(2) 欲取

上座는 [그 밖의 欲·見·戒禁 등의] 온갖 取에 대해서는 어떻게 규정하였던가?

① 그는 [이같이] 말하였다.

欲取(kāmaūpādāna)에 대해서는 契經 중에서 세존께서 분명하게 직접적으로 스스로 開示하였다. 예컨대 어떤 이가 "欲(kāma)이란 무엇을 말하는 것입니까?"라고 청하여 묻자 세존께서는 "이를테면 5가지 *妙欲*(kāmaguṇa, 감각적 쾌락)이다"고 답하였다. 그렇지만 묘욕이 바로 欲의 본질은 아니다. 즉 여기서는 欲貪(kāma-rāga) [즉 색·성·향·미·촉의 5가지 *妙欲*에 대한 탐]을 欲이라 말하였다.

또한 세존께서는 了義經에 의지할 것을 권유하였으니, 이러한 요의경에 대해서는 [설한 바와] 다르게 해석해서는 안 되는 것으로, 나는 지금 이 경설에 다음과 같은 뜻이 있음을 관찰하였다. 즉 愛(tṛṣṇa)의 힘에 의해 5가지 묘욕에 대한 欲貪이 생겨나기 때문에, 이에 대한 집착(取)을 '욕취'라고 하였다.

[上座는] 어떤 생각(의도)에서 "5가지 묘욕에 대한 欲貪이 생겨나기 때문에 이에 대한 집착(取)을 '욕취'라 하였다"고 설한 것인가? 欲貪에 집착하는 것을 욕취라고 해야 할 것인가, *妙欲*에 집착하는 것을 욕취라고 해야 할 것인가?

② 저 上座는 [이같이] 말하였다.

[欲]取에 두 종류가 있는 것이 아니다. 다만 *妙欲*에 대해 欲貪이 생겨나기 때문에, 이에 집착하여 捨離하지 않는 것을 欲取라고 하였다.

[중현:] [상좌는] 이 같은 메아리나 그림자와 같은 교묘한 언사로써 어리석어 무엇이나 잘 믿는 東方의 종족 부류들을 미혹시켜 어지럽히고 있으니, 무엇을 '집착하는 것'이라 하고 무엇을 '捨離하지 않는 것'이라 한 것인가? 어찌 그러한 5가지 묘욕에 대해 욕탐이 생겨나는 것이 바로 '집착하는 것'이고, 탐착하여 버리지 않는 것이 바로 '사리하지 않는 것'이라고 하지 않겠는가?

(3) 見取

彼言:

見取卽是五見, 謂愛力故執而不捨. 故契經說, '由有彼故, 應知! 是諸沙門梵志成不聰叡, 墮無明趣, 愛廣滋長.'[100]

(4) 戒禁取

① 彼言:

此中戒禁取者, 非五見中戒禁取攝.

然卽戒禁其體是何?

謂有外道, 由愛力故, 受持牛鹿豬狗戒禁, '願我由斯持戒禁力, 當受快樂, 或當永斷.' 觀察爲先, 所起執見, 是五見中戒禁取攝, 希欲爲先, 所受戒禁, 是四取中戒禁取攝. 故此與彼取體不同.[101]

---

100 (T29, 490b12-14).

101 (T29, 490c4-10).

(3) 見取

그는 말하였다.

見取는 바로 5見(유신견·변집견·사견·견취·계금취)으로, 愛의 힘으로 인해 집착하여 捨離하지 않는 것을 말한다. 그래서 계경에서도 "그것이 존재함으로 말미암아 모든 사문 梵志는 聽叡하지 않음을 성취하게 되고 無明趣에 떨어져 愛가 더욱 널리 증장되는 것임을 알아야 한다"고 설하였던 것이다.

(4) 戒禁取

① 그는 말하였다.

여기서 戒禁取라고 함은 5見 중의 戒禁取에 포함되는 것이 아니다.

그렇다면 계금의 본질은 무엇인가?

이를테면 어떤 외도는 愛의 힘으로 말미암아 소나 사슴 돼지 개의 戒禁을 수지하여 '원컨대 내가 이같이 수지한 戒禁의 힘으로 말미암아 당래 쾌락을 향수하거나 혹은 당래의 [괴로움이] 영원히 끊어지이다'고 발원하는데, 먼저 [大自在天이나 生主神 등이 세간의 참된 원인이라고] 관찰하고서 일으킨 집착의 견해(執見)는 바로 5見 중의 戒禁取에 포섭되지만, 먼저 [당래 괴로움이 영원히 끊어지기를] 希欲하고서 수지한 戒禁은 바로 4取 중의 戒禁取에 포함된다. 따라서 이러한 [5見 중의] 계금취와 그러한 [4取 중의] 계금취는 그 본질이 동일하지 않은 것이다.[102]

---

102 有部所說의 戒禁取는 大自在天(Maheśvara)이나 生主神(Prajāpati) 등 세간의 참된 원인이 아닌 것을 참된 원인으로 간주하고(=非因計因), 하늘에 태어나기 위해 갠지스 강에 목욕하거나 불 속에 뛰어들며, 해탈하기 위해 소나 개처럼 살고 재나 소똥을 온몸에 바르는 등 참된 도가 아닌 것을 참된 도로 여기는(=非道計道) 染污慧인데, 상좌는 전자를 5見 중의 계금취로, 후자를 4取 중의 계금취로 이해하였다.

設許彼說, 希欲爲先, 所受戒禁, 非五見中戒禁取攝, 則定應許, 觀察爲先, 所受戒禁. 是五見中戒禁取攝. 此戒禁取, 於四取中, 爲是見取, 爲戒禁取? 隨許是一, 取應雜亂. (T29, 490c12-16)

② 無如是失. 以能執見, 是四取中, 見取所攝. 所執戒禁, 是四取中, 戒禁取攝.[103]

此救非理. 四見亦應如戒禁取, 而建立故. 謂餘四見, 亦應能執. 是四取中見取所攝. 所執境界, 別立餘取. (中略) 是則諸取數應不定.

③ 如對法宗, 於五見內, 獨立一見, 名戒禁取. 我宗亦然. 强者別立.[104]

又諸有支體應雜亂. 謂取支中有有支故. (中略) 則當生有, 應取爲緣.

④ 上座救言:

此後所起, 方名爲有, 用取爲緣.[105]

103 (T29, 490c18-20).

104 (T29, 490c24-26).

105 (T29, 491a3-4).

설혹 그의 주장을 인정하여 먼저 希欲하고서 수지한 계금은 5見 중의 계금취에 포섭되지 않는다고 할지라도 먼저 觀察하고서 수지한 계금은 바로 5見 중의 계금취에 포섭된다고 결정코 인정해야 한다. [그렇다면 먼저 희구하고 수지한] 이러한 계금취(즉 牛行·狗行 등)는 4取 중에서는 견취라고 해야 할 것인가, 계금취라고 해야 할 것인가? 어느 쪽을 인정할지라도 [4]取는 雜亂된다고 해야 한다.[106]

② 이와 같은 과실은 없다. 능히 집착하게 한 견해는 바로 4取 중의 見取에 포함되며, 이에 따라 집착되어진 戒禁은 바로 4取 중의 계금취에 포함된다.

이러한 해명은 올바른 이치가 아니니, 4見의 경우 역시 계금취와 마찬가지로 건립해야 하기 때문이다. 즉 그 밖의 4견 역시 능히 집착하게 하는 것은 바로 4取 중 見取에 포섭된다고 해야 하며, [이에 따라] 집착되어진 경계대상은 별도의 다른 取로 설정되어야 하는 것이다. (중략) 그러나 그럴 경우 온갖 取의 數는 일정하지 않다고 해야 한다.

③ 對法宗 즉 아비달마논사들(Ābhidhārmikā)도 [집착되어진 계금을] 5見 중에 하나의 見으로 독립시켜 戒禁取라고 이름하였듯이, 우리 [譬喩/上座]宗도 역시 그러하니, 강력한 것은 별도로 건립한 것이다.

또한 [4取 중의 계금취와 5見 중의 계금취가 동일한 것이 아니라고 한다면, 12연기 중에] 존재하는 온갖 支도 雜亂된다고 해야 할 것이니, 이를테면 取支 중에도 有支가 존재하기 때문이다. (중략) [즉 4取 중의 계금취는 5見 중의 계금취가 아니라고 한다면, 이러한 取는 당래의 生을 초래하는 業도 되기 때문에] 당래의 生有는 [有支뿐만 아니라] 取支도 연으로 삼는다고 해야 한다.

④ 이에 上座는 해명하여 말하였다.

이후 [生有가] 일어나게 될 때를 바야흐로 '有[支]'라고 말한 것으로, [이는] 取를 연으로 삼는다.[107]

---

106 계금취가 取인 이상 그 자체 어떤 사실에 집착한 견해(=見取)이기 때문이다. 또한 이러한 집착의 배후에는 '나'라는 관념(我語取)이 도사리고 있으며, 이는 사실상 邪見이다.

107 유부에서는 12연기의 有支를 당래 生을 초래하는 業으로 해석하였지만, 상좌는 [경설에 따라] 다만 後有의 생기로 이해하였다. 즉 그에 의하면, 有는 다만 欲·色·無色의 3有로서, 이는 取를 生因으로 삼고 업을 助因으로 삼아 일어난다. (본절 8-2 '有는 3有'① 참조)

應諸煩惱皆是取緣. 展轉相因, 諸惑生故. 何故但說 '愛爲取緣'. 不可取緣說餘煩惱. (T29, 491a8-9)

⑤上座釋言:

所以不說餘煩惱者, 理無有故. 謂若離愛, 現在前行我語等取, 終不行故.[108]

若遮諸惑展轉力生. 是則應違聖教正理. 故契經說. 佛告苾芻. '愛由愛生, 愛復生恚. 恚由恚起, 恚復生愛.' 如是亦說. 取爲愛緣. (T29, 491a14-17)

⑥ 上座, 此中妄釋經義, 謂

非離愛恚得現行.[109]

[附論] 세친의 4取 이해

此中欲者, 謂五妙欲. 見謂六十二見, 如梵網經廣說. 戒謂遠離惡戒. 禁謂狗牛等禁. 如諸離繫及婆羅門, 播輸鉢多, 般利伐羅勺迦等, 異類外道, 受持種種露形拔髮披烏鹿皮持髻塗灰執三杖剪鬚髮等, 無義苦行. 我語謂內身, 依之說我故.[110] (T29, 51b8-14)

---

108 (T29, 491a12-14).

109 (T29, 491a23-24).

110 tatra kāmāḥ pañca kāmaguṇāḥ. dṛṣṭayo dvāṣaṣṭir yathā brahmajālasūtre. śīlaṃ dauḥśīlyaviratiḥ. vartaṃ kukkuragovratādīni. yathā ca nirgranthādīnāṃ nagno bhavaty acelaka iti vistaraḥ. brāhmaṇapāśupataparivrājakādīnāṃ ca daṇḍājinabhasmajaṭātridaṇḍamauṇḍyādisamādānam. ātmavādaḥ punar ātmabhāvaḥ. ātmeti vādo 'sminn ity ātmavādaḥ. (AKBh 140. 10-15).

모든 번뇌는 다 展轉하며 서로의 원인이 되어 온갖 惑을 낳기 때문에 取의 연이 된다고 해야 하거늘 어떠한 까닭에서 다만 愛가 取의 연이 된다고만 설하고, 그 밖의 다른 번뇌가 取의 연이 된다고는 설하지 않는 것인가?[111]

⑤ 上座는 [이같이] 해석하였다.

[取의 연으로서 愛 이외] 다른 번뇌를 설하지 않은 까닭은 이치 상 있을 수 없기 때문이다. 즉 愛를 떠날 경우, 現前하여 작용(行)하는 我語 등의 取는 끝내 작용하지 않을 것이기 때문이다.

[上座처럼] 諸惑이 展轉力에 의해 생겨난다는 사실을 부정할 경우 聖教와 正理에 위배된다. 즉 계경에서 "불타께서 필추들에게 말하기를 '愛는 愛로 말미암아 생겨나며, 愛는 다시 恚(미워함)를 낳는다. 恚는 恚로 말미암아 일어나며, 恚는 다시 愛를 낳는다'고 하였다"고 설하였으니, 이와 마찬가지로 '取도 愛의 연이 된다'고 역시 말할 수 있는 것이다.

⑥ 上座는 이에 대해 경의 뜻을 그릇되게 해석하여 이같이 말하였다.

恚는 愛를 떠나 현행할 수 있는 것이 아니다.

[부론] 세친의 4取 이해

이 중 欲[取]는 다섯 가지 감각적 향락(妙欲)이며, 見[取]는 『범망경』에서 [설한 것]과 같은 62[견]이며, [戒禁取의] '계'는 惡戒를 끊는 것, '금'은 개와 소가 금하는 것으로, 離繫派(Nirgranthā, 자이나교)가 '나체로서 옷을 입지 않는다'고 말하는 것과 같은 것, 또한 바라문(Brāhmaṇa), 獸主派(Pāśupata), 遊行者(parivrājakā) 등이 지팡이, 새나 사슴 가죽, 몸에 재를 바르는 것(塗灰), 상투를 트는 것(持髻), 삼지창, 삭발 등과 관련하여 맹서하는 것(samādāna), 그리고 [我語取의] '아어'는 자신의 몸(ātmabhāva: 內身)으로, 이를 자아라고 말하기 때문에 ['아어'라고 하였다.]

---

111 이에 대한 유부의 해명: 取의 연이 된다고 함은, 取를 낳게 할 뿐만 아니라 집착된 것(所取)을 捨離하지 않게 하는 것으로, 愛는 이러한 두 가지 공능을 모두 갖추고 있지만, 그 밖의 다른 번뇌는 다만 取를 낳게 하는 공능만을 갖기 때문에 愛가 능히 取의 연이 된다고만 설한 것이다.

8) 有

(1) 有의 名義

① 上座釋言:

> 有謂有性. 故世尊說, '有謂當來後有生起.' 有性卽是當來世中, 果生起義.[112]

如是所釋, 理敎相違. 有應與生無差別故. 當果生起, 體卽生支. 則緣起支, 便應數減.

② 若謂現業是有因故, 假立有名, 亦不應理. 業體卽是現有性故. 業是現有性, 能爲當有因. 故不可但言'有因故名有', 自性是有, 寧假立名?[113]

(2) 有는 3有(즉 異熟有)

① 上座妄執:

> 此有支名, 總攝一切有, 經不別說故. 謂佛總說, 有略有三. 故知有支攝一切有. 若不爾者, 世尊但應說此爲行, 或說爲業. 復有經證. 如契經言, '有謂當來後有生起.' 又世尊告阿難陀言, '有略有三, 欲色無色.' 又世尊告阿難陀言, '業感當來後有名有.' 又契經說, '諸有若無, 頗有有不? 乃至廣說.' 故取能作業有生因, 業爲有助 令生有起.

是爲略述, 上座所宗.[114]

---

112 (T29, 491b14-16). 여기서 世尊說은 『頗勒具那契經』.(T29, 492a8f) 중현에 따르면, 어떤 이는 이를 "有謂能令後有生起(有란 말하자면 後有를 생기하게 하는 것)"로 전승하였다. (T29, 491b24f; 491c7) 참고로 이 경의 현존본(『잡아함경』 제372경)에서는 '能招當來有觸生, 是名有' (T2, 102b10)로 논설되고 있다.

113 (T29, 491b18-21).

114 (T29, 491c10-17).

(1) 有의 名義

① 上座는 [이같이] 해석하였다.

有(bhava)라고 함은 有性(*astitva, astitā) 즉 존재하는 것을 말한다. 그래서 세존께서도 "有란 말하자면 미래 後有의 생기이다"고 설하였던 것으로, 有性은 바로 '미래세 중에 결과로서 생기하는 것'의 뜻이다.

이와 같은 해석은 正理나 聖教와도 상위하니, [그럴 경우] '有'는 '生'과 차별이 없다고 해야 하기 때문이다. 즉 미래 결과의 생기는 바로 生支로서, 그럴 경우 연기의 지분은 그 수가 감소하여 [11支가 되어야] 한다. (중현)

② 만약 [비바사사가 주장하듯] 현생의 업은 바로 [後]有의 원인이기 때문에 이를 '有'라는 명칭으로 일시 설정한 것이라고 한다면, 이 역시 이치에 맞지 않으니, 업 자체(業體)는 바로 현재 존재하는 것(有性)이기 때문이다. 즉 업은 바로 현재 존재하는 것으로, 능히 미래 존재(當有)의 원인이 된다. 따라서 다만 "[後]有의 원인이기 때문에 '有'라고 이름한 것"이라고는 말할 수 없다. [업은 현재 존재하는 것으로] 그 자체(自性, svabhāva) 실유이거늘 어찌 ['업유'라는 말로] 그 명칭을 가설하였다는 것인가?

(2) 有는 3有(즉 異熟有)

① 上座는 거짓되게 [이같이] 주장하였다.

이러한 [12연기 중의] 有支라는 말은 일체의 존재를 모두 포함하니, 經에서 [有支의 '有'를 業有라고] 별도로 설하지 않았기 때문이다. 즉 불타께서는 총체적으로 "有에는 간략히 세 가지(즉 欲·色·無色有)가 있다"고만 설하였다. 따라서 有支는 일체의 존재를 포함하는 것임을 알아야 한다. 만약 그렇지 않다고 한다면(다시 말해 毘婆沙師가 주장하듯 有支의 '有'가 業有라고 한다면), 세존께서는 이를 다만 '行'이라 하든지 혹은 '業'이라는 말로 설했어야 하였다.

[이 같은 사실은] 다시 경설로써도 입증될 수 있으니, 계경에서 "有란 말하자면 미래 後有의 생기이다"고 설한 바와 같다.[115] 또한 세존께서는 아난다에게 "有에는

---

115 본항(1)① 참조.

② 彼自言:

> 若於此法, 欲色無色貪等隨增, 此法如應, 名三界有.[116]

若**無過去業**, 雖未斷已滅無體, 何能與生? 而今契經, 作如是說.

③ 若謂,

> 猶有舊隨界故.[117]

豈不上座於此義中, 已立'有支唯是業有'? 不說取緣異熟有故. (T29, 492b19f)

④ 若謂,

> 業有, 由異熟有助其力故, 爲生有因.[118]

---

116 (T29, 491c23-24).

117 (T29, 492b9).

118 (T29, 492b23-24).

간략히 세 가지가 있으니, 이를테면 欲有와 色有와 無色有가 바로 그것이다"고 말하였다.[119] **또한 세존께서는 아난다에게 "업이 미래 후유를 초래한 것을 일컬어 '有'라고 하였다"고 말하였다.**[120] **또한 계경에서 "온갖 有가 만약 존재하지 않는다면, [3계의] 유정이 존재할 것인가, 존재하지 않을 것인가? (이하 자세한 내용 생략)"라고 설하고 있는 것이다.**[121]

따라서 取(upādāna)가 능히 業有의 生因이 되고, [이러한] 업은 有(bhava, 즉 이숙의 3有)의 보조적 원인(助因)이 되어 生有로 하여금 일어나게 하는 것이다.

上座의 종의를 간략히 기술하면 이와 같다.

② 그(상좌)는 스스로 말하였다.

만약 이러한 법(5온 혹은 4온)에 욕·색·무색계의 탐 등이 隨增되면, 이러한 법을 상응하는 바대로 3界의 有라고 말한다.

만약 **[경량부처럼] 과거의 업이 존재하지 않는다**고 한다면, [聖道에 의해] 아직 끊어지지 않았을지라도 그 자체 이미 소멸하여 존재하지 않거늘 어찌 生을 낳을 수 있을 것인가? 그래서 지금 이 계경(『大緣起經』)에서는 이같이 ["온갖 有가 만약 존재하지 않는다면, [3계의] 유정이 존재할 것인가, 존재하지 않을 것인가?"라고] 설하게 된 것이다. (중현)

③ 舊隨界(pūrvānudhātu)가 존재하기 때문에 [능히 生을 낳을 수 있다].

어찌 상좌도 이 같이 ['業有는 取를 연으로 한다'고 인정하였다는] 점에서 '有支의 有는 오로지 業有'라는 사실을 인정하였다고 하지 않겠는가? [경에서] '取를 연하여 異熟有가 있다'고는 설하지 않았기 때문이다. (중현)

④ 業有(karmabhava, 後有를 초래하는 업)는 [이와 동시에 존재하는] 異熟有(과거업에 의한 眼 등의 色身)의 그것을 돕는 힘으로 인해 生有(=미래존재)의 원인이 될 수 있다.

---

119 중현의 해명에서 이 경은 『三有契經』. (T29, 492a10f) 중현에 의하면 이는 有에 관해 전체적으로 문답한 것. 즉 여기서 아난타는 12연기 상의 有支에 대해 물은 것이 아니라 존재(有) 일반에 대해 물었기 때문에 불타는 이같이 답하였다는 것이다.

120 중현의 해명에서 이 경은 『二有契經』. (T29, 492a15) 여기서 2有는 業有와 異熟有로, 중현은 앞서 3有가 3계에 繫屬된 일체 업의 과보를 전체적으로 나타낸 것이라면 여기서의 2유는 因果를 차별하여 설한 것이라고 해명한다.

121 중현의 해명에서 이 경은 『大緣起經』. (T29, 492a28f).

是則彼宗, 生無色界, 業有起位, 都無異熟. 旣無助力, 應不招生.

⑤ 若謂,

爾時, 有異熟界.[122]

⑥ 又彼上座, 忿嫉纏心, 毁罵先賢, 辯取緣有, 唯顯業有以爲有支. 故自問言:

契經所說 '取緣有' 者, 何因故知?

卽自答言:

以現見故. 謂今現見, 欲取爲因, 無量有情, 造種種業; 因戒禁取, 內外道人, 種種受持苦難行業; 因見等取, 毘婆沙師外道等人, 起諍論業.[123]

122 (T29, 492b25-26).

123 (T29, 492c2-8).

그렇다면 저들 [上座]宗에서도 무색계에 태어나 業有가 일어나는 단계에서는 異熟[有]가 완전히 존재하지 않으며, 이미 [업유를] 돕는 힘이 없으니 生[有]를 초래하지 않는다고 해야 한다. (중현)

⑤ 그러한 때(무색계에 태어날 때)에는 異熟界(*vipaka-dhātu, 이숙과의 隨界/종자)가 존재하기 [때문에 그 같은 과실은 없다].

⑥ 저 上座는 분함과 시기의 마음(忿嫉纏心)에서 "'取를 연하여 有가 있다'는 경설은 오로지 業有를 有支로 삼았음을 나타낸 것이다"는 先賢(즉 毘婆沙師)의 분별(해석)을 헐뜯고 꾸짖었다. 그래서 스스로 [비바사사에 대해] 이같이 묻고 있다.

계경에서 설한 '取를 연하여 有가 있다'는 말은 어떤 인연으로 알게 된 것인가?

그리고 바로 스스로 이같이 답하고 있다.

지금 바로 관찰할 수 있기 때문이다. 즉 지금 바로 관찰하건대, 무량의 유정은 欲取를 원인으로 하여 온갖 종류의 業을 짓고, 내외의 道人들은 戒禁取를 원인으로 하여 온갖 종류의 苦行과 難行의 業을 수지하며, 毘婆沙師와 외도들은 見取 등을 원인으로 하여 諍論의 業을 일으키는 것이다.[124]

---

124 이는 상좌 자신의 입장이 아니라 毘婆沙師의 '取緣有'의 이해에 대해 비아냥거린 말이다.

9) 老死

彼上座言:

> 世尊非以老死聲說當來四支, 以老死名無差別故. 又契經說乃至死故.[125]

---

125 (T29, 493a20-22).

9) 老死

저 上座는 말하였다.

세존께서는 老死(jarā-maraṇa)라는 말로써 當來의 4支(명색·6처·촉·수)를 설한 것이 아니니,[126] 老死라는 말에는 [그 같은 지분의] 차별이 없기 때문이며, 또한 계경에서 '乃至 死'라고 [분명하게] 설하고 있기 때문이다.

126 毘婆沙師의 12연기 해석(三世兩重의 因果說)에서 老死는 미래세의 결과로 현재세의 결과인 명색·6처·촉·수의 4支에 배대된다. 미래 생에서 이 같은 4支를 '노사'라 한 것은 當有(미래존재)에 대해 기뻐하는 마음을 싫어하여 버리게 하기 위함이었다.

제8장 업론

1. 신업과 어업

1) 정량부의 行動설 비판

有餘部言. '動是身表.' 動名何法? 謂諸行行. 行如何行? 謂餘方起. 或時, 諸行卽於本方, 能爲生因, 生所生果. 或時緣合, 令於餘方, 鄰續前因, 有果法起. 故卽諸行, 餘方生時, 得身業名. 亦名身表.[1] (T29, 533a14-19)

上座此中, 作如是說:

如何可說, 刹那滅身有動運轉, 名爲身業? 以若有法此時此處生, 無動運轉卽此時處滅. 若不許如是, 無刹那滅義. 如是語業, 爲難亦然.[2]

---

1 『구사론』 상에서도 역시 有餘部의 설로 인용되었다. "有餘部說. 動名身表. 以身動時, 由業動故." (T29, 67c9f); "有餘師說. 行動名有教. 若身行動, 必由業行動故. 行動是身業." (T29, 225b13f); gatir ity apare. prasyandamānasya hi kāyakarma no 'prasyandamānasyeti. (AKBh 192. 22-23) "有餘部에서는 운동이 신표업이라 말한다. 신업은 몸에 운동이 존재할 때 일어나고, 몸에 운동이 존재하지 않을 때 일어나지 않기 [때문이다]." 여기서 有餘師(apare)는 야쇼미트라에 의하면 독자부(Vatsiputriya), 普光에 의하면 정량부(Sāmmitīya). 중현은 이같이 신표업의 본질은 운동이며, 이는 결과를 낳을 때까지 잠시 지속(暫住)한다고 주장한 이를 '正法(정량부) 중의 어떤 이'라고 하였다. (T29, 534b24).

2 (T29, 531c21-25).

1) 정량부의 行動설 비판

有餘部에서는 말하였다. 운동(gati)이 바로 身表業이다.

운동이란 무엇인가?

諸行이 가는 것/움직이는 것이다.

[諸]行이 어떻게 간다/움직인다는 것인가?

이를테면 [제행이] 다른 장소에서 일어나는 것을 말한다. 즉 제행은 혹 어느 때 본래의 장소(즉 한 장소)에서 능히 生因이 되어 생겨날 결과(所生果)를 낳기도 하지만, 혹 어느 때 緣(예컨대 思)과 화합하여 다른 장소에서 전 찰나의 원인(前因)에 인접 상속(隣續)하여 결과를 갖는 법(有果法, 신표의 운동)을 일으키기도 한다. 따라서 제행이 다른 장소에서 생겨날 때 '身業'이라고 말할 수 있는 것으로, 역시 '身表'라고도 말한다.

上座는 이에 대해 이같이 말하였다.

어떻게 刹那滅하는 신체상에 운동(gati)이 일어나는 것을 身業이라 말할 수 있을 것인가? 만약 어떤 법이 이러한 때, 이러한 처소에서 생겨났다면, 운동이 일어나는 일 없이 바로 이러한 때, 이러한 처소에서 소멸한다고 해야 한다. 만약 이와 같은 사실을 인정하지 않는다면, 刹那滅의 뜻은 이루어질 수 없을 것이다. 이와 마찬가지로 語業의 경우 이같이 따져보아야 한다.[3]

---

3 상좌의 찰나멸론에 대해서는 본서 제5장 2-1 '찰나멸론' 참조.

2) 身·語表業

彼上座所立, 身語業云何?

① 彼作是言:

> 餘緣力故, 令大造聚異方生時, 後果前因無間而轉, 能爲攝益, 或爲損害. 卽如是聚, 名身表業. 卽以世俗補特伽羅, 如是語言, 從緣而起, 生如是果, 名語表業.[4] 以約勝義, 法無主宰. 故多實界合立表名, 一物不能獨表示故, 又無餘物名爲表故.[5]

[衆賢:] 今謂彼宗所立表業, 於聖教外, 妄述己情. 以契經中唯說, "眼耳二識, 所識色之與聲, 有染淨雜, 非香等"故. **彼宗亦許. "諸大造聚, 皆唯無記; 離身語業, 不見別有染淨色聲; 又諸大種, 非眼所得, 五識緣假."** 故彼所言, 述己情計. (T29, 532b21-26)

② 若謂,

> 如是所立總聚, 亦無一向成無記失, 隨別等起成差別故; 又見彼果有差別故.[6]

---

4 "語業, 謂卽世俗, 如是語言, 有善有染." (T29, 532c16-17).

5 (T29, 532b15-21).

6 (T29, 532b26-28).

2) 身·語表業

저 上座가 제시한 신·어업은 어떠한가?

① 그는 이같이 말하였다.

다른 緣(즉 思)의 힘으로 인해 大種과 所造의 色聚(즉 신체)가 방소(장소)를 달리하여 생겨나게 될 때, 후 찰나의 결과는 전 찰나의 원인과 無間으로 일어나 능히 이익(攝益, 즉 樂)이 되기도 하고 혹은 손해(損害, 즉 苦)가 되기도 하니, 바로 이와 같은 色聚를 身表業이라 한다. 그리고 世俗인 補特伽羅(pudgala)의 이러저러한 말소리(語言)로서 緣에 따라 일어나 이와 같은 [이익과 손해의] 결과를 낳는 것을 語表業이라 한다.

그러나 勝義의 관점에서 볼 때 [이러한] 法(대종과 소조색의 색취와 말소리)에는 主宰(svāmin, 소유자 즉 표업의 작자인 진실의 자아)가 존재하지 않는다. 따라서 다수의 實界(극미)가 화합한 것을 '表(vijñapti)' 즉 '나타난 것'이라는 말로 설정하였으니, 하나의 실체(一物, 하나의 극미)는 능히 단독으로는 나타날 수 없기 때문이며, 또한 그 밖에 달리 '나타나는 것'이라고 말할만한 것은 존재하지 않기 때문이다.

[중현:] 지금 저들 [上座]宗에서 설정한 表業은 聖教 밖에서(다시 말해 聖教를 무시하고) 자신들의 情意를 거짓되게 진술한 것일 뿐이니, 계경 중에서는 오로지 "眼·耳의 두 識에 의해 알려진 色·聲(즉 대종과 소조색의 색취와 말소리)에는 染淨(즉 불선과 선)이 섞여있지만, 香 등의 경우는 그렇지 않다"고 설하였기 때문이다. 저들 [上座]宗에서도 역시 "온갖 大種과 所造의 色聚는 다 오로지 무기일 뿐이다", "신·어업을 떠나 별도로 존재하는 染淨의 色과 聲은 관찰되지 않는다", "모든 대종은 眼[根]에 의해 획득(지각)되는 것이 아니다", "[眼 등의] 5識은 [극미화합의] 가설적 존재를 반연한다"는 사실을 인정하였다. 따라서 저 [상좌의] 말은 자기마음대로 생각한 것을 진술한 것일 뿐이다.

② 이와 같이 [身·語의 表業으로] 설정된 [대종 극미의] 전체 취집(總聚, 즉 色聚) 역시 한결같이 무기를 성취한다는 과실이 없으니, 개별적인 等起에 따라(다시 말해 동일한 몸과 말이라 할지라도 함께 일어나는 선·불선의 마음에 따라) [선·불선 등의] 차별을 성취하기 때문이며, 또한 그것의 결과에도 차별이 있음을 관찰할 수 있기 때문이다.

③ 又彼上座, 自立誠言:

非我撥無語實有性. 然但不許, 別有一物, 獨能表示, 名爲語表.[7]

④ 又彼自許:

觸法界中各有多物. 如一一物, 別得'界'名, 總亦是'界'. 色界亦爾, 總聚如別, 俱得'色'名.[8]

[附論] 세친이 변호한 경량부의 신·어표업 설

又若遮遣行動及形, 經部宗, 立何爲身表?
此中經主, 辯彼宗言:
身表卽形. 然假非實. (中略)
又彼立假形以爲身表, 復立何法爲身業耶?
彼說: 業依身, 立爲身業. 謂能種種運動身思, 依身門行, 故名身業. 語業意業, 隨其所應, 立差別名, 當知亦爾.[9]

---

7 (T29, 532c29-533a2).

8 (T29, 533a12-14).

9 (T29, 537a24-26; 537b13-16). 이는『구사론』상에서 경량부 설로 논설된 것이다. "旣已遮遣行動及形, 汝等經部宗, 立何爲身表? 立形爲身表. 但假而非實. 旣執但用假爲身表. 復立何法爲身業耶? 若業依身立爲身業. 謂能種種運動身思, 依身門行故名身業. 語業意業, 隨其所應, 立差別名, 當知亦爾. (T29, 68c8-13); athedanīṃ kāyasya gatiṃ nirākṛtya saṃsthānaṃ ca tatra bhavantaḥ sautrāntikāḥ kāṃ kāyavijñptiṃ prajñapayanti. saṃsthānam eva hi te kāyavijñaptiṃ prajñapayanti. na tu punar dravyataḥ. tāṃ ca prajñapayantaḥ kathaṃ kāyakarma prajñapayanti. kāyādhiṣṭhānaṃ karma kāyakarma yā cetanā kāyasya tatra tatra praṇetr. evaṃ vāṅmanaskarmaṇī api yathāyogaṃ veditavye. (AKBh 195. 15-19).

③ 또한 저 上座는 스스로 진실의 말을 제시하기도 하였다.

나는 語業의 實有性을 완전히 부정하는 것은 아니다. 다만 "[말소리라는] 하나의 실체(一物)가 개별적으로 존재하여 단독으로 나타날 때 이를 語表業이라 한다"는 사실을 인정하지 않을 뿐이다.

④ 또한 그는 스스로 [유부와 마찬가지로 이 같은 사실을] 인정하였다.

觸界와 法界 중에는 각기 다수의 실체(物, *dravya)가 존재하는데, 개별적인 각각의 실체에 대해서도 '界(dhātu)'라고 말할 수 있고, 전체에 대해서도 역시 '界'라고 하듯이, 色界의 경우도 역시 그러하여 전체적인 취집(總聚)도 개별적인 것과 마찬가지로 다같이 '色'이라 말할 수 있다.

[부론] 세친이 변호한 경량부의 신·어표업 설

만약 운동(gati: 行動)과 형태(saṃthāna[rūpa]: 形色)[의 실재성]을 부정한다면, 그대들 經部宗(경량부)에서는 무엇을 身表라고 하는 것인가?
이에 대해 經主(세친)는 저들 [經部]宗을 변호하여 말하였다.
"[毘婆沙師와 마찬가지로] 身表란 바로 [신체적] 형태이지만, 이는 다만 가설적인 것일 뿐 실재하는 것이 아니다." (중략)
또한 그들은 가설적인 [신체적] 형태(假形)을 설정하여 그것을 身表라고 하였는데, 그렇다면 다시 어떠한 법을 설정하여 身業이라 한 것인가?
그들은 [이같이] 설하였다.
"業이 몸에 근거한 것이면 그것을 身業이라 하였다. 즉 능히 몸을 여러 다양한 형태로 運動하게 하는 '思(cetanā)'에 근거하여 (다시 말해 몸을 매개로 하여) 작용하기 때문에 '身業'이라 말한 것이다. 그리고 語業과 意業의 경우도 그것이 상응하는 바(口와 意)에 따라 각기 차별적인 명칭으로 설정한 것임을 알아야 한다."

[衆賢:] 復有至教, 遮經部宗, 安立業理. 如契經說. '夜所尋思, 至於晝時, 由身語表.' 非此中說'能表'謂思, 餘契經中, 說表卽業故. 餘經說, '諸愛者表體卽是業.' (中略) 頻率己情, 釋破諸經, 令乖實義, 理應名曰壞經部師. 非了義經爲定量故. (T29, 538a20-23; 538b5-7)

[중현:] 다시 經部宗이 설정한 업의 이치를 부정할만한 至教(āptavacana)가 존재한다. 예컨대 계경에서 "밤에 살펴 생각(尋思)한 바를 낮이 되면 몸(身)과 말(語)을 통해 나타낸다"고 설하였는데,[10] 여기서 말한 '나타내는 것'의 주체(能表)는 思가 아니니, 다른 계경에서 '나타내는 것(*vijñapti)'이 바로 業(karma)이라고 설하였기 때문이다. 즉 다른 경에서 "온갖 갈애를 나타내는 것 자체가 바로 업이다"고 설하였던 것이다. (중략) 이렇듯 [저들은] 빈번히 자신의 情意에 따라 해석함에 온갖 經을 허물고 眞實義를 어기게 되었으니, 이치상 마땅히 [經部師가 아니라] 壞經部師 즉 '경의 진실한 뜻을 파괴하는 이들'이라고 해야 할 것으로, 了義가 아닌 經을 지식의 결정적 근거로 삼았기 때문이다.

10 『잡아함경』 제1079경(T2, 282b25-26) '謂有人 於夜時起隨覺隨觀. 晝行其教身業口業.' 참조. (覺과 觀은 尋과 伺, 教는 表의 舊譯語).

3) 찰나멸론에 따른 譬喩者의 業果相續(종자)설

旣一切行, 皆刹那滅. 如何業果感赴理成? 如何不成? 不相及故. 謂曾未見, 種體已滅, 猶能生芽. 亦非所許. 然非諸業, 如種生芽, 於正滅時, 與異熟果. 又非無法, 可能爲因. 是故應無業果感赴. 是彼宗過. 何謂彼宗? 謂譬喩宗. (T29, 534c27-535a2)

故彼[譬喩]宗說:

> 如外種果感赴理成, 如是應知業果感赴. 謂如外種, 由遇別緣, 爲親傳因, 感果已滅, 由此後位, 遂起根芽莖枝葉等. 諸異相法, 體雖不住, 而相續轉, 於最後位, 復遇別緣, 方能爲因, 生於自果. 如是諸業, 於相續中, 爲親傳因, 感果已滅, 由此於後自相續中有分位, 別異相法起. 體雖不住, 而相續轉, 於最後位, 復遇別緣, 方能爲因, 生於自果. 雖彼外種, 非親爲因, 令自果生, 然由展轉. 如是諸業, 亦非親爲因, 令自果生, 然由展轉力. 內外因果相續理同. 外謂種根芽等不斷, 名爲'相續'. 內法相續, 謂前後心, 恒無間斷. 故無外道所難過失.[11]

11 (T29, 535a2-15).

3) 찰나멸론에 따른 譬喩者의 業果相續(종자)설

이미 일체의 行(saṃskāra)이 다 刹那滅하는 것이라고 하였으니, 어찌 업은 결과를 초래하고 결과는 업에 의해 초래되는 業果感赴(혹은 因果相生)의 도리가 성립하겠는가?
어째서 성립하지 않는다는 것인가?
서로에 미치지 못하기 때문이다. 즉 종자(씨앗) 자체가 이미 소멸하였음에도 능히 싹을 낳는 것을 일찍이 보지 못하였을 뿐더러 역시 또한 인정될 수 있는 사실도 아니다. 그렇다고 모든 업은, **종자가 싹을 낳는 것처럼 막 소멸하려고 할 때(正滅時) 이숙과를 낳는 것**도 아니며, 또한 [이미 소멸하여 더 이상] 존재하지 않는 법(無法)이 원인이 될 수 있는 것도 아니다. 그렇기 때문에 [찰나멸을 주장하는 한] 업은 결과를 초래하고, 결과는 업에 의해 초래되는 일(業果感赴)도 없다고 해야 하는 것이다. (정량부)
이 같은 사실은 바로 저들의 宗(*pākṣika)에 적용되는 허물이지 [毘婆沙師에 적용되는 허물이 아니다].
저들 宗이란 누구를 말하는 것인가?
譬喩宗(Dārṣṭāntika)을 말한다.
저들 [譬喩]宗에서는 이같이 설하고 있다.

외계의 종자(bīja)가 열매(phala: 果)를 초래하고 열매가 종자에 의해 초래되는 種果感赴의 도리가 성립하듯이, 이와 마찬가지로 '업은 결과를 초래하고 결과는 업에 의해 초래되는 것(業果感赴)'임을 알아야 한다. 이를테면 외계의 종자가 별도의 緣(예컨대 수분이나 온도 등)을 만남으로써 직·간접의 원인(親因 sākṣāt-hetu과 傳因 pāraṃparya-hetu)이 되어 열매를 초래하고서 소멸한다. 즉 이 같은 종자로 인해 이후의 상태에 뿌리·싹·줄기·가지·잎 등이 일어나게 된다. [전후] 특성(相)을 달리하는(*anyathā) [다시 말해 '轉變하는'] 이러한 온갖 법은 비록 그 자체로서는 지속하지 않을지라도 상속을 거듭하다가 최후의 상태(즉 꽃)에서 다시 별도의 緣을 만나 비로소 능히 자신의 열매(果)를 낳는 [직접적인] 원인이 된다.

이와 마찬가지로 온갖 업도 相續 중에서 직·간접의 원인이 되어 결과를 초래하고서 소멸한다. 즉 이 같은 온갖 업으로 인해 이후 自相續 중의 어떤 상태에서 [전후] 특성을

[衆賢:] 今詳彼釋, 一切可然. 謂若**唯言 '現在有者, 可有相續展轉理成'**, 然理不成, 故唯有語. 彼不成理, 餘處已說. 設許相續展轉理成, 彼不應如種果道理. 現見種等, 展轉相續, 必無間絶, 方能生果. 心能生果, 相續有間. 故種果喩, 於彼所宗業果感赴, 無能證力. 以入無想二無心定, 心等不行. 如前已辯. 又說'意行此中滅]故, 非至果生一業相續恒無間斷. **彼宗唯許思是實業**. 此卽意行增長·功能·隨界·習氣·種子論等. 餘處已遮. 故外難言, 無譬喩者所說業果, 猶如種果感赴道理, 是爲正難. (T29, 535a15-26)

달리하는 별도의 법이 일어나게 된다. [이러한 법은] 비록 그 자체로서는 지속하지 않을지라도 상속을 거듭하다가 최후의 상태에서 다시 별도의 緣을 만나 비로소 능히 자신의 결과를 낳는 [직접적인] 원인이 되는 것이다.

비록 그러한 외계의 종자가 직접적으로 원인이 되어 자신의 열매를 낳게 되는 것은 아닐지라도 [열매를 낳을 때까지] 연속적으로 이어짐(展轉함)으로 말미암아 [자신의 열매를 낳게] 되듯이, 이와 마찬가지로 온갖 업 역시 직접적으로 원인이 되어 자신의 결과를 낳게 되는 것은 아닐지라도 [결과를 낳을 때까지] 연속적으로 이어지게 하는 힘(展轉力, *paraṃparyeṇa sāmarthya)으로 말미암아 [자신의 결과를 낳게] 되는 것이다. 내계든 외계든 인과상속의 도리는 동일한 것으로, 외계의 경우 종자·뿌리·싹 등으로 [이어져] 단절되지 않는 것을 '相續(saṃtati)'이라 말하듯이, 內法의 상속(즉 心相續)도 말하자면 전후찰나로 항상 하여 중간에 단절됨이 없는 것이다. 따라서 외도(정량부)가 논란한 [諸行의 찰나멸을 주장할 경우 業果상속의 도리는 성립할 수 없다는] 과실은 없는 것이다.

[중현:] 이제 저들의 해석을 살펴보건대, 일체 [모든 이]에게 그럴 수 있어야 함에도 만약 "**오로지 현재[법]이 존재한다고 말하는 경우에만 相續 展轉의 이치는 이루어질 수 있다**"고 한다면, 그러한 이치는 이루어질 수 없으며, 따라서 [저들이 주장한 상속의 이치는] 다만 말만 그럴듯할 뿐이다. 그것이 불확정의 이치(不成理)라는 것에 대해서는 다른 곳[12]에서 이미 논설하였다.

설혹 相續 展轉의 이치가 이루어질 수 있다고 인정할지라도, 그는 그것이 종자와 결과(뿌리-싹 등)의 도리와 같다고 해서는 안 된다. 지금 바로 관찰하건대, 종자 등의 展轉 相續은 반드시 중간에 단절됨이 없어야 비로소 능히 결과를 낳을 수 있지만, 마음은 相續 상에 단절됨이 있어도 능히 결과를 낳을 수 있기 때문에, 종자와 열매의 비유는 그가 주장하는 '업이 결과를 초래하고, 결과는 업에 의해 초래된다(業果感赴)'는 사실을 입증할만한 효력이 없다. 즉 無想果와 두 가지 無心定(무상정과 멸진정)에 들 때 마음 등은 현행하지 않기 때문으로, 앞에서 분별한 바와 같다.[13] 또한 [경에서] '意行(意地의 諸行)은 이러한 [무심정] 중에서 소멸한다'고 설하였기 때문에, 어떤 하나의 업이 결과를 낳기까지 항상 단절됨이 없이

12 본서 제6장 2-1 [附論] '세친의 종자설' [중현] 참조.

13 그러나 상좌일파의 譬喩者는 멸진정 중에서도 마음이 존재한다고 주장한다. 본서 제3장 2-2-2 '멸정유심설'④ 참조.

[附論] 세친이 인용한 경량부의 業果상속설

經主於此, 作如是言:

非經部師作如是說, '卽過去業能生當果.' 然業爲先所引相續, 轉變差別, 令當果生. 譬如世間種生當果. 謂如從種有當果生. 非當果生從已壞種, 非種無間有當果生. 然種爲先所引相續轉變差別, 能生當果. 謂初從種, 次有芽生. 葉乃至花後後續起. 從花次第方有果生. 而言'果生從於種'者, 由種所引, 展轉傳來, 花中功能, 生於果故. 若花無種所引功能, 應不能生如是類果. 如是從業有當果生, 非當果生從已壞業, 非業無間有當果生. 然業爲先所引相續, 轉變差別能生當果. 業相續者, 謂業爲先, 後後刹那心相續起. 卽此相續, 後後刹那異異而生, 名爲轉變. 卽此轉變, 於最後時, 有勝功能無間生果, 異餘轉變故名差別.[14] (T29, 629b2-17)

---

14 이 논설은 『구사론』 상에서 비록 言句 상 약간의 차이가 있을지라도(밑줄) 「수면품」과 「파아품」에 걸쳐 인용되고 있다. "非經部師作如是說: 卽過去業能生當果. 然業爲先所引相續, 轉變差別, 令當果生. 「破我品」中當廣顯示." (T29, 106a10-12); naiva hi sautrāntikā atītāt karmaṇaḥ phalotpattiṃ varṇayanti. kiṃ tarhi. tatpūrvakāt saṃtānaviśeṣād ity ātmavādapratiṣedhe saṃpravedayiṣyāmaḥ. (AKBh 300. 19-21) "若爾, 從何[未來果生]? 從業相續轉變差別. 如種生果. 如世間說, '果從種生'. 然果不隨已壞種起. 亦非從種無間卽生. 若爾從何. 從種相續轉變差別, 果方得生. 謂種次生芽莖葉等, 花爲最後, 方引果生. 若爾何言 '從種生果'? 由種展轉引起花中生果功能, 故作是說. 若此花內生果功能, 非種爲先所引起者, 所生果相, 應與種別. 如是雖言從業生果, 而非從彼已壞業生. 亦非從業無間生果. 但從業相續轉變差別生. 何名相續轉變差別? 謂業爲先, 後色心起中無間斷, 名爲相續. 卽此相續後後刹那異前前生, 名爲轉變. 卽此轉變於最後時, 有勝功能, 無間生果, 勝餘轉變故名差別. 如有取識正命終時. 雖帶衆多感後有業所引熏習, 而重近起數習所引明了, 非餘. --於此義中有差別者. 異熟因所引與異熟果功能, 與異熟果已卽便謝滅. 同類因所引與等流果功能, 若染污者, 對治起時卽便謝滅. 不染污者, 般涅槃時方永謝滅. 以色心相續, 爾時永滅故."(T29, 158c24-159a18); kiṃ tarhi. tatsaṃtatipariṇāmaviśeṣād bījaphalavat. yathā bījāt phalam utpadyata ity ucyate. na ca tadvinaṣṭād bījād utpadyate. nāpy anantaram eva. kiṃ tarhi. tatsaṃtatipariṇāmaviśeṣād aṅkurakāṇḍapatrādikramaniṣpannāt puṣpāvasānāt. tat punaḥ puṣpān niṣpannaṃ kasmāt tasya bījasya phalam ity ucyate. tadāhitaṃ hi tat parayāpuṣpe. sāmarthyam. yadi hi tatpūrvikān nābhaviṣyat tat tādṛśasya phalasyotpattau na samartham abhaviṣyat. evaṃ karmaṇaḥ phalam utpadyata ity ucyate. na ca tadvinaṣṭāt karmaṇa utpadyate nāpy anantaram eva. kiṃ tarhi. tatsaṃtatipariṇāmaviśeṣāt. kā punaḥ saṃtatiḥ kaḥ pariṇāmaḥ ko viśeṣaḥ. yaḥ karmapūrva uttarotaracittaprasavaḥ sā saṃtatis tasyā anyathotpattiḥ pariṇāmaḥ. sa punar yo 'nantaraṃ phalotpādanasamarthaḥ so 'ntyapariṇāmaviśiṣṭatvāt pariṇāmaviśeṣaḥ. (하략) (AKBh 477. 10-478. 1).

상속하는 것은 아니다. 즉 **저들 [譬喩]宗에서는 오로지 思가 바로 진실의 업(實業)이라고 인정하였다.** 이는 바로 意行의 增長·功能·隨界·習氣·種子에 대한 논의와 같은 것으로, 다른 곳에서 이미 비판하였다.[15] 따라서 "譬喩者가 설한 업과 그 결과[에 관한 논의]에는 종자가 열매를 낳고 열매가 종자에 의해 낳아지는 도리(이치)가 없다"고 한 외도의 논란(문제제기)이야말로 올바른 논란이라고 할 수 있다.

[부론] 세친이 인용한 경량부의 業果상속설

經主(세친)는 ['업에는 미래 결과가 존재한다'는 사실에] 대해 이와 같이 말하였다. 경량부에서는 이처럼 (毘婆沙師처럼) "과거의 업으로부터 바로 미래의 결과가 생겨난다"고는 설하지 않는다. 즉 [그들은] "업이 선행함에 따라 인기된 相續의 轉變·差別(saṃtatipariṇāmaviśeṣa)로부터 미래의 결과가 생겨나게 된다"고 설하였다. 비유하자면 세간의 종자가 미래 열매(果, phala)를 낳는 것과 같다. 이를테면 [세간에서] "종자로부터 미래 열매가 생겨난다'고 말하는 경우, 이 때 미래의 열매는 이미 괴멸한 종자로부터 생겨나는 것도 아니며, 종자와 無間에 생겨나는 것도 아니다. 즉 종자가 선행함에 따라 인기된 相續이 轉變·差別되어 능히 미래 열매를 낳게 된다. 즉 처음에 종자로부터 다음에 싹이 생겨나고, 이후 계속하여 잎 내지 꽃이 생겨나며, 꽃으로부터 다음 단계에 비로소 열매가 생겨난다. 그럼에도 '열매는 [꽃으로부터 생겨난다'고 하지 않고] '종자로부터 생겨난다'고 말하는 것은, 종자에 의해 인기되어 [싹-줄기-잎 등으로] 展轉하며 이어져온 꽃 중의 功能이 열매를 낳았기 때문이다. 만약 꽃 중에 종자에 의해 인기된 공능이 존재하지 않았다면, 이와 같은(종자와 유사한) 종류의 열매를 낳을 수 없다고 해야 한다.
이와 마찬가지로 업으로부터 미래 결과가 생겨났다고 할 때, 미래의 결과는 이미 괴멸한 업으로부터 생겨나는 것도 아니며, 업과 無間(다음 찰나)에 생겨나는 것도 아니다. 업이 선행함에 따라 인기된 相續이 轉變·差別되어 능히 미래 결과를 낳게 되는 것이다.

---

15 본서 제6장 2-1 '수계론'과 [附論] '세친의 종자설' [중현] 참조.

[衆賢:] 又**汝宗執, 滅定有心**. 佛言滅定諸意行滅. 如何心業一相續耶? 若許業心同一相續, 如心不滅, 意行應然. 如意行滅, 心亦應爾. (中略) 憎背去來有者, 業果感赴, 其理定無. 故諸愚蒙隱滅經者, **計有相續轉變差別, 能招當果**, 理必不成. (T29, 629b27-630a11)

여기서 업에 의한 '相續'이란 업이 선행함에 따라 後後찰나 마음의 상속이 일어나는 것을 말한다. 그리고 이러한 상속이 後後찰나에 각기 다르게 생겨나는 것을 '轉變'이라 하였고, 바로 이러한 전변의 최후 찰나에 수승한 功能이 존재하여 무간에 결과를 낳음으로써 여타의 전변과 다르기 때문에 '差別'이라 하였다.

[중현:] 또한 **그대의 종의에서는 멸진정 중에서도 마음이 존재한다고 주장**하지만, 불타께서는 "멸진정에서는 모든 意行(受·想 등의 제심소)이 소멸한다"고 설하였다. 그러니 어찌 마음과 업(=思)을 동일한 상속이라 하겠는가? 만약 업과 마음이 동일한 상속이라고 인정한다면, [멸진정 중에서] 마음이 멸하지 않듯이 의행도 그러하다고 해야 하며, 의행이 멸하듯이 마음 역시 그러하다고 해야 한다. (중략) '과거·미래가 존재한다'는 [종의]를 싫어하여 배척하려는 자들(즉 경량부)에게 '업은 결과를 초래하고, 결과는 업에 의해 초래된다(業果感赴)'는 그 같은 이치는 결정코 존재하지 않는다. 따라서 어리석음에 덮여 경을 隱滅하는 자들(諸愚蒙隱滅經者)은 "**상속이 전변 차별되어 능히 당래의 결과를 초래한다**"고 여기지만, 이는 이치상 필시 이루어질 수 없다.

2. 무표업 비판

1) 총설

① 然經部言:

此亦非實. 由先誓限, 唯不作故. 彼亦依過去大種施設, 然過去大種體非有故. 又諸無表無色相故.[16]

② 若謂,

不作, 要待勝緣, 方可得成律儀性者.[17]

③ 若謂,

立誓故得阿世耶.[18]

④ 若謂,

如是不作阿世耶, 於一切時恒無息故者.[19]

⑤ 若謂,

如是立誓要期, 要對衆前自顯心願, 如證悔法, 方得成者.[20]

[衆賢:] 又世現見, 彼彼有情, 種種施爲殊勝加行, 便有種種異類法生. 旣見出家受具戒者, 施爲種種殊勝加行, 比知必定有勝法生. 此於我宗, 名無表業. 縱汝立此, 名阿世耶. (T29, 540a2-6)

---

16 (T29, 539c9-11). 이는 『구사론』 상에도 동일하게 인용된다. "經部亦說: 此非實有. 由先誓限唯不作故. 彼亦依過去大種施設. 然過去大種體非有故. 又諸無表無色相故." (T29, 68c26-28); sā 'pi dravyato nāstīti sautrāntikāḥ. abhyupetyākaraṇamātratvāt. atītāny api mahābhūtāny upādāya prajñaptes teṣāṃ cāvidyamānasvabhāvatvād rūpalakṣaṇābhāvāc ca. (AKBh 196. 4-6) 여기서 경량부는 福業增長을 가능하게 하는 힘을 阿世耶(āśaya) 즉 相續 상에 隨逐하고 있는 보시하려는 意思/意樂에서 구하는데, 이는 후술하듯이 上座의 생각이었다.

17 (T29, 539c14f).

18 (T29, 539c17).

19 (T29, 539c20f).

20 (T29, 539c27f).

1) 총설

① 경량부는 말하였다.

이러한 [무표업/무표색] 역시 실체로서 존재하는 것(實有)이 아니다. 왜냐하면 오로지 [살생 등을] 짓지 않겠다는 이전의 맹서(abhyupetya: 誓限, 信求)로 말미암아 [살생 등을 짓지 않기] 때문이며, 그것은 또한 과거 大種에 근거하여 시설된 것이지만 과거의 대종은 그 자체(svabhāva) 존재하지 않기 때문이며, 또한 모든 무표업에는 色의 특성이 존재하지 않기 때문이다.

② [살생 등을] 짓지 않게 되는 것은 요컨대 수승한 緣(맹서의 마음)에 근거하여 바야흐로 律儀性(*saṃvaratā)을 획득 성취하였기 때문이다.

③ 맹서함에 따라 阿世耶(āśaya)를 획득하였던 것이다.

④ 이와 같은 [살생 등을] 짓지 않게 되는 阿世耶는 언제나 항상 지속하여 [멸진정과 같은 無心定에서도] 멈추는 일이 없기 때문에 [자주자주 거듭 맹서하여 受持해야할 필요가 없다].

⑤ 이와 같은 맹서는 證悔法처럼 반드시 대중들에 대해, 그들 앞에서 스스로 마음의 바램(心願)을 드러낼 때 비로소 획득 성취할 수 있다.

[중현:] 세간에서 저러저러한 유정들이 여러 형식으로 수승한 가행을 베풀게 되면 [이전과는] 다른 여러 종류의 법이 생겨나는 경우를 바로 볼 수 있거니와, 출가하여 戒를 受具한 자도 여러 형식의 수승한 가행을 베풀게 되면 여기에도 반드시 수승한 법이 생겨난다는 사실을 유추할 수 있는데, 우리 [毘婆沙]宗에서는 이를 '無表業'이라 이름 하였지만, 그대들 [經部]宗에서는 제멋대로 '阿世耶'라고 하는구나!

2) 제1 說三色證 비판

以契經說 色有三種. 此三爲處, 攝一切色. 一者有色有見有對. 二者有色無見有對. 三者有色無見無對.[21] 除無表色, 更復說何, 爲此中第三無見無對色? (T29, 540a28-b2)

① 此中上座, 率自妄情, 改換正文, 作如是誦:

> 一者, 有色無見有對, 謂一觸處, 非所見故, 是所觸故. 二者, 有色有見無對, 謂一色處, 是所見故, 非所觸故. 三者, 有色無見無對, 謂餘八處, 非所見故, 非所觸故. 定無有色有見有對.[22]

[衆賢:] 如是誦釋, 若有信受, 或有正理, 可許引來, 遮破我宗所立無表. 然彼誦釋, 不離前來所說過故, 曾無餘經作此誦故, 誰能信受? (T29, 540b7-10)

② 彼作是說:

> 經部諸師, 所誦經中, 曾見有此. 諸對法者, 應專信學. 對法諸師, 由愛無表令心倒亂, 謬誦此經. 故非無經作如是誦.[23]

21 『잡아함경』 제322경(T2, 91c).

22 (T29, 540b2-7).

23 (T29, 540b10-13).

2) 제1 說三色證 비판

계경에서 "색에는 세 가지 종류가 있다. 즉 이 세 가지를 처(處)로 삼아 일체의 색을 포섭하는 것이니, 첫 번째의 색은 有見有對이며, 두 번째의 색은 無見有對이며, 세 번째의 색은 無見無對이다."고 설하고 있기 때문이다. 그럴 때 무표색을 제외하고 다시 그 어떤 법을 설하여 이 중의 세 번째인 무견무대색이라고 할 것인가?

① 이에 대해 上座는 스스로 그릇된 생각에 따라 올바른 경문을 고쳐 이같이 전승(誦, *āmnāya)하였다.

[色에는 세 가지 종류가 있으니, 일체의 색을 포섭하는 3處의 색이 그것이다.] 첫 번째의 색은 無見有對이니, 이를테면 觸處 한 가지가 그것으로, 보여지는 것이 아니기 때문이며, 바로 접촉되는 것이기 때문이다. 두 번째의 색은 有見無對이니, 이를테면 色處 한 가지가 그것으로, 바로 보여지는 것이기 때문이며, 접촉되는 것이 아니기 때문이다. 세 번째의 색은 無見無對이니, 그 밖의 나머지 8處가 그것으로, 보여지는 것이 아니기 때문이며, 접촉되는 것이 아니기 때문이다. 그러나 어떤 경우에서도 有見有對의 색은 결정코 존재하지 않는다.

[중현:] 이와 같이 전승하여 해석한 것(誦釋, *āmnāya-nirdeśa)에 信受할만한 점이 있다거나 혹은 正理가 있다면, 이를 인용하여 우리 [毘婆沙]宗에서 설정한 무표를 부정 비판하였다고 인정할 수 있을 것이다. 그렇지만 그가 전승하여 해석한 것은 앞에서 설한 과실에서 벗어나지 못하기 때문에, 일찍이 어떠한 경도 이 같이 전승된 것은 없기 때문에 [이를 인용하여 우리 毘婆沙宗에서 설정한 무표를 부정 비판할 수 없으니], 누가 능히 이를 신수하겠는가?

② 그는 이같이 설하였다.

경량부의 논사들(Sautrāntikāḥ)에 의해 전승(誦, āmnāya)된 經 중에서 일찍이 이러한 경문을 보았으니, 아비달마의 논사들(Ābhidhārmikāḥ)도 마땅히 믿고 배워해야 한다. 아비달마의 논사들은 無表色을 애호함으로 말미암아 마음이 전도되고 산란되어 이 경문(『順別處經』)을 잘못 전승하였던 것이다. 따라서 이와 같이 전승된 경이 없는 것은 아니다.

[衆賢:] 阿毘達磨諸大論師, 實謂. 奇哉! 壞賢泛愛, 如斯憶戾越路而行, 一類自稱經爲量者. 猶能眷攝爲內法人, 時與評論甚深理教. 然彼所誦, 於諸部中. , 所有聖言, 曾不見有. 所釋義理, 違背餘經, 寧勸智人, 令專信學? (中略) 如是彼誦, 違教理言, 但合無知經部所誦. (T29, 540b13-17; 540c3-4)

[附論] 세친의 無見無對色 해석

經主於此, 作是釋言.

諸瑜伽師, 作如是說. 修靜慮者, 定力所生, 定境界色, 爲此第三. 非眼根境. 故名無見. 不障處所. 故名無對.[24] (T29, 540c21-24)

24 이는 『구사론』 상에서 '경량부'의 記名으로 毘婆沙師의 8가지 무표업 논증을 총체적으로 비판한 후 논설한 제1증 해석이다. "經部師說. 此證雖多種種希奇. 然不應理. 所以然者? 所引證中, 且初經言, '有三色'者, 瑜伽師說. 修靜慮時, 定力所生, 定境界色. 非眼根境. 故名無見. 不障處所. 故名無對."(T29, 69a29-b3) atra sautrāntikā āhuḥ bahv apy etac citram apy etat. naivaṃ tv etat. kiṃ kāraṇam. yat tāvad uktaṃ "trividharūpokteri" ti. tatra yogācārā upadiśanti. dhyāyināṃ samādhiviṣayo rūpaṃ samādhiprabhāvād utpadyate. cakṣurindriyāviṣayatvāt anidarśanam. deśānāvaraṇatvād apratigham iti. (AKBh 197. 3-7).

[중현:] [이에 대해] 아비달마의 위대한 논사들은 진실로 [이같이] 말하였다. "기이하도다! 賢[聖]을 파괴하고서 널리 애탐하며, 이와 같이 사납게 [正]路를 벗어나 가면서도 일군(一類 ekīya)의 [비유자]들은 스스로 '經을 지식의 근거로 삼는 이'라고 호칭하는구나! 그러면서도 오히려 [우리의] 眷屬을 포섭하여 內法人으로 삼아 때때로 [이들과] 더불어 매우 심오한 正理와 聖教에 대해 評論하는구나!" 그렇지만 그들이 전승한 경문은 제 부파가 소유한 聖言 중에서 일찍이 본 적이 없을뿐더러 해석한 이치(義理)도 그 밖의 다른 경에 위배되거늘 어찌 지혜 있는 자에게 그것을 믿고 배우도록 권유하는 것인가? (중략) 이처럼 그(상좌)가 전승하고 [해석한 바는] 聖教와 正理에 어긋나는 말로서, 다만 無知한 경량부(經部)에서 전승한 경과 부합할 뿐이다.

[부론] 세친의 無見無對色 해석

經主는 이에 대해 이같이 해석하였다.
瑜伽師(yogācāra)들은 이 같이 설하였다. 정려를 닦을 때 선정의 힘에 의해 생겨난 선정의 경계가 되는 색을 이러한 세 번째(무견무대)의 색이라고 하였으니, 안근의 경계가 아니기 때문에 '무견'이라 이름한 것이며, 처소를 장애하지 않기 때문에 '무대'라고 이름하였다.

3) 제2 說無漏色證 비판

又契經中, 說有無漏色. 如契經說. '無漏法云何? 謂於過去未來現在諸所有色, 不起愛恚. 乃至識亦然. 是名無漏法.' 除無表色, 何法名爲此契經中諸無漏色? (T29, 541a8-11)

譬喻者說:

無學身中, 及外器中, 所有諸色, 非漏依故, 得無漏名.[25]

然契經言. '有漏法者, 諸所有眼. 乃至廣說.'

此非漏對治故, 得有漏名.[26]

[附論] 세친의 無漏色 해석

此中經主, 亦作釋言. "諸瑜伽師, 作如是說. 卽由定力所生色中, 依無漏定者, 卽說爲無漏."[27] (T29, 541a11-13)

---

25 (T29, 541a19-21).

26 (T29, 541a22). 이는 『구사론』에서 무기명(有餘師)으로 인용 논란된다. "有餘師言. 無學身色, 及諸外色, 皆是無漏. 非漏依故, 得無漏名. 何故經言, '有漏法者, 諸所有眼乃至廣說.' 此非漏對治. 故得有漏名." (T29, 69b6-9); arhato yad rūpaṃ bāhyaṃ cety apare. āsravāṇām aniśrayatvāt. yat tarhi sūtra uktaṃ "sāsravā dharmāḥ katame. yāvad eva cakṣur yavad eva rūpāṇī"ti vistaraḥ. tatra punar āsravāṇām apratipakṣatvāt sāsravam uktam. (AKBh 197. 8-10) 여기서 有餘師(apare)는 야쇼미트라에 의하면 有餘軌範師(apara ācaryā) (AKVy 355. 23), 普光과 法寶에 의하면 有餘譬喩師와 譬喩師(T41, 206c14; 632c8).

27 『구사론』, "又經所言, 無漏色者, 瑜伽師說. 卽由定力所生色中, 依無漏定者, 卽說爲無漏." (T29, 69b4-6); yad apy uktam anāsravarūpokter iti, tad eva samādhiprabhāvasaṃbhūtaṃ rūpamanāsrave samādhāv anāsravaṃ varṇayanti yogācārāḥ. (AKBh 197. 7-8).

3) 제2 說無漏色證 비판

계경 중에서 무루색이 있다고 설하였기 때문이다. 즉 계경(『잡아함경』 제56경)에서 "무루법이란 무엇인가? 과거·미래·현재에 존재하는 온갖 色에 대해 愛恚(탐욕과 진에)를 일으키지 않는 것, 나아가 識에 대해서도 역시 그러한 것을 말하니, 이를 무루법이라 한다"고 설한 바와 같다. 무표색을 배제할 경우 그 어떠한 법을 이 계경 중에서 설한 온갖 무루색(즉 번뇌를 일으키지 않는 색)이라 하겠는가?

譬喩者는 [이같이] 설하였다.

無學의 所依身과 온갖 외적인 器世間에 존재하는 모든 色은 더 이상 漏(āsrava, 번뇌)의 근거가 되지 않기 때문에 '無漏'라는 명칭을 얻게 되었다.

그렇지만 계경에서는 '유루법이란 존재하는 모든 眼[과 존재하는 모든 色, 존재하는 모든 眼識] (이하 자세한 내용 생략)'이라고 말하였다.

이러한 眼 등은 '漏' 즉 번뇌를 對治하는 것이 아니기 때문에 '有漏'라고 말하게 된 것이다.[28]

[부론] 세친의 無漏色 해석

이에 대해 經主는 역시 이같이 해석하였다.
瑜伽師들은 이와 같이 설하였다. 선정의 힘에 의해 생겨난 색 중에 무루정에 근거한 것을 無漏色이라고 하였다.

28 본 譬喩者의 논설은 본서 제2장 1-1 '무루법의 정의와 경증'①에서, 유부가 비판논거로 제시한 경증("유루법이란 존재하는 모든 眼…": 『잡아함』제229경, 본서 제1장 주1)과 이에 대한 譬喩者와 上座의 재 비판은 제1장 1-1 '색법=유루 설의 경증 비판'에서 논의되었다.

4) 제3 說福增長證 비판

又契經說, 有福增長. 如契經言, "諸有淨信, 若善男子, 或善女人, 成就有依七福業事, 若行若住若寐若覺, 恒時相續, 福業漸增, 福業續起. 無依亦爾."[29] 除無表業, 若起餘心, 或無心時, 依何法說'福業增長'? (T29, 541b2-7; 69a8-13)

① 此中上座, 作如是言:

由所施物, 福業增長. 故如是言. 乃至'所施房舍久住, 能令施主福業增長, 恒相續生'. 又伽他中亦作是說, '施園林池井 橋船梯蹬舍 是人由此故 晝夜福常增.'[30]

② 又彼自設所疑難言.

若於其中, 施物不住, 如後三種, 福云何增?

卽自釋言.

由所施食, 所生饒益, 猶安住故, 能令施主施福常增.[31]

---

29 『중아함』 제7 「世間福經」. 여기서 有依(aupadhika) 즉 물자를 시여하는 세간의 일곱 가지 福業事란, 比丘衆에게 房舍나 전각을 시여하는 일, 방사 중에 座床 내지 와구를 시여하는 일, 방사 중에 새로 지은 청정한 妙衣를 시여하는 일, 방사의 대중에게 아침의 죽과 중식을 시여하는 일, 인민들로 하여금 공급하게 하는 일, 일기가 불순할 때에는 스스로 승원으로 나아가 공양하는 일, 비구들로 하여금 風雨寒雪에 옷이 젖을까 근심하지 않게 하여 밤낮으로 편안히 선정사유하게 하는 일이다. 無依(niraupadhika) 즉 시물 없이 짓는 출세간의 일곱 가지 福業事란, 여래 또는 여래의 제자가 모처로 유행한다는 소식을 듣고 나서 환희 勇躍心을 품는 일, 이곳에 오고자 한다는 소식을 듣고 나서 환희용약의 마음을 품는 일, 이곳에 이르렀다는 소식을 듣고 환희용약의 마음을 품는 일, 청정심을 갖고 스스로 가 친견하는 일, 예경하고 공양하는 일, 三寶에 귀의(三歸依)하는 일, 禁戒를 받는 일(즉 受戒作法) 등이다. 福業事란 야쇼미트라에 의하면 "可愛의 이숙과(iṣṭa-vikāpa)를 초래하기 때문에 '福'이며, 업을 자성으로 하기 때문에 '業'이며, 그것을 等起시킨 思가 그것에 依託하여 일어나기 때문에 '事(vastu)'이다." (AKVy 433. 12f; 丹橋一哉, 『業の研究』, pp.221f) 곧 福業事의 '事'는 依託處(adhiṣṭhana)의 뜻이다.

30 (T29, 541b7-12).

31 (T29, 541b18-21).

4) 제3 說福增長證 비판

[無表業은 실유이니] 계경에서 '福業은 增長한다(puṇyābhivṛddhi)'고 설하였기 때문이다. 예컨대 계경에서는 이같이 설하였다. "善男子든 善女人이든 청정한 믿음을 지닌 모든 이로서 有依의 일곱 가지 福業事(puṇyakṛyavastu)를 성취한 자이면, 움직이거나 [한곳에] 머물러있거나, 잠자고 있거나, 깨어있거나 항시 상속하여 복업이 점차 증장하며, 복업이 계속 일어난다. 無依의 福業事를 성취한 자도 역시 그러하다."
만약 무표업이 존재하지 않는다면, [복업을 지을 때의 마음과] 다른 마음(즉 염오심이나 무기심)이 일어났거나 혹은 無心의 상태일 때 [계경에서는] 어떤 법에 근거하여 복업이 증장한다고 설하였겠는가?

① 이에 대해 上座는 이와 같이 말하였다.

시여한 물자로 말미암아 복업이 증장한다. 그래서 [계경에서는] 이와 같이 설한 것이다. "시여한 房舍에 오래 머물러 능히 施主의 복업을 증장시키고 항시 상속하여 [계속] 생겨나게 하라.' 또한 伽他(gātha) 중에서도 역시 이같이 설하였다.

園林과 연못과 우물과
다리와 배와 사다리와 房舍를 보시하면
이러한 사람은 이로 말미암아
밤낮으로 복업이 항상 증장한다.

② 또한 그는 스스로 의문을 제기하여 따져 물었다.

만약 [有依의 7가지 福業事 중 음식과 관련된] 뒤의 세 종류의 施物이 [이미 소화되어] 존재하지 않는다면, 그 때는 복업이 어떻게 증장한다는 것인가?

그리고 스스로 해석하여 말하였다.

시여된 음식에 의해 낳아진 이익(anugraha, 饒益)이 여전히 지속(安住)하기 때문에 施主의 복업은 항상 증장될 수 있다.

③ 又彼重說

　或阿世耶, 不忘失故, 福常增長.[32]

又言

　或由發起濃厚阿世耶故, 福亦隨增.[33]

④ 又彼自問,

　云何無依福業事中, 可作是說, 由所施物, 福業增長?

卽自答言,

　此乘前誦諸有依福言便故來, 理實此中無福增義.[34]

[附論] 세친이 인용한 선대궤범사의 복업증장설

經主於此, 作如是言.
先軌範師, 作如是釋.
由法爾力福業增長. 如如施主, 所施財物, 如是如是, 受者受用, 由諸受者, 受用施物功德攝益有差別故, 於後施主心雖異緣, 而前緣施思所熏習, 微細相續, 漸漸轉變差別而生. 由此當來能感多果. 故密意說, '恒時相續, 福業漸增, 福業續起.'

32 (T29, 541b22).

33 (T29, 541c4).

34 (T29, 541b26-29).

③ 그는 다시 말하였다.

혹은 阿世耶(āśaya)가 忘失되지 않았기 때문에 복업이 항상 증장하는 것이다.

또한 말하였다.

혹은 濃厚한 阿世耶를 일으켰기 때문에 福業 또한 그에 따라 증장(隨增, *anuśerate) 할 수 있는 것이다.[35]

④ 또한 그는 自問하였다.

어떻게 無依의 福業事에 대해서도 이와 같이 '시여된 물자로 말미암아 복업이 증장한다'고 말할 수 있을 것인가?

그리고 바로 自答하였다.

[無依의 복업은 증장하는 일이 없다.] 이는 (계경에서 無依의 복업에 대해 설한 것은) 앞서 전승(*āmnāya: 誦)한 '有依의 福業'에 편승하여 언급한 것일 뿐으로 (다시 말해 이는 佛說이 아니기 때문에), 이치상 여기에 복업이 증장한다는 뜻은 없다.[36]

[부론] 세친이 인용한 선대궤범사의 복업증장설

經主는 이러한 [복업의 증장에] 대해 이같이 말하였다.

[經에서 말한 '福業增長'에 대해] 先代軌範師는 이같이 해석하였다.

法爾力(dharmatā)으로 말미암아 복업이 증장하니, 이러저러(如如)한 施主가 시여한 재물을 이러저러하게 受者가 수용할 때, 受者의 功德과 수용한 施物의 이익에 차별이 있기 때문이며, 그 후 施主의 마음이 비록 緣을 달리할지라도 (보시할 때의 마음과는 다른 마음이 생겨날지라도) 앞서 시여를 緣으로 한 思(cetanā)가 熏習되었기 때문이다. 즉 [思가 훈습된] 미세한 相續이 점차 轉變하여 差別되니, 이에 따라 미래 다수의 결과를 낳는 功能이 생겨난다. [경에서는] 이러한 뜻(abhisaṃdhā: 현장 역어는 '密意')에 따라 "항시 상속하여 복업이 점차 증장하며, 복업이 계속 일어난다"고 설한 것이다.

---

35 阿世耶와 종자의 관계에 대해서는 권오민, 『상좌 슈리라타의 경량부 사상』, pp.654-664 참조.

36 추측컨대 無依(niraupadhika)의 복업은 말 그대로 세속적 이익에 집착함이 없는(nir-√upadhi) 복업이기 때문에 이같이 이해하였을 것이다.(권오민, 『상좌 슈리라타의 경량부 사상』, p.654).

應問, 此中何名相續? 何名轉變? 何名差別?

彼作是答:

思業爲先後後心生, 說名相續. 卽此相續, 於後後時, 別別而生, 說名轉變. 卽此無間, 能生果時功力勝前, 說名差別, 如有取識爲命終心. 於此心前, 雖有種種感後有業, 而於此時, 唯有極重, 或唯串習, 或近作業, 感果功力顯著, 非餘. 諸異熟因所引相續轉變差別與果功能, 與異熟果, 已此功能便息. 諸同類因所引相續轉變差別與果功能, 若染汚者, 至得畢竟對治道時, 與等流果, 功能便息, 不染汚者, 隨心相續, 至無餘依般涅槃位, 與等流果, 所有功能方畢竟息.[37] (T29, 541c7-26)

[衆賢:] ① 如是所說, 卽是前來, 我所數破, 舊隨界等. 而今但以別異言詞. 如倡伎人矯易服飾. ② 又**彼所宗, 唯現在**有. 於一念法, 相續不成. 相續旣無, 說何轉變? 轉變無故差別亦無. 由此彼言都無實義. ③ 今詳汝等, 無顯示能. 是故汝曹, 由未承稟妙閑聖敎通正理師, 大欲居心, 自立法想妄自擧恃, 朋經部宗, 捧自執塵坌穢聖敎. (T29, 541c26f; 542b2-4; 542b25-28),

---

37 (T29, 541c7-26). 본 논설의 전반부는 『구사론』「業品」에서 선대궤범사의 설로, 후반부는 「破我品」에서 논주의 설로 논설된 것이다. "又經所說 福增長言, 先軌範師作如是釋: 由法爾力福業增長. 如如施主所施財物, 如是如是, 受者受用, 由諸受者, 受用施物功德攝益有差別故, 於後施主心雖異緣, 而前緣施思所熏習, 微細相續, 漸漸轉變差別而生. 由此當來, 能感多果. 故密意說, '恒時相續, 福業漸增, 福業續起.'"(T29, 69b14-20); yad apy uktaṃ "puṇyābhivṛddhivacanād" iti, tatrāpi pūrvācāryā nirdiśanti "dharmatā hy eṣā yathā dātṝṇāṃ dāyāḥ paribhujyante, tathā tathā bhoktṝṇāṃ guṇaviśeṣād anugrahaviśeṣāc cānyamanasām api dātṛṇāṃ tadālambanadānacetanābhāvitāḥ saṃtatayaḥ sūkṣmaṃ pariṇāmaviśeṣaṃ prāpnuvanti, yenāyatyāṃ bahutaraphalābhiṣpattaye samarthā bhavanti". idam abhisaṃdhāyoktaṃ bhaved "abhivardhata eva puṇyam upajāyata eva puṇyam" iti. (AKBh. 197. 14-18); "(前略) 何名相續轉變差別? 謂業爲先, 後色心起中無間斷, 名爲相續. 卽此相續後後刹那異前前生, 名爲轉變. 卽此轉變於最後時, 有勝功能, 無間生果, 勝餘轉變故名差別. 如有取識正命終時. 雖帶衆多感後有業所引熏習, 而重近起數習所引明了, 非餘. (중략) 於此義中有差別者. 異熟因所引與異熟果功能, 與異熟果已卽便謝滅. 同類因所引與等流果功能, 若染汚者, 對治起時卽便謝滅. 不染汚者, 般涅槃時方永謝滅. 以色心相續, 爾時永滅故." (T29, 159a5-18); kā punaḥ saṃtatiḥ kaḥ pariṇāmaḥ ko viśeṣaḥ. yaḥ karmapūrva uttarotaracittaprasavaḥ sā saṃtatis tasyā anyathotpattiḥ pariṇāmaḥ. sa punar yo 'nantaraṃ phalotpādanasamarthaḥ so 'ntyapariṇāmaviśiṣṭatvāt pariṇāmaviśeṣaḥ. tadyāthā sopādānaṃ maraṇacittaṃ punarbhavasya. trividhakarmapūrvakatve 'pi yatkarma guru vā bhavaty āsannam abhyastaṃ vā yatkṛtaṃ sāmarthyaṃ dyotyate na tv anyasya. (중략) tatra vipākahetvāhitaṃ tu vipākaphaladānasāmarthyaṃ vipākaṃ dattvā vinivartate. sabhāgahetvāhitaṃ tu niṣyandaphaladānasāmarthyaṃ kliṣṭānāṃ pratipakṣodayād vinivartate. akliṣṭānāṃ cittasaṃtānātyantavinivṛtter yadā parinirvāti. (AKBh 477. 17-478. 1).

마땅히 물어보아야 할 것이니, 여기서 무엇을 '相續(saṃtati)'이라 하였고, 무엇을 '轉變(pariṇāma)'이라 하였으며, 무엇을 '差別(viśeṣa)'이라 한 것인가?

그는 이같이 답하였다.

思業이 선행함에 따라 後後[찰나]의 마음이 [間斷없이] 생겨나는 것을 '相續'이라 말하였고, 바로 이러한 [心]相續이 後後찰나에 다르게 생겨나는 것을 '轉變'이라 말하였다. 그리고 바로 이와 無間에 능히 결과를 낳는 순간 그 功力이 전 [찰나]보다 수승한 것을 '差別'이라 말하였다. ['차별'이란] 예컨대 집착하는 마음(sopādānavijñāna: 有取識)으로 목숨을 마치는 것이 바로 그러한 경우이다. 즉 이러한 마음(命終心) 이전에 後有를 초래할만한 種種의 업을 지었을지라도 이때는 오로지 극중한 업, 혹은 오로지 습관적으로 자주 익힌 업, 혹은 [죽을 때와] 가까운 시기에 지은 업에 결과를 초래하는 功力(sāmarthya)이 현저하며, 그 밖의 업은 그렇지 않은 것이다. 그리고 온갖 異熟因에 의해 인기된 相續의 轉變과 差別에 따른 與果의 功能은 異熟果를 낳고 나면 이러한 공능은 바로 종식된다. 그러나 온갖 同類因에 의해 인기된 相續의 轉變과 差別에 따른 與果의 功能은, 만약 염오한 것(즉 불선과 유부무기)이라면 궁극(畢竟)의 對治道(즉 無學道)를 획득할 때까지 等流果를 낳고서 그 공능이 종식되지만, 염오하지 않은 것(즉 선과 무부무기)이라면 마음의 상속에 따라 無餘依般涅槃의 상태에 이를 때까지 等流果를 낳으니, [자신에게] 존재하는 [與果의] 功能은 바야흐로 이 때 완전히 종식되기 때문이다.

[중현:] ① 이와 같은 말은 바로 내가 앞서 누누이 비판한 [上座 슈리라타의] 舊隨界 설 등과 같은 것으로, 여기서는 다만 광대(배우)가 服飾(의상)을 바꿔 입은 것처럼 言詞만 달리 하였을 뿐이다. ② 또한 **저들이 종의로 삼은 것은 오로지 현재만이 존재한다는 것이다.** 그렇지만 [현재] 일찰나 법에서 相續은 이루어질 수 없다. 상속이 이미 존재하지 않는다면 무엇을 轉變이라 할 것인가? 전변이 존재하지 않기 때문에 差別 역시 존재하지 않는다. 이로 볼 때 그의 말은 어떤 진실의 뜻도 없다. ③ 지금 그대들을 살펴보건대, [福業增長에 대해] 밝힐만한 능력도 없다. 그런 까닭에 그대들은, 聖教를 익히고 正理에 통달한 스승(師)을 계승 품수하지도 못하였으면서 마음에 大欲이 있어 스스로 (혹은 제멋대로) 法의 개념(想)을 설정하였다. 그리고 망령되게 스스로 으스대며 <u>경량부(Sautrāntika: 經部宗)과 가까이하여</u> 자신들의 먼지티끌 같은 주장을 찬탄하며 聖教를 더럽히고 있다.

5) 제4 說非作成業證 비판

又非自作, 但遣他爲, 若無無表業, 不應成業道. 以遣他表, 非彼業道攝. 此業未能正作所作故. 使作所作已, 此性無異故. (T29, 542c10-12; 69a13-16)

經主於此, 作是釋言:

應如是說. 由本加行, 使者依教, 所作成時, 法爾能令教者微細相續轉變差別而生, 由此當來能感多果. 諸有自作事究竟時, 當知亦由如是道理. 應知, 卽此微細相續轉變差別, 名爲業道. 此卽於果假立因名, 是身語業所引果故.[38] (T29, 542c12-18)

[衆賢:] (前略) 若**加行心, 卽能令果決定當起, 不須滿因**, 使者或時不爲殺事, 教者非愛果亦應決定生. 旣不許然. 故汝經部, 於業果理, 極爲惡立. (T29, 543a14-17)

然上座言:

> 於所教者加行, 無間令能教者爲加行, 生無間罪觸. 以所遣使, 事究竟時, 教者加行, 果方成故.[39]

---

38 이는『구사론』상에서의 인용이다.(T29, 69c6-11); tatprayogeṇa pareṣām upaghātaviśeṣāt prayoktuḥ sūkṣmaḥ saṃtatipariṇāma viśeṣo jāyate yata āyatyāṃ samante 'pi bahutaraphalābhinirvarttanasamarthā bhavatīti svayam api ca kurvataḥ kriyāphalaparisamāptāv eṣa eva nyāyo veditavyaḥ. so 'sau saṃtatipariṇāmaviśeṣaḥ karmapatha ity ākhyāyate. kārye kāraṇopacārāt.(AKBh 198. 3-6.).

39 (T29, 543a17-20).

5) 제4 說非作成業證 비판

또한 자신이 업을 짓지 않고 다만 다른 이를 보내어 짓게 하였을 경우, 만약 무표업이 존재하지 않는다면 [教唆者는] 業道를 성취하지 않는다고 해야 한다. 왜냐하면 다른 이를 보내는 표업(즉 교사의 어표업)은 그 같은 業道에 포함되지 않기 때문이며, 이러한 업이 짓고자 하는 업을 바로 지을 수 없기 때문이며, 또한 [다른 이로 하여금] 짓고자 하는 업을 짓게 하더라도 이것(즉 教唆)의 자성(svabhāva)은 [그것(어표업)과] 다름이 없기 때문이다.

이에 대해 經主(세친)는 이같이 해석하여 말하였다.
마땅히 이같이 논설해야 한다. 본래의 加行(prayoga, 교사의 동기가 된 思)으로 말미암아, 심부름꾼이 教唆에 따라 해야 할 일(타인을 해손하는 일)을 성취하였을 때, 法爾로서(자연적으로) 교사자의 相續에 轉變과 差別이 미세하게 생겨나니, 이에 따라 당래 다수의 과보를 능히 초래하게 된다. 나아가 스스로 업을 지어 究竟에 이를 때에도 역시 이와 같은 도리에 의해 [당래의 과보가 초래하게 되는] 것임을 알아야 한다. 마땅히 알아야 한다. 바로 이러한 미세한 '相續의 轉變과 差別'을 業道(karma-patha)라고 한다. 이는 곧 결과에 대해 일시 원인의 명칭을 설정한 것으로, 바로 신·어업(즉 動發勝思)에 의해 인기된 결과이기 때문이다.

[중현:] (전략) 만약 "가행의 마음(즉 思)이 바로 능히 결정코 결과를 일으키는 것으로, 결과를 원만(완전)하게 일으키는 원인(滿因)이 필요하지 않다"고 한다면, 혹 어느 때 심부름꾼이 살생을 실행하지 않은 경우에도 역시 교사자에게 좋지 않은 결과가 결정코 생겨난다고 해야 한다. 그러나 이미 이러한 사실은 인정되지 않는다. 따라서 그대들 경량부는 業果[相續]의 이치를 극히 잘못 제시된 것이다.

이에 上座는 [이같이] 말하였다.
教唆를 받은 자(즉 심부름꾼)의 加行(prayoga, 교사에 따라 다른 이를 해손하려는 思願)이 無間에 능히 教唆한 자의 가행이 되어 無間罪에 저촉되게 하니, [살생하도록] 보낸 심부름꾼이 해야 할 일(살생)을 끝마쳤을 때 교사자의 가행도 바야흐로 그 결과를 성취하기 때문이다.

6) 제5 說八道支證 비판

又若無無表, 應無八道支. 以在定時語等無故. (T29, 543a27f; 69a19f)

然彼釋言:

雖無無表而在道時, 獲得如斯意樂依止. 故出觀後由前勢力, 能起三正, 不起三邪. 以於因中立果名故, 可具安立八聖道支.[40] (T29, 543b5-8)

① 上座意:

> 謂堪能不作身語惡行, 名正語等. 由聖道力, 轉相續故, 於二惡行堪能不作. 故正語等, 非別有體.[41]

又應問彼. 堪能不作, 體是何法?

② 彼言,

> 卽是勝阿世耶, 所隨善淨心心所法.[42]

③ 又彼所說,

> 言尸羅者, 是串習[43]義. 是故尸羅無別實體. (中略) 修卽串習.[44]

---

40 이는『구사론』상에서의 인용이다. (T29, 70a4-7). yady evam ihāpy evaṃ kiṃ na gṛhyate mārgasamāpanno vināpy avijñaptyā tadrūpam āśayaṃ ca āśrayaṃ ca pratilabhate, yasya pratilambhāt vyutthito 'pi na punar mithyāvāgādiṣu pravartate, samyagvāgādiṣu ca pravartate. ato nimitte naimittikopacāraṃ kṛtvā aṣṭau mārgāṅgāni vyavasthāpyanta iti. (AKBh 198. 22-27).

41 (T29, 543b27-29). 이는『구사론』상에서 有餘師(보광에 의하면 經部異師)의 말로,『사제론』상에서는 上座部(上座 슈리라타 部黨 *Sthavirapākṣika) 설로 인용된다. "有餘師言. 唯說不作邪語等事, 以爲道支. 謂在定時, 由聖道力便能獲得決定不作. 此定不作, 依無漏道而得安立故名無漏. 非一切處要依眞實別有法體方立名數. 如八世法, 謂得不得及與毁譽稱譏苦樂. 非此不得衣食等事別有實體. 此亦應然." (T29, 70a7-13); aparas tv āha. tadakriyāmātram atrāṅgam uktaṃ syāt. yad asāv āryamārgasāmarthyād akriyāniyamaṃ pratilabhate tac cānāsravamārgasaṃniśrayalābhād anāsravaṃ syāt. na hi sarvatra dravyasanto dharmāḥ parisaṃkhyāyante. tadyathāṣṭau lokadharmāḥ lābho 'lābhaḥ yaśo 'yaśaḥ nindā praśaṃsā sukhaṃ duḥkham iti. na cātra cīvarādīnām alābho nāmāsti dravyāntaram. (AKBh 199. 1-4) 다른 어떤 이도 말하였다. "오로지 邪語 등의 짓지 않음(不作, akriyā)을 '道支'라고 말한 것이니, 이를테면 [무루]정 중에 있을 때 聖道의 힘(sāmarthya)으로 말미암아 결정코 [邪語 등의] 짓지 않음을 능히 획득한다. 즉 이러한 선정에서의 짓지 않음은 무루도에 근거하여 설정된 것이기 때문에 '무루[성도]'(즉 正道)라고 말하게 된 것이다. 요컨대 어떠한 경우에도 개별적 실체로서 존재하는 진실의 法體(dravyasanta-dharmāḥ)에 근거하여 [正語 등의] 말이 설정되는 것이 아니다. 이를테면 획득과 불획득, 칭찬과 훼손, 찬탄과 비방, 괴로움과 즐거움의 세간의 8가지 법이 그러한 것과 같다. 즉 이것(불획득)은 의복이나 음식 등과는 별도의 실체로서 존재하는 것이 아니니, 이 역시 그러해야 한다."; "入諦觀人正言正業正命, 云何得有? (중략) 又上座部說 但不作惡名爲三分. 何以故? 由聖道力, 法決定不作. 依止無流道, 故名無流. 未必一切處被數法, 皆眞實有, 如八世法. 謂得不得名無名譽毁樂苦. 是中不得更無別法." (T32, 396b27-c2).

42 (T29, 543c6).

43 串習 → 慣習 (宋·元·明本).

44 (T29, 543c11-12; c14).

6) 제5 說八道支證 비판

또한 무표업이 존재하지 않는다면 8聖道支도 존재하지 않는다고 해야 할 것이니, 선정에 들 때 말 등을 하지 않기 때문이다.

[이에 대해] 그(經主)는 [이같이] 해석하였다.
비록 무표업이 존재하지 않을지라도 [無漏]道에 들 때 그와 같은 [正語 등의] 意樂(āśaya)와 依止(āśraya)를 획득하기 때문에 出觀 후 앞서 획득한 勢力에 의해 邪語 등의 세 支를 일으키지 않고 正語 등의 세 支를 일으키는 것으로, 원인(즉 선정 중에 획득한 의요와 의지) 중에 결과의 명칭을 설정할 수 있기 때문에 [무루도의 상태에서도] 8聖道支를 모두 설정할 수 있다.

① 上座는 [이같이] 생각하였다.
身·語의 惡行을 능히 짓지 않는 것을 '正語' 등으로 말한 것이다. 즉 聖道의 힘(āryamārga sāmarthya)이 일어나 展轉 相續함으로 말미암아 두 가지 악행을 능히 짓지 않게 된 것이다. 따라서 正語 등은 [聖道와는 다른] 별도의 실체(dravyāntara)로서 존재하는 것이 아니다.

그에게 물어보아야 할 것이니, 어떠한 법이 능히 [그러한 악행을] 짓지 않게 하는 것인가?
② 그는 말하였다.
그것은 바로 수승한 阿世耶(āśaya)와 [이것이] 수반된 선하고 청정한 심·심소법이다.

③ 또한 그는 설하였다.
[身·語의 악행을 막는] 尸羅(śīla: 戒, 즉 正語·正業)란 바로 串習(*abhyāsa, 반복하여 익히는 것)의 뜻이니, 그렇기 때문에 尸羅는 개별적 실체로서 존재하는 것이 아니다. (중략) 그리고 여기서 串習이란 바로 '닦는다'(修[習], bhāvanā)는 뜻이다.

3. 律儀의 품류 可轉論

八衆所受別解脫戒, 隨受心力成上中下. 由如是理, 諸阿羅漢 或有成就下品律儀, 然諸異生或成上品. (T29, 554a24-26)

① 此中上座, 作是撥言:

> 如是所宗違正理教. 若必爾者, 是則應無勇猛正勤修持禁戒. 世尊亦說, '軌則所行, 皆得圓滿, 於微細罪見大怖畏.'[45] 此但爲持如先所得, 令不毁壞. 故應發起勇猛正勤.[46]

② 又彼所言:

> 諸有爲法刹那不住, 故所受戒, 由衆緣力及阿世耶, 從下生中, 從中生上.[47]

45 『本事經』권6 「三法品」(T17, 691a23-27), "何等名爲增上戒學? 謂諸苾芻, 具淨尸羅, 安住守護別解脫戒, 軌範所行無不圓滿, 於微小罪見大怖畏, 具能受學所應學處, 成就清淨身語二業, 成就淨命, 成就淨見, 如是名爲增上戒學."; 『집이문족론』권5 「三法品」(T26, 388b25-27), "增上戒學云何? 答: 安住具戒, 守護別解脫律儀, 軌則所行悉皆具足, 於微小罪見大怖畏, 受學學處, 是名增上戒學."

46 (T29, 554a26-b1).

47 (T29, 554b5-7).

3. 律儀의 품류 可轉論

8衆이 수지하는 별해탈율의는 그것을 받는 마음에 따라 상·중·하품의 차별을 성취하니, 이와 같은 이치로 인해 아라한들이라 하더라도 하품의 율의를 성취하기도 하며, 이생이라 하더라도 상품의 율의를 성취하기도 하는 것이다.

① 上座는 이를 부정하여 [이같이] 말하였다.

이와 같은 [毘婆沙師의] 종의는 正理와 聖教에 위배된다. 만약 반드시 그러한 것이라고 한다면, 禁戒를 勇猛 正勤하며 닦고 지니는 일(修持)도 없다고 해야 하는 것이다. 세존께서도 역시 "행해야 할 규칙(軌則)을 모두 원만하게 행하고 사소한 죄라도 크게 두렵게 여겨라"고 설하였으니, 이는 다만 일찍이 획득할 때처럼 지녀 이를 훼손하거나 허물지(범하지) 않게 하기 위한 말이다. 따라서 마땅히 [禁戒에 대한] 용맹 정근을 일으켜야 하는 것이다.[48]

② 그는 말하였다.

모든 유위법은 찰나로 지속하지 않기 때문에 (다시 말해 展轉相續하기 때문에) 受持한 戒는 衆緣의 힘이나 阿世耶(āśaya)에 의해 하품으로부터 중품이 생겨날 수 있고, 중품으로부터 상품이 생겨날 수 있다.

---

48 毘婆沙師는 율의를 받을 때의 태도나 마음 상태에 따라 상·중·하품의 차별이 있다고 하였지만, 上座에 의하면 율의를 받을 때의 마음 상태는 모두 원만하며, 문제는 다만 그것을 어떻게 닦고 지닐 것(修持)인가 하는 점이다. 이에 따라 하품의 율의가 중품으로, 중품이 상품으로 바뀔 수 있기 때문이다. 상좌는, 상·하품의 씨앗도 어떻게 성장하는가에 따라 하·상품으로 바뀔 수 있는 것처럼, 種子相續(saṃtati)의 轉變(pariṇāma)을 주장하였기 때문에 수계 이후 바뀔 수 있다. 譬喩者가 逆罪(無間罪) 可轉論을 주장한 것도 동일한 논리이다. 이에 대해 중현은 "닦고 지니는 것(修持)에 의해 하·중품[의 율의]가 중·상품으로 바뀌어 성취되지 않으며, 역시 또한 용맹 정진을 일으킴으로 말미암아 하·중품을 버리고 중·상품의 계를 획득하는 것도 아니다"(T29, 554b1-3) 유부에서는 戒體(즉 무표업)의 실체성을 주장하였기 때문이다.

4. 4波羅夷에 의한 捨戒說

有餘部師執:

隨犯一感墮重罪, 捨出家戒. (T29, 564b15-16)

迦濕彌羅國毘婆沙師, 蘊理教於心, 作如是說.:

非犯隨一根本罪時, 一切律儀有皆捨義. 然犯重者, 有二種名. 一名具尸羅. 二名犯戒者. 若於所犯, 應可悔除發露悔除, 唯名具戒. 如有財者, 負他債時, 名爲富人及負債者, 若還債已, 但名富人. 此亦應然故非捨戒. (T29, 564b19-25)

若爾, 何緣薄伽梵說, '犯四重者, 不名苾芻, 不名沙門, 非釋迦子. 破苾芻體, 害沙門性, 壞滅墮落, 立他勝名.'[49] 依勝義苾芻, 密意作是說. (T29, 564c13-16)

此中經主, 作如是說.

'此言兇勃.' 兇勃者, 何謂? 於世尊了義所說, 以別義釋, 令成不了. 與多煩惱者, 爲犯重罪緣.[50] (T29, 565a14-17)

49 『십송율』권21 (T23, 157a6-10).

50 이상의 발췌문은『구사론』상에서 압축적으로 논설된다. "(1)有餘部說 '於四極重感墮罪中. 若隨犯一亦捨勤策苾芻律儀.' (中略) (2)迦濕彌羅國, 毘婆沙師言. '犯根本罪時, 不捨出家戒.' 所以然者? 非犯一邊一切律儀應遍捨故. 非犯餘罪有斷尸羅. 然有二名. 謂持犯戒. 如有財者, 負他債時, 名爲富人及負債者. 若於所犯發露悔除, 名具尸羅. 不名犯戒. 如還已, 但名富人. 若爾, 何緣薄伽梵說, '犯四重者不名苾芻. 不名沙門非釋迦子. 破苾芻體害沙門性. 壞滅墮落立他勝名.' 依勝義苾芻密意作是說. (3)此言兇勃. 兇勃者何? 謂於世尊了義所說, 以別義釋, 令成不了. 與多煩惱者爲犯重罪緣. (T29, 79b5-19) anye punar āhuś caturṇāṃ patanīyānām anyatamena bhikṣuśrāmaṇerasaṃvaratyāga iti. 하략. (AKBh 223. 2-14) 여기서 有餘部師는 經主 세친과 上座가 옹호하는 주장자로서 普光과 法寶는 각기 有餘經部와 經部異師로 판석하며(T41, 246b12; 659b1), 중현 또한 이를 옹호하는 經主와 上座에 대해 "경량부야말로 극악한 폭언자(極兇勃人)라고 비난한다. (T29, 565c27).

4. 4波羅夷에 의한 捨戒說

有餘部師(anya)는 주장하였다.

[네 가지] 墮重罪(波羅夷罪, pārājikā: 殺人·偸盜·非梵行·妄說勝人法) 중 한 가지라도 범하면 出家戒(勤策·苾芻律儀)도 버리게 된다.

正理와 聖教를 갖춘 카슈미르 毘婆沙師는 이같이 설하였다.

根本罪(즉 4바라이법) 중의 한 가지를 범하였을 때에도 일체의 율의를 모두 버리는 것은 아니다. 극중죄를 범하는 자에게는 두 가지 명칭이 있으니, 첫 번째 명칭은 '尸羅(즉 戒)를 갖춘 자'이며, 두 번째 명칭은 '戒를 범한 자'이다. 만약 [계를 범하였을지라도] 범한 죄를 드러내어 참회하여 제거하면 오로지 '계를 갖춘 자'라고 이름할 뿐이다. 이는 마치 재산이 많은 자가 다른 이에게 빚을 졌을 때, 그를 부자이자 부채자라고 하지만, 부채를 갚고 나면 다만 부자라고 말하는 것과 같다. 이 경우 역시 그러하다고 해야 하기 때문에 戒를 버리는 것은 아니다.

[문:] 만약 그렇다고 한다면, 어떠한 이유에서 薄伽梵(세존)께서는 "네 가지 중죄(波羅夷罪)를 범한 자는 비구(苾芻)라고도 말할 수 없고, 沙門이라고도 말할 수 없으며, 석가의 제자도 아니다. 苾芻의 본질을 파괴하고 沙門의 본성을 害損시켰으니 他勝(pārājikā, 악법이 수승한 極惡者)이라 말해야 한다"고 설한 것인가?

[답:] 勝義비구(paramārthabhikṣu, 見道 이상의 성자. 구역은 眞實비구)에 근거하여 密意(saṃdhāya)로서 이와 같이 설하게 된 것이다.

이에 대해 經主는 이같이 말하였다.

이러한 말은 더 없이 극악한 폭언(兇勃, abhisāhasa, 無比의 暴力, 구역은 不計命大過事, 목숨을 헤아리지 못하는 크나큰 허물)이다.

무엇이 극악한 폭언이라는 것인가?

세존께서 了義(nītārtha)로 설하신 경을 [다른 별도의 뜻(abhiprāya)으로 해석하여] 不了義라고 하였으니, 이는 번뇌가 많은 자로 하여금 重罪를 범하게 하는 연(pratyaya)이 될 것이기 때문이다.

若彼頓捨一切律儀, 應但名爲無尸羅等, 寧標犯戒惡苾芻名?

① 上座此中, 作如是詰:

> 若言無者, 無何尸羅? 以尸羅名亦目串習善惡戒, 外亦見有言 '此善尸羅惡尸羅'者, 作如是說何理相違?[51]

② 由此亦遮上座立喩. 彼說:

> 如大樹具根莖枝葉, 若根被斷便總乾枯, 如是戒根, 若隨犯一, 則便頓壞一切律儀.[52]

[衆賢:] ① 對法諸師, 豈不應說 '經部定是極兇勃人'. ② 上座於此, 更有多言. 由前理教, 已總遮遣. 恐文煩廣不別彈斥. 然彼堅固煩惱纏心, 於自論中, 造文作頌, 說麤惡語, 謗讟聖賢, 無故自傷, 深爲可愍. 我國衆聖, 惑業已除, 所制法言, 憑眞理教. 而彼兇勃, 謗法毀人. 旣造深愆, 當招劇苦. 我豈於彼更致酬言? 唯願當來彼惡無報. (T29, 565c26f; 566b22-28)

---

51 (T29, 565c19-22).

52 (T29, 566a27-b1).

만약 "저들 [극중죄를 범한 이]는 일체의 율의를 단박에 버리게 된다"고 한다면, [그러한 이는] 다만 '시라를 갖지 않은 이(無尸羅)' 등으로 말했어야 할 것인데, [세존께서는] 어찌 '犯戒비구'나 '惡비구'라는 말로 나타내었던 것인가? (중현)

① 이에 대해 上座는 이같이 힐난하였다.

만약 [일체의 율의를 단박에 버린 이를 다만 '시라를] 갖지 않은 이'라고 말할 경우, 어떠한 시라를 갖지 않았다는 것인가? '시라'라고 하는 말은 역시 또한 자주 익힌 善戒와 惡戒를 의미하는 것으로, 외도 역시 '이것은 선한 시라이다'거나 '이것은 악한 시라이다'고 말하는 경우를 찾아볼 수 있으니, 이와 같이 ['범계비구'나 '악비구'로] 설한 것이 어찌 이치에 위배된다고 하겠는가?

② 이에 따라 上座가 세운 비유 역시 부정할 수 있으니, 그는 이같이 설하였다.

뿌리와 줄기와 가지와 잎을 모두 갖춘 큰 나무의 뿌리가 잘려지면 그 모두가 말라죽듯이, 이와 마찬가지로 戒의 근본(4바라이) 중 하나라도 범하게 되면 바로 일체의 율의를 단박에 허물게 된다.[53]

[중현:] ① 아비달마논사들이라면 어찌 이같이 설할 것이라 하지 않겠는가? "경량부야말로 극악한 폭언자(兇勃人)이다." ② 上座는 이에 대해 다시 여러 말(多言)을 하였지만, 앞서 正理와 聖教에 따라 이미 대체적으로 비판 부정하였기 때문에 여기서는 문장이 번잡해질까 염려되어 더 이상 탄핵 배척하지 않는다. 그렇지만 그는 견고한 번뇌가 마음을 얽어매어 자신의 論에서 글을 짓고 게송을 짓는 중에 麤惡한 말을 설하여 성현을 비방하고 헐뜯었으며, 까닭 없이 스스로를 傷하게 하였으니, 심히 연민할만한 이라고 할 수 있다. 우리나라의 여러 성자(카슈미르 毘婆沙師)들은 이미 번뇌와 업을 제거하였을 뿐더러 제정한 法言도 참된 正理와 聖教에 근거하였다. 그럼에도 그는 '극악한 폭언(abhisāhasa: 兇勃)'으로써 [교]법을 비방하고 [그것을 설한] 이(人)를 훼손하여 심대한 죄를 지었으니, 當來 극심한 괴로움을 초래하게 될 것인데, 내 어찌 그에 대해 다시 앙갚음의 말을 베풀 것인가? 오로지 당래 그 같은 악업에 과보가 없기만을 바랄 뿐이다.

---

53 참고로 세친이 제시한 비유는 세존께서 설한 "만약 多羅(tāla)樹의 윗 둥치/생장점(mastaka: 頭)을 잘라내게 되면 더 이상 성장하여 광대해지지 못하는 것과 같다"(『십송율』, T23, 157a8-9)는 것이다. ("如多羅樹, 若被斷頭, 必不復能生長廣大." T29, 79b26-27; 566a6-10; "tadyathā tālo mastakāc chinno 'bhavyo 'ṅkuritatvāya abhavyo viruḍhiṃ vṛddhiṃ vipulatāmāptum" AKBh 223. 18f) 이에 대해 중현은 이 비유는 [한 가지의 생장점을 자르면 다른 가지의 성장에도 영향을 미치듯이] 다만 그 밖의 다른 [戒의] 성장을 막는 것을 [나타낸 것]이라 해석한다. (T29, 566a11) 상좌가 제시한 비유는 필시 이를 감안한 비유였을 것이다. 그러나 중현은 이에 대해서도 역시 네 갈래로 뿌리를 내린 나무의 경우 그 중 한 뿌리를 자를지라도 나무의 모든 부분이 말라 죽는 것은 아니라고 해명한다. (동 566b1-5).

5. 비유자의 一業引多生 설

1) 業의 多生異熟 설

若爾, 更招尤重過失. 順生後受業應雜亂, **汝宗自許, 一業所熏六處相續, 牽一果**故. (T29, 441a16-18)

① 譬喩者說:

> 順現受業等, 於餘生中, 亦得受異熟. 然隨初熟位, 立順現等名. 非但如名招爾所果.

謂彼意說,

> 諸所造業, 若從此生卽能爲因, 與異熟果者, 名順現法受. 若從次生方能爲因, 與異熟果者, 名順次生受. 若越次生, 從第三生方與異熟者, 名順後次受.

何緣, 彼作如是執耶?

> 勿强力業, 異熟少故.[54]

② 又若執,

> 業要感多果方得名强. (中略) 若感佛業妙故名强.[55]

---

54 (T29, 569c17-23). 비유자의 이 논설은 『구사론』 상에서 有餘師(apare) 설로 간략히 소개된다. "有餘師說. 順現法受業. 餘生亦得熟. 隨初熟位建立業名爲順現等. 勿强力業, 異熟果少." (T29, 81c16-18); janmāntare 'pyasti dṛṣṭadharmavedanīyasya karmaṇo vipāka ārambhavaśāt tannāmavyavasthānam ity apare. mā bhūdyad evam iṣṭakarma tasyālpiṣṭho vipākaḥ iti. (AKBh 230. 2-4) 普光과 法寶에 의하면 각기 有餘經部師(T41, 246b12)와 經部異師(T41, 659b1). 야쇼미트라는 평석이 없다. 참고로 '一業引多生'說과 후설하는 '一切業可轉'論은 『대비바사론』(T27, 593b10-18)과 『잡아비담심론』(T28, 895c22-29; 本節 附論)에서도 譬喩者의 설로 함께 인용된다.

55 (T29, 570b21-23).

1) 業의 多生異熟 설

만약 그렇다고 한다면 (上座가 주장하듯 鄰近과 展轉의 공능에 의해 결과가 낳아지는 것이라고 한다면[56]), 더욱 더 무거운 과실을 초래하게 된다. 즉 그럴 경우 順生受業(다음 생에 결과를 받는 업)과 順後受業(다음 생 이후에 결과를 받는 업)은 구별할 수 없게 되고 말 것이니, **그대 [上座]宗에서는 [어떤] 하나의 업이 훈습된 6處의 相續이 [一連의] 하나의 결과를 牽引한다고 스스로 인정하기** 때문이다.

① 譬喩者는 설하였다.

順現法受業 등은 [현생 이외] 그 밖의 다른 생 중에서도 역시 이숙과를 획득할 수 있지만, 처음으로 이숙과를 받는 시점(初熟位)에 따라 업의 명칭을 '순현법수업' 등이라 설정한 것으로, 다만 그러한 처소(예컨대 순현법수업의 경우 현재 人趣)에서만 결과를 초래하기에 稱名된 것이 아니다.

즉 그들의 생각은 이러한 것이었다.

조작되어진 온갖 업이 만약 이 生에서부터 능히 원인이 되어 異熟果를 낳는 것이라면 이를 順現法受業(dṛṣṭadharmavedanīya)이라 하였고, 만약 다음 생에서부터 비로소 능히 원인이 되어 이숙과를 낳는 것이라면 이를 順次生受業(upapadyavedanīya)이라 하였으며, 만약 다음 생을 건너뛰어 제3생에서부터 [능히 원인이 되어] 이숙과를 낳는 것이라면 이를 順後次受業(aparaparyāyavedanīya)이라 하였다는 것이다.

그들은 어떠한 이유에서 이와 같이 주장하게 된 것인가?

[그 같은 定業은] 강력한 업(强力業, baliṣṭha-karma)이어서 異熟果가 적지 않기 때문이다.

② 요컨대 [多生에 걸친] 다수의 과보를 초래하는 업이라야 비로소 강력한 업이라고 말할 수 있다. (중략) 혹은 부처(즉 佛果)를 초래하는 업도 미묘하기 때문에 강력한 업이라고 말할 수 있다.

---

56 본서 제6장 2-1 '수계론'⑥ 참조.

2) 비유자의 8업설

譬喩者說:

> 業有四句. 一者, 有業於時分定, 異熟不定. 謂順現等三, 非定得異熟. 二者, 有業於異熟定, 時分不定. 謂不定業, 定得異熟. 三者, 有業於二俱定. 謂順現等, 定得異熟. 四者, 有業於二俱不定. 謂不定業, 非定得異熟.

彼說:

> 諸業總成八種. 謂順現受有定不定. 乃至 不定亦有二種.[57]

---

57 (T29, 570b28-c5). 이 같은 譬喩者의 8업설은 『대비바사론』에서는 有餘師설(T27, 593c7-22)로, 『구사론』에서는 譬喩者 설로 논설된다. (T29, 81c21-28); dārṣṭāntikās tu catuṣkoṭikaṃ kurvanti. asti karmāvasthāniyataṃ na vipāke niyatam. yat karma dṛṣṭadharmādivedanīyaṃ vipāke 'nīyatam. asti vipāke niyataṃ nāvasthāyām. yat karmāniyatavedanīyaṃ vipāke niyatam. asty ubhayaniyataṃ yad dṛṣṭadharmādivedanīyaṃ vipāke niyatam. asti nobhayaniyataṃ yat karmāniyatavedanīyaṃ vipāke aniyatam. teṣāṃ tat karmāṣṭavidhaṃ dṛṣṭadharmavedanīyaṃ niyatam aniyataṃ ca. evaṃ yāvad aniyatavedanīyam. niyatam eva tu dṛṣṭadharmādivedanīyam aniyataṃ caturtham iti varṇayanti. (AKBh 230. 8-13) 야쇼미트라에 의하면 여기서 비유자(Darṣṭāntikāḥ)는 경량부 (Sautrāntikāḥ) (AKVy 392. 21).

2) 비유자의 8업설

譬喩者는 설하였다.

업은 4구로 논설할 수 있다.

첫째, 과보를 초래하는 시기(avasthā)는 결정적이지만 이숙과(vipāka)는 결정적이지 않은 업이 있으니, 이를테면 順現法受業 등의 세 가지 업으로서 어떠한 이숙과를 획득할지 결정적이지 않은 업이 바로 그것이다.

둘째, 이숙과는 결정적이지만 과보를 초래하는 시기는 결정적이지 않은 업이 있으니, 이를테면 不定業으로서 어떠한 이숙과를 획득할지 결정적인 업이 바로 그것이다.

셋째, 두 가지 모두가 결정적인 업이 있으니, 이를테면 順現法受業 등으로서 어떠한 이숙과를 획득할지 결정적인 업이 바로 그것이다.

넷째, 두 가지 모두가 결정되어 있지 않은 업이 있으니, 이를테면 不定業으로서 어떠한 이숙과를 획득할지 결정적이지 않은 업이 바로 그것이다.

[이에 따라] 그들은 설하였다.

일체의 업에는 모두 여덟 가지의 종류가 있으니, 이를테면 順現法受業에 결정적인 것과 결정적이지 않은 것이 있으며, 나아가 不定業에도 역시 이 두 가지 종류가 있다.

3) 비유자의 一切業 내지 無間業 可轉論

① 又譬喩者說:

一切業, 乃至無間皆悉可轉. 若無間業不可轉者, 應無有能越第一有.[58]

② 譬喩者言:

五無間業尙有可轉況彼加行? 故契經言. '若有一類, 於五無間造作增長, 無間必墮奈落迦中.' 准此'一類'言, 知別有一類, 雖造無間不生地獄. 不爾, '一類'成無用言. 又世尊言, '娑羅設解我所說義, 但無解能.' 此中旣唯說'不解'語, 是決定障. 故知! 世尊說一切業皆悉可轉. 又世尊記, '旋繞制多, 一切皆當得生天'故. 又世尊記, '提婆達多, 斷善根後不可治'故. 又如煩惱障, 業障亦可轉.[59]

---

58 (T29, 570c28-571a1).

59 (T29, 589b3-12).

3) 비유자의 一切業 내지 無間業 可轉論

① 譬喩者는 설하였다.

일체의 업[은 물론이거니와] 나아가 무간업도 모두 다 바뀔 수 있다. 만약 무간업이 바뀔 수 없는 것이라면 [가장 미세한 업인] 第一有(즉 有頂天, 비상비비상처)의 업조차 초월하는 이가 없다고 해야 한다. (그렇지만 아라한은 이를 초월한다.)

② 譬喩者는 말하였다.

다섯 가지 무간업도 바뀔 수 있거늘 하물며 그것의 加行이 바뀔 수 없을 것인가? 그래서 계경에서 "만약 어떤 부류의 유정이 5무간죄를 造作하여 增長시켰다면, 무간에 필시 나락가(지옥) 중에 떨어진다"고 말한 것으로, 이러한 '어떤 부류(一類)'라는 말에 준하여 비록 무간업을 지었을지라도 지옥에 태어나지 않을 '어떤 부류'가 별도로 존재한다는 사실을 알 수 있는 것이다. 만약 그렇지 않다고 한다면, [계경에서] '어떤 부류'라는 말은 쓸데없는 말이 되고 마는 것이다.

또한 세존께서 말하기를, "婆羅[60]가 설혹 내가 설한 말의 뜻을 이해한다고 하였을지라도 [그에게는] 다만 이해할만한 능력도 없다"고 하였다. 즉 여기서는 오로지 [逆罪를 지은 婆羅에 대해 '지옥에 떨어진다'가 아니라] '이해하지 못한다'는 말만을 설하였으니, 이는 바로 [그의] 결정적인 장애이다. 따라서 세존께서는 일체의 업은 다 바뀔 수 있다고 설하였음을 알아야 한다.

또한 세존께서는 "制多(caitya, 塔廟)를 돌면 모든 이는 다 천상에 태어날 수 있다"고 授記하였기 때문이다.[61] 또한 세존께서는 "提婆達多는 선근을 끊은 이후라서 [그의 병은] 치료할 수 없다"고 말하였기 때문이다.[62]

또한 煩惱障과 마찬가지로 業障 역시 바뀔 수 있는 것이다.

---

60 원문은 '娑羅'이지만, 宋·元·明本과 後說에 따라 婆羅(bāla)로 고쳐 번역하였다. 婆羅의 구역은 毛道生, 어리석은 이(愚夫), 일체선근을 끊은 無性 즉 邪性定聚.

61 다시 말해 제다(塔廟)를 돌며 예배하는 일체의 모든 이는 천상에 태어날 수 있다고 하였으므로, 역죄를 지은 이 역시 그 업이 바뀌어 천상에 태어날 수 있다는 뜻.

62 다시 말해 승가를 파괴한 이라도 선근을 끊은 이후가 아니라면 능히 그의 무간업의 병을 치료할 수 있다는 뜻.

[附論]『잡아비담심론』에서의 비유자의 업설

① 譬喩者說:
一切業轉乃至無間.

② 彼說:
若無間不轉者, 亦無有越第一有. 若越第一有者, 故知無間業亦轉.

③ 彼有說:
現法業不必現報熟. 若熟者, 現法受非餘.

④ 如是說者說八業, 現法報, 或定不定. 乃至不定受業, 亦如是. 是故彼說: 分定熟不定. 應作四句. 或分定熟不定. 或熟定分不定. 或分定熟亦定. 或非分定亦非熟定. (T28, 895c22-29)

[부론] 『잡아비담심론』에서의 비유자의 업설

① 譬喩者는 설하였다.
일체의 업은 바뀔 수 있으며, 나아가 無間業도 [그러하다].

② 그들은 [이같이] 설하고 있다.
만약 무간업이 바뀔 수 없는 것이라면 [가장 미세한] 第一有(有頂天 즉 非想非非想處)[의 업]을 초월하는 이도 없다고 해야 한다. 만약 第一有[의 업]을 초월할 수 있는 것이라면, 무간업 역시 바뀔 수 있는 것임을 알아야 한다.

③ 그들은 [이같이] 설하기도 하였다.
順現法受業이 반드시 現生에 그 과보가 성숙하는 것은 아니다. 만약 [현생에] 성숙하는 것이라면, 現法에 받고 그 밖의 다른 생에서는 받지 않는 것이라고 해야 한다.

④ 이와 같은 說者는 [또한] 8업을 설하였으니, 順現法受業으로서 과보 [즉 과보를 받는 시기와 이숙과]가 결정되고 결정되지 않은 것이 있고, 나아가 不定受業의 경우 역시 이와 같다고 하였다. 그래서 그들은 이같이 설하였다.
[과보를 받는] 시기(時分)는 결정적이지만 이숙과는 결정적이지 않은 것이 있으니, 4구로 분별해 보아야 한다. 혹 어떤 업은 [과보를 받는] 시기는 결정적이지만 이숙과는 결정적이지 않으며, 혹 어떤 업은 이숙과는 결정적이지만 [과보를 받는] 시기는 결정적이지 않으며, 혹 어떤 업은 [과보를 받는] 시기도 결정적이고 이숙과도 결정적이며, 혹 어떤 업은 [과보를 받는] 시기도 결정적이지 않으며 이숙과도 결정적이지 않은 것이다.

6. 무간업

1) 業障 특히 무간업이 일어나는 처소

非一切障諸趣皆有. 且無間業, 唯人三洲, 非北俱盧餘趣餘界. 於三洲內, 唯女及男, 非扇搋等, 如無惡戒. 有說, 父母於彼少恩, 彼於父母少羞恥故. (中略) 要壞重慚愧, 方觸無間罪. (T29, 586c3-8)

① 然上座言:

> 彼扇搋等, 若害母等, 亦成無間. 彼愚癡類, 作不應作業, 豈容乘此, 生睹史多天? 豈但有人作不應作, 不生彼天處? 卽定生地獄故.[63]

② 又彼自徵.

> 傍生趣等, 亦害父母, 何非無間?

便自釋言:

> 覺慧劣故, 想變壞故, 慈愛薄故.[64]

63 (T29, 586c8-11).

64 (T29, 586c12-14).

1) 業障 특히 무간업이 일어나는 처소

일체의 장애가 모든 趣에 다 존재하는 것은 아니다. 바야흐로 無間業은 오로지 人趣의 세 洲에만 존재할 뿐, 北俱盧洲와 그 밖의 다른 趣와 다른 界에는 존재하지 않는다. 그리고 세 洲 안에서도 오로지 여자와 남자에게만 존재할 뿐 扇搋(ṣamḍha, 無根) 등에는 존재하지 않으니, 그들에게 惡戒가 존재하지 않는 것과 같다. 어떤 이는 "부모는 그들에게 은혜가 적고, 그들도 부모에 대해 부끄럽게 여기는 마음이 적기 때문"이라 하였다. (중략) 요컨대 엄중한 慚愧心을 품고 있을 때 비로소 無間罪에 저촉된다고 말할 수 있다는 것이다.[65]

① 그렇지만 上座는 [이같이] 말하였다.

저들 扇搋 등도 만약 어머니 등을 살해하였다면 역시 무간죄를 성취한다. 저들은 어리석은 무리일뿐더러 '마땅히 지어서는 안 되는 업'을 지었는데, 어찌 이에 편승하여 睹史多天(Tuṣitadeva, 구역은 兜率天)에 태어날 수 있다 하겠는가? 어찌 단지 어떤 세계(남섬부주 등의 3洲)의 사람만이 '마땅히 지어서는 안 되는 업'을 짓게 되면 그 같은 天處(도사다천)에 태어나지 않는다고 하겠는가? [사람이라면] 결정코 지옥에 태어날 것이기 때문이다.

② 그는 스스로 따져 물었다.

[그렇다면] 傍生趣 등도 역시 부모를 살해하는데, 이는 어째서 無間罪가 되지 않는 것인가?

그리고 스스로 해석하여 말하였다.

[저들은] 覺慧가 저열한 이들이기 때문이며, 생각이 바뀌는(*vipariṇāna: 變壞) 이들이기 때문이며, 慈愛心이 희박한 이들이기 때문이다.

65 이 같은 사실에 따라 아귀와 방생이 그들의 어미를 해치는 것은 무간죄에 저촉되지 않는다. 즉 아귀와 방생의 경우도 그들 부모의 은혜가 적으며, 또한 스스로도 극중한 참괴심이 없기 때문에 설사 어미를 죽이더라도 무간죄를 성취하지 않는다.

2) 무간업의 본질

五無間中, 四是身業, 一是語業. 三是殺生, 一虛誑語根本業道, 一是殺生業道加行, 以如來身不可害故.

① 且上座言:

三業爲體. 身業語業一一獨能招異熟果, 理難成故. 以但意業所作事重故, 許能感殊勝異熟.[66]

此極疏怳. 疏怳者何? 汝已許'**思依身語轉, 名身語業**'. 今許**意業爲無間體**. 便應暫起欲造逆思, 卽成無間. 又言'**意業所作事重, 許感殊勝異熟果**'者, 此唯妄許, 違自宗故. (T29, 587a1-4)

② 謂若,

有思動發身語, 此思可說所作事重.[67]

③ 若謂,

動發身語二思, 是意業. 思所作重事故, 說'意業所作重'者.[68]

---

66 (T29, 586c27-587a1).

67 (T29, 587a4-5).

68 (T29, 587a8-9).

2) 무간업의 본질

5무간업 중에서 네 가지(害母·害父·害阿羅漢·惡心出佛身血)는 바로 身業이고, 한 가지(破和合僧)는 바로 語業이다. 또한 세 가지는 殺生의 근본업도이고, 한 가지는 虛誑語의 근본업도이며, 한 가지는 바로 살생업도의 가행이니, 여래의 몸은 살해할 수 없기 때문이다.

① 바야흐로 上座는 [이같이] 말하였다.

[무간업은] 3업을 본질로 하지만, 身業과 語業이 각기 단독으로 능히 이숙과를 초래한다는 것은 이치 상 성립하기 어렵기 때문에, 다만 意業(즉 思)에 의해 지어진 것만이 무거운 업이기 때문에 [이러한 업만이] 특수한 이숙과(즉 지옥)를 초래할 수 있다고 인정한다.

이는 매우 경솔한 말이다.
무엇이 경솔하다는 것인가?
그대는 이미 "**思가 몸(身)과 말(語)에 근거하여 일어난 것을 身·語業이라 한다**"는 사실을 인정하였으면서[69] 지금 여기서는 **意業을 무간업의 본질로 인정**하였으니, 그럴 경우 마땅히 잠시 역죄를 짓고자 하는 思(즉 의사)만 일으켜도 바로 무간업을 성취한다고 해야 하는 것이다. 또한 "**의업에 의해 지어진 것만이 무거운 업이기 때문에 [이러한 업만이] 특수한 이숙과(즉 지옥)를 초래할 수 있음을 인정한다**"고 말하고 있지만, 이는 다만 거짓 인정일 뿐이니, [**무간업의 본질은 意業**이라는] 자신의 종의에 어긋나기 때문이다. (중현)

② 思가 몸을 움직이게 하고 말을 발하게 한 것(動發身語)으로, 이러한 思에 의해 지어진 업을 '무거운 업'이라 말할 수 있다.

③ 몸을 움직이게 하고 말을 발하게 한 두 가지 思가 바로 意業으로, [신·어업은] 思에 의해 지어진 무거운 업이기 때문에 '의업에 의해 지어진 무거운 업'이라고 설한 것이다.

---

69 제8장 1-2 [附論] '세친이 변호한 경량부의 신·어표업설' 참조.

3) 여러 번 지은 역죄의 이숙과

若造多逆初, 一已招無間獄生, 餘應無果? (T29, 587b25-26)

① 上座於此, 作如是釋:

或於地獄, 死已更生.

若爾, 寧非順後受業?

② 彼於此難, 反詰答言:

若有先造餘不善業, 已引地獄, 後造無間, 此復云何成無間業? 爲有天世於中間耶? 豈不隨前無間卽受?[70]

[衆賢:] 此極麤疏, 於感次生無用同故. 如爲天世善業所間隔. (T29, 587c10-11)

---

70 (T29, 587b29-c4).

3) 여러 번 지은 역죄의 이숙과

만약 여러 번 역죄를 지은 자가 처음에 이미 한번의 무간지옥에서의 생을 초래하였다면, 그 밖의 역죄에는 과보가 없는 것인가?[71]

① 上座는 이에 대해 이같이 해석하였다.

혹은 지옥에서 죽고 난 이후에 다시 [지옥에] 태어난다.[72]

만약 그렇다고 한다면, [무간업을] 順後受業(다음 생 이후에 과보를 받는 업)이라고 해야 하지 않겠는가?

② 그는 이러한 문제 제기에 대해 도리어 힐난하여 답변하였다.

만약 어떤 이가 일찍이 [무간업과는] 다른 불선업을 지어 이미 지옥[의 과보]를 인기하였다면, [불선업] 이후에 지은 무간업은 어떻게 다시 무간업[의 과보]를 성취한다는 것인가? 중간에 天世라도 존재하였다고 해야 하는가? 그러니 어찌 앞서 지은 무간업에 따라 바로 [지옥의 과보를] 받는다고 하지 않겠는가?

[중현:] 이는 곧 "[무간업은] 다음 생을 초래하는데 어떠한 공용도 갖지 않았다는 것과 같은 말"로, 매우 거칠고도 경솔한 말(麤疎)이다.

---

71 逆罪 즉 무간업은 반드시 다음 생(무간생)에 이숙과를 받는 것이라면, 다수의 역죄를 지었더라도 무간지옥에서의 생을 한 번만 받을 것이며, 그럴 경우 다른 역죄의 과보는 없게 되는 것이 아닌가? 다시 말해 처음에 한 번 무간지옥의 생을 이미 초래하였다면 그 밖의 역죄에는 과보가 없게 될 것이 아닌가? 하는 문제제기.

72 그러나 유부의 경우, 무간지옥에서의 생은 한 번만 받지만, 그 강도가 지은 역죄의 수에 비례하여 증가한다.

4) 殺母 역죄에서의 母

設有女人, 羯刺藍墮, 餘女收取, 置産門中生子, 殺何成害母逆因. (T29, 588b25-27)

上座於此, 作如是言:

> 若羯刺藍有命, 無墮. 若有墮者, 必已命終, 有情必無住糞穢故. 由無是事爲問唐捐. 設有如斯, 害後成逆, 棄重恩故. 害前不然, 於子重恩, 非關彼故.[73]

73 (T29, 588b29-c3).

4) 殺母 역죄에서의 母

만약 어떤 여인이 羯刺藍(잉태 후 첫 7일간의 상태)을 낙태하였을 때, 다른 여인이 그것을 收取하여 자신의 産門(탯집) 안에 두고 길러 아들을 낳았을 경우, 누구를 죽여야 殺母의 역죄를 성취하게 되는 것인가?

上座는 이에 대해 다음과 같이 말하였다.

만약 갈랄람에 생명이 존재한다면 떨어지는(낙태되는) 일도 없을 것이며, 만약 떨어지는 경우가 있다고 한다면 그 때는 필시 생명이 이미 끊어졌을 것이니, 유정은 필시 이러한 더러운 것(糞穢, 낙태된 갈랄람)으로 머무는 일이 없기 때문이다. 즉 이 같은 일은 있을 수 없기 때문에 그같이 묻는 것은 쓸데없는 일인 것이다. 설혹 이와 같은 일이 있을 수 있다고 할지라도 뒤의 여인(말하자면 양어머니)을 살해하는 경우에만 역죄가 성취되니, 막중한 은혜를 저버렸기 때문이며, 앞의 여인을 살해하는 경우에는 역죄가 성취되지 않으니, 자식에 대한 막중한 은혜는 그와 관련된 것이 아니기 때문이다.[74]

74 그러나 유부의 경우 낳아준 어머니를 죽이는 것만 殺母의 역죄이다. 그녀의 血(즉 난자)은 識의 의탁하는 곳으로 몸이 생겨나게 하는 근본이기 때문이다. 참고로 길러준 어머니를 죽이는 것은 무간죄와 동류의 죄를 성취할 뿐이다.

제9장 번뇌 수면론

1. 隨眠論

欲貪隨眠, 依何義釋? 爲欲貪體卽是隨眠, 爲是欲貪之隨眠義? 於餘六義, 徵問亦爾.[1] (T29, 596c22-23)

① 上座於此謂:

佛世尊自說, '諸纏與隨眠異'. 謂諸煩惱現起名纏, 以能現前縛相續故. 煩惱隨界說名隨眠, 因性恒隨而眠伏故. 以契經說, '幼稚童子嬰孩眠病, 雖無染欲而有欲貪, 隨眠隨增', 此唯說有諸隨眠性. 又說'一類於多時中, 爲欲貪纏纏心而住', 此文唯說有煩惱纏. 又說'一類非於多時, 爲欲貪纏纏心而住. 設心暫爾起欲貪纏, 尋如實知出離方便, 彼由此故, 於欲貪纏能正遣除, 幷隨眠斷',[2] 此文通說纏及隨眠. 由此故知, 現起煩惱煩惱隨界, 名纏隨眠. 若隨眠聲, 目煩惱得, 此不應理, 曾無說故; 又已除遣別有得故.

1 『구사론』 상에서의 물음과 동일하다. (T29, 98c10-12); katham idaṃ jñātavyaṃ kāmarāga evānuśayaḥ kāmarāgānuśayaḥ, āhosvit kāmarāgasyānuśayaḥ kāmarāgānuśayaḥ. (AKBh 277. 16-278. 1).

2 이 경설은 『중아함』 제205 「五下分結經」(MN. 64)으로, 『구사론』 상에서도 역시 '탐 등=수면'이라는 유부학설의 비판논거로 제시된다. "若欲貪體是隨眠, 便違契經. 如契經說 '若有一類, 非於多時, (이하 동일)." (T29, 98c13-16): kāmarāga evānuśayaś cet sūtravirodhaḥ. "ihaikatyo na kāmarāgaparyavasthitena cetasā bahulaṃ viharati. utpannasya kāmarāgaparyavasthānasyottare niḥsaraṇaṃ yathābhūtaṃ prajānāti. tasya tat kāmarāgaparyavasthānaṃ sthāmaśaḥ samyak susamavahataṃ sānuśayaṃ prahīyata" iti. (AKBh 278. 1-4) 『아비달마디파』에서도 인용된다. (ADV 221. 1ff; Cf. P. S. Jaini, The Sautrāntika Theory of Bīja, p.240).

1. 隨眠論

欲貪隨眠(kāmarāgānuśaya)을 어떠한 뜻으로 해석해야 할 것인가? '욕탐 자체가 바로 수면'(즉 동격복합어, 持業釋)이라 해야 할 것인가, '욕탐의 수면'(즉 한정복합어, 依主釋)이라 해야 할 것인가? 그 밖의 다른 여섯 가지 수면 뜻에 대해서도 역시 이같이 따져 물어보아야 할 것이다.

① 上座는 이에 대해 [다음과 같이] 말하였다.

불세존께서는 스스로 온갖 纏(paryavsthāna)과 隨眠(anuśaya)이 다르다고 설하였다. 말하자면 온갖 번뇌가 現起한 것을 '纏'이라 하였으니, 능히 현전하여 [유정을] 속박하며 相續하기 때문이다. 그리고 번뇌의 隨界(anudhātu)를 '隨眠'이라 하였으니, [번뇌의] 원인적 상태/존재(因性, hetubhāva)로서 항상 隨逐하며 잠자는 상태로 잠복하고 있기 때문이다.

즉 계경에서 "어린아이나 아기는 잠자고 있거나 아플 때에는 염오한 욕탐(染欲)이 없을지라도 욕탐수면은 隨增하고 있다"고 설하였는데, 이는 오로지 온갖 [번뇌의] 隨眠性이 존재한다는 사실을 설한 것이다. 또한 "어떤 이들은 오랜 시간에 걸쳐 欲貪纏에 마음이 속박(纏)된 채로 머문다"고 설하였는데, 이 경문은 오로지 번뇌의 纏이 존재한다는 사실을 설한 것이라고 할 수 있다. 또한 "어떤 이들은 오랜 시간 欲貪纏에 마음이 속박된 채로 머물지 않는다. 설혹 마음이 잠시 欲貪纏을 일으킬지라도 出離의 방편을 尋求하여 如實히 알게 되면, 그들은 이에 따라 欲貪纏을 능히 바로 제거하고, 아울러 [欲貪]隨眠도 끊게 된다"고 설하였는데, 이 경문은 纏과 隨眠을 모두 설한 것이라고 할 수 있다.

이에 따라 지금 일어나고 있는 번뇌와 [이러한] 번뇌의 隨界를 일컬어 '纏'과 '隨眠'이라 하였음을 알아야 한다. 만약 [비바사사가 주장하듯 "아울러 隨眠도 끊게 된다"는 경설에서의] '수면'이라는 말이 번뇌의 得(prāpti)을 가리킨 것이라면, 이는 올바른 이치가 아니니, 일찍이 [계경에서 그 같은 사실을] 설한 적이 없기 때문이며, 또한 이미 '得'이라는 법이 별도로 존재한다는 사실에 대해 비판하였기 때문이다.

이와 같은 隨眠은 무엇을 본질(svabhāva: 體)로 하는 것인가?

如是隨眠, 以何爲體? 若彼隨眠, 以彼爲體, 是隨彼法功能性故. 或此通用四蘊爲體, 功能隨逐心心所故, 此相應性, 亦不相應, 如諸心所. 然其自體不可說故, 而不記別.[3]

謂有經言. '汝今何故喬答摩所修梵行耶? 爲求斷故. 求斷何法? 斷貪瞋癡及三結等.

② 上座此中, 作如是釋:

此中貪等卽是隨眠.[4]

[附論] 세친의 수면론

經主於此, 作是釋言:

此是欲貪之隨眠義. 然隨眠體, 非心相應, 非不相應, 無別物故. 煩惱睡位, 說名隨眠, 於覺位中, 卽名纏故. 何名爲睡? 謂不現行, 種子隨逐. 何名爲覺? 謂諸煩惱現起, 纏心. 何等名爲煩惱種子? 謂自體上差別功能, 從煩惱生能生煩惱. 如念種子是證智生, 能生當念功能差別; 又如芽等有前果生, 能生後果功能差別.[5]

3　(T29, 597b27-c14).

4　(T29, 598a4-5).

5　(T29, 596c24-597a2). 『구사론』에서는 이를 경량부 설로 인용한다. "然經部師所說最善. 經部於此所說如何? 彼說: 欲貪之隨眠義. 然隨眠體非心相應, 非不相應, 無別物故. 煩惱睡位說名隨眠, 於覺位中卽名纏故. 何名爲睡? 謂不現行種子隨逐. 何名爲覺? 謂諸煩惱現起纏心. 何等名爲煩惱種子? 謂自體上差別功能, 從煩惱生能生煩惱. 如念種子是證智生, 能生當念功能差別. 又如芽等有前果生, 能生後果功能差別." (T29, 99a1-9); evaṃ tu sādhu yathā sautrāntikānām. kathaṃ ca sautrāntikānām. kāmarāgasyānuśayaḥ kāmarāgānuśaya iti. na cānuśayaḥ saṃprayukto na viprayuktas tasyādravyāntaratvāt. prasupto hi kleśo 'nuśaya ucyate. prabuddhaḥ paryavasthānam. kā ca tasya prasuptiḥ. asaṃmukhībhūtasya bījabhāvānubandhaḥ. kaḥ prabodhaḥ. saṃmukhībhāvaḥ. ko 'yaṃ bījabhāvo nāma. ātmabhāvasya kleśajā kleśotpādanaśaktiḥ. yathānubhavajñānajā smṛtyutpādanaśaktir yathā cāṅkurādīnāṃ śāliphalajā śāliphalotpādanaśaktir iti. (AKBh 278. 17-22).

만약 '그것(현행의 번뇌인 욕탐 등의 纏)'의 隨眠이라면, '그것'을 본질로 하니, 이는 바로 그러한 [욕탐 등의] 법에 따른 功能性(*śakti/sāmartha-bhāva)이기 때문이다. 혹은 이는 4蘊 모두를 본질로 하니, 이러한 功能은 심·심소 상에 隨逐하기 때문이다.

[따라서] 이는 相應性이면서 역시 不相應性이니, 諸 心所가 그러한 것과 같다.[6] 그렇지만 그러한 [공능성인 수면] 自體에 대해서는 말할 수 없기 때문에 [불타께서는 이에 대해] 언급(記別)하지 않은 것이다.

어떤 경에서는 [이같이] 말하였다.
"그대는 지금 무슨 까닭에서 고타마(喬答摩)의 처소에서 범행을 닦는 것인가?
끊음(斷)을 구하기 위해서입니다.
어떠한 법을 끊고자 하는 것인가?
탐·진·치와 아울러 3結(有身見·戒禁取·疑結) 등을 끊기 위해서입니다."
② 上座는 이에 대해 이같이 해석하였다.

여기서 탐 등은 바로 隨眠이다.

[부론] 세친의 수면론

經主는 이에 대해 이같이 해석하였다.
이러한 ['欲貪隨眠']은 바로 '욕탐의 수면'이라는 뜻이다. 그렇지만 隨眠 자체는 心相應法도 아니며 不相應法도 아니니, 개별적인 실체가 아니기 때문이다. 즉 번뇌(kleśa)가 잠자고 있는 상태(prasupta)를 '隨眠'이라 하고, 깨어있는 상태(prabuddha)를 '纏'이라 하였기 때문이다.
무엇을 잠자고 있는 상태라고 말한 것인가?

---

6 상좌가 隨眠(번뇌의 隨界)을 상응성이고 불상응성이라고 한 것은 그것이 심·심소와 별도의 실체가 아니기 때문이며, 그러면서 당래 번뇌를 낳는 힘(功能)이기 때문이다. 이것의 예로 諸心所를 언급한 것의 의미는 분명하지 않다. 아마도 현행의 심소 또한 마음과 상응하지만, 당래 심소를 낳는 인연(종자)이 되기 때문일 것이다. 세친이 전한 경량부에 의하면 隨眠(번뇌의 種子)은 개별적 실체가 아니기 때문에 [유부가 주장하는 바와 같은] 상응법도 아니지만, [대중부가 주장하는 바와 같은] 불상응법도 아니다. (후술의 附論 참조).

如彼所執. 亦有心等差別功能, 從心等生, 能生心等, 名爲種子, 何不亦說心等隨眠?

③ 上座此中, 立多因證.

> 謂隨眠者, 是諸有情相續所持煩惱類故. 不由功力恒隨逐故. 由遍知彼息衆苦故. 觀彼速能依對治故. 智者恒觀爲病性故.[7]

[衆賢:] 以要言之, 彼宗所執. 多分無有實體可記. 欲於佛教求正解者, 不應習近如是論師. 以聰慧人習彼論者, 所有覺慧, 皆漸昧劣. 彼論所說, 多不定故; 前後義文, 互相違故; 不任詰故; 越聖教故. (T29, 598b9-13)

---

7 (T29, 597a28-b2).

[번뇌가] 현행하지 않고 '種子性(bījabhāva, 종자의 상태)'으로 隨逐(anubandha)하는 것을 말한다.
무엇을 깨어있는 상태라고 말한 것인가?
온갖 번뇌가 現起하여 [마음을 속박(纏)하는] 것을 말한다.
무엇을 種子性이라고 말한 것인가?
번뇌로부터 생겨나 능히 번뇌를 낳는 [유정의 色心] 自體 상에 존재하는 특수한 功能(śakti)으로, 예컨대 證智(anubhavajñāna: 5識 혹은 이에 따라 일어난 意識 상응智, 즉 경험지)로부터 생겨나 능히 미래 기억을 낳는 특수한 功能[인 기억의 종자]와 같고, 또는 이전의 볍씨(前果)로부터 생겨나 이후의 볍씨(後果)를 낳는 싹 등에 존재하는 특수한 功能과 같다.

저 [經主(세친)]의 주장대로라면, 마음 등에도 역시 [전 찰나의] 마음 등으로부터 생겨나 능히 [후 찰나의] 마음 등을 낳는, '종자'라고 이름할만한 차별적인 공능이 존재하거늘 어찌하여 [이에 대해서는] '마음 등의 수면'이라 설하지 않는 것인가?(중현)
③ 上座는 이에 대해 다수의 논거를 제시하여 논증하려 하였다.

'隨眠'이란 바로 제 유정의 [心]相續(saṃtati)에 의해 유지되는 번뇌의 種類이기 때문이며, 功力에 의하지 않고서도 (노력하지 않더라도) 항상 隨逐하기 때문이며, 그것을 遍知함에 따라 온갖 괴로움이 종식되기 때문이며, 그것을 관찰하면 신속하게 對治道에 의지할 수 있기 때문이며, 智者는 [수면을] 항상 [대치해야 할] 病으로 관찰하기 때문이다.

[중현:] 한 마디로 말해 저들 [上座]宗(*sthavirapākṣika)에서 주장하는 바는 대부분 실체적으로 말할 수 있는 것이 아니다. [따라서] 불타의 말씀(buddhavacana)에 대해 올바른 이해를 구하고자 하는 이라면 이와 같은 論師에게 학습해서도, 그와 가까이 해서도 안 된다. 지혜가 총명한 자라 할지라도 그의 論을 학습한다면, 지니고 있던 覺慧마저 모두 다 점차 어두워지고 저열하게 되고 말 것이니, 그의 論에서 설해진 것은 대부분 확실하지 않기 때문이며, 앞뒤의 뜻과 말이 서로 모순되기 때문이며, 힐난을 감당할만한 것이 아니기 때문이며, 聖教(āgama)에도 어긋나기 때문이다.

2. 有貪의 名義

上座說:

有二類隨眠, 一唯欲纏, 二通三界.

自興疑問:

豈不有貪有? 論說言, 唯上二界. 都無聖教, 於色無色偏說有聲. 故難依信. 然於處處諸聖教中, 皆以有聲通說三界. 豈不於境亦說有聲? 欲貪隨眠, 不應別立.

此難非理, 轉有異故. 謂諸欲貪於外門轉, 內門轉者, 說名有貪. 又如耽境與耽有異, 所引隨眠差別亦爾. 又緣境界緣生身貪, 對治不同故別立二. 又必損伏欲貪及瞋, 外仙方能入色無色. 故欲貪體非卽有貪. 以彼有情, 緣自相續我愛, 隨逐恒無斷故.[8]

8 (T29, 600a7-18).

2. 有貪의 名義

上座는 설하였다.

두 종류의 隨眠이 존재하니, 첫째는 오로지 欲纏이며, 둘째는 3界에 통하는 것이다.

그리고 스스로 의문을 제기하고서 [해명하였다].

어찌 有貪(bhāva-rāga)을 '有(bhāva)' 즉 존재[자체에 대한 탐]이라고 해야 하지 않겠는가? [阿毘達磨]論(Ahidharma-śāstra)에서 [有貪을] 오로지 上2界[의 貪]이라고 말하였지만,[9] 어떠한 聖教(Āgama)에서도 색·무색계만을 '有' 즉 존재라는 말로 설한 일이 없다. 따라서 [有貪을 오로지 上2界의 貪이라고 말한 아비달마론은] 믿고 의지처로 삼기 어렵다. 그렇지만 곳곳의 온갖 聖教 중에서는 다 '有'라는 말을 [欲有, 色有, 無色有라고 하여] 3界 모두에 적용시켜 설하였으니, 어찌 [욕계의] 경계대상에 대한 탐 역시 有貪이라는 말로 설해야 하지 않겠는가? 그러니 欲貪수면을 [욕계의 탐이라는 뜻으로] 별도로 설정해서는 안 될 것이다.

이러한 문제제기는 올바른 이치가 아니니, 일어나는 방식에 차이가 있기 때문이다. 즉 온갖 欲貪은 外門에서 일어나는 것이며, 內門에서 일어나는 것을 有貪이라 말하였다. 또한 경계대상을 耽하는 것(耽境)과 존재[자체]를 탐하는 것(耽有)이 다르듯이, [앞서] 언급한 수면(즉 욕탐수면과 유탐수면)의 차별 역시 그러한 것이다.

또한 경계대상을 반연한 탐과 生身을 반연한 탐은 對治하는 방식이 동일하지 않기 때문에 두 가지 수면을 별도로 설정한 것이다. 또한 필시 欲貪과 瞋恚를 損伏시키면 외도의 선인(外仙)이라도 바야흐로 능히 색·무색계에 들 수 있기 때문에, 欲貪 자체가 바로 有貪은 아니다. 즉 저들 유정(외도의 선인)에게는 자신의 相續(즉 5온)을 반연하는 我愛(ātma-tṛṣṇā)가 항상 隨逐하여 끊어지는 일이 없기 때문[에 비록 欲貪은 존재하지 않을지라도 有貪은 존재하는 것]이다.

---

9 유부 毘婆沙師는 의복이나 음식 금전 등 외적인 경계를 추구하여 일어나는(外門轉) 욕계의 탐을 欲貪, 선정의 경계(예컨대 喜·樂)를 추구하여 일어나는(內門轉) 색·무색계의 탐을 有貪이라 하였다. 이에 반해 上座는 후술하듯 외적 경계대상에 대한 탐을 欲貪, 소의신이나 자아와 같은 내적 존재에 대한 탐을 有貪으로 이해하였다.

3. 98수면설 비판

故對法者, 隨佛聖教, 推求正理, 分別隨眠, 立九十八, 不可傾動. (T29, 604a3-5)

然彼朽昧上座復言:

> 雖經非無所引名相, 而曾無處說‘此隨眠是見苦所斷, 乃至修所斷’. 今應徵詰, 入見道時, 已見苦諦, 未見集等, 爲有現起見所斷惑, 而言未拔彼隨眠耶, 不爾? 何煩張戲論網? 又如汝執, ‘煩惱相緣, 不見所緣而得永斷’, 如是煩惱雖緣三諦, 見苦諦時, 何妨頓斷? 然有徵難, ‘若見苦時, 便能頓斷見所斷惑, 見後三諦應無用者’. 理亦不然. 彼於此位, 不求見集等, 不欲斷隨眠. 然由先智展轉引發, 法爾次第見於集等. 若不爾者, 現觀中間, 求見等心應爲間雜. 又曾無處佛說‘隨眠有九十八’. 若有, 應說佛有說處. 我則信受.[10]

[衆賢:] (上略) 又彼所說 “曾無有處, 佛說 ‘隨眠有九十八’. 若有, 應說佛有說處, 我則信”者, 此亦不然. 我不見汝曹有信佛教相. 以我先據聖教正理, 建立隨眠有九十八. 汝等都無信受心故. 又復汝等具吉祥倫,[11] 今時何從逮殊勝智, 知曾無處, ‘佛說隨眠行部界殊有九十八.’ (T29, 604b23-29)

---

10 (T29, 604a5-17).

11 宋·元·明本에 의하면 ‘吉祥論’이다.

3. 98수면설 비판

아비달마논사(Ābhidhārmika: 對法者)는 불타의 聖教에 따르면서 正理를 추구하여 隨眠을 98가지로 분별 설정하였으니, 이는 결코 뒤집을 수 없는 부동의 사실이다. (중현)

그런데 저 늙어빠진 우매한 上座는 다시 이같이 말하였다.

비록 경전 상에 [그대(중현)가] 인용한 바와 같은 ["苦에 대해 무지하며 내지 道에 무지하다"는 등의] 말(名相)이 없지 않을지라도 일찍이 어떠한 곳에서도 "이러한 隨眠은 바로 見苦所斷이며, 내지 修所斷이다"고 설한 적은 없었다.

여기서 마땅히 따져보아야 한다. 見道에 들어 苦諦는 이미 관찰하였지만 集諦 등은 아직 관찰하지 못한 경우, 견소단의 번뇌를 바로 일으키는 일이 있다고 해야 할 것인가? 그리고 아직 그것의 隨眠(번뇌수계/종자)을 아직 뽑지 못하였다고 말해야 할 것인가? 아니면 그렇지 않다고 해야 할 것인가? [그대들 毘婆沙師는] 어찌 이토록 번거롭게 戱論의 그물을 펼치는 것인가?

또한 그대들이 번뇌는 서로를 반연하지만 반연하는 바를 관찰하지 않더라도 영원히 끊을 수 있다고 주장하듯이, 이와 마찬가지로 번뇌가 비록 [苦諦 이외의 다른] 3諦를 반연할지라도 苦諦를 관찰할 때 무엇이 [그러한 3諦를 반연하는 번뇌가] 단박에 끊어지는 것을 방해할 것인가?

[이에 대해] 이같이 논란할 수도 있을 것이다. "만약 苦諦를 관찰할 때 능히 見所斷의 번뇌를 단박에 끊을 수 있다고 한다면, 뒤의 3諦를 관찰하는 것은 쓸데없는 일이 되고 만다고 해야 한다."[12]

그러나 이치 상 역시 그렇지 않다. 즉 그(견도에 든 행자)는 이러한 [苦諦를 관찰하는] 단계에서 集諦 등을 관찰하려고 추구하지도 않았을 뿐더러 [見集所斷 등의] 隨眠을 끊으려고도 하지 않았지만, 이전의 智(즉 苦智)가 展轉하며 引發됨으로 말미암아 法爾로서(저절로) 集諦 등을 순서대로 관찰하게 되는 것으로, 만약 그렇지 않다고 한다면 現觀하는 중간에 [集諦 등을] 관찰하려고 추구하는 등의 마음이 뒤섞이고 말게 될 것이다.

---

12 上座의 '苦法智=견혹(3結) 頓斷說'에 대한 유부 毘婆沙師의 비판에 대해서는 본서 제10장 4-5 '苦法智=預流果說'④ [衆賢] 참조.

또한 일찍이 불타께서는 어떠한 곳에서도 "隨眠에 98가지가 있다"고 설한 일이 없었으니, 만약 있다고 한다면 불타가 어디서 그같이 설하였는지 말해 보아야 할 것이다. 그러면 나는 그것을 바로 믿고 수지할 것이다.

[중현:] (상략) 또한 그는 "일찍이 불타께서는 어떠한 곳에서도 '隨眠에 98가지가 있다'고 설한 일이 없었으니, 만약 있다고 한다면 불타가 어디서 그같이 설하였는지 말해 보아야 할 것이다. 그러면 나는 그것을 바로 믿을 것이다"고 설하였지만, 이 역시 옳지 않다. 나는 그대들 중에서 佛教相 즉 불설의 정의(buddhavacana-lakṣaṇa)[13]를 信受하는 이를 결코 보지 못하였으니, 내가 앞서 聖教와 正理에 근거하여 98수면설을 제시하였음에도 그대들은 전혀 이를 믿고 수지하려는 마음이 없었기 때문이다.

또한 다시 그대들은 『吉祥論』을 갖추었다면서 이제와 어디서 수승한 지혜를 얻어들었기에 **"일찍이 어떠한 곳에서도 불타께서 '隨眠에는 行相과 [5]部와 [3]界의 차이에 따라 98가지가 있다'고 설한 일이 없었다**"는 사실을 알게 된 것인가?

13 불설정의에 대해서는 제1장 2-4 '我語取=上界 惑'설 [衆賢] 참조.

4. 4顚倒

1) 12顚倒의 본질은 非理作意

① 上座於此言:

以何緣顚倒唯三, 不增不減? 唯有爾所應成倒故. 謂此三倒, 想倒攝想, 心倒攝識, 見倒攝行. 不可說受亦倒所攝, 觸爲因生, 如應領故. 豈不行蘊更有所餘作意等法? 彼何非倒? 不爾, 但由彼顚倒故. 令心想見成顚倒體. 故契經言, '所有無量惡不善法, 一切皆由非理作意爲根本起, 廣說乃至. 一切皆是作意所生, 觸爲其集.' 由此證知, 想心見倒皆, 非理作意無明觸所生. 由彼倒故. 此成倒體.[14]

② 若[謂],

想心見, 由從非理作意等生, 彼顚倒故, 此成倒體.'[15]

---

14 (T29, 607c26-608a6).

15 (T29, 608a7-8).

1) 12顚倒의 본질은 非理作意

① 上座는 이에 대해 [이같이] 말하였다.

어떠한 이유에서 顚倒(viparyāsa)[의 갈래]는 오로지 세 가지(想·心·見)로, 더하지도 않고 덜하지도 않는 것인가?(다시 말해 受를 더한 네 갈래도, 다만 見 하나의 갈래만도 아니라고 한 것인가?) 하면, 오로지 [경에서 설한대로] 그것으로만 전도를 성취한다고 해야 하기 때문이다. 즉 이러한 세 가지 顚倒[의 갈래]에서 想의 [4]전도는 想(saṃjñā, 즉 取相)[의 전도]를 포함하고, 心의 [4]전도는 識(vijñāna, 즉 了別)[의 전도]를 포함하며, 見의 [4]전도는 行(saṃskāra, 즉 造作)[의 전도]를 포함한다. 그러나 受 역시 전도에 포함되는 것이라고는 말할 수 없으니, 觸을 원인으로 하여 생겨나고 상응하는 바대로 [대상을] 領納(感受)하는 것이기 때문이다.

어찌 行蘊에는 그 밖의 作意 등의 법도 존재한다고 해야 하지 않겠는가? 그것도 어찌 전도[의 갈래]가 아니겠는가?

그렇지 않으니, [想 등은] 다만 그것(작의)으로 말미암아 전도되기 때문이다. 즉 [作意는] 心과 想과 見으로 하여금 顚倒를 성취하게 하는 법이다. 그래서 계경에서는 "존재하는 무량의 악·불선법, 일체의 그것은 다 非理作意를 근본으로 하여 일어난다. (이하 생략) 일체는 다 作意에 의해 생겨난 것으로, 觸을 그 원인(集)으로 삼는다"고 말하였던 것이다. 이에 따라 想과 心과 見의 [4]전도는 모두 非理作意와 無明觸에 의해 생겨난 것임을 알아야 한다. 즉 [想과 心과 見은] 그것(비리작의와 무명촉)으로 말미암아 전도되기 때문에 이는 전도의 본질이라 할 수 있는 것이다.[16]

② 想과 心과 見으로서 非理作意 등으로부터 생겨난 것이면, 그것은 전도된 것이기 때문에 이러한 [비리작의]를 顚倒의 본질이라 할 수 있다.

---

16 上座는 "無常을 常으로 간주하는 것에는 想과 心과 見의 顚倒가 있으며, 苦·不淨·無我의 경우도 역시 그러하다."는 경설(T29, 607c13-15, 『大集法門經』권상 T1, 229c; 『七處三觀經』 T2, 876c)에 따라 常·樂·我·淨의 4顚倒에 想(saṃjñā)과 心(citta)과 見(dṛṣṭi)의 세 갈래(즉 12전도)가 있고, 이는 다 非理作意와 無明觸에 의해 생겨난 것이라고 주장하였다. 이에 반해 유부 毘婆沙師는 想과 心은 推度性인 見과 상응하고 行相이 동일하기 때문에 '전도'라고 말한 것일 뿐이라고 해설한다.

③ 又若[謂],

非理作意力故, 想等成倒'. (中略) 或雖許彼體是顚倒, 而不說爲顚倒體者.[17]

④ 若謂,

如仁有別因故, 雖由見力, 諸心心所皆有倒義, 而經但說想心倒名, 非餘受等, 我宗亦爾. 卽由此因. 是故定無想等非倒, 或餘是倒, 違經過失.[18]

⑤ 如何但言耶?

由作意力, 想等成倒, 非想等力能令作意成顚倒.[19]

17 (T29, 608a16-17; a18-19).

18 (T29, 608a20-23).

19 (T29, 608b8-9).

③ 非理作意의 힘으로 말미암아 想 등은 顚倒를 성취한다. (중략) 혹은 [경에서는] 비록 그것(非理作意) 자체도 바로 전도된 것이라고 인정하였을지라도 전도의 본질로 설하지 않은 것일 뿐이다.

④ 그대(유부 毘婆沙師)가 "별도의 이유가 있기 때문에 비록 見의 세력으로 말미암아 제 심·심소가 다 顚倒의 뜻을 갖는 것이라 할지라도 經에서는 다만 想과 心의 전도라는 말만을 설하였을 뿐 그 밖의 '受 등의 전도'라는 말을 설하지 않았다"고 하듯이, 우리 [上座]宗의 경우 역시 그러하여 [경에서는] 바로 이 같은 이유에 따라 [비리작의를 전도의 본질로 설하지 않은 것이다]. 그렇기 때문에 결정코 想 등은 전도가 아니라거나 (다시 말해 오로지 見만이 전도라거나) 혹은 그 밖의 [受 등도] 바로 전도라고 하는, 경에 위배되는 과실은 없는 것이다.

⑤ [上座는] 어떻게 다만 이같이 말할 수 있을 것인가?

[비리]작의의 힘에 의해 想 등은 전도를 성취하지만, 想 등의 힘에 의해 作意가 전도를 성취하게 되는 것은 아니다.

2) 12전도의 견·수소단론

如是諸倒, 何所斷耶?
正理論者言, 唯見苦所斷. 以常顚倒等唯於苦轉故. 了無常等覺, 唯緣苦生故. 不應後見集滅道時, 方捨常樂我淨見故. (T29, 608b13-17)

彼上座言:

> 諸預流者, 見倒已全斷, 心想倒有餘. 非於無常樂我淨想不忘失者, 煩惱可行. 故安隱經作如是說. '聖者安隱, 作如是言. 我色等中不隨執我. 然於如是五取蘊中, 有我慢愛隨眠未斷.' 故知! 聖者有我想心, 常樂淨三, 准亦定有.[20]

上座此說, 違自意趣, 違經違理. 不可信依. 言彼說違自意趣者.
① 且彼自釋倒經起因言:

> 爲有愚流轉還滅次第理者, 欲令於彼解無顚倒, 故說此經. 非善遍知四聖諦理, 於諸生死已作分齊, 諸煩惱障極少爲餘, 將得涅槃, 如臨至掌, 具如是德補特伽羅, 可有愚於流轉還滅次第理趣, 起顚倒者, 聖智照明在身中故.[21]

20 (T29, 609a14-20).
21 (T29, 609a21-27).

2) 12전도의 견·수소단론

이와 같은 온갖 전도는 어떠한 도에 의해 끊어지는 것인가?
正理論者는 오로지 見苦所斷이라고 말한다. 常住의 顚倒 등은 오로지 苦諦에 [미혹하여] 일어나기 때문이며, 무상 등을 요별하는 지각은 오로지 고제를 반연하여 생겨나기 때문으로, 그 후 集·滅·道諦를 관찰할 때 비로소 常·樂·我·淨의 견해를 버린다고 해서는 안 되기 때문이다.

[이에] 저들의 上座는 말하였다.

預流者(srota-āpanna)들은 見의 [갈래에 속한 4]전도는 이미 완전히 끊었지만, 心과 想의 [갈래에 속한 4]전도는 남아 있다. 즉 상주와 즐거움과 자아와 청정함(常·樂·我·淨)은 존재하지 않는다는 생각(想)이 망실되지 않은 자에게만 번뇌는 현행하지 않으니, 그래서 『安穩經』에서는 이와 같이 설하였던 것이다. "성자 安穩은 이같이 말하였다. 나는 색 등에 대해 '나'라고 집착하지 않는다. 그럴지라도 이와 같은 5취온에 대한 我慢과 我愛의 隨眠으로서 아직 끊어지지 않은 것이 있다."[22] 따라서 聖者(즉 예류과)에게도 자아에 대한 想과 心은 존재하며, 상주와 즐거움과 청정함의 세 경우도 이에 준하여 역시 결정코 [그것에 대한 想과 心이] 존재한다는 사실을 알아야 한다.

上座의 이 같은 논설은 자신의 생각(*abhiprāya: 意趣)과도 어긋날뿐더러 경에도 위배되고 정리에도 위배되기 때문에 믿고 의지할 수 없다.
[먼저] 그의 논설이 자신의 생각과도 어긋난다고 함은 이러하다.[23] (중현)
① 바야흐로 그는 스스로 『倒經』의 성립인연에 대해 이같이 해석하였다.

流轉과 還滅이 일어나는 순서의 이치에 어리석은 자가 있어 그것을 전도됨이 없이 이해시키기 위해 이 경을 설하였다. 즉 4성제의 이치에 대해 잘 遍知하고, 생사에 대해 이미 分齊(分限)를 지었으며, 극소의 煩惱障만이 남아 장차 열반을 획득하는 것이 손바닥에 이르는 것과 같은, 이와 같은 공덕을 갖춘 보특가라로서 유전과 환멸이

---

22 『안온경』은 『잡아함경』 제103경으로, 安穩은 본 경의 說者인 差摩(Khemaka, 安穩의 뜻). 즉 이 경은 큰 병을 앓고 있는 차마비구와 상좌들이 그를 간호하던 陀娑비구를 통해 5온 무아에 대해 토론한 것으로, 차마는 "5온은 '나'도 '나의 것'도 아니라고 관찰하였음에도 漏盡의 아라한이 되지 못하는 것은 5취온에 대한 我慢·我欲·我使를 끊지 못하고, 알지 못하고, 떠나지 못하고 멸진하지 못하였기 때문이다"고 하였다.

23 즉 상좌는 다른 곳(『倒經』의 성립인연)에서 '4성제의 이치를 두루 잘 아는 자는 顚倒를 일으키지 않는다'고 하였으므로, 여기(4顚倒)서 예류과의 성자 安穩에게 常·樂·我·淨의 '想과 心이 존재한다'(혹은 '이는 수소단과 통한다')고 함은 자신의 생각과 모순된다는 비판.

② 又彼自辯諸倒體中問言:

見倒何見爲體?

卽自答言:

且苦謂樂, 不淨謂淨, 邪見爲體.

復自問言:

豈不邪見撥無施與? 乃至廣說.

還自答言:

若於生死計樂計淨, 彼定撥無眞阿羅漢正至正行.[24]

言違經者, 謂契經說, '想心見倒, 皆見諦斷.'[25] (T29, 609b5-6)

③ 若謂,

此八想心顚倒, 於修位中, 終由如實見知聖諦, 方得永斷. 離此無餘永斷方便. 故此所說, 不違經者.[26]

④ 若謂,

諸見有餘經中, 遮修所斷故, 但應說 '想心二倒通修斷' 者.[27]

⑤ 若謂,

經說 '有學聖者有想亂倒.'[28]

---

24 (T29, 609a27-b2). 이는 본장 5-1 '上緣惑으로서의 有身見과 邊執見'에서도 논설된다.

25 『구사론』 상에 인용된 毘婆沙師의 '12전도=견소단'설의 경증은 이러하다. "由契經說 若有多聞諸聖弟子. 於苦聖諦如實見知. 乃至爾時彼聖弟子. 無常計常想心見倒, 皆已永斷. 乃至廣說." (T29, 100c25-27).

26 (T29, 609b7-9). 예류과 즉 견도위에서 12전도 중 다만 見의 네 전도만을 끊는다는 상좌의 해명은 『구사론』에서 有餘師의 설로 인용된다. "有餘師 復作是說 八想心倒, 學未全斷. 如是八種, 終由如實見知聖諦, 方得永斷. 離此無餘永斷方便. 故此所說不違彼經." (T29, 101a5-7); tasmāt sarva evāṣṭau saṃjñācittaviparyāsāḥ śaikṣasyāprahīṇā ity apare. te 'pi cāryasatyānāṃ yathābhūta parijñānāt prahīyante. na vinā tenety upāyasamākhyānān nāsti sūtravirodhaḥ. (AKBh 284. 19-21) 普光과 法寶에 의하면, 여기서 有餘師는 有餘經部師와 經部宗師. (T41, 301b3; 694a22) 야쇼미트라는 평석 없음.

27 (T29, 609b10-11).

28 (T29, 609b13-14).

일어나는 순서의 이치에 어리석어 전도를 일으키는 자는 있을 수 없으니, 聖智의 照明이 소의신 중에 존재하기 때문이다.

② 또한 그는 스스로 전도의 본질에 대해 분별하면서 [이같이] 물었다. 그리고 바로 스스로 답하였다.

見의 전도는 어떠한 見을 본질로 하는 것인가?

바야흐로 괴로운 것을 즐거운 것이라고 하고, 不淨한 것을 청정한 것이라고 하는 邪見을 본질로 한다.

다시 스스로 물었다. 그리고 다시 스스로 답하였다.

어찌 邪見이 시여(보시)를 부정하는 것이라고 하지 않겠는가?

만약 생사를 즐거운 것이라고 헤아리고 청정한 것이라고 헤아리는 자라면, 그는 결정코 참된 아라한의 正至와 正行을 부정하는 자이다.

[그의 논설이] 경에 위배된다고 함은 [이러하다]. 즉 계경에서 想과 心과 見의 전도를 다 見諦斷으로 설하였던 것이다. (중현)

③ [그러나 상좌는 이같이] 말하였다.

이러한 想과 心의 [갈래에 속한] 8전도는 修道位 중에서 종국적으로 聖諦를 如實知見함으로써 비로소 영원히 끊을 수 있으니, 이를 떠나 그밖에 달리 영원히 끊을만한 방편이 없다. 따라서 여기서 설한 바는 경에 위배되지 않는다.

④ 온갖 見은 그 밖의 다른 경에서 수소단임을 부정하는 경우가 있기 때문에 다만 想과 心의 두 전도만이 수소단과 통하는 것이라고 설해야 한다.

⑤ 경에서 "有學의 성자에게도 산란되고 뒤바뀐 생각(想)이 존재한다"고 설하였기 [때문이다]."[29]

---

29 "又慶喜告辯自在言. 由有想亂倒 故汝心焦熱 遠離彼想已 貪息心便淨. 또한 慶喜(아난다)는 辯自在(Vaṅgīsa, 구역에서는 婆耆舍 혹은 鵬耆舍)에게 [이같이] 말하였다:: 산란되고 뒤바뀐 생각(想)으로 말미암아 그대의 마음은 불타오르는 것으로, 그 같은 생각을 멀리 떠나게 되면 貪이 종식되어 마음은 바로 청정해지리라."(『순정리론』 T29, 608b25-28) 이는 『잡아함경』 제1214경(T2, 331ab). 여기서 변자재는 예류과의 성자로, 想의 전도가 있기 때문에 그의 마음이 욕탐에 시달리지만 그 후 무학과를 증득하여 이를 끊으면 마음은 청정해진다는 법문. 이는 곧 想 등의 전도는 수소단과도 통한다는 경증이다.

5. 上緣惑과 無漏緣惑에 관한 이설

1) 상연혹으로서의 有身見과 邊執見

上座應計, 此我常見, 如樂淨見, 邪見所攝. 以上座執, 於四倒中, 樂淨二倒, 邪見爲體. (T29, 613a13f)

彼自釋言:

> 若於生死計樂計淨, 彼定撥無眞阿羅漢正至正行. 是故於苦不淨境中, 計樂計淨, 是邪見攝.[30]

[附論] 세친의 입장

[對法者言: 此二非見, 是邪智攝.]
經主於此, 作是責言:
何緣所餘緣彼是見. 此亦緣彼, 而非見耶?[31] (T29, 613a5f)

---

30 (T29, 613a14-17).

31 『구사론』권19(T29, 102a1-2). 중현은 이에 대한 비판의 연장에서 本項의 상좌 설을 언급하여 비판한다. 세친의 문책은 상좌 설에 따른 것으로 생각된다.

1) 상연혹으로서의 有身見과 邊執見

上座는, 이러한 [욕계에서 색계의 大梵天을 有情(sattva)이라거나 常住하는 것으로 여기는] 我見과 常見은 [괴롭고 不淨한 것을] 즐겁고 청정한 것으로 여기는 見처럼 邪見에 포함되는 것이라 계탁해야 할 것이니, **上座는 4顚倒 중에서 즐거움과 청정함의 두 전도는 邪見을 본질로 한다고 주장하였기** 때문이다.[32] (중현)

즉 그는 스스로 해석하여 말하였다.

만약 生死를 즐거운 것으로 헤아리고, 청정한 것으로 헤아리는 자라면, 그는 결정코 참된 아라한의 正至와 正行을 부정하는 자이다. 그렇기 때문에 괴롭고 不淨한 경계를 즐거운 것으로 헤아리고, 청정한 것으로 헤아리는 것은 바로 邪見에 포섭되는 것이다.

[부론] 세친의 입장

[아비달마논사들은 "이러한 두 가지는 [邪]見이 아니라 바로 邪智에 포함된다"고 말하였다.] 經主는 이에 대해 이같이 따져 말하였다.

어떠한 이유에서 그 밖의 수면(즉 見取·戒禁取·邪見)으로서 그것(대범천)을 반연하는 것은 바로 見이라 하면서, 이것(有身見과 邊執見) 역시 그것을 반연하는 것임에도 見이 아니라는 것인가?

32 유부 毘婆沙師에 의하면 욕계 중에 태어나 [색계의] 大梵天을 반연하여 有情(sattva)이라거나 常住하는 것이라 여겼을 경우, 이 두 가지는 見이 아니라 有身見과 邊執見에 의해 인기된 邪智이다.(T29, 101c29f; 612c24f) 現見의 蘊에 대해서만 그것을 '我'라거나 '상주하는 것'이라 주장할 수 있을 뿐으로, 現見되지 않는 것에 대해서는 추리하여 그 같이 말한 것이기 때문이다.

2) 무루연혹 비판

唯見滅道所斷邪見·疑, 彼相應不共無明, 各三成六, 能緣無漏. (T29, 613b6-7)

然上座說:

> 許邪見疑及二無明, 緣無漏者, 則應滅道俱成有漏. 若謂'滅道非惑所魅, 要有漏事惑所魅'者, 是則若有於彼事中, 有所求得, 可起煩惱.[33]

定無滅道成有漏失, 由彼不成有漏相故. 以佛說'有漏唯是愛恚事', 滅道旣非愛恚事攝. 故彼雖被邪見等緣, 而決定無成有漏失. (T29, 613b15-18)

① 若爾, 不許貪瞋隨眠是共相惑, 非一切境皆爲貪瞋所繫縛故. 應有有漏事亦成無漏失.[34]

---

33 (T29, 615b12-15).

34 (T29, 615b18-20).

2) 무루연혹 비판

오로지 見滅·見道所斷의 각기 세 가지, 즉 邪見과 疑와, 이와 상응하거나 不共인 (상응하지 않는) 無明, 도합 여섯 가지는 능히 무루(멸제와 도제)를 반연하는 번뇌이다.[35]

그런데 上座는 [이같이] 설하였다.

邪見과 疑와 두 無明이 무루를 반연하는(무루를 대상으로 하는) 번뇌라는 사실을 인정할 경우, [번뇌의 연이 된] 滅諦와 道諦는 다 같이 유루가 되어야 한다. 만약 "멸제와 도제는 번뇌에 미혹되는 것이 아니다. 요컨대 有漏事(*aśrava-vastu) 즉 유루의 소연[36](즉 苦諦와 集諦) 만이 번뇌에 미혹된다"고 한다면, 이는 바로 어떤 이가 그 같은 [유루의] 소연(事)을 추구하여 증득하는 바가 있으면 번뇌를 일으킬 수 있다는 말이다.

결정코 멸제와 도제가 유루를 성취하는 과실은 없으니, 그것은 유루의 특성을 성취하지 않기 때문이다. 즉 불타께서는 "유루는 오로지 바로 애착하고 미워하는 것(愛恚事)이다"고 설하였으니, 멸제와 도제는 이미 애착하고 미워하는 것에 포함되지 않는다. 따라서 그 같은 [멸제와 도제가] 비록 사견 등의 연은 될지라도 결정코 유루를 성취하는 과실은 없는 것이다. (중현)

① 만약 그렇다고 한다면, 貪과 瞋수면이 바로 共相惑이라는 사실은 인정되지 않으니, 일체의 경계대상이 다 貪과 瞋에 의해 계박되는 것은 아니기 때문이다. 그리고 [邪見 등이 無漏緣惑이라면] 유루의 소연(有漏事, 즉 고제와 집제) 역시 무루를 성취하는 과실을 갖는다고 해야 한다.

---

35 이를 '無漏緣惑'이라고 한다. 즉 이 같은 여섯 가지 수면은 멸·도제를 직접적인 대상으로 하여 일어나지만, 그 밖의 탐·진·만 등의 견멸·도소단의 수면은 이 같은 수면을 대상으로 하여 일어난다.

36 事(vastu)에는 自性事(svabhāva-vastu), 所緣事(ālambana-vastu), 繫縛事(saṁyoganiya-vastu), 所因事(hetu-vastu), 所攝事(parigraha-vastu)의 다섯 용법이 있는데(『대비바사론』 T27, 288a11; 『구사론』 T29, 35a5-13; 『순정리론』 T29, 435b19-25), "所知法이란 일체법(苦集滅道와 非擇滅·虛空)으로 智에 의해 알려지고, 그러한 事에 따른 것"이라는 『품류족론』의 논설('所知法云何? 謂一切法, 是智所知, 隨其事.' T26, 713c20)을 소연사의 예로 든다. 여기서 '事'는 智의 경계대상, 소연의 뜻이다.(T27, 288a19) 비바사사에 의하면 4제법 중 유루의 인과법은 苦智와 集智의 소연이 되고 무루의 인과법은 滅智와 道智의 소연이 되기 때문에 有漏事의 事를 소연으로 번역하였다.

彼定不了對法義宗, 以許未來自相煩惱, 定能繫縛諸有漏事. 非滅道諦, 與三時中貪瞋隨眠爲依爲境. 故與彼事不可例同. (T29, 615b20-23)

② 豈不世間諸外道類, 現於無漏亦有起瞋? 謂現有於他正見等眞涅槃道及涅槃中, 起極憎嫌, 經中處處, 亦見廣說憎滅道者. 又諸煩惱依總相說, 皆入貪瞋二品攝故. 如說三隨眠, 復說七隨眠, 有說三結, 復說九結, 非三隨眠不攝七隨眠, 非三結不攝九結. 又如經說, '大病有三', 豈身見等非大病攝? 若彼品攝亦名大病, 貪瞋亦然, 總攝無失, 謂貪能總攝樂相應煩惱, 瞋復能總攝苦相應煩惱. 故許邪見疑二無明能緣滅道, 則應滅道亦是瞋事, 成有漏失.[37]

37 (T29, 615b23-c4).

저들의 [상좌]는 결정코 아비달마(對法)의 宗義를 알지 못하니, [아비달마에서는] 미래의 自相煩惱(즉 自相惑)도 결정코 능히 온갖 유루의 소연을 계박하는 것이라고 인정하기 때문이다. 그러나 멸제와 도제는 삼세의 貪과 瞋수면에 대해 소의도 경계대상도 되지 않기 때문에 그 같은 [유루의] 소연(고제와 집제)과 동일한 例가 될 수 없는 것이다. (중현)

② 어찌 세간의 여러 외도들은 지금 바로 무루에 대해 역시 瞋수면을 일으키는 경우가 있다고 하지 않겠는가? 지금 바로 보더라도 다른 이(즉 불타나 불제자)가 설한 正見 등의 참된 열반도와 열반에 대해 지극히 미워하고 혐오하는 마음을 일으키는 경우가 있으며, 계경 중 곳곳에서도 역시 멸제와 도제를 미워하는 이에 대해 널리 설한 것을 찾아볼 수 있는 것이다.

또한 모든 번뇌를 전체적인 특성(總相)에 근거하여 설할 경우, 그것들은 다 貪과 瞋의 두 품류에 포함되기 때문에 [邪見과 疑와 無明 뿐만 아니라 貪과 瞋수면 등도 역시 무루를 반연한다고 말할 수 있다]. 예컨대 [경에서] 세 가지 수면(貪·瞋·癡)을 설하고서 다시 일곱 가지 수면(欲貪·瞋·見·疑·有貪·無明)을 설하고 있으며, 어떤 [경]에서는 3結(有身見·戒禁取·疑)을 설하고서 다시 9結(愛·恚·慢·무명·見·取·疑·嫉·慳)을 설하고 있는데, 세 가지 수면은 일곱 가지 수면을 포섭하지 않는 것이 아니며, 3결은 9결을 포함하지 않는 것이 아니다.

또한 예컨대 경에서 '큰 병에는 세 가지(貪·瞋·癡)가 있다'고 설하였는데, 어찌 유신견 등이 [세 가지] 큰 병에 포함되지 않는다고 하겠는가? 만약 [유신견 등이] 그러한 품류에 포함되는 것이라면 역시 큰 병이라고 말할 수 있듯이, 貪과 瞋 역시 그러하여 [일체의 번뇌를] 모두 포함한다고 하더라도 과실이 없다. 즉 貪은 樂[受]와 상응하는 번뇌를 모두 포함하며, 瞋 또한 苦[受]와 상응하는 번뇌를 모두 포섭하는 것이다.

따라서 邪見과 疑와 두 無明이 능히 멸제와 도제(즉 무루)를 반연한다는 사실을 인정할 경우, [연이 된] 멸제와 도제 역시 瞋의 소연(瞋事, *dveṣa-vastu, 즉 미워할 만한 것)이 되어 유루를 성취하는 과실을 갖는다고 해야 한다.

[衆賢:] 謂彼上座, 處處自言: **世尊不應作迷謬說**. 若佛於此, 但擧貪瞋, 意欲總攝一切煩惱, 豈不此言極爲迷謬? 或若**擧二, 便能攝餘**, 則後說餘便爲無用. 故彼所說, 自意相違. (T29, 615c14-18)

若說**貪瞋唯能自攝**, 彼前所說 "**是則若有於彼事中, 有所求得, 可起煩惱**"者, 此言有何義?

③ 非我宗說, 要於境中, 有所求得, 方起煩惱. 但由於境, 不能了知, 起背起求, 起中煩惱.[38]

38 (T29, 616a10-12).

[중현:] 저들의 上座는 곳곳에서 스스로 말하였다. "**세존께서는 어떠한 경우에도 그릇되게 설하지 않았다.**" [그럼에도] 만약 "**불타께서는 여기서 ('유루는 오로지 바로 애착하고 미워하는 것'이라는 법문에서) 다만 貪·瞋만을 언급하여 여기에 일체의 번뇌를 모두 포함시키려 하였다**"고 한다면, 이 말이 어찌 지극히 그릇된 것이라 하지 않겠는가? 혹 만약 "[貪·瞋의] **두 가지 번뇌만을 언급한 것은 이것이 그 밖의 다른 번뇌를 능히 포함하기 [때문이다]**"고 한다면, 그 후 그 밖의 다른 번뇌를 설한 것은 아무런 쓸데없는 일이 되고 만다. 따라서 그가 말한 바는 자신의 뜻과도 서로 모순되는 것이다.

만약 "**貪과 瞋은 오로지 능히 그 자신에게만 포섭될 뿐이다**"고 한다면, 그(상좌)가 앞에서 설한 "**[만약 '멸제와 도제는 번뇌에 미혹되는 것이 아니다. 요컨대 有漏事 즉 유루의 소연(즉 苦諦와 集諦) 만이 번뇌에 미혹된다'고 한다면,] 이는 바로 어떤 이가 그 같은 [유루의] 소연을 추구하여 증득하는 바가 있으면 번뇌를 일으킬 수 있다는 말이다**"는 말에 무슨 뜻이 있을 것인가?

③ 우리 [上座]宗에서는 "요컨대 경계대상을 추구하여 증득한 바가 있으면 비로소 번뇌를 일으킨다"고 설하지 않는다. 다만 경계대상에 대해 능히 잘 알지 못함으로 말미암아 [진리를] 등지고서 이를 추구하는 중에 번뇌를 일으키는 것일 뿐이다.

6. 수면의 隨增

諸緣無漏·他界他煩惱, 唯相應隨增. 諸緣有漏·自界地, 遍具有所緣相應隨增. (T29, 616b24-26)

上座此中, 作如是說:

> 隨眠無有相應所緣二隨增義. 但有自性. 於相續中, 隨縛不捨, 爲有自體.
>
> 隨縛相續, 爲有有性, 無自體耶?

彼自答言:

> 唯有有性. 諸纏可有相應所緣.[39]

[衆賢:] 若爾, 亦應執有我性及甁等性, 異蘊色等. (T29, 617a8)

39 (T29, 617a4-7).

6. 수면의 隨增

무루나 他界·他地의 법을 반연하는 번뇌는 오로지 相應에서 隨增할 뿐이지만, 유루나 自界·自地의 법을 반연하는 번뇌는 所緣과 相應 모두에서 隨增한다.

여기서 上座는 이와 같이 설하였다.

隨眠(anuśaya)은 어떠한 경우에도 相應과 所緣 두 가지에서 隨增하는 일이 없으며,[40] 다만 [그 자체] 自性(*svabhāva)으로서 존재할 뿐이다. 즉 [수면은] 相續(saṃtana, 즉 5온) 중에서 이를 따라다니며 계박(隨縛[41])하여 [버리려 해도] 버려지지 않기 때문에 '그 自體로서 존재하는 것'이라고 하였다.

[그렇다면] 相續을 따라다니며 계박하는 것(즉 隨眠)은 [그 자체] 자성을 갖고 존재하는 것이라고 해야 할 것인가, 그 자체로서는 존재하지 않는 것이라고 해야 할 것인가?

그는 이에 스스로 답하였다.

[수면은] 오로지 자성을 갖고 존재하는 것이지만 (다시 말해 相應에서도 所緣에서도 隨增하는 일 없이 그 자체로서 존재할 뿐이지만), 온갖 纏(paryavasthāna, 즉 현행의 번뇌)은 相應과 所緣[에서 隨增하는 일]이 있을 수 있다.

[중현:] 만약 그렇다고 한다면, [5]온이나 色(즉 진흙) 등과는 다른 자아 자체(我性)나 항아리 자체(瓶性) 등도 역시 존재한다고 주장해야 한다.[42]

---

40 경량부에서 隨眠은 현행의 번뇌(纏)가 아니라 번뇌의 隨界·種子로서, 말하자면 번뇌가 잠자고 있는 상태이기 때문에 相應法도 아니며, 소연도 갖지 않기 때문에 이 두 가지에서 隨增하는 일이 없다고 한 것이다.

41 隨縛(anu-√bandh)은 隨眠의 이명이다. 『구사론』과 『순정리론』에서의 해설은 이러하다. "[隨眠을] '隨縛이라 말한 것은 [그것을 일으키려고] 노력하지 않더라도 [혹은 그것이 일어나는 것을] 방해하더라도 자꾸자꾸 나타나기 때문이다." (anubadhnanty aprayogeṇa prativārayato 'pi punaḥ punaḥ saṃmukhībhāvāt. AKBh 308, 11f; "不作加行爲令彼生, 或設劬勞爲遮彼起, 而數現起故名隨縛." T29, 108a24f); "[수면을] '隨縛'이라 말한 것은 그것을 떠나기가 극히 어렵기 때문이니, 마치 四日熱의 학질이나 鼠毒이 그러한 것과 같다." ("言隨縛者, 極難離故. 如四日瘧及鼠毒等." T29, 641c22f)

42 隨眠이 현행의 번뇌(纏)에 隨逐하는 隨界(종자)로서 상응법도 소연도 갖지 않는 것이라면, 이는 결국 5온과는 별도로 존재하는 자아 자체, 진흙과는 별도로 존재하는 항아리 자체의 보편성을 주장하는 것과 같다는 힐난.

7. 수면의 불선·무기성 분별

1) 상계의 번뇌

上二界隨眠 及欲身邊見　彼倶癡無記 此餘皆不善. 云何知然? 以契經說 離諸欲惡不善法故. (T29, 617a24)

① 上座釋言:

約定位說.[43]

② 又言:

上界煩惱亦應感非愛果, 如欲界惑. 謂如欲界不善煩惱, 雖助施等感人天生, 然彼非無所招異熟, 色無色界煩惱亦然. 煩惱功能有差別故, 非唯能感苦受異熟.[44]

③ 又如汝宗:

一切煩惱, 雖同不善, 功能別故, 有感苦受, 有無感能.[45]

④ 又言:

無知性非善巧, 一切煩惱彼攝受故, 由此皆應是不善者.[46]

[衆賢:] 又彼學法, 應成不善. 謂彼自許: **諸有學法, 望不善巧所攝隨眠, 亦得名爲有隨眠.** (T29, 617b26-28)

⑤ 又彼不應說:

諸煩惱, 皆非善巧, 無知攝受. (中略) 引生名爲攝受.[47]

---

43 (T29, 617a25).

44 (T29, 617b6-10).

45 (T29, 617b16-17).

46 (T29, 617b22-24).

47 (T29, 617b28-c1).

1) 상계의 번뇌

"上2界의 수면과 아울러 욕계의 有身見과 邊執見, 이와 俱起하는 癡(즉 무명)는 無記이며, 그 밖의 번뇌는 모두 不善이다."

[색·무색계의 번뇌가 무기성(『구사론본송』 5-19)임은] 어떻게 알게 된 것인가?

계경에서 "[초정려에 들면] 욕계의 악한 불선법을 떠난다"고 설하였기 때문이다.

① 上座는 [이 경설을] 이같이 해석하였다.

[여기서 '불선을 떠난다'고 함은] 선정의 상태에 근거하여 설한 것이다.

② 또한 말하였다.

上界의 번뇌 역시 욕계의 번뇌(惑)과 마찬가지로 좋지 못한 과보(非愛果)를 초래한다고 해야 한다. 이를테면 욕계의 불선의 번뇌는, 비록 보시 등의 도움으로 인해 人天의 생을 초래할지라도 그것에 의해 초래되는 이숙과가 없지 않듯이, 색·무색계의 번뇌 역시 그러하다고 해야 하는 것이다. [그러나] 번뇌의 공능에 차별이 있기 때문에 오로지 능히 苦受의 이숙과만을 초래하는 것은 아니다.

③ 그대 [上座]宗에서 [말한 바와] 같다.

일체의 번뇌는 비록 다 같이 불선이라 할지라도 공능에 차별이 있기 때문에 苦受를 초래하는 것도 있고 [苦受를] 초래할 만한 공능을 갖지 않은 것도 있다.

④ 또한 [상좌는] 말하였다.

無知性은 善巧(뛰어난 것)가 아니며, 일체의 번뇌는 그것(무지성)에 攝受되기 때문에 (다시 말해 무지에 의해 낳아진 것이기 때문에: 본항⑤ 참조), 이에 따라 [상계의 번뇌도] 다 불선이라고 해야 한다.

[중현:] [그럴 경우] 그곳(上界)의 有學法도 불선을 성취해야 할 것이니, 그는 스스로 "**온갖 有學法도 不善巧(뛰어나지 않은 것)에 포함되는 隨眠이라는 관점에서 본다면, 역시 '수면을 갖는 것(有隨眠)'이라 말할 수 있다**"고 인정하였던 것이다.

⑤ 그(상좌)는 [이같이] 말해서는 안 된다.

번뇌는 다 善巧(뛰어난 것)가 아니며, 無知에 攝受되는 것이다. [여기서] '攝受'란 이끌어 내어 낳는 것을 말한다.

2) 유신견과 변집견

身邊二見及相應癡, 欲界繫者, 亦無記性, 顚倒轉故. 寧非不善? 且有身見, 順善行故, 違斷善故, 定非不善. (中略) 邊執見中執斷邊者, 計生斷故不違涅槃, 順厭離門, 故非不善. (中略) 執常邊見, 順我見生, 是無記, 理如我見說. (T29, 617c3-6; 617c18f; 618a8f)

上座於此, 作如是言:

> **何有如斯下劣邊見能順解脫? 以諸有情一切妄見, 皆入此攝. 然我不知有何意趣, 執此邊見能順解脫.**[48]

[衆賢:] 然彼未得證眞理智, 又未承奉達眞理師, 恒起'**我能爲梯蹬**'慢. 自作是說, 然**我不知有何意趣, 執此邊見能順解脫**, 實如所言. (T29, 618a9-12)

[附論] 유여사와 세친의 견해

① 有餘復言:
身邊二見, 生死本故, 應是不善. (T29, 618a12-13)

② 然經主言:
俱生身見, 是無記性, 如禽獸等身見現行. 若分別生, 是不善性[49] (T29, 618a17-19)

---

48 (T29, 617c26-29).

49 이는『구사론』상에서 선대궤범사의 설로 인용된다. sahajā satkāyadṛṣṭir avyākṛtā. yā mṛgapakṣiṇām api varttate. vikalpitā tv akuśaleti pūrvācāryāḥ. (AKBh 290. 19f); "先軌範師, 作如是說. 俱生身見, 是無記性. 如禽獸等身見現行. 若分別生, 是不善性."(T29, 97c25-26).

2) 유신견과 변집견

유신견과 변집견의 두 見과, 아울러 이와 상응하는 癡(즉 무명)로서 욕계에 繫屬되는 것 역시 無記性이니, 전도되어 일어난 것이기 때문이다.
어찌 불선이 아니라는 것인가?
먼저 有身見의 경우 善行에 隨順하기 때문에, 선근을 끊는 것(斷善, 즉 불선)과는 다르기 때문에(자아의 미래세 즐거움을 위해 보시와 지계 등을 勤修한다), (중략) 邊執見 중 斷見은 생이 단멸한다고 여기기 때문에 열반에 어긋나지 않을 뿐더러 厭離門에 따른 것이기 때문에 不善이 아니다. (중략) 그리고 [변집견 중] 常住의 극단(常邊)에 집착하는 견해는 我見에 따라 생겨나는 것으로 바로 무기이니, 그 이치는 我見(즉 유신견)에 대해 설한 것과 같다.

上座는 이에 대해 이같이 말하였다.

온갖 유정들의 일체 [斷常의] 妄見이 다 여기에 포섭되거늘, 어찌 이와 같은 하열한 邊執見 중에 능히 해탈에 수순하는 점이 있다는 것인가? 나로서는 "이러한 변집견이 능히 해탈에 수순한다"는 주장에 어떤 의도(意趣, abhiprāya)가 있는 것인지 알지 못하겠다.

[중현:] 저 [상좌]는 아직 참된 진리의 이치를 증득하지 못하였을 뿐더러 또한 진리에 통달한 스승을 계승하여 모시지도 못하였으면서도 항상 "**나는 능히 [涅槃城으로 오르는] 사다리가 될 수 있다**"는 慢心을 일으키지만, 스스로 이와 같이 "**나로서는 이러한 변집견이 능히 해탈에 수순한다는 주장에 어떤 의도가 있는 것인지 알지 못하겠다**"고 말하고 있으니, 실로 [그가] 말한 바대로 [알지 못하는 자]이다.

[부론] 유여사와 세친의 견해

① 다른 어떤 이는 다시 말하였다.
有身과 邊執의 두 見은 생사의 근본이 되기 마땅히 불선이라고 해야 한다.

② 經主는 말하였다.
俱生의 有身見은 바로 무기성이니, 예컨대 새나 짐승 따위에 현행하는 유신견이 그러한 것이다. 그러나 만약 分別에 의해 생겨난 것이라면 바로 불선성이다.

8. 무기근 비판

無記根有三 無記愛癡慧.[50] (T29, 618b15)

上座於此, 作如是言:

> 無無記根, 無聖教故. 善惡猛利, 起必由根. 無記羸劣, 不由功用, 任運而起, 何藉根爲?[51]

---

50 AK. V-k.20. trīṇy avyākṛta mūlāni. katamāni trīṇi.) tṛṣṇā 'vidyā matiśca sā. 無記根에는 有覆無記의 愛와 무명, 有部·無覆의 慧 세 가지가 있다. 여기서 무기의 '애'란 上 2계의 5부의 '애'를 말하며, 무기의 무명(즉 癡)이란 욕계의 유신·변집견과 상응하는 무명과 상 2계의 5부의 무명을, 유부무기의 '혜'란 욕계의 유신·변집견과 상 2계의 5부의 염오혜(즉 5견)를, 무부무기의 '혜'란 위의로·공교처·이숙생·변화심과 구생하는 '혜'를 말한다. 그리고 온갖 무기 가운데 이 세 가지만을 根으로 설정한 것은 제법을 낳는 뛰어난 원인이 되기 때문이다. 즉 '애'는 바로 번뇌의 뿌리(足)이며, 무명은 온갖 번뇌와 두루 상응하며, '혜'는 능히 간택하여 온갖 번뇌를 이끄는 導首이기 때문이다.(『대비바사론』 T27, 795b18-25; 『구사론기』 T41, 307b12-26).

51 (T29, 618c5-8).

8. 무기근 비판

無記根에도 세 가지가 있으니, 무기의 愛와 癡와 慧가 바로 그것이다. (『구사론본송』 5-20)

上座는 이에 대해 이같이 말하였다.

無記根은 존재하지 않으니, 聖教에서 [설한 일이] 없기 때문이다. 善과 惡은 猛利하여 반드시 根에 의해 일어나지만, 무기는 羸劣하여 功用에 의하지 않고도(노력하지 않고도) 저절로 일어나는 것이거늘 어찌 根에 근거하여 일어난다는 것인가?

9. 번뇌의 경계대상

由三因緣諸煩惱起. 且如將起欲貪隨眠. 未斷未遍知欲貪隨眠故, 順欲貪境現在前故, 緣彼非理作意起故. (中略) 實有唯託境界力生. (T29, 639a4-6; b3-4)

① 譬喩部師, 作如是說:

由分別力, 苦樂生故, 知諸境界體不成實, 以佛於彼摩建地迦契經中, 說'諸癩病者, 觸苦火時, 以爲樂'故; 又說'一色, 於一有情, 名可意境, 非於餘'故; 又如淨穢不成實故. 謂別生趣同分有情, 於一事中取淨穢異. 旣淨穢相非定可得, 故無成實淨穢二境.[52]

② 又若[謂],

諸法無成實性. 但由分別力, 起貪或離貪.[53]

③ 又若[謂],

一事或有起愛, 起恚, 起癡. 卽言境中可愛等相, 不成實者,[54]

52 (T29, 639b4-10).

53 (T29, 639c10-11).

54 (T29, 639c13-15).

9. 번뇌의 경계대상

제 번뇌는 세 가지 인연으로 말미암아 생겨나니, 예컨대 장차 욕탐수면을 일으키게 되는 것은 욕탐수면을 아직 끊지 못하였고 遍知하지 못하였기 때문이며, 욕탐에 수순하는 경계대상이 現前하였기 때문이며, 그것을 반연하는 非理作意가 일어났기 때문이다. (중략) 그렇지만 실로 오로지 경계대상의 힘에 의탁하여 [번뇌가] 생겨나기도 한다.

① [이에 대해] 譬喩部의 논사들은 이와 같이 설하였다.

괴로움과 즐거움은 分別(*kalpanā)하려는 힘으로 말미암아 생겨나기 때문에, 모든 경계대상은 그 자체 실재하는 것을 성취한(인식한) 것이 아님을 알아야 한다. 불타께서도 저 『마건지가계경(摩建地迦契經)』에서 "모든 나병환자는 고통스럽게 불로 지질 때를 즐거움으로 여긴다"고 설하였기 때문이며, 또한 "동일한 색이라도 어떤 유정에게는 마음에 드는 경계대상이 되지만, 다른 유정에게는 그렇지 않다"고 설하였기 때문이며, 또한 예컨대 깨끗함과 더러움은 실유의 그것을 성취한 것이 아니기 때문이다. 이를테면 生(즉 胎·卵 등의 4생)과 趣(지옥·아귀 등의 5취)와 同分(남·여, 재가·출가 등의 동류상사성)을 달리하는 유정은 동일한 사물을 깨끗한 것이라거나 더러운 것이라고 하는 등 다르게 파악한다. 이렇듯 깨끗함과 더러움의 특성은 결정적으로 획득할(인식할) 수 있는 것이 아니기 때문에, 실체로서의 깨끗하고 더러운 두 가지 경계대상을 성취하는 일은 없다.[55]

② 또한 [말하였다].

제법으로서 실유의 자성(實性)이 성취되는 것은 없다. 다만 分別力으로 말미암아 탐을 일으키기도 하고, 혹은 탐을 떠나기도 하는 것이다.

③ 또한 [말하였다].

동일한 사태(vastu, 소연이 된 경계대상)에 대해 혹 어떤 이는 애탐을 일으키고, [혹 어떤 이는] 진에를 일으키며, [혹 어떤 이는] 우치를 일으키기도 한다. 그런 즉 경계대상 중의 참으로 애호할만한 것이라는 등의 특성은 실체로서 성취되는 것이 아니라고 말할 수 있다.

---

55 이는 『대비바사론』 상에서도 譬喩者설로 인용된다. (부록 2-7)

[衆賢:] 豈不曾聞? 有懷僻見所作, 頌義理亦應成. 如彼論中, 有如是頌. '以有於一事 見常見無常 見俱見俱非 故法皆無性.' (T29, 639c15-18)

④ 若爾, 旣有成實淨相, 隨觀淨見, 應皆如實. 乘如實見, 應不生貪. 然於境中, 無實淨相, 妄計爲淨, 乘此生貪. 故知! 諸境皆不成實.[56]

⑤ 若爾, 顚倒亦應不成. 於實淨中, 取爲淨故.[57]

⑥ 若爾, 善心亦應成倒. 有取可意境爲不可意故.[58]

---

56 (T29, 639c1-4).

57 (T29, 639c19).

58 (T29, 639c25-26).

[중현:] 어찌 일찍이 들어보지 못하였던가? [비유자의 말대로라면] 한쪽으로 치우친 견해(僻見)를 품은 이[59]가 지은 게송의 이치도 역시 성립한다고 해야 하니, 그들의 論 중에서는 다음과 같은 게송이 있다.

어떤 이는 동일한 소연의 사태(一事)에 대해
상주하는 것이라 관찰하고 무상한 것이라 관찰하며
두 가지 모두로, 두 가지 모두가 아니라고 관찰하니
따라서 제법은 다 자성을 갖지 않는 것이다.

④ 만약 그렇다고 한다면 (번뇌가 실유의 경계대상에 근거하여 성취된 것이라고 한다면), [不淨한 것을] 실유의 청정한 것으로 성취(인식)한 경우, 청정한 것에 따라 관찰(隨觀)하는 견해도 다 진실(如實, yathārtha)이라고 해야 하고, [이 같은] 진실의 견해에 편승하여 탐도 낳지 않아야 한다. 그렇지만 실유의 청정한 특성을 갖지 않는 경계대상을 거짓되게 분별(計度)하여 '청정한 것'이라 하고 이에 편승하여 탐을 낳는 것이다. 따라서 온갖 경계대상은 다 실체로서 성취되는 것이 아님을 알아야 한다.

⑤ 만약 그렇다고 한다면(번뇌가 실유의 경계대상에 근거하여 성취된 것이라고 한다면), [4]顚倒 역시 성취되지 않는다고 해야 하니, 진실로 청정한 것을 청정한 것이라고 파악(관찰)하였기 때문이다.

⑥ 만약 그렇다고 한다면, 善心 역시 顚倒되어 성취된 것이라고 해야 하니, 마음에 드는 경계대상을 [도덕적으로 비난받을까 두려워] 마음에 들지 않는 것으로 여기는 경우도 있기 때문이다.

---

59 여기서 '한쪽으로 치우친 견해를 품은 이'는 제법의 無自性을 주장한다는 점에서 空見外道/都無論者로 호칭된 중관론자로 추측된다. 중현은 上座일파(上座宗)가 도무론자와 일찰나의 간격만 있을 뿐이라고 조소하였다. (T29, 631a3) 본서 제5장 4-3 [附論] '세친의 삼세관' [衆賢] 참조.

제10장 **현성론**

1. 集諦의 본질은 愛

謂除聖道餘有爲法, 爲果性邊, 皆名苦諦. 爲因性邊, 皆名集諦.[1] (中略) 擇滅無爲, 名爲滅諦. 學無學法, 皆名道諦. (T29, 658a10-14)

① 上座於此, 意謂:

不然, 由契經中無此說故, 說苦應知集應斷故. 謂廣分別聖諦經中, 曾不說言, 五種取蘊, 皆集諦攝, 唯說是愛. 又薄伽梵, 明二諦別, 說苦應知, 說集應斷. 是故唯愛是集諦攝. 又諸無學者, 後有不續故. 謂阿羅漢有五取蘊, 有苦集故, 應續後有. 然無是事. 故知, 唯愛是集諦攝, 非餘取蘊.[2]

---

1 『구사론』 "此中, 果性取蘊, 名爲苦諦. 因性取蘊, 名爲集諦." (T29, 114a22-23); tatra phalabhūtā upādānaskandhā duḥkhasatyam. hetubhūtāḥ samudayasatyam. (AKBh 328. 14-15).

2 (T29, 659c1-7).

1. 集諦의 본질은 愛

[무루의] 聖道를 제외한 그 밖의 유위법(즉 5취온)으로서 결과적 상태(果性, phalabhūtā)를 苦諦라고 하였으며, 원인적 상태(因性, hetubhūtā)를 集諦라고 하였다. (중략) 擇滅의 무위법을 滅諦라고 하였고, 有學과 無學의 법을 道諦라고 하였다.

① 이에 대한 上座의 생각은 이러하다.

그렇지 않으니, 계경 중에서 이러한 사실을 설한 일이 없기 때문이며, "苦는 마땅히 알아야 하고, 集은 마땅히 끊어야 한다"고 설하였기 때문이다. 이를테면 『廣分別聖諦經』(『중아함경』 제31) 중에서 일찍이 '다섯 종류의 取蘊은 모두 集諦에 포섭된다'는 말을 설한 일이 없으며, 오로지 '愛가 바로 [集諦]'라고 설하였을 뿐이다.

또한 薄伽梵께서는 [苦·集의] 2諦의 차별을 밝히면서 '苦는 마땅히 알아야 할 것'이라고 설하였고, '集은 마땅히 끊어야 할 것'이라고 설하였다. 그렇기 때문에 오로지 愛만이 바로 集諦에 포섭되는 것이다.

또한 모든 無學의 [성]자는 後有로 상속되지 않기 때문이다. 즉 아라한에게도 苦·集諦인 5取蘊이 존재하기 때문에 마땅히 後有로 상속한다고 해야 한다. 그렇지만 이 같은 일은 없다. 따라서 오로지 愛만이 集諦에 포섭될 뿐 그 밖의 다른 取蘊은 [集諦에 포섭되지] 않는 것임을 알아야 한다.[3]

---

3 『구사론』 상에서는 "['괴로움의 유위행법 자체가] 바로 집제'라는 [유부] 설은 경에 어긋나니, **경에서는 오로지 愛가 바로 [집제라고] 설하였기 때문이다.**"(yat tu samudayasatyaṃ tad eva ucyate. idam utsūtram. **sūtre hi tṛṣṇaivoktā.** AKBh 333. 2f; 卽苦行體亦名集諦. 此說必定違越契經. **契經唯說愛爲集故.**: T29, 116a9f)는 반론을 제기하고 "경은 密意로 설한 것(abhiprāyikāḥ)이지만 아비달마는 [法]相에 따른 것(lakṣaṇikās)"이라는 예의 유부 성전관에 따라 해명하는데, 이 반론은 바로 이 같은 상좌 설에 따른 것이다. 참고로 중현은 다음과 같은 有餘師의 설(『대비바사론』에서는 分別論者설: T27, 379b4-9)을 비판하는 도중 이 같은 상좌 설을 인용 비판하는데, 이 또한 오로지 경설에 따른 4제의 해석이기 때문에 어떤 식으로든 상좌설과 관련 있을 것이다. "有餘復言, 唯八苦相, 是苦, 是苦諦. 除此所餘, 諸有漏法, 是苦, 非苦諦. **唯順後有愛, 是集, 是集諦.** 餘愛餘有漏, 是集, 非集諦. 唯順後有愛滅, 是滅, 是滅諦. 餘愛餘有漏滅, 是滅, 非滅諦. 唯有學八道支, 是道, 是道諦. 餘有學無學全, 是道, 非道諦. (오로지 8苦만이 바로 苦이자 苦諦이며 그 밖의 모든 유루법은 苦이지만 苦諦는 아니다. **오로지 後有를 수반하는 愛만이 바로 集이자 集諦**이며, 그 밖의 愛나 그 밖의 유루법은 集이지만 集諦는 아니다. 오로지 後有를 수반하는 愛의 滅만이 바로 滅이자 滅諦이며, 그 밖의 愛나 그 밖의 유루법의 滅은 滅이지만 滅諦는 아니다. 오로지 유학의 8道支만이 바로 道이자 道諦이며, 그 밖의 유학과 무학의 모든 道는 道이지만 道諦는 아니다.)" (T29, 658a22-27).

② 謂彼上座, 自作是言:

苦因理通一切煩惱, 以愛勝故, 說愛非餘.[4]

③ 若謂,

餘經說, 餘煩惱是集性. 故知, 諸煩惱皆是苦因, 並集諦攝. 但就勝故, 說愛非餘.[5]

4 (T29, 659c9-10).

5 (T29, 659c12-14).

② 上座도 스스로 이같이 말하였다.

苦의 원인은 이치 상 일체의 번뇌와 통하지만, 愛가 수승하기 때문에 [集諦로서] 愛를 설하고 다른 것은 설하지 않은 것이다.

③ 다른 경에서는 "그 밖의 다른 번뇌도 集의 성질이다"고 설하였기 때문에 온갖 번뇌는 다 苦의 원인이면서 아울러 集諦에도 포섭되는 것임을 알아야 한다. 다만 수승한 것에 근거하였기 때문에 [集諦로서] 愛를 설하고 다른 것은 설하지 않은 것이다.

2. 樂受 비실유론

① 此中餘部, 有作是言:

定無實樂受, 唯是苦. 云何知然? 由理教故.

由何等理? 後苦增故. 謂於一切所作事業及威儀中, 若久習住, 皆於後位, 苦增可得. 理必無有習住樂因, 令於後時, 苦漸增盛. 故知! 決定無實樂受. 又處生死, 有動作故. 謂有動作是生死法. 身有沐浴飮食等事, 心有於境了別等業, 事業驅迫嘗不安寧. 故生死中無非是苦. 又由微苦伏勝樂故. 謂少苦因蚊虻[此/朿]等所生, 微苦現在前位, 力能摧伏廣大樂. 因沐浴塗香飮食眠等所生勝樂, 令不現前. 故有漏蘊唯是苦性. 又於對治重苦逼中, 愚夫起樂增上慢故. 謂若未遇飢渴寒熱疲欲等苦所逼迫時, 於能治中, 不生樂覺. 是故樂覺, 由治苦生, 非緣樂生. 故無實樂. 又於衆苦易脫位中, 世間有情樂覺生故. 依如是義故有頌言. "如擔重易肩 及疲勞止息 世間由此苦 脫彼苦亦然." 故愚夫類於辛苦中, 有樂覺生, 實無有樂.

由何等教? 如世尊言, "諸所有受, 無非是苦." 又契經說, "此生時苦生, 此滅時苦滅." 又契經言, "於苦謂爲樂, 名想顚倒等". 又契經言, "汝應以苦觀於樂受."

2. 樂受 비실유론

① 여기서 다른 부파(餘部)는 이같이 말하고 있다.

결정코 진실의 樂受는 존재하지 않으니, [일체의 受는] 오로지 괴로움일 따름이다.

그 같은 사실을 어떻게 알게 된 것인가?

理證(yukti)과 教證(sūtra)에 의해 알게 되었다.

어떤 理證에 의해 알게 된 것인가?

[樂受에서도] 이후 괴로움이 증대되기 때문이다. 이를테면 짓고 있는 어떠한 事業이나 자세(威儀)도 오랫동안 [반복적으로] 수습하거나 지속하게(習住) 되면, 이후 거기서도 다 괴로움이 증가하여 획득된다. 이치 상 어떠한 경우에도 [오랫동안] 수습하고 지속하는 즐거움의 원인(樂因)은 존재하지 않으니, 이후 괴로움이 점차 증대되기 때문이다. 따라서 결정코 진실의 낙수는 존재하지 않음을 알아야 한다.

또한 生死에 처한 이는 動作(*vyāpra)을 갖기 때문이다. 즉 動作을 갖는 것은 바로 生死의 법이다. 즉 몸으로는 목욕하거나 먹고 마시는 등의 事業(*kārya, kriyā)을 짓고, 마음으로는 경계대상을 요별하는 등의 事業을 지으니, 事業에 쫓기고 핍박되어 安寧을 맛보지 못하는 것이다. 따라서 생사 중에 괴로움 아닌 것이 없는 것이다.

또한 아주 미미한 괴로움(微苦)도 뛰어난 즐거움(勝樂)을 조복시키기 때문이다. 이를테면 [여기서] 작은 괴로움이란 모기나 등에 등을 원인으로 하여 생겨난 것으로 [이러한] 미미한 괴로움도 현전하는 상태에서 그 힘은 능히 광대한 즐거움을 굴복시키니, 목욕이나 오일 마사지(塗香) 식사 수면 등을 원인으로 하여 생겨나는 뛰어난 즐거움을 현전하지 않게 하는 것이다. 따라서 有漏蘊은 오로지 괴로운 것(苦性)일 뿐이다.

또한 무거운 괴로움의 핍박을 해소(pratikāra: 對治)하는 중에 어리석은 이는 즐겁다는 증상만을 일으키기 때문이다. 이를테면 만약 아직 배고픔이나 목마름, 추위와 더위, 피로, 욕탐 등의 괴로움에 핍박되지 않았을 때라면, 그것을 능히 해소하는 중에 즐거움의 지각(苦覺)은 생겨나지 않는다. 그렇기 때문에 즐거움의 지각은 괴로움을 해소함으로 말미암아 생겨나는 것일 뿐, 즐거움 [자체(즉 樂受)]를 반연하여 생겨나는 것이 아니다. 따라서 진실의 낙수는 존재하지 않는다.

此謂他宗.[6]

---

6 (T29, 663a7-29). 다섯 理證과 네 教證으로 이루어진 본 논설은 『구사론』 상에서 좀 더 간략한 내용(3教證 4理證)으로 '有餘部師(ekīyāḥ: 일군의 어떤 이들)' 설로 인용된다. 有餘部師, 作如是執. 定無實樂受, 唯是苦. 云何知然? 由教理故. 云何由教? 如世尊言, "諸所有受, 無非是苦." 又契經言, "汝應以苦觀於樂受." 又契經言, "於苦謂樂, 名爲顚倒." 云何由理? 以諸樂因皆不定故. 謂諸所有衣服飮食冷煖等事, 諸有情類, 許爲樂因. 此若非時, 過量受用, 便能生苦. 復成苦因, 不應樂因. 於增盛位, 或雖平等, 但由非時, 便成苦因, 能生於苦. 故知! 衣等本是苦因. 苦增盛時, 其相方顯. 威儀易脫理亦應然. 又治苦時, 方起樂覺. 及苦易脫, 樂覺乃生. 謂若未遭飢渴寒熱疲欲等, 苦所逼迫時, 不於樂因, 生於樂覺. 故於對治重苦因中, 愚夫妄計此能生樂. 實無決定, 能生樂因. 苦易脫中, 愚夫謂樂. 如荷重擔, 暫易肩等. 故受唯苦. 定無實樂.(T29, 114c23-115a9); nāsty eva sukha vedanety ekīyā duḥkhaiva tu sarvā. katham idaṃ gamyate. sūtrād yuktitaś ca. kathaṃ tāvat sūtrāt. uktaṃ hi bhagavatā "yat kiñcid veditam idam atra duḥkhasye"ti. "suḥkhā vedanā duḥkhato draṣṭavye"ti. "duḥkhe sukham iti saṃjñāviparyāsaḥ" iti. evaṃ tāvat sūtrāt. kathaṃ yuktitaḥ. sukhahetvavyavasthānāt. ya eva hi kecit pānabhojanaśītoṣṇādaya iṣyante sukhahetavas ta evātyupayuktā akālopayuktāś ca punar duḥkhahetavaḥ saṃpadyante. na ca yuktā sukhahetuvṛddhyā samena vānyasmin kāle duḥkhotpattir ity ādita eva te duḥkhahetavo na sukhasya. ante tu tad duḥkhaṃ vṛddhim āpannaṃ vyaktim āpadyata iti. evam īryāpathavikalpe 'pi vaktavyam. duḥkhapratikāre ca sukhabuddher duḥkhavikalpe ca. na hi tāvat sukham iti vedyate kiñcid yāvan na duḥkhāntareṇopadruto bhavati kṣutpipāsāśītoṣṇaśramakāmarāgaprabhaveṇa. tasmāt pratīkāra evāviduṣāṃ sukhabuddhir na sukhe. duḥkhavikalpe ca bālaḥ sukhabuddhim utpādaynti yathāṃśād aṃśaṃ bhāraṃ saṃcārayantaḥ. tasmān nāsty eva sukham iti.(AKBh. 330. 9-19) 「有餘部師(ekīyā)는 이와 같이 주장하였다. 결정코 진실의 樂受는 존재하지 않으니, [일체의 受는] 오로지 괴로움일 따름이다. 그 같은 사실을 어떻게 알게 된 것인가? 教證(sūtra)과 理證(yukti)에 의해 알게 되었다. 어떤 교증에 의해 알게 된 것인가? 이를테면 세존께서 "존재하는 온갖 受로서 괴로움 아닌 것은 없다"고 말하였다. 또한 계경에서 "그대는 마땅히 樂受를 괴로운 것이라고 관찰해야 한다"고 설하였으며, 또한 계경에서 "괴로운 것을 즐거운 것이라고 여기는 것을 [생각(想)의] 顚倒(saṃjñāviparyāsa)라 한다"고 설하였다. 어떤 이증에 의해 알게 된 것인가?즐거움의 원인은 다 확정적이지 않기 때문이다. 이를테면 모든 유정들은 [일반적으로] 의복이나 음식, 시원함과 따뜻함 등을 즐거움의 원인으로 인정하지만, 만약 그것을 필요로 하지 않는 때(非時)나 과도하게 수용되면 능히 괴로움을 낳기에 또한 괴로움의 원인도 되니 즐거움의 원인이라고 해서는 안 된다. 즉 지나치게 많이 수용한 상태나 혹은 비록 적당(平等)한 양일지라도 그것을 필요로 하지 않는 때 수용한 경우 바로 괴로움의 원인이 되어 능히 괴로움을 낳게 되는 것이다. 그러므로 의복 등은 본래 괴로움의 원인임을 알아야 하는 것으로, 그 같은 사실은 괴로움이 증가하여 많아질 때 비로소 드러나게 되는 것이다. 자세(威儀)가 바뀌어 그러한 상태에서 벗어날 때 [즐거움이 생겨나는 것 같지만 그것이 즐거움의 원인이 아니라는] 이치 역시 그러하다고 해야 한다. 또한 즐거움의 지각(sukhabuddhi: 樂覺)은 괴로움이 대치(치유/해소)될 때 비로소 일어난다. 아울러 괴로움이 바뀌어 그러한 상태에서 벗어날 때에도 즐거움의 지각이 생겨난다. 이를테면 아직 배고픔이나 목마름, 추위나 더위, 피로, 욕망(kāmarāga: 欲貪) 등의 괴로움에 핍박되지 않았을 때라면 즐거움의 원인(즉 음식이나 의복 등)에서 즐거움의 지각은 생겨나지 않는다. 따라서 어리석은 이는 참기 힘든 괴로움(重苦)을 대치(치유)하는 원인(의복 등)에 대해 이는 능히 즐거움을 낳는 것이라고 그릇되게 생각하지만, 실로 결정적으로 능히 즐거움을 낳는 원인은 존재하지 않는다. 또한 괴로움이 바뀌어 거기서 벗어나게 될 때 어리석은 이는 그것을 즐거움이라고 말하기도 하니, 이를테면 무거운 짐을 메고 가다가 잠시 어깨를 바꾸어 멜 때가 그러한 경우이다. 따라서 [일체의] 受는 오로지 괴로움일 뿐 진실의 낙수는 결코 존재하지 않는다.」
이에 대해 普光은 經部·大衆部 等으로(T41, 334c10), 法寶는 經部異師(T41, 726a28)로, 야쇼미트라는 대덕 슈리라타(Bhadanta Śrīlāta)로(AKVy 518. 21)로 평석하였다. 중현 또한 이를 이처럼 他宗(*parapākṣa)으로 언급하였을 뿐만 아니라(『순정리론』 상에서 '他宗' 혹은 '餘宗'은 대개 상좌일파: 권오민, 2019, p.376) 후술하듯 비판 중에 上座 설을 별도로 인용하기 때문에, 혹은 "生死에 처한 이는 動作을 갖기 때문"이라는 논거는 "제법은 다 動作을 갖지 않는다"는 저들 論의 말(본서 제4장 7-1 '根·識 無作用설' 참조)과 모순된다고 비판한 것으로 볼 때, 여기서의 다른 부파(餘部)는 상좌일파(上座宗, 혹은 上座徒黨 Sthavira-pākṣika)일 것이다.

또한 여러 형태의 괴로움이 [다른 형태의 괴로움으로] 바뀌어 거기서 벗어나는 상태에 대해 세간의 유정들은 즐겁다고 생각하기 때문이다. 이와 같은 뜻에 따라 어떤 게송에서는 [이같이] 말하고 있다.

무거운 짐을 메고 가다 어깨를 바꾸면
피로가 풀렸다고 하듯이
세간에서 이러한 괴로움에 의해
저러한 괴로움에서 벗어날 때도 역시 그러하다.

그래서 어리석은 이들은 쓰디쓴 괴로움을 경험하는 중에도 즐거움의 지각이 생겨나는 경우가 있지만, 진실로 낙수는 존재하지 않는다.

어떤 교증에 의해 알게 된 것인가?

예컨대 세존께서는 "존재하는 온갖 受로서 괴로움 아닌 것은 없다"고 말하였다.[7] 또한 계경에서는 "이것(즉 受)이 생겨날 때 괴로움이 생겨나고, 이것이 소멸할 때 괴로움도 소멸한다"고 말하였다. 또한 계경에서는 "괴로운 것을 즐거운 것이라고 여기는 것을 생각(想)의 顚倒(saṃjñāviparyāsa) 등이라고 한다"고 말하였다. 또한 계경에서는 "그대는 마땅히 樂受를 괴로운 것이라고 관찰해야 한다"고 말하였던 것이다. 이상은 다른 부파의 종의를 말한 것이다.

7 『잡아함경』권17 제474경(T2, 121a), "一切諸行變異法故, 說'諸所有受悉皆是苦'."

② 上座於此, 亦作是言:

雖現非無攝益受位, 而於苦類未爲超越, 以有漏法唯是苦因故, 生死中受唯是苦.[8]

③ 若受自性, 實皆苦者, 佛說三受有何勝利?

世尊隨世故說, 謂世於苦下上中位, 如其次第起樂等覺, 世尊隨彼說樂等三.[9]

[衆賢:] 又彼論中, 先許 '**諸法皆無動作.**' 後言 '**生死有動作. 故都無有樂.**' 是則彼說前後相違. 故所立因, 無能證力. (T29, 664b28-c1)

---

8 (T29, 663b7-9).

9 (T29, 663b29-c2).

② 上座는 이에 대해 역시 이같이 말하였다.

현[견]하건대, 비록 이익이 되는 受(즉 樂受)의 상태가 없는 것은 아닐지라도 [그것도] 괴로움의 종류에서 벗어나지 않으니, 유루법은 오로지 괴로움의 원인일 뿐이기 때문이다. 生死 중에서 受는 오로지 괴로움일 뿐이다.

③ 만약 受 자체(自性)가 실로 다 괴로움이라고 한다면 불타께서는 무슨 수승한 이익이 있어 세 가지 受(樂·苦·不苦不樂受)를 설한 것인가?

세존께서는 세간에 수순하여 설한 것일 뿐이다. 즉 세간에서는 하품·상품·중품의 괴로움을 그 순서대로 즐거움 등이라고 생각하기 때문에 불타께서도 이에 따라 樂 등의 세 가지 受를 설하게 된 것이다.

[중현:] 또한 저들의 論 중에서는 앞에서 "**諸法은 다 動作(운동의 작용)을 갖지 않는다**"[10]는 사실을 인정하고, 뒤에서 "**生死는 動作을 갖기 때문에 어떠한 경우에도 樂受는 존재하지 않는다**"고 말하고 있다. 저들의 논설은 [이렇듯] 전후 서로 모순되기 때문에 [저들이] 제시한 논거에는 능히 자신들의 주장을 입증(能證)할만한 힘이 없는 것이다.

---

10 본서 제4장 7-2 '識=了別者 세속설'② 참조.

3. 2제설

1) 4제와 2제의 관계

諸有宣說, 蘊處界等, 相應言教, 皆勝義攝. 此爲詮辯諸法實相, 破壞一合有情想等. 能詮眞理故名爲諦. 此四諦教, 能令有情, 證眞實理. 故是勝義. (T29, 665c25-28)

此中上座, 作如是言:

> 三諦皆通世俗勝義. 謂一苦諦, 假是世俗, 所依實物名爲勝義. 集諦道諦, 例亦應然. 唯滅諦體不可說故, 同諸無記不可說有. 如契經說, "具壽慶喜! 六觸處盡·離·滅·靜·沒, 有異無異? 皆不可論, 汝欲論耶? 乃至廣說."[11]

2) 蘊·處·界 三科의 二諦 분별

① 謂彼自言:

> 蘊唯世俗, 所依實物方是勝義. 處亦如是. 界唯勝義.[12]

豈不觸法界亦依多立一? 理應如蘊, 是世俗有.

② 所依實物, 方是勝義.[13]

---

11 (T29, 665c28-666a5).

12 (T29, 666b5-7).

13 (T29, 666b8).

1) 4제와 2제의 관계

모든 이들이 널리 설한 蘊·處·界 등과 상응하는 言教는 다 勝義諦에 포함된다. 이는 諸法의 眞實相을 드러내어 분별하기 위한 것으로, '一合'(*piṇḍa, 전체성)이나 '有情'(sattva, 보편자로서의 인간)이라는 [허구의] 관념 등을 破壞하여 능히 참된 이치(眞理)를 드러내는 것이기 때문에 '諦(satya)'라고 말하였다. 그리고 이러한 4諦의 교설은 능히 유정들로 하여금 眞實의 이치를 증득하게 하기 때문에 바로 勝義諦이다.

이에 대해 上座는 이같이 말하였다.

[苦·集·道의] 세 가지 諦는 다 世俗과 勝義 모두와 통한다. 이를테면 첫 번째 苦諦의 경우, 假[有]는 바로 세속이며, 그것의 소의가 된 실체(實物, dravya)는 승의이다. 集諦와 道諦의 경우 역시 그렇다고 해야 한다. 오로지 滅諦 자체에 대해서만은 설할 수 없기 때문에, 온갖 기표할 수 없는 것(無記)들과 마찬가지로 '존재한다(有)'고 말할 수 없으니, 계경에서 "具壽 慶喜(아난다)여! 6觸處의 다함(盡, kṣīṇa)과 떠남(離, niḥsaraṇa)과 멸함(滅, nirodha)과 고요함(靜, śānta)과 사라짐(沒, *astagama)에는 차이가 있는가, 차이가 없는가? 이에 대해서는 어떠한 경우든 다 논의할 수 없거늘 그대는 [어찌] 논의하고자 하는 것인가? (이하 자세한 내용 생략)"라고 설한 바와 같다.

2) 蘊·處·界 三科의 二諦 분별

① 그는 스스로 말하였다.

蘊은 오로지 世俗(즉 假有)이지만 소의가 된 실체는 바야흐로 勝義(즉 實有)이며, 處의 경우도 역시 그러하다. 그러나 界는 오로지 승의이다.

어찌 觸界와 法界 역시 다수의 [법에] 근거하여 하나의 [界로] 설정된 것이라고 하지 않겠는가? 이치 상 蘊과 마찬가지로 世俗有라고 해야 하는 것이다. (중현)

② 所依가 되는 실체만이 바야흐로 승의이다.

則應許界體兼二種, 亦是世俗, 亦是勝義.

③ 若謂,

[觸法]二界於破析時, 界相不捨故唯勝義.[14]

3) 二諦 정의

又彼自說, 二諦相言:

若於多物施設爲有, 名爲世俗. 但於一物施設爲有, 名爲勝義. 又細分別所目法時, 便失本名, 名爲世俗. 若細分別所目法時, 不失本名, 名爲勝義.[15]

14 (T29, 666b9-10).

15 (T29, 666b12-16).

그럴 경우 界 자체도 [소의와, 다수의 법에 근거한 것] 두 종류가 있어 역시 世俗이고 역시 勝義라고 인정해야 한다. (중현)

③ [觸과 法의] 두 界는 파괴되거나 쪼개질 때에도 界의 특성을 버리지 않기 때문에 오로지 勝義이다.

3) 二諦 정의

그는 스스로 2諦의 특성에 대해 [이같이] 설하였다.

만약 다수의 실체(多物)[로 이루어진 것]에 대해 '존재(有)'라고 시설하였으면 이를 世俗이라 하며, 다만 하나의 실체(一物)에 대해 '존재'라고 시설하였으면 이를 勝義라고 한다. 또한 지목(지시)된 어떤 법을 세분하여 분별할 때 본래의 명칭을 상실하는 것을 世俗이라 하며, 지목된 어떤 법을 세분하여 분별하더라도 본래의 명칭을 상실하지 않는 것을 勝義라고 한다.

4. 四諦現觀: 상좌의 見道說

1) 총설

① 此中上座, 違越百千諸瑜伽師, 依眞現量證智所說, 展轉傳來如大王路, 諦現觀理, 率意別立現觀次第謂:

(1-1) 瑜伽師, 於四諦境, 先以世智, 如理觀察, 次引生忍. 欲慧觀見, 此忍增進, 作無間緣, 親能引生正性決定, 引起聖道光明相. 故此忍現前, 如後聖道, 於四諦境忍可, 欲樂簡擇觀察, 推度分明, 如隔輕紗光中觀像.

(1-2) 此位名入正性決定, 後於四諦, 以妙決擇無動智見, 名爲預流. 佛說'涅槃名爲正性', 此能定趣得決定名. 故前名'入正性決定'.

(1-3) 卽能入位名諦順忍. 此忍非在世第一前. 彼謂佛說五取蘊已, 復作是言. '若於此法, 以下劣慧, 審察忍可, 名隨信行; 若於此法, 以增上慧, 審察忍可, 名隨法行'. 故依得忍, 建立隨信隨法行者, 非依得智. 又以世尊, 於成證淨, 見諦圓滿正見者中, 決定除斯隨信法行. 以於集總伽他中說, '二最勝二淨 通達外二種', 故此二種未得聖智.

1) 총설

여기서 上座는 百千의 모든 瑜伽師들이 진실로 직접지각의 깨달음(現量證智)에 근거하여 설한, 대왕의 길(大王路)처럼 이어져 전해 내려온 이 같은 聖諦現觀의 이치를 어기고서 現觀의 순서(次第)를 情意에 따라 (제멋대로) 별도로 설정하였으니, 이를테면 [이와 같다].

(1-1) 瑜伽師(yogācāra)는 4諦의 경계대상에 대해 먼저 세속지(世智)로써 올바로 관찰(如理觀察)한 다음 이에 대한 忍(kṣānti)을 낳게 된다. [계속하여] 욕계의 慧로 [4諦의 경계대상을] 觀見하여 이러한 忍이 增進되면, 이는 직접적으로 능히 正性決定을 낳고 聖道(즉 고법지)의 光明相을 일으키는 [등]무간연이 된다. 따라서 이러한 忍이 현전하면, 4諦의 경계대상을 忍可하여 이후의 [단계에 일어나는] 聖道처럼 簡擇·觀察하기를 欲樂(희구)하는데, [이 같은] 유추적 판단(saṃtīraṇa, 推度)의 分明함[의 정도]는 마치 어떤 물체의 형상을 얇은 망사로 가려진 빛을 통해 관찰하는 것과 같다.

(1-2) 이러한 단계[의 瑜伽師]를 일컬어 '正性決定(samyaktvaniyāma)으로 들어가는 이'라고 하며, 이후 [성취하는] 4諦에 대한 미묘한 決擇인 동요됨이 없는 智見을 일컬어 '預流[果](srota-āpanna)'라고 한다. 즉 불타께서는 '열반을 일컬어 正性(samyaktva)이라 한다'고 설하였고, 이것(4제에 대한 미묘한 결택)은 능히 결정코 [열반으로] 나아가는 것이기에 '決定(niyāma)'이라는 명칭을 얻게 되었다. 그래서 [現觀의 決擇] 이전 단계(즉 聖忍位)를 '定性決定으로 들어가는 이'라고 말하였던 것이다.

(1-3) [이러한 단계는] 바로 능히 [見道]位로 들어가는 단계이기에 '諦順忍' 즉 聖諦에 수순하는 忍이라고도 한다. [그렇지만] 이러한 [諦順]忍은 [유부에서 말하듯이] 世第一法 이전에 존재하는 것(즉 順決擇分의 제3)이 아니다. 그것은 이를테면 불타께서 5취온을 설하고 나서 다시 "만약 이러한 법(5취온)에 대해 下劣한 慧로써 살펴(審察, *upanidhyāna) 忍可한 이라면 隨信行(śradhānusārin)이라 이름하고, 만약 이러한 법에 대해 增上의 慧로써 살펴 忍可한 이라면 隨法行(dharmānusārin)이라 이름한다"고 설하였기 때문이다. [불타께서는] '忍(kṣānti)'을 증득한 것에 근거하여 隨信과 隨法의 行者를 설정하였던 것이지 '智(jñāna)'를 증득한 것에 근거하여 설정하였던 것이 아니다.

(1-4) 復何殊世第一法? 由聖定忍與前有異. 謂出世故此名爲聖, 無動搖故此名爲定. 由聖定故名爲見諦. 然此猶名未得聖道. 若得聖道, 轉名預流. 是故世尊告舍利子, '八支聖道說名爲流.' 若爾, 何緣名爲聖者? 由此已得聖定忍故.

(1-5) 住此忍位爲經久如? 引聖道力强故非久. 然闕緣故, 有時暫出, 作餘事業, 非不得果可於中間有命終理. 此聖定忍, 有何爲障? 雖已現行而未斷惑, 智未滿故; 未決定故.

(2) 次起苦法智, 名預流初心. 爾時便能頓斷三結, 能永斷彼舊隨界故. 從此引生苦類智等.

是故現觀定有八心.[16]

16 (T29, 684a25-b24).

또한 세존께서는 결정적으로 이 같은 수신행과 수법행을 [4]證淨(avetyaprasāda)을 성취하여 見諦(진리의 통찰)가 원만한 正見者 중에서 배제하였다. 즉 『集總伽他』 중에서 "두 가지 最勝(부처와 독각)과 두 가지 淸淨과, 通達 밖의 두 종류"라고 설하였기 때문에 이러한 두 종류는 아직 聖智(무루지)를 증득하지 못한 이들인 것이다.

(1-4) [그렇다면] 이것('忍')은 다시 世第一法과 어떻게 다른 것인가?

聖定(무루정)에 의한 忍은 이전 단계의 도(가행도)와 차이가 있다. 즉 [여기서 聖定이라 함은] 세간을 벗어난 것이기 때문에 '聖(ārya)'이라고 하였고, 動搖됨이 없기 때문에 '定(samādhi)'이라고 하였다. 즉 이러한 단계는 聖定에 의한 것이기 때문에 見諦[道]라고 말한 것이지만, 아직 聖道를 증득하지 못한 단계라고 해야 한다. 만약 聖道를 증득하였다면, [불타께서는 수신행이나 수법행이라고 말하지 않고] '예류[과](śrota-āpanna)'로 바꾸어 말하였을 것이다. 그래서 세존께서는 舍利子에게 "[預流의] '流(śrotas, 흐름)'란 8支의 聖道를 말한다"고 설하였던 것이다.

만약 그렇다고 한다면, 어떠한 연유에서 [그들 수신행과 수법행을] 聖者(āryapudgala)라고 말한 것인가?

이들은 이미 聖定의 忍을 증득하였기 때문이다.

(1-5) 이러한 忍位에 머무는 것은 오랫동안이라고 해야 할 것인가, 어떠한가?[17]

聖道를 인기하려는 세력이 강력하기 때문에 오래 머물지 않는다. 그렇지만 [聖定의] 緣을 결여할 때 잠시 出觀하여 다른 事業을 짓는 경우가 있는데, [예류]과를 증득하지 못하였기에 중간에 목숨을 마칠 리는 없다.

이러한 聖定의 忍에 무슨 장애가 있어 [聖道가 아니라는] 것인가?

[이것이] 비록 이미 현행하였을지라도 번뇌를 끊지 못하니, [聖]智가 아직 완전하지(원만하지) 않기 때문이며, 決定的인 것이 아니기 때문이다.

(2) [瑜伽師는] 다음으로 苦法智를 일으키는데, 이를 예류[과]의 첫 찰나의 마음이라 한다. [그는] 이때 3結(有身見·戒禁取·疑)을 능히 단박에 끊으니(*sakṛt-prahāṇa: 頓斷), 그것의 舊隨界(pūrvānudhātu)를 능히 영원히 끊었기 때문이다. 그리고 이로부터 苦類智 등을 낳게 된다.

그렇기 때문에 現觀에는 결정코 8心만이 존재하는 것이다.

---

17 원문은 '住此忍位爲經久如'이지만, '如'를 '如何'의 '何'가 결락(缺落)된 것으로 이해하여 이같이 번역하였다.

② 忍是學法, 非聖道收.[18]

③ 若苦智時, 非預流者, 善逝所說, 當云何通? 經說, 世尊告舍利子. '八支聖道, 說名爲流'.[19]

18 (T29, 684c4-5).

19 (T29, 684c19-21).

② 忍은 바로 [有]學法이지만, 聖道에 포함되는 것이 아니다.

③ 만약 苦法智를 [증득할] 때 預流[果]의 [聖]者가 아니라고 한다면, 善逝께서 설하신 바를 어떻게 회통할 수 있을 것인가? 즉 경에서 세존께서는 舍利子에게 "[預流의] 流(śrota)란 8支의 聖道를 말한다"고 설하였던 것이다.

2) 수법행과 수신행

① 理不應說:

隨信行者, 隨法行者, 不成證淨.[20]

② 然彼亦說:

隨信法行, 能令見淨.

而復執,

彼未得聖道.[21]

③ 彼謂,

佛說, '若於此法, 以下劣慧, 審察忍可, 名隨信行. 乃至廣說. 故由忍力, 能令見淨, 非由聖道.'[22]

20 (T29, 685a12).

21 (T29, 685b29-c1).

22 (T29, 685c1-3).

2) 수법행과 수신행

① 이치상 그는 마땅히 이같이 말해서는 안 된다.

隨信行者와 隨法行者는 [4]證淨을 성취하지 못하였다.

② 그는 역시 설하였다.

隨信行과 隨法行은 능히 見이 청정하게 된 이들이다.

그러면서 다시 주장하였다.

그들은 아직 聖道를 증득하지 못한 이들이다.

③ 그는 말하였다.

불타께서 설하였다. "만약 이러한 법(5취온)에 대해 下劣한 慧로써 살펴 忍可한 이라면 이러한 이를 隨信行이라 이름한다. … (이하 자세한 내용 생략)" 따라서 忍의 세력으로 말미암아 見이 청정하게 된 것이지 聖道에 의해 [청정하게 된 것이] 아니다.

3) 八心現觀說

① 又彼所立.

現觀八心.[23]

法類二心用應無別. 謂法智品, 已能具見一切諦相, 於後復起類智品道, 更何所爲?

② 彼作是言:

且苦法智由緣內外, 念住勢力之所引生. 故此智生隨逐, 於彼了知苦相. 次苦類智隨法智生, 於諸行中能隨決了, 與前所了相似苦相. 餘法類智例此應知.[24]

③ 彼宗說:

要總相觀三界苦法, 能入現觀.[25]

④ **苦法智, 隨念住生. 隨彼遍知三界苦相, 應名類智.**[26]

[衆賢:] 彼所立, 皆以聖教爲勝所依, 依何至教, 定知**現觀心唯有八**? (T29, 685c21-23)

---

23 (T29, 685c5-6).

24 (T29, 685c8-11).

25 (T29, 685c17).

26 (T29, 685c19-20).

3) 八心現觀說

① 그는 주장하였다.

現觀에는 [4諦의 法智와 類智의] 8心만이 존재한다.

[만약 그렇다고 한다면] 法智와 類智라는 두 찰나의 마음의 작용도 마땅히 차별이 없다고 해야 한다. 즉 法智品에서 이미 능히 일체의 진리의 상(諦相)을 모두 관찰하였거늘 그 후 다시 類智品의 도를 일으켜서 무엇 할 것인가?

② 그는 이같이 말하였다.

바야흐로 苦法智는 內外의 法을 반연한다(대상으로 삼는다)는 사실로 볼 때 [身·受·心·法을 반연하는 4]念住의 勢力에 의해 생겨난 것이다. 따라서 이러한 智가 생겨나 [소의신 상에] 隨逐하면 그것(내외법)에 대한 苦諦의 行相(苦相 즉 非常·苦·空·非我)을 알게 된다. 다음[찰나] 苦類智가 [苦]法智에 따라 생겨나면 諸行에 대해 앞서 알게 된 [苦法智의] 행상과 '유사한 [종류'(anvaya)의] 苦諦의 행상을 그에 따라 능히 결정적으로 알게 된다.

그 밖의 [集·滅·道의] 法智와 類智의 경우도 이러한 예에 따라 마땅히 알아야 한다.

③ 저들 [上座]宗에서는 설하였다.

요컨대 總相[念住]로써 3界의 苦[諦]의 法을 관찰하여 능히 [3界의 苦諦의 法을 관찰하는] 現觀에 들 수 있다.

④ 고법지는 [4]念住에 따라 생겨난 것이며, 그에 따라 3界의 苦諦의 行相을 두루 안 것을 類智(anvayajñāna)라고 한다.

[중현:] 저 [上座]가 제시한 주장은 다 聖教를 뛰어난 소의로 삼은 것이라면 (다시 말해 經을 지식의 근거/量으로 삼은 것이라면), 어떠한 至教에 근거하여 "**現觀의 마음에는 오로지 여덟 가지가 존재한다**"는 사실을 결정적으로 알게 된 것인가?

4) 수신·수법행자의 出觀설

① 又彼所說:

聖忍位中, 由闕緣故, 有時暫出作餘事業.[27]

② 若謂,

隨信隨法行者, 世尊說, "彼應不放逸, 修集[28]諸根, 如餘有學", 應有出觀. 故契經言, "苾芻, 諦聽! 何等色類, 我說'彼爲應不放逸. 廣說乃至'. 復次苾芻! 非俱解脫, 非慧解脫, 非身證, 非見至, 非信勝解. 應不放逸, 修集諸根, 如隨信行. 廣說乃至. 苾芻, 當知! 如是色類, 我說'彼爲應不放逸'. 所以者何? 謂彼具壽, 應不放逸, 修集諸根, 於隨順身妙臥具等亦不染著, 親近承事供養善友, 得漏盡故, 成心解脫. 如是應說隨法行者."

非二行者, 都不出觀, 可有如上所說道理.

又如佛告婆拖黎言, "苾芻, 當知! 置俱解脫, 廣說乃至, 置信勝解. 若隨法行, 來至我所, 我設告彼. '善來, 苾芻! 可處泥中, 爲我橋道. 我當踐汝, 渡此淤泥.' 於意云何? 彼隨法行, 我將踐位, 捨我起, 不? 正踐彼時, 有動轉, 不? 後以言詞申勞倦, 不? 婆拖黎曰, 不也, 世尊! 說隨信行, 應知亦爾."

非二行者正在定中, 可爲世尊之所告敕, 及起身業發語言理.

又天神告沃揭羅言, "長者當知! 此俱解脫, 此慧解脫, 廣說乃至. 此隨法行, 此隨信行, 此阿羅漢果, 此阿羅漢向, 廣說乃至. 此預流果, 此預流向, 汝應供養, 深自慶幸."

---

27 (T29, 686a9-10).

28 '修集'→'修習' (宋·元·明本).

4) 수신·수법행자의 출관설

① 또한 그(상좌)는 설하였다.

聖忍의 단계 중에서 [무루정] 緣을 결여할 때 잠시 出[觀]하여 다른 사업을 짓는 경우도 있다.

② 隨信과 隨法의 行者에 대해 불타께서는 "그들은 마땅히 그 밖의 다른 有學처럼 방일함이 없이 諸根을 수습해야 한다"고 설하였으니, 마땅히 출관하는 일이 있다고 해야 한다. 그래서 계경에서는 [다음과 같이] 말하고 있는 것이다.

"필추들은 잘 들어라. 어떠한 色類에 대해 나는 '그들은 마땅히 방일하지 말아야 한다'고 설하는 것인가? … (이하 자세한 내용 생략) 다시 필추들이여, [그들은] 俱解脫도 아니며, 慧解脫도 아니며, 身證도 아니며, 見至도 아니며, 信勝解도 아니다.[29] 마땅히 방일함이 없이 제근을 수습해야 하는 이는 예컨대 隨信行이다. … (이하 자세한 내용 생략) 필추들은 마땅히 알아야 하니, 이와 같은 色類에 대해 나는 '그들은 마땅히 방일하지 말아야 한다'고 설하는 것이다.

그 까닭이 무엇입니까?

이를테면 저 具壽들은 마땅히 방일함이 없이 제근을 수습하여야 몸에 맞는 좋은 臥具 등에 대해서도 역시 染著하지 않게 되고, 善友와 가까이하여 그들을 섬기고 공양함으로써 漏盡을 획득하기 때문에 心解脫을 성취하게 되는 것이다. 마땅히 수법행자에 대해서도 이와 같이 설해보아야 한다."

즉 두 행자(수신행과 수법행)는 완전히 출관하지 않는 것이 아니니, 앞에서 설한 바와 같은 도리가 있을 수 있는 것이다.

또한 불타께서 바타려(婆拕黎)에게 [다음과 같이] 고하여 말한 것과 같다.

---

29 유부에 의하면 預流向 즉 견도위의 성자를 근기의 차별에 따라 둔근자를 隨信行, 이근자를 隨法行이라 하는데, 이러한 성자가 見惑을 모두 끊는 예류과(제16 도류지)에 이르게 될 때를 信勝解(즉 信解)와 見至라고 한다. 전자의 경우 信根으로 말미암아 승해가 나타나고, 후자의 경우 慧根으로 말미암아 정견이 나타나기 때문이다. 그리고 욕계 修惑을 끊은 不還果로서 멸진정을 획득한 이를 身證이라 하며, 상2계의 수혹을 끊은 아라한과를 慧解脫, 아울러 멸진증을 획득하여 해탈의 장애(불염오무지)마저 끊은 아라한과를 俱解脫이라고 한다.

又契經說, "若有供養一預流向, 乃至廣說."

由此證, 知隨信法行, 由闕緣故, 有時暫出.[30]

30 (T29, 686a12-b7).

"필추들은 마땅히 알아야 한다. 俱解脫은 그만 두더라도 … (이하 자세한 내용 생략) 나아가 信勝解는 그만 두더라도 만약 隨法行이 나의 처소에 오게 되면, 나는 그들에게 고하리라. '잘 왔도다, 필추여! [그대들은] 진흙탕에 처해 있으니, 내가 다리나 길이 될 수 있으리라. 나는 마땅히 그대를 지켜 이 같은 진흙탕에서 벗어나게 하리라.'

[바타려여! 그대의] 생각은 어떠한가? 저들 隨法行은, 내가 장차 [그들을] 지켜내려고 하는데 나를 버리고서 일어설 수 있을 것인가, 일어설 수 없을 것인가? [내가] 그들을 바로 지킬 때 動轉하겠는가, 하지 않겠는가? 그 후 (그들을 진흙탕에서 지켜낸 후) 피곤하다고 말하겠는가, 말하지 않겠는가?

바타려가 말하였다. '그렇지 않습니다, 세존이시여!'

수신행자에 대해 설하는 것도 역시 그러함을 알아야 한다."

[이로 볼 때] 두 행자는 선정 중에 올바로 머문 것이 아니니, 세존께서 타일러 경계하기도 하고, 아울러 신업을 일으키고 말(語言)을 발하는 경우도 있을 수 있는 것이다.

또한 天神이 옥게라(沃揭羅)에게 고하여 말하였다. "장자는 마땅히 알라. 이 분은 俱解脫이고, 이 분은 慧解脫이며 … (이하 자세한 내용 생략), 이 분은 隨法行이고, 이 분은 隨信行이며, 이 분은 阿羅漢果이고, 이 분은 阿羅漢向이며 … (이하 자세한 내용 생략), 이 분은 預流果이고, 이 분은 預流向이니, 그대는 마땅히 공양하며 스스로 깊이 기뻐하며 행운이라고 여겨야 할 것이다."

또한 계경에서 설하기를, "만약 어떤 한 預流向에게 공양하면 … (이하 자세한 내용 생략)"이라고 하였다.

이상과 같은 경증에 따라 수신행과 수법행자는 [무루정의] 緣을 결여할 때 잠시 출[관]하는 경우가 있음을 알아야 한다.

5) ‘苦法智=預流果’설

① 又彼所言,

苦法智起, 力能頓斷三結隨界, 爾時名曰, 預流初心.[31]

又**漸現觀是上坐宗**. 苦法智時, 餘疑未斷. 應如聖忍未得決定. 應亦未能斷諸煩惱.

② 然彼宗說:

初苦智時, 力能頓斷三結隨界, 彼與聖道極相違故. 謂最下品聖道生時, 勢力已能浣濯相續, 令彼三結隨界頓斷. 由相續中, 緣無常·苦·空·無我見, 都未有時, 薩迦耶見·戒禁取·疑, 容相續轉故, 苦法智現在前時, 頓斷三結.[32]

若爾, 便應於後後位, 觀餘聖諦功, 並唐捐.

③ 彼反詰言:

何不乘難, 此位應得阿羅漢果, 豈不爲斷餘未斷結?[33]

---

31 (T29, 686b27-28).

32 (T29, 686c11-16). ‘苦法智=3結 頓斷’說에 대해서는 제9장 3. ‘98수면설 비판’에서도 논설하였다. “又如汝執, ‘煩惱相緣, 不見所緣而得永斷’, 如是煩惱雖緣三諦, 見苦諦時, 何妨頓斷? 然有徵難, ‘若見苦時, 便能頓斷見所斷惑, 見後三諦應無用者’, 理亦不然. 彼於此位, 不求見集等, 不欲斷隨眠. 然由先智展轉引發, 法爾次第見於集等. 若不爾者, 現觀中間, 求見等心應爲間雜.” (T29, 604a9-15).

33 (T29, 686c17-19).

5) '苦法智=預流果'설

① 그(상좌)는 말하였다.

苦法智가 일어나면 그 힘은 능히 3結의 隨界를 단박에 끊으니, 이때를 예류[과]의 첫 찰나라고 한다.

[유부 毘婆沙師와 마찬가지로] **漸現觀이 바로 上座의 종의이다.** [따라서] 苦法智가 [현전할] 때 그 밖의 다른 疑(이를테면 集法智 등에 의해 끊어지는 疑)가 아직 끊어지지 않았으니 聖忍과 마찬가지로 [正性]決定(samyatva-niyāma 즉, 견도)을 증득하지 못하였다고 해야 하며, [그럴 경우] 역시 온갖 번뇌를 능히 끊지 못하였다고 해야 한다.

② 그럼에도 저들 [上座]宗에서는 [이같이] 설하고 있다.

첫 번째 苦智(즉 고법지)가 현전할 때 이것의 세력은 3結의 隨界를 능히 단박에 끊을 수 있으니, 그것(3結의 隨界)과 聖道는 지극히 상위하기 때문이다. 이를테면 最下品의 聖道(즉 고법지)가 생겨날 때 이것의 세력이 이미 능히 相續(saṃtana)을 씻었기에 그러한 3結의 隨界도 단박에(한꺼번에) 끊어지게 된 것이다. 즉 薩迦耶見(유신견)과 戒禁取와 疑는 相續 중에 무상·고·공·무아를 반연하는 [智]見이 전혀 존재하지 않을 때에만 상속 전전할 수 있기 때문에 고법지가 현전할 때 3結은 단박에 끊어지는(頓斷, *sakṛt-heya) 것이다.

만약 그렇다고 한다면(苦法智가 현전할 때 3結이 단박에 끊어진다고 한다면), 그 다음다음 단계에서 그 밖의 다른 聖諦를 관찰하는 공능은 아무런 쓸모가 없게 되고 말 것이다. (중현)

③ 이에 그는 도리어 이같이 힐난하였다.

이 같은 문제에 편승하여 [차라리] 이러한 단계(苦法智가 현전할 때)에서는 아직 끊지 못한 그 밖의 번뇌(즉 修所斷)도 모두 끊어 阿羅漢果를 증득한다고 논란할 것 아닌가? 어찌 이같이 논란하지 않는 것인가?

[衆賢:] 此全無理, 迷集等疑苦智能滅, 理不成故. 謂於集等有迷惑者, 非由見苦於彼能解. 以見苦相時, 未見彼相故. (中略) 由此或應許苦法智不能頓斷三結隨界. 或復應許苦法智時, 頓斷一切見所斷結. 如是則應於後後位, 觀餘聖諦功並唐捐. 旣爾, 不應許漸現觀. (T29, 686c19-21; 686c29-687a3)

④ 又彼設謂,

隨界滅時, 不能爲因牽後隨界. 卽依此義, 名已浣濯.[34]

⑤ 若謂,

聖道現在名生, 爾時已能浣濯相續.[35]

[衆賢:] 則舊隨界, 是忍所斷. 爾時智起, 彼體已無. 則於自宗有相違過. 又**彼許忍非聖道收**, 如何能斷三結隨界? 又**現在世名爲已**生, 說爲生時, 不應正理. 是故上座所立義宗, 理或不應許漸現觀. 或定應許見道諦時, 方能無餘永斷三結. 是則符順我對法宗, 不應自言 '**別立宗趣**'. (T29, 687a23-b1)

34 (T29, 687a16-17).

35 (T29, 687a23).

[중현:] 이('苦法智=3結 頓斷'說)는 전혀 이치가 결여된 말이니, 집제 등에 미혹한 '疑'를 苦智로써 능히 멸한다는 것은 이치상 이루어질 수 없기 때문이다. 즉 集諦 등에 미혹함이 있는 자는 苦諦를 관찰하는 것에 의해 그것에서 해[탈]할 수 없으니, 苦諦의 행상(즉 無常·苦·空·非我)을 관찰할 때에는 아직 그것(집제)의 행상(因·集·生·緣)을 관찰하지 못하였기 때문이다. (중략) 이에 따라 [상좌는] 마땅히 苦法智로는 3結의 隨界를 단박에 끊을 수 없음을 인정해야 한다. 혹 [苦法智로써 3結의 隨界를 단박에 끊을 수 있다고 한다면] 다시금 마땅히 苦法智가 [현전할] 때 일체의 見所斷의 結을 단박에 끊을 수 있다는 사실도 인정해야만 한다. 그러나 그와 같다고 한다면, 그 다음다음 단계에서 그 밖의 [집·멸·도]聖諦를 관찰하는 공능은 아무런 쓸모가 없게 되고 말 것이며, 이미 그렇다고 한다면 마땅히 漸現觀을 인정해서도 안 되는 것이다.

④ 隨界가 멸할 때 능히 후[찰나]의 수계를 견인하는 원인이 되지 않으니, 바로 이러한 뜻에 근거하여 '이미 [상속을] 씻었다'고 말한 것이다.

⑤ 聖道가 지금 바로 존재하는 때(現在)를 '생겨나는 때'라고 말한 것으로, 그 때 이미 능히 상속을 씻었다.

[중현:] 그럴 경우 舊隨界는 바로 [聖道가 아니라] 忍에 의해 끊어졌다고 해야 한다. 그리고 그 때 智(苦法智)가 일어나더라도 그 같은 [구수계] 자체는 이미 존재하지 않으므로, 자신의 종의에 [앞뒤가] 서로 모순되는 허물이 있게 되는 것이다.
또한 **그는 忍은 성도에 포함되는 것이 아니라고** [**이미**] **인정**하였거늘, 어떻게 3결의 수계를 능히 끊을 수 있을 것인가? 또한 **現在世를 '이미 생겨난 것(已生)'이라 하면서** '생겨나는 때'를 [지금 바로 존재하는 때라고] 하는 것은 正理에 부합하지 않는다. 그렇기 때문에 上座가 설정한 종의는 이치상 漸現觀을 인정하는 것이 아니라고 해야 한다. 혹 [그렇지 않다고 한다면(다시 말해 점현관을 인정하는 것이라고 한다면)] 결정코 道諦를 관찰할 때 비로소 3결을 남김없이 영원히 끊을 수 있음을 인정해야 한다. 그러나 이는 바로 우리 對法宗)에 부합하고 수순하는 것으로, [상좌] 스스로 "[**우리는 유부 毘婆沙師와**] **宗趣를 달리 설정하였다**"고 말해서는 안 된다.

5. 상좌의 修道설

1) 유부의 品別 斷惑설 비판

① 又彼(上座)部論, 作如是言:

品別斷惑, 非眞聖教.

[衆賢:] 彼部所立, 家家一間, 唯是利根, 豈眞聖教? 非彼上座自許己身, 及我許彼是眞大聖. 寧謂自言是聖教攝? 佛曾無處作如是言. (T29, 696a1-4)

② 又彼論說:

有何因緣, 於斷惑時, 許品別斷? 唯許九品, 非十非千?[36]

36 (T29, 696a15-17).

1) 유부의 品別 斷惑설 비판

① 저들 [上座]일파(*Sthavirapākṣika)의 論에서는 이와 같이 말하고 있다.

[修所斷의] 번뇌가 품류별로 (다시 말해 9品으로 차별되어) 끊어진다고 하는 것은 참된 聖教(*Āgama)가 아니다.

[중현:] [그렇다면] 저들 부파에서 주장한 "**家家와 一間은 오로지 [예류과와 일래과의] 利根일 뿐이다**"고 한 것은 어찌 참된 聖教일 것인가? (次項 참조) 상좌 자신도 인정하지 않거니와 우리도 그를 진실의 大聖(즉 불타)으로 인정하지 않거늘 어찌 자신의 말은 바로 聖教(āgama)에 포함되고 [유부의 '品別斷惑'설은 그렇지 않다는] 것인가? 불타께서도 일찍이 이와 같이 말한 적은 없었다.

③ 또한 그의 論에서는 [이같이] 설하고 있다.

어떠한 이유에서 번뇌를 끊을 때 품류별로 끊어진다고 인정하는 것인가? [그럴 경우 어떠한 이유에서] 오로지 9品[으로 끊어지는 것]만을 인정하고 10品이나 천品[으로 끊어지는 것]은 인정하지 않는 것인가?

2) 家家와 一間은 利根의 예류과와 일래과

卽預流者, 進斷修惑, 若三緣(斷惑 · 成根 · 受生)具, 轉名家家. (中略) 卽一來者, 進斷餘惑, 若三緣具, 轉名一間. (T29, 694b16f; 695a3f)

① 上座意謂:

家家一間與七生一來, 但利根有異. 謂隨信行, 隨得預流, 若成預流, 轉名信解, 亦卽名曰極七返生. 諸隨法行, 隨得預流, 若成預流, 轉名見至, 卽於此位亦名家家, 由彼聖者根猛利故, 生三二家, 便證圓寂. 又卽信解, 隨得一來, 若成一來, 仍名信解, 卽於此位經於二生. 卽諸見至, 隨得一來, 若成一來, 仍名見至, 卽於此位亦名一間, 由彼聖者根猛利故, 受一間生, 便證圓寂.[37]

---

37 (T29, 695b14-23).

2) 家家와 一間은 利根의 예류과와 일래과

預流果와 一來果가 증진하여 각기 욕계 修惑 중의 3품(상하품)과 4품(중상품), 7품 혹은 8품을 끊고, 그 같은 수혹을 대치하는 無漏根을 획득하고, 욕계의 유정으로서 세 번과 두 번, 한 번의 생을 받게 될 때, 그 명칭은 家家와 一間으로 바뀐다.

① [예류과와 家家, 일래과와 一間의 관계에 대한] 상좌의 생각은 이러하다.

家家와 七生(즉 예류과), 一間과 一來果는 다만 근기의 예리함의 차이가 있을 뿐이다. 이를테면 隨信行(śradhānusārin)이 預流(śrota-āpanna: 須陀洹)[의 도(즉 4제에 대한 미묘한 결택인 동요됨이 없는 智見)]를 획득함에 따라 만약 예류[과]를 성취하게 되면 그 명칭은 信解(śradhādhimukta)로 바뀌는데, 역시 極七[返]生(saptakṛtvaḥ paramaṃ)이라고도 이름한다. 隨法行(dharmānusārin)들이 預流[의 도]를 획득함에 따라 만약 예류[과]를 성취하게 되면 그 명칭은 見至(dṛṣṭiprāpta)로 바뀌는데, 이러한 단계의 성자를 역시 家家(kulaṃkula)라고도 이름한다. 즉 그러한 성자(예류도를 획득한 見至)는 근기가 지극히 예리(猛利)하기 때문에 [욕계 人趣와 天趣의] 집에 세 번이나 두 번 태어나고서 바로 [欲染을 떠나] 圓寂(반열반)을 증득하게 된다.

또한 信解가 [탐·진 등을 약화시키는] 一來(sakṛd-āgāmin: 斯多含)[의 도]를 획득함에 따라 만약 일래[과]를 성취하게 되면 거듭 信解라고 이름하는데, 이러한 단계의 성자는 [욕계 人趣와 天趣에서의] 두 번의 생을 거치고서 [欲染을 떠나] [圓寂을 증득하게 된다]. 제 見至가 一來[의 도]를 획득함에 따라 만약 일래[과]를 성취하게 되면 거듭 見至라고 이름하는데, 이러한 단계의 성자를 역시 一間(ekavīcika)이라고도 이름한다. 즉 그러한 성자(일래도를 획득한 見至)는 근기가 지극히 예리하여 [열반과] 한 번의 간극이 되는 생을 받고서 바로 圓寂을 증득하기 때문이다.

② 若進斷惑預流一來, 方立家家一間名者, 何故善逝 手箭經中說, 七生一來與彼同斷惑? 如彼經說: "云何家家? 謂永斷遍知身見等三結. 極七返有, 應知亦然. 云何一間? 謂永斷遍知身見等三結, 及已能薄欲貪瞋癡. 一來亦爾."[38]

③ 又彼既謂:

卽預流果, 若利根者, 生三二家, 便般涅槃, 是家家攝.[39]

④ 又彼論說:

不遮一來唯於天趣有重生理, 諸一間者可無是事.[40]

⑤ 若謂,

如說極七返有, 據極滿者說七返言, 而實於中有不滿者, 如是就極立一來名. 謂極一來, 便證圓寂, 而實亦有天上重生, 不來人中, 證圓寂者.[41]

---

38 (T29, 695a23-28). 이는 說者를 밝히지 않았지만, 전후 문맥상으로 볼 때, 또는 『手箭經』을 "욕계 3품과 4품, 7품과 8품의 수혹을 끊은 一來果向과 不還果向을 家家와 一間이라 한다"는 유부 설의 비판논거로 제시한 것이기 때문에 사실상 상좌설이라 할 수 있다.

39 (T29, 695b26-27).

40 (T29, 695c2-4).

41 (T29, 695c10-13).

② 만약 [毘婆沙師의 주장대로 일찍이 3품과 4품, 7품과 8품 등의 수혹을 끊고 見諦에 들어 과위를 획득한 자가] 증진하여 [무루도로써] 수혹을 끊은 預流果와 一來果를 바야흐로 家家와 一間이라 이름한다면, 어떠한 까닭에서 善逝께서는『手箭經』중에서 七生(極七返生 즉 예류과)과 一來果를 그들(가가와 일간)과 같은 번뇌를 끊은 이로 설하였을 것인가? 이를테면 그 경에서는 [이같이] 설하고 있다.

"무엇을 家家라 한 것인가?

有身見 등의 3結을 永斷遍知한 자를 말하니, 極七返有도 역시 그러함을 알아야 한다.

무엇을 一間이라 한 것인가?

有身見 등의 3結을 永斷遍知하고서 아울러 貪·瞋·癡가 엷어진 자를 말하니, 일래과도 역시 그러하다."

③ 그는 이미 [이같이] 말하였다.

預流果로서 利根者라면 두 번이나 세 번 집에 태어나고 바로 반열반에 들게 되는데, 이러한 이가 家家에 포함된다.

④ 그의 論에서는 [이같이] 설하고 있다.

일래과의 경우 오로지 天趣에서 거듭 태어나는 일이 있다는 사실을 부정하지 않지만, 모든 一間의 [성]자에게 이와 같은 일은 있을 수 없다.

⑤ 極七返有의 경우, 최대한으로 채울 경우(極滿)에 근거하여 '七返'이라는 말을 설하였지만, 실제로는 [그 같은 7생을] 모두 거치지 않는 경우도 있는 것처럼, 이와 마찬가지로 一來果의 명칭도 최대한의 생(極)에 근거하여 설정하였다. 이를테면 최대한 [인취에] 한번 오고서 바로 원적을 증득하지만, 실제로는 인취 중에 [한번도] 오지 않고 천상에 거듭 태어나 원적을 증득하는 경우도 있는 것이다.

3) 異生(세속도) 번뇌 不斷설

① 此中一類譬喩論師, 爲欲顯成分別論義, 作如是說:

無有異生實斷煩惱, 有退失故. 謂若有能實斷有頂薩迦耶見, 必無退失. 若有退失, 必未實斷. 旣許異生於下八地諸煩惱斷, 可有退失故, 無異生實斷煩惱.[42]

此不應疑. 世尊處處分明顯說, 諸異生中, 有斷煩惱及離染故. 謂契經說, '諸異生中, 有斷五蓋, 斷樂斷苦'. 又契經說, '嗢達洛迦遏邏摩子, 能斷諸欲'. 又契經說, '昔有外仙, 爲世導師, 名爲妙眼. 彼於欲界, 已得離染.' (T29, 703b10-15)

② 若謂,

此中唯不現起, 名斷離染. 如餘處說, 斷離染言.[43]

42 (T29, 703a5-9).

43 (T29, 703b18-20).

3) 異生(세속도) 번뇌 不斷설

① 여기서 일군의 譬喩論師(*ekiya Dāṣṭāntika)는 分別論의 뜻을 드러내어 성취하고자 하여 이와 같이 말하였다.

어떠한 경우에도 진실로 번뇌를 끊은 異生은 없으니, 退失하는 경우가 있기 때문이다. 이를테면 만약 진실로 有頂地의 薩迦耶見을 끊은 자라면, 필시 퇴실하는 일이 없어야 하는 것으로, 만약 퇴실하는 일이 있다고 한다면, 필시 진실로 [번뇌를] 끊지 못한 것이라고 해야 한다. 그렇지만 [유부 毘婆沙師는] 이미 이생이 下 8지의 온갖 번뇌를 끊었더라도 퇴실하는 경우가 있을 수 있다고 인정하였기 때문에 이생으로서 진실로 번뇌를 끊은 이는 없는 것이다.

이(異生의 斷惑여부)에 대해 의심해서는 안 될 것이니, 세존께서는 곳곳에서 이생들 중에는 번뇌를 끊은 이도 있고 염오를 떠난 이도 있다고 분명하게 설하였기 때문이다. 이를테면 계경에서 "이생들 중에도 5蓋를 끊고, 樂을 끊고 苦를 끊은 이가 있다"고 설하였다. 또한 계경에서는 "웃드라카 라마푸트라(Udraka Rāmaputra, 嗢達洛迦遏羅摩子)는 능히 諸欲을 끊었다"고 설하였다. 또한 계경에서는 옛날 妙眼(Sunetta, 혹은 善眼)이라는 이름의 외도선인이 있어 세간의 導師가 되었는데, 그는 욕계에서 이미 離染을 획득하였다."고 설하였다.[44] (중현)

② 여기서는 오로지 [번뇌가] 現起하지 않는 것을 '끊었다(斷)'거나 '離染하였다'고 말하였으니, 예컨대 다른 곳에서도 [그것을] '끊었다'거나 '이염하였다'는 말로 설하고 있는 것이다.

---

44 『중아함경』권2「七日經」(T1, 429b); 동 권30「教曇彌經」(T1, 619b) 등에 이 같은 내용이 설해진다.

③ 謂彼或作, 如是思惟:

唯不現行, 名斷離染. 如於死位, 亦說斷言. 非正死時, 實有治斷. 又如有說, "於村邑中, 有諸童男, 或諸童女, 戲聚砂土爲舍爲城, 寶玩須臾還得離染." 彼言意顯, 於彼境中, 貪不復行, 非實斷離. 是故此中唯不現起, 名斷離染, 爲證不成.[45]

45 (T29, 703b20-26).

③ 즉 저들 [일군의 譬喩論師]는 혹 이같이 사유할 수도 있을 것이다.

[계경에서는] 오로지 [번뇌가] 현행하지 않는 것(다시 말해 隱伏된 것)을 '끊었다'거나 '이염하였다'고 말하였으니, 죽은 상태(死位)에 대해서도 역시 '끊어졌다'는 말을 설하는 것과 같다. 그러나 죽을 때 바로 [번뇌가] 대치되거나 끊어지는 것은 아니다. 또한 예컨대 "마을에서 사내아이들이나 계집아이들이 흙을 쌓아 집을 만들고 성을 만들며 놀 때는 이를 귀한 장난감으로 여겼지만 [놀이를 파할 때면 이를 허물어] 잠시 離染을 획득한다"고 말하기도 하는 것이다. 이러한 말의 뜻은 [그때는] 그러한 경계대상(귀한 장난감)에 대한 탐이 더 이상 현행하지 않는다는 사실을 나타낸 것으로, 진실로 [그것에 대한 탐을] 끊었다거나 떠난 것은 아니다. 그렇기 때문에 여기서는 오로지 [번뇌가] 현기하지 않는 것을 '끊었다'거나 '이염하였다'고 말한 것일 뿐이기에, [이를 '이생도 번뇌를 끊을 수 있다'거나 '이염을 획득한다'는 주장의] 證因으로 삼을 수 없는 것이다.

4) 超越證 비판

(1) 見·修惑 次第斷論

① 謂彼宗許:

斷煩惱時, 亦有分爲品別斷義. 以見修道所斷諸惑, 許入聖時前後斷故.[46]

② 復有餘師說:[47]

世俗道於斷煩惱決定無能. 故世尊言, '要得聖慧, 方斷煩惱.' 非諸異生, 已得聖慧, 豈能斷惑? 又契經說, '此勝彼者, 謂勝彼已, 彼更不生. 彼若更生, 此非勝彼.' 諸異生類雖斷煩惱, 而諸煩惱有時更生. 是故定知! 彼無實斷. 又契經說, '若身見等未永斷時, 貪等未斷. 要彼斷已, 此方斷故.' 又契經說, '薩迦耶見戒禁取疑三法未斷, 終不能斷貪瞋癡'故. 諸異生類, 旣未能斷有身見等. 是故定知. 必未實斷, 貪等煩惱.

---

46 (T29, 696a20-22).

47 (T29, 704a5-14). 여기서 有餘師는 '異生(세속도) 번뇌不斷'설을 주장할 뿐만 아니라 경설에 따라 見惑과 修惑은 반드시 전후로 끊어진다고 논설하기 때문에 上座 혹은 上座일파(上座宗)로 생각된다. 중현은 상좌설이나 비유자설을 有餘師(apare, anye)의 설로 설하기도 하였다. 예컨대 본서 제4장 7-2 '識=了別者 세속설' ②. 권오민(2019), p.317 참조.

(1) 見·修惑 次第斷論

① 저들 [上座]宗에서도 역시 [品別 斷惑說을] 인정하였다.

번뇌를 끊을 때 [일정 부분] 품류별로 끊어진다. 즉 見道所斷과 修道所斷의 온갖 번뇌는 聖道에 들 때 전후로서 끊어진다. (다시 말해 見惑이 먼저 끊어지고 난 이후 修惑이 끊어진다).

② 다시 有餘師는 [이같이] 말하였다.

世俗道에는 결정코 번뇌를 끊을만한 공능이 없으니, 그래서 세존께서는 "요컨대 聖慧를 획득할 때 비로소 번뇌를 끊게 된다"고 말하였던 것이다. 異生들은 이미 聖慧를 획득한 이가 아니거늘, 어찌 능히 번뇌(惑)를 끊을 수 있을 것인가? 또한 계경에서도 "이것(상지의 세속도)이 저것(하지의 번뇌)보다 수승하다고 함은, [이것이] 저것보다 수승하여 저것이 더 이상 생겨나지 않는 것을 말한다. 저것이 만약 다시 생겨난다면 이것은 저것보다 수승한 것이 아니다"고 설하였다. 異生들의 부류가 비록 번뇌를 끊었다고 할지라도 제 번뇌는 어느 때 다시 생겨난다. 그렇기 때문에 그것은 진실로 끊어진 것이 아님을 결정코 알아야 한다.

또한 계경에서 설하였다. "만약 有身見 등이 영원히 끊어지지 않았을 때라면 貪 등도 끊어지지 않으니, 요컨대 그것(유신견 등의 見苦所斷)이 끊어지고 나야 비로소 이것(탐 등의 修道所斷)도 끊어지기 때문이다." 또한 계경에서는 "薩迦耶見·戒禁取·疑의 세 법이 아직 끊어지지 않았다면, 탐·진·치도 끝내 능히 끊을 수 없다"고 설하였기 때문이다. 이생들의 부류는 유신견 등을 아직 끊지 못하였으며, 그렇기 때문에 결정코 그들은 아직 탐 등의 번뇌를 진실로 끊지 못하였음을 알아야 한다.

(2) 沙門果 漸次得論

① 有作是說:

以契經中說, '四沙門果漸次而得.' 故知! 諸異生無實斷惑.[48]

② 此中上座, 作如是言:

理必應無已見諦者, 用世俗道斷煩惱義. 由彼能見, 一切有境皆如炎猛熱鐵丸故. 許世俗道觀上地法, 起靜妙等欣行覺故. 由此諸聖, 理必不應以有攝法, 出離諸有.[49]

---

48 (T29, 708b21-23). 본 논설은 沙門果는 순서대로 획득된다는 경설에 따라 '이생 번뇌不斷' 설을 주장한 것이기 때문에 상좌일파의 비유자 설로 생각된다.

49 (T29, 707c23-27).

(2) 沙門果 漸次得論

① 어떤 이는 이같이 설하였다.

계경 중에서 "네 가지 沙門果는 순서대로 점진적으로 증득된다"고 설하였다. 따라서 異生은 진실로 번뇌를 끊는 일이 없음을 알아야 한다.

② 上座는 이같이 말하였다.

이치상 필시 마땅히 이미 聖諦를 관찰한 자가 世俗道로써 번뇌를 끊었을 리가 없다고 해야 한다. 왜냐하면 그는 경계대상이 된 일체의 존재(즉 欲·色·無色有)를 다 맹렬히 타오르며 이글거리는 뜨거운 쇠구슬과 같은 것으로 관찰하였기 때문이며, [유부 毘婆沙師도] 世俗道는 上地의 법을 관찰하여 [下地에 비해] 적정(靜) 미묘(妙)한 것이라는 등의 기쁨의 지각(欣行覺)을 일으키는 道라고 인정하였기 때문이다. 이에 따라 [이미 성제를 관찰한] 성자들이라면 이치상 필시 마땅히 존재(有)의 영역에 포함되는 법(즉 세속의 유루도)으로써 온갖 존재로부터 出離하였다고 해서는 안 되는 것이다.

(3) 초월증 비판

① 有作是執:

諸有先離欲界貪者, 後入見諦道現觀時, 得預流果. 欲貪瞋恚雖不現行, 而有彼得恒隨縛故.

② 卽彼復謂:

道現觀時, 雖必定得預流果, 證時極促故, 諸契經中不作是言. '先離欲者, 道現觀位, 證預流果.'

③ 又作是說:

諦現觀俱得不還者, 此於無間立以俱聲, 如契經說 '諸有情類, 生無想天後, 想起俱便從彼沒'.

④ 復作是言:

道現觀位, 得勝道故, 離欲界貪. 卽於爾時得不還果.[50]

若彼意謂,

如上地道現在前時, 必定應修下地攝道. 以殊勝道現在前時, 能修劣故. 此亦應爾. 道現觀位, 得勝道故, 離欲界貪故, 於爾時得不還果.[51]

---

50 (T29, 705b14-23). 중현은 본 논설의 說者를 무기명으로 처리하였지만, '現觀俱得不還(현관과 함께/동시에 불환과를 증득한다)'에서 俱得을 無間得으로 이해하였을 뿐더러 (이는 상좌 계통의 譬喩者의 이해: 제6장 1-3 '경설 상에서의 俱起의 의미' 참조) 중현의 비판에 의하면 이들은 미래의 존재나 得의 개별적 실체성을 부정하는 이들이기 때문에("彼宗, 不立有未來故, 執離法外無別得故": T29, 705c4-5), 상좌 계통의 일군의 비유자(上座宗)라고 말할 수 있다.

51 (T29, 705c1-4).

(3) 초월증 비판

① ['세속도에 의해서도 번뇌를 끊을 수 있다'는 正理論者의 말에 대해] 어떤 이는 이같이 주장하였다.

제 유정으로서 일찍이 [異生位에서] 욕계의 貪을 떠난 자라도 그 후 見諦道의 현관(즉 見道位)에 들 때 預流果를 획득한다. [욕계의 탐을 떠나] 욕탐과 진에가 비록 현행하지 않을지라도 그것의 得(즉 隨界종자)이 항상 隨縛하기 때문이다.

② 그는 다시 말하였다.

道諦를 現觀할 때 필시 결정코 예류과를 증득할지라도 증득하는 순간(證時)이 지극히 빠르기 때문에 여러 계경 중에서 "일찍이 [이생위에서] 離欲한 자도 道諦를 現觀하는 단계에서 예류과를 증득한다"고 설하지 않은 것일 뿐이다.

③ 또한 [그는] 이같이 말하기도 하였다.

[계경에서] '[4]諦의 現觀과 함께 불환과를 증득한다'고 한 경우, 이는 無間(anantara)을 '함께(俱, saha)'라는 말로 설정한 것으로 (다시 말해 이 때 '함께'라는 말은 無間을 의미하는 것으로), 계경에서 "유정들은 無想天에 태어난 후 想이 일어남과 함께/동시에 바로 그곳으로부터 사몰한다"고 설한 것과 같다.

④ 그리고 다시 이같이 말하였다.

道諦를 現觀하는 단계에서 수승한 도를 증득하기 때문에, [일찍이 이생위에서] 욕계의 탐을 떠난 이도 바로 이 때 불환과를 증득한다.

[이 말에 대한] 그의 의도는 이러한 것이다.

上地의 도가 현전할 때면 필시 下地에 포섭되는 도도 닦는다고 해야 하듯이, 수승한 도가 현전할 때면 능히 저열한 도도 닦을 수 있기 때문에 이 경우도 역시 그렇다고 해야 한다. 즉 道諦를 現觀하는 단계에서 수승한 도를 증득하기 때문에, [일찍이 이생위에서] 욕계의 탐을 떠난 이도 바로 이 때 불환과를 증득하는 것이다.

5) 沙門果의 본질은 無爲

旣無漏道是沙門性. 通以有爲無爲爲果. 故沙門果體通有爲無爲. (T29, 706b8-9)

譬喩者說:

> 沙門果體, 唯是無爲, 由教理故. 教如前說, 今當辯理. 以諸有爲是可壞故, 不可保信沙門果體. 是可保信故唯無爲.[52]

---

52 (T29, 706c3-6).

5) 沙門果의 본질은 無爲

이미 無漏道가 바로 沙門의 본성(śrāmaṇya)이라고 하였으므로 有爲(무루 5온 즉 8聖道)와 無爲(擇滅)가 모두 沙門果가 될 수 있다. 따라서 사문과의 본질은 유위와 무위 모두에 통한다.

譬喩者는 [이같이] 설하였다.

沙門果의 본질은 오로지 무위이니, 聖教와 正理에 따랐기 때문이다. 聖教라고 함은 앞에서 설한 바와 같으니,[53] 여기서는 마땅히 正理에 대해 분별해 보리라. 모든 유위는 허물어질 수 있기 때문에 [그것을 사문과의 본질이라고 할 경우] 沙門果 자체를 신뢰(保信)할 수 없다. [사문과 자체는] 바로 신뢰할만한 것이기 때문에 오로지 무위라고 해야 한다.

---

53 "然薄伽梵, 於契經中, 但說無爲沙門果體. 如說 '云何名預流果? 謂斷三結. 乃至云何阿羅漢果? 謂已永斷貪瞋癡等.'; 박가범께서는 계경 중에서 다만 무위를 사문과의 본질이라고 설하였을 뿐이다. 즉 '무엇을 예류과라고 말한 것인가? 이를테면 3結(유신견·계금취·疑)을 끊은 자이다. 나아가 무엇을 아라한과라고 말한 것인가? 이를테면 이미 탐·진·치 등을 영원히 끊은 자이다.'고 설한 바와 같다." (T29, 706b19-22) 이는 沙門性은 유위·무위 모두와 통한다는 유부설의 반론으로 제시된 경증이다.

6. 阿羅漢果 無退論

1) 아라한과 무퇴론

① 上座此中, 亦作是說:

定無阿羅漢, 退阿羅漢果. 所以者何? 由理教故.

云何爲理? 謂應果必無非理作意故. 阿羅漢後心, 應生煩惱故. 謂若應果安和位中, 住等運相, 許退起惑, 如何死時, 息不調順, 諸根擾亂, 煩惱不生? 若煩惱生, 應續後有.

云何爲教? 謂契經說. 尊者戍拏卽於佛前白言, 大德! 若有苾芻, 諸漏已盡, 成阿羅漢, 廣說乃至, 能不忘失心解脫性. 設有殊妙眼所識色來現在前, 彼於所證心解脫中, 無勞防護. 鬪戰喩經作如是說, 諸聖弟子, 住無怖心, 彼於爾時, 魔不能擾. 藍薄迦經亦作是說, 若漏已盡, 成阿羅漢, 行住坐臥無不安隱. 所以者何? 魔不壞故. 毒箭喩經亦作是說, 佛告善宿, 樂涅槃者, 所有非想非非想結, 爾時皆得永斷遍知, 如斷樹根, 截多羅頂, 無遺餘故, 後更不生. 諸辯退經咸作是說, 若與弟子共相雜住, 我說由斯, 便從先來所證四種增上心所, 現法樂住隨一有退. 若由遠離獨處閑居, 勇猛精勤, 無放逸住, 所得不動心解脫, 身作證, 我決定說, 無因緣從此退. 又契經說, 若有苾芻, 諸漏已盡, 成阿羅漢, 我終不說, 彼阿羅漢, 應不放逸. 所以者何? 由彼具壽, 已不放逸, 不復能爲放逸事故.

敘彼上座所執, 如是.[54]

54 (T29, 716b28-c22).

1) 아라한과 무퇴론

① 上座는 이에 대해 [經主 세친과 마찬가지로] 역시 이같이 설하였다.

결정코 아라한과에서 물러나는 아라한은 없다.

그렇게 말한 까닭이 무엇인가?

正理와 聖教에 의거하였기 때문이다.

어떠한 正理에 의한 것인가?

이를테면 應果(아라한과)에는 필시 非理作意(ayoniśomanaskāra)가 존재하지 않기 때문으로, [비리작의를 갖는다면] 아라한의 [最]後心도 번뇌를 낳는다고 해야 하기 때문이다. 즉 만약 應果의 안온하고 조화된 상태(安和位) 중에서는 평등하게 운용되는 [마음의] 특성이 지속함에도 [이로부터] 물러나 번뇌를 일으킨다고 인정한다면, 죽을 때(즉 최후심)에도 숨이 순조롭지 못하고 諸根이 요란할 것인데, 어찌 번뇌가 생겨나지 않을 것인가? 그러나 만약 번뇌가 생겨난다면, 마땅히 後有를 상속한다고 해야 할 것이다.

어떠한 聖教에 의한 것인가?

이를테면 契經에서는 [이같이] 설하였다. "존자 戍筝가 불타께 아뢰어 말하기를, '대덕이시여, 만약 어떤 비구가 온갖 漏(번뇌)를 이미 다하여 아라한을 성취하였다면, (이하 자세한 내용 생략) [그는] 능히 마음의 解脫性을 망실하지 않습니다. 설혹 수승하고 미묘한 눈(眼)에 의해 인식된 색이 찾아와 現前할지라도 그는 증득한 마음의 解脫을 수고스럽게 방호할 일도 없을 것입니다'고 하였다."

『鬪戰喩經』에서는 이같이 설하였다. "모든 聖제자들은 두려워함이 없는 마음으로 머무니, 그는 그 때 魔가 능히 擾亂을 떨지 못하게 하였다."

『藍薄迦經』에서도 역시 이와 같이 설하였다. "만약 漏가 이미 다하여 아라한을 성취하였다면, 行住坐臥 안온하지 않은 때가 없다. 왜냐하면 魔도 이를 허물지 못하기 때문이다."

『毒箭喩經』에서도 역시 이와 같이 설하였다. "불타께서 善宿에게 고하기를, '열반을 즐기는 자는 그 때 비상비비상처의 結을 영원히 끊는 遍知를 모두 증득하는데, 마치 나무의 뿌리를 끊고, 多羅나무의 위 둥치를 자른 것처럼 더 이상 다른 번뇌가 남아있지 않기 때문에 그 후 다시는 태어나지 않는다'고 하였다."

물러남에 대해 분별하고 있는 여러 경에서는 다 이와 같이 설하고 있다. "만약 제자들과 함께 뒤섞여 머물게 되면, 나는 이로 말미암아 일찍이 증득한 네 종류의 增上의 心所와 現法樂住 중의 어느 한 가지에서 물러나게 될 것이라고 설하리라. 그러나 만약 멀리 떠나 고요한 곳에서 홀로 살면서 용맹스럽게 정근하고 방일함이 없이 머물게 되면, 이에 따라 획득한 不動心解脫은 몸으로 작증한 것이어서 나는 결정코 이로부터 물러나게 되는 인연은 없다고 설하리라."

또한 계경에서는 [이같이] 설하고 있다. "만약 어떤 비구로서 온갖 漏가 이미 다하여 아라한을 성취한 이라면, 나는 끝내 '그 아라한은 방일하지 않다'고 설하지 않을 것이다. 왜냐하면 저 具壽는 이미 방일하지 않을 뿐더러 다시 방일해지지도 않을 것이기 때문이다."

저들의 上座가 주장하는 바를 서술하면 이와 같다.

然經主意, 作如是言:

阿羅漢果, 亦無有退. 一來不還, 世俗道得, 容有退義. 引經證言. 聖慧斷惑, 名爲實斷. 初後二果, 但由聖慧斷惑而證, 故無退理. 又契經言. 我說, 有學應不放逸, 非阿羅漢.

彼立理言. 若阿羅漢, 有令煩惱畢竟不起, 治道已生, 是則不應退起煩惱. 若阿羅漢, 此道未生, 未能永拔煩惱種故, 應非漏盡. 若非漏盡, 寧可說彼名阿羅漢.[55]

---

55 (T29, 711c2-6; 715c29-716a4). 이는 『구사론』 상에서 경량부 설로 인용된다. 經部師說. 從阿羅漢亦無退義. 彼說應理. 云何知然? 由教理故. 知何由教? 經言, '苾芻聖慧斷惑名爲實斷.' 又契經言, '我說有學應不放逸. 非阿羅漢.' 雖有經言, '佛告慶喜, 我說. 利養等亦障阿羅漢, 而不說退阿羅漢果. 但說退失現法樂住.' 經言, '不動心解脫身作證. 我定說無因緣從此退'故. (中略) 是名由教. 如何由理? 若阿羅漢, 有令煩惱畢竟不起, 治道已生, 是則不應退起煩惱. 若阿羅漢, 此道未生, 未能永拔煩惱種故, 應非漏盡. 若非漏盡, 寧說爲應[供]? 是名由理.(T29, 130a16-23; 130b29-c4) arhatvād api nāsti parihāṇir iti sautrāntikāḥ. eṣa eva ca nyāyaḥ. katham idaṃ gamyate. āgamād yuktitaś ca. katham āgamāt. "tad dhi bhikṣavaḥ prahīṇaṃ yad āryayā prajñayā prahīṇami"ty uktam. ādyantayoś ca phalayor āryayaiva prajñayā 'dhigamaḥ. "śaikṣasya cāpramādakaraṇiye 'pramādakaraṇīyaṃ vadāmī" ty uktaṃ nā'rhataḥ. "arhato 'py aham ānanda lābhasatkāram antarāyakaraṃ vadāmī"ty atra sūtre dṛṣṭadhamesukhavihāramātrād eva parihāṇir uktā. "yā tv anenākopyā cetovimuktiḥ kāyena sākṣātkṛtā. tato 'haṃ na kenacit paryāyeṇa parihāṇaṃ vadāmī"ti coktam. (중략) evaṃ tāvad āgamāt. kathaṃ yuktitaḥ. yadi tāvad arhatas tadrūpaḥ pratipakṣa utpanno yena kleśā atyantam anutpattidharmatām āpannāḥ kathaṃ punaḥ parihīyate. atha notpannaḥ. kathaṃ kṣīṇāsravo bhavati. atyantam anayoddhratāyāṃ tadbījadharmatāyām akṣīṇāsravo vā punaḥ katham arhanbhavatīty. evaṃ yuktiḥ.(AKBh 375.10-376.17) 경량부에서는 阿羅漢性(arhattva: 아라한과)으로부터 물러나는 일이 없다고 설하였지만, 이는 올바른 이치(nyāya)이다. 어떻게 그같은 사실을 알게 된 것인가? 聖教(āgama)와 正理(yukti)에 의해 알게 된 것이다. 어떤 聖教에 의해 알게 된 것인가? ① [經에서] "비구들이여, 聖慧(즉 무루혜)로써 번뇌를 끊은 것만이 [진실의] 끊음이다"고 설하였기 [때문에 유루혜로써 번뇌를 끊고 증득한 일래과와 불환과로부터는 물러나는 일이 있을 수 있지만] 처음과 마지막 과위(즉 예류과와 아라한과)는 聖慧에 의해 증득된 것이기 [때문에 아라한과에서는 물러나는 일이 없는 것이다]. ② [경(『중아함』 권51 「阿濕貝經」: T1, 752a)에서] "나는 有學은 放逸하지 않아야 할 것에 대해 放逸해서 안 된다고 설한다"고 말하였지만, 아라한에 대해서는 그렇게 말하지 않았다. ③ [경(『중아함』 권49 「大空經」: T1, 738ab)에서] "아난다여! 나는 이익과 [다른이로부터의] 공경/찬탄은 아라한에게도 장애가 된다"고 설하였을지라도 경에서는 다만 [아라한에게도 장애가 되어] 現法樂住에서 물러남을 말한 것일 뿐이다. ④ [경(상동)에서는 계속하여] "그가 몸으로 作證한 不動의 心解脫로부터 물러난다고는 어떠한 경우에도 결코 설하지 않는다"고 말하다. (중략) 이것이 聖教에 따른 이해이다. 어떤 正理에 의해 알게 된 것인가? 만약 아라한에게 그같은 특성(종류)의 대치도가 생겨남에 따라 번뇌가 더 이상 영원히 생겨나지 않는 것이라고 한다면 어떻게 그 후 물러난다고 하겠는가? 또한 [만약 아라한에게 그 같은 대치도가] 생겨나지 않았다고 한다면, 그 같은 [번뇌]종자 자체(tad[kleśa]bījadharmatā)가 영원히 뽑혀지지 않았을 것이거늘 어떻게 번뇌가 다한 이라고 하겠는가? 만약 번뇌를 다한 이가 아니라고 한다면, 그러한 이를 어떻게 아라한이라 하겠는가? 이것이 정리에 따른 이해이다.

중략된 곳에서는 時愛心解脫(時解脫, 유부에 의하면 退法아라한)을 설하는 『增十經』(『장아함』 권9 「十上經」: T1, 51a)과 아라한의 자살을 설한 『喬底迦經』(『잡아함경』 권39, 제1091경), "多聞의 聖제자도 失念에 의해 惡不善覺을 낳는다"고 설한 『炭喩經』(『잡아함경』 권43, 제1137경)에 대해 해석하며, 아비달마(『품류족론』)의 論證을 들고 있지만, 이는 有退論者(유부)의 반증에 대한 해석이고, 그가 제출한 교증은 이상의 네 가지이다.

經主의 의도는 이같이 말하는 것이었다.

阿羅漢果에서도 역시 물러나는 일이 없다. 그러나 一來果와 不還果로서 世俗道에 의해 획득된 것이라면 물러나는 일이 있을 수 있다.

그리고는 經證을 인용하여 말하였다.

[경에서] '聖慧로써 번뇌를 끊은 것을 일컬어 진실의 끊음(實斷)이라 한다'고 설하였으니,[56] 첫 번째와 마지막의 두 과위(예류과와 아라한과)는 다만 聖慧에 의해 번뇌를 끊고서 증득되기 때문에 물러날 리가 없는 것이다. 또한 계경에서 '나는 有學은 放逸해서 안 된다고 설하지만, 아라한에 대해서는 그렇게 설하지 않는다'고 말하였다.

그는 理證을 세워 말하였다.

만약 아라한에게 번뇌가 필경 일어나지 않게 된 것은 대치도가 이미 생겨났기 때문이라고 한다면, 물러나 번뇌를 일으킨다고 해서는 안 된다. 만약 아라한에게 이러한 대치도가 아직 생겨나지 않았다고 한다면, 아직 번뇌종자를 능히 영원히 뽑아내지 않았기 때문에 마땅히 번뇌(漏)가 다하지 않았다고 해야 한다. 그러나 만약 번뇌가 다하지 않았다고 한다면, 어찌 그러한 이를 아라한과라고 말할 수 있을 것인가?

---

56 『중아함경』권23 「淸白蓮華喩經」(T1, 574c). 여기서는 增伺·諍訟·恚·恨·瞋·纏·不語·結·慳·嫉·斯誑·諛諂·無慚·無愧·惡欲·惡見은 身·口에 의해 소멸되는 것이 아니라 다만 慧見에 의해 소멸된다고 설하고 있다. 곧 경량부/세친의 경우 오로지 무루혜에 의한 煩惱斷만이 진실의 끊음이며, 유루 세간도로 끊은 초월증의 일래과와 불환과는 진실의 끊음이 아니라 다만 번뇌를 감추는 것(隱伏)이다.

2) 아라한과 무퇴론과 종자설

① 或彼意言:

無惑種故, 諸阿羅漢不退起惑.[57]

② 若彼復謂.

諸無學者, 已無惑種, 不應起惑. 學有惑種起惑, 可然.[58]

[衆賢:] 又如汝宗, **異生相續, 雖無無漏種, 而苦法忍生.** 如是亦應許阿羅漢, 雖無惑種, 而有惑生. (T29, 712c18-20).

③ 此中有言:[59]

非苦法忍, 雖無種子, 而可得生.[60]

[衆賢:] 爲破一類, 復應思擇. 異生相續, 無漏法種, 有漏無漏, 二俱有失. 且非異生心及心所, 與無漏法, 爲種子性. 未有無漏所引功能, 如煩惱等種子性故. 謂如彼所計: **於相續中, 惑所引功能方名惑種. 此與煩惱爲能生因.** 若相續中, 善等所引, 名善等種, 爲善等因, 非諸異生心等相續, 已有無漏所引功能. 故不應成無漏法種. (T29, 712c22-28)

---

57 (T29, 717a4-5). 여기서 '그(彼)'는 앞서 '아라한과 무퇴론' (본장 6-1)을 설한 上座이다.

58 (T29, 712b24-25). 여기서 '그(彼)'는 앞서 '아라한과 무퇴론' (본절 [부론])을 주장한 經主 세친이다.

59 여기서 '어떤 이(有)'는 阿羅漢果 無退論을 주장하는 일군의 부류로서 후술하듯 "현행번뇌에 의해 인기된 功能이 번뇌종자로, 이는 이후 생겨날 번뇌에 대해 能生因"이라는 隨界종자설과 무루종자(淨界) 본유설을 주장하기 때문에 상좌 혹은 상좌일파라고 할 수 있다.

60 (T29, 712c20-21).

2) 아라한과 무퇴론과 종자설

① 그(상좌)의 생각은 이러한 것이었다.

번뇌종자(kleśabīja, 惑種)가 존재하지 않기 때문에 모든 아라한은 물러나 번뇌를 일으키지 않는다.

② 그(經主)는 다시 말하였다.

모든 無學의 성자에게는 이미 번뇌종자가 존재하지 않아 번뇌를 일으키지 않는다고 해야 하지만, 有學에게는 번뇌종자가 [남아] 있어 번뇌를 일으키니, 가히 그러하다고 해야 한다.

[중현:] 또한 그대(經主) [經部/上座]宗에서 "**異生의 상속 중에 비록 [현행의 훈습에 의한] 무루종자가 존재하지 않을지라도 苦法智忍이 생겨날 수 있다**"고 하였듯이, 이와 마찬가지로 阿羅漢果에도 비록 번뇌종자가 존재하지 않을지라도 번뇌가 생겨날 수 있다는 사실 역시 인정해야 한다.

③ 이에 대해 어떤 이는 말하였다.

고법지인은 [무루]종자가 존재하지 않더라도 생겨날 수 있는 것이 아니다.

[중현:] [이들] 일군의 부류(一類, *ekīyāḥ)를 타파하기 위해 다시 생각해 보아야 한다. '이생의 상속 중에 [존재하는] 무루법(즉 고법지인)의 종자가 유루라고 하든 무루라고 하든 두 가지 모두 과실을 갖는다. 바야흐로 異生의 心·心所는 무루법에 대해 種子性(bījabhāva)이 되는 것이 아니다. 거기에는 [현행의] 무루에 의해 인기된 功能이 존재하지 않았을 뿐더러 [그것(異生의 心·心所)은] 예컨대 번뇌 등의 종자성이기 때문이다. 이를테면 저들이 "**相續 중에 [존재하는], 번뇌에 의해 인기된 功能을 바야흐로 '번뇌종자(kleśabīja)라고 말한 것으로, 이는 [이후 생겨날] 번뇌에 대해 能生因이 된다.**"고 분별하였듯이, 만약 相續 중에 善 등에 의해 인기된 [공능을] 선 등의 종자라 말하고 선 등의 [能生]因이 되는 것이라고 한다면, 모든 이생의 心 등의 상속에는 이미 무루법에 의해 인기된 공능이 존재하지 않기 때문에 무루법의 종자를 성취한다고 해서는 안 되는 것이다.

④ 若[謂],

此無漏所引功能, 而得名爲彼法種子.[61]

[衆賢:] 如是便有太過之失, 一切應成一切種故. (中略) 則**彼自宗計: 如外熏習, 有善等熏習**. 唐捐其功, 由許 '異生心心所法, 無無漏法所引功能, 而得名無漏種'故. (T29, 712c29-713a5)

又異生類心心所中, 無漏法種, 若是有漏, 性類別故應非彼種, 如何能作無漏生因? (中略) 無漏法種, 若是無漏, 應異生類相續中無. 或應異生畢竟非有, 皆成有爲無漏法故.

⑤ 然彼論說:

此心心所, 雖爲無漏種, 而體非無漏, 猶如木等非火等性. 謂如世間木爲火種, 地爲金種, 而不可說木是火性, 地是金性, 如是異生心及心所, 雖是無漏種而, 體非無漏.[62]

⑥ 又彼所言:

許無漏法, 用有漏法, 爲能生因, 於敎及理, 俱無違害.[63]

61 (T29, 712c28-29).
62 (T29, 713a11-15).
63 (T29, 713b2-4).

④ 여기(이생의 심·심소)에 그 같은 [무루법]에 의해 인기된 功能이 존재하지 않을지라도 [그 자체] 그러한 [무루]법의 종자가 된다고 말할 수 있다.[64]

[중현:] 그와 같다면 크나큰 과실을 범한 것이니, 일체[법]은 일체[법]의 종자가 된다고 해야 하기 때문이다. (중략) 그런 즉 "**외계 [종자의] 熏習과 마찬가지로 선 등의 훈습이 존재한다**"는 저들 自宗의 분별도 헛된 것이 되고 말 것이니, "**이생의 심·심소법에는 무루법에 의해 인기된 功能이 존재하지 않을지라도 [그 자체] 무루법의 종자라고 말할 수 있다**"는 사실을 인정하였기 때문이다.

이생의 심·심소법 중에 [존재하는] 무루법의 종자가 만약 유루라고 한다면, 존재양태(性類, bhāva)가 다르기 때문에 그것(무루법)의 종자라고 해서는 안 되거늘 어찌 무루법의 生因이 될 수 있다는 것인가? (중략) 무루법의 종자가 만약 무루라고 한다면, 異生類의 상속 중에 존재하지 않는 것이라고 해야 한다. 혹은 마땅히 '異生은 필경 존재하지 않는다'고 해야 하니, 그들은 다 有爲의 無漏法(道諦 즉 聖道)을 성취하고 있기 때문이다.

⑤ 그런데 저들의 論에서는 [이같이] 설하고 있다.

이러한 [이생의] 심·심소법은 비록 무루의 종자는 될 수 있을지라도 그 자체 무루는 아니니, 마치 나무 등은 불 등의 존재(性, *bhāva)가 아닌 것과 같다. 즉 세간의 나무는 불의 종자(즉 生因)가 되고 땅은 金의 종자가 되지만 (다시 말해 나무로부터 불이 생겨나고 땅으로부터 금이 생겨나지만), 나무가 바로 불이고, 땅이 바로 금이라고는 말할 수 없듯이, 이와 마찬가지로 이생의 심·심소법이 바로 무루의 종자일지라도 그 자체 무루는 아닌 것이다.

⑥ 또한 저들은 말하였다.

'무루법은 유루법을 能生因으로 삼는다'는 사실을 인정하더라도 이는 聖教와 正理 모두에 어긋남이 없다.

---

64 원문은 '若此無漏所引功能, 而得名爲彼法種子'이지만, 문맥상('異生心心所法, 無無漏法所引功能, 而得名爲無漏種': T29, 713a4-5) 혹은 宋·元·明本에 따라 無漏의 '漏'를 '彼'로 고쳐 번역하였다.

⑦ 彼論所言:

無學身中, 無惑種故, 所斷諸惑, 終無退理.[65]

⑧ 若謂,

異生善心心所, 與無漏法同是善故, 可與無漏爲能生因.[66]

[衆賢:] 則阿羅漢有漏淨心, 應得名爲諸漏種子, 諸漏亦是有漏性故. 如是便害, **彼論所言. '無學身中, 無惑種故, 所斷諸惑, 終無退理.'** (T29, 713b18-21)

⑨ 又彼所言:

如世第一, 以無漏法爲士用果, 旣無畢竟無異生失, 如是無漏法以有漏爲因, 亦無畢竟無異生失.[67]

[衆賢:] 又例便有太過之失. 謂若許作等無間緣, 則此亦應有因緣義. 如從色界染心命終, 生欲界中, 受生心者, 旣許色於欲爲等無間緣, 亦應許有爲因緣義. 若許欲界惑, 色界惑爲因, 諸聖離欲貪, 應有欲貪種. 則諸聖道斷惑應退. 便害**彼說, 惑種無故, 無退無漏道果解脫.** (T29, 713b27-c4)

---

65 (T29, 713b19-21).

66 (T29, 713b13-14).

67 (T29, 713b22-24).

⑦ 저들의 論에서 말하였다.

무학의 소의신 중에는 번뇌종자(惑種)가 존재하지 않기 때문에 모든 혹이 끊어지면 끝내 물러나는 일이 없다.

⑧ 이생의 선한 심·심소는 무루법과 마찬가지로 바로 선법이기 때문에 무루에 대해 能生因이 될 수 있다.

[중현:] 그럴 경우 아라한의 유루의 청정한 마음도 온갖 번뇌[漏]의 종자가 된다고 말할 수 있다고 해야 하니, 온갖 번뇌도 역시 유루성이기 때문이다. 그리고 이와 같다고 한다면, **저들의 論에서 말한 "無學의 소의신 중에는 번뇌종자가 존재하지 않기 때문에 모든 번뇌가 끊어지면 끝내 물러나는 일이 없다**"는 사실도 침해되고 말 것이다.

⑨ 또한 저들은 말하였다.

世第一法이 무루법을 士用果로 삼지만 '[그럴 경우] 궁극적으로 異生은 존재하지 않는다'는 과실이 이미 없듯이, 이와 마찬가지로 무루법이 유루법을 원인(즉 因緣)으로 삼는다고 하더라도 역시 '궁극적으로 이생은 존재하지 않는다'는 과실은 없다.

[중현:] 또한 [世第一法을] 예로 삼을 경우, 크나큰 과실을 범하게 된다. 이를테면 만약 [유루의 종자가 무루법에 대해] 等無間緣이 된다고 인정한다면, 여기에는 역시 因緣의 뜻도 있다고 해야 한다. 그리고 예컨대 색계의 染心으로부터 목숨을 마치고서 욕계 중에 태어나는 경우, 생을 받는 마음(즉 욕계의 마음)은, 이미 색계 [염심이] 욕계 [마음]에 대해 등무간연이 된다고 인정하였으므로 역시 마땅히 이를 인연으로 삼아 생겨났다고 인정해야 한다. 그러나 만약 욕계의 번뇌가 색계의 번뇌를 인[연]으로 삼았다는 사실을 인정한다면, 온갖 성자로서 欲貪을 떠난 이도 욕탐의 종자를 갖는다고 해야 하며, 그럴 경우 聖道로써 번뇌를 끊은 경우에도 마땅히 물러난다고 해야 하니, 이는 바로 저들이 설한 "**[무학의 성자에게는] 번뇌종자[惑種]가 존재하지 않기 때문에 무루도의 결과인 해탈에서 물러나는 일이 없다**"는 사실을 침해하는 것이다.

3) 상좌의 時愛心解脫 이해

六中前五, 從信解生. 卽此名爲時愛心解脫, 以一切時愛心解脫.[68] (T29, 710c1-3)

① 然彼上座, 率自執言:

時愛解脫, 以世俗道, 暫伏煩惱, 令心離繫, 暫時脫故, 名時解脫. 此是現法樂住性故, 有煩惱故, 建立愛名, 此卽是貪所染事義. 不動解脫, 以無漏道, 永斷煩惱, 令心離繫, 相續轉故, 隨眠永盡.[69]

② 有說:

現法樂住, 卽是時愛心解脫體.

[衆賢:] 然不應理, 曾無說故. 謂曾無經, 作如是說, '時愛心解脫卽現法樂住'. 但是童豎居自室言.

若謂,

所言, 雖無經證, 然有決定正理可依. 謂此如彼說有退故. 如說有退現法樂住, 亦說有退時愛解脫. 故知! 此彼名異義同. (中略)

又聖教中, 唯以解脫爲珍貴故. 此旣無退.[70]

---

68 『구사론』 "於此六中, 前之五種, 從先學位信解性生. 卽此總名, 時愛心解脫, 恒時愛護及心解脫故." (T29, 129a26-28); eṣāṃ ca pañcānāṃ sāmayikī kānta cetovimuktir veditavyā. nityānurakṣyatvāt.(AKBh 373. 3-4).

69 (T29, 715a23-28).

70 (T29, b19-25; 714c4-5). 여기서 어떤 이(有)는 前項(①)에 따르면 상좌이다.

3) 상좌의 時愛心解脫 이해

이러한 6種性의 아라한 중에서 앞의 다섯 가지(退法·思法·護法·安住法·堪達法)는 信解로부터 생겨난 것으로, 이들을 '時愛心解脫(sāmayikī kāntā cetovimuktiḥ)'이라고 이름하니, 항시 마음의 해탈을 愛護(anurakṣya)하기 때문이다.[71]

① 그런데 저 上座는 자신의 주장(아라한과 무퇴론)에 따라 [이같이] 말하였다.

時愛心解脫은 세속도로써 잠시 번뇌를 조복하여 마음이 계박을 떠나게 된 이로서, 잠시 해탈한 것이기 때문에 '時解脫'이라고 이름하였다. 즉 이러한 해탈은 바로 現法樂住性(dṛṣṭadharmasukhavihāratva)이기 때문에, 번뇌가 존재하기 때문에 '愛'라는 말로 설정한 것으로, 이는 바로 '탐에 의해 염착된 것'이라는 뜻이다. 그러나 不動心解脫은 무루도로써 영원히 번뇌를 끊어 마음이 계박을 떠난 상태로 상속 전전하기 때문에 隨眠(anuśaya, 즉 번뇌종자)도 영원히 다한 이인 것이다.

② 어떤 이는 설하였다.

現法樂住가 바로 時愛心解脫의 본질이다.

[중현:] 이는 이치에 맞지 않으니, [경에서는] 일찍이 이같이 설한 일이 없기 때문이다. 즉 일찍이 어떠한 경에서도 "시애심해탈은 바로 현법낙주이다"고 설한 일이 없으니, 이는 다만 어린애들이 저들 방에서 [장난삼아] 지껄인 말일뿐이다.

앞서 한 ['시애심해탈의 본질은 바로 현법낙주'라는] 말에 비록 經證은 없을지라도 의지할만한 결정적인 正理가 있다. 이를테면 이것(시애심해탈)에 대해 그것(현법낙주)과 마찬가지로 물러나는 일이 있다고 설하였기 때문이다. 즉 '현법낙주에서 물러나는 일이 있다'고 설한 것처럼 '시애심해탈에서도 물러나는 일이 있다'고 역시 설하였다. 따라서 이것(시애심해탈)과 저것(현법낙주)은 말만 다를 뿐 뜻이 동일한 것임을 알아야 한다. (중략)

또한 聖教 중에서 오로지 해탈을 珍貴한 것이라고 하였기 때문에 이것(아라한과)은 이미 물러나는 일이 없는 것이다.

---

71 이미 획득한 공덕에서 퇴실하지 않기 위해 항상 애호하지만, 마음이 번뇌의 계박에서 해탈하였기 때문에 '시애심해탈'이다.

[附論] 세친의 시애심해탈 이해

經主又說:

若謂有退, 由經說有時愛解脫, 我亦許然. 但應觀察彼之所退, 時愛解脫爲應果性, 爲靜慮等? 然彼根本靜慮等持, 要待時現前故名時解脫, 彼爲獲得現法樂住, 數希現前故名爲愛.[72] (T29, 714a14-19)

72 『구사론』권25 (T29, 130a23-27). 세친은 이 같은 自說의 정당성을 다른 어떤 이의 설(有說: 此定是所愛味: T29, 130a27-28; āsvādanīyatvādity apare: AKBh 375)에서 구하는데, 야쇼미트라에 의하면 이는 대덕 라마(Rāma)이다. (AKVy 589. 17).

[부론] 세친의 시애심해탈 이해

經主는 또 설하였다.

만약 "[아라한과는] 물러나는 일이 있으니, 경에서 時愛心解脫이 존재한다고 설하였기 때문이다"고 한다면, 나도 역시 그렇다고(물러난다고) 인정한다. 다만 그가 물러나는 것에 대해 관찰해 보아야 할 것이니, 시애심해탈을 應果性(arhattva)이라고 해야 할 것인가, 靜慮(dhyāna) 등이라고 해야 할 것인가? 즉 그 같은 根本靜慮[등]의 等持(samādhi)는 요컨대 적당한 시기(時)를 만나야 현전하기 때문에 '시해탈'이라고 일컬은 것이며, 그는 現法樂住를 획득하기 위해 그것이 자주 현전하기를 희구하기 때문에 '애'라고 일컬은 것이다.

4) 상좌의 『炭喩經』 해설

謂從應果亦有退義, 炭喩經中分明說故. "多聞諸聖弟子, 若行若住有處有時, 失念故生惡不善覺, 引生貪欲或瞋或癡." (中略) 我說彼遍於一切順漏法, 已能永吐, 已得清涼."[73] (T29, 718c23-719a8)

① 上座於此, 復謬釋言:

此炭喩經說不還位. 以有學位惑垢未除, 容有遇緣失念起惑, 非諸無學有起惑理. 世尊雖說, '彼於一切諸順漏法, 已能永吐, 已得清涼', 而由但言'於諸順漏', 不言於'漏'. 故說無失. (中略) 不還者, 於有頂地諸順漏法, 已能永吐, 已得清涼.[74]

② 又彼所言:

此經雖說 '其心長夜順遠離' 等, 餘經說此名應果力, 而要具八, 方得名爲, 阿羅漢力. 是故無過.[75]

73 『구사론』권25 (T29, 130c4-11).

74 (T29, 720a3-8; 13-14).

75 (T29, 720a19-21).

4) 상좌의 『炭喩經』 해설

應果(아라한과)로부터도 역시 물러나는 일이 있으니, 『炭喩經』 중에서 "[번뇌(漏)에 수순하는 일체의 법을 이미 능히 영원히 토(吐)하여 버렸고 이미 淸凉을 획득한] 多聞의 聖제자들도 가고 머무는 어느 곳, 어느 때라도 失念하는 경우가 있기 때문에 나쁜 불선의 생각을 낳아 탐욕이나 혹은 진에 혹은 우치를 낳기도 한다"고 분명하게 설하였기 때문이다. (毘婆沙師)

① 上座는 이에 대해 다시 그릇되게 해석하여 [이같이] 말하였다.

이 『탄유경』은 不還果의 階位에 대해 설한 것이다. 즉 有學位에서는 번뇌의 때(惑垢)가 아직 제거되지 않았기 때문에 [퇴실의] 인연을 만나 失念하는 경우 번뇌를 일으킬 수 있지만, 모든 무학은 [이미 번뇌의 때를 제거하였기 때문에] 번뇌를 일으킬 리가 없는 것이다. 세존께서 비록 "그들은 번뇌에 수순하는 일체의 온갖 법을 이미 능히 영원히 토(吐)하여 버렸고 이미 淸凉을 획득하였다"고 설하였을지라도 다만 '번뇌에 수순하는 온갖 법을 [이미 영원히…]'라고 말하였을 뿐 '번뇌를 [이미 영원히…]'라고는 말하지 않았기 때문에 [그러한 이를 유학이라고] 설하더라도 과실이 없는 것이다. (중략)

불환의 성자는 有頂地의 온갖 번뇌에 수순하는 법을 이미 능히 영원히 토하여 버렸고 이미 청량을 획득하였다.

② 또한 그는 [이같이] 해설하였다.

이 경(『탄유경』)에서는 비록 '그들 [多聞의 聖제자]의 마음은 오랫동안 遠離에 隨順하며-'라고 하는 등으로 설하였고, 그 밖의 다른 경에서도 이를 '應果의 힘'이라 설하였을지라도, 요컨대 여덟 가지의 [힘을] 모두 갖춘 이만을 바야흐로 '아라한의 힘'이라고 말할 수 있다. 그렇기 때문에 ['이같이 遠離에 수순하며…'라고 하는 등으로 설한 이를 유학이라 하여도] 어떠한 과실도 없는 것이다.[76]

---

76 즉 중현은 『탄유경』에서 "다문의 성 제자에 대해 오랫동안 원리(遠離)에 수순하였다"고 설하고 있고, 다른 경(이를테면 『잡아함경』 제694 「舍利弗問經」)에서는 이를 아라한이 갖는 여덟 종류의 힘의 하나로 설하고 있기 때문에 『탄유경』에서의 多聞의 聖제자는 바로 무학임을 논증하였는데(T29, 718c20-719a22), 상좌는 이 경에서는 다만 "遠離와 出離와 涅槃에 수순하며--5욕에 대한 欲貪·欲愛·欲念·欲著 등이 마음을 영원히 더럽히지 못한다(덮지 못한다)"는 한 가지의 힘만을 말하고 있기 때문에 유학이라고 말해도 과실이 되지 않는다는 것이다. 아라한의 여덟 가지 힘이란 遠離와 出離와 涅槃에 수순하며, 5욕을 한 덩이의 숯과 같은 것이라 관찰하여(현존 경에 의하면 불구덩이와 같다고 관찰하여) 욕탐 등에 마음이 오래 머물지 않으며, 4念住 내지 8聖道支를 수습하는 것.

經主, 此中作如是說:

實後所說是阿羅漢. 然彼乃至於行住時, 未善通達, 容有此事. 謂有學者於行住時, 由失念故, 容起煩惱. 後成無學, 則無起義. 前依學位故說無失.[77] (T29, 719a22-26)

77 『구사론』 권25 (T29, 130c11-14).

經主는 이에 대해 이와 같이 설하였다.

실로 후반부에 설한 성 제자들은 바로 아라한이다. 그렇지만 그들은 갈 적에나 머물고 있을 적에 아직 능히 잘 通達하지 못하였기에 이러한 일(失念하여 불선을 낳는 일)이 있을 수 있는 것이다. 이를테면 유학자는 갈 때나 머물고 있을 때 실념함으로 말미암아 번뇌를 일으킬 수 있지만, 그 뒤 무학을 성취하게 되면 번뇌를 일으키는 일이 없다. 즉 [『탄유경』의] 전반부에서는 유학위에 근거하였기 때문에 그같이 설하여도 아무런 허물이 없는 것이다.

7. 斷·離·滅의 3界

無爲說三界 離界唯離貪 斷界斷餘結 滅界滅彼事.[78] (T29, 733c29f)

① 此中上座, 作如是言:

但隨己情作此分別, 建立聖諦涅槃等中, 唯以愛爲門, 說斷衆惑故. 如契經言, 云何集聖諦? 謂愛後有愛, 乃至廣說. 云何滅聖諦? 謂諸愛斷離滅. 云何名涅槃? 謂諸愛斷離滅. 若於色等, 已斷欲貪, 我說彼名已斷色等. 一切行斷, 名爲斷界. 一切行離, 名爲離界. 一切行滅, 名爲滅界. 佛所說經皆是了義, 無別意趣, 不應異釋.[79]

② 彼復於此, 異門說言:

若從諸行貪愛永斷, 諸行爾時皆名斷故, 名爲斷界. 如契經說, '若於色等已斷欲貪, 我說彼名已斷色等'. 若於諸行煩惱不生, 諸行爾時從貪得離, 故名離界. 卽一切行不復轉時, 名爲滅界.[80]

---

78 이는 毘婆沙師의 정설(T27, 149a14-16)로, AK. VI-78.(T29, 134a21f); asaṃskṛtaiva dhātvākhyā. virāgo rāgasaṃkṣayaḥ. prahāṇadhātur anyeṣāṃ. nirodhākhyastu vastunaḥ.

79 (T29, 734a16-23).

80 (T29, 734b19-24).

7. 斷·離·滅의 3界

無爲解脫을 3界로 설하기도 하니, 離界(virāga-dhātu)는 오로지 貪을 떠난 것이며, 斷界(prahāṇa-dhātu)는 그 밖의 [8]結을 끊은 것이며, 滅界(nirodha-dhātu)는 그것에 수반되는 법(vastu: 所繫事)을 멸한 것이다.

① 여기서 上座는 이같이 말하였다.

이는 다만 자신들의 情意에 따라 분별한 것일 뿐이니, [계경에서는] 聖諦와 涅槃 등에 대해 건립하는 중에 오로지 愛를 방편(門)으 삼아 '온갖 惑을 끊은 것'이라고 설하였기 때문이다. 즉 계경에서 "무엇이 集聖諦인가? 이를테면 愛와 後有愛이다. (이하 내용 생략) 무엇이 滅聖諦인가? 이를테면 온갖 愛의 끊어짐(斷)과 떠남(離)과 멸함(滅)이다. 무엇을 열반이라 말한 것인가? 이를테면 온갖 愛의 끊어짐과 떠남과 멸함이다. 만약 색 등에 대해 이미 욕탐을 끊었으면, 나는 그를 '이미 색 등을 끊은 자'라고 말하리니, [이와 같이] 일체의 行이 끊어진 것을 '斷界'라 하고, 일체의 行을 떠난 것을 '離界'라 하며, 일체의 行이 멸한 것을 '滅界'라 한다"고 설한 바와 같다.

불타에 의해 설해진 경은 모두 了義로서 [경에서 설한 것과는 다른] 별도의 뜻이 없으니, 마땅히 달리 해석해서는 안 된다.

② 그는 다시 이에 대해 다른 방식으로 설하기도 하였다.

만약 諸行에 대한 貪愛가 영원히 끊어졌으면, 諸行도 그때 모두 끊어졌다고 말할 수 있기 때문에 이를 '斷界'라고 하였으니, 계경에서 "만약 색 등에 대해 이미 욕탐을 끊었으면, 나는 그에 대해 이미 색 등을 끊은 자라고 말하리다"고 설한 바와 같다. [또한] 만약 제행에 대해 번뇌가 생겨나지 않으면, 諸行도 그 때 탐으로부터 떠날(벗어날) 수 있기 때문에 이를 '離界'라고 하였다. 그리고 일체의 行이 더 이상 일어나지 않을 때를 '滅界'라고 하였다.[81]

---

81 첫 단락 '若從諸行貪愛永斷'에서 '從'을 대응구 '若於諸行煩惱不生…'에 따라 '於'로 고쳐 번역하였다.

③ 又於諸行, 煩惱不生, 諸行離貪, 旣名離界.[82]

④ 又涅槃時, 諸行不轉, 旣名滅界.[83]

⑤ 若謂,

此三雖復雜亂, 由少因故. 無爲界中, 約分位殊, 立三界別.[84]

82 (T29, 734c1-2).

83 (T29, 734c5-6).

84 (T29, 734c9-10).

③ 또한 제행에 대해 번뇌가 생겨나지 않아 제행이 탐에서 떠난(벗어난) 것을 '離界'라고 하였다.

④ 또한 열반할 때 제행이 [더 이상] 일어나지 않는 것을 '滅界'라고 하였다.

⑤ 이러한 세 가지 界는 비록 [서로] 뒤섞임이 있다 할지라도(다시 말해 서로 중복되는 경우가 있다 할지라도) [그것은] 사소한 이유이기 때문에 無爲界 중의 分位의 차이에 근거하여 3界의 차별을 설정한 것이다.

제11장 **지혜와 선정**

1. 行相(ākāra)의 정의

如是行相以慧爲體. (T29, 741a19)

① 此中經主, 依附他宗, 作如是言:

諸心心所取境類別, 皆名行相.[1]

[衆賢:] 應思, 何等名心心所取境類別? 若謂**境相品類差別**, 一切能像理必不成, 境有善常等衆相差別故. (中略) 若謂**能取境差別相**, 則應五識行相不成, 不能取境差別相故. (T29, 741b6-10)

1 (T29, 741b4-5). 이는 『구사론』 상에서 "행상의 본질이 慧라면 慧는 有行相(sākāra, 심소의 이명)이 아니라고 해야 한다"는 문제제기에 따른 應理說로 논설된다. "[若爾慧應非有行相. 以慧與慧不相應故.] 由此應言. 諸心心所取境類別, 皆名行相." (T29, 137c3-4); evaṃ tu yuktaṃ syāt. sarveṣāṃ cittacaittānām ālambanagrahaṇaprakāra ākāra iti.(AKBh 401. 18f.); "若執如此則應道理. 謂一切心及心法, 於境界中取差別名行相." (『구사석론』 T29, 288c16-18).

1. 行相(ākāra)의 정의

이와 같은 [4제의 16가지] 行相은 慧(prajñā) [즉 簡擇 분별(pravicaya)]을 본질로 한다.

① 이에 대해 經主(세친)는 다른 宗(*parapākṣika, 上座宗)에 의거하여 이같이 말하였다.

일체의 심·심소가 所緣의 경계대상(ālambana)을 파악하는 品類差別/방식·방법(prakāra: 類別)을 다 行相(ākāra)이라 한다.

[중현:] 마땅히 생각해보아야 할 것이니, 무엇을 심·심소가 所緣의 경계대상을 파악하는 品類·差別/방식·방법이라 말한 것인가? 만약 "**경계대상의 형상(즉 影像)의 품류차별(prakāra)이다**"고 한다면, 일체[의 경계대상]이 능히 影像을 맺는다는 것은 이치상 이루어질 수 없으니, 경계대상에는 善이나 常住와 같은 [추상적인] 온갖 차별相도 존재하기 때이다. (중략) 만약 "**경계대상의 차별상을 능히 파악하는 것(grahaṇa)이다**"고 한다면, 5식의 형상은 성취될 수 없을 것이니, [무분별의 5식은] 경계대상의 차별상을 파악할 수 없기 때문이다.[2]

2 경량부(=상좌)에 있어 인식대상(所緣境)은 마음상에 나타난 외계대상의 형상이지만, 이것이 마음과 별도의 존재(別體)는 아니다. 따라서 마음은 인식대상에 대한 인식주체(了別者)도 아니거니와 그에 대한 별도의 작용(了別)을 갖는 것도 아니다. 마음이 외계대상의 형상을 띠고 생겨나면 그것이 바로 인식이다.(본서 제4장 7절 [附論] 참조) 그래서 그들은 형상(行相)을 '소연을 파악하는 방식'으로 정의하였던 것이다. 上座에 의하면 識 자체는 了別작용을 갖지 않는다. 다만 전 찰나의 외계대상(=所緣緣)과 유사한 형상(=所緣境)을 띠고 생겨날 때, 그림자가 처소를 달리하여 연속적(無間)으로 생겨날 때 '그림자가 움직인다'고 가설하듯이 識 역시 [찰나찰나] 대상을 달리하여 상속 생기할 때 "識이 대상을 요별한다"고 가설하는 것으로(본서 제4장 7-2 '識=了別者 세속설'② 참조), 이를 自證 즉 지식의 자기인식(svasaṃvedana)이라 한다. 유부와 경량부의 형상(ākāra)에 대해서는 권오민(2019), pp.367-377 참조.

2. 앞의 두 정려의 樂은 身受樂

第三定樂, 以受爲體. 初二靜慮樂卽輕安. 故靜慮支. 實有十一. (T29, 760a7-8)

上座於此, 作如是言:

> 如何得知, 輕安名樂? 無少聖教, 於輕安體, 立以樂名. 又見於此餘說名樂, 於義無益故. 若輕安體, 應說輕安名. 非說輕安有無樂過, 經說輕安是樂因故. 如契經說, '心喜故身輕安, 輕安故身受樂'. 是故知樂非卽輕安.[3]

[附論] 세친의 身受樂설

① 經主此中, 假引他說:

> 謂定無有心受樂根, 三靜慮中說樂支者, 皆是身受所攝樂故.[4]

---

3 (T29, 761b16-21).

4 (T29, 760b7-9). 이는 『구사론』 상에서 다른 어떤 이(apare)의 설로 인용된다. "有說. 無有心受樂根. 三靜慮中說樂支者. 皆是身受所攝樂根."(T29, 147a6-7); apare punar āhuḥ. nāsty eva caitasikaṃ sukhendriyaṃ triṣv api hi dhyāneṣu. kāyikam eva sukham aṅgaṃ vyavasthāpitam iti. (AKBh 439. 1-2) 普光과 야쇼미트라는 이를 각기 經部解, 譬喩者들의 종의로 전해진 것(Dārṣṭāntikā-pakṣaḥ)으로 해설하였을 뿐만 아니라(T41, 423a28; AKVy 673. 5-6) 앞의 上座 설의 연장선상에 있는 학설이기 때문에 經主 세친이 인용한 '다른 이의 설(他說)'은 상좌일파(上座宗)의 학설이라 할 수 있다. 중현 역시 앞의 上座 설에 대해 이에 대한 비판과 동일하게 비판할 수 있다고 하였다. ("破此同前經主所引." T29, 761b21).

2. 앞의 두 정려의 樂은 身受樂

제3정려의 樂만 受를 본질로 하는 것(즉 心受)이고, 초정려와 제2정려의 樂은 바로 輕安(praśrabdhi)이기 때문에 靜慮支는 실제적으로 11가지이다.[5] (毘婆沙師)

上座는 이에 대해 이같이 말하였다.

[毘婆沙師는 초정려와 제2정려의] 樂이 輕安임을 어떻게 알게 된 것인가? 어떠한 聖教에서도 輕安 자체를 樂이라는 말로 제시한 적이 없다. 또한 이를 樂이라는 말로 달리 설한 경우를 찾아볼 수 있을지라도 의미상 아무런 이익도 없기 때문이다. 만약 [초정려와 제2정려의 樂支가] 輕安 그 자체라면, [경에서는] 마땅히 이를 '輕安'이라는 말로 설했어야 하였다. '輕安'이라는 말로 설하더라도 [초정려와 제2정려에] 즐거움이 존재하지 않는다는 과실(無樂過)을 범한 것은 아니니, 경에서는 輕安을 바로 '즐거움의 원인'이라고 설하였기 때문이다. 예컨대 계경에서는 "마음으로 기뻐하기 때문에 몸이 경쾌 안적(身輕安)하며, 몸이 경쾌 안적하기 때문에 몸으로 즐거움을 향수(身受樂)한다"고 설하였던 것이다. 그렇기 때문에 [초정려와 제2정려의] 樂이 바로 輕安은 아님을 알아야 한다.

[부론] 세친의 身受樂설

① 經主는 이에 대해 거짓되게 다른 이의 설을 인용하여 말하였다.

어떠한 정려지에도 心受의 樂根은 존재하지 않으니, [앞의] 세 정려 중에서 설한 樂의 지분은 다 身受에 포함되는 樂根이기 때문이다.

---

5 유부에 의하는 한 4靜慮의 支分은 도합 18가지이지만, 실제적으로 열 한가지이다. 즉 초정려의 尋·伺·喜·樂·心一境性(等持)과, 제2정려의 內等淨(그 밖의 喜·樂·心一境性은 초정려의 그것과 동일함)과, 제3정려의 行捨·正念·正慧·受樂(그 밖의 心一境性은 초정려나 제2정려의 그것과 동일함)과, 제4정려의 非苦樂受(그 밖의 行捨淸淨·念淸淨·心一境性은 제3정려의 行捨 등과 동일함)가 그것이다. 참고로 초정려와 제2정려에는 이미 喜[受]가 존재하기 때문에 이 때 樂은 受樂이 아니라 욕탐을 떠남으로써 획득되는 輕安樂으로, 제3정려의 受樂(즉 樂受)과는 다르다.

若爾, 便害契經所說. 如契經說. "云何樂根? 謂順樂觸力所引生身心樂受."[6]

② 實無違害. 有餘於此增益'心'言, 餘部經中唯說'身'故.[7]

③ 第三定所立樂支, 契經說爲身所受樂.[8] (中略) 於此說意爲身, 此說身名, 爲有何德?[9]

④ 又如何知, 初二定樂, 是身受樂, 非心輕安? 第四靜慮輕安倍增, 而不說彼有樂支故.[10]

⑤ 若初二樂, 卽是輕安, 便與契經有相違過. 如契經說. '若於爾時諸聖弟子, 於離生喜身作證具足住, 彼於爾時, 已斷五法, 修習五法, 皆得圓滿. 廣說乃至. 何等名爲所修五法? 一欣. 二喜. 三輕安. 四樂. 五三摩地." 此經輕安與樂別說, 若輕安卽樂如何說有五?[11]

⑥ 我宗定說, 初二靜慮樂根爲支, 違何正理?[12]

---

6 『중아함경』권58 「法樂比丘尼經」(T1, 789b), "云何樂覺(樂受의 舊譯)? 若樂更樂所觸生身心樂善覺, 是覺謂樂覺也."

7 (T29, 760b11-12). "有餘於此增益心言. 諸部經中唯說身故." (『구사론』 T29, 147a8-9); adhyāropita eṣa pāṭhaḥ. kenāpi sarvanikāyāntareṣu kāyikam ity eva pāṭhāt. (AKBh 439. 4-5).

8 『중아함경』권42 「分別觀法經」(T1, 695ab); 동 권43 「意行經」(T1, 700c), 復次比丘! 離於喜欲捨, 無求遊, 正念正智而身覺樂. 謂聖所說, 聖所捨念樂, 住室得第三禪成就遊.

9 (T29, 760b15-16; 760b24-25).

10 (T29, 760c15-17).

11 (T29, 760c23-29).

12 (T29, 761a20).

만약 그렇다고 한다면, 계경의 설을 害損하게 될 것이니, 예컨대 계경에서는 "무엇이 樂根인가? 이를테면 樂觸에 수순하는 힘에 의해 생겨난 身과 心의 樂受이다"고 설하고 있는 것이다.
② 실로 해손시킨 일이 없으니, 다른 어떤 이들(아비달마논사)이 여기에 '心'이라는 말을 보탠 것으로, 그 밖의 부파가 [전승한] 경에서는 오로지 '身[의 낙수]'라고만 설하고 있기 때문이다.

③ [또한] 제3정려에 설정한 '낙'의 지분에 대해서도 계경에서는 몸에 의해 감수된 즐거움(즉 身受樂)으로 설하였다. (중략) 여기서는 意를 '몸'이라고 설한 것이라면, 이를 '몸'이라는 말로 설하여 무슨 공덕(이익)이 있다고 할 것인가? (다시 말해 "무슨 이익이 있어 意를 '몸'이라는 말로 설하였을 것인가?")

④ 또한 "초정려와 제2정려의 樂은 바로 身受樂으로, 心輕安이 아니다"는 사실을 어떻게 알게 된 것인가? 하면, [여기서의 樂이 輕安樂이라면] 제4정려에서는 輕安이 培로 증가해야 하지만, 여기에 樂의 지분이 존재한다고는 설하지 않았기 때문이다.

⑤ 만약 앞의 두 정려의 樂이 바로 輕安이라고 한다면, 계경에 위배되는 과실을 범하게 될 것이니, 예컨대 계경에서는 [다음과 같이] 설하고 있는 것이다. "만약 그때 여러 聖제자들이 [욕계 염오를] 떠남으로써 낳아진 기쁨(喜)을 몸(身)으로 작증하고 구족하여 머무르면, 그들은 그때 이미 5법(즉 5하분결)을 끊고 5법을 수습하여 다 圓滿을 획득하게 될 것이다. … (이하 자세한 내용 생략) 무엇을 수습해야 할 5법이라고 한 것인가? 첫째는 欣이며, 둘째는 喜이며, 셋째는 輕安이며, 넷째는 樂이며, 다섯째는 三摩地이다."[13] 즉 이 경문에서는 輕安과 樂을 별도로 설하고 있는데, 만약 경안이 바로 낙이라면 어떻게 5법이 존재한다고 설하였을 것인가?

⑥ 우리 [經部/上座]宗의 "초정려와 제2정려에서는 樂根을 [정려]支로 삼는다"는 定說이 어떤 正理에 어긋난다는 것인가?

13 『잡아함경』 권17 제482경(T2, 123a), "世尊, 若使聖弟子學遠離喜樂, 具足身作證, 得遠離五法, 修滿五法?-- 云何修滿五法? 謂隨喜 · 歡喜 · 猗息(輕安의 舊譯) · 樂 · 一心."

汝執身受方有樂根, 非諸定中可起身識, 豈不與此正理相違?

此亦無違, 以我宗許, '正在定位, 由勝定力起順樂受'. 妙輕安風遍觸於身, 發身識故. (中略) 謂我宗亦許, 正在定位, 有離生喜樂所引極微遍在身中. 如團中膩力能對治諸煩惱品. 身之麤重攝益於身, 亦說名爲無惱害樂. 然不許此在定位中, 能觸動身, 發生身識. 此等持果, 如是生時, 有力能令等持堅住. 故此妙觸起不唐捐.[14]

若此位中, 容起身識, 外散亂故, 應壞等持.

⑦ 若謂,

此風從勝定起, 引內身樂順起等持. 故身識生無壞定失.[15]

縱順定故非永退失. 然散心生寧非出定?

⑧ 若謂,

此觸依內起故, 容依欲身發生彼識.[16]

---

14 (T29, 761a22-b1).

15 (T29, 761b2-3).

16 (T29, 761b13). 이상의 논설은,『순정리론』상에서는 이처럼 세친(經主)이 인용한 다른 이의 개별 논설(他說)로 인용 비판되고 있지만(세친의 입장에서는 我宗, 즉 經部/上座宗),『구사론』상에서는 다른 어떤 이(apare)의 하나의 논설로 인용된다. "①有說. 無有心受樂根. 三靜慮中說樂支者. 皆是身受所攝樂根. ②<u>若爾, 何故有契經說? '云何樂根? 謂順樂觸力所引生, 身心樂受.'</u> 有餘於此增益心言, 諸部經中唯說身故. ③又第三定所立樂支, 契經自說, 爲身所受樂故. 若謂<u>於此說意爲身</u>, 此說身名, 爲有何德? ④又第四定, 輕安倍增, 而不說彼有樂支故. 若謂<u>輕安要順樂受, 方名爲樂</u>. 第三靜慮輕安, 順樂應是樂支. 若謂<u>彼輕安爲行捨所損</u>. 不爾. 行捨增輕安故, 又彼輕安勝前二故. ⑤又契經說 '若於爾時, 諸聖弟子, 於離生喜, 身作證具足住, 彼於爾時, 已斷五法, 修習五法, 皆得圓滿. 廣說乃至. 何等名爲所修五法? 一歡, 二喜, 三輕安, 四樂, 五三摩地.' 此經輕安與樂別說. 故初二樂, 非卽輕安. ⑥若言 '<u>定中寧有身識?</u>' 有亦無失, 許在定中, 有輕安風, 勝定所起, 順生樂受, 遍觸身故. ⑦若謂 '<u>外散故應失壞定</u>'者, 無如是失. 此輕安風, 從勝定生, 引內身樂, 還能順起三摩地故. 若謂 '<u>起身識應名出定</u>'者, 此難不然. 由前因故. ⑧若謂 '<u>依止欲界身根, 不應得生色界觸識</u>', 緣輕安識許生, 無過." (밑줄은 유부의 해명) (T29, 147a6-28; AKBh 439. 1-16).

그대들은 바야흐로 身受의 樂根이 존재한다고 주장하지만, 선정 중에서는 身識을 일으킬 수 없으니, 어찌 이것이 정리에 어긋난다고 하지 않겠는가?

이 역시 어긋남이 없다. 즉 우리 [經部/上座]宗에서는 "바로 선정에 머물고 있는 상태에서도 뛰어난 선정의 힘에 의해 [身識과 상응하는] 즐거움에 수순하는 受가 일어난다"고 인정하니, [뛰어난 선정의 힘에 의해 일어난] 미묘하고도 輕快安適한 바람(輕安風)이 身根과 두루 접촉하여 身識을 일으키기 때문이다. (중략) 이를테면 우리 [經部/上座]宗에서는 역시 또한 바로 선정 중에 머무는 상태에서도 離生의 喜樂에 의해 인기된 [경쾌 안적한 바람의] 극미가 소의신 중에 편재하여, 마치 엉켜 뭉쳐진 덩어리를 [녹이는] 기름의 힘처럼 능히 온갖 번뇌의 품류를 대치한다고 인정하니, 소의신의 거칠고 무거운 [극미가] 몸을 이익(攝益)되게 하는 것 역시 '惱害가 없는 즐거움'이라고 말할 수 있는 것이다. 즉 이같이 선정에 머무는 상태 중에서도 능히 소의신을 觸動하여 신식을 발생시킬 수 있다는 사실을 인정하지 않더라도 이러한 等持의 결과가 이와 같이 생겨날 때 능히 等持(samādhi)를 견고히 지속하게 하는 힘을 갖는다고 해야 하기 때문에, [경쾌 안적한 바람에 의한] 이러한 미묘한 觸이 일어난다고 하는 것은 쓸데없는 일이 아닌 것이다.

만약 이러한 [초, 제2정려의] 상태 중에서도 身識이 일어날 수 있다고 한다면, [그 때의 身識은] 외적 경계에 散亂된 것이기 때문에 마땅히 等持를 상실해야 한다.[17]

⑦ 이러한 [경쾌 안적한] 바람은 뛰어난 선정에서 일어나 내적인 身識 상응의 樂受(즉 身受樂)를 인기함으로써 [도리어] [意識 상응의] 等持를 순조롭게 일으키기 때문에 身識이 일어나더라도 선정을 상실하게 되는 과실은 없다.

비록 [경쾌 안적한 바람은] 선정에 수순하기 때문에 영원히 退失하는 것은 아니라 할지라도 산란된 마음이 생겨났는데, 어찌 出定한 것이 아니라는 것인가?

⑧ 이러한 [경쾌 안적한 바람의] 감촉은 내적인 [輕安에] 근거하여 일어난 것이기 때문에 욕계의 소의신에 의지하더라도 그것(경안)에 대한 識(즉 身識)을 발생시킬 수 있다.

---

17 즉 앞의 두 정려의 樂支가 身識과 상응하는 樂受라면, 身識(전5식)은 외계를 반연하여 산란되어 일어나는 것이기 때문에 輕安風의 觸을 領納(감수)하는 상태에서 선정은 壞失되어야 한다.

부록
『阿毘達磨大毘婆沙論』 상의 譬喩者설

서언

上座 슈리라타는 '경을 지식의 근거로 삼는 이들(sūtrapramāṇikā)' 즉 經量部(Sautrāntika)로 자칭한 일군의 譬喩者(ekīya Dārṣṭāntika)들의 상좌/장로였다. 예컨대 중현은, "만약 苾芻(비구)가 有漏·有取라면 그는 現法에 반열반하지 못 한다"는 등의 경설에 근거하여 "非有情數(즉 무정물)와 번뇌의 허물을 떠난 아라한의 색신은 무루"라고 주장하고, '존재하는 모든 眼·色·眼識 내지 身·觸·身識은 유루법'이라는 경증에 근거한 毘婆沙師의 반론에 대해서는 "우리는 이 경을 전승(*āmnāya: 誦)하지 않는다"고 말한 譬喩論師와 그들의 上座에 대해 "저들은 일체의 契經을 다 지식의 결정적 근거(定量)로 삼지도 않으면서 어찌 經量部라 이름하는 것인가?"라고 힐난하였다.[18]

동아시아 법상교가 역시 경량부를 상좌일파의 자칭으로 이해하였다. 예컨대 세친과 무성은 『섭대승론』의 6識 종자설 비판의 한 논거인 '二念不俱有'나 '前念이 後念에 훈습한다'는 이설을 경량부 설로 해설하였는데 (세친釋의 현장 역의 경우 譬喩者설), 窺基는 '色心이 無間의 전후찰나로 생겨날 때 전 찰나가 후 찰나의 종자(=因緣)'라는 『성유식론』 상의 이설을 上座部(*Sthavirapākṣika, 상좌일파)의 학설로 해설하고서 "無性이 이들을 '경량부'라고 말한 것은 이들 上座部 중에서 스스로를 '經을 지식의 근거(pramāṇa: 量)로 삼는 이들'이라 하였기 때문"이라고 부언하였고, 太賢 역시 그러하였다.[19]

야쇼미트라와 보광이 『故思經』(현존본은 『중아함』15 「思經」)에 근거하여 '貪·瞋·邪見=意業(즉 思業)'을 주장한 『구사론』 상의 譬喩者(T29, 84b3f)를 경량부의 한 형태(sautrāntika-viśeṣa, 經部異師)와 經部譬喩者[20]로 평석한 것도

---

18 본서 제1장 1-1 '색법=유루 설 경증 비판'① 참조.

19 (T43, 358b2-4); (H3, 557a19-21). 본서 서설 주23, 24 참조.

그들을 경량부로 자칭한 상좌일파의 비유자로 이해하였기 때문일 것이다. 즉 상좌일파는, 正理(yukti) 法性(dharmatā) 중심의 불설론에 따라 아비달마가 了義의 불설이라는 설일체유부(혹은 毘婆沙師)의 성전관을 불신하고 분명하고도 결정적으로 설해진(顯了定說), 혹은 불타 스스로 주제를 제시하고(標) 스스로 해석(釋)한 佛所說만을 了義의 佛說로 인정하였던 것으로,[21] 그래서 경량부였다.

그렇더라도 그들의 사상적 단초는 비유자였다. 중현은 상좌나 그의 제자 라마는 물론이고 세친에 대해서도 '비유자'라는 이름으로 비판하였다. 譬喩者(Dārṣṭāntika)는 다만 불설을 해설함에 있어 世間現喩(dṛṣṭānta)를 즐겨 사용하는 이들이라는 의미의 호칭이지만, 여기에는 상좌일파를 비롯하여 다수의 계통이 있었을 것으로 추측된다.[22] 상좌는 受·想·思의 세 심소의 개별적 실체성을 인정하고 作意 등 그 밖의 심소는 다 思의 차별이라 주장한데 반해 중현이 인용한 비유자나 婆沙의 비유자는 일체 심소를 마음의 차별로 이해하였으며, 『성실론』의 저자 하리발마도 역시 그러하였다. 또한 상좌나 라마, 세친은 법 자체의 찰나멸(前滅後生)설을 주장하여 오로지 현재법만이 존재한다고(과거·미래법은 존재하지 않는다고) 주장하였지만, 婆沙의 비유자는 世(adhvan=常)와 行(saṃskara=無常)을 차별하여 "과일이 이 그릇에서 저 그릇으로 옮겨가고, 사람이 이 집에서 저 집으로 옮겨가듯이 諸行 역시 미래세에서 현재세로, 현재세에서 과거세로 들어간다"(부록, 5-2)고 주장하였던 것이다.[23]

---

20 AKVy 400. 17, *Dārṣṭāntikāḥ* sautrāntika viśeṣāity arthaḥ.; (T41, 252b19).

21 『구사론』 상에서 비유자의 '貪·瞋·邪見=意業(즉 思業)'설의 논거는 『故思經』(T1, 437c22ff, "云何意故作三業? 一曰貪伺, 二曰嫉恚, 三曰邪見")으로, 상좌는 이러한 자문자답형식의 佛所說을 '標釋을 갖춘 요의경'으로 이해하였다. 이에 대해 중현은 '貪·瞋·邪見=업의 緣, [업의] 集'이라고 설한 또 다른 경설(阿笈摩)과 탐 등의 번뇌와 업은 차별된다는 正理에 따라 이를 불요의로 이해하였다. (T29, 574b24-c14).

22 권오민(2012), 『上座 슈리라타와 經量部』, p.271

23 이는 사실상 "諸蘊은 前世로부터 轉移하여 後世에 이른다(諸蘊, 有從前世轉至後世)"는 『이부종륜론』 상의 경량부(혹은 說轉部) 설(T49, 17b3)과 동일한 내용이다.

중현은 비유자에 관해 논하면서 '비유자'라는 單稱뿐만 아니라 '어떤 비유자(有譬喩者)', '일군(어떤 부류)의 비유자(一類譬喩論師: ekīya Dārṣṭāntika)', '지금의 어떤 한 비유자(今時一譬喩者)', '여러 비유자들(諸譬喩者: Dārṣṭāntikāḥ)', '상좌와 그 밖의 일체의 비유자(彼上座及餘一切譬喩者)' 등의 特稱이나 全稱의 용법을 구사하는데, 이는 그들의 계통이 하나가 아님을 나타낸 것으로 이해할 수 있다.

아무튼 譬喩者는 쿠샨제국의 카니시카 왕(AD 127-150 무렵 재위) 때 脇(Pārśva) 尊者의 발의로 개최된 카슈미르 결집에서 편찬된 것으로 전해지는 『대비바사론』에 대규모로 등장한다. 여기서 譬喩者(혹은 譬喩尊者, 譬喩部師) 학설은 婆沙의 4대 評者의 일인인 世友·妙音·法救나 결집의 발의자로 알려지는 脇尊者 다음으로 많은 86회 인용된다.[24] 이는 카슈미르 유부의 이설자로서의 그들의 세력이 그만큼 강성하였다는 뜻이기도 하다.

『대비바사론』은 迦多衍尼子(Kātyāyanīpūtra)의 『발지론』의 대주석서로, 여기서는 먼저 標文으로서 이것의 一文을 제시하고서 "문: [『발지론』에서] 이같이 논설한 이유가 무엇인가?" "답: 다른 이들의 주장(他宗)을 중지시키고 毘婆沙師의 正義(혹은 正理)를 드러내기 위함이다"는 논의 형식에 따라 이들 비유자의 주장을 인용 비판한다. 혹 어떤 경우 『발지론』의 標文과 무관하게 중복하여 논설하기도 하고, [그들의] 大德(혹은 尊者) 설을 별도로 인용하기도 한다.(11회) 대덕의 주장은 거의 대개 앞의 譬喩者 설을 부연한

---

24 加藤純章(1989, pp.70-71)도 86회로 산정하였다. 참고로 所理 惠(1990, 「成實論/俱舍論と譬喩者·經量部との關わりについて(1)」p.50)는 加藤純章의 86회에서 동일문제 중에서 반복되어 언급된 譬喩者라는 말을 빼면 83회라고 하였지만(尾註11), 86회는 毘婆沙師에 의해 그들의 학설이 재론되거나 비판되는 경우를 뺀 회수이다. 아울러 所理 惠는 尾註12에서 83곳의 출처를 명기하였지만 T27, 27c·269b·462c를 두 번, 744b를 네 번 반복하여 명기하고 있을 뿐만 아니라 譬喩者 설을 (1) 유부 三世實有說에 대한 반론, (2) 無心定, 靜慮 등 修道論에 관한 것, (3) 業論에 관한 것, (4) 煩惱論에 관한 것, (5) 유부의 實有論에 반대하여 法의 無自性을 주장한 것, (7) 識에 관한 것, (7) 心·心所法에 관한 것, (8) 기타로 분류하였지만, 入正性離生에 관한 설을 (2)와 (8)에 배당하고, 尋·伺의 界地분별을 (2)(4)(7)에, 4聖諦의 體性에 관한 설을 (8)에, 滅不待因說을 (1)에 배당하는 등 일관성도 없고 분류방법도 옳지 않다. 혹은 赤沼智善의 『印度佛教固有名詞辭典』(pp.145-148)에서는 89항목을 열거하지만, 여기에는 무기명의 학설(12, 31)이나 동일학설의 반복(9와 25, 36과 37, 46과 54, 78과 87)도 포함된다. 水野弘元(1930, p.134)의 「譬喩師と成實論」에서는 7-80여 회로 산정하였다.

것일 뿐만 아니라 婆沙의 편자는 이들에 대해서도 '譬喩者'로 호칭하기 때문에[25] 비유자 중의 특정의 大德일 것으로 생각된다.

婆沙의 비유자 설은 앞서 언급한 것처럼 『순정리론』 상의 비유자 (혹은 상좌일파)의 설과 일치하는 것도 있고, 일치하지 않는 것도 있으며, 문구상으로는 일치하지 않을지라도 상좌 설의 단초로 이해할만한 것도 있다.[26]

이하 『대비바사론』에 인용 비판된 86회의 비유자 설을 유형별로 발췌 집성한다. 전술한대로 『대비바사론』에서는 대개 먼저 『발지론』의 標文을 제시하고 이를 논하게 된 이유로서 他宗(parapākṣa)을 물리치고(중지시키고) 自宗(svapākṣa, 혹은 正理/正義)을 밝히기 위한 것이라 논하고서 他宗의 예로서 譬喩者설을 인용하는데, 이러한 사정에 대해서는 각주로 밝혔다. (『발지론』의 標文은 밑줄) 출처는 T(『대정신수대장경』)27, No.1545.

25 이를테면 (T27, 269c14f; 744c3).

26 이에 대해서는 권오민(2012), 『상좌 슈리라타와 경량부』, pp.278-299 참조.

1. 성전관

1) 阿毘達磨 名義

譬喩者說: 於諸法中涅槃最上, 此法次彼故, 名阿毘達磨. (4b17-19)

1) 阿毘達磨 名義

譬喩者는 설하였다.
“諸法 가운데 열반이 最上法이며, 이러한 [아비달마의] ‘法’(즉 無漏慧根)은 그 다음의 법이기 때문에 ‘아비달마(abhi-dharma)’라고 이름하였다.”

2) 梵福(brāhmapuṇya)을 설한 경설의 비판적 검토

佛說, "有四補特伽羅, 能生梵福. 云何爲四? 謂有一類補特伽羅, 於未曾立窣堵波處, 爲佛舍利, 起窣堵波. 是名第一補特伽羅, 能生梵福. 復有一類補特伽羅, 於未曾立僧伽藍處, 爲佛弟子, 起僧伽藍. 是名第二補特伽羅, 能生梵福. 復有一類補特伽羅, 佛弟子衆, 旣破壞已, 還令和合. 是名第三補特伽羅, 能生梵福. 復有一類補特伽羅, 修四梵住. 是名第四補特伽羅, 能生梵福."[27] (425c13-21)

譬喩者說: 如是契經, 非皆佛說. 此中前三, 亦非一切皆生梵福, 彼所得果, 不相似故. 謂若有人, 在佛生處, 得菩提處, 轉法輪處, 般涅槃處, 起大制多, 衆寶嚴飾. 復有餘人, 更於諸處, 聚砂石等, 作小制多. 彼二生福, 豈得相似? 又若有人, 爲佛弟子, 造僧伽藍, 高廣嚴飾, 如誓多林·竹林·大林·闇林寺等. 復有餘人, 爲佛弟子, 隨宜造立小僧伽藍. 彼二生福, 豈得相似? 又若有人, 令彼天授所破僧衆, 還得和合. 復有餘人, 能善和息, 憍餉彌等僧鬥諍事. 彼二生福, 豈得相似? 故知! 彼經非皆佛說. 亦非一切皆生梵福. 四梵住經, 是佛所說. 此四梵住, 皆是梵福.[28] (425c22-426a5)

---

27 『증일아함경』권21「고락품」제2경(T2, 656b). 그러나 여기서는 제4범복을 初轉法輪시 여래(tathagata, 多薩阿竭)께 勸請한 것으로 논설한다.『구사론』「업품」(T29, 97c18-22)에서도 이 경설에 근거하여 4梵福을 설한다. 다만 제4범복을 유정에 대해 慈 등의 4無量定을 닦는 것으로 설명한다. 無量定은 4梵住의 다른 이름. 梵福은 1겁 동안의 生天을 초래하는 복. (AK VI-124cd).

28 阿毘達磨諸論師言: 如是契經, 皆佛所說. 此中四種, 皆生梵福. (중략) 所爲旣等. 故前三中, 事雖有異, 而福無別.(크고 작고에 관계없이 행한 바가 동등하기 때문에 비록 행한 일에는 차이가 있을지라도 복에는 차이가 없다.)(T27, 426a6-7; 426a14).

2) 梵福(brāhmapuṇya)을 설한 경설의 비판적 검토

불타께서는 설하였다. "능히 梵福을 낳을 수 있는 네 가지 보특가라(pudgala)가 있다. 무엇이 네 가지인가? 일찍이 스투파(率堵波)가 세워진 적이 없는 곳에 불타의 사리를 위해 스투파를 세우는 어떤 부류의 보특가라, 이들을 능히 범복을 낳는 첫 번째 보특가라라고 한다. 일찍이 僧伽藍이 세워진 적이 없는 곳에 불제자를 위해 승가람을 세우는 어떤 부류의 보특가라, 이들을 능히 범복을 낳는 두 번째 보특가라라고 한다. 이미 파괴된 佛弟子衆(즉 승가)을 다시 화합하게 하는 어떤 부류의 보특가라, 이들을 능히 범복을 낳는 세 번째 보특가라라고 한다. 네 가지 梵住를 닦는 어떤 부류의 보특가라, 이들을 능히 범복을 낳는 네 번째 보특가라라고 한다."

譬喩者는 설하였다.
이와 같은 계경[설]이 다 佛說은 아니며, 이 중 앞의 세 가지 역시 모두 다 범복을 낳는 것도 아니니, 그들이 획득하는 과보가 서로 유사하지 않기 때문이다.
즉 어떤 사람은 부처님이 탄생한 곳이나 보리를 증득한 곳, 반열반한 곳에 큰 制多(caitya: 廟堂 즉 예배당)를 세워 온갖 보배로 장식하였고, 다른 어떤 사람은 [성지가 아닌] 처소에 모래나 돌 등을 쌓아 작은 制多를 만들었다면, 이 두 사람에게 생겨난 복을 어찌 서로 유사하다고 하겠는가? 또한 어떤 사람은 佛弟子를 위해 誓多林·竹林·大林·闇林寺[29] 등과 같은 僧伽籃을 지어 높고 광대하게 장식하였고, 다른 어떤 사람은 불제자를 위해 분수에 따라 작은 승가람을 세웠다면, 이 두 사람에게 생겨난 복을 어찌 서로 유사하다고 하겠는가?
또한 어떤 사람은 저 天授(Devadatta)에 의해 파괴된 僧衆을 다시 화합시켰고, 다른 어떤 사람은 코삼비(Kosambi: 憍餉彌) 등에서의 승가의 諍事를 능히 잘 화합하여 멈추게 하였다면, 이 두 사람에게 생겨난 복이 어찌 서로 유사하다고 하겠는가?
따라서 그같이 [범복에 대해] 설한 경이 다 불설은 아니며, 역시 또한 모든 부류의 보특가라가 범복을 낳는 것도 아님을 알아야 한다. 『四梵住經』이 불타께서 직접 설한 것(佛所說)으로, 이러한 네 가지의 梵住(즉 慈·悲·喜·捨의 4無量 혹은 4梵行)가 다 바로 梵福[을 초래하는 업]이다.

---

29 逝多林(Jetavana)寺는 給孤獨長者가 불타께 귀의하여 사위국에 지은 사원(즉 祇樹給孤獨園)이고, 竹林(Veṇuvana)寺는 가란타 장자가 불타께 귀의하고서 지은 사원(즉 迦蘭陀竹園), 大林(Mahāvana)寺는 遊女 암마팔 리가 기진한 바이샬리 북쪽 교외에 있는 사원(즉 菴羅園)으로 이곳 미후지(獼猴池) 옆의 重閣講堂이 유명하다. 闇林(Tamasāvana)寺는 사위성 밖의 근처에 있던 사원. 일찍이 5백의 도적이 여기에 머무르면서 迦葉佛의 탑을 수선하기 위하여 전재(錢財)를 모으던 聖者의 눈을 도려내었던 곳이었으므로 암림이라고 한다.

3) 7界에 관한 經說 비판

如契經說. "有一苾芻來詣佛所, 頂禮佛足, 退坐一面, 而白佛言. 世尊說有明界, 淨界, 空無邊處界, 識無邊處界, 無所有處界, 非想非非想處界, 滅界. 如是七界緣何施設? 世尊告曰. 緣闇故施設明界. 緣不淨故施設淨界. 緣色趣故施設空無邊處界. 緣邊際故施設識無邊處界. 緣所有故施設無所有處界. 緣有身故施設非想非非想處界. 緣有身滅故施設滅界." (437c8-16)

問: 此中苾芻依何事問, 世尊復以何事而答? (中略)
譬喻者說: 此中苾芻, 依八等至, 覆相而問, 佛亦以此覆相而答. 然此經文, 誦者增減. 謂增減界[30]而減廣界. 明界者, 謂初二靜慮, 此緣闇施設者. 闇謂外緣諸蓋, 初二靜慮是彼對治. 故緣彼立. 淨界者, 謂第三靜慮. 廣界者, 謂第四靜慮. 四無色處界, 即四無色處. (438a26-438b3)

30 減界 → 滅界(宋·元·明本).

3) 7界에 관한 經說 비판

계경에서 설하였다.

어떤 한 비구가 불타의 처소로 가 부처님 발에 머리 숙여 절하고 한쪽으로 물러나 앉아 불타께 말하였다. "세존께서는 明界·淨界·空無邊處界·識無邊處界·無所有處界·非想非非想處界·滅界가 존재한다고 설하였습니다. 이와 같은 7界는 무엇에 근거하여 시설한 것입니까?" 세존께서 말하였다. "어둠(闇)에 근거하여 明界를 시설하였고, 不淨에 근거하여 淨界를 시설하였으며, 色趣에 근거하여 空無邊處界를 시설하였고, 邊際에 근거하여 識無邊處界계를 시설하였으며, 所有에 근거하여 無所有處界를 시설하였고, 有身에 근거하여 非想非非想處界를 시설하였으며, 有身의 滅에 근거하여 滅界를 시설하였다."

問: 여기서 비구는 어떤 사실에 근거하여 물었고, 세존 또한 어떤 사실에 근거하여 답한 것인가? (중략)[31]

譬喩者는 설하였다.

여기서 비구는 8等至에 근거하여 그것의 감추어진 특성에 대해 물었고, 불타 역시 이러한 감추어진 특성에 대해 답하셨다. 그런데 이 經文에는 전승자(誦者)에 의한 增減이 있으니, 滅界가 더해지고 廣界가 빠졌다.

먼저 明界란 처음의 두 정려(초정려와 제2정려)를 말한다. "이는 어둠에 근거하여 시설한 것"이라는 말에서 '어둠'이란 外物을 반연하는 온갖 蓋(貪欲蓋 중 외물을 반연하는 것)를 말한 것으로, 처음의 두 정려는 바로 그것의 대치이다. 그래서 그것(즉 어둠)에 근거하여 [명계를] 설정한 것이다. 淨界란 제3정려를 말한다. 廣界(즉 전승자에 의해 빠진 것)는 제4정려를 말하고, 4無色處界는 바로 4무색정을 말한다. [一切行이 멸한 滅界는 전승자에 의해 더해진 것이다.]

---

31 7界에 대한 毘婆沙師의 해석: 이는 8解脫에 근거하여 그것의 감추어진 특성에 대해 설한 것이다. 즉 明界는 제1, 제2해탈을, 淨界는 제3해탈을, 4無色處界는 4무색해탈을, 滅界는 想受滅解脫을 말한다. 즉 '어둠'은 욕계 색처를을 대상으로 하는 탐으로 제1, 제2해탈은 그것의 대치이다. '不淨'은 앞의 두 해탈을 말하는 것으로, 제3해탈은 그것의 대치이다. '色趣'란 제4정려를 말하는 것으로, 제4해탈은 그것의 대치이다. '邊際'란 공무변처(색계의 맨 끝, 바깥)를 말하는 것으로, 제5해탈은 그것의 대치이다. '所有'란 식무변처(無邊行相으로 轉)를 말하는 것으로, 제6해탈은 그것의 대치이다. '有身'이란 무소유처(생사의 몸이 있어 완전한 무소유가 아님)을 말하는 것으로, 제7해탈은 그것의 대치이다. '有身의 滅'이란 비상비비상처(무소유처의 有身法을 멸함)을 말하는 것으로, 제8해탈은 그것의 대치이다. (T27, 437c17-438a13) 『유가사지론』 권96(T30, 847b10-14), 復有七界. 一光明界. 二清淨界. 三空處界. 四識處界. 五無所有處界. 六非想非非想處界. 七滅界. 當知此中, 由其色界, 攝光明界及清淨界. 由無色界, 攝四無色. 由其滅界, 還攝滅界.

2. 諸法의 無別體說

1) 成就(得)와 不成就(非得)

① 或復有執와 無實成就·不成就性, 如譬喩者.[32] (550c26-27)

② 謂或有執: 無實成就不成就性, 如譬喩者. 彼說: 有情不離諸法, 說名成就; 離諸法時, 名不成就. 俱假施設, 如五指合, 假說爲拳; 離卽非拳, 此亦如是.
問: 彼何故作是執?
答: 彼依契經故作是執. 謂契經說, "有轉輪王成就七寶." 若成就性是實有者, 成就輪寶神珠寶故, 應法性壞. 所以者何? 亦是有情亦非情故. 成就象寶及馬寶故, 復應趣壞. 所以者何? 亦是傍生亦是人故. 成就女寶故復應身壞. 所以者何? 亦是男身亦女身故. 成就主兵主藏臣故, 復應業壞. 所以者何? 君臣雜故. 勿有此失故, 成就性定非實有.[33] (479a20-b3)

---

32 '若成就法智 乃至廣說 (於此八智, 幾成就, 幾不成就? 答: 或三四五六七八.)' (T26, 957c10-11) 問: 何故作此論? 答: 爲止他宗顯正理故. **謂或有執. 無實成就不成就性. 如譬喩者**. 爲遮彼執, 顯成就性不成就性, 決定實有. 故作斯論. (T27, 550c25-28) 비록 무기명이지만 '撥無去來二世, 及說成就·不成就體, 非實有者'(동, 685a4-5)나 '謂或有執: 無實成就·不成就性, 唯假建立' (동, 463b12-13)의 어떤 이 역시 譬喩者일 것이다.

33 '如世尊說 學行跡成就學八支. 彼成就過去幾, 未來幾, 現在幾?' (T26, 951a17-18) (中略) 問: 何故作此論? 答(중략); 爲止他宗顯正理故 (中略) **謂或有執: 無實成就不成就性, 如譬喩者**. (中略) 爲遮彼意, 顯成就性, 定是實有. (T27, 479a8-b4).

1) 成就(得)·不成就(非得) 非實有

① 다시 어떤 이는 실유의 成就·不成就性은 존재하지 않는다고 주장하였으니, 譬喩者가 그러하였다.

② 혹은 어떤 이는 실유의 成就·不成就性은 존재하지 않는다고 주장하였으니, 譬喩者가 그러하였다.
그들은 설하였다.
"유정이 제법을 떠나지 않았을 때를 '성취'라 이름하며, 제법을 떠났을 때를 '불성취'라 이름한 것으로, 이는 모두 일시 시설한 개념일 뿐이다. 예컨대 다섯 손가락을 하나로 모았을 때를 일시 '주먹'이라 말하고, 분리시켰을 때를 '주먹 아닌 것'이라 하듯이, 이 역시 그러하다."
문: 그들은 어떠한 까닭에서 이같이 주장하게 된 것인가?
답: 그들은 계경에 근거하여 이같이 주장하였다. 즉 계경에서는 "전륜왕은 7보를 성취한다"고 설하였는데, 만약 成就性(samanvāgamatva) 즉 성취라는 존재자체가 실유라고 한다면, 輪寶와 神珠寶를 성취하였기 때문에 [유정의] 法性이 허물어져야 할 것이니, [그는] 유정이면서 역시 비유정이기 때문이다. 象寶와 馬寶를 성취하였기 때문에 [그의] 趣(즉 人趣)가 허물어져야 할 것이니, [그는] 傍生이면서 역시 인간이기 때문이다. 女寶를 성취하였기 때문에 [소의]신이 허물어져야 할 것이니, [그는] 남자의 몸이면서 역시 여자의 몸이기 때문이다. 主兵臣과 主藏臣을 성취하였기 때문에 업이 허물어져야 할 것이니, [그는] 군주이면서 역시 또한 신하이기 때문이다. 그러나 이러한 과실이 있어서는 안 되기 때문에 成就性 즉 성취라는 존재자체는 결정코 실유가 아닌 것이다.

③ 或復有執: 成就非實有法. 如譬喩者. 作如是論: 諸有情類, 不離彼法, 說名成就. 此無實體. 但是觀待分別假立. 如五指合, 名之爲拳, 離卽非拳, 故非實有. 如是有情不離彼法, 說名成就, 離卽不成就. 故體非實有.

問: 彼何故立此論耶?

答: 依契經故. 如契經說, '有轉輪王成就七寶.' 若此成就是實有者, 應成就他身及非有情數. 謂彼輪王, 若成就輪寶神珠寶者, 則法壞, 亦是有情數法, 亦是非有情數法. 若成就象寶馬寶者, 則趣壞, 亦是人趣, 亦傍生趣. 若成就女寶者則, 身壞, 亦是男身, 亦是女身. 若成就主藏臣寶兵將寶者, 則業壞, 亦是王, 亦是臣. 勿有此過故, 成就非實有.[34] (796b5-19)

---

34 '諸得過去法. 彼得過去耶?'(T26, 1008a9) (中略) 問: 何故作此論? 答: 欲止他宗, 顯己義故. (中略) **或復有執. 成就非實有法. 如譬喩者**. (中略) 爲止彼宗, 顯成就體是實有. 故而作斯論. (T27, 796a26-b20).

③ 다시 어떤 이는 成就는 실유의 법이 아니라고 주장하였으니, 譬喩者가 그러하였다. 즉 [그들은] 이같이 논설하였다.

"제 유정류가 그러한 법을 떠나지 않았을 때를 '성취'라 이름한 것으로, 이는 실체로서 존재하지 않으며, 다만 相待的으로 관찰 분별하여 假立한 것(즉 相待的 假稱)일 뿐이다. 예컨대 다섯 손가락을 하나로 모았을 때를 '주먹'이라 이름하고, 분리시켰을 때를 '주먹 아닌 것'이라고 하기 때문에 ['주먹'이나 '주먹 아닌 것'은] 실유가 아니듯이, 이와 마찬가지로 유정이 그러한 법을 떠나지 않았을 때를 '성취'라 이름하고, 떠났을 때를 '불성취'라 이름하기 때문에 [성취와 불성취는] 그 자체 실유가 아니다."

문: 그들은 어떠한 까닭에서 이 같은 논설을 제시한 것인가?

답: 계경에 근거하였기 때문으로, 계경에서 "전륜왕은 7보를 성취한다"고 설한 바와 같다. 만약 이러한 성취가 실유라고 한다면, 다른 몸(他身)과 非有情數를 성취한다고 해야 한다. 즉 그 전륜왕이 만약 輪寶와 神珠寶를 성취하였다면 [유정의] 法性이 허물어질 것이니, [그는] 유정이면서 역시 비유정이기 때문이다. 만약 象寶와 馬寶를 성취하였다면 趣(즉 人趣)가 허물어질 것이니, [그는] 人趣이면서 역시 傍生趣이기 때문이다. 만약 女寶를 성취하였다면 [소의]신이 허물어질 것이니, [그는] 남자의 몸이면서 역시 여자의 몸이기 때문이다. 만약 主兵臣과 主藏臣을 성취하였다면 업이 허물어질 것이니, [그는] 군주이면서 역시 또한 신하이기 때문이다. 그러나 이러한 과실이 있어서는 안 되기 때문에 成就는 실유가 아닌 것이다.

④ 譬喩者言: 此但假說, 無實自性. 謂相續中, 先成就頂, 今時退失, 說爲頂墮. 如何求覓頂墮自性. 如人有財名爲富者, 若賊劫去卽名貧人, 他問 '汝貧以何爲性?', 彼答 '我昔多有珍財, 今被劫去, 唯名貧者, 當有何性?' 又如有人先著衣服, 後賊奪去卽便露形, 他問 '汝今露形, 以何爲性?', 彼答 '我先有衣, 今賊奪去, 唯露形住, 當有何性?' 又如有人衣服破壞, 他問 '汝衣破壞, 以何爲性?', 彼答 '我衣本完, 今已破壞, 唯名衣破, 當有何性?' 如是行者, 先成就頂, 今時退失, 說名頂墮, 無別自性.[35] (27c17-28)

---

35 '云何頂墮? 答: 如有一類, 親近善士, 聽聞正法, 如理作意. 信佛菩提法, 是善說增修妙行. 色無常. 受想行識無常. 善施設苦諦. 善施設集滅道諦. 彼於異時, 不親近善士, 不聽聞正法, 不如理作意. 於已得世俗信, 退沒破壞移轉亡失. 故名頂墮.'(T26, 918c25-919a1) 問: 何故作此論? 答: 前雖說頂自性, 而未說頂云何得, 云何捨? 今欲說之故作此論. (中略) 問: 何等名爲頂墮自性? 答: 頂墮自性, 是不成就, 無覆無記, 心不相應行蘊所攝. (中略) **譬喩者言. 此但假說, 無實自性.** (中略) (T27, 27a29-c28).

④ 譬喩者는 말하였다.

頂墮(頂法에서의 退墮)는 다만 假說일 뿐 실유의 自性(svabhāva)을 갖는 존재가 아니다. 이를테면 相續 중에 일찍이 頂法을 성취하였다가 지금 퇴실한 것을 '정타'라고 한 것인데, 어찌 '정타'의 자성을 추구하는 것인가? 예컨대 어떤 이가 재물을 많이 가져 '부자'로 일컬어졌다가 도적들에게 빼앗겨 '빈자'로 일컬어졌을 경우, 다른 이가 "그대의 가난함은 무엇을 본질([自]性)로 하는 것인가?"라고 물으면, 그는 "나는 옛날에는 진귀한 재물을 많이 가졌지만(다시 말해 부자였지만) 지금은 [도적들에게] 빼앗겨 다만 '빈자'로 일컬어진 것일 뿐이거늘 [여기에] 무슨 본질이 있다고 하겠는가?"라고 답하는 것과 같다.

또한 어떤 사람이 이전에는 옷을 입고 있었지만, 그 후 도적에게 빼앗겨 벌거숭이가 되어버렸을 경우, 다른 이가 "그대는 지금 벌거숭이인데, 이것(벌거숭이)의 본질은 무엇인가?"라고 물으면, 그는 "나는 이전에는 옷을 입고 있었지만 지금은 도적에게 빼앗겨 다만 '벌거숭이'로 지내는 것일 뿐이거늘, [여기에] 무슨 본질이 있다고 하겠는가?"라고 답하는 것과 같다.

또한 어떤 사람의 의복이 낡았을 경우, 다른 이가 "그대의 옷이 낡았는데, 이것(낡은 옷)의 본질은 무엇인가?"라고 물으면, 그는 "내 옷은 본래는 완전하였지만 이제는 낡아버려 다만 '옷이 낡았다'고 말하는 것일 뿐이거늘, [여기에] 무슨 본질이 있다고 하겠는가?"라고 답하는 것과 같다.

이와 마찬가지로 행자가 일찍이 頂法을 성취하였지만, 지금 퇴실한 것을 '정타'라 이름한 것으로, [여기에] 별도의 자성은 존재하지 않는다.

[問: 退以何法爲自性耶?]

⑤ 譬喩尊者, 作如是言: 退無自性, 唯假施設. 所以者何? 身中先有諸善功德, 今遇退緣, 退失此法, 有何自性? 如人有財爲賊所奪, 有人問曰, '汝今失財, 以何爲體?' 財主答曰, '我本有財, 今爲賊奪, 但無財物, 知有何體?' 如人有衣爲他奪去, 露形而住, 有人問曰, '汝今無衣, 以何爲體?' 衣主答曰, '我先有衣, 今被奪去, 知有何體'. 如人衣破, 有人問曰, '汝今衣破, 用何爲性?' 衣破者曰, '我衣先完, 今衣破已, 知有何性.' 如是身中, 先有勝德, 今唯退失, 有何自性. (T27, 313a14-25)

[問: 此善根斷, 自性是何?]

⑥ 譬喩者言: 無實自性. 謂彼相續先有善根, 今時斷滅, 有何自性? 所引現喩, 如頂中說. (182c2-4)

[문: 退失의 자성은 무엇인가?]

⑤ 譬喩尊者는 이같이 말하였다.

"退失은 무자성으로, 다만 일시 시설한 것일 뿐이다."

그렇게 말한 까닭이 무엇인가?

소의신 중에 일찍이 온갖 善功德이 존재하였지만, 지금 퇴실의 인연을 만나 이러한 법에서 퇴실하게 된 것인데, [여기에] 무슨 자성이 존재한다고 하겠는가? 예컨대 어떤 사람이 도적에게 재물을 빼앗겼을 경우, 어떤 이가 "그대는 지금 재물을 잃었는데, 이는 무엇을 본질(體)로 하는 것인가?"라고 물으면, 재물의 주인은 "나는 본래 재물을 가졌지만 지금 도적에게 빼앗겨 다만 재물이 없을 뿐이거늘 [여기에] 무슨 본질이 존재하여 이를 알겠는가?"라고 답하는 것과 같다.

[또한] 어떤 사람이 옷을 도적에게 빼앗겨 벌거숭이로 지내는 경우, 어떤 이가 "그대는 지금 옷이 없는데, 이는 무엇을 본질로 하는 것인가?"라고 물으면, 옷의 주인은 "나는 전에는 옷을 입고 있었지만 지금 도적에게 빼앗긴 것이거늘, [여기에] 무슨 본질이 존재하여 이를 알겠는가?"라고 답하는 것과 같다.

[또한] 어떤 사람의 의복이 낡았을 경우, 어떤 이가 "그대의 옷이 낡았는데, 이는 무엇을 본질로 하는 것인가?"라고 물으면, 낡은 옷을 입은 이는 "내 옷은 이전에는 온전하였지만 지금 낡아버린 것이거늘, [여기에] 무슨 본질이 존재하여 이를 알겠는가?"라고 답하는 것과 같다.

이와 마찬가지로 소의신 중에 일찍이 수승한 功德이 존재하였지만, 지금은 다만 그것에서 물러난 상태이거늘, [여기에] 무슨 자성이 존재한다고 하겠는가?

[문: 이러한 善根斷의 자성은 무엇인가?[36]]

⑥ 譬喩者는 말하였다.

"[善根의 끊어짐은] 실유의 자성을 갖는 것이 아니다. 이를테면 그의 相續 중에 일찍이 선근이 존재하였다가 지금 단멸한 것인데, [여기에] 무슨 자성이 존재한다고 하겠는가? [이에 관한 세간의] 現喩(dṛṣṭānta)를 인용하면 頂法 중에서 설한 바(本節 1④)와 같다."

---

36 [毘婆沙師]評曰: 應作是說. 諸善根斷, 以不成就爲自性. 是無覆無記, 心不相應行蘊所攝. (T27, 182c4-6).

2) 異生性

或復有執: 異生性無實體, 如譬喩者.[37] (231b26-27)

3) 꿈 · 영상 · 메아리 · 변화물

① 謂或有執: 夢非實有, 如譬喩者. 彼作是說: 夢中自見飮食飽滿, 諸根充悅, 覺已飢渴, 身力虛羸. 夢中自見眷屬圍繞, 奏五樂音歡娛受樂, 覺已皆無獨處愁悴. 夢中自見四兵圍繞, 東西馳走, 覺已安然. 由此應知, 夢非實有.[38] (193b4-9)

[問: 水鏡等中所有影像, 爲是實有, 非實有耶?]
② 譬喩者說: 此非實有. 所以者何? 面不入鏡, 鏡不在面, 如何鏡上有面像生?[39] (390c4-6)

---

37 '云何異生性? 乃至廣說'.(T26, 928c5-7) 問: 何故作此論? 答: 爲止他宗, 顯正義故. (中略) **謂或復有執. 異生性無實體. 如譬喩者**. 爲遮彼執, 顯異生性自體實有.(T27, 231b21-28) 『구사론』 권4(T29, 23c1-3), "如經部師所說爲善. 經部所說, 其義云何? 謂曾未生聖法相續分位差別, 名異生性."; AKBh., 66. 16-18, evaṃ tu sādhu yathā sautrāntikānām. kathaṃ ca sautrāntikānām. anutpannāryadharmasantatiḥ pṛthagjanatvam iti.

38 '夢名何法? 乃至廣說.'(T26, 925c2-4) 問: 何故作此論? 答: 前雖說夢作用, 而未說夢自性. 今欲說之. 復次爲破他宗, 顯正義故. **謂或有執. 夢非實有, 如譬喩者.** (中略) 爲遮彼執, 顯實有夢. (T27, 193b2-10).

39 阿毘達磨諸論師言: 此是實有. 是眼所見眼識所緣色處攝故. (T27, 390c6-7).

2) 異生性

다시 어떤 이는 異生性(pṛthagjanatva)은 실체로서 존재하지 않는다고 주장하였으니, 예컨대 譬喩者가 그러하였다.

3) 꿈·영상·메아리·변화물

① 어떤 이는 꿈은 실유가 아니라고 주장하였으니, 예컨대 譬喩者가 그러하였다. 그들은 이같이 설하였다.
꿈속에서 먹고 마셔 배가 부르고 諸根이 충족되어 기뻐하였을지라도 깨고 나면 [여전히] 배가 고프고 목마르며, 몸의 기력도 허약하다. [또한] 꿈속에서 권속에 둘러싸여 五樂의 음악(音)을 연주하고 歡娛하며 즐거움을 향수하였을지라도 깨고 나면 모두가 사라져 홀로 쓸쓸하다. [또한] 꿈속에서 4兵에 포위되어 동서로 도망 다녔을지라도 깨고 나면 편안하다. 이에 따라 마땅히 알아야 할 것이니, 꿈은 실유가 아니다.

[문: 물이나 거울 등에 비친 影像은 실유라고 해야 할 것인가, 실유가 아니라고 해야 할 것인가?]
② 譬喩者는 설하였다.
"이러한 영상은 실유가 아니다."
그같이 설한 까닭이 무엇인가?
얼굴이 거울에 들어가지도 않았고 거울에 얼굴이 존재하지도 않거늘, 어떻게 거울에 얼굴의 영상이 존재한다고 하겠는가?

[問: 世間所聞諸谷響等, 爲是實有, 非實有耶?]
③ 譬喩者說: 此非實有. 所以者何? 一切音聲刹那性故, 於此處生卽此處滅. 刹那頃生自然卽滅. 如何能至谷等生響?[40] (390c17-19)

④ 如譬喩者, 作如是說: 諸所化物, 皆非實有. 若實有者, 云何名化? 大德亦言: 化非實有, 是修所現. 如屍起作鬼咒所爲.[41] (696b25-28)

⑤ 謂譬喩者說, 化非實.[42] (700a15)

40 阿毘達磨諸論師言. 此是實有. 是耳所聞耳識所緣聲處攝故. (T27, 390c19-21).

41 '生欲界作色界化.'(T26, 987a24) 乃至廣說. 問: 何故作此論? 答: 欲止他義顯己義故. **如譬喩者, 作如是說. 諸所化物皆非實有**. (中略) 爲止如是所說意趣, 顯諸化事皆是實有. (T27, 696b24-29).

42 '中有當言, 有大種, 無大種耶? 乃至廣說.' (T26, 987b2-4) 問: 何故次化明中有? 答: (中略) 有說. 此二, 多諸誹謗. **謂譬喩者說, 化非實**. 分別論者, 撥無中有. 前明化是實有. 今明中有非無. 以是故次化明中有. (T27, 700a11-17).

[문: 세간에서 듣는 계곡에서의 메아리 등은 실유라고 해야 할 것인가, 실유가 아니라고 해야 할 것인가?]

③ 譬喩者는 설하였다.

"메아리는 실유가 아니다."

그같이 설한 까닭이 무엇인가?

일체의 음성은 刹那性이기 때문으로, 이곳에서 생겨나 바로 이곳에서 소멸한다. 찰나 동안 생겨났다가 저절로 소멸하거늘, 어떻게 계곡 등에 이르러 메아리를 낳을 수 있을 것인가?[43]

④ 譬喩者는 이같이 설하였다.

"온갖 변화하여 나타난 것은 다 실유가 아니다. 만약 실유라면, 어떻게 '변화하여 나타난 것'이라고 말하겠는가?"

[저들의] 大德도 역시 말하였다.

"변화는 실유가 아니라 바로 修習(*bhāvanā, 즉 선정)에 의해 나타난 것으로, 마치 鬼呪에 의해 시체가 일어나는 것과 같다."

⑤ 譬喩者는 설하였다.

"변화하여 나타난 것은 실유가 아니다."

43 제5장 2-1 '찰나멸론'①; 제8장 1-1 '정량부의 行動說 비판'① 참조.

4) 유위4상

① 謂或有說, 諸有爲相, 無實體性, 如譬喻者所說. 所以者何? 彼說: 諸有爲相, 是不相應行行蘊所攝. 諸不相應行, 皆無實體.[44] (977b9-11)

② 謂或有執, 諸有爲相, 非實有體, 如譬喻者. 彼作是說: 諸有爲相, 是不相應行蘊所攝, 不相應行蘊無有實體. 故諸有爲相, 非實有體.[45] (198a15-17)

③ 譬喻者說: 生等諸相, 體非實有.[46] (198c22)

④ 謂或有執: 三有爲相, 非一剎那, 如譬喻者. 彼作是說: 若一剎那有三相者, 則應一法一時亦生亦老亦滅. 然無此理, 互相違故. 應說, 諸法初起名'生', 後盡名'滅', 中熟名'老'.[47] (200a3-7)

⑤ 或復有執, 色等五蘊, 出胎時名'生', 相續時名'住', 衰變時名'異', 命終時名'滅', 如經部師.[48] (198b1-3)

---

44 '頗有法無緣, 因緣·無緣法, 緣·無緣法俱生?'(T26, 1025c20) 乃至廣說. 問: 何故作此論? 答: 欲止他宗, 顯己義故. **謂或有說, 諸有爲相無實體性, 如譬喻者所說.** (下略) (T27, 977b6-11).

45 '色法生住老無常, 當言色耶, 非色耶?'(T26, 926a4) (中略) 問: 何故作此論? 答: 爲廣分別契經義故. 如契經說 '佛告苾芻. 法有二種. 一者有爲. 二者無爲. 有爲之起, 亦可了知. 盡及住異, 亦可了知. 無爲無起, 而可了知. 無盡住異, 而可了知.' 諸師於此契經義趣, 不如實知, 起種種執. **謂或有執. 諸有爲相, 非實有體. 如譬喻者**. (中略) 爲遮彼執, 顯有爲相實有自體 (T27, 198a8-18).

46 "十門分別, 生等諸相, 一切皆遮, **譬喻者說 '生等諸相體非實有'**. 非實有法, 如甁衣等, 不應如是廣分別故. (['色法의 生·住·老·無常은 色法이라 해야 할 것인가, 色法이 아니라고 해야 할 것인가? 답: 色法이 아니라고 말해야 한다'는 등의] 生 등 諸相에 관한 10門의 분별은 모두 다 '生 등의 諸相은 그 자체 실유가 아니다.'라는 譬喻者 설을 비판한 것이다. [그 자체] 실유가 아닌 법은 항아리나 옷 등과 같은 것이니, [生 등 諸相을] 이와 같이 널리 분별해서는 안 된다.)" (T27, 198c21-23).

47 '如世尊說, 有三有爲之有爲相. 有爲之起, 亦可了知. 盡及住異, 亦可了知. 一剎那中云何起? 答: 生. 云何盡? 答: 無常. 云何住異? 答: 老.'(T26, 926b20-22) 問: 何故作此論? 答: 爲欲分別契經義故. 謂契經說, 有三有爲之有爲相. 乃至廣說. 雖作是說, 而不顯示, 云何起盡? 云何住異? 經是此論所依根本. 彼不說者, 今應說之. 復次爲止他宗, 顯正義故. **謂或有執. 三有爲相, 非一剎那, 如譬喻者**. (中略) 爲遮彼執, 顯一剎那具有三相. (T27, 199c25-200a8).

48 이 논설의 舊譯은 '復有說者, 此法是相應.'(T28, 148b)으로, 『구사론』 상의 경량부의 유위4상설(T29, 27c10-12; 제3장 2-1-2 '상좌에 영향받은 세친의 유위4상론' 참조)에 따른 玄奘의 부가가필로 이해되지만(加藤純章, 1989, 102f) "[毘婆沙師가] '所相과 能相의 世(시간)가 동일하다'고 설한 것은 시간을 달리하는 경량부의 4相說을 비판하기 위한 것"이라는 婆沙의 논설(謂說所相能相世同, 即遮**經部異時四相**: T27, 198c17-18)로 볼 때 이 또한 前項(④)의 譬喻者설의 다른 형식일 것이다.

4) 유위4상

① 어떤 이는 諸 有爲相(saṃskṛtālakṣaṇa)은 실체로서 존재하는 것이 아니라고 주장하였으니, 예컨대 譬喩者의 설이 그러하였다.
어떠한 이유에서 그같이 설한 것인가?
그들은 설하였다.
"제 유위상은 바로 불상응행의 행온에 포섭되는 것으로, 불상응행법은 다 실체로서 존재하는 것이 아니다."

② 어떤 이는 有爲相은 실유의 실체가 아니라고 주장하였으니, 예컨대 譬喩者가 그러하였다.
그들은 이같이 설하였다.
"제 유위상은 불상응행온에 포섭되며, 불상응행온은 어떠한 경우에도 실체로서 존재하는 것이 아니다. 따라서 제 유위상은 실유의 실체가 아니다."

③ 譬喩者는 설하였다. "生 등의 [유위의] 온갖 相은 그 자체 실유가 아니다."

④ 어떤 이는 세 가지 유위상은 일찰나가 아니라고 주장하였으니, 譬喩者가 그러하였다.
그들은 이같이 설하였다.
"만약 일찰나에 3상이 존재한다면 어떤 한 존재는 일시에 생겨나고 노쇠하고 소멸한다고 해야 한다. 그러나 이 같은 이치는 없으니, [세 가지 상은] 서로 상위하기 때문이다. [따라서] 마땅히 제법이 처음 일어나는 것을 '生'이라 하고, 최후 멸진하여 사라진 것을 '滅'이라 하며 중간에 성숙하는 것을 '老'라고 하였다."

⑤ 다시 어떤 이는 "色 등의 오온이 모태에서 나올 때를 '生'이라 하고, 상속할 때를 '住'라고 하며, 쇠퇴 변이할 때를 '異', 목숨이 다할 때를 '滅'이라 한다"고 주장하였으니, 경량부가 그러하였다.

5) 名·句·文身

謂或有執. 名·句·文身, 非實有法, 如譬喩者.[49] (70a3-5)

6) 택멸·비택멸·無常滅

① 謂或有執. 擇滅·非擇滅·無常滅. 非實有體. 如譬喩者.[50] (161a10-11)

② 譬喩者不許, 有非擇滅法.[51] (931b23-24)

---

49 '云何多名身? 乃至廣說' (T26, 920b15) 問: 何故作此論? (中略) 有說. 爲止他宗, 顯己義故. **謂或有執. 名句文身, 非實有法. 如譬喩者**. (中略) 爲止彼執, 顯名身等是實有法. 是不相應行蘊所攝. 故作斯論. (T27, 69c23-70a7).

50 '云何擇滅 乃至廣說(答:諸滅是離繫)' (T26, 923b6) 問: 何故作此論? 答: 爲止他宗, 顯正義故. **謂或有執. 擇滅非擇滅無常滅. 非實有體. 如譬喩者**. 爲遮彼執, 顯三種滅皆有實體. (T27, 161a9-12).

51 '諸退等覺支, 彼退無漏法耶? 答: 無全退等覺支, 亦無全退無漏法.' (T26, 1022a20-21) 義如前釋. 復次爲止摩訶僧祇部說, 預流果有退. 及止**譬喩者, 不許有非擇滅法**. 故作是說. (T27, 931b21-24).

5) 名·句·文身

어떤 이는 名·句·文身이 실체로 존재하지 않는 법이라 주장하였으니, 譬喩者가 그러하였다.

6) 택멸·비택멸·無常滅

① 어떤 이는 擇滅·非擇滅·無常滅은 실유의 실체가 아니라고 주장하였으니, 譬喩者가 그러하였다.

② 譬喩者는 非擇滅法의 존재를 인정하지 않았다.

7) 번뇌의 경계대상(所繫事)

譬喩者說: 能繫結, 是實. 所繫事, 是假. 補特伽羅亦假.[52]

問: 彼何故說: 所繫事是假耶?

答: 彼說. 有染與無染境, 不決定故, 知境非實. 謂如有一端正女人, 種種莊嚴來入衆會, 有見起敬; 有見起貪; 有見起瞋; 有見起嫉; 有見起厭; 有見起悲; 有見生捨. 應知! 此中子見起敬; 諸耽欲者, 見而起貪; 諸怨憎者, 見而起瞋; 諸同夫者, 見而起嫉; 諸有修習不淨觀者, 見而起厭; 諸離欲仙, 見起悲愍, 作如是念. '此妙色相, 不久當爲無常所滅.'; 諸阿羅漢, 見而生捨. 由此故知, 境無實體. (288b16-27)

8) 相待有: 부처의 身力

有執: 身力及與身劣, 無定自體. 如譬喩者. 彼作是說: 象力勝馬, 馬力勝牛. 故知力劣無定自體.[53] (154b15-17)

---

52 본 논설은 '有九結. 謂愛結乃至慳結. 若於此事, 有愛結繫, 亦有恚結繫耶?'라는 『발지론』의 논설(T26, 288a8-9) 중에서의 事(vastu)를 自體事(自性事), 所緣事, 繫事(繫縛事), 因事(所因事), 攝受事(所攝事)로 분류 해설하고서 繫事의 能所에 대해 분별한 것이다. 所繫事(saṃyojanīya vastu)는 능히 계박하는 번뇌의 원인이 되는 대상. "阿毘達磨諸論師言. 所繫事是實, 能繫結亦實, 補特伽羅是假." (T27, 288b14-15).

53 '云何身力? 乃至廣說.'(T26, 923a27-29) 問: 何故作此論? 答: 爲止他宗, 顯正義故. 謂(中略)**有執. 身力及與身劣無定自體. 如譬喩者**. (中略) 爲遮彼執, 顯身力劣有定自體, 觸處所攝. 以一切法自性定故.(T27, 154b8-20) 毘婆沙師에 따르면, 말은 코끼리에 비해 저열한 대종이 많고 강력한 대종이 적으며, 소는 말에 비해 저열한 대종이 적고 강력한 대종이 많다. 강력하고 저열한 대종은 각기 다르기 때문에 相待에 따라 명칭은 비록 일정하지 않을지라도 [승렬의 법] 자체는 항상 차별된다.("問: 若身力劣各有定性, 譬喩者難當云何通? 答: 雖象馬等相待勝劣, 名不決定, 而有定體. 謂馬對象, 劣大種多, 力大種少. 馬若對牛, 劣大種少, 力大種多. 如馬, 餘類當知亦爾. 以力與劣大種各異故, 相待時名雖不定, 而體恒別.") (T27, 154b23-28).

7) 번뇌의 경계대상(所繫事)

譬喩者는 설하였다.
"능히 계박하는 結(saṃyojana, 번뇌)은 실유이지만, 所繫事 즉 계박의 원인이 되는 대상은 가설적인 것이며, 보특가라 역시 가설적인 것이다."
문: 그들은 어떠한 까닭에서 所繫事가 가설적인 것이라고 설한 것인가?
답: 그들은 [다음과 같이] 설하였다.
有染과 無染의 [원인이 되는] 경계대상이 결정적이지 않기 때문에 경계대상(즉 所繫事)은 실유가 아님을 알게 된 것이다. 이를테면 어떤 단정한 여인이 여러 가지 장신구로 장엄하고서 여러 사람들이 모인 곳에 나타나면, 어떤 이는 그녀를 보고서 공경하는 마음을 일으키며, 어떤 이는 탐하는 마음을 일으키며, 어떤 이는 미워하는 마음을 일으키며, 어떤 이는 질투심을 일으키며, 싫어하는 마음을 일으키며, 어떤 이는 가엾이 여기는 마음을 일으키며, 어떤 이는 [다른 이와] 평등한 마음을 일으킨다.
마땅히 알아야 할 것이니, 그들 중에서 아들이 보면 공경하는 마음을 일으키며, 음욕을 탐하는 모든 이들은 탐하는 마음을 일으키며, 원수지고 미워하는 모든 이들은 미워하는 마음을 일으키며, 다같이 지아비가 되는 모든 이들은 질투심을 일으키며, 不淨觀을 닦은 모든 이들은 싫어하는 마음을 일으키며, 음욕을 떠난 선인들은 가엾고 불쌍히 여기는 마음을 일으켜 "이러한 미묘한 색상은 오래지 않아 無常[法]에 따라 사라지게 될 것이다"고 생각하게 되며, 모든 아라한은 [다른 이와] 평등한 마음을 일으킨다. 이 같은 사실에 따라 경계대상(즉 소계사)은 실체로서 존재하는 것이 아님을 알아야 한다.[54]

8) 相待有: 부처의 身力

어떤 이는 몸의 힘이 세고(身力) 약함(身劣)은 그 자체 결정적인 것이 아니라고 주장하였으니, 譬喩者가 그러하였다.
그들은 이같이 설하였다.
"코끼리의 힘은 말의 힘보다 세고, 말의 힘은 소의 힘보다 세다. 따라서 힘이 세고 약함은 그 자체 결정적인 것이 아님을 알아야 한다."

---

54 본서 제9장 9 '번뇌의 경계대상' 참조.

3. 心·心所法

1) 심·심소 無別體설

① 謂譬喩者說, 觸非實有. 所以者何? 契經說故. 如契經說, "眼及色爲緣, 生眼識. 三和合觸"等. 離眼色眼識, 外實觸體不可得.[55] (760a28-b2)

② 謂或有執. 思·慮是心, 如譬喩者. 彼說: 思·慮是心差別, 無別有體.[56] (216b23-24)

③ 謂或有執: 尋伺卽心, 如譬喩者.[57] (218c28)

2) 심·심소 次第繼起(불상응설)설

① 或有執: 智與識不俱, 如譬喩者. 爲止彼宗, 顯智與識有俱時生.[58] (44b25-26)

② 譬喩者說: 若心有智, 則無無知; 若心有疑, 則無決定; 若心有麤, 則無有細.[59] (547b24-26)

③ 或復有執: 心心所法, 次第而起, 互不相應, 如譬喩者.[60] (463a20-21)

---

55 '有十六觸. 謂有對觸, 增語觸, 明觸, 無明觸, 非明非無明觸, 愛觸, 恚觸, 順樂受觸, 順苦受觸, 順不苦不樂受觸, 眼觸, 耳觸, 鼻觸, 舌觸, 身觸, 意觸. 云何有對觸? 乃至云何意觸?' (T26, 996b12-25) (中略) 問: 何故作此論? 答爲止他宗, 顯己義故. **謂譬喩者說. 觸非實有**. (中略) 爲遮彼意, 顯觸體是實有. (T27, 760a23-b3).

56 '云何思, 云何慮?' (T26, 927b14-16) (中略) 問: 何故作此論? 答: 爲止他宗, 顯正義故. **謂或有執. 思慮是心, 如譬喩者**. (中略) 爲遮彼執. 顯思與慮是心所法, 別有自體. (T27, 216b21-25).

57 '云何尋? 乃至廣說' (T26, 927b17f) 問: 何故作此論? 答: 爲止他宗, 顯正義故. **謂或有執. 尋伺卽心. 如譬喩者**. 爲遮彼執. 顯尋與伺是心所法. (T27, 218c26-29).

58 '頗有一識了一切法耶? 乃至廣說' (T26, 919b11ff) 問: 何故作此論? 答: 爲止他宗, 顯己義故. (中略) **或有執. 智與識不俱, 如譬喩者**. 爲止彼宗, 顯智與識有俱時生. 由此因緣故造斯論. (T27, 44a28-b27).

59 "對法者所說法相, 如鬧叢林. 謂一心中, 有智有無知, 有非智非無知, 有疑有決定, 有非疑非決定, 有麤有細, 有非麤非細. 阿毘達磨諸論師言, '許法俱生', 斯有何失? 謂諸心所展轉力生, 一心相應相用各別." (T27, 547b26-c2).

60 '眼根乃至無色界修所斷無明隨眠一一所增隨眠. 當言樂根苦根喜根憂根捨根相應耶?' (T26, 946b12-14) 問: 何故作此論? 答: 爲止他宗, 顯正理故. (中略) **或復有執. 心心所法次第而起, 互不相應. 如譬喩者**. 爲遮彼意, 顯心所俱時而生, 有相應義. 由此因緣, 故作斯論. (T27, 463a12-23).

1) 심·심소 無別體설

① 譬喩者는 설하였다.
"觸은 실유가 아니다."
그같이 말한 까닭이 무엇인가?
계경에서 설하였기 때문이다. 즉 계경에서 "眼과 色이 緣이 되어 眼識을 낳고, 세 가지의 화합이 촉이다"는 등으로 설한 것처럼 실유의 촉 자체는 眼과 色과 眼識을 떠나 그 밖에 달리 획득(인식)될 수 없는 것이다.

② 어떤 이는 思와 慮가 바로 마음(心)이라고 주장하였으니, 譬喩者가 그러하였다.
그들은 설하였다.
"思와 慮는 바로 마음의 차별로 개별적 실체로서 존재하는 것이 아니다."

③ 어떤 이는 尋·伺는 바로 마음[의 차별]이라고 주장하였으니, 譬喩者가 그러하였다.

2) 심·심소 次第繼起(불상응설) 설

① 어떤 이는 智와 識은 동시에 함께 일어나지 않는다고 주장하였으니, 譬喩者가 그러하였다.

② 譬喩者는 설하였다.
"만약 마음에 智가 존재하면 無知는 존재하지 않으며, 만약 마음에 의혹(疑)이 존재하면 決定(즉 智)은 존재하지 않으며, 만약 마음에 거침(麤, 즉 尋)이 존재하면 미세함(細, 즉 伺)은 존재하지 않는다."

③ 어떤 이는 심·심소법은 순서대로 일어날 뿐 서로 상응하지 않는다고 주장하였으니, 譬喩者가 그러하였다.

④ 謂或有說, 諸心所法, 次第而生, 非一時生, 如譬喩者. 大德亦說, 諸心所法, 次第而生, 非一時生. 如多商侶過一狹路, 要一一過, 非二, 非多. 諸心所法, 亦復如是, 一一各別, 生相所生, 必無一時和合生義.

問: 彼依何量, 作如是說?

答: 依至教量. 謂契經說, "若於爾時心沈, 恐沈修三覺支, 名非時修, 謂輕安·定·捨. 修三覺支, 名是時修, 謂擇法·精進·喜. 若於爾時心掉, 恐掉修三覺支, 名非時修, 謂擇法·精進·喜. 修三覺支, 名是時修, 謂輕安·定·捨." 彼作是說: 覺支旣有時·非時修, 故知! 心所次第而生, 非一時起.

又餘經說, "舍利子言: '我於七覺支, 定能隨意自在住. 謂我欲於此覺支, 定日初分住, 卽便能住. 若我欲於此覺支, 定日中分住, 卽便能住. 若我欲於此覺支, 定日後分住, 卽便能住.'" 彼作是說: 旣舍利子於七覺支, 隨所欲住, 故知! 心所次第而生, 非一時起, 其理決定.[61] (493c25-494a14)

---

61 '七覺支八道支一一現在前時, 幾覺支, 幾道支現在前耶?' (T26, 952b16-17) 問: 何故作此論? 答: 爲止他宗, 顯正理故. **謂或有說, 諸心所法, 次第而生, 非一時生, 如譬喩者.** (中略) 爲遮彼意, 顯諸心所有一時生, 故作斯論. (T27, 493c23-494a15).

④ 어떤 이는 제 심소법은 순서대로 일어날 뿐 일시에 생겨나는 것이 아니라고 주장하였으니, 譬喩者가 그러하였다.
[저들의] 大德 역시 설하였다.
"제 심소법은 순서대로 일어날 뿐 일시에 생겨나는 것이 아니니, 다수의 상인들은 한 사람이 겨우 지나가는 좁은 길을 지나갈 때에는 반드시 한 사람씩 지나가지 두 사람이나 여러 사람이 [함께] 지나가지 않듯이, 제 심소법도 역시 이와 마찬가지로 각각이 개별적으로 生相에 의해 생겨나는 것이지, 필시 일시에 화합하여 생겨나는 일이 없다."
문: 그는 어떤 인식방법(量, pramāṇa)에 근거하여 이같이 설하게 된 것인가?
답: 至教量(āptavacana-pramāṇa)에 근거하였다. 즉 계경에서 설하였다. "만약 그 때 마음이 가라앉으면 가라앉는 것을 염려하여 輕安·定·捨의 세 각지를 닦는 것을 非時修(때에 맞지 않는 닦음)라고 이름하고, 擇法·精進·喜의 세 각지를 닦는 것을 時修(때에 맞는 닦음)라고 이름하며, 만약 그 때 마음이 들뜨면 들뜨는 것을 염려하여 擇法·精進·喜의 세 각지를 닦는 것을 非時修라고 이름하고, 輕安·定·捨의 세 각지를 닦는 것을 時修라고 이름한다." (즉 마음이 가라앉을 때에는 擇法·精進·喜의 세 각지를 닦으며, 들뜰 때에는 輕安·定·捨의 세 각지를 닦아야 한다.)
[이에 따라] 그는 설하였다.
"각지에 이미 때에 맞는 닦음과 때에 맞지 않는 닦음이 있다고 하였으니, 심소는 순서대로 생겨나는 것이지 일시에 일어나는 것이 아님을 알아야 한다."
또 다른 경에서 설하였다. "舍利子는 '나는 결정코 능히 7각지에 마음대로 자재하게 머물 수 있다. 이를테면 나는 이러한 7각지에 결정코 아침에 머물기를 원하면 바로 머물 수 있으며, 만약 나는 이러한 7각지에 결정코 낮에 머물기를 원하면 바로 머물 수 있으며, 나는 이러한 7각지에 결정코 저녁에 머물기를 원하면 바로 머물 수 있다.'고 설하였다."
[이에 따라] 그는 말하였다.
"舍利子도 7각지에 원하는 바대로 머물 수 있다고 하였으니, 심소는 순서대로 생겨나는 것이지 일시에 일어나는 것이 아님을 알아야 하는 것으로, 그 이치는 결정적인 것이다."

⑤ 謂或有執, 心·心所法, 前後而生, 非一時起, 如譬喩者. 彼作是說: 心·心所法, 依諸因緣, 前後而生. 譬如商侶涉嶮隘路, 一一而度, 無二並行, 心心所法亦復如是, 衆經[62]和合一一而生, 所待衆緣各有異故.[63] (79c7-12)

⑥ 謂或有執: 諸法生時, 漸次, 非頓, 如譬喩者. 大德說曰: 諸法生時, 次第而生, 無並起義. 如經狹路有多商侶, 一一而過, 尙無二人一時過義, 況得有多? 諸有爲法亦復如是. 一一從自生相而生, 別和合生, 理不俱起.[64] (270a10-15)

⑦ 譬喩者說: 心心所次第而生. 彼大德言: 心心所法一一而起, 如經狹路, 尙無二並, 何況有多?[65] (745a7-9)

---

62 宋·元·明本은 '衆緣'.

63 '云何相應因? 乃至廣說.' (T26, 920c6-10) 問: 何故作此論? 答: 爲止他宗, 顯正理故. **謂或有執. 心心所法, 前後而生, 非一時起. 如譬喩者.** 阿毘達磨諸論師言. 心心所法有別因故. 可說衆緣和合有異有別因故. 可說衆緣和合無異. 謂心心所各各別, 有生住異滅和合而生. 是故可說和合有異. 同依一根同緣一境而得生故. 可說一切和合無異. 是故一切心心所法, 隨其所應, 俱時而起. (T27, 79c6-18).

64 '三結乃至九十八隨眠, 幾樂根相應, 幾苦喜憂捨根相應?' (T26, 931a17-18) 問: 何故作此論? 答: 爲止他宗, 顯正理故. **謂或有執. 諸法生時, 漸次非頓. 如譬喩者**. (T27, 270a8-11).

65 '此二十二根, 幾樂根相應? 乃至廣說.' (T26, 993a22ff) 問: 何故作此論? 答: 欲止他宗, 顯己義故. **如譬喩者說. 心心所次第而生.** (中略) 爲止如是種種異說, 顯心心所俱時而生展轉相應. 非於自體唯望他說.(?) 故作斯論. (T27, 745a6-20).

⑤ 어떤 이는 심·심소법은 전후로 생겨나는 것일 뿐 일시에 생겨나는 것이 아니라고 주장하였으니, 譬喩者가 그러하였다.
그들은 이같이 설하였다.
"심·심소법은 제 인연에 근거하여 전후로 생겨난다. 비유하자면 상인들이 험하고 좁은 길을 지나갈 때 한 명씩 건너가고 두 명이나 [여럿이] 함께 가는 일이 없듯이, 심·심소법도 역시 이와 같다. 즉 衆緣이 화합하여 하나씩 생겨나니, 근거하는 중연이 각기 다르기 때문이다."

⑥ 어떤 이는 제법이 생겨날 때 순서대로(점차적으로) 생겨나지 단박에 생겨나지 않는다고 주장하였으니, 譬喩者가 그러하였다.
[저들의] 大德은 설하였다.
"제법이 생겨날 때 점차적으로 생겨나는 것이지 함께 일어나는 일이 없다. 예컨대 좁은 길에 많은 상인들이 있을 때, 한 사람씩 지나는 것과 같다. 두 사람도 일시에 지나갈 수 없거늘, 하물며 여러 사람이 지나갈 수 있을 것인가? 제 유위법 역시 이와 같으니, 하나하나가 (각각이) 자신의 生相으로부터 생겨난다거나 별도의 법(生相)과 화합하여 생겨난다는 것은 이치상 俱起하지 않기 [때문]이다."

⑦ 譬喩者는 설하였다.
"심·심소법은 순서대로 생겨난다."
저들의 大德은 말하였다.
"심·심소법은 각각으로 일어난다. 예컨대 좁은 길을 지나갈 때 두 사람도 함께 지나가지 못하거늘 하물며 많은 사람이 지나갈 수 있을 것인가?"

3) 6識의 소연

謂譬喩者, 作如是說 : 眼等六識身所緣境各別. 彼說: 意識別有所緣, 不緣眼等五識所緣. 又說: 六識唯緣外境, 不緣內根, 亦不緣識.[66] (449a16-19)

4) 無所緣識(緣無智)論

① 謂譬喩者, 作如是說 : 薩迦耶見無實所緣. 彼作是言: 薩迦耶見計我我所, 於勝義中無我我所. 如人見繩謂是蛇, 見杌謂是人等. 此亦如是故無所緣.[67] (36a17-20)

② 謂或有執, 有緣無智, 如譬喩者. 彼作是說: 若緣幻事健達縛城, 及旋火輪·鹿愛等智, 皆緣無境.[68] (228b21-23)

---

66 '眼根乃至, 無色界修所斷無明隨眠, 緣識及緣緣識, 於九十八隨眠中, 一一有幾隨眠隨增耶?' (T26, 944a29-b2) 問: 何故作此論? 答: 爲止他宗, 顯正義故. **謂譬喩者, 作如是說. 眼等六識身所緣境各別.** (中略) 爲遮彼意, 顯前五識各別所緣, 唯緣外境, 不緣根識. 意識所緣, 與五識境, 有同有異, 亦緣內根, 亦緣諸識. 復次爲欲顯示諸法正理, 令他了知. 故作斯論. (T27, 449a13-22).

67 '此二十句, 薩迦耶見, 幾我見, 幾我所見? 乃至廣說' (T26, 919a9ff) 問: 何故作此論? (中略) 爲止他宗, 顯正義故. **謂譬喩者, 作如是說. 薩迦耶見, 無實所緣.** (中略) 爲止彼執, 顯示此見實有所緣. 故作斯論. (T27, 36a10-21).

68 '智多耶, 境多耶? 乃至廣說' (T26, 928b27ff) 問: 何故作此論? 答: 爲止他宗, 顯正義故. **謂或有執. 有緣無智. 如譬喩者.** (中略) 爲遮彼執, 顯一切智皆緣有境. (T27, 228b20-24).

3) 6識의 소연

譬喩者는 이같이 설하였다.
"眼 등의 6識身의 소연의 경계대상은 각기 다르다."
그들은 설하였다.
"意識에도 별도의 소연이 존재하는 것으로, 眼 등 5識의 소연을 반연하지 않는다." 또한 "6識은 오로지 외적 경계대상을 반연할 뿐 내적인 根은 반연하지 않으며, 識도 역시 반연하지 않는다"고 설하였다.

4) 無所緣識 (緣無智)

① 譬喩者는 이같이 설하였다.
"薩迦耶見(satkāya-dṛṣṭi)은 실유(진실)의 소연을 갖지 않는다."
그들은 이같이 말하였다.
"살가야견은 我·我所를 計度하는 것이지만, 勝義의 입장에서 본다면 我·我所는 존재하지 않는 것으로, 이는 마치 어떤 사람이 새끼줄을 보고 뱀이라 하고, 나무 그루터기를 보고 사람이라고 말하는 것과 같다. 이러한 살가야견 역시 이와 같기 때문에 소연을 갖지 않은 것이다."

② 어떤 이는 비존재를 반연하는 지식(緣無智)도 존재한다고 주장하였으니, 譬喩者가 그러하였다.
저들은 이같이 말하였다.
"만약 환술에 의해 나타난 健達縛城이나 횃불을 돌릴 때 나타나는 불 바퀴(旋火輪), 아지랑이 등을 반연하는 지식은 모두 비존재의 경계대상을 반연한 것이다."[69]

---

69 무기명이지만 동일한 견해가 '무색계 수소단의 무명수면과 10智의 관계'를 분별하는 章에서도 인용되고 있다. "謂或有執: 有諸覺慧, 無所緣境. 如取幻事健達縛城·鏡像·水月·影·光·鹿愛·旋火輪等, 種種覺慧皆無實境.: 어떤 이는 이같이 주장하였다. 온갖 지각(覺慧)으로서 소연의 경계대상(所緣境)을 갖지 않는 것도 존재하니, 예컨대 환술에 의한 건달박성이나 거울에 비친 영상, 물에 비친 달, 그림자, 빛, 아지랑이, 불 바퀴 등을 취한(파악한) 지각이 바로 그러한 경우로서, [이 같은] 온갖 종류의 지각은 다 실유의 경계대상을 갖지 않는 것이다." (T27, 558a8-10).

5) 無心定 有細心說

① 謂譬喩者·分別論師執 : 無想定, 細心不滅. 彼作是說: 若無想定都無有心, 命根便斷, 應名爲死, 不名在定.[70] (772c21-24)

② 謂譬喩者·分別論師執: 滅盡定, 細心不滅. 彼說: 無有有情而無色者, 亦無有定而無心者. 若定無心, 命根應斷, 便名爲死, 非謂在定.[71] (774a14-17)

問: 滅盡定中滅一切心心所法. 何故但言想受滅, 不說心等?
③ 答: 譬喩者說, 此定有心, 唯滅想受.
問: 今不問彼. 但問說無心者. 何故爾耶? 答: 說想受滅, 顯餘亦滅. 非餘相應法, 離想受起故. (775a21-25)

6) 和合見說

或復有執: 和合見色, 如譬喩者.[72] (61c10-11)

---

70 '入無想定, 幾根滅耶? 乃至廣說'(T26, 997c7) 問: 何故作此論? 答: 欲止他宗, 顯己義故. **謂譬喩者·分別論師執. 無想定細心不滅.** (中略) 爲止彼意, 顯無想定都無有心. (T27, 772c20-24).

71 '入滅盡定, 幾根滅? 乃至廣說'(T26, 997c9) 問: 何故作此論? 答: 爲止他宗, 顯己義故. **謂譬喩者·分別論師執. 滅盡定細心不滅.** (中略) 爲止彼意, 顯滅盡定都無有心. (T27, 774a13-18).

72 '當言一眼見色, 二眼見色耶? 乃至廣說' (T26, 919c27ff) 問: 何故作此論? 答: 爲止他宗, 顯己義故. 謂(中略) **或復有執. 和合見色. 如譬喩者.** (中略) 爲止如是他宗異執, 顯示己宗二眼見色. 故作斯論. (T27, 61c7-13).

5) 無心定 有細心說

① 譬喩者와 分別論師는 주장하였다.
"無想定에서도 細心(sūkṣmacitta)은 멸하지 않는다. 만약 무상정 중에서는 어떠한 마음도 존재하지 않는다고 한다면, 命根이 끊어져 죽었다고 해야 하지 선정에 들었다고 해서는 안 되는 것이다."

② 譬喩者와 分別論師는 주장하였다.
"멸진정에서도 細心은 멸하지 않는다. 어떠한 경우에도 無色의 유정은 존재하지 않으며, 역시 또한 無心의 定도 존재하지 않는다. 만약 定에 들어 마음이 존재하지 않는다면, 命根이 끊어져 죽었다고 해야지 定에 들었다고 해서는 안 되는 것이다."

문: 멸진정 중에서는 일체의 심·심소법이 멸하는데, 어떠한 까닭에서 다만 '想受滅[定]'이라 이름하고 '心' 등[이 滅한 선정]이라고는 말하지 않는 것인가?
③ 답: 譬喩者는 설하였다. "이러한 멸진정에서는 마음이 존재하고, 오로지 想·受만이 멸하기 때문이다."
문: 지금 그것(마음이 존재하는 것)에 대해 묻지 않았다. 다만 마음이 존재하지 않는다는 사실에 대해 [따져] 물었을 뿐이다. 어떤 까닭에서 그렇게 [想受滅定이라 이름한] 것인가?
답: 想·受의 소멸만 설하면, [이와 상응하는] 그 밖의 법 역시 소멸한다는 사실을 나타낸 것이니, 그 밖의 상응법은 想·受를 떠나 일어나지 않기 때문이다.

6) 和合見說

어떤 이는 [眼根과 眼識의] 和合이 色을 본다고 주장하였으니, 譬喩者가 그러하였다.[73]

73 제4장 8-1 '根·識=無作用설' 참조.

4. 인연론

1) 緣性(pratyayatā) 비실유설

① 謂或有執, 緣無實性, 如譬喩者.
問: 彼師何故作此執耶?
答: 彼依契經故作是執: 謂契經說'無明緣行.' 彼作是言: 無明無異相, 行有異相, 云何無異相法, 與有異相法, 作緣而有實性?
大德說曰: 諸師隨想, 施設'緣'名, 非實有性.[74] (83a23-28)

② [欲止譬喩者所說故.] 彼說: 緣性非實有法.
問: 彼何故作是說.
答: 依契經故. 如契經說, '無明緣行.' 行相有異, 無明一相, 如何一相無明, 爲緣生異相行, 而緣是實?
尊者亦說: 緣是諸師假立名號, 體非實有.[75] (680b27-c2)

③ 欲止譬喩者意. 以彼於緣性中不明了故, 說緣非實有.[76] (833a24-25)

---

74 '有身見與有身見爲幾緣? 有身見與戒禁取, 乃至無色界修所斷無明隨眠爲幾緣? (中略) 乃至廣說'(T26, 933a24-29) 問: 何故作此論? 答: 爲止他宗, 顯己義故. **謂或有執. 緣無實性, 如譬喩者**. (中略) 爲遮彼執, 顯實有緣, 故作斯論. (T27, 283a17-29).

75 '大種與大種爲幾緣?' (中略) (T26, 984a21) 問: 何故作此論? 答: **欲止譬喩者所說故**. (中略) 亦爲遮止如是所說, 顯示諸緣體是實有. (T27, 680b25-c3).

76 '味相應初靜慮. 乃至廣說.'(T26, 1012b17ff). 問: 何故作此論? 答: **欲止譬喩者意. 以彼於緣性中, 不明了故, 說緣非實有**. 今欲顯示諸緣自性, 令知諸緣皆是實有, 故作斯論. (T27, 833a23-26).

1) 緣性(pratyayatā) 비실유설

① 어떤 이들은 緣은 실재성을 갖지 않는다고 주장하였는데, 예컨대 譬喩者가 그러하다.
문: 저들(彼師)은 어떤 까닭에서 이같이 주장하게 된 것인가?
답: 저들은 계경에 근거하여 이같이 주장하였다. 즉 "無明을 緣하여 行이 있다"는 계경 설에 대해 이같이 말하였다. "無明은 다른 특성(異相)을 갖지 않지만, 行은 다른 특성을 갖는 것인데, 어떻게 다른 특성을 갖지 않는 [단일한] 법이 다른 특성을 갖는 [차별적인] 법에 대해 緣이 되는 것이라면서 실재성을 갖는다는 것인가?"[77]
[저들의] 大德도 설하였다.
"여러 논사들이 [자신의] 생각에 따라 [4]緣의 명칭을 施設한 것으로, 그것은 실체로서 존재하는 것(實有性)이 아니다."

② 저들 [譬喩者]는 설하였다.
"緣性은 實有의 법이 아니다."
문: 그들은 어떤 까닭에서 이같이 주장하게 된 것인가?
답: 계경에 근거하였기 때문이다. 예컨대 계경에서 "無明을 緣하여 行이 있다"고 설한 것에 대해 [이 같이 말하였다.] "行의 특성(相)에는 차이가 있지만 無明은 단일한 특성인데, 어떻게 단일한 특성의 무명이 [각기] 다른 특성의 行이 생겨나는 데 緣이 되는 것이라면서 '緣은 바로 실유'라고 하는 것인가?"
[저들의] 尊者도 역시 설하였다.
"[4가지] 緣은 바로 여러 논사들이 假立(prajñpti)한 호칭일 뿐으로, 그 자체 실유가 아니다."

---

77 즉 무명(avidyā)은 어떠한 무명이든 無智를 본질로 하는 단일한 법이지만("云何無明? 答: 三界無智.": T27, 221c18-19), 行(saṃskāra)은 유루·무루행, 선·악행, 罪·福·不動行, 有罪·無罪行, 妙·惡行 등 온갖 차별적 특성을 갖기 때문에(T27, 127a6-b5) (다시 말해 緣이 실체라면 결과와 일대일로 대응해야 하기 때문에) 단일한 특성의 무명은 차별적 특성을 갖는 行의 연이 될 수 없다는 뜻인가?

2) '因緣=비실체'설

有執, 因緣非實有物, 如譬喩者.[78] (79a20)

3) 異熟因 異熟果의 본질

① 謂或有執, 離思無異熟因, 離受無異熟果, 如譬喩者.[79] (96a25-26)

② 謂或有執: 離思無異熟因, 離受無異熟果, 如譬喩者.[80] (263c23-24)

③ 謂譬喩者說: 離思無異熟因, 離受無異熟果.[81] (741b11-12)

4) 遍行因

或復有執, 遍行有二, 一者無明, 二者有愛, 如譬喩者. 彼作是說: 緣起根本, 名爲遍行. 無明是前際緣起根本, 有愛是後際緣起根本. 故是遍行.[82] (90c14-17)

---

78 '有六因謂相應因乃至能作因.' (T26, 920c5-6) 問: 何故作此論? 答: (中略) **有執. 因緣非實有物, 如譬喩者**. 爲止彼意, 顯示因緣若性若相皆是實有. (T27, 79a16-21).

79 '云何異熟因? 乃至廣說.' (T26, 920c27-921a4) 問: 何故作此論? 答: 爲止他宗, 顯正理故. **謂或有執. 離思無異熟因. 離受無異熟果. 如譬喩者**. 爲止彼執, 顯異熟因及異熟果, 俱通五蘊. (T27, 96a24-27).

80 '三結乃至九十八隨眠, 幾有異熟, 幾無異熟?' (T26, 930a19-20) 問: 何故作此論? 答: 爲止他宗, 顯己義故. **謂或有執. 離思無異熟因. 離受無異熟果. 如譬喩者**. 爲止彼意, 顯異熟因及異熟果, 俱通五蘊. (T27, 263c21-25).

81 '此二十二根, 幾有異熟? 乃至廣說.' (T26, 991c27ff) 問: 何故作此論? 答: 欲止他宗, 顯己義故. **謂譬喩者說. 離思無異熟因. 離受無異熟果**. 爲遮彼說, 顯異熟因及異熟果, 俱通五蘊. (T27, 741b10-13).

82 '云何遍行因? 乃至廣說.' (T26, 920c20-27) 問: 何故作此論? 答: 爲止他宗, 顯正理故. (中略) **或復有執. 遍行有二. 一者無明. 二者有愛. 如譬喩者**. (中略) 爲止彼執, 顯無明有是遍行, 有非遍行, 有愛一向非遍行. (T27, 90c2-c18).

③ [本論에서 "味상응의 초정려는 自地 他地의 味·淨·無漏상응의 정려에 대해 몇 가지 緣이 되는 것인가?"에 대해 논의한 것은] 譬喩者의 생각(abhiprāya: 意, 意趣)을 중지시키고자 함이었다. 즉 그들은 緣性에 대해 분명하게 알지 못하였기 때문에 '緣은 실유가 아니'라고 설하였던 것이다.[83]

2) '因緣=비실체'설

어떤 이들은 因緣은 실체가 아니라고 주장하였으니, 譬喩者가 그러하였다.

3) 異熟因 異熟果의 본질

① 어떤 이들은 "思를 떠난 異熟因은 존재하지 않으며, 受를 떠난 異熟果도 존재하지 않는다"고 주장하였으니, 譬喩者가 그러하였다.

② 어떤 이들은 "思를 떠난 이숙인은 존재하지 않으며, 受를 떠난 이숙과도 존재하지 않는다"고 주장하였으니, 譬喩者가 그러하였다.

③ 譬喩者는 설하였다.
"思를 떠난 이숙인은 존재하지 않으며, 受를 떠난 이숙과도 존재하지 않는다."

4) 遍行因

어떤 이들은 "遍行에는 두 가지가 있다. 첫째는 無明이며, 둘째는 有愛이다"고 주장하였으니, 譬喩者가 그러하였다.
그들은 이같이 설하였다.
"緣起의 근본이 되는 것을 遍行이라 이름하니, 無明(avidyā)은 바로 前際(pūrvānta)緣起의 근본이며, 有愛(*bhava-tṛṣṇā, -taṇhā)는 後際(apūrvānta)연기의 근본이다. 그래서 [無明과 有愛가] 바로 遍行이다."

---

83 『대비바사론』에서는 이 밖에 권10(T27, 47a28f)과 권107(T27, 555a3)에서도 각기 '因緣無體'論과 '緣無實體'論을 有執으로 인용하고 있는데, 이 또한 譬喩者의 학설일 것이다.

5) 색법의 동류인 관계

問: 色法於色法, 有同類因耶?

答: 西方諸師 譬喩尊者說: 色於色無同類因. (682c12-13)

6) 등무간연

謂或有說, 心與心爲等無間緣, 非心所. 心所與心所爲等無間緣, 非心, 如譬喩者.[84] (461b7-9)

---

84 '意根乃至無色界修所斷無明隨眠, 於三界十五部心中, 一一等無間生幾心耶?'(T26, 945c9-10) 問: 何故作此論? 答: 爲止他宗, 顯正理故. **謂或有說. 心與心爲等無間緣, 非心所. 心所與心所爲等無間緣, 非心. 如譬喩者.** 爲遮彼意, 顯心心所展轉能作等無間緣, 非唯相似. 故作斯論. (T27, 461b05-11).

5) 색법의 동류인 관계

문: 색법은 색법에 대해 동류인이 되는 경우가 있는가?

답: 西方諸師와 譬喩尊者는 설하였다.

"색법은 색법에 대해 동류인이 되지 않는다."[85]

6) 등무간연

어떤 이는 "마음은 마음에 대해 등무간연이 되지만, 심소에 대해서는 등무간연이 되지 않으며, 심소는 심소에 대해 등무간연이 되지만, 마음에 대해서는 등무간연이 되지 않는다"고 설하였으니, 譬喩者가 그러하였다.

---

85 『대비바사론』 권17에서 '색법은 동류인이 되지 않는다'는 주장은 外國諸師의 설로 인용된다. "問: 色法爲有同類因, 不? 外國諸師有作是說. 一切色法無同類因. 但藉餘緣和合力(方)起. 現見鑿地深踰百肘, 從彼出[泥/土]日曝風吹, 後逢天雨卽便生草. 又復現見, 屋脊山峰, 先無種子亦生草樹. 故知色法無同類因. 색법은 동류인이 된다고 해야 할 것인가, 되지 않는다고 해야 할 것인가? 外國諸師는 이같이 설하였다.: 일체의 색법에는 동류인이 존재하지 않는다. 다만 [색법 이외] 다른 緣과 화합할 때 비로소 [결과가] 일어난다. 現見하건대, 백주(百肘) 이상의 땅속 진흙도 햇볕을 쬐고 비를 맞게 되면 거기서도 풀이 생겨난다. 또한 현견하건대 지붕이나 산꼭대기에 일찍이 종자를 뿌린 적이 없음에도 역시 풀이나 나무가 생겨난다. 따라서 색법에는 동류인이 존재하지 않음을 알아야 한다." (T27, 87c20-25) 그러나 이러한 내용의 주장은 『순정리론』 상에서 비유자 설로 인용된다. "譬喩者說. 諸色決定無同類因. 但由衆緣和合資助, 而得生長. 現從井下掘出泥中, 有芽生故. 非於地下曾有種生, 芽從何起? 故知色法無同類因. 譬喩者는 설하였다. 모든 색법에는 결정코 동류인이 존재하지 않는다. [색법은] 다만 衆緣이 화합 資助하여 生長을 획득하는 것일 뿐으로, 現見하건대 우물 밑바닥에서 파낸 진흙 중에서 싹이 생겨나는 경우가 있기 때문이다. 지하(우물 밑바닥)에서는 일찍이 종자가 생겨난 일이 없었는데, 싹은 어디서부터 생겨났을 것인가? 따라서 색법에는 동류인이 존재하지 않음을 알아야 한다." (T29, 422a25-28).

5. 과거·현재·미래 삼세론

1) 正生·正滅時의 비실유

① 或復有執. 無正生時及正滅時, 如譬喩者. 彼說: 時分但有二種, 一者已生, 二者未生. 復有二種, 一者已滅. 二者未滅. 除此更無正生正滅.[86] (141b3-6)

② 謂譬喩者說: 有爲法但有二時. 一未生時, 二已生時. 除此更無正生正滅.[87] (919b12-14)

2) 시간과 유위행법

① 謂或有執. 世與行異, 如譬喩者·分別論師. 彼作是說: 世體是常, 行體無常. 行行世時, 如器中果, 從此器出, 轉入彼器, 亦如多人, 從此舍出, 轉入彼舍, 諸行亦爾, 從未來世, 入現在世. 從現在世, 入過去世.[88] (393a10-15)

② 謂譬喩者·分別論師執: 世與行, 其體各別. 行體無常, 世體是常. 諸無常行, 行常世時, 如諸器中果等轉易, 又如人等歷入諸舍.[89] (700a26-29)

---

86 '<u>何等心解脫? 過去耶? 未來耶? 現在耶? 乃至廣說.</u>' (T26, 922b20) 問: 何故作此論? 答: 爲止他宗, 顯正義故. 謂(中略)**或復有執. 無正生時及正滅時, 如譬喩者**. (中略) 爲遮彼執, 欲顯實有正生滅位. (T27, 141a28-b7).

87 '<u>諸生何世攝? 乃至廣說.</u>' (T26, 1018c13-14) 問: 何故作此論? 答: 欲止他宗, 顯己義故. **謂譬喩者說. 有爲法但有二時. 一未生時. 二已生時. 除此更無正生正滅.** 今顯實有正生正滅時, 故作斯論. (T27, 919b11-14).

88 '<u>復有三法. 謂過去未來現在法.</u>' 問: 何故作此論? 答: 爲止他宗, 顯正理故. **謂或有執. 世與行異. 如譬喩者分別論師.** (中略) 爲止彼意, 顯世與行體無差別. 謂世卽行, 行卽是世. 故「大種蘊」作如是說. '世名何法? 謂此增語所顯諸行.'(T27, 393a9-17) 시간 자체(世體)의 常住를 주장한 이들 譬喩者는 과거·미래 2세 無體설을 주장한 후대 경량부와는 거리가 있다. 『대비바사론』에서 過未無體를 주장한 이는 '삼세를 요별하지 못하는 이들'("謂於三世不了別者, 撥無過去未來諸法.: T27, 141b1-2), 또는 '삼세의 자성에 어리석은 이들' ("復有愚於三世自性. 謂撥無過去未來. 執現在是無爲法.": T27, 393a18-19).

89 '<u>世名何法? 此增語所顯行.</u>'(T26, 987b5-6) 問: 何故作此論? 答: 爲止他宗, 顯自宗故. **謂譬喩者·分別論師執. 世與行其體各別. 行體無常. 世體是常.** (中略) 爲遮彼執, 顯三世體則是諸行. 行無常故, 世亦無常. 由是等緣故作斯論. (T27, 700a25-b2).

1) 正生·正滅時의 비실유

① 어떤 이는 [미래의] 막 생겨나려고 하는 때(正生時)와 [현재의] 막 소멸하려고 하는 때(正滅時)는 존재하지 않는다고 주장하였으니, 譬喩者가 그러하였다.
그들은 설하였다.
"時分에는 다만 두 종류가 있을 뿐으로, 첫째는 이미 생겨난 때이고, 둘째는 아직 생겨나지 않은 때이다. 혹은 첫째는 이미 소멸한 때이고, 둘째는 아직 소멸하지 않은 때이다. 이러한 두 때를 배제하고 막 생겨나려고 하는 때와 막 소멸하려고 하는 때는 존재하지 않는다."[90]

② 譬喩者는 설하였다.
"유위법에는 다만 두 때만이 존재하니, 첫째는 아직 생겨나지 않은 때이며, 둘째는 이미 생겨난 때이다. 이를 배제하고 막 생겨나려고 하는 때와 막 소멸하려고 하는 때는 존재하지 않는다."

2) 시간과 유위행법

① 어떤 이는 시간(世, adhvan)과 [유위]행(saṃskāra)이 다르다고 주장하였으니, 譬喩者와 分別論師가 그러하였다.
그들은 이같이 설하였다.
"시간 자체는 영원하지만 [유위]행은 무상하다. [유위]행이 시간상에서 운행(行)할 때, 마치 그릇 중의 과일이 이 그릇에서 나와 저 그릇으로 옮겨가듯이, 역시 또한 여러 사람이 이 집에서 나와 저 집으로 들어가듯이, 諸行 역시 그러하여 미래세로부터 현재세로 들어오고, 현재세로부터 과거세로 들어간다."

② 譬喩者와 分別論師는 주장하였다.
"시간(世)과 [유위]行은 그 본질(體)이 각기 다르다. [유위]行 자체는 무상하지만 시간 자체는 영원하다. 무상한 諸行이 영원한 시간상에서 운행할 때, 마치 그릇 중에 과일 따위가 바뀌 담기는 것과 같고, 또한 사람들이 여러 집들을 거쳐 들어가는 것과 같다."

---

90 상좌일파(경량부)의 종자상속론에 따르면, 전 찰나의 원인이 막 소멸하려는 때(현재 正滅位)가 후 찰나의 결과가 막 생겨나려는 때(미래 正生位)로서, [소멸하고 생겨나는 법] 자체의 相은 비록 다를지라도 동시에 함께 존재한다. ("前因正滅, 後果正生. 體相雖殊, 而俱是有.": 『성유식론』T31, 13a7-8).

3) 滅不待因說

① 或復有執. 諸法生時, 雖由因生, 而諸法滅時, 不由因滅. 如譬喩者.[91] (103c19-20)

問: 如有因緣故諸法得生, 亦有因緣故諸法滅耶?
② 譬喩尊者, 作如是說: 生待因緣, 滅則不爾. 如人射時, 發箭須力, 墮則不然. 如陶家輪轉時須力, 止則不爾.[92] (105a27-29)

91 '云何能作因? 乃至廣說' (T26, 921a4-10) 問: 何故作此論? 答: 爲止他宗, 顯正理故. 謂(中略) **或復有執. 諸法生時, 雖由因生, 而諸法滅時, 不由因滅. 如譬喩者.** 爲止彼執, 顯諸法生滅無不由因. (T27, 103c16-21).

92 阿毘達磨諸論師言: 諸法生滅俱待因緣, 以滅與生皆是用故. (T27, 105b1-2).

3) 滅不待因說

① 어떤 이는 제법이 생겨날 때는 원인에 의해 생겨날지라도 제법이 멸할 때에는 원인에 의해 멸하는 것이 아니라고 주장하였으니, 譬喩者가 그러하였다.

문: 因緣이 존재하기에 제법이 생겨날 수 있는 것처럼 역시 또한 인연이 존재하기에 제법이 소멸하는 것인가?

② 譬喩尊者는 이같이 설하였다.

"생겨나는 것은 인연에 근거해야 하지만, 소멸의 경우는 그렇지 않다. 예컨대 사람이 화살을 쏠 때는 힘이 필요하지만 떨어질 때는 그렇지 않으며, 도공이 물레를 돌릴 때에는 힘이 필요하지만 멈출 때에는 그렇지 않은 것과 같다."[93]

---

93 이 같은 譬喩尊者의 비유에 대해 毘婆沙師는 이같이 평석한다. 問: 前所說喩, 當云何通? 答: 不必須通, 非三藏故. 然凡聖法異, 不可例同. (T27, 105b2-4) 『阿毘曇毘婆沙論』 권12(T28, 86a2-5), "問曰: 譬喩者說喩, 云何通? 答曰: 此不必須通. 所以者何? 此非修多羅·毘尼·阿毘曇, 不可以世間現喩難賢聖法. 世俗法異, 賢聖法異."

6. 업론

1) 表業과 無表業

① 謂譬喩者說: 表·無表業, 無實體性. 所以者何? 若表業是實, 可得依之令無表有. 然表業無實, 云何能發無表令有? 且表業尙無, 無表云何有? 而言有者, 是對法諸師, 矯妄言耳. 如人遇見美女, 爲染近故, 語言"汝可解去人服. 吾衣汝天衣!" 女聞歡喜, 如言爲解. 彼人卽前, 種種摩觸, 恣心意已, 語言"天衣已爲汝著". 女言, "我今體露如是, 寧死不露. 天衣何在?" 彼答之言, "天服微妙, 唯我見之, 非汝能見." 如是愚人. 本無天衣, 況爲他著? 諸對法者, 所說亦爾, 本無表業, 況有依表所起無表? 故對法者, 妄興此論. 又表·無表若是色者, 青黃赤白爲是何耶? 復云何成善不善性? 若因搖動成善惡性, 花劍等動, 何故不爾?[94] (634b23-c8)

---

94 '若成就身表, 彼成就此無表耶?' (T26, 977b21) (中略) 問: 何故作此論? 答: 爲止他宗, 顯己義故. **謂譬喩者說, 表無表業, 無實體性.** (中略) 爲止如是譬喩者意, 顯自所宗, 表無表業皆是實有. 故作斯論. (T27, 634b21-c10).

1) 表業과 無表業

① 譬喩者는 설하였다.
"표업과 무표업은 실체로서 존재하는 것이 아니다."
그같이 말한 까닭이 무엇인가?
만약 표업이 실재한다면, 그것에 근거하여 무표업도 존재하게 된다고 말할 수 있을 것이다. 그렇지만 표업이 실체로서 존재하지 않는데, 어떻게 능히 무표업을 일으켜 그것이 존재하게 된다고 하겠는가? 바야흐로 표업도 존재하지 않거늘, 어떻게 무표업이 존재한다고 하겠는가? 그럼에도 존재한다고 말하는 이는 바로 아비달마논사들(對法諸師)로, 이는 다만 속임수의 거짓말일 뿐이다.
예컨대 어떤 사람이 아름다운 여인을 만나 그에 대해 染心을 품고 접근하여 말하였다. "그대는 사람의 옷을 벗어버리시오. 내가 그대에게 하늘의 옷을 입혀드리겠소."
그 여인이 이 말을 듣고 기뻐하며 그의 말대로 옷을 벗어버렸다. 그 사람은 바로 그녀에게로 나아가 여러 형태의 기교로 주무르고 만지며 마음대로 하고 나서 말하였다. "그대에게 하늘의 옷을 입혀드렸소."
그녀가 말하였다. "지금의 내 몸은 이렇듯 발가벗겨져 있소. 죽었으면 죽었지 발가벗을 수는 없소. 하늘의 옷은 어디에 있단 말이오?"
이에 그가 대답하였다. "하늘의 옷은 미묘하여 오로지 나만이 볼 수 있을 뿐 그대는 능히 볼 수 없는 것이오."
이와 같은 이는 어리석은 사람이다. 애당초 하늘의 옷은 존재하지 않는 것이거늘 하물며 그것을 다른 이에게 입혀줄 수 있을 것인가? 아비달마논사들이 설한 바도 역시 그러하다. 애당초 표업도 존재하지 않는 것이거늘 하물며 표업에 근거하여 일어난 무표업이 존재한다고 하겠는가? 따라서 아비달마논사는 거짓되게 이러한 [표· 무표업]론을 주장한 것이다.
또한 표·무표업[의 본질]이 만약 色이라고 한다면, 청·황·적·백 중 어떤 색이라는 것인가? 또한 [이러한 청·황·적·백이] 어떻게 선·불선의 성질을 성취한다는 것인가? 만약 운동(搖動)으로 인해 선·악의 성질을 성취하는 것이라고 한다면, 꽃이나 칼 등이 움직일 때는 어째서 그렇지 않은 것인가?

② 謂譬喩者, 撥無法處所攝諸色故.[95] (383b16)

2) 身·語·意 3業의 자성

又譬喩者說: 身語意業, 皆是一思.[96] (587a7-8)

3) 一切業 可轉論

(1) 業 可轉論 (혹은 一業引多生說)

問: 諸順現法受業, 定於現法受耶? 順生順後爲問亦爾.
① 譬喩者說, 此不決定, 以一切業皆可轉故. 乃至無間業亦可令轉.
問: 若爾, 云何說名順現法受業等耶?
彼作是說: 諸順現法受業, 不定於現法中受異熟果. 若受者, 定於現法, 非餘. 故名順現法受業. 順生·順後所說亦爾. 彼說: 一切業皆可轉. 乃至無間業亦可轉. 若無間業不可轉者, 應無有能越第一有. 然有能越第一有者. 是故無間業亦應可轉. (593b9-18)

---

95 "問: 阿毘達磨作如是言. 云何色蘊? 謂十色處及法處所攝色. 此爲遮止何宗所說? 答: 此爲遮止譬喩者說." (T27, 383b13-16).

96 '三業十業道. 爲三攝十, 十攝三耶? 乃至廣說.' (T26, 972b6ff). 問: 何故作此論? 答: 爲欲分別契經義故. (中略) 又譬喩者說. 身語意業皆是一思. 爲遮彼意, 顯除思體別有身語二業自性. (T27, 586b16-587a9).

② 譬喩者는 法處에 포섭되는 온갖 색(즉 무표색)을 부정하였다.[97]

2) 身·語·意 3業의 자성

譬喩者는 설하였다.
“身·語·意 3업[의 자성]은 다 동일한 思(cetanā)이다.”

3) 一切業 可轉論

(1) 業 可轉論 (혹은 一業引多生說)

문: 順現法受業은 [그 과보를] 결정코 現法에 (다시 말해 지금 바로) 받는 업인가? 順生受業과 順後生受業에 대한 질문도 역시 그러하다. (다시 말해 順生受業과 順後生受業은 말 그대로 그 과보를 다음 생과 그 다음 생에 받는 업인가?)
① 譬喩者는 설하였다.
“이는 결정적 사실이 아니니, 모든 업은 다 [그 과보가] 바뀔 수 있기 때문이다. 나아가 무간업도 역시 [그 과보가] 바뀔 수 있다.”
문: 만약 그렇다고 한다면 그 같은 업을 어찌 順現法受業 등이라 말한 것인가?
그들은 이같이 설하였다.
“順現法受業이 現法 중에서 이숙과를 받는 업이라는 것은 결정적 사실이 아니다. [그것이] 만약 [과보를] 받는 업이라면, 결정코 現法에서 받고 다른 생(후생이나 차후생)에서 받는 것이 아니다. 그래서 順現法受業이라 말한 것이다. 順生受業과 順後生受業에 대해 설할 경우에도 역시 그러하다.”[98]

---

97 유부 毘婆沙師(此部) 중 法救도 역시 이러한 法處所攝色의 존재를 인정하지 않았다. “此[部]尊者法救亦言: 諸所有色, 皆五識身所依所緣, 如何是色, 非五識身所依所緣? (T27, 383b16-18) 참고로 『대비바사론』에서는 譬喩者에 대해서는 ‘彼部’, ‘彼大德’이라 호칭하였다.

98 『순정리론』권40 (T29, 569c17-19; 23), “譬喩者는 설하였다. 順現法受業 등은 [현생 이외] 그 밖의 다른 생 중에서도 역시 이숙과를 획득할 수 있지만, 처음으로 이숙과를 받는 시점(初熟位)에 따라 업의 명칭을 ‘순현법수업’이라 설정한 것으로, 다만 그러한 처소(즉 현재 人趣)에서만 결과를 초래하기에 稱名된 것이 아니다. 왜냐하면 [그 같은 定業은] 강력한 업(强力業, baliṣṭha-karma)이어서 異熟果가 적지 않기 때문이다.” 『구사론』 (T29, 81c16-18; AKBh., p.230. 2-4)에서 이는 有餘師(apare)의 설로 인용된다. 普光과 法寶에 의하면 각기 有餘經部師와 經部異師. (T41, 246b12; 659b1).

問: 此無想定有退轉, 不?

② 譬喩者說: 此有退轉, 以一切業皆可轉故. 乃至無間業, 若遇勝緣, 亦有轉義. 若無間業不可轉者, 應無有能越第一有. (773c29-774a3)

(2) 中有 可轉論

問: 中有可轉, 不可轉耶?

譬喩者說, 中有可轉, 以一切業皆可轉故. 彼說: 所造五無間業尙可移轉, 況中有業? 若無間業不可轉者, 應無有能出過有頂, 有頂善業最爲勝故. 旣許有能過有頂者. 故無間業亦可移轉. (359b20-25)

[또한] 그들은 말하였다.

"일체의 업은 다 바뀔 수 있으며, 무간업도 역시 바뀔 수 있다. 만약 [가장 거친] 무간업이 바뀔 수 없는 것이라면, 어떠한 경우에도 [가장 미세한 업인] 第一有(즉 有頂天, 비상비비상처)의 업도 초월하는 이가 없다고 해야 한다. 그렇지만 능히 第一有를 초월한 자(즉 아라한)도 있다. 그렇기 때문에 무간업 역시 바뀔 수 있다고 해야 한다."[99]

문: 무상정에서 물러나는 일이 있는가, 없는가?

② 譬喩者는 설하였다.

"이러한 무상정에서 물러나는 일이 있으니, 일체의 모든 업은 다 바뀔 수 있기 때문이다. 나아가 무간업도 만약 수승한 緣을 만난다면 역시 바뀔 수 있다. 만약 무간업이 바뀔 수 없다면, 어떠한 경우에도 [가장 미세한 업에 의해 초래된] 第一有도 능히 초월하는 일이 없다고 해야 하는 것이다."

(2) 中有 可轉論

中有(antarabhāva)[의 업]은 바뀔 수 있는 것인가, 바뀔 수 없는 것인가?

譬喩者는 "중유[의 업]은 바뀔 수 있으니, 일체의 업이 다 바뀔 수 있기 때문이다"고 설하였다.

그들은 설하였다.

"지어진 5無間業도 바뀔 수 있거늘 하물며 중유의 업이야 말해 무엇 하겠는가? 만약 [가장 추악한] 무간업이 바뀔 수 없는 것이라면, 어떠한 경우에도 有頂處(비상비비상처)를 벗어날 수 없다고 해야 하니, 유정처[를 초래한] 선업은 가장 수승한 것이기 때문이다. 그러나 이미 유정처에서도 벗어난 이(즉 아라한)가 있다고 인정하였다. 따라서 무간업도 역시 바뀔 수 있는 것이다."

99 『순정리론』권40 (T29, 570c28-571a1); 『잡아비담심론』(T28, 895c22-29).

4) 非時死의 불인정

謂譬喻者, 不許有非時命終. 所以者何? 如契經說, "壽終不可救." 由此故知, 無非時死.[100] (771a24-26)

5) 三聚

譬喻者說, 無間地獄乃至有頂皆有三聚. 彼說: 般涅槃法, 名正性定聚. 不般涅槃法, 名邪性定聚. 不決定者, 名不定聚. (930c6-9)

100 '壽當言隨相續轉, 爲一起便住耶? 答: 若欲有情不住無想滅盡等至, 當言隨相續轉. 若住無想滅盡等至, 及色無色界有情, 當言一起便住.' (T26, 997c1-3) 問: 何故作此論? 答: 欲止他宗, 顯己義故. **謂譬喻者, 不許有非時命終.** (中略) 爲止彼意, 顯有非時命終. 故作斯論. (T27, 771a20-27).

4) 非時死의 불인정

譬喩者는 때 아닌 때 목숨을 마치는 것(즉 非命橫死)을 인정하지 않는다.
이유가 무엇인가?
계경에서 "목숨이 다하면 구호할 수 없다"고 설하였기 때문이다. (즉 정해진 목숨이 다하여 죽는 것이지 때 아닌 때 돌연 죽는 일은 없다.) 이에 따라 때 아닌 때 죽는 일은 없음을 알아야 한다.

5) 三聚

譬喩者도 무간지옥으로부터 有頂處에 이르기까지 다 3聚(邪性定聚·正性定聚·不定聚) 즉 세 그룹의 유정이 존재한다고 설하였다.
그들은 설하였다.
"般涅槃法을 正性定聚라 이름하고, 般涅槃이 아닌 법을 邪性定聚라 이름하며, 결정되지 않은 자를 不定聚라 이름한다."[101]

101 [毘婆沙師]評曰. 如前說者好. (T27, 930c9) 前說은 "有三聚. 一邪性定聚. 二正性定聚. 三不定聚. 邪性定聚, 謂成就五無間業. 正性定聚, 謂成就學無學法. 不定聚, 謂唯成就餘有漏法及無爲. 是名三聚自性." (동, 930b20-23).

7. 隨眠설

1) 所緣·相應隨增

或復有執. 隨眠不於所緣隨增, 亦不於相應法有隨增義. 如譬喩者. 彼作是說: 若隨眠於所緣隨增者, 於他界地及無漏法亦應隨增, 是所緣故, 如自界地. 若於相應法有隨增義者, 則應未斷已斷一切時隨增, 相應畢竟不相離故, 猶如自性.[102] (110a22-27)

2) 일체 번뇌 不善설

① 謂或有執. 一切煩惱, 皆是不善, 如譬喩者. 彼作是說: 一切煩惱, 不巧便慧所攝持故, 皆是不善.[103] (196a17-19)

② 謂或有說. 一切煩惱皆是不善, 由不巧便所攝持故, 如譬喩者.[104] (259c10-11)

③ 大德說曰, 此有身見, 是顚倒執. 是不安隱, 是愚癡類. 故是不善. 若有身見非不善者, 更有何法可名不善? 如世尊說, "乃至愚癡皆是不善." (260a27-b1)

---

102 '諸心由隨眠故名有隨眠心. 彼隨眠於此心隨增耶? 乃至廣說.'(T26, 921a11ff) 問: 何故作此論? 答: 爲止他宗, 顯正理故. (中略) **或復有執. 隨眠不於所緣隨增, 亦不於相應法有隨增義. 如譬喩者.** (中略) 爲止彼執. 顯諸隨眠於所緣相應, 俱有隨增義. (T27, 110a8-28) 제9장 7. '所緣隨增과 相應隨增' 참조.

103 '諸欲界繫無明隨眠彼一切不善耶? 乃至廣說.' (T26, 925c13ff) 問: 何故作此論? 答: 前顯無明亦是蓋性, 未顯不善, 今欲顯之. 復次爲止他宗, 顯正義故. **謂或有執. 一切煩惱皆是不善. 如譬喩者.** (中略) 爲遮彼執. 顯諸煩惱, 有是不善, 有是無記. (T27, 196a14-20) 제9장 8. '수면의 불선·무기성 분별' 참조.

104 '三結乃至九十八隨眠, 幾不善, 幾無記?' (T26, 929c4ff) 問: 何故作此論? 答: 爲止他宗, 顯正義故. **謂或有說. 一切煩惱皆是不善, 由不巧便所攝持故. 如譬喩者.** 爲遮彼意, 顯諸煩惱, 有是不善, 有是無記. (T27, 259c08-12).

1) 所緣·相應隨增

어떤 이는 隨眠(anuśaya)은 所緣에서도 隨增하지 않으며, 相應法에서도 역시 隨增하지 않는다고 주장하였으니, 譬喩者가 그러하였다.
그들은 이같이 설하였다.
"만약 隨眠이 所緣에서 수증하는 것이라면, 他界 他地와 무루법인 경우에도 역시 수증한다고 해야 하니, 自界 自地의 그것과 마찬가지로 소연이 되기 때문이다. 만약 相應法에서 수증하는 것이라면, 아직 끊어지지 않았거나 이미 끊어졌을지라도 항상 수증한다고 해야 하니, 상응이란 自性의 경우처럼 필경 서로 떨어질 수 없는(不相離의) 관계이기 때문이다."

2) 일체 번뇌 不善설

① 어떤 이는 일체 번뇌는 다 불선이라고 주장하였으니, 譬喩者가 그러하였다.
그들은 이같이 말하였다.
"일체 번뇌는 교묘하지 않은 방편(不巧便)의 慧(邪慧와 邪思惟)에 포함(攝持)되기 때문에 다 불선이다."

② 어떤 이는 일체 번뇌는 다 뛰어나지 않은 방편에 속하기 때문에 불선이라고 주장하였으니, 譬喩者가 그러하였다.

③ [저들의] 大德은 설하였다.
"이러한 有身見은 바로 전도된 집착으로 安穩하지 않은 것이며, 愚痴의 종류이기 때문에 불선이다. 만약 有身見이 불선이 아니라면, 어떤 법을 불선이라 하겠는가? 세존께서도 설하기를, '우치는 다 불선이다'고 하였다."[105]

---

105 [毘婆沙師:] "彼說不應理, 非異熟因故. 若有身見皆不善者, 色無色界應有苦苦. 然世尊說, '乃至愚癡皆不善'者, 非巧便故, 說爲不善, 不言能感不愛果故. 저들의 설은 이치에 맞지 않으니, [유신견은] 이숙인이 아니기 때문이다. 만약 유신견이 다 불선이라면, 색·무색계에도 마땅히 苦苦性이 존재한다고 해야 한다. 그리고 세존께서 '우치는 모두 불선이다'고 설한 것은 뛰어난 방편(巧便)이 아니기 때문에 불선이라 설한 것으로, 애호할 수 없는 과보(즉 苦果)를 초래하기 때문에 [불선이라고] 말한 것이 아니다.]" (T27, 260b1-4).

3) 2漏: 無明漏와 有愛漏

譬喩論師, 但立二漏. 謂無明漏及有愛漏, 二際緣起之根本故. 謂無明是前際緣起根本, 有愛是後際緣起根本.

問: 彼云何釋經三漏耶?

答: 彼說: 有愛有二種, 謂有不善, 有無記; 有有異熟, 有無異熟; 有感二果, 有感一果; 有無慚無愧相應, 有無慚無愧不相應. 諸不善·有異熟·感二果·無慚無愧相應者, 立欲漏. 由此愛故, 欲界餘煩惱等除無明, 亦名欲漏. 諸無記·無異熟·感一果·無慚無愧不相應者, 立有漏. 由此愛故, 色·無色界餘煩惱除無明, 亦名有漏.

問: 何故由愛, 餘煩惱等除無明, 名欲漏及有漏耶?

答: 以愛難斷, 難破, 難越, 過重, 過多, 過盛, 能令界別, 地別, 部別. 由愛勢力生諸煩惱, 乃至廣說愛之過患. 是故由愛, 餘煩惱等得二漏名. (245a5-20)

3) 2漏: 無明漏와 有愛漏

譬喩論師는 다만 無明漏와 有愛漏(*satṛṣṇa-āsrava, 愛를 갖는 漏)의 2漏만을 설정하였으니, 2際緣起의 근본이 되기 때문이었다. 즉 無明은 바로 前際緣起의 근본이며, 有愛는 바로 後際緣起의 근본이다.

문: [그렇다면] 그들은 경에서 [설한] 3漏는 어떻게 해석하는가?

답: 그들은 설하였다.

"有愛에는 두 종류가 있으니, 불선과 무기, 有異熟과 無異熟, 두 가지 과보를 초래하는 것과 한 가지 과보를 초래하는 것, 無慚·無愧와 상응하는 것과 無慚·無愧와 상응하지 않는 것이 그것이다. [이 가운데] 불선과 有異熟과 두 가지 과보를 초래하는 것과 無慚·無愧와 상응하는 온갖 [愛를] 欲漏(kama-āsrava)로 설정하고, 이러한 愛에 의한, 무명을 제외한 그 밖의 욕계의 번뇌 등을 역시 欲漏라 이름하였다. 그리고 무기와 無異熟과 한 가지 과보를 초래하는 것과 無慚·無愧와 상응하지 않는 온갖 [愛를] 有漏(bhava-āsrava)로 설정하고, 이러한 愛에 의한, 무명을 제외한 그 밖의 색·무색계의 번뇌를 역시 有漏라 이름하였다."

문: 어떠한 까닭에서 愛에 의한, 무명을 제외한 그 밖의 번뇌를 欲漏와 有漏라고 이름한 것인가?

답: 愛는 끊기 어렵고, 破하기 어렵고, 초월하기 어렵고, 허물이 무겁고, 허물이 많고, 허물이 盛하여 능히 [3]界를 차별 짓고, [9]地를 차별 짓고, [5]部를 차별 짓는다. 愛의 세력으로 말미암아 온갖 번뇌가 생겨날 뿐더러 [모든 번뇌는] 愛의 허물이다. 그렇기 때문에 愛에 의한 그 밖의 다른 번뇌 등을 2漏(즉 欲漏와 有漏)로 이름하게 된 것이다.

4) 有의 相續因: 愛와 瞋

謂或有執, 唯愛與恚令有相續, 如譬喩者.

問: 彼何故作此執?

答: 依契經故. 謂契經說, '三事合故得入母胎. 一者父母交愛和合, 二者母身是時調適, 三健達縛正現在前. 時健達縛二心互起, 謂愛恚俱.' 由此故知, 唯愛與恚令有相續.[106] (309a10-16)

---

106 '三結乃至九十八隨眠, 幾令欲有相續, 幾令色有相續, 幾令無色有相續? 答: 一切應分'(T26, 939a23f) 問: 何故作此論? 答: 爲止他宗, 顯己義故. (中略) **謂或有執, 唯愛與恚令有相續, 如譬喩者.** (中略) 爲遮彼意, 顯一切煩惱, 皆令有相續. 故作斯論. (T27, 308c23-309a17).

4) 有의 相續因: 愛와 瞋

어떤 이는 오로지 愛와 瞋만이 有를 상속시킨다고 주장하였으니, 譬喩者가 그러하였다.
문: 그들은 어떤 이유에서 이같이 주장한 것인가?
답: 계경에 근거하였기 때문이다. 즉 계경에서는 "세 가지가 화합하였기 때문에 모태에 들 수 있는 것이니, 첫째는 부모가 서로 사랑하여 화합하는 것이고, 둘째는 어머니의 몸이 적절한 때가 된 것이고, 셋째는 健達縛이 바로 현전하는 것이니, 이때 건달박의 愛와 恚의 두 마음이 일어난다"고 설하였다. 이에 따라 오로지 愛와 瞋만이 有를 상속시키는 것임을 알아야 한다.

8. 현성론

1) 忍과 智의 관계

或復有說, 現觀邊忍, 亦是智性, 如譬喻者. 彼作是說: 無漏智眼, 初墮境時, 說名爲忍, 後安住境, 說名爲智. 如涉路者, 於平坦處, 初念止息, 後便安住. 大德亦說: 下智名忍, 上智名智.[107] (489b22-23)

2) 유부의 世俗正見 비판

謂或有說: 意識相應善有漏慧, 非皆是見, 如譬喻者. 彼作是說: 五識所引能發表業, 及命終時, 意地善慧, 皆非見性. 所以者何? 見有分別, 五識所引意地善慧, 如五識身, 不能分別. 故非見性. 見內門起, 能發表業, 意地善慧, 依外門轉. 故非見性. 見用强猛, 命終善慧, 勢用微劣. 故非見性.
問: 彼云何通契經所說? 如契經說, "彼命終時, 善心心所法, 與正見俱行."
彼作是答: 世尊說 '彼將命終時, 相續善心, 正見俱起', 非正死位, 有正見行.[108] (502a5-15)

---

107 '云何爲見? 乃至廣說(答: 眼根五見, 世俗正見, 學無學見).' (T26, 952a3) 問: 何故作此論? 答: 爲止他宗, 顯正理故. (中略) **或復有說. 現觀邊忍亦是智性. 如譬喻者.** (中略) 爲遮彼意, 顯無漏忍是見, 非智. (T27, 489b14-23).

108 '云何世俗正見? 乃至廣說(答: 意識相應善有漏慧).' (T26, 954b8) 問: 何故作此論? 答: (中略) 復次爲止他宗, 顯正理故. **謂或有說. 意識相應善有漏慧, 非皆是見. 如譬喻者** (中略) 爲遮彼執, 顯意識俱一切善慧, 皆見性攝. 由如是等種種因緣, 故作斯論. (T27, 501c25-502a16).

1) 忍과 智의 관계

어떤 이는 現觀邊의 忍(kṣānti)도 역시 智(jñāna)라고 설하였으니, 譬喩者가 그러하였다. 그들은 이같이 말하였다.
"無漏智의 眼根이 처음으로 경계대상을 주목할 때를 '忍'이라 하고, 그 후 경계대상에 안주하게 될 때를 '智'라고 하니, 이는 마치 길을 걷는 자가 평탄한 곳에서 첫 찰나에 숨을 멈추고 그 후에 安住하는 것과 같다."
大德 역시 설하였다.
"下智를 忍이라 하고 上智를 智라고 한다."

2) 유부의 世俗正見 비판

어떤 이는 意識과 相應하는 善한 有漏慧는 다 見이 아니라고 설하였으니, 譬喩者가 그러하였다.
그들은 이같이 설하였다.
"5識에 의해 인기되어 능히 표업을 일으키거나 목숨을 마칠 때의 意地의 善慧는 다 見性(즉 추리판단의 推度性)이 아니다. 왜냐하면, 見은 有分別이지만, 5識에 의해 인기된 意地의 善慧는 5識身과 마찬가지로 능히 분별할 수 없기 때문에 見性이 아니다. [또한] 見은 內門에서 일어나지만, 능히 표업을 일으키는 意地의 善慧는 外門에 근거하여 일어나기 때문에 見性이 아니다. [또한] 見의 작용은 强盛 猛利하지만, 목숨을 마칠 때의 善慧는 그 세력 작용이 미약 저열하기 때문에 見性이 아니다."
문: 그렇다면 그들은 계경의 설을 어떻게 회통할 것인가? 계경에서는 "그가 마칠 때 善性의 심·심소법이 正見과 俱行한다"고 설하였다.
그들은 이같이 답하였다.
"세존께서는 '그가 장차 목숨을 마치려 할 때 상속하는 선심은 正見과 俱起한다'고 설한 것이지, 지금 막 죽는 상태(正死位)에서 정견과 俱行한다고 설한 것이 아니다."

3) 邪語(正語)와 邪命(正命)의 관계

譬喻者說, 離語及業, 別有正命邪命體性. 彼何故作是說? 由契經故. 如契經說八支聖道.

彼作是說: 佛說八支者, 各有體性, 不相雜亂. 由此便說, 正命邪命, 離語業外, 有體可得.[109] (604c6-9)

4) 異生 煩惱不斷論

① 謂譬喻者, 作如是說: 異生不能斷諸煩惱. 大德說曰: 異生無有斷隨眠義, 但能伏纏. 若作是說, 於理無損.

問: 彼何故作此執?

答: 依契經故. 謂契經說, "若以聖慧見法斷者, 是名眞斷. 非諸異生, 已有聖慧故未能斷."

問: 若爾, 經說復云何通? 如說, "苾芻, 彼猛喜子, 已斷欲染, 已斷色染, 已斷空無邊處・識無邊處・無所有處染, 生非想非非想處." 又說, "外仙已離欲染."

彼作是答: 所引契經, 不斷說斷, 不離說離, 如餘契經, 不斷說斷, 不離說離. 何等契經, 不斷說斷? 如說, "愚執我我所 死時皆永斷 智者旣知此 不執我我所." 何等契經, 不離說離? 如說, "有村邑中童男童女, 戲弄灰土以造舍宅, 於此舍宅未離染時, 修營擁衛. 若時離染, 毀壞捨去." 如此二經, 不斷說斷, 不離說離, 所引契經義亦應爾. 然諸異生, 於諸煩惱, 實未永斷, 但能暫伏. 謂離染時, 以世俗道, 攀初靜慮, 離欲界染, 漸次乃至, 攀非想非非想處, 離無所有處染. 非想非非想處無上可攀, 故不能離. 猶如蚇蠖緣草木時, 攀上捨下, 若至極處, 無上可攀卽便退下. 如人上樹, 應知亦然. 如野干等, 踐暴麻蘆, 但損苗莖, 不除根栽. 異生離染, 應知亦然. 唯能暫伏, 不能永斷.[110] (264b19-c15)

---

109 '諸邪語彼邪命耶? 設邪命彼邪語耶?' (T26, 973b10) (中略) 問: 何故作此論? 答: 爲止他宗, 顯己義故. **謂譬喻者說, 離語及業, 別有正命邪命體性.** (中略) 爲遮彼意, 顯正命等皆卽語業. 故作斯論. (T27, 604c3-10).

110 '三結乃至九十八隨眠, 幾見所斷, 幾修所斷?' (T26, 930a21) 問: 何故作此論? 答: 爲止他宗, 顯己義故. **謂譬喻者, 作如是說. 異生不能斷諸煩惱.** (中略) 爲遮彼意, 顯諸異生以世俗道亦能斷結. (T27, 264b17-c16).

3) 邪語(正語)와 邪命(正命)의 관계

譬喩者는 "[일상의] 말(語)과 업을 떠나 正命과 邪命이 그 자체 별도로 존재한다"고 설하였다.

그들은 어떤 까닭에서 이같이 설한 것인가?

계경에 따랐기 때문으로, 예컨대 계경에서는 8支의 聖道 [각각]에 대해 설하고 있는 것이다.

즉 그들은 이같이 설하였다.

"불타께서 8支의 성도를 설한 것은 각기 體性을 갖고서 서로 뒤섞이지 않아서이다. 이에 따라 正命과 邪命은 [일상의] 말과 업을 떠나 획득되는 별도의 체성을 갖는다고 설하게 된 것이다."

4) 異生(世俗道) 煩惱不斷論

① 譬喩者는 이같이 설하였다. "異生은 번뇌를 끊을 수 없다."

[저들의] 大德도 설하였다. "이생은 어떠한 경우에도 隨眠(번뇌종자)을 끊지 못하며, 다만 纏(현행번뇌)을 잠시 조복시킬 수 있을 뿐으로, 이같이 설할 때 이치상 그릇됨이 없다."

문: 저들은 어떠한 까닭에서 이같이 주장하게 된 것인가?

답: 계경에 근거하였기 때문이다. 즉 계경에서는 "聖慧의 見法으로 끊은 것이야말로 '진실한 끊음(眞斷)'이다"고 설하였던 것이다.

문: 만약 그렇다면 "필추여, 저 맹희자(Udraka Rāmaputra)는 이미 欲染을 끊었고, 이미 色染을 끊었고, 이미 공무변처·식무변처·무소유처의 염오를 끊어 비상비비상처에 태어났다"거나 "외도 선인은 이미 욕염을 떠났다"는 경설은 어떻게 회통할 것인가?

그들은 이같이 답하였다.

"인용한 계경에서는 [아직] 끊지 못하였음에도 '끊었다'고 설하였고, [아직] 떠나지 못하였음에도 '떠났다'고 설하였으니, 그 밖의 다른 계경에서 [아직] 끊지 못하였음에도 '끊었다'고 설하였고, [아직] 떠나지 못하였음에도 '떠났다'고 설한 것과 같다."

② 如譬喩者說: 無有世俗道, 能斷煩惱. 彼大德說: 異生無有斷隨眠者, 但能伏纏. 亦非世俗道有永斷義. 由契經言, "聖慧見已, 方能斷"故.[111] (741c21-23)

③ 謂或有說: 唯伏煩惱, 亦得上生, 如譬喩者.[112] (355a15-16)

111 '此二十二根, 幾見所斷, 乃至廣說'(T26, 992a7ff) 問: 何故作此論? 答: 欲止他宗, 顯己義故. **如譬喩者說, 無有世俗道能斷煩惱.** (中略) 爲遮彼說, 顯世俗道亦能永斷, 諸異生類亦斷隨眠. (T27, 741c19-25).

112 '頗有未離欲染命終, 不生欲界耶? 乃至廣說'(T26, 943a17) 問: 何故作此論? 答: 爲止他宗, 顯正理故. **謂或有說, 唯伏煩惱亦得上生, 如譬喩者.** 爲遮彼意, 顯伏煩惱不得上生, 要斷下地諸煩惱盡, 方得上生. 故作斯論. (T27, 355a13-17).

어떤 계경에서 [아직] 끊지 못하였음에도 '끊었다'고 설한 것인가?
예컨대 "어리석은 이는 我·我所에 집착하다 죽을 때 모두 다 영원히 끊지만, 智者는 이미 이를 알아 我·我所에 집착하지 않는다"고 설한 것이 바로 그것이다.
어떤 계경에서 [아직] 떠나지 못하였음에도 '떠났다'고 설한 것인가?
예컨대 "어떤 마을에 어린아이들이 진흙으로 집을 짓고 놀 때, 그 집에 대해 아직 염오를 떠나지 못하였을 때에는 수선하고 보호하지만, 만약 염오를 떠났을 때에는 허물고 떠난다"고 한 것이 바로 그것이다. 즉 이 두 경에서는 [아직] 끊지 못하였음에도 '끊었다'고 설하였고, [아직] 떠나지 못하였음에도 '떠났다'고 설한 것으로, 인용한 계경의 뜻도 역시 마땅히 그러하다고 해야 한다.
그렇지만 이생은 온갖 번뇌를 진실로 永斷하지 못하며, 다만 잠시 감출 수 있을 뿐이다. 즉 염오를 떠날 때, 世俗道로써 초정려에 의지하여 욕계의 염오를 떠나고, 점차로 나아가 비상비비상처에 의지하여 무소유처의 염오를 떠난다. 그러나 비상비비상처[의 염오]는 의지할 만한 上地가 없기 때문에 능히 떠날 수 없다. 비유하자면 자벌레가 초목을 오를 때 윗부분에 의지하여 아래 부분을 버리며 [오르다가] 만약 가장 높은 곳에 이르러 더 이상 의지할 곳이 없으면 바로 아래로 물러나는 것과 같다. 사람이 나무에 오를 때에도 역시 그러함을 알아야 한다. 여우 등이 참깨나 갈대를 짓밟아도 다만 싹이나 줄기만을 손상시킬 뿐 뿌리는 없애지 못하듯이, 異生의 離染도 역시 그러하여 오로지 잠시 감출 수 있을 뿐 능히 永斷하지 못함을 알아야 한다.

② 譬喩者는 설하였다.
"어떠한 경우에도 世俗道로써 번뇌를 끊을 수 없다."
저들의 大德은 설하였다.
"異生은 어떠한 경우에도 隨眠을 끊지 못하며, 다만 纏을 조복시킬 수 있을 뿐이다. 역시 또한 세속도로서 영원히 끊을 수 있는 것도 아니니, 계경에서 '聖慧로 관찰할 때 비로소 능히 끊을 수 있다'고 설하였기 때문이다."

③ 어떤 이는 오로지 번뇌를 감추더라도 역시 상계에 태어날 수 있다고 설하였으니, 譬喩者가 그러하였다.

5) 入正性離生의 所緣과 語義

① 如譬喩者唯說. 觀行苦諸行, 入正性離生.[113] (928a12-13)

② 譬喩部師, 作如是說: 此聲顯入正性離繫, 以'夜摩'聲, 亦顯'繫'義. '尼'謂遮止, 亦顯'離'義. 一切聖道, 永離繫縛, 名尼夜摩. 餘如前說. (13b15-18)

6) 4제의 자성

譬喩者說: 諸名色是苦諦. 業·煩惱是集諦, 業·煩惱盡是滅諦. 奢摩他·毘鉢舍那是道諦.[114] (397b2-4)

7) 近分地는 善만이 존재한다

彼說: 諸近分地, 唯有善法. (中略)
若近分地唯有善者, 世尊弟子未離欲貪, 依未至定, 起世俗道, 彼隨轉律儀何地大種造?
譬喩尊者作如是言: 是初靜慮大種所造.
豈不汝等說? "預流一來未得靜慮."
彼作是說: 我遮善靜慮, 非染無記.[115] (693c9-15)

---

113 '思惟何繫行, 入正性離生? 乃至廣說.' (T26, 1021c10ff) 問: 何故作此論? 答: 欲止尊者達磨怛邏多說, 頓思惟三界行, 入正性離生. 又爲止說, 思惟涅槃入正性離生者意. 故作斯論. 問: 思惟何繫行, 入正性離生? 答: 欲界繫. (T26, 1021c10) (中略) 問: 何故但思惟欲界繫行, 入正性離生耶? 答: 欲界苦麤顯, 現見易觀察故. 有說. 欲界苦是彼相續現成就故. 有說. 欲界繫行具三苦故. 是以阿毘達磨者說, 觀三苦諸行, 入正性離生. 非**如譬喩者唯說, 觀行苦諸, 行入正性離生.** (T27, 928a3-13).

114 阿毘達磨諸論師言. 五取蘊是苦諦. 有漏因是集諦. 彼擇滅是滅諦. 學無學法是道諦. (T27, 397a29-b2).

115 '已具見諦, 世尊弟子, 未離欲染, 所成就色界繫身語業色, 何大種所造?' (T26, 987a11-12) (中略) 問: 何故作此論? (中略) 有說, 爲止譬喩者意. **彼說: 諸近分地唯有善法.** 今明近分具有三種. 謂善染無記. 若近分地唯有善者, 世尊弟子, 未離欲貪, 依未至定起世俗道, 彼隨轉律儀, 何地大種造? **譬喩尊者, 作如是言. 是初靜慮大種所造. 豈不汝等說? 預流一來未得靜慮. 彼作是說. 我遮善靜慮, 非染無記.** 彼說非理. 未離欲貪, 尙不能起初善靜慮, 況能起彼無覆無記? 是故爲止他宗, 及顯正理, 故作斯論. (T27, 693b18-c17).

5) 入正性離生의 所緣과 語義

① 譬喩者는 오로지 "行苦의 諸行을 관찰하여 定性離生에 든다"고 말할 뿐이다.

② 譬喩部의 논사들은 이같이 설하였다.
"이 말(入正性離生, samyaktva niyāmāvakrānti)은 '正性離繫에 들어간다'는 사실을 나타내니, '夜摩(yāma)'라는 말은 계박(繫)의 뜻을 나타내고, '尼(ni)'는 막는 것(遮止)을 말하지만, 역시 '떠난다(離)'는 뜻도 나타내기 때문이다. 즉 일체 성도로써 영원히 계박을 떠나기 때문에 '尼夜摩(niyāma)'라고 하였다. 그 밖의 말(즉 入正性)은 앞에서 설한 바와 같다."[116]

6) 4제의 자성

譬喩者는 설하였다.
"諸 名色이 苦諦이며, 업과 번뇌가 集諦이며, 업과 번뇌의 다함이 滅諦이며, 사마타와 비파사나가 道諦이다."

7) 近分地는 善만이 존재한다

저들 [譬喩者]는 설하였다.
"[선정의] 모든 近分地에는 오로지 선법만이 존재한다." (중략)
만약 근분지에 오로지 선만이 존재한다면, 세존의 제자로서 아직 욕탐을 떠나지 못하여 未至定에 근거하여 世俗道를 일으키는 이의 隨轉律儀는 어떤 地의 대종소조인가?
譬喩尊者는 이같이 말하였다.
"이는 바로 초정려의 대종소조이다."
어찌 그대들은 "예류과와 일래과는 아직 정려를 얻지 못하였다"고 설하지 않았던가?
[이에 대해] 그들은 이같이 말하였다.

116 즉 正性離生에 든다 함은 이러한 [世第一法의] 심·심소의 법이 見道에 든다는 말이다. ("能入正性離生者, 謂此心心所法, 能入見道.": T27, 13a2-3) 참고로 見道는 邪定聚가 아니기 때문에 正性이라 하였고, 不定聚가 아니기 때문에 決定이라 하였다. ("所入見道, 非邪定聚, 故名正性. 非不定聚, 故名決定.": T27, 13b9-11).

8) '尋·伺=三界 皆有'설

① 謂或有說: 尋伺是心麤細相故, 乃至有頂, 諸染污心, 皆有尋伺. 是故尋伺, 三界皆有. 如譬喩者.[117] (462c20-22)

② 謂或有執, 從欲界乃至有頂皆有尋伺, 如譬喩者. 彼何故作此執? 依契經故. 謂契經說, "心麤性名尋, 心細性名伺." 然麤細性, 從欲界乃至有頂皆可得. 故知三界皆有尋伺.
大德說曰: 對法諸師所說非理. 所以者何? 心麤細性三界皆有, 契經說 '此(麤細性)卽是尋伺.' 而言 '尋伺唯二地有, 謂欲界及梵世.' 故對法者所說非理. 亦名惡說, 惡受持者. 不名善說, 善受持者.[118] (269b9-17)

彼旣說二定以上有尋有伺, 云何建立有尋伺等三地有異?
彼作是說.: 欲界初靜慮一切善·染·無覆無記, 及靜慮中間, 乃至有頂染污心等, 名有尋有伺地. 靜慮中間善及無覆無記心等, 名無尋唯伺地. 第二靜慮乃至有頂, 善及無覆無記心等, 名無尋無伺地.
若爾, 經說當云何通? 如契經說 '尋伺寂靜, 無尋無伺, 定生喜樂, 入第二靜慮具足住.'
彼作是說: 此經依善無覆無記, 不依染說尋伺寂靜. (269c2-10)

---

117 '眼根乃至無色界修所斷無明隨眠, 一一所增隨眠, 當言有尋有伺, 無尋唯伺, 無尋無伺耶?' (T26, 946a11-12) 問: 何故作此論? 答: 爲止他宗, 顯正理故. **謂或有說. 尋伺是心麤細相故, 乃至有頂, 諸染污心, 皆有尋伺. 是故尋伺三界皆有. 如譬喩者.** 爲遮彼執, 顯唯欲界及初靜慮·未至定中有尋有伺. 靜慮中間無尋唯伺. 第二靜慮乃至有頂無尋無伺. 由此因緣, 故作斯論. (T27, 462c17-25).

118 '三結乃至九十八隨眠, 幾有尋有伺, 幾無尋唯伺, 幾無尋無伺?' (T26, 931a4-5) 問: 何故作此論? 答: 爲止他宗, 顯正理故. **謂或有執. 從欲界乃至有頂, 皆有尋伺. 如譬喩者.** (中略) 阿毘達磨諸論師言. 我等所說及所受持, 是善非惡. 所以者何? 施設麤細有多種故. 謂有處說. 纏是麤, 隨眠是細. 此中尋伺非麤非細, 此二非纏非隨眠故. (中略) 然譬喩者, 是無知果, 黑闇果, 不勤加行果. 故說尋伺三界皆有. 而尋與伺, 下二地有, 上七地無. 是爲正說. 爲止如是他宗所說, 顯示正理. 故作斯論. (T27, 269b7-c18).

"우리는 선의 정려를 부정한 것이지, 염오(즉 味)나 무기의 정려를 부정한 것이 아니다."

8) '尋·伺=三界 皆有'설

① 어떤 이는 "尋(vitarka)·伺(vicāra)는 마음의 麤·細相이기 때문에 [욕계에서] 有頂地에 이르는 염오심에는 다 尋·伺가 존재한다. 그렇기 때문에 尋·伺는 三界에 다 존재한다"고 설하였으니, 譬喩者가 그러하였다.

② 어떤 이는 "욕계로부터 유정지에 이르기까지 다 尋·伺가 존재한다"고 주장하였으니, 譬喩者가 그러하였다.
저들은 어떠한 까닭에서 이같이 주장하게 된 것인가?
계경에 근거하였기 때문이다. 즉 계경에서 "마음의 麤性을 尋이라 하고, 마음의 細性을 伺라고 한다"고 설하였다. 즉 [이 같은 마음의] 麤·細性은 욕계로부터 유정지에 이르기까지 다 획득될 수 있기 때문에 3계에는 다 尋·伺가 존재하는 것임을 알아야 한다.
[저들의] 大德도 설하였다.
"'尋·伺는 하2지에만 존재한다'는] 아비달마논사들(對法諸師)이 설한 바는 올바른 이치가 아니다. 왜냐하면 마음의 麤·細性은 3界에 다 존재하기 때문이다. 즉 계경에서 이러한 마음의 麤細性이 바로 尋·伺라고 설하고서 '尋·伺는 오로지 2地에만 존재하니, 욕계와 梵世(초정려)가 바로 그것이다'고 말하였기 때문이다. 따라서 아비달마논사(對法者)가 설한 바는 올바른 이치가 아니니, [그들의 학설과 그들] 역시 나쁜 학설(惡說)이고 나쁜 受持者라고는 말할 수 있어도 좋은 학설(善說) 좋은 受持者라고는 말할 수 없다."

저들 [譬喩者]는 이미 제2정려 이상에도 尋이 존재하고 伺가 존재한다고 설하였다. [그렇다면] 有尋有伺 등의 3地의 차별은 어떻게 설정하는 것인가?
저들은 이같이 설하였다.

③ 彼(譬喻者)說. 從欲界乃至有頂, 皆有尋伺. 所以者何? 契經說故. 如契經說, "心麤性是尋, 心細性是伺." 心麤細性乃至有頂.
彼大德說曰: 對法諸師說, "尋伺是心麤細性." 此麤細性相待而立, 乃至有頂皆現可得. 而說"尋伺唯在欲界及梵世有". 此是惡說, 非爲善說.[119] (744b12-15)

若說尋伺至有頂者, 應不說有三地差別.
譬喻者言.: 始從欲界乃至有頂, 皆有善染無記三法. 一切地染法, 皆名有尋有伺. 唯善無記, 有三地別.
若爾, 何故說尋伺滅, 無尋無伺定生喜樂, 入第二靜慮?
彼言. 此依善尋伺說, 不說染污. (744b24-29)

---

119 '此二十二根, 幾有尋有伺? 乃至廣說' (T26, 993a11-12) 問: 何故作此論? 答: 欲止**譬喻者所說故. 彼說. 從欲界乃至有頂, 皆有尋伺.** (中略) 阿毘達磨諸論師言. 我等善說非爲惡說. 以依多門說麤細性, 非是一種. 如說'纏麤, 隨眠細'. 此中尋伺非麤非細. 以俱非纏隨眠性故. (中略) 譬喻者, 眞爲惡說. 欲止彼意, 顯尋與伺唯在二地. 故作斯論. (T27, 744b8-c4).

"욕계와 초정려의 일체 선·염오·무부무기심과, 靜慮中間 내지 有頂地의 염오심 등을 有尋有伺地라 하고, 정려중간의 선·무부무기심 등을 無尋有伺地라고 하며, 제2 정려 내지 유정지의 선·무부무기심 등을 無尋無伺地라고 한다."

만약 그렇다고 한다면, '尋·伺가 고요해진 無尋無伺의, 선정에 생겨난 기쁨과 즐거움(定生喜樂)의 상태인 제2정려에 들어 완전하게 머문다'는 경설은 어떻게 회통해야 할 것인가?

저들은 이같이 설하였다.

"이 경은 선·무부무기심에 근거하여 尋·伺가 고요해진 것을 설한 것으로, 염오심에 근거하여 설한 것이 아니다."

③ 저들 [譬喩者]는 욕계로부터 유정지에 이르기까지 다 尋·伺가 존재한다고 설하였다. 그같이 설한 까닭이 무엇인가?

계경에서 설하였기 때문으로, 예컨대 계경에서는 "마음의 麤性을 尋이라 하고, 마음의 細性을 伺라고 한다"고 설하였던 것이다. 즉 이 같은 [마음의] 麤·細性은 [욕계로부터] 유정지에 이르기까지 다 획득될 수 있기 때문이다.

[저들의] 大德도 설하였다.

"아비달마논사들(對法諸師)도 '尋·伺는 바로 마음의 麤·細性이다'고 설하였다. 이러한 麤·細性은 서로에 근거하여 설정된 것으로, [욕계] 내지 유정지에 이르기까지 모두 바로 획득할 수 있다. 그럼에도 [그들은] "尋·伺는 오로지 욕계와 梵世에만 존재한다"고 설하였으니, 이는 바로 나쁜 학설이지 좋은 학설이 아니다."

만약 尋·伺가 [욕계로부터] 有頂地에 이르기까지 존재한다고 한다면, [계경에서 有尋有伺 등의] 세 地의 차별에 대해 설하지 않았어야 하였다.

譬喩者는 말하였다.

"욕계로부터 유정지에 이르기까지 거기에는 다 선·염오·[무부]무기의 세 가지 법이 존재한다. 일체 모든 地의 염오법은 다 有尋有伺이며, 오로지 선·무기법의 경우에만 세 地의 차별이 있다."

9) 靜慮雜修에서 '잡수'의 의미

譬喻者說: 緣彼故名雜修. (中略) '緣彼故名雜修'者, 彼說: 以二刹那無漏, 緣一刹那有漏, 故名雜修. (879c22; 880a5-6)

10) 상지에서 하지의 안식을 일으키는 이유

問: 何緣生在後三靜慮, 而得現起初靜慮眼識耶?
譬喻者說: 誰說生在後三靜慮, 而能現起初靜慮地眼等諸識? 然後三靜慮自有眼等識, 依自地根, 了自下境. 若不爾者, 云何生上作巧方便, 引初靜慮眼等諸識, 令現在前? (377a29-b4)

만약 그렇다고 한다면 어떠한 까닭에서 [계경에서는] 尋·伺가 멸한 無尋無伺의, 선정에서 생겨난 기쁨과 즐거움(定生喜樂)의 상태인 제2정려에 들어간다고 설한 것인가?
저들은 말하였다.
"이는 선의 尋·伺에 근거하여 설한 것이지 염오의 尋·伺에 근거하여 설한 것이 아니다."

9) 靜慮雜修에서 '잡수'의 의미

譬喩者는 "그것(유루)도 반연하기 때문에 雜修라 이름하였다"고 설하였다. (중략) 여기서 '그것도 반연하기 때문에 雜修라 이름하였다'고 함은, "두 찰나의 무루를 [반연하는 중에] 일찰나의 유루를 반연하기 때문에 雜修라 말한 것"이라고 그는 말하였다.[120]

10) 상지에서 하지의 안식을 일으키는 이유

무슨 까닭에서 뒤의 세 정려에서 초정려의 안식을 일으키는 것인가?
譬喩者는 설하였다.
"누가 '뒤의 세 정려에 태어나 존재하며 능히 바로 초정려지의 眼 등의 諸識을 일으킨다'고 설한 것인가? 뒤의 세 정려는 자신에게 존재하는 안 등의 식으로 自地의 근에 의지하여 자신의 下地의 경계대상을 안다. 만약 그렇지 않다고 한다면, 어떻게 上地에 태어나 교묘한 방편을 지어 초정려의 안 등의 제식을 인기하여 현전시킬 수 있을 것인가?"[121]

---

120 問: 何故名爲雜修靜慮? 彼雜修言欲何所顯? 答: 遍熏故名雜修. 合熏故名雜修. 令嚴好故名雜修. 令明淨故名雜修. (T27, 879c20-22) ① 옷을 상자 속에 두고서 향내가 두루 배이게 하듯이 전후 두 찰나의 무루가 중간의 한 찰나의 유루에 두루 배이게(遍熏) 하기 때문에, ② 꽃과 참깨의 향을 합하여 함께 배이게(合熏) 하듯이 전후 두 찰나의 무루를 합하여 일찰나의 유루에 배이게 하기 때문에, ③ 制多(廟堂) 위를 온갖 꽃으로 장식하여 보기 좋게(嚴好) 하듯이 일찰나의 유루를 두 찰나의 무루로 장엄하여 미묘하고 좋게 하기 때문에, ④ 금 등을 용광로에 넣고 제련하여 더욱더 맑고 깨끗하게 하듯이, 일찰나의 유루를 두 찰나의 무루 가운데 자주 조련하여 더욱 청정하게 하기 때문에 雜修라 이름하였다. (동, 879c22-880a4 毘婆沙師 정설).

121 "[毘婆沙師]評曰. 彼不應作是說. 應作是說. 後三靜慮無眼等識. 所以者何? 無尋伺故. 眼等五識恒與尋伺相應起故." (T27, 377b4-6).

참고문헌

(각주에 언급된 것과 필자의 상좌 슈리라타 관련 논문)

[원전류]

AKBh.: *Abhidharmakośabhāṣya*. Edited by P Pradhan, Tibetan Sanskrit Works Series 8, Patna: Kashi Prasad Jayaswal Research Institute, 1976.

AKVy.: *Abhidharmakośavyākhyā*. Edited by U. Wogihara, Tokyo: Sankibo Buddhist Book Store, 1989. reprint.

ADV.: Abhidharmadīpa with Vibhāṣāprabhāvṛtti, Edited by P. S. Jaini. Tibetan Sanskrit Works Series 4. Patna: Kashi Prasad Jayaswal Research Institute, 1973.

Mahāparinirvāṇasūtra. Waldschmidt, E. ed. 1950-51. Berlin.

H: 한국불교전서

T: 大正新修大藏經(예컨대 'T29, 22b11'은 大正新修大藏經 제29권, 22쪽 中段 11행)

『長阿含經』(T1).

『中阿含經』(T1).

『雜阿含經』(T2).

『增一阿含經』(T2).

『根本說一切有部毘奈耶雜事』(T24).

大目犍連, 玄奘역,『法蘊足論』(T26).

提婆設連, 玄奘역,『識身足論』(T26).

世友, 玄奘역,『品類足論』(T26).

迦多衍尼子, 玄奘역,『發智論』(T26).

五百大阿羅漢, 玄奘역,『大毘婆沙論』(T27).

法救, 僧伽跋摩역,『雜阿毗曇心論』(T28).

塞犍陀羅, 玄奘역,『入阿毘達磨論』(T28).

世親, 玄奘역,『阿毘達磨俱舍論』(T29).

世親, 眞諦역,『俱舍釋論』(T29).

衆賢, 玄奘역, 『阿毘達磨順正理論』 (T29).
衆賢, 玄奘역, 『阿毘達磨藏顯宗論』 (T29).
彌勒, 玄奘역, 『瑜伽師地論』 (T30).
護法等, 玄奘역, 『成唯識論』 (T31).
世親, 玄奘역, 『攝大乘論釋』 (T31).
世親, 眞諦역, 『攝大乘論釋論』 (T31).
無性, 玄奘역, 『攝大乘論釋』 (T31).
世親, 玄奘역, 『大乘成業論』 (T31).
婆藪跋摩, 眞諦역, 『四諦論』 (T32).
訶梨跋摩, 鳩摩羅什역, 『成實論』 (T32).
龍樹, 鳩摩羅什역, 『中論』 (T30).
普光, 『俱舍論記』 (T41).
法寶, 『俱舍論疏』 (T41).
窺基, 『成唯識論述記』 (T43).
慧沼, 『成唯識論了義燈』 (T43).
智周, 『成唯識論演秘』 (T43).
窺基, 『唯識二十論述記』 (T43).
世友, 玄奘역, 『異部宗輪論』 (T49).
法雲編, 『翻譯名義集』 (T54).
慧立·彦悰, 『大慈恩寺三藏法師傳』 (T50).
道宣撰, 『續高僧傳』 (T50).
玄奘, 『大唐西域記』 (T51).
圓測, 『解深密經疏』 (H1).
太賢, 『成唯識論學記』 (H3).

[이차 문헌]

권오민(2012), 『上座 슈리라타와 經量部』, 씨아이알.
______(2019), 『上座 슈리라타의 經量部사상』, 씨아이알.
______(2007), 「譬喩論者(Dārṣṭāntika)의 無境覺(無所緣識)論」, 『한국불교학』 제49집, 한국불교학회.

______(2008), 「Pūrvācārya(先代軌範師) 再考」, 『佛教學研究』 제20호, 불교학연구회.
______(2010), 「불교철학의 학파적 복합성과 독단성(1): 세친의 『唯識二十論』에서의 외계대상 비판의 경우」, 『인도철학』 제28집, 인도철학회.
______(2010), 「불교철학의 학파적 복합성과 독단성(2): 陳那의 『觀所緣緣論』에서의 외계대상 비판의 경우」, 『불교연구』 제33호, 한국불교연구원.
______(2012), 「譬喩者의 和合見說 散考」, 『불교학보』 제62집, 동국대학교 불교문화연구원.
______(2012), 「衆賢의 '阿毘達磨 佛說' 論」 『불교원전연구』 제15호, 동국대학교 불교문화연구원.
______(2012), 「다양성과 유연성의 불교② 法性: 성전의 기준과 불설 정의」, 『문학/사학/철학』 제31/32호, 한국불교사연구소.
______(2013), 「『阿毘達磨順正理論』「辯緣起品」 중 了義經에 관한 衆賢과 上座 슈리라타와 世親의 對論」, 『불교원전연구』 제16호, 동국대 불교문화연구원.
______(2013), 「譬喩者의 和合見說과 관련된 몇 가지 가설 비판」, 『불교연구』 제39집, 한국불교연구원.
______(2014), 「上座 슈리라타의 '一心'」, 『인도철학』 제40집, 인도철학회.
______(2014), 「上座 슈리라타의 '一心'과 알라야식」, 『한국불교학』 제70집, 한국불교학회.
______(2014), 「上座 슈리라타와 무착과 중현, 그리고 세친」, 『불교학리뷰』 제15호, 금강대 불교문화연구소.
______(2014), 「先代軌範師의 '色心互熏說' 散考」, 『불교연구』 제41집, 한국불교연구원.
______(2015), 「"先代軌範師의 '色心互熏說' 散考(續)」, 『불교연구』 제42집, 한국불교연구원.
______(2015), 「알라야식의 존재증명과 경량부(1)－『유가사지론』의 경우」, 『불교학보』 제70집, 동국대 불교문화연구원.
______(2016), 「알라야식의 존재증명과 경량부(2)－『섭대승론』의 경우」, 『불교학보』 제74집, 동국대 불교문화연구원.
______(2016), 「아비달마불교에서의 마음에 관한 몇 가지 쟁점」, 『동아시아불교문화』 제28집, 동아시아불교문화학회.

______(2017), 「上座 슈리라타의 舊隨界」, 『불교연구』 제46집, 한국불교연구원.
______(2017), 「경량부 종자설에 대한 중현과 무착의 비판, 그리고 세친의 딜레마」, 『인도철학』 제49집, 인도철학회.
______(2017), 「유가 법상종에서의 경량부 종자설 이해」, 『선문화연구』 제22집, 한국불교선리연구원.
______(2017), 「세친의 '직접지각의 자각(pratyakṣabuddhi: 現量覺)' 이해-『唯識二十論』 제16송과 관련하여」, 『동아시아불교문화』 제31집, 동아시아불교문화학회.
______(2018), 「세친의 종자설 再考」, 『불교학리뷰』 제23집, 금강대학교 불교문화연구소.
______(2018), 「선대궤범사와 上座 슈리라타-'복업은 증장한다'는 경설 해석과 관련하여」, 『불교학보』 제83집, 동국대 불교문화연구원.
______(2019), 「經量部의 見道(darśana-mārga)說」, 『인도철학』 제57집, 인도철학회.
______(2020), 「經量部의 修道(bhāvana-mārga)說」, 『불교연구』 52, 한국불교연구원.
______(2021), 「상좌 슈리라타의 연기관」, 『불교학리뷰』 제30호, 금강대학교 불교문화연구소.
이종철 역주(2015), 『구사론 계품·근품·파아품』, 한국학중앙연구원출판부.
이지수(2014), 「목샤카라굽타 『논리해설(Tarkabhāṣa)』 現量章」, 『인도불교철학의 원전적 연구』, 여래.
加藤純章(1989), 『經量部の研究』, 東京: 春秋社.
袴谷憲昭(2001), 「三乘說の一典據: Akśarāśi-sūtraとBahudhātuka-sūtra」, 『唯識思想論考』, 東京: 大藏出版.
宮下晴輝(1986), 「俱舍論における本無今有論の背景-勝義空性經の解釋をめぐって-」, 『佛教學セミナ-』 第44号, 京都: 大谷大學佛教學會.
福田琢(1998), 「經量部の大德 ラ-マ」, 『佛教史學研究』 41-1, 京都: 佛教大學 佛教史學會.
寺本婉雅 譯註(1977), 『タ-ラナ-タ 印度佛教史』, 東京: 國書刊行會.
山口益(1987), 『俱舍論の原典解明-世間品』, 京都: 法藏館.
三友健容(2009), 『アビダルマディ-パの研究』, 東京: 平樂寺書店.
三枝充悳 編(1986), 『インド佛教人名辭典』, 法藏館.
釋仁順(2011), 『說一切有部為主的論書與論師之研究』, 北京: 中華書局.
所理惠(1990), 「成實論/俱舍論と譬喩者·經量部との關わりについて(1)(2)」, 『密教文化』

通號 170/171.

水野弘元(1930), 「譬喩者と成實論」, 『駒澤大學佛教學會年報』 제1집.

櫻部建(1979), 『俱舍論の研究-界·根品』, 京都: 法藏館.

櫻部建·小谷信千代(1999), 『俱舍論の原典解明: 賢聖品』, 京都: 法藏館.

櫻部建·小谷信千代·本庄良文(2004), 『俱舍論の原典研究: 智品·定品』, 東京: 大藏出版.

赤沼智善(1929), 『漢巴四部四阿含互照錄』, 名古屋: 破塵閣書房.

赤沼智善 編(1979 3刷), 『印度佛教固有名詞辭典』, 京都: 法藏館.

荻原雲來 譯註(1933), 『和譯 稱友俱舍論疏(1)(2)(3)』, 梵文俱舍論疏刊行會.

CHANGHWAN PARK(2014), *VASUBANDHU, ŚRĪLĀTA AND THE SAUTRĀNTIKA THEORY OF SEEDS*, ARBEITSKREIS FÜR TIBETISCHE UND BUDDHISTISCHE STUDIEN UNIVERSIAÄT WIEN.

Collett Cox, *Disputed Dharma Early Buddhist Theories on Existence*, Tokyo, The International Institute for Buddhist Studies, 1995.

Chandrabhal Tripathi(1962), *Fünfundzwanzig Sūtra des Nidānasaṃyukta* (16 ādi Sūtra), Berlin.

Karl H. Potter ed., *Encyclopedia of Indian Philosophy* vol.VIII *Buddhist Philosophy from 100 to 350 A.D.*, Motilal Banarsidass, Delhi, 1999.

K. L. Dhammajoti(2011), Śrīlāta's anudhātu doctrine, 『佛教研究(*Buddhist studies*)』 39, 東京: 國際佛教徒協會.

Lama Chimpa(1990), trans. *Tāranātha's History of Buddhism in India*, Motilal Banarsidass.

L. Schmithausen(1987), *ĀLAYAVIJÑĀ: On the Origin and the Early Development of a Central Concept of Yogācāra Philosophy*. TOKYO The International Institute for Buddhist Studies.

P. S. Jaini(1959), THE SAUTRĀNTIKA THEORY OF BĪJA, BSOAS XII-2.

Robert Kritzer(2005), *Vasubandhu and the Yogācārabhūmi: Yogācāra Elements in the Abhidharmakośabhāṣya*, The International Institute for Buddhist Studies, Tokyo.

색인

ㄱ

ㄴ

ㄷ

ㄹ

ㅁ

ㅂ

ㅅ

ㅇ

ㅈ

ㅊ

ㅋ

ㅌ

ㅍ

ㅎ

7. Theories of *anuśaya*

1) Criticism on the *anuśaya*'s Increase in *ālambana* and *samprayukta*

2) Non-virtueness of *kleśas*

3) 2 *āsravas*, *avidyā* and **satṛṣṇā*

4) Cause of inheritance of existence (*bhava*): *tṛṣṇa and dveṣa*

8. Theory of Paths and Saints

1) Relationship of *kṣanti* and *jñāna*

2) Criticism on *saṃvṛti samyag-dṛṣṭi* of Sarvāstivāda

3) Relationship of *mithyā/samyag-vāk* and *mithyā/samyag-ājīva*

4) Theory that Ordinary man(*pṛthagjana*) can't Cut off *kleśa*

5) Cognitive Objects of *samyaktva-niyāmāvakrānti* and It's Meaning

6) Nature of the Four Noble Truths

7) Virtue Only in *sāmantakabhūmi*

8) Theory that *vitarka-vicāra* exist *traidhātu*

9) Meaning of *vyavakīraṇa* in *dhyāna-vyavakīraṇa*

10) Reason for Arising *cakṣur-vijñāna* of the Lower Realm from the Upper Realm

Chapter 8: Karma Theories

1. *kāyakarma* and *vak-karma*

    1) Criticism on the Theory of Action of the *Sammitīya*

    2) *kāya-vak vijñapti karma*

    [Supplement] Sautrāntika's Theory of *kāya-vak vijñapti karma* defended by Vasubandhu

    3) Theory of **karma-phalasantati* (*bīja*) of Dārṣṭāntika due to Momentariness

    [Supplement] Sautrāntika's Theory of *karma-phalasantati* cited by Vasubandhu

2. Criticism on *avijñapti-karma*

    1) General Remarks

    2) Criticism on the Proof of Three *rūpas*

    [Supplement] Vasubandhu's Interpretation of *rūpam anidarśanam-apratigham*

    3) Criticism on the Proof of *amala-rūpa*

    [Supplement] Vasubandhu's Interpretation of *amala-rūpa*

    4) Criticism on the Proof of *puṇyābhivṛddhi*

    [Supplement] *pūrvācārya*'s Theory of *puṇyābhivṛddhi* cited by Vasubandhu

    5) Criticism on the Proof of instigator

    6) Criticism on the Proof of *āryāṣṭāṅgo-mārga*

3. Grades of *saṃvara* are variable

4. Theory of *nikṣipta-śikṣa* by Four *pārājikā*

5. Dārṣṭāntika's Theory of Many Births from One karma

    1) Many Births *vipāka* from One karma

    2) Dārṣṭāntika's Theory of Eight *karmas*

    3) Dārṣṭānika's Theory that *sarvakarma* or *ānantarya-karma* are variable

    [Supplement] Dārṣṭāntika's Theory of karma in the *Samyuktābhidharmahṛdaya śāstra*

6. *ānantarya-karma*

    1) Location of *ānantarya-karma*

    2) Essence of *ānantarya-karma*

    3) *vipākaphala* of Repeated *ānantarya-karma*

    4) Mother in the mātṛvadha *ānantarya-karma*

Chapter 9: Theory of kleśa, anuśaya

1. Theory of *anuśaya*

[Supplement] Vasubandhu's Theory of *anuśaya*

2. Meaning of bhavarāga

Chapter 6: Theory of Causality

1. *hetu-pratyaya*
    1) General Criticism on Simultaneous Causation
    2) Criticism on the Corresponding Co-asiring of *citta-caita*
    3) Meaning of Simultaneous Arising (*sahajā*) in scriptures
2. Sthavira's Theory of Causality: [*pūrva*]*anudhātu* and *bīja*
    1) Theory of *anudhātu*
    [Supplement] Vasubandhu's Theory of *bīja*
    2) One-Mind as the Basis of *anudhātu*
    3) *anudhātu* and Six *āyatana*, *hetu-pratyaya* and *samanantara-pratyaya*
    4) Original Substance of *śubhadhātu* (*anāsrava-bīja*)
    [Supplement] Debates with Sanghabhadra
3. *samanantara-pratyaya*
    1) Theory that *rūpadharmas are* included in *samanantara-pratyaya*
    2) Definition of *samanantara-pratyaya*
4. *ālambana-pratyaya*
    1) *ālambana-pratyaya* and *ālambanaviṣaya*
    2) Sthavira's *ālambana-pratyaya*
5. *adhipati-pratyaya*

Chapter 7: Transmigration of Birth and Death in the secular world

1. Three Realms and Five *gati*
    1) *rūpadhātu* as 18 Heavens
    2) *cittasantati* in the *arūpadhātu*
    [Supplement] Vasubandhu's Theory of *cittasantati* in the *arūpadhātu*
    3) Relationship of *antarā-bhāva* and Five *gati*
    4) Interpretation of 'one *samjñā*'(想一)' of the 4th *vijñānasthiti* based on the Scripture
    [Supplement] Vasubandhu's Interpretation of 'different *samjñā*(想異)' of the 3rd *vijñānasthiti*
    5) Reason for that *vijñānaskandha* is not *vijñānasthiti*
    6) Meaning of yoni in *catur-yoni*
    7) Cases of Non-existence of *antarā-bhava*
    8) *kabaliṇkārāhāra* is *rūpa-samudāya*
2. General Remarks on 12 *Pratītyasamutpāda*
    1) Applicable Objects of *Pratītyasamutpāda*
    [Supplement] Debates with follower

3. *Asaṃskṛta Dharmas*

1) *ākāśa*

2) *pratisaṃkhyānirodha*

3) *apratisaṃkhyānirodha*

[Supplement] Vasubandhu's Quotation of Sautrāntika Theory of Non-Separate Entities of *asaṃskṛta-dharmas*

Chapter 4: Dharmas of the Internal World

1. *saṃskāra-skandha* is *cetanā*

1) Substance of *saṃskāra-skandha* and Scriptural Evidence

2) Debates with Sanghabhadra

3) jñāna ect. are a form of cetanā

2. Separate Entities of three *caitta*: *vedanā, saṃjñā, cetanā*

3. Non-Separate Entity of *sparśa*

1) Theory of Non-Reality of *sparśa*

2) Criticism on the Sarvāstivāda's Theory of *sparśa* Reality

(1) Interpretation of the verse (*Gāthā*), '*vijñāna-sparśa* Arising with *vedanā-saṃjñā*'

(2) Meaning of *sparśa* in *sparśa-āhāra*

(3) Interpretation of the Arguments for the Reality of *sparśa* by the Elderly Teachers

4. Definition of *mahābhūmika-dharmas*

1) Criticism on the Sarvāstivāda's Scriptural Evidence of *mahābhūmika-dharmas*

2) Definition of *mahābhūmika-dharmas* by the Theorists of Phenomenal *sparśa*

3) Definition of *mahābhūmika-dharmas* by the *sūtrapramāṇaka* in *Abhidharmakośabhaṣya*

(1) Vasubandhu's Disbelief in *mahābhūmika-dharmas*

(2) Sūtrapramāṇaka's Definition of *mahābhūmika-dharmas* and Theory of the Non Simultaneous-Arising of *citta-caita*

5. Non-Separate Entity of *mahābhūmika-dharmas* except for *sparśa*

1) *chanda*

2) *prajñā*

3) *smṛti*

4) *manaskāra*

5) *adhimokṣa*

6) *samādhi*

[Supplement] Dārṣṭāntika's Theory of Non-Separate Entity of caita

3. Scriptures(Āgama) and *Nītārtha-sūtra*

1) *Buddhavacana* and Scriptures

(1) Scriptures, Buddha's Words Only

(2) Abhidharma, Not of Scriptures

[Supplement] Vasubandhu's Theory of Abhidharma as Non-*Buddhavacana*

2) *Nītārtha* and *Neyārtha*

(1) Scriptures as *Nītārtha*

(2) Scriptural Remarks related *Nītārth*a and *Neyārtha*

(2.1) '*saṃskāraskandha* = Six *cetanā-kāya*' as a *Nītārtha*

(2.2) Āgama related *Mahābhūmika* as a *Neyārtha*

(2.3) Āgama related '*kāma-upādāna* = *pañca-kāma-gunā*' as a *Nītārtha*

(2.4) Āgama related *āvasthika-Pratītyasamutpāda* as a *Nītārtha*

(2.5) Āgama related **tṛṣnā-gṛhīta-upādāna* (愛所攝取) as a *Neyārtha*

[Supplement] Scriptural Evidence ① for the Theory of *Sarvāsti* as *Neyārtha* by Vasubandhu

3) Definition of the Scriptures of *Nītārtha* and *Neyārtha*

4. *Pramāṇa* and Who take the Scriptures(*sūtra*) as a valid knowledge (*Pramāṇa*)

1) Scriptures as *Pramāṇa*

2) Sautrāntika Who take the Scriptures as *Pramāṇa*

Chapter 2: Analysis of All Dharmas

1. *āsrava* and *anāsrava*

1) Definition of *anāsrava* and Scriptural Evidence

2) Etymological Definition of *āsrava*

2. Reasons for the Conceptual Elaboration of Three Categories: *skandha*, *āyatana* and *dhātu*

1) Reasons for Establishing Three Categories

2) *mano-āyatana* and *dharma-āyatana*

3. All existence is the *vipākaja*(異熟生)

1) 12 *āyatana=vipākaja*

2) All results is the vipākaphala

4. Discernment of 18 dhātus

1) The Reason Why there's no Scent and Taste in the *rūpadhātu*

2) Internal and External

Table of Contents

simply ignored. Secondly, the quotations and fragments found in the *Nyāyānusāra* itself is too extensive to be included in a single article. And Lastly but not least, I felt it an obligation to pave a way for those who are interested in the study of the philosophy of Sautrāntika and Sthavira Śrīlāta.

Finally, I'd like to highlight the purpose and significance of the publication of this book. I publish this monograph; 1) In order to reinstate the status of the **Sautrāntikavibhāṣā* in the history of Buddhist thought by collecting all quotations and fragments in a single volume. 2) In order to reconstruct the **Sautrāntikavibhāṣā* as fully as it can be so that the research on the Sautrāntika, the only school out of four major Buddhist schools that does not leave its own Abhidharma, has a foundation to rely on at the first place. 3) In order to critically revaluate the philosophy of Vasubandhu more thoroughly because, according the Sanghabhadra, the very composition of the *Abhidharmakośabhāṣya* was greatly influenced by Sthavira Śrīlāta. It is true that Vasubandhu took a different step from Śrīlāta in some cases, for example, in the interpretation of the concept of *pratītyasamutpāda* and some other issues. But in most cases the unique ideas of Sthavira Śrīlāta, including the theory on the Nature of Scriptures, the theory of *abhūtvā bhāva*(本無今有), the theory of *bīja*, the theory of *anuśaya*, Arhat's No Turning Back, etc., penetrated into the every corner of the philosophical range of Vasubandhu.

In addition, several remarks on the ideas of the Sautrāntika or Sthavira sect are found in the *Vijñaptimātrasiddhiśāstra* (*Ch'eng-weishi-lun*) and its commentaries composed by Kuiji (窺基) ect. Nevertheless most of the remarks are the same as those of Sanghabhadra and found in the *Nyāyānusāra*. In fact, it was Kuiji himself who informed us that the Sthavira, the author of the **Sautrāntikavibhāṣā* in the *Nyāyānusāra*, was Sthavira Śrīlāta. According to Kuiji, Sautrāntika was the one who most intensely criticized the theory of *ālayavijñāna* of the Yogācāra school. That is probably the reason why Xuanzang studies the *Abhidharmakośabhāṣya* with the *Nyāyānusāra* for two years in Kaśmir, but reviewed it while he was in Nalanda, and later learned it again from two masters of the Sarvāstivāda. It is also said that Xuanzang sat in the class of the **Sautrāntikavibhāṣā* for five months from Bhadanta Jayagupta in Śriguṇa.

This book is the collection of 1) Sthavira's remarks quoted in the *Nyāyānusāra*, 2) quotations in a 'his treatise' that is presumably referring to the **Sautrāntikavibhāṣā*, 3) arguments of the Sthavira followers, 4) Sthavira's response to the criticisms from Sarvāstivāda, 5) ideas of Sthavira in the critical remarks of Sanghabhadra, 6) theories of the Dārṣṭāntika/Sautrāntika, and some unique philosophical ideas of Vasubandhu who was tremendously influenced by Śrīlāta. Some ideas of Śrīlāta were anonymously quoted in the *Abhidharmakośabhāṣya*, *Mahāyānasamgraha*, *Cheng-weishi-lun*, and so on. However, the teachings of Sthavira have been in large buried in the Nyāyānusāra over a millenium, yet rarely appeared in the *Catuḥsatyaśāstra* by Vasuvarman and the Abhidharma Commentaries of Yaśomitra and Puguang(普光), as the theories of Dārṣṭāntika/Sautrāntika by Vasubandhu and Asvabhāva(無性), and as the ideas of the Sthavira sect(上座部) or the Later Sautrāntika(末經部) by the East Asian Faxiang School (法相宗).

I decided to publish this research as a monograph entitled the Lost Volume of the **Sautrāntikavibhāṣā*, for three reasons: Firstly, the significance of Sthavira Śrīlāta in the history of Buddhist philosophy is so unique and extraordinary that cannot be

Preface

Sthavira Śrīlāta was an Elder of the Dārṣṭāntikā, identified themselves as the Sautrāntikā emphasizing the value of the Scriptures as the only authoritative *pramāṇa*, compared to the Sarvāstivāda who valued the significance of the Abhidharma, or the *Dharmatā*, resulted from the logical articulation of the mainstream Buddhist Philosophies. The Sautrāntika originated in the philosophies of Śrīlāta became considered as one of the major four schools of the Buddhist philosophies, including Sarvāstivāda, and the Mādhyamika and the Yogācāra of the Mahāyāna tradition. However, the **Sautrāntikavibhāṣā* (經部毘婆沙) known as the work of Śrīlāta and the concept of *pūrva-anudhātu* that must have been the keyword of his thought have been lost with his name over the history of Buddhist philosophy. As a consequence, the Sautrāntika has fallen into a sect that has no scriptures of its own, which cannot be compared to the Sarvāstivāda etc., and that even its identity is also unclear.

It is only in the *Abhidharmanyāyānusāra* (阿毘達磨順正理論) by Sanghabhadra that such Śrīlāta is mentioned on a large scale. The Nyāyānusāra is of course well known 80 volume masterpiece with a specific purpose of repudiating the *Abhidharmakośabhāṣya* from the dogmatic view point of the Kaśmir Sarvāstivāda, in order to disprove the false and make manifest the right by the precise logical reasoning(*nyāya*). The *Nyāyānusāra* became a full of disputes due to the fact that it brings up various compatible arguments in the *Abhidharmakośabhāṣya*, that it quotes a lot of phrases that, Sanghabhadra claims, derived from the theories of Sthavira Śrīlāta, that it even introduces Sthavira's remarks contradictory to the concepts of the Sarvāstivāda in order to refute the ideas of the Dārṣṭāntika/Sautrāntika, that is, Sthavira sect(上座宗, **Sthavirapāṣika*), and that it also describes the responses of Sthavira and the counter-responses against them repeatedly.

This work was supported by the National Research Foundation of Korea Grant funder by the Korean Government (NRF-2018S1A6A4A01030239)

A Study of *Sautrāntikavibhāṣā* by Sthavira Śrīlāta ❸

Compilation of dispersed Sthavira Śrīlāta's *Sautāntikavibhāṣā*

by Kwon, Oh-min

▌**권오민** (ohmin@gnu.ac.kr)
동국대학교 불교학과 및 동 대학원 수료
현재 경상국립대학교 인문대학 철학과 교수

주요 저서 및 역서

『티베트에서의 불교철학 입문』, 『불교학의 고향, 카슈미르와 간다라를 가다』, 『上座 슈리라타의 經量部 사상』, 『上座 슈리라타와 經量部』, 『불교학과 불교』, 『인도철학과 불교』, 『아비달마 불교』, 『有部 阿毘達磨와 經量部 哲學의 硏究』 등

『阿毘達磨順正理論』, 『阿毘達磨俱舍論』, 『阿毘達磨藏顯宗論』, 『金七十論』, 『勝宗十句義論』, 『阿毘達磨發智論』, 『入阿毘達磨論』, 『阿毘曇八犍度論』 등

上座 슈리라타의
『經部毘婆沙』 散逸文 集成

초판인쇄 2022년 4월 18일
초판발행 2022년 4월 28일

편 저 자 권오민
펴 낸 이 김성배
펴 낸 곳 도서출판 씨아이알

책임편집 이진덕
디 자 인 송성용, 박진아
제작책임 김문갑

등록번호 제2-3285호
등 록 일 2001년 3월 19일
주　　소 (04626) 서울특별시 중구 필동로8길 43(예장동 1-151)
전화번호 02-2275-8603(대표)
팩스번호 02-2265-9394
홈페이지 www.circom.co.kr

I S B N **979-11-6856-023-9 93220**
정　　가 **55,000원**